La programmation
ORIENTÉE OBJET

Hugues Bersini

La programmation
ORIENTÉE OBJET

Cours et exercices en UML2,
Python, PHP, C#, C++
et Java (y compris Android)

7e édition

EYROLLES

ÉDITIONS EYROLLES
61, bd Saint-Germain
75240 Paris Cedex 05
www.editions-eyrolles.com

Cet ouvrage est la septième édition du livre de Hugues Bersini et Ivan Wellesz, paru à l'origine sous le titre *L'orienté objet*, puis sous le titre *La programmation orientée objet* lors de la quatrième édition (G12441).

Remerciements à Anne Bougnoux pour sa relecture.

Avant-propos

Aux tout débuts de l'informatique, le fonctionnement interne des processeurs décidait de la seule manière efficace de programmer un ordinateur. Alors que l'on acceptait tout programme comme une suite logique d'instructions, il était admis que l'organisation du programme et la nature même de ces instructions ne pouvaient s'éloigner de la façon dont le processeur les exécutait : pour l'essentiel, des modifications de données mémorisées, des glissements de ces données d'un emplacement mémoire à un autre, des opérations d'arithmétique et de logique élémentaire, et de possibles ruptures de séquence ou branchements.

La mise au point d'algorithmes complexes, dépassant les simples opérations mathématiques et les simples opérations de stockage et de récupérations de données, obligea les informaticiens à effectuer un premier saut dans l'abstrait, en inventant un style de langage dit procédural, auquel appartiennent les langages Fortran, Cobol, Basic, Pascal, C... Les codes écrits dans ces langages sont devenus indépendants des instructions élémentaires propres à chaque type de processeur. Grâce à eux, les informaticiens ont pris quelques distances par rapport aux processeurs (en ne travaillant plus directement à partir des adresses mémoire et en évitant la manipulation directe des instructions élémentaires) et ont élaboré une écriture de programmes plus proche de la manière naturelle de poser et de résoudre les problèmes. Il est incontestablement plus simple d'écrire : c = a + b qu'une suite d'instructions telles que `"load a, reg1"`, `"load b, reg2"`, `"add reg3, reg1, reg2"`, `"move c, reg3"`, ayant pourtant la même finalité. Une opération de traduction automatique, dite de compilation, se charge de traduire le programme, écrit au départ avec ces nouveaux langages, dans les instructions élémentaires seules comprises par le processeur.

La montée en abstraction permise par ces langages de programmation présente un double avantage : une facilité d'écriture et de résolution algorithmique, ainsi qu'une indépendance accrue par rapport aux différents types de processeur existant aujourd'hui sur le marché. Le programmeur se trouve libéré des détails d'implémentation machine et peut se concentrer sur la logique du problème et ses voies de résolution.

Plus les problèmes à affronter gagnaient en complexité – comptabilité, jeux automatiques, compréhension et traduction des langues naturelles, aide à la décision, bureautique, conception et enseignement assistés, programmes graphiques, etc. –, plus l'architecture et le fonctionnement des processeurs semblaient contraignants. Il devenait vital d'inventer des mécanismes informatiques simples à mettre en œuvre pour réduire cette complexité et rapprocher encore plus l'écriture de programmes des manières humaines de poser et résoudre les problèmes.

Avec l'intelligence artificielle, l'informatique s'inspira de notre mode cognitif d'organisation des connaissances, comme un ensemble d'objets conceptuels entrant dans un réseau de dépendance et se structurant de manière taxonomique. Avec la systémique ou la bioinformatique, l'informatique nous révéla qu'un ensemble d'agents au fonctionnement élémentaire, mais s'influençant mutuellement, peut produire un comportement émergent d'une surprenante complexité lorsqu'on observe le système dans sa globalité. Dès lors, pour comprendre jusqu'à reproduire ce comportement par le biais informatique, la meilleure approche consiste en une découpe adéquate du système en ses parties et une attention limitée au fonctionnement de chacune d'entre elles.

Tout cela mis ensemble (la nécessaire distanciation par rapport au fonctionnement du processeur, la volonté de rapprocher la programmation du mode cognitif de résolution de problème, les percées de l'intelligence artificielle et de la bio-informatique, le découpage comme voie de simplification des systèmes apparemment complexes) conduisit graduellement à un deuxième type de langages de programmation, fêtant ses 55 ans d'existence (l'antiquité à l'échelle informatique) : les langages orientés objet, tels Simula, Smalltalk, C++, Eiffel, Java, C#, Delphi, Power Builder, Python et bien d'autres...

L'orientation objet (OO) en quelques mots

À la différence de la programmation procédurale, un programme écrit dans un langage objet répartit l'effort de résolution de problèmes sur un ensemble d'objets collaborant par envoi de messages. Chaque objet se décrit par un ensemble d'attributs (partie statique) et de méthodes portant sur ces attributs (partie dynamique). Certains de ces attributs étant l'adresse des objets avec lesquels les premiers coopèrent, il leur est possible de déléguer certaines des tâches à leurs collaborateurs. Le tout s'opère en respectant un principe de distribution des responsabilités on ne peut plus simple, chaque objet s'occupant de ses propres attributs. Lorsqu'un objet exige de s'informer sur les attributs d'un autre ou de les modifier, il charge cet autre de s'acquitter de cette tâche. En effet, chaque objet expose à ses interlocuteurs un mode d'emploi restreint, une carte de visite limitée aux seuls services qu'il est apte à assurer et continuera à rendre dans le temps, malgré de possibles modifications dans la réalisation concrète de ces services.

Cette programmation est fondamentalement distribuée, modularisée et décentralisée. Pour autant qu'elle respecte également des principes de confinement et d'accès limité (dits d'encapsulation, l'objet n'expose qu'une partie restreinte de ses services), cette répartition modulaire a également l'insigne avantage de favoriser la stabilité des développements. En effet, elle restreint au maximum les conséquences de modifications apportées au code au cours du temps : seuls les objets concernés sont modifiés, pas leurs interlocuteurs, même si le comportement de ces derniers dépend indirectement des fonctionnalités affectées.

Ces améliorations, résultant de la prise de conscience des problèmes posés par l'industrie du logiciel (complexité accrue et stabilité dégradée), ont enrichi la syntaxe des langages objet. Un autre mécanisme de modularisation inhérent à l'orienté objet est l'héritage, qui permet à la programmation de refléter l'organisation taxonomique de notre connaissance en une hiérarchie de concepts du plus au moins général. À nouveau, cette organisation modulaire en objets génériques et plus spécialistes est à l'origine d'une simplification de la programmation, d'une économie d'écriture et de la création de zones de code aux modifications confinées. Tant cet héritage que la répartition des tâches entre les objets autorisent une décomposition plus naturelle des problèmes, une réutilisation facilitée des codes déjà existants (tout module peut se prêter à plusieurs assemblages) et une maintenance facilitée et allégée de ces derniers. L'orientation objet s'impose, non pas comme une panacée universelle, mais comme une évolution naturelle de la programmation procédurale qui facilite l'écriture de programmes, les rendant plus gérables, plus compréhensibles, plus stables et mieux réexploitables.

L'orienté objet inscrit la programmation dans une démarche somme toute très classique pour affronter la complexité de quelque problème qui soit : une découpe naturelle et intuitive en des parties plus simples. A fortiori, cette découpe sera d'autant plus intuitive qu'elle s'inspire de notre manière « cognitive » de découper la réalité qui nous entoure. L'héritage, reflet fidèle de notre organisation cognitive, en est le témoignage le plus éclatant. L'approche procédurale rendait cette découpe moins naturelle, plus « forcée ». Si de nombreux adeptes de la programmation procédurale sont en effet conscients qu'une manière incontournable de simplifier le développement d'un programme complexe est de le découper physiquement, ils souffrent de l'absence d'une prise en compte naturelle et syntaxique de cette découpe dans les langages de programmation utilisés. Dans un programme imposant, l'OO aide à tracer les pointillés que les ciseaux doivent suivre là où il semble le plus naturel de les tracer : au niveau du cou, des épaules ou de la ceinture, et non pas au niveau des sourcils, des biceps ou des mollets. De surcroît, cette pratique de la programmation incite à cette découpe suivant deux dimensions orthogonales : horizontalement, les classes se déléguant mutuellement un ensemble de services, verticalement, les classes héritant entre elles d'attributs et de méthodes installés à différents niveaux d'une hiérarchie taxonomique. Pour chacune de ces dimensions, reproduisant fidèlement nos mécanismes cognitifs de conceptualisation, en plus de simplifier l'écriture des codes, il est important de faciliter la récupération de ces parties dans de nouveaux contextes et d'assurer la robustesse de ces parties aux changements survenus dans d'autres. Un code OO, idéalement, sera aussi simple à créer qu'à maintenir, récupérer et faire évoluer.

Il n'est pas pertinent d'opposer le procédural à l'OO car, in fine, toute programmation des méthodes (c'est-à-dire la partie active des classes et des objets) reste totalement tributaire des mécanismes procéduraux. On y rencontre des variables, des arguments, des boucles, des fonctions et leurs paramètres, des instructions conditionnelles, tout ce que l'on trouve classiquement dans les boîtes à outils procédurales. L'OO vient plutôt compléter le procédural, en lui superposant un système de découpe plus naturel et facile à mettre en œuvre. Pour preuve, les langages procéduraux comme le C, Cobol ou, plus récemment, PHP, se sont relativement aisément enrichis d'une couche dite OO sans que cette addition ne remette sérieusement en question l'existant.

Cependant, l'effet de cette couche additionnelle ne se limite pas à quelques structures de données supplémentaires afin de mieux organiser les informations manipulées par le programme. Il va bien au-delà. C'est toute une manière de concevoir un programme et la répartition de ses parties fonctionnelles qui est en jeu. Les fonctions et les données ne sont plus d'un seul tenant mais éclatées en un ensemble de modules reprenant chacun à son compte une sous-partie de ces données et les seules fonctions qui les manipulent. Il faut réapprendre à programmer en s'essayant au développement d'une succession de micro-programmes et au couplage soigné et réduit au minimum de ces micro-programmes.

En découpant 1 000 lignes de code en 10 modules de 100 lignes, le gain est bien plus que linéaire, car il est extraordinairement plus simple de programmer 100 lignes plutôt que 1 000. En substance, la programmation OO pourrait reprendre à son compte ce slogan altermondialiste : « agir localement, penser globalement ».

Se pose alors la question de tactique didactique, très controversée dans l'enseignement de l'informatique aujourd'hui, sur l'ordre dans lequel enseigner procédural et OO. De nombreux enseignants, soutenus en cela par de très nombreux manuels, considèrent qu'il faut d'abord passer par un enseignement intensif et une maîtrise parfaite du procédural, avant de faire le grand saut vers l'OO. Mais vingt-cinq années d'enseignement de la programmation à des étudiants de tous âges et de toutes conditions (issus des sciences humaines ou exactes) nous ont convaincus qu'il n'y a aucun ordre à donner. De même qu'historiquement, l'OO est né quasiment en même temps que le procédural et en complément de celui-ci, l'OO doit s'enseigner conjointement et en complément du procédural. Il faut enseigner les instructions de contrôle en même temps que la découpe en classes. L'enseignement de la programmation doit mélanger à loisir la perception « micro » des mécanismes procéduraux à la vision « macro » de la découpe en objets. Aujourd'hui, tout projet informatique de dimension conséquente débute par une analyse des différentes classes qui le constituent. Il faut aborder l'enseignement de la programmation tout comme débute la prise en charge de ce type de projet, en enseignant au plus vite la manière dont ces classes et les objets qui en résultent opèrent à l'intérieur d'un programme.

Ces dernières années, compétition oblige, l'orienté objet s'est trouvé à l'origine d'une explosion de technologies différentes, mais toutes intégrant à leur manière ses mécanismes de base : classes, objets, envois de messages, héritage, encapsulation, polymorphisme… Ainsi sont apparus de nombreux langages de programmation proposant des syntaxes dont les différences sont soit purement cosmétiques, soit plus subtiles. Ils sont autant de variations sur les thèmes créés par leurs trois principaux précurseurs : Simula, Smalltalk et C++.

L'OO a également conduit à repenser trois des chapitres les plus importants de l'informatique de ces deux dernières décennies :

- tout d'abord, le besoin de développer une méthode de modélisation graphique standardisée débouchant sur un niveau d'abstraction encore supplémentaire (on ne programme plus en écrivant du code mais en dessinant un ensemble de diagrammes, le code étant créé automatiquement à partir de ceux-ci ; c'est le rôle joué par UML 2) ;
- ensuite, les applications informatiques distribuées (on ne parlera plus d'applications distribuées mais d'objets distribués, et non plus d'appels distants de procédures mais d'envois de messages à travers le réseau) ;
- enfin, le stockage des données, qui doit maintenant compter avec les objets.

Chaque fois, plus qu'un changement de vocabulaire, un changement de mentalité sinon de culture s'impose.

Les grands acteurs de l'orienté objet

Aujourd'hui, l'OO est omniprésent. Microsoft par exemple, a développé un nouveau langage informatique purement objet (C#). Il a très intensément contribué au développement d'un système d'informatique distribuée, basé sur des envois de messages d'ordinateur à ordinateur (les services web) et a plus récemment proposé un nouveau langage d'interrogation des objets (LINQ), qui s'interface naturellement avec le monde relationnel et le monde XML. Tous les langages informatiques intégrés dans sa nouvelle plate-forme de développement, .Net (aux dernières nouvelles, ils seraient 22), visent à une uniformisation (y compris les nouvelles versions de Visual Basic et Visual C++) en intégrant les mêmes briques de base de l'OO. Aboutissement considérable s'il en est, il devient très simple de faire communiquer ou hériter entre elles des classes écrites dans des langages différents.

Plusieurs années auparavant, Sun (racheté depuis par Oracle) avait conçu Java, une création déterminante car elle fut à l'origine de ce nouvel engouement pour une manière de programmer qui pourtant existait depuis toujours sans que les informaticiens dans leur ensemble en reconnaissent l'utilité ni la pertinence. Sun a également créé RMI, Jini et sa propre version des services web, tous basés sur les technologies OO. Ces mêmes services web font l'objet de développements tout autant aboutis chez HP ou IBM. À la croisée de Java et du Web (originellement la raison, sinon du développement de Java, du moins de son succès), on découvre une importante panoplie d'outils de développement et de conception de sites web dynamiques. Depuis, Java est devenu le langage de prédilection pour de nombreuses applications d'entreprise et plus récemment pour le développement d'applications tournant sur les smartphones et tablettes dotés du système Android, maintenu par Google.

IBM et Borland, avec Rational et Together, menaient la danse en matière d'outils d'analyse du développement logiciel, avec la mise au point de puissants environnements UML. Chez IBM, la plate-forme logicielle Eclipse est sans doute, à ce jour, une des aventures Open Source les plus abouties en matière d'OO. Comme environnement de développement Java, Eclipse est aujourd'hui le plus prisé et le plus usité et cherche à gagner son pari « d'éclipser » tous les autres. Borland a rendu Together intégrable tant dans Visual Studio.Net que dans Eclipse, comme outil synchronisant au mieux et au plus la programmation et la réalisation des diagrammes UML. De son côté, Apple encourage les développeurs à passer du langage Objective C, langage de prédilection jusqu'à présent dans l'univers Apple, au dernier né, Swift (tous deux langages OO), pour la conception d'applications censées s'exécuter tant sur les ordinateurs que les tablettes ou smartphones proposés par la célèbre marque à la pomme.

Enfin, l'OMG, organisme de standardisation du monde logiciel, n'a pas pour rien la lettre O comme initiale. UML et Corba sont ses premières productions : la version OO de l'analyse logicielle et la version OO de l'informatique distribuée. Cet organisme plaide de plus en plus pour un développement informatique détaché des langages de programmation ainsi que des plates-formes matérielles, par l'utilisation intensive des diagrammes UML. Partant de ces mêmes diagrammes, les codes seraient créés automatiquement dans un langage choisi et en adéquation avec la technologie voulue.

Le pari d'UML est osé et encore très largement controversé, mais l'évolution de l'informatique au cours des ans a toujours confié à des mécanismes automatisés le soin de prendre en charge des détails qui éloignaient le programmeur de sa mission première : penser et résoudre son problème.

Objectifs de l'ouvrage

Toute pratique économe, fiable et élégante de Java, C++, C#, Python, PHP ou UML requiert, pour débuter, une bonne maîtrise des mécanismes de base de l'OO. Et, pour y pourvoir, rien n'est mieux que d'expérimenter les technologies OO dans ces différentes versions, comme un bon conducteur qui se sera frotté à plusieurs types de véhicules, un bon skieur à plusieurs styles de skis et un guitariste à plusieurs modèles de guitares.

Plutôt qu'un voyage en profondeur dans l'un ou l'autre de ces multiples territoires, ce livre vous propose d'explorer plusieurs d'entre eux, mais en tentant à chaque fois de dévoiler ce qu'ils recèlent de commun. Car ce sont ces ressemblances qui constituent les briques fondamentales de l'OO. Nous pensons que la mise en parallèle de C++, Java, C#, Python, PHP et UML est une voie privilégiée pour l'extraction de ces mécanismes de base.

Il nous a paru pour cette raison indispensable de discuter et comparer la façon dont ces cinq langages de programmation gèrent, par exemple, l'occupation mémoire par les objets, leur manière d'implémenter le polymorphisme ou la programmation dite « générique », pour en comprendre in fine toute la problématique et les subtilités indépendamment de l'une ou l'autre implémentation. Ajoutez une couche d'abstraction, ainsi que le permet UML, et cette compréhension ne pourra que s'en trouver renforcée. Chacun de ces cinq langages offre des particularités amenant les praticiens de l'un ou l'autre à le prétendre supérieur aux autres : la puissance du C++, la compatibilité Windows et l'intégration XML de C#, l'anti-Microsoft et le leadership de Java en matière de serveurs d'entreprise, les vertus pédagogiques et l'aspect « scripting » de Python, le succès incontestable de PHP pour la mise en place simplifiée d'une solution web dynamique et la capacité de s'interfacer aisément avec les bases de données. Nous nous désintéresserons ici complètement de ces querelles de clochers, a fortiori car notre projet pédagogique nous conduit bien davantage à nous pencher sur ce qui les réunit plutôt que ce qui les différencie. C'est leur multiplicité qui a présidé à cet ouvrage et qui en fait, nous l'espérons, son originalité. Nous n'allons pas nous en plaindre et défendons en revanche l'idée que le choix définitif de l'un ou l'autre de ces langages dépend davantage d'habitude, d'environnement professionnel ou d'enseignement, de questions sociales et économiques et surtout de la raison concrète de cette utilisation (pédagogie, performance machine, adéquation web ou base de données…).

Quelques amabilités glanées dans *Masterminds of Programming*

Bjarne Stroustrup (créateur du C++) : « *J'avais prédit que s'il voulait percer, Java serait contraint de croître significativement en taille et en complexité. Il l'a fait* ».

Guido van Rossum (créateur de Python) : « *Je dis qu'une ligne de Python, de Ruby, de Perl ou de PHP équivaut à 10 lignes de Java* ».

Tom Love (co-créateur d'Objective-C, le langage OO de prédilection pour le développement des applications Apple et plus récemment IPhone, IPod et autres smartphones) : « *Tant Objective-C que C++ sont nés au départ du langage C. Dans le premier cas, ce fut un petit langage, simple, élégant, net et bien défini ; dans l'autre, ce fut une abomination hyper compliquée et présentant de véritables défauts de conceptions* ».

James Gosling (créateur de Java) : « *Les pointeurs en C++ sont un désastre, une véritable incitation à programmer de manière erronée* » et « *C# a tout pompé sur Java, à l'exception de la sûreté et de la fiabilité par la prise en charge de pointeurs dangereux qui m'apparaissent comme grotesquement stupides* ».

Anders Hejlsberg (créateur de C#) : « *Je ne comprends pas pourquoi Java a choisi de ne pas évoluer. Si vous regardez l'histoire de l'industrie, tout n'est qu'une question d'évolution. À la minute où vous arrêtez d'évoluer, vous signez votre arrêt de mort* ».

James Rumbaugh (un des trois concepteurs d'UML) : « *Je pense qu'utiliser UML comme générateur de code est une idée exécrable. Il n'y a rien de magique au sujet d'UML. Si vous pouvez créer du code à partir des diagrammes, alors il s'agit d'un langage de programmation. Or UML n'est pas du tout conçu comme un langage de programmation* ».

Bertrand Meyer (créateur d'Eiffel et défendant la programmation OO dite par « contrats ») : « *Je ne comprends pas comment l'on peut programmer sans prendre le temps et la responsabilité de se demander ce que les éléments du programme ont la charge de faire. C'est une question à poser à Gosling, Stroustrup, Alan Kay ou Hejlsberg* ».

Il y a quelques années, un livre intitulé *Masterminds of Programming* (O'Reilly, 2009) et compilant un ensemble d'entretiens avec les créateurs des langages de programmation, nous a convaincu du bien-fondé de ce type de démarche comparative. Il apparaît en effet, au vu de la guerre des mots à laquelle se livrent ses créateurs, qu'aucun langage de programmation ne peut vraiment s'appréhender sans partiellement le comparer à d'autres. En fait, tous se positionnent dans une forme de rupture ou de replacement par rapport à ses prédécesseurs.

Enfin, nous souhaitions que cet ouvrage, tout en restant suffisamment détaché de toute technologie, couvre l'essentiel des problèmes posés par la mise en œuvre des objets en informatique : leur stockage sur le disque dur, leur interfaçage avec les bases de données, leur fonctionnement en parallèle et leur communication à travers Internet. Ce faisant nous acceptons de perdre un peu en précision, et il nous apparaît nécessaire de mettre en garde le lecteur. Ce livre n'aborde aucune des technologies en profondeur, mais les approche toutes dans ce qu'elles ont de commun et qui se devrait de survivre pour des siècles et des siècles…

Plan de l'ouvrage

Les 24 chapitres de ce livre peuvent se répartir en cinq grandes parties.

Le **premier chapitre** constitue une partie en soi car il a pour importante mission d'initier aux briques de base de la programmation orientée objet, sans aucun développement technique : une première esquisse, teintée de sciences cognitives, et toute en intuition, des éléments essentiels de la pratique OO.

La **deuxième partie** intègre les quatorze chapitres suivants. Il s'agit pour chacun d'entre eux de décrire, plus techniquement cette fois, ces briques de base : objet, classe (**chapitres 2 et 3**), messages et communication entre objets (**chapitres 4, 5 et 6**), encapsulation (**chapitres 7 et 8**), gestion mémoire des objets (**chapitre 9**), modélisation objet (**chapitre 10**), héritage et polymorphisme (**chapitres 11 et 12**), classe abstraite (**chapitre 13**), clonage et comparaison d'objets (**chapitre 14**), interface (**chapitre 15**).

Chacune de ces briques est illustrée par des exemples en Java, C#, C++, Python, PHP et UML. Nous y faisons le pari que cette mise en parallèle est la voie la plus naturelle pour la compréhension des mécanismes de base : extraction du concept par la multiplication des exemples.

La **troisième partie** reprend, dans le droit fil des ouvrages dédiés à l'un ou l'autre langage objet, des notions jugées plus avancées : les objets distribués, Corba, RMI, les services web (**chapitre 16**), le multithreading ou programmation parallèle (ou concurrentielle, **chapitre 17**), la programmation événementielle (**chapitre 18**) et enfin la sauvegarde des objets sur le disque dur, y compris l'interfaçage entre les objets et les bases de données relationnelles (**chapitre 19**). Là encore, le lecteur se trouvera le plus souvent en présence de plusieurs versions dans les cinq langages de ces mécanismes.

La **quatrième partie** décrit plusieurs projets de programmation objet totalement aboutis, tant en UML qu'en Java, C# ou Python. Elle inclut d'abord le **chapitre 20**, décrivant la modélisation objet d'un petit flipper et d'un petit tennis, ainsi que les problèmes de conception orientée objet que cette modélisation pose. Le **chapitre 21**, lié au **chapitre 22**, décrit la manière dont les objets peuvent s'organiser en liste liée ou en graphe, mode de mise en relation et de regroupement des objets que l'on retrouve abondamment dans toute l'informatique. Le **chapitre 22** contient la programmation d'un réacteur chimique créant de nouvelles molécules à partir de molécules de base, tout en suivant à la trace l'évolution de la concentration des molécules dans le temps. La chimie – une chimie élémentaire acquise bien avant l'université – nous est apparue être une plate-forme pédagogique idéale pour l'assimilation des concepts objets. Le **chapitre 23** est la véritable innovation de la septième version de l'ouvrage. Il généralise, pour l'environnement de développement Android, certains des programmes animés Java présentés dans le chapitre 20. Ceci donnera la possibilité au lecteur d'expérimenter ces codes Java tant sur son ordinateur que sur son smartphone Android.

Enfin, la **dernière partie** se ramène au seul **chapitre 24**, dans lequel sont présentées plusieurs recettes de conception OO, résolvant de manière fort élégante un ensemble de problèmes récurrents dans la réalisation de programmes. Ces recettes de conception, dénommées *Design patterns*, sont devenues fort célèbres dans la communauté OO. Leur compréhension s'inscrit dans la suite logique de l'enseignement des briques et des mécanismes de base de l'OO. Elle fait souvent la différence entre l'apprenti et le compagnon parmi les programmeurs OO.

À qui s'adresse ce livre ?

Cet ouvrage est sans nul doute destiné à un public assez large : industriels, enseignants et étudiants, mais sa vocation première n'en reste pas moins une initiation à la programmation orientée objet.

Ce livre sera un compagnon d'étude enrichissant pour les étudiants qui comptent la programmation objet dans leur cursus d'étude (et toutes technologies s'y rapportant : Java, Android, C++, C#, Python, PHP, Corba, RMI, services web, UML, LINQ). Il devrait les aider, le cas échéant, à évoluer de la programmation procédurale à la programmation objet, pour aller ensuite vers toutes les technologies s'y rapportant.

Nous ne pensons pas, en revanche, que ce livre peut seul prétendre à constituer une porte d'entrée dans le monde de la programmation tout court. Comme dit précédemment, nous estimons qu'il est idéal d'aborder en même temps les mécanismes OO et procéduraux. Pour des raisons évidentes de place et car les librairies informatiques en regorgent déjà, nous avons fait l'impasse d'un enseignement de base des mécanismes procéduraux : variables, boucles, instructions conditionnelles, éléments fondamentaux et compagnons indispensables à l'assimilation de l'OO. Nous pensons, dès lors, que ce livre sera plus facile à aborder pour des lecteurs ayant déjà un peu de pratique de la programmation dite procédurale, et ce, dans un quelconque langage de programmation. Finalement, précisons que s'il ne prétend pas être exhaustif – et bien qu'à sa 7e édition – il résiste assez bien au temps. Ses pages ne jaunissent pas trop et, tout comme la plupart des technologies qu'il recense, il reste rétrocompatible avec ses versions précédentes. Il suit les évolutions de toutes ces technologies, même si celles-ci restent délibérément accrochées aux principes OO qui en font son sujet et, nous l'espérons, son attrait principal.

Table des matières

1

Principes de base :
quel objet pour l'informatique ?

Ce chapitre présente les briques de base de la conception et de la programmation orientée objet (OO). Il s'agit pour l'essentiel des notions d'objet, de classe, de message et d'héritage. À ce stade, aucun approfondissement technique n'est effectué. Les quelques extraits de code seront écrits dans un pseudo langage très proche de Java. De simples petits exercices de pensée composent une mise en bouche, toute en intuition, des éléments essentiels de la pratique OO.

SOMMAIRE

▶ Introduction à la notion d'objet
▶ Introduction à la notion et au rôle du référent
▶ L'objet dans sa version passive et active
▶ Introduction à la notion de classe
▶ Les interactions entre objets
▶ Introduction aux notions d'héritage et de polymorphisme

DOCTUS — *Tu as l'air bien remonté, aujourd'hui !*

CANDIDUS — *Je cherche un objet, mon vieux ! Je le cherche partout ! C'est ce sacré objet logiciel dont tout le monde parle, mais il est aussi insaisissable que le Yéti...*

DOC. — *Laisse-moi t'expliquer. Au commencement... il y avait l'ordinateur, tout juste né. C'est nous qui étions à son service pour le pouponner. Aujourd'hui, il comprend beaucoup mieux ce qu'on attend de lui. On peut lui parler en adulte, lui expliquer les choses d'une façon plus structurée...*

CAND. — *...Veux-tu dire qu'il comprend ce que nous voulons si nous le lui spécifions ?*

DOC. — *Doucement ! Je dis simplement que notre bébé est aujourd'hui capable de manipuler lui-même les informations qu'on lui confie. Il a ses propres méthodes d'utilisation et de rangement. Il ne veut même plus qu'on touche à ses jouets.*

Jetons un rapide coup d'œil par la fenêtre ; nous apercevons… des voitures, des passants, des arbres, un immeuble, un avion… Cette simple perception est révélatrice d'un ensemble de mécanismes cognitifs des plus subtils, dont la compréhension est une porte d'entrée idéale dans le monde de l'informatique orientée objet. En effet, pourquoi n'avoir pas cité « l'air ambiant », la « température », la « bonne athmosphère » ou encore « la lumière du jour », que l'on perçoit tout autant ? Pourquoi les premiers se détachent-ils de cette toile de fond parcourue par nos yeux ?

Tout d'abord, leur structure est singulière, compliquée ; ils présentent une forme alambiquée, des dimensions particulières, parfois une couleur uniforme et distincte du décor qui les entoure. Nous dirons que chacun se caractérise par un ensemble « d'attributs » structuraux, prenant pour chaque objet une valeur particulière : une des voitures est rouge et plutôt longue, ce passant est grand, assez vieux, courbé, etc. Ces attributs structuraux – et leur présence conjointe dans les objets – sont la raison première de l'attrait perceptif qu'ils exercent. C'est aussi la raison de la segmentation et de la nette séparation perceptive qui en résulte, car si les voitures et les arbres se détachent en effet de l'arrière plan, nous ne les confondons en rien.

Le trio <entité, attribut, valeur>

Nous avons l'habitude de décrire le monde qui nous entoure à l'aide de ce trio que les informaticiens se plaisent à nommer <entité (ou objet), attribut, valeur> ; par exemple <voiture, couleur, rouge>, <voiture, marque, peugeot>, <passant, taille, grande>, <passant, âge, 50>. Les objets (la voiture et le passant) vous sautent aux yeux parce que chacun se caractérise par un ensemble d'attributs (couleur, âge, taille), prenant une valeur particulière, uniforme « sur tout l'objet ».

La nature des attributs est telle qu'ils servent à définir un nombre important d'objets, pourtant très différents. La voiture a une taille comme le passant. L'arbre a une couleur comme la voiture. Le monde des attributs est beaucoup moins diversifié que celui des objets. C'est une des raisons qui nous permettent de regrouper les objets en classes et sous-classes, comme nous le découvrirons plus tard.

Que ce soit comme résultat de nos perceptions ou dans notre pratique langagière, les attributs et les objets jouent des rôles très différents. Les attributs structurent nos perceptions et ils servent, par exemple, sous forme d'adjectifs, à qualifier les noms qui les suivent ou les précèdent. La première conséquence de cette simple faculté de découpage cognitif sur l'informatique d'aujourd'hui est la suivante :

> ✎ **Objets, attributs, valeurs**
>
> Il est possible dans tous les langages informatiques de stocker et de manipuler des objets en mémoire, comme autant d'ensembles de couples attribut/valeur.

Stockage des objets en mémoire

Dans la figure qui suit, nous voyons apparaître ces différents objets dans la mémoire de l'ordinateur. Chacun occupe un espace mémoire qui lui est propre et alloué lors de sa création. Pour se faciliter la vie, les informaticiens ont admis un ensemble de « types primitifs » d'attributs, dont ils connaissent à l'avance la taille requise pour encoder la valeur.

Figure 1–1
Les objets informatiques
et leur stockage en mémoire

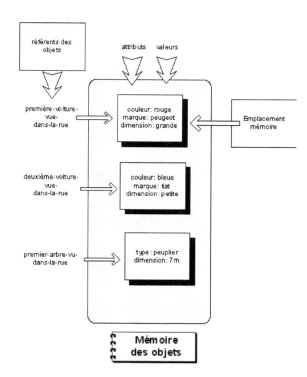

Il s'agit, par exemple, de types comme *réel*, qui occupera 64 bits d'espace (dans le codage des réels en base 2 et selon une standardisation reconnue), ou *entier*, qui en occupera 32 (là encore par sa traduction en base 2), ou *caractère*, qui occupera 16 bits dans le format « unicode ou UTF-16 » (qui code ainsi chacun des caractères de la majorité des écritures répertoriées et les plus pratiquées dans le monde). Dans notre exemple, les dimensions seraient typées en tant qu'entier ou réel. Tant la couleur que la marque pourraient se réduire à une valeur numérique (ce qui ramènerait l'attribut à un entier) choisie parmi un ensemble fini de valeurs possibles, indiquant chacune une couleur ou une marque. Dès lors, le mécanisme informatique responsable du stockage de l'objet « saura », à la simple lecture structurelle de l'objet, quel est l'espace mémoire requis par son stockage.

La place de l'objet en mémoire

Les objets sont structurellement décrits par un premier ensemble d'attributs de type primitif, tels qu'entier, réel ou caractère, qui sert à déterminer précisément l'espace qu'ils occupent en mémoire.

Types primitifs

À l'aide de ces types primitifs, le stockage en mémoire des objets se transforme comme reproduit sur la figure 1-2. Ce mode de stockage de données est une caractéristique récurrente en informatique, présent dans pratiquement tous les langages de programmation et dans les bases de données dites relationnelles. Dans ces dernières, chaque objet devient un enregistrement.

Figure 1–2
Les objets avec leur nouveau mode de stockage où chaque attribut est d'un type dit « primitif » ou « prédéfini », comme entier, réel, caractère…

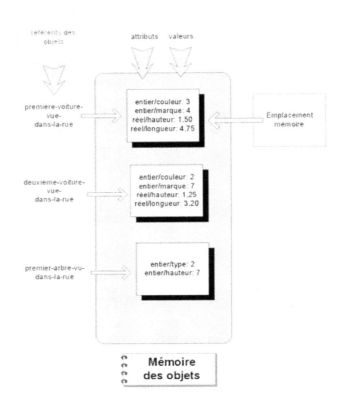

Ainsi, les voitures sont stockées dans des bases à l'aide de leurs couples attribut/valeur ; elles sont gérées par un concessionnaire automobile (comme montré à la figure 1-3).

Figure 1–3
Table d'une base de données relationnelle de voitures, avec quatre attributs et six enregistrements

Marque	Modele	Serie	Numero
Renault	18	RL	4698 SJ 45
Renault	Kangoo	RL	4568 HD 16
Renault	Kangoo	RL	6576 VE 38
Peugeot	106	KID	7845 ZS 83
Peugeot	309	chorus	7647 ABY 82
Ford	Escort	Match	8562 EV 23

✎ **Bases de données relationnelles**

Il s'agit du mode de stockage des données sur support permanent le plus répandu en informatique. Les données sont stockées en tant qu'enregistrements dans des tables, par le biais d'un ensemble de couples attribut/valeur, dont une clé primaire essentielle à la singularisation de chaque enregistrement. La clé prend une valeur unique par enregistrement. Des relations sont ensuite établies entre les tables par un mécanisme de jonction entre la clé primaire de la première table et la clé dite étrangère de celle à laquelle on désire la relier. Le fait, par exemple, qu'un conducteur puisse posséder plusieurs voitures se traduit en relationnel par la présence dans la table « voiture » d'une clé étrangère reprenant les valeurs de la clé primaire de la table « conducteurs ». La disparition de ces clés dans la pratique OO fait de la sauvegarde des objets dans ces tables un problème épineux de l'informatique d'aujourd'hui, comme nous le verrons au chapitre 19.

Les arbres, quant à eux, chacun également avec son couple attribut/valeur, s'enregistrent dans des bases de données gérées par un botaniste.

Notez d'ores et déjà que, bien qu'il s'agisse de trois objets différents, ils peuvent être repris sous la forme de deux classes : « Voiture » comprend deux objets et « Arbre » un seul. C'est la classe qui se charge de définir le type et le nombre des attributs qui la caractérisent. Les deux voitures seront distinctes uniquement parce qu'elles présentent des valeurs différentes pour ces attributs (« couleur », « marque », « hauteur », « longueur »).

Cette façon de procéder n'a rien de novateur et n'est en rien à l'origine de cette pratique informatique désignée comme orientée objet. La simple opération de stockage et de manipulation d'objets en soi et pour soi, en conformité avec un modèle que nous désignerons par « classe », n'est pas ce qui distingue fondamentalement l'informatique orientée objet de celle désignée comme « procédurale » ou « fonctionnelle ». Nous la retrouvons dans pratiquement tous les langages informatiques. Patience ! Nous allons y venir…

De tout temps également, les mathématiciens, physiciens ou autres scientifiques ont manipulé des objets mathématiques caractérisés par un ensemble de couples attribut/valeur. Ainsi, un point dans un espace à trois dimensions se caractérise par les valeurs réelles prises par ses attributs x,y,z. Lorsque ce point bouge, on peut y adjoindre trois nouveaux attributs pour représenter sa vitesse. Il en est de même pour une espèce animale (nombre de représentants, type d'alimentation...), un atome (nombre atomique, densité), une molécule (atomes la composant, concentration au sein d'un mélange), la santé économique d'un pays (PIB par habitant, balance commerciale, taux d'inflation), des étudiants (nom, prénom, adresse, année d'étude, filière d'études), etc.

Le référent d'un objet

Observons à nouveau les figures 1-1 et 1-2. Chaque objet est nommé et ce nom doit être son unique identifiant. Comme c'est en le nommant que nous accédons à l'objet, il est clair que ce nom ne peut être partagé par plusieurs objets. En informatique, le nom correspondra de manière univoque à l'adresse physique de l'objet en mémoire. Rien n'est plus unique qu'une adresse mémoire. Le nom « première-voiture-vue-dans-la-rue » est en fait une variable informatique, que nous appellerons référent par la suite, stockée également en mémoire, mais dans un espace dédié uniquement aux noms symboliques. À cette variable, on affecte comme valeur l'adresse physique de l'objet que ce nom symbolique désigne. En général, dans la plupart des ordinateurs aujourd'hui, l'adresse mémoire se compose de 64 bits, ce qui permet de stocker jusqu'à 2^{64} informations différentes.

> **Espace mémoire**
>
> Ces dernières années, de plus en plus de processeurs ont fait le choix d'une architecture à 64 bits au lieu de 32, ce qui implique notamment une révision profonde de tous les mécanismes d'adressage dans les systèmes d'exploitation. Depuis, les informaticiens peuvent se sentir à l'aise face à l'immensité de l'espace d'adressage qui s'ouvre à eux : 2^{64}, soit 18 446 744 073 709 551 616 octets.

> **Référent vers un objet unique**
>
> Le nom d'un objet informatique, ce qui le rend unique, est également ce qui permet d'y accéder physiquement. Nous appellerons ce nom le « référent de l'objet ». L'information reçue et contenue par ce référent n'est rien d'autre que l'adresse mémoire où cet objet se trouve stocké.
> Un référent est une variable informatique particulière, associée à un nom symbolique, codée sur 64 bits et contenant l'adresse physique d'un objet informatique.

Plusieurs référents pour un même objet

Un même objet peut-il porter plusieurs noms ? Plusieurs référents, qui contiennent tous la même adresse physique, peuvent-ils désigner en mémoire un même objet ? Oui, s'il est nécessaire de nommer, donc d'accéder à l'objet, dans des contextes différents et qui s'ignorent mutuellement.

Dans la vie courante, rien n'interdit à plusieurs personnes, tout en désignant le même objet, de le nommer de manière différente. Il n'y a qu'un seul Hugues Bersini, mais il est « professeur d'informatique » pour ses étudiants, « papa » pour ses enfants, « chéri » pour l'heureuse élue, « ce gêneur » pour son voisin à qui il vient de ravir la dernière place de parking de la rue… Autant de référents pour une seule adresse physique. Les noms des objets seront distincts, car utilisés dans des contextes distincts qui, pour l'essentiel, s'ignorent. C'est aussi faisable sinon fondamental en informatique orientée objet, grâce à ce mécanisme puissant et souple de référence informatique, dénommé adressage indirect par les informaticiens et qui permet, sans difficulté, d'offrir plusieurs voies d'accès à un même objet mémoire. Comme la pratique orientée objet s'accompagne d'une découpe en objets et que chacun d'entre eux peut être sollicité par plusieurs autres qui « s'ignorent » entre eux, il est capital que ces derniers puissent désigner le premier à leur guise, en lui donnant un nom plus conforme à l'utilisation qu'ils en feront.

> **Adressage indirect**
>
> C'est la possibilité pour une variable, non pas d'être associée directement à une donnée, mais plutôt à une adresse physique d'un emplacement contenant, lui, cette donnée. Il devient possible de différer le choix de cette adresse pendant l'exécution du programme, tout en utilisant naturellement la variable. Et plusieurs de ces variables peuvent alors pointer vers un même emplacement car partageant la même adresse. Une telle variable, dont la valeur est une adresse, est dénommée un pointeur en C et C++.

Nous verrons dans la section suivante qu'un attribut d'un objet peut servir de référent vers un autre objet, et qu'il y a là un mécanisme idéal pour que ces deux objets communiquent. Mais n'allons pas trop vite en besogne…

Figure 1–4
Plusieurs référents désignent
un même objet grâce
au mécanisme informatique
d'adressage indirect.

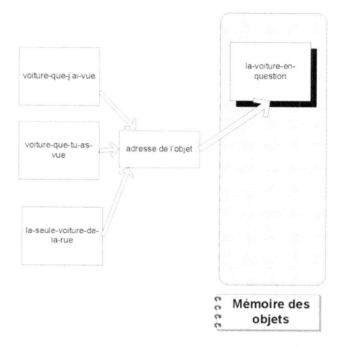

Plusieurs référents pour un même objet

Lorsqu'on écrit un programme orienté objet, on accède couramment à un même objet par plusieurs référents, créés dans différents contextes d'utilisation. Cette multiplication des référents est un élément déterminant de la gestion mémoire associée à l'objet.

On acceptera à ce stade-ci qu'il est utile qu'un objet séjourne en mémoire tant qu'il est possible de le référer. Sans référent, un objet est inaccessible. Le jour où vous n'êtes même plus un numéro dans aucune base de données, vous êtes mort (socialement, tout au moins).

En C++, le programmeur peut effacer un objet à partir de n'importe lequel de ses référents (par exemple « delete voiture-que-j'ai-vue »). On vous laisse dès lors deviner vers quoi pointeront les autres référents (taxés de « pointeurs fous »), pour que vous preniez conscience d'une des difficultés majeures et une des sources d'erreur les plus cruelles (car ses effets sont imprévisibles) inhérentes à la programmation dans ce vénérable langage.

L'objet dans sa version passive

L'objet et ses constituants

Voyons plus précisément ce qui amène notre perception à privilégier certains objets plutôt que d'autres. Certains d'entre eux se révèlent être une composition subtile d'autres objets, tout aussi présents que les premiers, mais que, pourtant, il ne vous est pas venu à l'idée de citer lors de notre première démonstration. Vous avez dit « la voiture » et non pas « la roue de la voiture » ou « la portière » ; vous avez dit « l'arbre » et non pas « la branche » ou « le tronc de l'arbre ». De nouveau, c'est l'agrégat qui vous saute aux yeux et non pas toutes ses parties. Vous savez pertinemment que l'objet « voiture » ne peut fonctionner en l'absence de ses objets « roues » ou « moteur ». Néanmoins, pour citer ce que vous observiez, vous avez fait l'impasse sur les différentes parties constitutives des objets relevés.

Première distinction : ce qui est utile à soi et ce qui l'est aux autres

L'orienté objet, pour des raisons pratiques que nous évoquerons par la suite, encourage à séparer, dans la description de tout objet, la partie utile pour tous les autres objets qui y recourrent, de la partie nécessaire à son fonctionnement propre. Il faut séparer physiquement ce que les autres objets doivent savoir d'un objet donné, afin de solliciter ses services, de ce que ce dernier requiert pour son fonctionnement, c'est-à-dire la mise en œuvre de ces mêmes services.

Objet composite

Tant que vous n'aurez pas besoin du garagiste, vous ne vous préoccuperez pas des roues ni du moteur de votre objet « voiture ». Que les objets s'organisent entre eux en composite et composants est une donnée de notre réalité que les informaticiens ont jugé important de reproduire. Comme indiqué dans la figure suivante, un objet stocké en mémoire peut être placé à l'intérieur de l'espace mémoire réservé à un autre.

Figure 1–5
L'objet moteur devient un
composant de l'objet voiture.

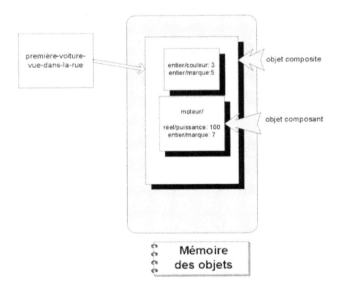

Son accès ne sera dès lors possible qu'à partir de celui qui lui offre cette hospitalité et, s'il le fait, c'est qu'il sait que sa propre existence conditionne celle de son hôte. L'objet moteur, dans ce cas, n'existe que comme attribut de l'objet voiture : si vous vous débarrassez de la voiture, vous vous débarrasserez dans le même temps de son moteur. C'est à la voiture qu'incombera la prise en charge de son moteur : création comme destruction.

> **Une composition d'objets**
>
> Entre eux, les objets peuvent entrer dans une relation de type composition, où certains se trouvent contenus dans d'autres et ne sont accessibles qu'à partir de ces autres. Leur existence dépend entièrement de celle des objets qui les contiennent.

Dépendance sans composition

Vous comprendrez aisément que ce type de relation entre objets ne suffit pas pour décrire fidèlement la réalité qui nous entoure. En effet, si la voiture possède bien un moteur, elle peut également contenir des passagers, qui n'aimeraient pas être portés disparus lors de la mise à la casse de la voiture... D'autres modes de mise en relation entre objets devront être considérés, qui permettent à un premier de se connecter facilement à un deuxième, mais sans que l'existence de celui-ci ne soit entièrement conditionnée par l'existence du premier. C'est ce type d'association qui nous réunit, vous, lecteurs, et nous, auteurs et nous vous souhaitons sincèrement de ne pas nous accompagner le jour du dernier soupir.

L'objet dans sa version active

Activité des objets

Afin de poursuivre cette petite introspection cognitive dans le monde de l'informatique orientée objet, jetez à nouveau un coup d'œil par la fenêtre et décrivez-nous quelques scènes observées : « Une voiture s'arrête à un feu rouge », « Les passants traversent la route », « Un passant entre dans un magasin », « Un oiseau s'envole de l'arbre ». Que dire de toutes ces observations bouleversantes que vous venez d'énoncer ? D'abord, que les objets ne se bornent pas à être statiques. Ils se déplacent, changent de forme, de couleur, d'humeur, souvent suite à une interaction directe avec d'autres objets. La voiture s'arrête car le feu est devenu rouge et elle redémarre dès qu'il passe au vert. Les passants traversent quand les voitures s'arrêtent. L'épicier dit « bonjour » au client qui ouvre la porte de son magasin (et quelquefois le client lui répond). Les objets inertes sont par essence bien moins intéressants que ceux qui se modifient constamment. Certains batraciens ne détectent leur nourriture favorite que si elle est en mouvement : placez-la, immobile, devant eux et l'animal ne la verra simplement pas. Ainsi, l'objet sera d'autant plus riche d'intérêt qu'il est sujet à des transitions d'états nombreuses et variées.

Les différents états d'un objet

Les objets changent donc d'état, continûment, mais tout en préservant leur identité, en restant ces mêmes objets qu'ils ont toujours été. Les objets sont dynamiques, la valeur de leurs attributs change dans le temps, soit par des mécanismes qui leur sont propres (tel le changement des feux de signalisation), soit en raison d'une interaction avec un autre objet (comme dans le cas de la voiture qui s'arrête au feu rouge).

Du point de vue informatique, rien n'est plus simple que de modifier la valeur d'un attribut. Il suffit de se rendre dans la zone mémoire occupée par cet attribut et de remplacer la valeur qui s'y trouve actuellement stockée par une nouvelle valeur. La mise à jour d'une partie de sa mémoire, par l'exécution d'une instruction appropriée, est une des opérations les plus fréquemment effectuées par un ordinateur. Le changement d'un attribut n'affecte en rien l'adresse de l'objet, donc son identité, tout comme vous restez la même personne, humeur changeante ou non. L'objet, en fait, préservera cette identité jusqu'à sa pure et simple suppression de la mémoire informatique. Pour l'ordinateur : « partir, c'est mourir tout à fait ». L'objet naît, vit une succession de changements d'états et finit par disparaître de la mémoire.

Changement d'états

Le cycle de vie d'un objet, lors de l'exécution d'un programme orienté objet, se limite à une succession de changements d'états, jusqu'à sa disparition pure et simple de la mémoire centrale.

Les changements d'état : qui en est la cause ?

Qui est donc responsable des changements de valeur des attributs ? Qui a la charge de rendre les objets moins inertes qu'ils n'apparaissent à première vue ? Qui se charge de les faire évoluer et, ce faisant, de les rendre un tant soit peu attrayants ? Reprenons l'exemple des feux de signalisation et des voitures évoqué plus haut et, comme indiqué à la figure 1-6, stockons-en un de chaque sorte dans la mémoire de l'ordinateur (nous supposerons que la couleur est bien représentée par un entier ne prenant que les valeurs 1, 2 ou 3, et la vitesse par un simple entier). Installons dans cette même mémoire, mais un peu plus loin, deux opérations chargées de changer l'une la couleur du feu et l'autre la vitesse de la voiture. Dans la mémoire dite centrale, RAM ou vive, d'un ordinateur, ne se trouvent toujours installés que ces deux types d'information : des données et des instructions qui utilisent et modifient ces données, rien d'autre. Comme les attributs, chaque opération se doit d'être nommée afin de pouvoir y accéder ; nos deux opérations s'appelleront respectivement `change` et `changeVitesse (int nV)`. Ces deux opérations sont banales : pour le feu, il s'agit d'incrémenter l'entier couleur et de ramener sa valeur à 1 dès qu'il atteint 4 (le feu reproduit constamment le même cycle), et pour la voiture de changer sa vitesse en fonction de l'argument transmis en paramètre (l'entier `nV`, pour autant qu'il ne dépasse pas la limite autorisée). Ces deux opérations triviales mettront un peu d'animation dans la rue.

Comment relier les opérations et les attributs ?

Alors que nous comprenons bien l'installation en mémoire, tant de l'objet que de l'opération qui pourra le modifier, ce qui nous apparaît moins évident, c'est la liaison entre les deux. Ainsi, pour le feu, comment l'opération et les deux instructions de changement (l'incrémentation et le test), installées dans la mémoire à droite, savent-elles qu'elles portent sur le feu de signalisation installé, lui, dans la mémoire à gauche ? Plus concrètement encore, comment l'opération `change`, qui incrémente et teste un entier, sait-elle que cet entier est, de fait, celui qui code la couleur du feu et non « l'âge du capitaine » ? De même, comment l'opération `changeVitesse` sait-elle que c'est bien sur la vitesse de la voiture qu'elle doit porter, et non pas sur un feu, qu'elle essaierait de pousser à 120. La réponse à cette question vous fait entrer de plain-pied dans le monde de l'orienté objet…

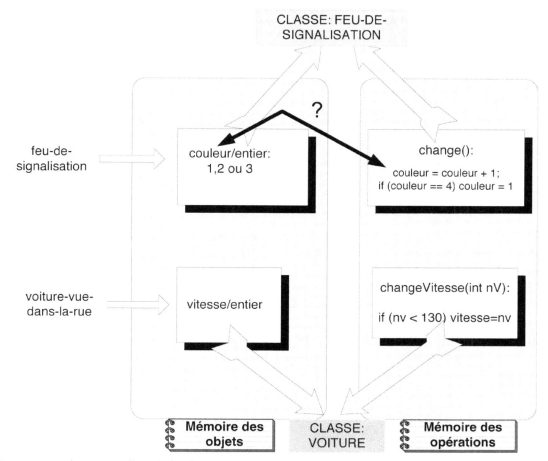

Figure 1–6 Le changement d'état du feu de signalisation par l'entremise de l'opération « change » et celui de la voiture par l'opération « changeVitesse(int nV) »

Introduction à la notion de classe

Méthodes et classes

Place à la réponse. Elle s'articule en deux temps. Concentrons-nous uniquement sur le feu de signalisation (pour la voiture, le raisonnement est en tout point analogue). Dans un premier temps, il faudra que l'opération change – que nous appellerons dorénavant *méthode* change – ne soit attachée qu'à des objets de type feu de signalisation. Seuls ces objets possèdent l'entier sur lequel peut s'exercer cette méthode. Appliquer la méthode change sur tout autre type d'objet, tel que la voiture ou l'arbre, n'a pas de sens, car on ne saurait de quel entier il s'agit. De surcroît, ce double incrément pour revenir à la valeur de base est totalement dénué de signification pour ces autres objets. Le subterfuge qui associe la méthode avec l'objet qui lui correspond consiste à les unir tous deux par les liens, non pas du mariage, mais de la « classe ». Deux classes sont à l'œuvre figure 1-6 : le Feu-De-Signalisation et la Voiture.

✎ Classe

Une nouvelle structure de données voit le jour en OO : la *classe*, qui, de fait, a pour principal rôle d'unir en son sein tous les attributs de l'objet et toutes les opérations les concernant. Ces opérations sont appelées *méthodes* et regroupent un ensemble d'instructions portant sur les attributs de l'objet.

Pour les programmeurs en provenance du procédural, les attributs de la classe sont comme des arguments implicites passés à la méthode ou encore des variables dont la portée d'action se limite à la seule classe. Les méthodes s'occupent de toute la partie active de ce petit programme, que nous appellerons désormais « classe » et qui tend à ne reprendre qu'un concept unique de la réalité perçue.

La classe devient ce contrat logiciel qui lie les attributs de l'objet et les méthodes qui les utilisent. Par la suite, tout objet devra impérativement respecter ce qui est dit par sa classe, sinon gare au gardien des rites : le compilateur !

Comme c'est l'usage en informatique, s'agissant de variables manipulées, on parlera dorénavant de l'objet comme d'une *instance* de sa classe, et de la classe comme du *type* de cet objet.

On voit l'intérêt, bien sûr, de garder une définition de la classe séparée mais partagée par toutes les instances de celles-ci. Non seulement c'est la classe qui détermine les attributs (leur type) sur lesquels les méthodes peuvent opérer mais, plus encore, seules les méthodes déclarées dans la classe pourront de facto manipuler les attributs des objets typés par cette classe.

La classe Feu-de-signalisation pourrait être définie plus ou moins comme suit :

```
class Feu-de-signalisation {
  int couleur ;
  change() {
    couleur = couleur + 1 ;
    if (couleur ==4) couleur = 1 ;
  }
}
```

✎ Type entier

Le type primitif entier est souvent appelé dans les langages de programmation int (pour *integer*), le type réel double ou float, le caractère char. Eh oui ! L'anglais reste l'espéranto de l'informatique !

Chaque objet feu de signalisation répondra de sa classe, en faisant en sorte, dès sa naissance, de n'être modifié que par les méthodes qui y sont déclarées. Pour notre exemple, nous n'avons défini que change, mais il pourrait y en avoir bien d'autres comme met-le-feu-en-stand-by, change-la-durée-d'une-des-couleurs ; il faudrait alors ajouter quelques attributs comme la durée de chaque couleur.

Un objet existe par l'entremise de ses attributs et se modifie uniquement par l'entremise de ses méthodes (et nous disons bien « ses »).

Sur quel objet précis s'exécute la méthode ?

Dans un second temps, il faudra signaler à la méthode change (qui, grâce à la définition de la classe, sait qu'elle opère exclusivement sur des feux de signalisation) lequel, parmi tous les feux possibles et stockés en mémoire, est celui qu'il est nécessaire de changer. Cela se fera par le simple appel de la méthode sur l'objet en question et, plus encore, par l'écriture d'une instruction de programmation de type feu-de-signalisation.change()

Nous appliquons la méthode change() (nous expliquerons plus tard la raison d'être des parenthèses) sur l'objet feu-de-signalisation. Dans cette instruction, c'est le point qui établit la liaison entre l'objet précis et la méthode à exécuter. N'oubliez pas que le référent feu-de-signalisation possède effectivement l'adresse de l'objet et donc celle de l'attribut entier-couleur sur lequel la méthode change() doit s'appliquer. Pour la voiture, on écrirait par exemple voiture.changeVitesse(120), ce qui aurait pour effet de régler à 120 la vitesse de la voiture en question.

Lier la méthode à l'objet

On lie la méthode f(x) à l'objet a sur lequel elle doit s'appliquer, au moyen d'une instruction comme a.f(x). Par cette écriture, la méthode f(x) sait comment accéder aux seuls attributs de l'objet a qu'elle peut manipuler.

Différencier langage orienté objet et langage manipulant des objets

De nombreux langages de programmation, surtout de scripts pour le développement web (JavaScript, VB Script), rendent possible l'exécution de méthodes sur des objets dont les classes préexistent au développement. Le programmeur ne crée jamais de nouvelles classes mais se contente d'exécuter les méthodes de celles-ci sur des objets. Supposons par exemple que vous vouliez agrandir une police (*font*) particulière de votre page web. Vous écrirez f.setSize(16) mais jamais dans votre code vous n'aurez créé la classe Font (vous utilisez l'objet f issu de cette classe) ni sa méthode setSize(). Vous vous limitez à les utiliser comme vous utilisez les bibliothèques d'un quelconque langage de programmation. Les classes regroupées dans ces bibliothèques auront été développées par d'autres programmeurs et mises à votre disposition. La programmation orientée objet débute dès que vous incombe la création de nouvelles classes, même si lors de l'écriture de vos codes, vous vous reposez largement sur des classes écrites par autrui. C'est bien de programmation orientée classe qu'il s'agirait plutôt.

Pour certains, dès lors, et au contraire de ce que nous venons d'affirmer, un langage comme Javascript en deviendrait, lui, vraiment orienté objet. Ce n'est pas tant qu'il soit impossible d'écrire de nouvelles classes, mais plutôt que tous les objets soient en même temps des classes. En effet, il est possible en Javascript de créer directement un objet à partir d'un autre, suivant un mécanisme ressemblant à l'héritage et généralement appelé prototypage. C'est également le modèle des langages Io et Self, largement reconnus comme orientés objet. Déterminer quels langages peuvent effectivement se targuer d'être orientés objet est devenu une question plutôt délicate à trancher.

Des objets en interaction

Parmi les saynètes évoquées plus haut, certaines décrivaient une interaction entre deux objets, comme le feu qui, passant au vert, permet à la voiture de démarrer. À l'instar de cette réalité observée, les objets informatiques interagissent. C'est le fondement de l'OO. C'est ensemble, mais aussi et paradoxalement chacun pour soi (ce paradoxe sera résolu plus tard), que les objets commencent à nous être utiles.

Tentons d'imaginer comment l'effet du changement de couleur du feu sur le démarrage de la voiture pourrait être reproduit informatiquement. Considérons deux objets, feu-de-signalisation et voiture-vue-dans-la-rue, instances respectives des classes Feu-De-Signalisation (notez les majuscules) et Voiture. Ils sont caractérisés chacun par un attribut : l'entier couleur pour le feu et, pour la voiture, un entier vitesse pouvant prendre jusqu'à 130 valeurs possibles.

Figure 1–7
Comment l'objet
« feu-de-signalisation »
parle-t-il à l'objet
« voiture-vue-dans-la-rue » ?

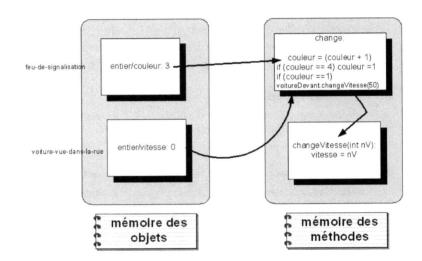

Comment les objets communiquent

Faisons simple et supposons que le changement de couleur du feu induise dans la voiture l'accélération instantanée de la vitesse de 0 à 50. Observez la figure 1-7. De même que la couleur du feu ne peut être modifiée que par la méthode change, le changement de vitesse de la voiture relève exclusivement de la méthode changeVitesse(int nV). Il est prévu que cette méthode reçoive un argument de type entier, qui lui permettra d'affiner son effet en fonction de la valeur de cet argument.

Notez que les méthodes peuvent recevoir des arguments, qu'elles utiliseront dans le corps de leur définition pour paramétrer leur fonctionnement. C'est la raison d'être des parenthèses qui, même lorsqu'elles ne contiennent aucun argument, sont obligées d'apparaître dans l'appel de la méthode.

✎ **Méthode**

Il s'agit d'un regroupement d'instructions semblable aux procédures, fonctions et routines rencontrées dans tous les langages de programmation, à ceci près qu'une méthode s'exécute toujours sur un objet précis (comme si celui-ci lui était, implicitement, passé comme un argument additionnel).

Envoi de messages

D'ores et déjà, vous en aurez déduit que la seule manière pour deux objets de communiquer, c'est que l'un demande à l'autre d'exécuter une méthode qui lui est propre. Ici, le feu de signalisation demande à la voiture d'exécuter sa méthode changeVitesse(50), qui porte à 50 son attribut vitesse. Rappelez-vous qu'il serait impropre que le feu s'en charge directement, étant donné que seules les méthodes de la classe Voiture peuvent se permettre de modifier l'état de cette dernière. En se référant à la figure 1-7, vous constatez que le moyen utilisé par l'objet feu pour déclencher la méthode changeVitessse est de prévoir dans le corps de sa propre méthode une instruction telle que voitureDevant.changeVitesse(50). Le feu s'adresse donc à un référent particulier, dénommé voitureDevant, sur lequel il déclenche la méthode changeVitesse.

> ✎ **Envoi de message**
>
> Le seul mode de communication entre deux objets revient à la possibilité pour le premier de déclencher sur le second une méthode déclarée et définie dans la classe de ce dernier. On appellera ce mécanisme de communication un « envoi de message » du premier objet vers le second.
>
> Cette expression prend d'autant plus de sens pour des objets s'exécutant sur des ordinateurs très éloignés géographiquement, situation entraînant réellement un envoi physique de message d'un point à l'autre du globe.

Identification des destinataires de message

Il nous manque quelques éléments indispensables. Le premier est de signaler au feu que le référent voitureDevant est bien de classe Voiture et que, de ce fait, cette demande d'exécution de méthode est tout à fait légitime. Afin de typer ce référent-là, on pourrait tout simplement le passer comme argument de la méthode change pour le feu. Cependant, nous rencontrerons bien plus souvent le procédé qui consiste à faire de ce référent un attribut à part entière de la classe Feu-de-signalisation, un attribut de type Voiture. La classe Feu-de-signalisation se définira alors comme ceci :

```
class Feu-de-signalisation {
  int couleur ;
  Voiture voitureDevant;
  change() {
    couleur = couleur + 1 ;
    if (couleur ==4) couleur = 1 ;
    if (couleur ==1) voitureDevant.changeVitesse(50) ;
  }
}
```

Le référent voitureDevant étant en effet de type Voiture, il peut recevoir le message changeVitesse(50). Le compilateur vérifiera qu'il existe bel et bien, à proximité, une classe Voiture contenant la méthode changeVitesse(int). Nous reviendrons sur ce mécanisme dans les prochains chapitres. Syntaxiquement, cette écriture est parfaitement correcte, y compris en l'absence pour l'instant du moindre objet voiture. Ce qui est simplement dit à ce stade de l'écriture de la classe, est que tout objet feu de signalisation se voit associer un objet voiture auquel il peut envoyer le message changeVitesse(x). Une association est ici réalisée entre les classes Feu-de-signalisation et Voiture et elle va dans le sens du Feu vers la Voiture. Cette association dirigée entre nos deux classes se représente en UML comme dans la figure 1-8 (nous reviendrons plus loin sur les diagrammes de classes). Ce diagramme indique que tout objet de la classe Feu se voit associé à un et un seul objet de la classe Voiture auquel il envoie le message changeVitesse.

Figure 1–8
Un premier diagramme de classes UML indiquant une association entre deux classes

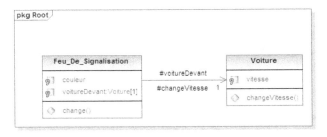

Le deuxième élément indispensable est de relier ce référent à l'objet en question et donc de lui affecter la même adresse physique que celle contenue dans le référent voiture-vue-dans-la-rue. Nous décrirons par la suite différentes manières d'y parvenir. Si nous adoptons l'écriture de la classe indiquée plus haut, une simple manière consistera à prévoir, au cours de la création de l'objet feu-de-signalisation, une instruction telle que voitureDevant = voiture-vue-dans-la-rue, qui transmettra l'adresse physique de la voiture en question.

> **Gestion d'événement**
>
> Au lieu d'envoyer un message du feu à toutes les voitures qui lui font face (et dont il ignore la nature et le nombre), il serait sans doute plus réaliste de considérer que les voitures sont susceptibles d'observer la transition de couleur du feu et de réagir en conséquence sans en recevoir explicitement l'ordre par le feu. Ce mécanisme d'observation et de gestion d'événement est également un « plus » de la programmation OO que nous expliciterons au chapitre 18.

Des objets soumis à une hiérarchie

Du plus général au plus spécifique

Vous avez dit « voiture » mais êtes-vous vraiment sûr qu'il s'agissait d'une voiture ? Ne s'agissait-il pas plutôt, pour être précis, d'une Peugeot, plus encore d'une 206, ou, de surcroît, de sa version turbo, rallye ou cabriolet ? Qu'est-ce que cela peut bien changer, direz-vous ? Pas grand-chose ici, mais beaucoup pour l'informatique OO, car cet objet que vous avez vu est en fait tout cela à la fois. Pour être tout à fait complet, il aurait également pu être qualifié de « moyen de transport » ou « juste un objet de ce monde ». Tous ces concepts décrivent le même objet à différents niveaux de précision et forment entre eux une hiérarchie, ou taxonomie : du plus général au plus spécifique. C'est ce qui nous permet de les utiliser de la manière la plus adaptée et la plus économique qui soit.

✎ **Héritage et taxonomie**

Une pratique clé de l'orienté objet est d'organiser les classes entre elles de manière hiérarchique ou taxonomique, des plus générales aux plus spécifiques. On parlera d'un mécanisme « d'héritage » entre les classes. Un objet, instance d'une classe, sera à la fois instance de cette classe, mais également de toutes celles qui la généralisent et dont elle hérite. Tout autre objet ayant besoin de ses services choisira de le traiter selon le niveau hiérarchique le plus approprié. Pour vous lecteurs, nous ne sommes que de pauvres objets enseignants de la chose informatique. Si vous nous connaissiez mieux, vous découvririez des natures autrement plus raffinées, mais à quoi cela vous servirait-il de mieux nous connaître ?

Tout bien pensé, il n'existe dans ce monde aucune voiture, tout comme il n'existe aucun arbre. D'ailleurs (nous expliquerons plus tard pourquoi), malgré l'existence possible de classes `Arbre` ou `Voiture` dans le logiciel OO que nous pourrions réaliser, il serait souhaitable que ces classes ne donnent naissance à aucun objet. En revanche, il existe des Peugeot 206, des Renault Kangoo, des Fiat Uno, des Volkswagen Golf. Il existe des peupliers, des cerisiers, et même des cerisiers du Japon. Pourquoi alors inventer ce concept de voiture, si rien de ce que nous percevons ne s'y rapporte vraiment ?

Tout simplement, l'usage que les êtres humains font de leur objet `voiture` ne requiert aucunement d'en connaître la marque : « J'ai pris la voiture pour partir en voyage », « Ma voiture est en panne », « J'ai eu un accident de voiture ». Ce serait la même histoire, le même scénario, si vous remplaciez la voiture par sa marque. Dès lors, cette précision devient inutile car elle n'apporte rien de plus à la conversation et risque même de détourner le sens premier de vos propos. En outre, le même traitement est souvent réservé à toutes les voitures, quelle que soit leur marque. Il est bien commode de pouvoir dire, dans une même phrase : « Les voitures font la queue devant la station service », « L'accident a impliqué cinq voitures », « Après deux ans, votre voiture doit passer au contrôle technique ».

Dépendance contextuelle du bon niveau taxonomique

Le simple mot « voiture » suffit largement à véhiculer tout le sens qui est nécessaire à la plupart des contextes. De même, généraliser d'un cran ce concept et parler de « moyen de transport » risque, là encore, de dénaturer le sens de vos propos. En effet, ce niveau intègre également des objets comme le train et l'avion et votre interlocuteur ne pourra manquer de généraliser vos propos à ces autres objets. Le niveau taxonomique que vous utilisez dépend bien évidemment du contexte. Dialoguant avec un garagiste, il y a fort à parier que vous serez contraint à un moment ou à un autre de lui préciser la marque de la voiture, mais cela se produira rarement dans la grande majorité des interactions sociales. C'est l'utilisation que vous faites des mots, plus que la réalité qu'ils dépeignent, qui sous-tend leur sens. Le mot « voiture » suffit, non seulement à vous véhiculer, mais également à véhiculer tout ce qu'il vous est important de signifier à son propos, d'abord à vous puis aux autres.

Héritage

Dans notre cognition et dans nos ordinateurs, le rôle premier de l'héritage est de favoriser une économie de représentation et de traitement. La factorisation de ce qui est commun à plusieurs sous-classes dans une même superclasse offre des avantages capitaux. Vous pouvez omettre d'écrire dans la définition de toutes les sous-classes ce qu'elles héritent des superclasses. Il est de bon sens que, moins on écrit d'instructions, plus fiable et plus facile à maintenir sera le code. Si vous apprenez d'une classe quelconque qu'elle est un cas particulier d'une classe générale, vous pouvez lui associer automatiquement toutes les informations caractérisant la classe plus générale et ce, sans les redéfinir. De plus, vous ne recourez à cette classe plus spécifique que dans des cas bien plus rares, où il vous sera essentiel d'exploiter les informations qui lui sont propres.

Polymorphisme

Plusieurs voitures patientent devant le feu. Dès que ce dernier passe au vert, c'est avec rage que tous ces moteurs s'emballent et propulsent leur voiture. Elles démarrent toutes, de fait, mais pas de la même manière. La vieille 2-CV, après quelques soubresauts et autres protestations mécaniques, cale péniblement. La Twingo s'avance tranquillement dans le carrefour, le temps pour son conducteur de sourire par la fenêtre au malheureux conducteur de la 2-CV. La BMW la double férocement et traverse le carrefour en moins de temps qu'il ne faut pour le dire. En réalité, toutes ces voitures ont bien reçu le même message de démarrage, envoyé par le feu, mais se sont empressées de l'interpréter différemment. Le feu serait bien en peine de différencier le message en fonction des voitures à qui il l'adresse.

Notre conceptualisation du monde, par héritage et généralisation, est ainsi faite que nous retrouvons la même dénomination pour des activités partagées par un ensemble d'objets, mais dont l'exécution se particularise en fonction de la vraie nature de ces objets. Cela permet à un premier objet, interagissant avec un ensemble d'autres objets susceptibles d'exécuter le message, de le leur adresser sans se préoccuper de leur nature intime. L'objet feu n'a que faire dans son fonctionnement de la marque des voitures avec lesquelles il communique. Pour lui, il s'agit là uniquement d'objets de la classe Voiture qui peuvent tous démarrer, un point c'est tout. Ce mécanisme s'appelle le *polymorphisme* ; il autorise une grande économie de conception et est un gage de stabilité (ajouter une nouvelle sous-classe de voiture devant le feu ne changera rien au comportement de ce dernier).

Prenez la souris de votre PC, cliquez partout sur votre écran et regardez ce qui se passe : des menus se déroulent, des fenêtres s'ouvrent, d'autres se ferment, des icônes s'inscrivent. Pourtant, tous les objets de votre écran reçoivent ce même clic, mais tous l'interprètent différemment. C'est à la réception que le destinataire décidera du sens à donner au message de la souris. Vous, objets lecteurs et apprentis informaticiens, nous, auteurs, vous incitons à lire ce livre, en prévoyant que vous le lirez tous à votre rythme et en l'appréciant différemment, suivant vos prérequis, votre enthousiasme à la lecture et votre goût pour l'informatique. Notre message est unique même si nous sommes conscients qu'il sera perçu ô combien différemment par nos différents lecteurs.

Polymorphisme, conséquence directe de l'héritage

Le polymorphisme, conséquence directe de l'héritage, permet à un même message, dont l'existence est prévue dans une superclasse, de s'exécuter différemment, selon que l'objet qui le reçoit est d'une sous-classe ou d'une autre. Ainsi, l'objet responsable de l'envoi du message n'a pas à se préoccuper dans son code de la nature ultime de l'objet qui le reçoit et donc de la façon dont il l'exécutera.

Héritage bien reçu

C'est avec ce mécanisme d'héritage que nous terminons notre entrée dans le monde de l'OO, muni, comme vous vous en serez rendu compte, de notre petit manuel de psychologie. En effet, les sciences cognitives et l'intelligence artificielle prennent une large place dans le faire-part de naissance de l'informatique OO. Dans les sciences cognitives, cette idée d'objet est largement répandue, déguisée sous les traits des schémas piagétiens, des noumènes kantiens ou des paradigmes kuhniens. Tous ces auteurs se sont efforcés de nous rappeler que notre connaissance n'est pas aussi désorganisée qu'elle n'y paraît, que des blocs apparaissent, faisant de notre cognition un cheptel d'îles plutôt qu'un océan uniforme, blocs reliés entre eux de manière relationnelle et taxonomique. Cette structuration cognitive reflète, en partie, la réalité qui nous entoure, mais surtout notre manière de la percevoir et de la communiquer, tout en se soumettant à des principes universaux d'économie, de simplicité et de stabilité.

Exercices

Exercice 1.1

Prenez comme exemple une de vos activités sportives, culturelles, artistiques ou sociales, et faites une liste des objets impliqués dans cette activité. Dans un premier temps, créez ces objets sous forme de couples attribut/valeur. Dans un deuxième temps, réfléchissez au lien d'interaction existant entre ces objets ainsi qu'à la manière dont ils sont capables de s'influencer mutuellement. Dans un troisième temps, identifiez pour chaque objet une possible classe le caractérisant.

Exercice 1.2

Répondez aux questions suivantes :
* Un même référent peut-il désigner plusieurs objets ?
* Plusieurs référents peuvent-ils désigner un même objet ?
* Un objet peut-il faire référence à un autre ? Si oui, comment ?
* Pourquoi l'objet a-t-il besoin d'une classe pour exister ?
* Un objet peut-il changer d'état ? Si oui, comment ?
* Que signifie cette écriture $a.f(x)$?
* Où doit être déclarée $f(x)$ pour que l'instruction précédente s'exécute sans problème ?
* Qu'appelle-t-on un envoi de message ?
* Comment un premier objet peut-il conduire un deuxième objet à changer d'état ?

Exercice 1.3

Placez dans un arbre taxonomique, du plus général au plus spécifique, les concepts suivants :
* humain, footballeur, avant-centre, sportif, skieur, spécialiste du slalom géant ;
* guitare, instrument de musique, trompette, instrument à vent, instrument à corde, violon, saxophone, voix.

Exercice 1.4

Réfléchissez à quelques objets de votre entourage : livre, ordinateur, portefeuille, collègue, téléphone… et interrogez-vous à chaque fois sur le niveau taxonomique que vous privilégiez dans la manière de les désigner. Pourquoi celui-là ? Par exemple, pourquoi dites-vous simplement « livre » et pourquoi pas « le livre d'Eyrolles intitulé *La programmation orientée objet* » ?

Exercice 1.5

Dans les couples d'objets suivants : voiture/conducteur, footballeur/ballon, guitare/guitariste, télévision/télécommande, lequel des deux est l'expéditeur et lequel est le destinataire des messages ?

2

Un objet sans classe... n'a pas de classe

Ce chapitre a pour but de préciser la notion de classe : de quoi une classe est-elle faite et quel rôle joue-t-elle durant le développement du programme, sa compilation, sa structuration finale, et surtout le découpage du programme qu'elle permet. On verra que les classes servent à la fois de modèle à respecter stricto sensu par les objets, ainsi que de modules idéaux pour l'organisation logicielle.

CANDIDUS — *Explique-moi le mode d'emploi de ton bébé.*

DOCTUS — *Bon ! Autrefois (mode procédural), il fallait chatouiller bébé au bon endroit pour le forcer à faire ce qu'on attendait de lui. Aujourd'hui (orienté objet), il faut lui fournir des moyens d'agir qui lui sont accessibles. Si nous nous arrangeons pour organiser son environnement comme un ensemble de modules simples et complets, il nous fera tout un tas de petits miracles.*

CAND. — *Et on sait bien que beaucoup de programmes marchent par miracle...*

DOC. — *...Ces modules ne sont pas autre chose qu'un ensemble de pièces avec leurs règles d'utilisation.*

CAND. — *J'imagine que tous ces petits modules sont en fait les différents composants d'une structure. Seule la vision globale de l'ensemble laissera voir la complexité du travail de bébé... Ça semble génial ! Tu viens de faire la même découverte que Descartes quand il voulait tout expliquer en réduisant tout ce qui lui apparaissait complexe en des parties plus simples !*

DOC. — *Sans aller jusque là, il s'agit simplement d'orienter l'effort à fournir. C'est toi qui devras tout expliquer quand tu réaliseras un programme particulier. Ce qu'il faut retenir, c'est que ton effort devra être basculé de la phase de développement vers la phase de conception. Tes données ne seront plus ces choses inertes avec lesquelles tu jonglais en te servant de fonctions bien trop complexes. Elles seront des acteurs à part entière de ton programme ; elles sauront quoi y faire et avec qui le faire.*

Constitution d'une classe d'objets

Le premier chapitre a apporté une première justification à la nécessité de faire précéder toute manipulation d'objets d'une structure de données, associant aux attributs de l'objet les seules méthodes qui peuvent y avoir accès. Dorénavant, chaque objet créé le sera à partir d'une classe à laquelle il sera tenu de se conformer tout au long de son existence. Pourtant, dans la réalité, rien n'interdit à un objet de changer de statut ou de comportement ; par exemple, un étudiant peut devenir professeur ou un professeur d'informatique devenir sommelier. C'est possible dans la réalité, mais pas dans l'OO d'aujourd'hui : l'objet est coincé, figé par sa classe, même s'il s'y sent parfois à l'étroit. Dans les langages OO, la classe est le modèle à respecter stricto sensu, comme le plan de l'architecte pour une maison. La classe se décrit au moyen de trois informations : le nom de la classe (FeuDeSignalisation sur la figure 2-1), le nom des attributs (couleur, position et hauteur) et leur type (int pour les deux premiers et double pour le troisième), et enfin, le nom des méthodes (change, clignote) avec la liste des arguments et le type de ce que les méthodes retournent.

Figure 2–1
Un exemple d'une classe
et des trois types d'information
qui la composent

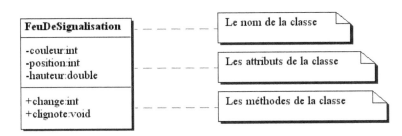

Définition d'une méthode de la classe : avec ou sans retour

Une méthode retourne quelque chose si le corps de ses instructions se termine par une expression telle que return x. Si c'est le cas, son nom sera précédé du type de ce qu'elle retourne. Par exemple, la méthode change, modifiant la couleur du feu, pourrait se définir comme suit :

```
int change() {
  couleur = couleur + 1 ;
  if couleur == 4 couleur = 1;
    return couleur ; /* la méthode retourne un entier */
}
```

> ### Commentaires
>
> /* ... */ encadre des commentaires à l'intérieur d'un code. Lorsque les commentaires restent sur une seule ligne, on peut également utiliser //. En Python, en revanche, tous les commentaires restent sur une seule ligne et doivent débuter par le dièse # plutôt que le //.Toute écriture mise en commentaire est désactivée dans le code. Nous utiliserons beaucoup les commentaires dans nos codes, de manière à expliquer ceux-ci sans pour autant modifier la façon dont ils s'exécutent.

Notre méthode retourne une « couleur », donc elle est de type entier. La rencontre du mot return met fin à l'exécution de la méthode et remplace celle-ci dans le code qui l'appelle par la valeur de ce retour. Il est bien entendu possible d'exécuter la méthode sans pour autant récupérer la valeur qu'elle retourne.

Certaines méthodes ne retournent rien ; elles sont alors précédées du mot-clé void au lieu d'un type. C'est le cas de la seconde méthode de la classe, clignote(). Son appel dans un corps d'instructions se fait indépendamment d'un contexte opératoire spécifique, alors que l'appel de change() peut être intégré à une expression (où il pourrait être remplacé par un simple entier), par exemple :

```
if (change() == 1) print ("le feu est vert")
```

ou encore :

```
int b = change() + 2 ;
```

> ### Fonctions et procédures
>
> Les praticiens des langages de programmation procéduraux retrouveront là la distinction faite généralement dans ces langages entre une fonction (déclarée avec retour comme toute fonction mathématique f(x) en général) et une procédure (déclarée sans retour et qui se borne à modifier des données du code sans que cette action soit intégrée à l'intérieur même d'une instruction).

Par ailleurs, une méthode peut recevoir un ensemble d'*arguments* entre parenthèses, qu'elle utilisera dans le cours de son exécution. Dans l'exemple ci-après, l'argument entier a sert à calibrer la boucle. Le corps de cette méthode fait clignoter le feu deux fois et, en fonction de la valeur de a, adapte la durée des phases éteintes et allumées.

```
void clignote(int a) {
  /* Affichage de texte à l'écran */
  System.out.println("deuxieme maniere de clignoter");
  for(int i=0; i<2; i++) {
    for (int j=0; j<a; j++) // on retrouve le "a" de l'argument
      System.out.println("je suis eteint");
    for (int j=0; j<a; j++)
      System.out.println("je suis allume");
  }
}
```

Arguments de méthode

La présence des arguments dans la définition d'une méthode sert à moduler le comportement du corps d'instructions de cette méthode. C'est l'équivalent du x dans les fonctions mathématiques f(x). Dans les langages typés, les arguments de la méthode doivent être typés lors de la déclaration de celle-ci. Ainsi, on déclarera void f(int x) ; pour que cette fonction ne traite que des entiers, par exemple f(5).

Identification et surcharge des méthodes par leur signature

Ensemble, le nom de la méthode ainsi que la liste et le type de ses arguments constituent la *signature* de cette méthode. Tout envoi de message est conditionné par cette signature : si un objet parle à un autre, le langage d'interaction sera la liste des signatures des méthodes disponibles chez cet autre. Cette signature est associée de manière unique aux instructions qui composent la méthode et qui, in fine, l'exécuteront. Elle est à rapprocher du référent des objets, car il s'agit à nouveau d'un mode d'accès.

La signature est différente et se réfère à un autre corps d'instructions dès lors que, tout en conservant le nom de méthode elle modifie quoi que ce soit dans la liste ou dans le type de ses arguments. Si pour un même nom de méthode, on modifie dans une nouvelle définition la seule liste des arguments, on parle alors de *surcharge* de méthodes.

Surcharge de méthode

La manœuvre consistant à surcharger une méthode revient à en créer une nouvelle, dont la signature se différencie de la précédente uniquement par la liste ou la nature des arguments.

Il n'est pas possible d'avoir deux méthodes qui possèdent la même signature, c'est-à-dire le même nom et la même liste d'arguments, et qui se différencient par le contexte opérationnel dans lequel elles sont appelées, comme le type de « retour ».

Signature de méthode

La signature de la méthode est ce qui permet de la retrouver dans la mémoire des méthodes. Elle est constituée du nom, de la liste, ainsi que du type des arguments. Toute modification de cette liste pourra donner naissance à une nouvelle méthode, surcharge de la précédente. Deux méthodes ayant le même nom et la même liste d'arguments ne peuvent différer par leur return (qui ne fait pas partie de la signature).

Dans le code qui suit, la classe FeuDeSignalisation surcharge deux fois sa méthode clignote(), selon que l'on spécifie ou non dans les arguments les durées des phases allumées et éteintes.

```
class FeuDeSignalisation {
  void clignote() {
    System.out.println("premiere manière de clignoter");
    for(int i=0; i<2; i++) {
        for (int j=0; j<3; j++)
          System.out.println("je suis eteint");
        for (int j=0; j<3; j++)
          System.out.println("je suis allume");
    }
  }
  void clignote(int a) {
    System.out.println("deuxieme manière de clignoter");
    for(int i=0; i<2; i++) {
        for (int j=0; j<a; j++)
          System.out.println("je suis eteint");
        for (int j=0; j<a; j++)
          System.out.println("je suis allume");
    }
  }
  int clignote(int a, int b) {
    System.out.println("troisieme maniere de clignoter");
    for(int i=0; i<2; i++) {
      for (int j=0; j<a; j++)
          System.out.println("je suis eteint");
      for (int j=0; j<b; j++)
          System.out.println("je suis allume");
    }
    return b;
  }
  void clignote(int a, int b) {}
  /* Il est interdit de définir cette méthode, présentant
  la même signature, mais un type de retour différent de la précédente */
}
```

Interface

Nous reviendrons plus en détail sur ce sujet dans les chapitres suivants, mais évoquons déjà très succinctement la notion d'interface, très importante en orienté objet. Une interface est composée uniquement d'un nom et d'un ensemble de signatures de méthodes, y compris le type de retour associé à chaque signature. Par exemple, l'interface Vehicule pourrait définir la méthode void changeVitesse(int nv). Une interface ne contient aucune information d'implémentation de ses signatures.

Si une classe déclare qu'elle implémente une interface, elle est obligée de fournir un code pour chacune des méthodes définies par l'interface. Par exemple, si la classe Voiture implémente l'interface Vehicule, il faut (sous peine d'erreur de compilation) qu'elle définisse une méthode void changeVitesse(int nv). Le détail du code de cette méthode n'est pas contraint par l'interface et la classe Voiture peut contenir autant d'autres méthodes qu'elle le souhaite, sauf des méthodes dont la signature se trouve dans l'interface mais dont le type de retour serait différent.

Notons que tant les interfaces que les classes sont deux types possibles. Le type d'une variable ou d'un attribut pourra être un type primitif, une classe ou une interface. En orienté objet, il est préférable de typer les variables par des interfaces plutôt que par des classes.

Le compilateur vérifie que les variables typées par une interface ne réfèrent qu'à des objets qui l'implémentent. Par exemple, pour une variable de type Vehicule, le compilateur vérifie qu'on n'affecte rien d'autre que des objets implémentant Vehicule, tels ceux issus des classes Voiture, Velo ou Camion.

De plus, le compilateur vérifie que seules des méthodes appartenant à l'interface sont appelées sur les variables typées par cette dernière. Par exemple, pour une variable de type Vehicule, le compilateur acceptera la méthode changeVitesse(int) mais pas changeCouleur().

En substance, les interfaces constituent les modes d'emploi de tous les objets issus des classes qui implémentent cette interface, modes d'emploi dont on pourra informer toute autre classe désirant interagir avec celles implémentant cette interface.

La classe comme module fonctionnel

Différenciation des objets par la valeur des attributs

L'existence de la classe nous épargnera de préciser, pour chaque objet, le nombre et le type de ses attributs, ainsi que la signature et le corps des méthodes qui manipulent ces derniers. C'est une économie d'écriture non négligeable et dont l'effet va croissant avec le nombre d'objets issus d'une même classe. En général, tout programme OO manipulera un grand nombre d'objets d'une même classe, comme des « voitures », des « feux » ou des « passants ». Ces objets seront stockés dans des ensembles informatiques particuliers, que l'on nomme des *collections*. Il pourra s'agir d'ensembles extensibles (listes) ou non (tableaux).

La seule information qu'il reste à préciser lors de la création d'un objet est la valeur initiale de ses attributs. C'est le rôle d'une méthode particulière portant le même nom que la classe : le *constructeur*.

Le constructeur

Figure 2–2
Addition de deux constructeurs
surchargés dans la classe
FeuDeSignalisation

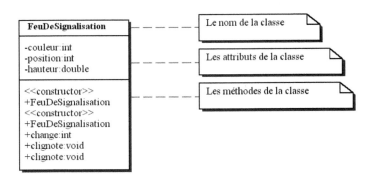

> ✎ **Le constructeur**
>
> Le constructeur est une méthode particulière, portant le même nom que la classe (dans les langages OO les plus populaires) et qui est définie sans aucun retour. Il a pour mission d'initialiser les attributs d'un objet dès sa création. À la différence des autres méthodes qui s'exécutent alors qu'un objet est déjà créé et sur celui-ci, le constructeur n'est appelé que lors de la construction de l'objet. Une version par défaut est toujours fournie par les langages de programmation. Cependant, dès qu'un constructeur est défini dans la classe, et pour autant qu'il reçoive un ou plusieurs argument(s), il ne sera plus possible de créer un objet en n'indiquant aucune valeur d'argument (sauf si le constructeur est explicitement surchargé par un autre qui ne reçoit aucun argument).
>
> La recommandation, classique en programmation, est d'éviter de se reposer sur le « défaut » et de toujours prévoir un constructeur pour chacune des classes créées, même s'il se limite à reproduire le comportement par défaut. Au moins, vous aurez « explicité » celui-ci. Le constructeur est souvent une des méthodes les plus surchargées, selon les valeurs d'attributs qui sont connues à la naissance de l'objet et qui sont passées comme autant d'arguments.

Le constructeur de la classe `FeuDeSignalisation` pourrait se définir comme suit :

```
FeuDeSignalisation(int positionInit, double hauteurInit) {
    /* pas de retour pour le constructeur */
    position = positionInit ;
    hauteur = hauteurInit ;
    couleur = 1 ;
}
```

Une surcharge de ce constructeur pourrait être imaginée (comme dans la figure 2-2), si seule la position était connue. Ce nouveau constructeur ne recevrait alors qu'un argument.

L'instruction de toute création d'objet devrait maintenant vous paraître limpide :

```
FeuDeSignalisation unNouveauFeu = new FeuDeSignalisation(1, 3) ;
```

La dernière partie de l'instruction est l'appel du constructeur. Notez que cette même instruction pourrait se décomposer en deux parties comme suit, d'abord :

```
FeuDeSignalisation unNouveauFeu = null;
```

À la fin de cette première instruction, seul le référent est créé et typé. Comme toute variable doit avoir une valeur avant d'être utilisée, ce référent est initialisé à `null`, car aucune adresse n'est encore identifiée pour entreposer l'objet. Il n'est pas incorrect aux yeux du compilateur d'envoyer un message à ce référent (comme `unNouveauFeu.change();`) bien que l'objet ne soit pas encore créé. Bien évidemment, cela bloquera l'exécution et produira une exception de type `NullPointer`, une des erreurs les plus fréquentes en Java et C# (et que le compilateur, aussi attentif soit-il, ne peut anticiper). Cela démontre que le compilateur ne s'intéresse jamais à la partie `new` des instructions de création d'objet et limite son attention à la déclaration statique (pour des raisons que nous découvrirons plus loin).

Le reste de l'instruction, la création à proprement parler, ne se déroulera que lors de l'exécution.

```
unNouveauFeu = new FeuDeSignalisation(1, 3); /* Création de l'objet et affectation de
son adresse comme valeur du référent */
```

La figure 2-3 illustre les trois étapes de la construction d'un objet.

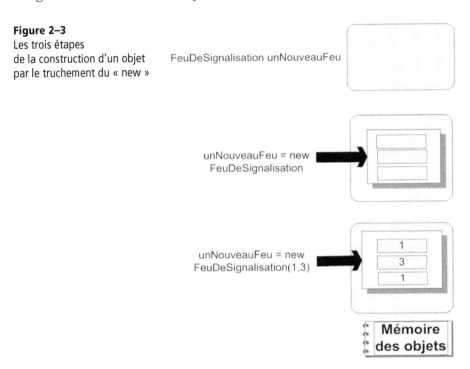

Figure 2–3
Les trois étapes
de la construction d'un objet
par le truchement du « new »

On peut légitimement se demander pourquoi il est nécessaire d'indiquer deux fois le nom de la classe dans cette instruction, lors du typage de l'objet (sa déclaration) et lors de l'appel du constructeur. La raison en est très simple, mais il vous faudra attendre de comprendre le mécanisme d'héritage pour la découvrir. Sachez que la classe renseignée à gauche pourrait être différente de la classe renseignée à droite. Plus précisément, le type de l'objet connu par le seul compilateur pourrait être une superclasse de la classe référée par le constructeur (et qui se révélera uniquement à l'exécution). L'objet pourrait aller jusqu'à être typé par une interface plutôt que par une classe. Il faut accepter à ce stade que le compilateur (dans les langages compilés bien sûr, dont sont exclus Python et PHP), bien que sévère et puissant, n'a pas une connaissance complète de ce qui se produira à l'exécution, à commencer par le type définitif des objets, leur classe ultime.

Mémoire dynamique, mémoire statique

À l'époque des tout premiers langages de programmation, tout l'espace mémoire nécessaire au stockage des données était réservé au départ du programme. À l'issue de la compilation, il y avait moyen de prévoir de quelle quantité de mémoire vive le programme aurait besoin. Lors de son exécution, le programme se bornait à modifier les valeurs des variables stockées dans cette mémoire. Ensuite, les langages ont autorisé l'allocation de mémoire au cours de l'exécution du code, mais toujours sous contrôle et dans un espace de mémoire dédié et particulier dont la gestion s'effectue selon un principe dit de « mémoire *pile* », toujours d'actualité dans la plupart des langages d'aujourd'hui. Cela revient à empiler et dépiler les données à mémoriser en respectant un mécanisme de type *dernier rentrant premier sortant*, en fonction du début et de la fin des blocs d'instructions dans lesquels ces données opèrent. Ce mode de gestion mémoire est également décrit comme « statique ».

Le petit mot réservé, new, bien connu des informaticiens, a chamboulé tout cela et est apparu le jour où ceux-ci ont accepté qu'un programme soit autorisé, au cours de son exécution, non seulement à allouer de l'espace mémoire pour y placer de nouvelles variables (ici, cela se réduit aux seuls objets), mais également à les disposer n'importe où dans cette mémoire (en *tas*) et sans contraindre leur apparition/disparition de leur seule présence dans les blocs d'instructions. Ce mode alternatif de gestion mémoire est généralement taxé de « dynamique ».

En C++, digne héritier de cette tradition et langage capable des deux modes de gestion mémoire (pile et tas), la création d'une instance de FeuDeSignalisation peut se faire par la simple instruction suivante, en l'absence de new :

```
FeuDeSignalisation unNouveauFeu(1,3); /* ici la classe n'apparaît qu'à gauche car le
compilateur sait tout ! */
```

Ce nouvel objet ne sera pas créé dans une zone mémoire à découvrir pendant l'exécution (mémoire tas), mais « à l'ancienne », dans une zone mémoire identifiée dès la compilation et gérée à la manière d'une mémoire pile.

Lorsqu'il est créé dans la pile, un objet ne peut survivre à son bloc lexical (la paire d'accolades la plus proche). Or, dans de nombreux programmes, les objets apparaissent et disparaissent indépendamment de l'ouverture/fermeture des blocs d'instructions ; établir au départ du programme l'espace mémoire à gérer en pile est, de fait, un peu trop contraignant. De plus, comme ces objets s'installent n'importe où dans la mémoire, on ne sait pas où se trouve le dessus de la pile.

Cette limitation a été levée par l'introduction du new et par l'existence des « référents ». Ces derniers reçoivent comme valeur l'adresse physique des objets, quel que soit l'endroit où ceux-ci se logent dans la mémoire. Néanmoins, dans ce nouveau système, il faut entièrement repenser la récupération et la réallocation de la mémoire après la disparition d'un objet. Nous y reviendrons longuement au chapitre 9.

La classe comme garante de son bon usage

Le fait que toute création et manipulation d'objet soient entièrement tributaires de ce qui est prévu dans sa classe confère bien des avantages à la pratique de la programmation orientée objet.

Tout d'abord, nous avons vu que la seule existence de la classe informe automatiquement tous les objets, sans que cela soit reprécisé pour chacun, de quoi ils sont faits et de ce qu'ils font.

Ensuite, les informaticiens ne supportent pas qu'un programme ne s'exécute pas comme prévu ou, pire encore, qu'il se bloque. Lorsqu'ils programment avec C++, Smalltalk, Java ou C#, ils confient à un compilateur le soin de traduire leur code en instructions élémentaires du processeur (seul langage que ce dernier comprenne). Python et PHP se singularisent ici (et ils se singulariseront encore souvent) car ils sont dits « interprétés » et s'exécutent sans étape préalable de compilation. La traduction dans le langage du processeur se fait instruction par instruction et les instructions élémentaires qui sont produites sont exécutées au fur et à mesure. Des deux rôles joués par le compilateur, la vérification du code et la production de la version exécutable, seul le deuxième est maintenu dans ces langages.

En Java, C++ et C#, comme le compilateur a pour fonction critique de produire un code « exécutable », il prendra garde de vérifier que rien de ce qui est écrit par le programmeur ne puisse être source d'imprévu et d'erreur. Et c'est là que la classe joue de nouveau un rôle considérable, en permettant au compilateur de s'assurer que ce qui est demandé aux objets (essentiellement l'exécution de messages) est de l'ordre du possible. La classe est comme un texte contractuel passé avec le compilateur. Elle disparaît lors de l'exécution pour donner place aux objets, tout en assurant par avance que tout ce que feront ces derniers sera conforme à ce qui est spécifié dans le contrat. On ne peut envoyer sur l'objet un message qui ne soit pas une des méthodes prévues par sa classe. On dit des langages qui permettent cette vérification, comme Java, C++ ou C#, qu'ils sont fortement typés. Le programmeur est à ce point contraint et tenu lors de l'écriture du logiciel (mais il faut croire qu'il aime ça) que, si cela passe à la compilation, il y a de fortes chances que cela passe aussi à l'exécution. Dans tous les cas, on n'est pas trop loin du but.

De leur côté, Python et PHP laissent à l'exécution le soin de découvrir les instructions erronées, par le simple fait que celles-ci bloqueront à l'exécution. Ne pas recourir à l'étape de compilation gagne indéniablement en vitesse et en productivité, mais délègue à l'étape d'exécution (souvent critique) la responsabilité de repérer les dysfonctionnements. Malheureusement, à l'exécution, il est parfois trop tard. C'est la différence entre s'informer au mieux sur la qualité d'un livre de programmation avant de l'acquérir et attendre d'ouvrir les premières pages pour se fixer les idées. Les utilisateurs de langages typés dynamiquement, comme Python et PHP, ont généralement recours à des tests automatisés de leurs programmes ou de morceaux de leurs programmes pour contrebalancer cette faiblesse.

> **Langage typé statiquement et fortement typé**
>
> Un langage de programmation est dit typé statiquement et a fortiori « fortement » typé quand le compilateur vérifie que l'on ne fait avec les objets et les variables du programme que ce qui est autorisé par leur type. Cette vérification a pour effet d'accroître la fiabilité de l'exécution du programme. Java, C++ et C# sont fortement typés. L'étape de compilation y est essentielle. Ce n'est pas le cas de Python et PHP.

La classe comme module opérationnel

Mémoire de la classe et mémoire des objets

À propos des deux caractéristiques de la classe, on pourrait très synthétiquement dire de la première qu'elle est sa partie passive – représentée par les attributs, qui sont associés aux objets –, et de la seconde qu'elle est sa partie active – représentée par les méthodes, en tant qu'associées à la classe, car les méthodes sont communes à tous les objets d'une même classe. Nous avons, dans le chapitre précédent, sciemment forcé cette séparation en installant les attributs et les méthodes dans des espaces mémoire bien distincts.

Supposez maintenant que tous les feux de signalisation évoqués dans le chapitre précédent mesurent la même hauteur ou que, dans une application logicielle particulière, toutes les voitures soient de la même marque. Il n'est plus nécessaire d'installer ces deux attributs dans l'espace mémoire alloué à chaque objet, puisque leur valeur est commune à tous les objets. Il serait plus naturel et certainement économe, à l'instar des méthodes, de les installer dans les espaces mémoire dédiés aux classes. On qualifie ce type d'attributs particuliers, dont les valeurs sont partagées par tous les objets et deviennent de ce fait attributs de classe plutôt que d'objet, d'*attributs statiques*. Dans la figure 2-4, on retrouve ces attributs dans la zone mémoire adéquate.

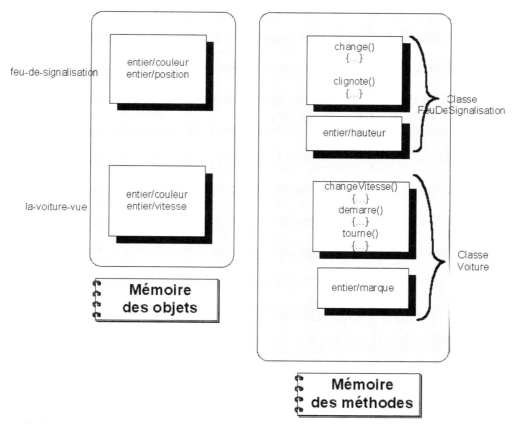

Figure 2–4
Comment les attributs statiques « hauteur » de la classe FeuDeSignalisation et « marque » de la classe Voiture se retrouvent dans la mémoire associée aux classes et non plus aux objets.

Méthodes de la classe et des instances

Certaines méthodes peuvent également être déclarées statiques. Quel est l'intérêt, alors, de forcer leur association à la classe plutôt qu'aux instances ? Les méthodes ne sont-elles pas par principe toujours des méthodes de classe ? Bien qu'associée à la classe, toute méthode a, jusqu'à présent, toujours été exécutée sur un objet, ou simplement appelée à partir d'un objet, par une instruction semblable à `a.f(x)`, où `a` est le référent de l'objet, et `f(x)` la méthode. Une méthode statique s'exécute uniquement à partir de sa classe, avec une simple instruction comme `Class1.f(x)` (nous verrons d'ailleurs qu'un langage comme C# n'accepte un appel de méthode statique qu'à partir de sa classe, ce qui est très logique). Une méthode statique peut s'exécuter dès que la classe qui la contient est chargée en mémoire, y compris en l'absence de toute création d'objet. C'est par exemple le cas de toutes les méthodes mathématiques définies dans la classe `Math` en Java et C#, et qui s'appellent de la manière suivante : `Math.sin(45)` ou `Math.pow(2,1)`. On ne voit pas vraiment l'utilité de créer un objet de type `Math`.

Les praticiens de Java ou de C# connaissent tous, quelle que soit leur maîtrise de ces langages, une célèbre méthode statique, totalement inévitable, même par les plus novices d'entre eux : la méthode `main()`. La première méthode à s'exécuter lors du démarrage d'un programme se trouve définie, comme toute méthode (pas de traitement de faveur pour la « principale »), à l'intérieur d'une classe, mais une classe qui n'a pas forcément besoin de donner naissance à un objet. Dans le cas contraire, il faudrait toujours s'assurer de la création d'un objet issu de la classe principale avant de déclencher le `main`, mais qui pourrait s'en occuper sinon le `main` lui-même ? C'est le problème de l'œuf et de la poule.

En C++, lourd tribut payé au C et participant à rendre ce langage moins OO que les précédents, le `main` reste une procédure existant en dehors de toute classe.

Comme une méthode statique peut s'exécuter uniquement à partir de la classe, sans objet, les données que celle-ci manipulera se devront également de pouvoir exister sans objet. Toute méthode nécessite, lors de son exécution, l'adresse physique des données qu'elle manipule. Pour un objet, elle retrouve cette adresse à partir de son référent. Quand la méthode est statique, les données qu'elle utilise devront forcément se trouver dans l'espace mémoire réservé aux classes et, par conséquent, être elles-mêmes statiques.

✎ Statique

Les attributs d'une classe dont les valeurs sont communes à tous les objets et qui deviennent ainsi directement associés à la classe, ainsi que les méthodes pouvant s'exécuter directement à partir de la classe, seront déclarés comme statiques. Ils pourront s'utiliser en l'absence de tout objet. Une méthode statique ne peut utiliser que des attributs statiques et ne peut appeler en son sein que des méthodes également déclarées comme statiques.

Un premier petit programme complet dans les cinq langages

Ayant défini la manière de réaliser le `main`, nous avons tous les éléments en main (et non `main`), pour réaliser un premier petit programme dans les cinq langages. Ce programme possédera une classe `FeuDeSignalisation`. Dans le `main`, il créera deux objets de cette classe, à l'aide de deux constructeurs surchargés. Il changera leur couleur, un attribut d'objet, et interrogera ensuite ces objets quant à la valeur de leur attribut statique `hauteur` (un attribut de classe), qu'il modifiera de plusieurs manières. Il finira par exécuter sur un de ces objets la méthode `clignote`, dans ses trois versions surchargées, passant comme argument les durées des phases éteintes et allumées. Pour l'instant, n'accordez aucune importance à la présence des mots-clés `public` et `private`, qu'il est nécessaire de spécifier, mais dont la signification sera longuement discutée par la suite. Les cinq codes aboutissent au même résultat à l'écran (présenté sous le code Java).

En Java

Nous allons écrire le code Java dans un seul fichier, bien qu'il contienne deux classes et qu'une pratique autrement meilleure (que nous évoquerons par la suite) consiste à séparer les classes en autant de fichiers. Nous le faisons ici pour des raisons de facilité et de simplicité au vu de la petitesse des codes présentés.

Le fichier Principale.java

```java
/* Il est obligatoire en Java que la seule classe publique contenue dans le fichier
porte le même nom que celui-ci, ici « Principale ». C'est ce qui permet à Java de faire
des liaisons dynamiques entre les classes contenues dans des fichiers différents dès
lors que chacun des fichiers ne contient qu'une classe. */
class FeuDeSignalisation {
  private int couleur;
  private int position ;
  private static double hauteur = 12.0; /* attribut statique */

  public FeuDeSignalisation(int couleurInit) { /* un premier constructeur */
    couleur = couleurInit; // On initialise tous les attributs.
    position = 0 ;
  }
  public FeuDeSignalisation(int couleurInit, int positionInit) {
  /* le constructeur est surchargé */
    couleur = couleurInit;
    position = positionInit ;
  }
  public static void setHauteur(double nouvelleHauteur) {
  /* Cette méthode statique accède à l'attribut statique */
    hauteur = nouvelleHauteur;
  }
  public void changeCouleur (int nouvelleCouleur) {
  /* Méthode agissant sur les objets "feux" */
  couleur = nouvelleCouleur;
  System.out.println("ma couleur est: " + couleur);
  }
  public static void getHauteur() {
  /* Cette méthode statique accède aussi à l'attribut statique */
    System.out.println("la hauteur des feux est " + hauteur);
  }
  public void clignote() {
    System.out.println("premiere maniere de clignoter");
```

```java
      for(int i=0; i<2; i++) {
         for (int j=0; j<2; j++)
            System.out.println("je suis eteint");
         for (int j=0; j<2; j++)
            System.out.println("je suis allume");
      }
   }
   public void clignote(int a) { // première surcharge de la méthode
      System.out.println("deuxieme maniere de clignoter");
      for(int i=0; i<2; i++) {
         for (int j=0; j<a; j++)
            System.out.println("je suis eteint");
         for (int j=0; j<a; j++)
            System.out.println("je suis allume");
      }
   }
   public int clignote(int a, int b) {
   /* deuxième surcharge. Le return aussi est changé */
      System.out.println("troisieme maniere de clignoter");
      for(int i=0; i<2; i++) {
         for (int j=0; j<a; j++)
            System.out.println("je suis eteint");
         for (int j=0; j<b; j++)
            System.out.println("je suis allume");
      }
      return b;
   }
}
public class Principale {
   /* en Java, le fichier et la classe contenant le "main" doivent être appelés de la même
façon */
   public static void main(String[] args) {
   /* c'est la manière d'écrire le main */
      FeuDeSignalisation unFeu = new FeuDeSignalisation(1,3);
      // création avec le deuxième constructeur
      FeuDeSignalisation unAutreFeu = new FeuDeSignalisation(1);
      /* ...avec le premier constructeur */
      unFeu.changeCouleur(3);
      /* appel d'une méthode non statique sur l'objet "unFeu" */
      unFeu.setHauteur(8.9) ;
      /* appel de la méthode statique à partir de l'objet */
      FeuDeSignalisation.getHauteur();
      /* appel de la méthode statique à partir de la classe cette fois */
      unAutreFeu.setHauteur(10.6);
      /* tous les feux voient leur hauteur modifiée */
      unFeu.getHauteur(); /* appel de la méthode statique à partir de l'objet */
      System.out.println("********** CLIGNOTEMENT **********");
      unFeu.clignote(); /* première manière de clignoter */
      unFeu.clignote(3); /* deuxième manière */
      int b = unFeu.clignote(2,3); /* C'est possible au vu du return.*/
   }
}
```

Résultats

```
ma couleur est: 3
la hauteur des feux est 8.9
la hauteur des feux est 10.6
********** CLIGNOTEMENT **********
premiere maniere de clignoter
je suis eteint (écrit deux fois)
je suis allume (écrit deux fois)
je suis eteint(écrit deux fois)
je suis allume (écrit deux fois)
deuxieme maniere de clignoter
je suis eteint (écrit trois fois)
je suis allume (écrit trois fois)
je suis eteint (écrit trois fois)
je suis allume (écrit trois fois)
troisieme maniere de clignoter
je suis eteint(écrit deux fois)
je suis allume (écrit trois fois)
je suis eteint (écrit deux fois)
je suis allume (écrit trois fois)
```

EN C#

Le code C# est si proche du code Java que vous pourriez jouer au jeu des sept erreurs. D'ailleurs, il doit y en avoir moins. Parmi ces dernières : le `Main()` peut s'exécuter sans argument. Le nom des méthodes débute par une majuscule (dont le `Main`), contrairement à Java. Plus conséquent et plus logique (un bon point en faveur de C#), une méthode statique ne peut être appelée qu'à partir de sa classe et non plus à partir de ses instances (Java et C++ offrent les deux possibilités). Enfin, si vous ajoutez par mégarde un `return` devant le constructeur, tout comme en C++, cela provoquera une erreur lors de la compilation. En Java, vous aurez juste déclaré une nouvelle méthode, qui joue un rôle autre que celui de constructeur.

Le fichier Principal.cs

```
/* Bien que cela soit une excellente habitude, surtout dans le cas recommandé où vous
n'installez qu'une classe par fichier, C# n'oblige pas, comme Java, à donner au fichier
le même nom que la classe qu'il contient */
using System;
/* nous utiliserons dans le code l'instruction « Console.WriteLine » ; celle-ci  se
trouve dans l'assemblage « System » qu'il est nécessaire de spécifier */
class FeuDeSignalisation
{
  private int couleur;
  private int position;
  private static double hauteur = 12.0;

  public FeuDeSignalisation(int couleurInit)
  {
```

```
      couleur = couleurInit;
      position = 0;
  }
  public FeuDeSignalisation(int couleurInit, int positionInit)
  {
      couleur = couleurInit;
      position = 0;
  }
  public static void setHauteur(double nouvelleHauteur)
  {
      hauteur = nouvelleHauteur;
  }
  public void changeCouleur(int nouvelleCouleur) {
      /* Méthode agissant sur les objets "feux" */
      couleur = nouvelleCouleur;
      Console.WriteLine("ma couleur est: " + couleur);
      /* la manière d'écrire sur l'écran en C# */
  }
  public static void getHauteur()
  {
      Console.WriteLine("la hauteur des feux est " + hauteur);
  }
  public void clignote()
  {
      Console.WriteLine("premiere maniere de clignoter");
      for (int i = 0; i < 2; i++)
      {
        for (int j = 0; j < 2; j++)
        Console.WriteLine("je suis eteint");
        for (int j = 0; j < 2; j++)
        Console.WriteLine("je suis allume");
      }
  }
  public void clignote(int a)
  {
      Console.WriteLine("deuxieme maniere de clignoter");
      for (int i = 0; i < 2; i++)
      {
        for (int j = 0; j < a; j++)
          Console.WriteLine("je suis eteint");
        for (int j = 0; j < a; j++)
          Console.WriteLine("je suis allume");
      }
  }
  public int clignote(int a, int b)
  {
      Console.WriteLine("troisieme maniere de clignoter");
      for (int i = 0; i < 2; i++)
      {
        for (int j = 0; j < a; j++)
          Console.WriteLine("je suis eteint");
```

```
      for (int j = 0; j < b; j++)
        Console.WriteLine("je suis allume");
    }
    return b;
  }
}
public class Principale
{
  public static void Main()
  { /* voici le Main en C# */
    FeuDeSignalisation unFeu = new FeuDeSignalisation(1, 3);
    FeuDeSignalisation unAutreFeu = new FeuDeSignalisation(1);
    unFeu.changeCouleur(3);
    /* unFeu.setHauteur(8.9); impossible en C#, le statique ne s'appelle qu'à partir de
la seule classe */
    FeuDeSignalisation.setHauteur(8.9);
    FeuDeSignalisation.getHauteur();
    FeuDeSignalisation.setHauteur(10.6);
    /* unFeu.getHauteur(); impossible en C#, le statique ne s'appelle qu'à partir de la
seule classe */
    FeuDeSignalisation.getHauteur();
    Console.WriteLine("********** CLIGNOTEMENT **********");
    unFeu.clignote();
    unFeu.clignote(3);
    int b = unFeu.clignote(2, 3);
  }
}
```

En C++

En C++, de très nombreuses différences apparaissent. Par la suite, nous aurons l'occasion de revenir sur nombre d'entre elles. Parmi les plus notables, main est une fonction, et non plus une méthode. Elle peut ou non retourner quelque chose. Dans le code, nous supposons qu'elle peut retourner, comme il est classique en C++, un code d'erreur si quelque chose se passe mal lors de l'exécution du programme.

Le fichier Principal.cpp

```
#include <iostream>    /* afin de pouvoir utiliser le cout */
class FeuDeSignalisation {
private: /* le public et le private sont mis en évidence */
  int couleur;
  int position;
  static double hauteur;
public:
FeuDeSignalisation (int couleurInit) {
  couleur = couleurInit;
  position = 0 ;
}
```

```cpp
FeuDeSignalisation (int couleurInit,
                    int positionInit):couleur(couleurInit),position(positionInit) {
/* le constructeur peut initialiser les attributs directement à partir de
 * la déclaration de sa signature */
}
void setHauteur(double nouvelleHauteur) {
  hauteur = nouvelleHauteur;
}

void changeCouleur(int nouvelleCouleur) {
  couleur = nouvelleCouleur;
  std::cout << "ma couleur est " << couleur << std::endl;
  /* la manière d'écrire sur l'écran en C++ */
}
void static getHauteur() {
  std::cout << "la hauteur du feu est " << hauteur << std::endl;
  /* la manière d'écrire sur l'écran en C++ */
}
void clignote() {
  std::cout <<"premiere maniere de clignoter"<< std::endl;
  for(int i=0; i<2; i++) {
    for (int j=0; j<2; j++)
      std::cout << "je suis eteint" << std::endl;
    for (int k=0; k<2; k++)
      std::cout <<"je suis allume" << std::endl;
  }
}
void clignote(int a) {
  std::cout << "deuxieme maniere de clignoter" << std::endl;
  for(int i=0; i<2; i++) {
    for (int j=0; j<a; j++)
      std::cout <<"je suis eteint" << std::endl;
    for (int k=0; k<a; k++)
      std::cout <<"je suis allume" << std::endl;
  }
}
int clignote(int a, int b) {
  std::cout << "troisieme maniere de clignoter" << std::endl;
  for(int i=0; i<2; i++) {
    for (int j=0; j<a; j++)
      std::cout << "je suis eteint" << std::endl;
    for (int k=0; k<b; k++)
      std::cout <<"je suis allume" << std::endl;
  }
  return b;
 }
};

double FeuDeSignalisation::hauteur = 3.5;
/* C'est l'unique manière d'initialiser la valeur de l'attribut statique */
```

```
int main(int argc, char* argv[]) {
    /* On crée un objet sur la mémoire pile */
    FeuDeSignalisation unFeu (1, 3); ❶
    /* On crée un objet avec "new" sur la mémoire tas */
    FeuDeSignalisation *unAutreFeu = new FeuDeSignalisation(1); ❷
    unFeu.changeCouleur(3);
    unFeu.setHauteur(8.9);
    /* L'unique manière d'évoquer la méthode statique, quand on le fait à partir de la
classe */
    FeuDeSignalisation::getHauteur();
    unAutreFeu->setHauteur(10.6);
    /* le point se transforme en flèche pour des objets sur le tas */
    unAutreFeu->getHauteur();
    std::cout << "********** CLIGNOTEMENT **********" << std::endl;
    unFeu.clignote();
    unFeu.clignote(3);
    int b = unFeu.clignote(2,3);
    return 0;
}
```

C++ autorise l'hybridation des deux modes de programmation (procédural et objet) et, pour le main, on n'a pas vraiment le choix. La référence à une classe se fait toujours par Classe::méthode comme, dans le code, pour l'appel de la méthode statique, quand cet appel ne se fait pas à partir d'un objet. Les objets peuvent être créés sur la pile ❶, sans le new, ou dans le tas ❷, avec le new. Lorsqu'ils sont créés dans le tas, les objets sont alors adressés par une variable de type pointeur, faisant ici office de référent (nous reviendrons largement sur la gestion mémoire dans le chapitre 9).

✎ Pointeur

Un pointeur est une variable dont la valeur, comme le référent, est l'adresse d'une autre variable. Il fonctionne par adressage indirect. En C++, les pointeurs ne sont pas typés comme les référents. On peut, par exemple, les traiter comme des entiers, les incrémentant ou les décrémentant. Si peu contrainte, leur utilisation comporte de nombreux risques, car on voyage dans la mémoire sans le filet de sécurité assuré par les langages plus typés. Le typage plus strict des référents, en Java et en C#, les force à ne pointer toujours que sur des objets existants d'une classe donnée. Attention donc à l'utilisation casse-cou et tant décriée des pointeurs ! Un référent, lui, ne se prête à aucune exploitation propre et se limite toujours à référer à un seul objet, un point c'est tout.

L'évocation des méthodes sur le pointeur se fait en remplaçant le point par la flèche. Dans la procédure main, les deux objets, l'un dans la mémoire pile (qu'on associe aux méthodes avec le « . ») et l'autre dans la mémoire tas (qu'on associe aux méthodes avec le « -> »), sont utilisés, par la suite, de manière indifférenciée.

En Python

Le fichier Principal.py

```python
class FeuDeSignalisation:
    __hauteur=12.0 #attribut statique
    # Le double « souligné » indique par convention que l'attribut est privé.
    def __init__(self, couleurInit=None, positionInit=None):
    # Il n'est pas possible de surcharger une méthode en Python.
    # A la place, on peut donner des valeurs par défaut aux arguments.
    # Contrairement aux autres langages, l'objet sur lequel la méthode
    # agit doit être nommé explicitement en premier paramètre. La
    # convention est de l'appeler self.
    # Notez aussi qu'il n'est pas nécessaire d'avoir déclaré à l'avance
    # les attributs de l'objet (ou leur type) : ils sont créés
    # automatiquement la première fois qu'on leur donne une valeur.
        self.__couleur = couleurInit or 0
        self.__position = positionInit or 0.0
    @staticmethod # Manière de déclarer la méthode statique
    def setHauteur(nouvelleHauteur):
        FeuDeSignalisation.__hauteur = nouvelleHauteur
    def changeCouleur(self,nouvelleCouleur):
        self.__couleur = nouvelleCouleur
        print ("la couleur du feu est: " + str(self.__couleur))
    @staticmethod
    def getHauteur():
        print ("la hauteur du feu est %s" % (FeuDeSignalisation.__hauteur))
    # Encore une fois, pas de surcharge, mais des valeurs
    # par défaut pour les arguments omis lors de l'appel
    def clignote(self, a=None, b=None):
        if a == None and b == None:
            print ("premiere maniere de clignoter")
            for i in range(2):
                for j in range(2):
                    print ("je suis eteint")
                for j in range(2):
                    print ("je suis allume")
        elif a!=None and b==None:
            print ("deuxieme maniere de clignoter")
            for i in range(2):
                for j in range(a):
                    print ("je suis eteint")
                for j in range(a):
                    print ("je suis allume")
        else:
            print ("troisieme maniere de clignoter")
            for i in range(2):
                for j in range(a):
                    print ("je suis eteint")
```

```
                for j in range(b):
                    print ("je suis allume")
                return b

# Appel du constructeur
unFeu=FeuDeSignalisation(1,3)
# Surcharge du constructeur à la sauce Python
unAutreFeu=FeuDeSignalisation(1)
unFeu.changeCouleur(3)
unFeu.setHauteur(8.9)
FeuDeSignalisation.getHauteur() # appel statique
unAutreFeu.setHauteur(10.6)
unFeu.getHauteur()
print ("****** CLIGNOTEMENT ******")
unFeu.clignote()
unFeu.clignote(3)
b=unFeu.clignote(2,3)
```

Le langage Python a recherché dès son origine une grande simplicité d'écriture, tout en conservant tous les mécanismes de programmation OO de haut niveau. Il cherche à soulager au maximum le programmeur des problèmes syntaxiques non essentiels aux fonctionnalités clés du programme. Les informaticiens parlent souvent à son sujet d'un excellent langage de prototypage qu'il faut remplacer par un langage plus « solide » tel Java, .Net ou C++, lorsqu'on arrive au terme de l'application. Sa syntaxe de base, par les raccourcis qu'elle autorise, est donc assez différente de celle des autres langages présentés.

Ainsi, par rapport à ceux-ci, une surprise de taille nous attend, surtout pour ceux qui ont vu passer des kyrielles de langages de programmation : les accolades et les points-virgules ont disparu. Python détecte les limites des blocs d'instructions grâce à l'indentation des lignes, qui devient dès lors capitale (vous pourriez avoir des problèmes à l'exécution des codes reproduits dans le livre, si l'indentation n'avait pas été respectée par l'éditeur). Cette nouvelle règle syntaxique a fait d'une pratique souvent recommandée une obligation. L'élégance d'écriture devient la règle. Python est un langage OO, mais tout comme C++, il n'oblige pas à la pratique OO. En témoigne ici l'absence d'une classe principale et même de la méthode main, car il suffit d'écrire le programme appelant au même niveau que la définition des classes. Reconnaissez que, de la sorte, un programme est bien plus simple à démarrer que par le très laborieux public void static main (String[] args) de Java. Tentez de faire plus simple et vous conviendrez aisément des ambitions pédagogiques de Python.

Une autre différence essentielle, visible dans la déclaration des attributs, est que Python est un langage typé dynamiquement : c'est lors de l'exécution du programme que les types seront vérifiés et non à l'avance lors de la compilation. Cela rend le code plus souple, au prix d'un ralentissement (vérifier la légalité des appels pendant que le programme tourne prend du temps) et d'une détection plus tardive des éventuelles erreurs. Tout type de variable est déterminé à l'exécution en fonction de ce qu'elle contient et peut ainsi changer au fil des affectations. C'est une pratique très controversée qui économise l'écriture, mais peut occasionner quelques comportements indésirables lors de l'exécution.

Pour déclarer un attribut privé (notion à clarifier par la suite), il suffit de faire précéder son nom de deux signes « souligné ». Une faiblesse additionnelle est que Python ne supporte pas la surcharge de méthodes. C'est assez compréhensible vu l'absence de typage explicite ; il est difficile de distinguer deux signatures de méthode par le type de leurs arguments. Python permet en revanche de donner des valeurs par défaut aux arguments, ce qui donne généralement les mêmes effets.

Enfin, le constructeur doit avoir le nom de __init__ et doit recevoir explicitement l'objet à initialiser en premier argument : self. Nous discuterons par la suite de ce self, indispensable dans la définition des méthodes s'exécutant à partir des objets (c'est-à-dire non statiques).

En PHP

Le fichier Principal.php

```
<html> ❶
<head>
<title> Classe Feu de Signalisation </title>
</head>
<body>
<h1> Classe feu de signalisation </h1>
<br>

<?php ❷
  class FeuDeSignalisation {
    private $couleur; // toute variable en PHP débute par $
    private $position;
    private static $hauteur;


    public function __construct() {
    /* définition d'un constructeur surchargeable assez proche de Python*/
      $num_args=func_num_args();
      switch ($num_args)
      {

        case 0:
          $this->couleur = $this->position = 0;
          /* $this est indispensable pour les attributs d'objet */
          break ;
        case 1:
          $this->couleur = func_get_arg(0);
          $this->position = 0;
          break;
        case 2:
          $this->couleur = func_get_arg(0);
          $this->position = func_get_arg(1);
          break;
      }
    }
```

```
    static public function setHauteur($nouvelleHauteur) {
      self::$hauteur = $nouvelleHauteur;
      /* self est indispensable pour les attributs statiques */
    }

    public function changeCouleur($nouvelleCouleur) {
      $this->couleur = $nouvelleCouleur ;
      print ("la couleur du feu est ". $this->couleur. "<br>\n");
    }

    static public function getHauteur() {
      print ("la hauteur du feu est ". self::$hauteur . "<br>\n");
    }

    public function clignote() {
    // définition d'une méthode clignote surchargeable
      $num_args=func_num_args();
      $b=0;
      switch ($num_args)
      {
        case 0:
          print("premiere maniere de clignoter <br>\n");
          for ($i=0;$i<2;$i++){
            for ($j=0;$j<2;$j++)
              print("je suis eteint <br>\n");
            for ($j=0;$j<2;$j++)
              print("je suis allume <br>\n");
          }
          break;
        case 1:
          print("deuxieme maniere de clignoter <br>\n");
          $a=func_get_arg(0);
          for ($i=0;$i<2;$i++){
            for ($j=0;$j<$a;$j++)
              print("je suis eteint <br>\n");
            for ($j=0;$j<$a;$j++)
              print("je suis allume <br>\n");
          }
          break;
        case 2:
          print("troisieme maniere de clignoter <br>\n");
          $a=func_get_arg(0);
          $b=func_get_arg(1);
          for ($i=0;$i<2;$i++){
            for ($j=0;$j<$a;$j++)
              print("je suis eteint <br>\n");
            for ($j=0;$j<$b;$j++)
              print("je suis allume <br>\n");
          }
          return $b;
      }
    }
  }
}
```

```
$unFeu = new FeuDeSignalisation(1,3.5);
$unAutreFeu = new FeuDeSignalisation(1);
$unFeu->changeCouleur(3) ;
$unFeu->setHauteur(8.9);
FeuDeSignalisation::getHauteur();
$unAutreFeu->setHauteur(10.6);
$unFeu->getHauteur();
print("********** CLIGNOTEMENT ******** <br>\n");
$unFeu->clignote();
$unFeu->clignote(3);
$b=$unFeu->clignote(2,3);
?> ❸

</body>
</html>
```

PHP est devenu le langage de prédilection pour nombre de maîtres toileurs (webmestres), qui lui trouvent de nombreux avantages pour la conception de sites web dynamiques. PHP est un langage d'écriture de script qui s'exécute sur un serveur web et mêle assez simplement les informations de structuration d'un site web (exprimé dans le langage HTML) et les instructions de programmation rendant ce site dynamique et interactif. Créé en 1995, il est devenu, dans sa cinquième version (début des années 2000), pleinement orienté objet, ce qui a contribué davantage encore à son succès. Grâce à lui, plusieurs millions de sites web fonctionnent à merveille et s'enrichissent de fonctionnalités toujours plus nombreuses : complexification croissante, dont la programmation et la modularisation OO contribuent à adoucir les effets dévastateurs sur la santé mentale des programmeurs.

Nous ne nous intéresserons ici qu'à son côté « langage de programmation OO », nullement à la manière dont il s'harmonise avec les informations de structuration et de contenu propres à tout site web. On considérera aussi comme résolus tous les problèmes d'installation de serveur web indispensables à l'utilisation et au bon fonctionnement du PHP. Néanmoins, le cadre d'exécution des scripts PHP étant un navigateur Internet, le code PHP se trouve forcément, comme dans l'exemple précédent, imbriqué dans un environnement HTML. À la suite de quelques instructions HTML ❶, le code débute par la balise `<?php` ❷ et se termine par la balise `?>` ❸. Le reste devrait vous paraître assez familier. Étant conçu comme un langage de script (c'est une espèce d'hybride entre la famille C++/Java et les langages de script tels Perl ou Python), PHP se passe de compilateur et de typage explicite (avec les mêmes avantages et inconvénients que ceux épinglés pour Python). Si vous avez compris les codes précédents dans les langages précédents, par simple effet de mise en parallèle, le code PHP devrait couler de source. Dans tous les codes qui suivront, c'est en effet par comparaison avec celui écrit dans votre langage de prédilection que vous comprendrez les autres. Ici, comparaison sera raison.

La classe et la logistique de développement

Classes et développement de sous-ensembles logiciels

Nous aurons souvent l'occasion de revenir sur l'avantage suivant : la classe autorise un découpage logiciel des plus naturels. Un programme, quel qu'il soit, se compose toujours d'une structure de données et d'un ensemble d'opérations portant sur ces données. Or, un programme, cela peut vite devenir très gros. Par exemple, les rumeurs placent le nombre de lignes de code de Windows à plus de quarante millions (nous ne les avons pas comptées), tandis que le noyau Linux, dans sa version 2.6.35, en comptait plus de treize millions et demi. La préoccupation pour le programmeur ou, plus souvent, l'équipe de programmeurs devient de trouver un moyen simple et naturel de découper le programme en un ensemble de modules gérables et suffisamment indépendants entre eux. Vous nous voyez venir avec nos gros sabots. Mais oui, bien sûr, pourquoi ne pas découper tout le logiciel selon ses classes, puisque chacune d'entre elles, tout comme un petit programme à part entière, se retrouve avec sa structure de données et ses opérations ? Pour l'informaticien, quelles équations de rêve que les suivantes : une classe = un type = un module = un fichier, un programme = un ensemble de classes en interaction = un ensemble de fichiers automatiquement liés. C'est donc autour de la classe que l'informaticien, idéalement, tracera les traits pointillés qui lui permettront de découper son code en fichiers. Parmi tous les langages que nous découvrons dans ce livre, c'est Java qui a poussé cette logique à son paroxysme, en insistant pour placer une classe par fichier (si vous ne le faites pas, il le fait pour vous à la compilation) et en donnant au fichier le même nom que celui de sa classe.

Classes, fichiers et répertoires

De même que vous organisez l'emplacement et la gestion des fichiers par thèmes à l'aide de répertoires imbriqués, les classes pourront être organisées en assemblage, selon, là encore, de simples critères sémantiques. L'organisation des classes en assemblage sera transposée de manière isomorphe dans une organisation en répertoires des fichiers qui contiennent ces classes. Les assemblages s'organiseront entre eux, tout comme les répertoires, de manière hiérarchique. Toute dépendance entre classes par l'envoi de message débouchera sur une liaison des plus simples à mettre en œuvre entre les fichiers qui contiennent ces classes. Aucune liaison dynamique, autre que celles directement prévues par les déclarations des classes, n'apparaîtra comme nécessaire. Idéalement, si un objet de la classe A nécessite de connaître la classe B pour s'exécuter, cela sera inscrit noir sur blanc dans le code et n'appellera aucune instruction additionnelle, au niveau du système d'exploitation, pour relier les deux fichiers.

Liaison naturelle et dynamique des classes

La classe, par le fait qu'elle s'assimile à un petit programme à part entière, constitue un module idéal pour le découpage du logiciel en ses différents fichiers. La liaison sémantique entre les classes, rendue possible si la première intègre en son code un appel à la seconde, devrait suffire à relier de façon dynamique, pendant la compilation et l'exécution du code, les fichiers dans lesquels ces classes sont écrites. C'est principalement dans Java que cette logique de découpe et d'organisation sémantique du code selon ses classes, isomorphes à la découpe et à l'organisation physique en fichiers, est la plus scrupuleusement forcée par la syntaxe. C'est un très bon point en faveur de Java.

Exercices

Exercice 2.1

Réalisez la classe voiture avec un changement de vitesse, en y installant, tout d'abord, deux méthodes ne retournant rien, mais permettant, l'une d'incrémenter la vitesse et l'autre de la décrémenter. Surchargez ensuite la méthode d'incrémentation de vitesse, en lui passant en argument le nombre de vitesses.

Exercice 2.2

Soit la déclaration de la méthode suivante :

```
public void test(int a) {}
```

Quelles sont les surcharges admises parmi ces différentes possibilités ?

```
public void test() {}
public void test(double a) {}
public void test(int a, int b) {}
public int test(int a) {}
```

Exercice 2.3

Les fichiers A.java (Java) et A.cs (C#) suivants ne compileront pas, mais pas pour les mêmes raisons, et ce malgré leur grande ressemblance. Expliquez pourquoi.

A.java

```
public class A {
  void A(int i) {
    System.out.println("Hello");
  }
  public static void main(String[] args) {
    A unA = new A(5);
  }
}
```

A.cs

```
using System;
public class A {
  void A(int i) {
    Console.WriteLine("Hello");
  }
  public static void Main() {
    A unA = new A(5);
  }
}
```

Exercice 2.4

Réalisez le constructeur de la classe voiture, initialisant la vitesse à 0. Surchargez ce constructeur pour les cas où on connaît la vitesse initiale.

Exercice 2.5

Parmi les attributs suivants de la classe Renault Kangoo, la version avec toutes les options possibles, séparez ceux que vous déclareriez comme statiques : vitesse, nombre de passagers, vitesse maximale, nombre de vitesses, capacité du réservoir, âge, puissance, prix, couleur, nombre de portières.

Exercice 2.6

Les trois codes suivants ne trouveront pas grâce aux yeux du constructeur. Une seule erreur s'est glissée dans chacun d'eux. Corrigez-les.

Code 1 : Fichier Java : PrincipalTest.java

```java
class Test {
  int a;
  Test (int b) {
    a = b;
  }
}

public class PrincipalTest {
  public static void main(String[] args) {
    Test unTest = new Test();
  }
}
```

Code 2 : Fichier C# : PrincipalTest.cs

```csharp
class Test {
  private int a;
  private int c;
  public Test (int b) {
    a = b;
  }

  public Test (int e, int f) {
    a = e;
    c = f;
  }
}

public class PrincipalTest {
  public static void Main(){
    Test unTest = new Test(5);
    Test unAutreTest = new Test(5, 6.5);
  }
}
```

Code 3 : Fichier C++ : PrincipalTest.cpp

```cpp
#include <iostream>        class Test {
private:
  int a, b;

public:
  Test (int c, int d) {
    a = c;
    b = d;
  }
  Test (int c):a(c) {}
};

int main(int argc, char* argv[]) {
  Test unTest(5);
  Test *unAutreTest = new Test(6,10);
  Test unTroisiemeTest;
  return 0;
}
```

Exercice 2.7

Les trois codes suivants ne trouveront pas grâce aux yeux du compilateur. Une seule erreur s'est glissée dans chacun d'eux. Corrigez-les.

Code Java : fichier PrincipalTest.java

```java
class Test {
  int a;
  int c;

  Test (int b) {
    a = b;
  }
  static int donneC() {
    return c;
  }
}


public class PrincipalTest {
  public static void main(String[] args)
  {
    Test unTest = new Test(5);
  }
}
```

Code C# : fichier PrincipalTest.cs

```csharp
class Test {
  private int a;
  static private int c;

  public Test (int b) {
    a = b;
  }
  public Test (int e, int f) {
    a = e;
    c = f;
  }
  public static int donneC() {
    return c;
  }
}
public class PrincipalTest {
  public static void Main() {
    Test unTest = new Test(5);
    unTest.donneC();
  }
}
```

Code C++ : PrincipalTest.cpp

```cpp
#include <iostream>     class Test {
private:
  int a, b;
  static int c;
public:
  Test (int e, int f) {
    a = e;
    c = f;
  }
  Test (int e):a(e) {}

  static int donneC() {
    return c;
  }
};
```

```
int main(int argc, char* argv[]) {
  Test unTest(5);
  Test *unAutreTest = new Test(6,10);
  unAutreTest->donneC();
  return 0;
}
```

Exercice 2.8

Réalisez, en Java et en C#, un programme contenant une classe Point, avec ses trois coordonnées dans l'espace (x,y,z), et que l'on peut initialiser de trois manières différentes (on connaît soit x, soit x et y, soit x et y et z). Ensuite, intégrez dans la classe une méthode translate() qui est surchargée trois fois, dépendant également de celles des trois valeurs des translations qui sont connues.

Exercice 2.9

Créez deux objets de la classe Point de l'exercice précédent et testez le bon fonctionnement du programme quand vous translatez ces points.

3

Du faire savoir au savoir-faire...
du procédural à l'OO

Ce chapitre distingue l'approche dite procédurale, axée sur les grandes activités de l'application, de l'approche objet, axée sur les acteurs de la simulation et la manière dont ils interagissent. Nous illustrons cette distinction à l'aide de la simulation d'un petit écosystème.

SOMMAIRE

▹ Procédural versus OO
▹ Activité versus acteurs
▹ Dépendance fonctionnelle mais indépendance dans le développement
▹ Introduction à la relation entre classes ou client-fournisseur
▹ Acteurs collaborant

CANDIDUS — *Bon ! Maintenant qu'on a donné des jouets à bébé, il faut lui expliquer comment tout cela fonctionne. J'aurais envie de mettre tout à sa portée, bien rangé sur la table, mais ne va-t-il pas tout mélanger ?*

DOCTUS — *Mieux vaut lui présenter chacun des petits puzzles l'un après l'autre. Je propose de diviser une structure complexe en sous-ensembles simples. Par exemple, selon la méthode classique, nos voitures se présentaient sous forme de pièces détachées devant être assemblées et contrôlées et c'était à toi d'en vérifier l'intégrité avant chaque usage. Avec l'OO, ta voiture est toujours prête, tu montes dedans et c'est parti !*

CAND. — *Normalement, c'est le programmeur qui se charge de réaliser ce qui a été envisagé lors de la phase de conception...*

DOC. — *Oui, mais la programmation objet a un rôle à jouer autant à la phase d'analyse qu'à la conception, et même à l'exécution. Chaque pièce de nos puzzles sera indissociable de son mode d'emploi ! Il s'agit, pour schématiser, d'établir un jeu de transactions entre les différents acteurs. Et chaque programmeur – pardon, chaque fabricant de puzzle – aura toute une panoplie de moyens pour mettre en place les permissions ou interdictions qu'il jugera utiles. On est vraiment très proche d'une organisation naturelle.*

Objectif objet : les aventures de l'OO

L'objectif majeur de l'orienté objet est de faciliter le développement de systèmes complexes. La gestion de la complexité est la difficulté principale de l'informatique ; l'orienté-objet s'y attaque en découpant le programme en entités aussi indépendantes que possibles. Si deux morceaux du programme sont indépendants, une modification de l'un n'obligera pas à modifier l'autre en conséquence. Il n'est cependant pas possible d'avoir deux morceaux complètement indépendants dans un programme : il faut bien que le programme tourne en les sollicitant tous.

En associant dans la classe les méthodes aux attributs qu'elles modifient, l'objet ne se borne pas simplement à stocker son état, mais il devient surtout le premier responsable des changements que celui-ci subit. L'objet fait plus qu'il n'est. Qu'un second objet, quelconque, désire se renseigner sur l'état du premier ou d'entreprendre de modifier cet état, il devra passer par les méthodes de ce premier objet qui, seules, en ont la permission. L'objet devra toujours être accompagné de son mode d'emploi que nous verrons plus loin, défini dans une structure de données à part : son interface.

Argumentation pour l'objet

Il est loin le temps où la maîtrise de l'assembleur était le signe distinctif de ceux qui savaient programmer. Aujourd'hui, les progrès en matière de développement logiciel cherchent à rendre la programmation de plus en plus distante du fonctionnement intime des microprocesseurs, et de plus en plus proche de notre manière spontanée de poser et résoudre les problèmes. La simplicité de conception, l'accessibilité, l'adaptabilité, la fiabilité et la maintenance facilitée sont les voies du progrès, bien plus que l'optimisation du programme en temps de calcul et en espace mémoire. Ce qu'on perd en temps CPU, plusieurs indicateurs tendent à montrer qu'on le regagne aisément en espèces sonnantes et trébuchantes. Tout en informatique semble se conformer à la loi de Moore, d'un doublement de performance tous les 18 mois, tout... sauf l'habileté des programmeurs. Et c'est ce qui coûte le plus évidemment ! Plus l'application à réaliser est complexe et fait intervenir de multiples acteurs en interaction, plus il devient bénéfique de prendre ses distances par rapport aux contraintes imposées par le processeur, pour faire du monde qui nous entoure la principale source d'inspiration.

Transition vers l'objet

L'OO est une de ces étapes qui ne demandent qu'à être poursuivies, à la croisée des progrès en génie logiciel, de l'amélioration des langages de programmation et des sciences cognitives. Il existe aujourd'hui deux manières de penser les développements logiciels : la manière dite « procédurale », représentée par des langages comme C , Pascal, Fortran, Cobol, Basic, et la manière dite « orientée objet », représentée par des langages comme C++, Java, Smalltalk, Eiffel, C#, Python. La seconde semble inéluctablement prendre le pas sur la première.

Rien n'existe pour tester votre respect de la bonne pratique de l'OO. Hélas, dirons-nous, car à l'issue des prochains chapitres, nous espérons que vous serez convaincus des nombreux avantages objectifs qu'il y a à adopter la pratique OO dans le développement d'applications logicielles un tant soit peu conséquentes.

De manière à différencier ces deux approches le plus pratiquement qui soit, nous nous glisserons dans la peau d'un biologiste qui désire réaliser la simulation d'un petit écosystème dans lequel, comme indiqué dans la figure 3-1, évoluent un prédateur (le lion), une proie (l'oiseau) et des ressources (eau et plante) nécessaires à la survie des deux animaux.

Figure 3–1
Programmation en Java
d'un petit écosystème

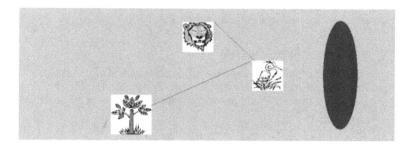

Mise en pratique

Simulation d'un écosystème

Décrivons brièvement le scénario de cette petite simulation. La proie se déplace vers l'eau, vers la plante, ou afin de fuir le prédateur ; elle agit en fonction du premier de ces objets qu'elle repère. La vision, tant de la proie que du prédateur, est indiquée par une ligne, qui part du coin supérieur de l'animal et balaie l'écran. Quand la ligne de vision traverse un objet, quel qu'il soit, l'objet est considéré comme repéré, la vision ne quitte plus l'objet et l'animal se dirige vers la cible ou la fuit. Le prédateur se déplace vers l'eau ou poursuit la proie, là aussi en fonction du premier des deux objets perçus. L'énergie selon laquelle les deux animaux se déplacent décroît au fur et à mesure des déplacements et conditionne leur vitesse de déplacement.

Dès que le prédateur rencontre la proie, il la mange. Dès que le prédateur ou la proie rencontre l'eau, il se ressource (son énergie augmente) et la quantité d'eau diminue (visuellement, la taille de la zone d'eau décroît). Dès que la proie rencontre la plante, elle se ressource (son énergie augmente également) et la quantité de plante diminue (sa taille décroît). Enfin, la plante pousse lentement avec le temps, alors que la zone d'eau, au contraire, s'évapore.

Analyse

Analyse procédurale

Adoptons dans un premier temps la pratique procédurale. Une approche classique serait de considérer en effet l'évolution de l'ensemble du monde et de réfléchir en termes de ce qui s'y passe. Tous les objets de notre programme seront créés dès le départ et stockés en mémoire, comme indiqué à la figure 3-2. Dans la phase d'élaboration structurelle des objets, rien ne distingue vraiment l'approche procédurale de l'approche OO. Les deux pratiques commencent à se démarquer par le fait que, dans la vision procédurale, les objets constituent un ensemble global de données du programme que de grands modules procéduraux affecteront tour à tour. En « procédural », l'analyse et la décomposition du programme se font de manière procédurale ou fonctionnelle, c'est-à-dire découpant le code en ses grandes fonctions.

╱ **Programmation procédurale**

La programmation procédurale s'effectue par un accès collectif et une manipulation globale des objets, dans quelques grands modules fonctionnels qui s'imbriquent mutuellement, là où la programmation orientée objet est confiée à un grand nombre d'objets, se passant successivement le relais, pour l'exécution des seules fonctions qui leur sont affectées.

Fonctions principales

Figure 3–2
Voici le découpage logiciel, avec ses grands blocs fonctionnels, de l'approche procédurale.

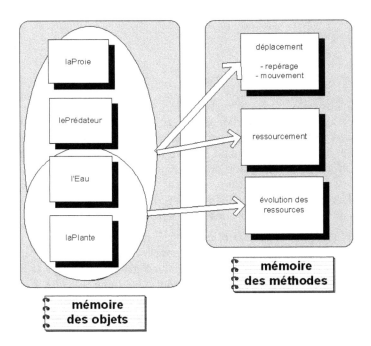

Quelles sont les fonctions que tous les objets doivent accomplir ici ? Tout d'abord, la proie et le prédateur doivent se déplacer. On commencera donc à penser et à coder les déplacements de la proie et du prédateur, ensemble. Le fait de les traiter ensemble, même s'il s'agit de deux entités différentes, est ici très important. Pour le déplacement tant de la proie que du prédateur, il faudra préalablement que chacun des animaux repère une cible. La fonctionnalité de « déplacement » devra faire appel à une nouvelle fonctionnalité de « repérage », qui concerne également tous les objets. En effet, ces derniers doivent se repérer entre eux : le prédateur cherche la proie, la proie cherche la plante et à éviter le prédateur, et tous deux cherchent l'eau. Le repérage se fait à l'aide de la vision, un bloc procédural constitué de deux fonctionnalités semblables, que l'on associera à chaque animal et qui n'agira que pendant ce repérage.

Une deuxième grande fonctionnalité est le ravitaillement de la proie et du prédateur. Cela concernera à nouveau tous les objets car, pour la proie comme pour le prédateur, il fonctionne différemment selon la ressource rencontrée. Par exemple, lorsque la proie rencontre la plante, elle la mange et la plante s'en trouve diminuée. Lorsque le prédateur rencontre la proie, il la mange et la proie, morte, disparaît de l'écran. La troisième et dernière fonctionnalité est l'évolution dans le temps des ressources, la plante poussant et l'eau s'évaporant. Le programme principal se trouvera finalement constitué de tous les objets du problème et de trois grandes procédures : « déplacement », « ravitaillement » et « évolution des ressources ». La première d'entre elles fait appel à une nouvelle procédure de repérage entre les objets. Cette décomposition fonctionnelle est représentée sur la figure 3-2.

Conception

Conception procédurale

Le déplacement porte sur tous les objets, le repérage les confronte deux à deux. Le ressourcement porte également sur tous les objets. L'évolution des ressources ne porte que sur deux des objets. On comprend, par cet exemple, comment la pratique procédurale découpe l'analyse du problème en de grandes fonctions imbriquées et portant toutes sur l'essentiel des données du problème. En « procédural », les grandes fonctions accomplies par le logiciel, en s'imbriquant l'une dans l'autre, sont la voie de la modularité et de l'évolution de toute l'approche.

Cette approche pose plusieurs problèmes. Tout d'abord, comme chaque procédure doit traiter l'ensemble des données, sa complexité individuelle sera une fonction directe du nombre d'objets différents dans le monde simulé. Ensuite, si on veut plus tard ajouter un nouveau type de proie, il faudra passer en revue l'ensemble du code pour trouver tous les endroits à modifier : le comportement de chaque objet est éparpillé dans le code. De plus, le fait de traiter l'ensemble du monde d'un seul bloc rend très compliquée toute perspective de parallélisation du programme, s'il devient un jour trop gourmand pour tourner sur un seul processeur. Enfin, si le besoin émergeait de changer l'encodage des données, c'est pratiquement la totalité du programme qui serait à réécrire.

Conception objet

Pour sa part, la pratique orientée objet cherche d'abord à identifier les acteurs du problème et à les transformer en classes regroupant leurs caractéristiques structurelles et comportementales, puis finalement en interfaces ne reprenant que la partie comportementale. Les acteurs ne se limitent pas à exister structurellement, ils se démarquent surtout par le comportement adopté, par ce qu'ils font, pour eux et pour les autres. Ce ne sont plus les grandes fonctions qui guident la construction modulaire du logiciel, mais bien les classes/acteurs eux-mêmes. Les acteurs ici sautent aux yeux. Il s'agira de la proie, du prédateur, de l'eau et de la plante. Une fois que l'on a établi les attributs de chacun, la grande différence avec la démarche précédente consistera à réaliser une nouvelle analyse fonctionnelle, mais basée cette fois sur chaque acteur et leurs interactions.

Au lieu d'avoir une grande structure de données qu'on manipule d'un bloc, on va cette fois découper le monde en un ensemble d'objets. En imaginant qu'on discrétise l'écoulement du temps dans la simulation, on va demander à chaque objet d'évoluer à chaque étape. Tous les objets de la simulation devront donc pouvoir recevoir le message « évolue ».

Figure 3–3
Dans l'approche OO,
le découpage du logiciel se fait
entre les classes qui regroupent
les descriptions structurelles
avec les activités
les concernant. Les classes
interagissent entre elles.

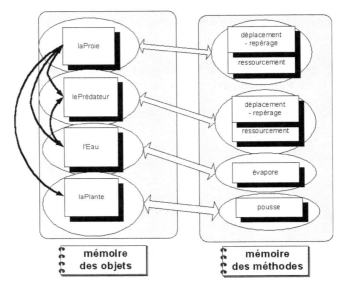

Voyons comment chaque type d'objet évolue. Commençons par les plus simples : la plante pousse et l'eau s'évapore. Les animaux sont plus complexes, puisqu'ils peuvent se déplacer : ils voient ce qui se trouve autour d'eux et agissent en conséquence. Leur méthode « évolue » devra donc prendre en considération l'ensemble des autres objets, d'où les interactions. L'animal lui-même devra être capable de décider, pour chaque autre objet du monde, s'il veut le fuir, s'en rapprocher ou l'ignorer.

Passons maintenant aux interactions. Quand un animal rattrape une ressource, il peut la consommer. En termes d'interactions, l'animal envoie et la ressource reçoit un message « diminue », avec un argument indiquant la quantité. Les liens entre objets et méthodes sont représentés sur la figure 3-3.

Conséquences de l'orientation objet

Les acteurs du scénario

Ici, le découpage logiciel s'effectue à partir des grands acteurs de la situation, et non plus des grandes activités propres à la situation. Un avantage évident est que le premier découpage apparaît bien plus naturel à mettre en œuvre que le second et, comme vous le savez sans doute, si vous chassez le naturel, il revient à l'OO. Il est plus intuitif de séparer le programme à réaliser en ses quatre acteurs qu'en ses trois grandes activités. Vous ne percevez pas la savane comme la réunion de trois grandes activités (migratoire, évolutive et alimentaire), vous la percevez, d'abord et avant tout, comme un regroupement d'animaux et de végétaux.

Un autre avantage conséquent, que nous étaierons par la suite, est que, dans l'approche procédurale, toutes les activités impliquent tous les objets. Cela a pour effet d'accroître les difficultés de maintenance et de mise à jour du logiciel. Changez quoi que ce soit dans la description d'un objet et vous risquez d'avoir à rééplucher l'intégralité du code. Au contraire, dans l'approche OO, si vous changez la description structurelle de l'eau, c'est la seule classe Eau qu'il faudra réexaminer.

Indépendance de développement et dépendance fonctionnelle

Le renforcement de l'indépendance entre les classes est une volonté majeure de la programmation OO ; nous reviendrons largement sur ce point dans les prochains chapitres. Cependant, il est important de distinguer d'emblée l'indépendance dans le développement logiciel des classes de la dépendance fonctionnelle entre ces mêmes classes (par exemple, entre la classe prédateur et la classe proie), qui reste la base de l'OO. Nous verrons dans les prochains chapitres qu'en encapsulant les classes, on favorise leur développement de manière indépendante bien que, lors de leur passage à l'action, ces classes soient fonctionnellement dépendantes.

> **Dépendance fonctionnelle versus indépendance logicielle**
>
> Alors que l'exécution d'un programme OO repose pour l'essentiel sur un jeu d'interactions entre classes dépendantes, tout est syntaxiquement mis en œuvre lors du développement logiciel pour maintenir une grande indépendance entre les classes. Cette indépendance au cours du développement favorise tant la répartition des tâches entre les programmeurs que la stabilité des codes durant leur maintenance, leur réexploitation dans des contextes différents et leur évolution. Elle est notamment accentuée par le mécanisme d'interface, qui permet d'exprimer directement dans le code la quantité minimale d'informations qu'une classe doit posséder sur une autre. Moins chaque classe en sait sur les autres, plus elles sont indépendantes au développement.

Ainsi, la dépendance entre deux classes se réalise directement entre elles, sans un détour obligé par un module logiciel plus global les regroupant en son sein. Le prédateur devra repérer la proie, puis la rattraper pour finalement la dévorer. Il le fera en activant un certain nombre de ses méthodes, qui, de leur côté, nécessiteront de lancer l'exécution de méthodes directement sur la proie. De manière semblable, lorsque la proie boira l'eau, elle activera pour ce faire la méthode de la classe Eau, responsable de sa diminution de quantité.

En substance, les dépendances entre classes se pensent au coup par coup, deux à deux, et ne sont pas noyées dans la mise en commun de toutes les classes dans les modules d'activité logicielle. Cela conduit à une conception de la programmation sous la forme d'un ensemble de couples client-fournisseur (ou serveur), dans laquelle toute classe sera tour à tour client et fournisseur d'une ou de plusieurs autres. Une conception où les classes se rendent mutuellement des services, ou se délèguent mutuellement des responsabilités, pointe à l'horizon. Cette conception est bien plus modulaire que la précédente, car le monde contient plus d'acteurs que de fonctions possibles. Les grandes fonctions génériques sont redéfinies pour chaque acteur.

Petite allusion (anticipée) à l'héritage

Ce dernier point conduit très naturellement à la pratique de l'héritage et du polymorphisme. En effet, force est de constater, par exemple, la similarité entre la manière dont les proies et les prédateurs se comportent d'où, d'ailleurs, l'existence du concept générique « animal ».

Nous ne nous en servirons pas ici, ce qui nous amène à différer au chapitre 11 la modélisation complète de notre écosystème en orienté objet.

La collaboration des classes deux à deux

Un ensemble d'objets agissant par paire et par envois de messages favorise l'éclatement du programme en forçant l'indépendance des classes ; deux par deux, c'est toujours mieux que toutes avec toutes. Plus le programme est décomposable, plus facile sera l'attribution de ses modules à différents programmeurs et plus réduites seront les conséquences provoquées par le changement d'un de ses modules.

Qu'y a-t-il de plus naturel, dès lors, que de décomposer un logiciel en collant au mieux à la manière dont notre appareil perceptif et nos facultés cognitives découpent le monde ; perception qui, pour l'essentiel, sépare les objets et leur permet de s'échanger quelques messages.

OO comparé au procédural en performances et temps de calcul

Tout concourt à faire des programmes OO de grands consommateurs de mémoire (prolifération des objets, distribués n'importe où dans la mémoire, violant ainsi les principes de « localité » informatique) et de temps de calcul (retrouver à l'exécution les objets et les méthodes dans la mémoire, puis traduire, au dernier moment, les méthodes dans leur forme exécutable sans parler du garbage collector et autres « briseurs » de performances).

Les seuls temps et ressources réellement épargnés sont ceux des programmeurs, tant lors du développement que lors de la maintenance et de l'évolution de leur code. L'OO considère simplement, à juste titre nous semble-t-il, que le temps programmeur est plus précieux et plus onéreux que le temps machine.

4

Ici Londres :
les objets parlent aux objets

Ce chapitre illustre et décrit le mécanisme d'envoi de messages qui est à la base de l'interaction entre les objets. Cette interaction exige que les classes dont sont issus ces objets entrent dans un rapport de composition, d'association ou de dépendance. Ces messages peuvent s'enclencher de manière récursive.

CANDIDUS — *Alors, il n'y en a plus que pour les objets... Les procédures passent à la trappe, c'est bien ça ?*

DOCTUS — *Pas tout à fait. Chaque objet a ses voyants et ses boutons : les voyants affichent la valeur des données à chaque instant, les boutons actionnent ses méthodes. Ces méthodes ne sont pas autre chose que nos anciennes procédures.*

CAND. — *Ainsi, la nourrice incite notre bébé à activer les bons boutons et c'est lui qui déclenche la suite des événements ?*

DOC. — *Leur déclenchement est effectivement conditionné par la disponibilité des boutons de commande correspondants, mais nous aurons également affaire à quelques mécanismes plus subtils. Les jouets les plus complexes contiendront des mécanismes internes que le fabricant du jouet n'a pas mis à portée de main. Ils ne concernent que le fonctionnement intime de notre objet. Par ailleurs, certains de nos objets peuvent être combinés de telle sorte que le fonctionnement de l'un en mette d'autres en action.*

CAND. — *On aurait donc aussi des interfaces apparentes pour les connexions entre objets. Ne deviennent-ils pas complètement dépendants les uns des autres ?*

Doc. — *Oui, on aboutit à un circuit de dépendance. Ce qui amène la question suivante : comment allons-nous nous assurer du bon cloisonnement entre les différents objets sans nous interdire de les combiner quand c'est possible ?*

Cand. — *Hm… Tu voudrais faire des usines à gaz sans trop de tuyaux quoi !*

Envois de messages

Dans les chapitres précédents, nous avons discuté de la nécessité de faire interagir l'objet `feu de signalisation` avec l'objet `voiture`, quand le passage au vert du premier déclenche le démarrage du second. De même, nous avons retrouvé un type semblable d'interaction quand le `lion`, s'abreuvant, provoque la diminution de la quantité d'eau. L'objet `lion` ne peut directement diminuer la quantité d'eau, quelle que soit l'ampleur de sa soif. Il le fera par un appel indirect à la méthode de l'`eau` responsable de la diminution de sa quantité. L'eau gère sa quantité, le `lion` gère son énergie et ses déplacements.

Les objets interagissent et, comme tout ce qu'ils font doit être prévu dans leurs classes, celles-ci se doivent d'interagir également. C'est cette interaction entre objets qui constitue le mécanisme clé et récurrent de l'exécution d'un programme OO. Un tel programme n'est finalement qu'une longue liste d'envois de messages entre les objets agrémentés ici et là de quelques mécanismes procéduraux (tests conditionnels, boucles…).

Nous allons, à l'aide d'un exemple minimal de programmation, illustrer ce principe de communication entre deux objets. Supposons un premier objet `o1`, instance d'une classe `O1`, contenant la méthode `jeTravaillePourO1()`, et un deuxième objet `o2`, instance d'une classe `O2`, contenant la méthode `jeTravaillePourO2()`. Dans le logiciel, `o1` interagira avec `o2`, si la méthode `jeTravaillePourO1()` contient une instruction comme `o2.jeTravaillePourO2()`. C'est au moment précis de l'exécution de cette instruction que l'objet `o1` interférera avec l'objet `o2`. Néanmoins, pour que `o1` puisse exécuter quoi que ce soit, il faudra d'abord déclencher la méthode `jeTravaillePourO1()` sur `o1`. Nous supposerons que la méthode `main` s'en charge. Le reste suivra, comme indiqué à la figure 4-1.

Figure 4–1
L'objet o1 parle à l'objet o2.

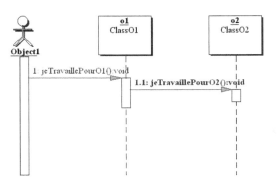

Dans ce diagramme de séquence UML (voir chapitre 10), le petit bonhomme fait office de `main`, en envoyant le premier message `jeTravaillePourO1()` sur l'objet `o1`. Par la suite, nous voyons que l'objet o1 interrompt l'exécution de sa méthode, le temps pour o2 d'exécuter la sienne. Finalement, le programme reprend normalement son cours, là où il l'a abandonné, en redonnant la main à o1. L'envoi de message s'accompagne d'un passage de relais de l'objet o1 à l'objet o2, relais qui sera restitué à o1 une fois qu'o2 en aura terminé avec sa méthode.

Association de classes

Nous avons déjà rencontré ce chien de garde sévère qu'est le compilateur, qui ne laisse rien passer si ce que font les objets n'a pas été prévu dans leur classe. Ainsi, si o1 déclenche la méthode jeTravaillePourO2() sur l'objet o2, c'est que la classe responsable de o1 sait que cet objet o2 est à même de pouvoir exécuter cette méthode.

Figure 4–2
Les deux classes O1 et O2
en interaction par un lien fort
et permanent dit
« d'association ».
Les messages sont envoyés de
la classe O1 vers la classe O2.

Pour ce faire, la classe o1 se doit d'être informée, quelque part dans son code, sur le type de l'objet o2, c'est-à-dire la classe o2. Une première manière de procéder est celle indiquée par la figure 4-2. On dira dans ce cas que les deux classes sont associées et que la connaissance de o2 devient une donnée structurelle à part entière de la classe o1. En langage de programmation, o2 devient purement et simplement le type d'un attribut de o1, comme dans le petit code de la classe o1 qui suit :

```
class O1 {
  private O2   lienO2 ; /* la classe O2 type un attribut de la classe O1 */
  void jeTravaillePourO1() {
    lienO2.jeTravaillePourO2() ;
  }
}
```

On conçoit que ce petit code pourrait être créé automatiquement à partir du diagramme de classes de la figure 4-2.

Les deux objets qui interagissent peuvent entrer dans une relation de composition. Si telle est leur manière d'être ensemble, chaque objet de la classe o1 contiendra « physiquement » un objet de la classe o2 et ces deux objets deviendront alors indéfectiblement liés. La disparition d'o1 entraînera de facto celle d'o2. Cependant, cela peut être plus simplement le cas si o1 désire que toutes ses méthodes puissent envoyer des messages à o2. Comme tout autre attribut de type « primitif » (entier, réel, booléen...), cet attribut lienO2 devient accessible dans l'intégralité de la classe. En cela, on peut dire que cet attribut d'un type un peu particulier fait de la liaison entre les deux classes une vraie propriété structurelle de la première. Il s'agit en fait d'une espèce nouvelle d'attribut dit « attribut référent », typé, non plus par un type primitif, mais bien par la classe qu'il réfère. Dans l'espace mémoire réservé à o1, l'attribut lienO2 contiendra, comme indiqué sur la figure 4-3, l'adresse de l'objet o2.

Figure 4–3
Comment o1 possède
l'adresse de o2

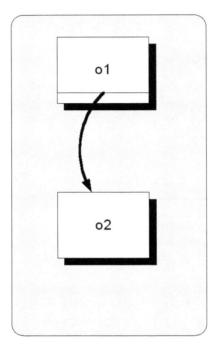

o1 connaît parfaitement l'adresse de son destinataire, ce qui est souhaitable lorsqu'on désire lui faire parvenir un message. Comme conséquence d'une association dirigée entre la classe O1 et la classe O2, tout objet de type O1 sera lié à un objet de type O2, avec lequel il pourra communiquer à loisir, indépendamment de son état et quelles que soient les activités entreprises. Le compilateur, en compilant O1, devra être informé de l'emplacement physique d'O2, tout comme à l'exécution.

Association de classes

La manière privilégiée de faire communiquer deux classes par envoi de messages consiste à ajouter aux attributs primitifs de la première un attribut référent du type de la seconde. La classe peut donc, tout à la fois, contenir des attributs et se constituer en nouveau type d'attribut. C'est grâce à ce mécanisme de typage particulier que, partout dans son code, la première classe pourra faire appel aux méthodes disponibles de la seconde.

Pour reprendre le cas de notre écosystème du chapitre précédent, les deux petits codes qui suivent illustrent, le premier, une association entre la proie et l'eau, le deuxième, une composition entre la proie et son estomac.

Association Proie -> Eau

```
class Proie {
  private Eau e;
  Proie(Eau eau) {
    e = eau;
  }
  void bois() {
    e.diminue();
  }
}
class Eau {
  void diminue() {
  }
}
public class Principale {
  public static void main(String[] args) {
    Eau eau = new Eau();
    Proie proie = new Proie(eau);
    proie.bois();
  }
}
```

Composition proie -> Estomac

```
class Proie {
  private Estomac estomac;
  public Proie() {
    estomac = new Estomac();
  }
}
class Estomac {
}
public class Principale {
  public static void main(String[] args) {
    Proie p = new Proie();
  }
}
```

Dépendance de classes

Il existe d'autres manières, non persistantes cette fois, pour la classe 01 de connaître le type 02. Comme dans le code qui suit, la méthode jeTravaillePour01(02 lien02) pourrait recevoir comme argument l'objet 02, sur lequel il est possible de déclencher la méthode jeTravaillePour02().

```
class O1 {
  void jeTravaillePourO1(O2 lienO2) {
      lienO2.jeTravaillePourO2() ;
  }
}
```

Le compilateur acceptera le message car le destinataire est bien typé par la classe O2. Cependant, dans un cas semblable, le lien entre O1 et O2 n'aura d'existence que le temps d'exécution de la méthode jeTravaillePourO1() ; on parlera alors d'un lien de dépendance, plus faible que l'associa-tion et surtout passager (voir figure 4-4). Dans le diagramme de classes UML, le lien passe de « plein » à « pointillé ».

Figure 4–4
Les deux classes O1 et O2 en interaction par un lien faible et temporaire dit de « dépendance »

La raison en est que, lors de l'appel de toute méthode, se crée un espace de mémoire temporaire, dans lequel sont stockés les arguments transmis à la méthode. Il s'agit en fait d'un type de mémoire pile associée à la méthode et disparaissant avec elle ; nous aurons l'occasion d'y revenir. À la fin de l'exé-cution de la méthode, cet espace est perdu et restitué au programme, en conséquence de quoi le lien entre les deux objets s'interrompt immédiatement par disparition du référent temporaire. Les deux classes ne se connaissent donc que durant le temps d'exécution de la méthode.

Un lien de dépendance est maintenu entre les deux classes, car toute modification de la classe qui fournit la méthode à utiliser pourrait entraîner une modification de la classe qui fait appel à cette méthode. Il s'agit à proprement parler plutôt d'une dépendance logicielle, car elle reste au niveau de l'écriture logicielle des deux classes, alors que le lien d'association va bien au-delà de cette dépendance et représente une véritable connexion structurelle et fonctionnelle entre ces deux classes.

Une autre liaison passagère pourrait se produire, si, comme dans le code ci-après, la méthode jeTravaillePourO1() décide, tout de go, de créer l'objet lienO2 le temps de l'envoi du message.

```
class O1 {
  void jeTravaillePourO1() {
    O2 lienO2 = new O2();
    lienO2.jeTravaillePourO2() ;
  }
}
```

Au sortir de la méthode, l'objet lienO2 sera irrémédiablement perdu, de même que cette liaison passagère qui, là encore, n'aura duré que le temps d'exécution de la méthode jeTravaillePourO1().

La programmation C++ privilégie ce type de dépendance temporaire, car la gestion mémoire s'en trouve facilitée par la disparition de l'objet une fois quittée la zone d'action dans laquelle il a agi. En Java et C# aussi, le référent étant stocké en mémoire pile, il disparaîtra à la fin de la méthode, emportant à sa suite le seul objet référé par lui. Alors que, dans la première dépendance, c'est la liaison entre les deux objets qui s'interrompait à la fin de la méthode, dans ce deuxième cas de dépendance, l'objet destinataire du message s'éclipsera également.

Ainsi, il vous aura peut-être paru étrange, dans l'exemple de l'association précédent, que la proie ait un attribut de type Eau. Les plus alertes d'entre vous se seront demandé comment cette idée peut continuer à fonctionner si on a, non pas un, mais deux, dix ou cent plans d'eau. La dépendance est en fait mieux adaptée à cette situation que l'association. Le lien n'a cours que le temps pour la proie de se désaltérer. En termes de code, cela donne :

```
class Proie {
  void bois(Eau e) {
      e.diminue();
  }
}
class Eau {
  void diminue() {}
}
public class Principale {
  public static void main(String[] args) {
    Eau eau = new Eau();
    Proie proie = new Proie();
    proie.bois(eau);
  }
}
```

Autant que faire se peut, on privilégiera entre les classes des liens de type fort, d'association, faisant des relations entre les classes une donnée structurelle de chacune d'entre elles. Il vaut mieux, dès lors qu'elles envisagent la moindre communication, que les classes se connaissent, non pas intimement, comme nous le verrons, mais suffisamment, pour échanger quelques bribes de conversation tout au long de leur existence.

Les fichiers contenant les classes en interaction, et pour autant qu'on informe les phases de compilation et d'exécution de l'emplacement de ces fichiers, s'en trouveront automatiquement liés également. De même, ce lien structurel entre les classes et leurs instances sera préservé lorsque ces objets seront sauvegardés de manière permanente. Y compris sur le disque dur, les objets posséderont parmi leurs attributs des référents connaissant l'adresse physique sur le disque des objets avec lesquels ils sont en relation (comme nous le verrons plus en détail au chapitre 19).

Communication possible entre objets

Deux objets pourront communiquer si les deux classes correspondantes possèdent entre elles une liaison de type composition, association ou dépendance, la force et la durée de la liaison allant décroissant avec le type de liaison. La communication sera dans les deux premiers cas possible, quelle que soit l'activité entreprise par le premier objet, alors que dans le troisième cas, elle se déroulera uniquement durant l'exécution des seules méthodes du premier objet, qui recevront de façon temporaire un référent du second.

Réaction en chaîne de messages

Finalement, il sera très fréquent que l'objet o2 lui-même, durant l'exécution de sa méthode jeTravaillePourO2(), envoie un message vers un objet o3, qui lui-même enverra un message vers un objet o4, etc. On assiste donc, comme dans le diagramme de séquence de la figure 4-5, à une succession d'envois de messages en cascade. Toutes les méthodes successivement déclenchées seront, dans une approche séquentielle traditionnelle (où seule une méthode à la fois peut requérir le processeur), imbriquées les unes dans les autres : le flux d'exécution passera de l'une à l'autre pour, à la fin de l'exécution de la dernière, refaire le chemin dans le sens inverse et achever successivement toutes les méthodes enclenchées. Nous évoquerons d'autres approches au chapitre 17, où plusieurs messages peuvent s'exécuter en parallèle.

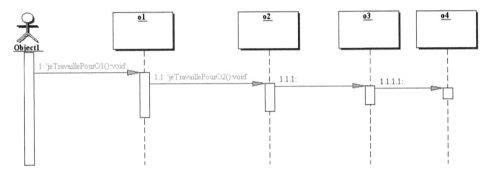

Figure 4–5
Un envoi de messages en cascade

On peut comparer cela au déploiement successif de toutes les pièces d'un feu d'artifice géant et complexe, résultant directement ou indirectement de l'allumage initial d'une minuscule étincelle. Dans le chapitre 10, nous expliquerons comment, lors d'une simulation OO d'un match de football, la réalisation d'un but peut occasionner la participation et l'interaction de nombreux objets de classes différentes : Ballon, Joueurs, Arbitre, Filets, Score, Terrain... sans pour cela que l'écriture du code ne s'en trouve inutilement compliquée.

Réaction en chaîne

Tout processus d'exécution OO consiste essentiellement en une succession d'envois de messages en cascade, d'objet en objet, messages qui, selon le degré de parallélisme mis en œuvre, seront plus ou moins imbriqués.

Exercices

Exercice 4.1

Considérez les deux classes suivantes : Interrupteur et Lampe, telles que, quand l'interrupteur est allumé, la lampe s'allume aussitôt. Réalisez dans un pseudo-code objet le petit programme permettant cette interaction.

Exercice 4.2

Tentez d'envisager dans quelles circonstances il est préférable de privilégier, entre deux classes en interaction, une relation de type « dépendance » plutôt qu'une relation de type « association ».

Exercice 4.3

Réalisez un petit programme exécutant l'envoi de message entre deux objets, et ce lorsque les deux classes dont ils sont issus entretiennent entre elles une relation de type « association », dans le premier cas, et de « dépendance », dans le second.

Exercice 4.4

Écrivez un squelette de code réalisant un envoi de messages en cascade entre trois objets.

Exercice 4.5

Considérez les deux classes Souris et Fenêtre, telles que, quand la souris clique sur un point précis de la fenêtre, celle-ci se ferme. Réalisez un pseudo-code objet permettant cette interaction. On favorisera une relation de type « dépendance » entre les objets concernés.

5

Collaboration entre classes

Le but de ce chapitre est de poursuivre la découpe d'une application OO en ses classes, lesquelles jouent tout à la fois les rôles de modules, fichiers et types. Java favorise de façon très pratique cette vision et étend la relation qui existe entre les classes jusqu'aux étapes de compilation et d'exécution. C++, Python, PHP et C# rendent cette mise en œuvre moins immédiate en raison d'un souci de compatibilité : avec le monde procédural (y compris le C) pour les trois premiers, avec Windows et les exécutables d'avant pour C#.

CANDIDUS — *J'aimerais bien rendre visite au fabricant de jouets, histoire de voir comment il construit puis emballe ce qu'il livre à notre bébé...*

DOCTUS — *L'organisation des fichiers en différentes catégories permet de rechercher les objets comme dans un jeu de pistes. Ils auront le même nom que l'objet qu'ils contiennent. Bébé n'aura alors qu'à utiliser des règles simples pour trouver tout ce qui lui sera nécessaire. Si le fichier contenant l'objet ne se trouve pas là où il devrait être, Bébé ne sera pas content et nous le fera savoir !*

CAND. — *Ne risque-t-on pas d'avoir des conflits avec des noms d'objets homonymes ?*

DOC. — *Bien sûr que si ! La solution consiste à utiliser les paquets, pour que chaque fabricant ait un répertoire d'entrée différent... et le tour est joué !*

CANDIDUS — *Bébé utilise donc les mêmes règles que le fabricant pour déduire la position des objets. Lorsqu'une pièce du puzzle en appelle une autre, il n'y a qu'à suivre la piste indiquée pour mettre la main dessus.*

DOC. — *Oui, et par-dessus le marché, ces règles simples font que le fabricant peut s'assurer que tous les liens entre les pièces de ses jouets figurent bien dans sa livraison. Finalement, il s'agit simplement de savoir en quoi consiste chaque objet et ce qu'on peut en attendre pour connaître entièrement ce qu'on doit en savoir. Ce n'est qu'au moment de l'emballage qu'on vérifie que tous les liens s'emboîtent correctement.*

Pour en finir avec la lutte des classes

Nous avons vu dans les chapitres précédents qu'en orienté objet, il est Capital d'en finir avec la lutte des classes. Les classes ne sont pas que de simples structures d'accueil d'information ; elles sont à notre service pour la réalisation de certaines tâches mais, plus encore, elles sont chacune au service des autres. Elles le sont car elles ne peuvent déléguer à aucune autre la responsabilité de l'évolution de leur état ; si les autres nécessitent une modification de l'état d'une classe, elles doivent impérativement s'adresser à elle.

On ne le répétera jamais assez, la programmation orientée objet se conçoit, essentiellement, comme une société de classes en interaction, se déléguant mutuellement un ensemble de services. Les classes, lors de leur conception, prévoient ces services, pour que le compilateur (ou l'interpréteur en Python et PHP) s'assure de la cohérence et de la qualité de cette conception, et traduise le tout en une forme exécutable. Par la suite, ces services s'exécuteront en cascade, quand les objets, instances de ces classes, occuperont la mémoire et se référenceront mutuellement, afin de réaliser le programme anticipé par la structure relationnelle des classes.

La compilation Java : effet domino

L'interaction entre classes, ainsi que la modularisation recommandée de ces classes en fichiers, se présentent comme sur la figure 5-1, qui correspond à la situation décrite ci-après.

Figure 5-1
Deux fichiers Java contenant chacun une classe, et les liens dynamiques qui s'établissent lors de la compilation

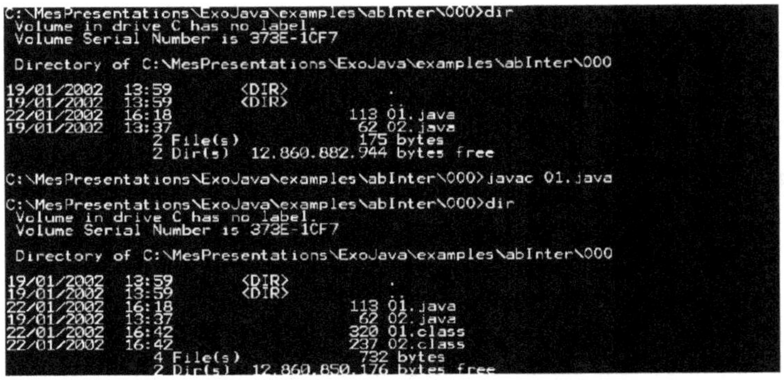

```
class O1
{
    O2 lienO2;

    public void jeTravaillePourO1()
    {
        lienO2.jeTravaillePourO2();
    }
}
```

```
class O2
{
    public void jeTravaillePourO2()
    {
    }
}
```

Dans le même répertoire se trouvent deux fichiers sources Java séparés, 01.java et 02.java, qui contiennent respectivement les codes des classes 01 et 02. Nous compilons le premier à l'aide de l'instruction de compilation javac :

```
javac 01.java
```

Automatiquement, deux nouveaux fichiers apparaissent : non seulement, comme prévu, l'exécutable 01.class, mais également, de manière plus surprenante, la version exécutable du deuxième fichier (02.class). En fait, dès que le compilateur découvre une dépendance entre les classes, il se charge de toutes les compilations nécessaires. Il savait où trouver le code de la classe 02 car, en Java, le fichier porte le même nom que la classe.

Il en sera de même lors de l'exécution. En partant de la seule exécution du fichier contenant la méthode main, toutes les classes dépendantes entre elles seront reliées dynamiquement lors de cette exécution. La découpe et l'association « une classe-un fichier » découlent naturellement de ce mécanisme de liaison dynamique. Il n'est pas nécessaire d'effectuer une liaison explicite entre les fichiers qui doivent se connaître mutuellement.

En Java, la classe, dans sa version exécutable .class, est toujours isolée dans un fichier dont le nom reprend celui de la classe compilée qu'il contient. Même si, au départ, plusieurs classes sont codées dans un seul fichier source, la compilation créera autant de fichiers qu'il y a de classes distinctes.

Ce mécanisme de découverte automatique du code de la classe 02 est propre à Java. Cette modularisation forcée, mais parfaitement adéquate, disparaît des autres langages, pour des raisons de compatibilité avec les technologies les ayant précédés, souci non partagé par les ingénieurs de Sun, lesquels ont décidé à l'époque de repartir de zéro.

Faire de chaque classe un fichier source séparé devient, de fait, une pratique tendant à se répandre dans tous les langages OO, que ces langages l'encouragent ou non par leur syntaxe et leur fonctionnement propres.

Une classe, un fichier

Dans sa pratique, et bien plus que les trois autres langages, Java force la séparation des classes en fichiers distincts. Si vous ne le faites pas lors de l'écriture des sources, il le fera pour vous, comme résultat de la compilation. En conséquence, autant le précéder par une écriture des classes séparée en fichiers. Cette bonne pratique tend à se généraliser à tous les développements OO, quel que soit le langage de programmation utilisé.

En C#, Python, PHP ou C++

En C#, pour que la classe 01 (installée dans le fichier 01.cs) puisse se rattacher à la classe 02 (installée dans le fichier 02.cs), il est nécessaire de faire d'abord de la classe 02 une bibliothèque .dll (*dynamic link library*), au moyen de l'instruction suivante :

```
csc /t:library /out:02.dll 02.cs
```

Ensuite, il faut compiler le fichier 01.cs, en faisant le lien avec le fichier .dll créé précédemment :

```
csc /r:02.dll 01.cs
```

> ### ✎ Fichiers .dll
>
> Les fichiers portant l'extension .dll sont caractéristiques des plates-formes Windows et servent à relier dynamiquement plusieurs fichiers exécutables. C'est la raison pour laquelle, afin de rendre les nouveaux exécutables C# compatibles avec la plate-forme Windows, il faut en faire des fichiers .dll. Dans la plate-forme de développement .Net, ces fichiers .dll établissent le lien entre n'importe quelles classes développées dans n'importe lequel des langages de programmation reconnus par .Net (on en dénombre vingt-deux).

La situation en Python est telle qu'illustrée dans les deux fichiers qui suivent. Il est nécessaire d'indiquer explicitement ① dans les premières lignes du fichier 01.py où trouver les classes dont il aura besoin.

Fichier 01.py

```
from 02 import * ①      # rappelle les classes du fichier 02
class 01:
    __lien02=02()
    def jeTravaillePour01(self):
        self.__lien02.jeTravaillePour02(5)
```

Fichier 02.py

```
class 02:
    def jeTravaillePour02(self,x):
        print (x)
```

En C++ aussi, il est nécessaire d'ajouter au fichier 01.cpp l'instruction d'inclusion ② du fichier 02.cpp, comme dans le code qui suit :

```
#include "02.cpp" ② /* inclusion de la classe dont la nouvelle classe dépend */
class 01 {
private:
  02* lien02;
public:
  void jeTravaillePour01() {
    lien02->jeTravaillePour02();
  }
};
```

Nous retrouvons le même type d'inclusion ③ dans la version PHP du même code :

```
<html>
<head>
```

```
<title> Association de classes </title>
</head>
<body>
<h1> Association de classes </h1>
<br>

<?php
   include ("O2.php"); ③
   class O1 {
       private $lienO2;
       public function __construct() {
           $this->lienO2 = new O2();
       }
       public function jeTravaillePourO1() {
           $this->lienO2->jeTravaillePourO2();
       }
   }
   $unO1 = new O1();
   $unO1->jeTravaillePourO1();

?>

</body>
</html>
```

Avec dans le même répertoire Web, le fichier O2.php.

```
<?php
   class O2 {
       public function jeTravaillePourO2() {
           print ("je travaille pour O2 <br> \n");
       }
   }
?>
```

Dans tous ces langages, la liaison dynamique entre les classes exige des « liants syntaxiques » supplémentaires et ne se réalise plus implicitement, à l'instar de Java, comme simple résultat de la dénomination des classes et des fichiers.

De l'association unidirectionnelle à l'association bidirectionnelle

On constate que la liaison dynamique à la compilation se fait soit en ordonnant les compilations comme en C# (on compile d'abord le premier fichier dont dépend le second, ensuite le second), soit par l'inclusion du premier dans le second, comme en Python, PHP et C++. Que se passe-t-il alors quand les deux classes dépendent mutuellement l'une de l'autre ?

Dans les petits diagrammes de classes UML suivants, vous pouvez voir la différence entre une association de type directionnelle et une association bidirectionnelle. Ces dernières associations sont très fréquentes dans la conception OO. Prenez par exemple l'association entre un employé et un employeur, un joueur de foot et son capitaine, la proie et le prédateur, un ordinateur et son imprimante, etc. L'association entre deux classes est bidirectionnelle quand des messages peuvent être envoyés dans les deux sens.

Figure 5–2
Différence entre
une association de deux
classes de type directionnelle
et de type bidirectionnelle

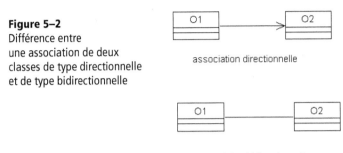

En Java, cette situation ne change absolument rien à la pratique décrite plus haut. La compilation de l'une des deux classes entraînera automatiquement, dans sa suite, la compilation de l'autre.

En C#, comme l'ordre de compilation est déterminé par les liens de dépendance entre les classes, la situation est plus délicate et la solution la plus immédiate, parmi d'autres, consistera à compiler les fichiers tous ensemble, et non plus de manière séparée.

En C++, c'est l'écriture du code qu'il faudra soigner afin de pallier cette situation. Il faudra séparer la déclaration des classes de la description de leur corps. Cette description devra être différée par rapport à la seule déclaration des classes, comme le code suivant en est l'illustration.

Fichier O2.cpp

```cpp
#include <iostream>
class O1; /* juste la déclaration de la classe et rien d'autre */
class O2 {
private:
  O1* lienO1;
public:
  void jeTravaillePourO2(); /* la méthode sera définie plus tard */
};
```

Fichier O1.cpp

```cpp
#include <iostream>
#include "O2.cpp"
class O2; /* juste la déclaration de la classe et rien d'autre */
class O1 {
private:
  O2* lienO2;
public:
    void jeTravaillePourO1(); /* la méthode sera définie plus tard */
};
```

```
/* puis enfin, la description du contenu des méthodes */
void O1::jeTravaillePourO1() {
  lienO2->jeTravaillePourO2();
}
void O2::jeTravaillePourO2() {
  lienO1->jeTravaillePourO1();
}
int main() {
  std::cout << "ca marche" << std::endl;
  return 0;
}
```

Enfin, comme Python et PHP sont tous deux des langages de script, c'est-à-dire s'exécutant directement, sans phase préalable de compilation, au fur et à mesure que les instructions sont rencontrées, on se rend compte de l'impossibilité produite par cette référence (ici importation) circulaire. Lorsque l'exécution de la première classe s'interrompra pour importer la deuxième, et que cette deuxième ne pourra pas non plus s'exécuter faute de la première, on se trouvera coincé dans une situation sans issue. La solution la plus simple est de contourner le problème, de ne réaliser l'inclusion que dans la première classe et de prévoir une méthode dans la deuxième pour relier celle-ci à la première. C'est la solution qui est proposée dans l'exemple PHP ci-après. Notez dans cet exemple que, malgré l'absence de typage dans PHP, il est cependant possible, lorsque les arguments de méthode concernent des classes, de le spécifier dans la déclaration. Lors de l'appel, un mauvais passage d'arguments donnera une erreur fatale.

Premier fichier PHP contenant la classe O1

```
<html>
<head>
<title> Association de classes </title>
</head>
<body>
<h1> Association de classes </h1>
<br>

<?php
   include ("O2-2.php");
   class O1 {
      private $lienO2;
      public function __construct(O2 $unO2) {
         // notez le typage de l'argument du constructeur
         $this->lienO2 = $unO2;
      }
      public function jeTravaillePourO1() {
         print("je travaille pour O1 <br> \n");
         $this->lienO2->jeTravaillePourO2();
         // envoi de message vers la classe O2
      }
      public function jeTravailleAussiPourO1() {
         print("je travaille aussi pour O1 <br> \n");
      }
   }
```

```php
    $unO2 = new O2();
    $unO1 = new O1($unO2);
    $unO2->setO1($unO1);
    $unO1->jeTravaillePourO1();
    $unO2->jeTravaillePourO2();
?>

</body>
</html>
```

Deuxième fichier PHP O2-2.php contenant la classe O2

```php
<?php
    class O2 {
        private $lienO1;
        public function jeTravaillePourO2() {
            print ("je travaille pour O2 <br> \n");
            $this->lienO1->jetravailleAussiPourO1();
            // envoi de message vers la classe O1
        }

        public function setO1(O1 $unO1) {
            // la méthode réalise l'association avec la première classe
            $this->lienO1 = $unO1;
        }
    }
?>
```

Auto-association

Une dernière chose : les classes peuvent bien évidemment s'adresser à elles-mêmes, en devenant les destinataires de leur propre message, comme montré dans le diagramme ci-après.

Figure 5–3
La classe en interaction
avec elle-même

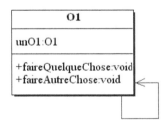

Lors de l'exécution d'une de ses méthodes, un objet peut demander à une autre de ses méthodes de s'exécuter. Il s'agit du mécanisme procédural classique d'appel imbriqué de méthodes, comme indiqué dans le petit code suivant, dans lequel le corps de la méthode faireQuelqueChose() intègre un appel à la méthode faireAutreChose().

```
    faireQuelqueChose(int a) {
        …
        faireAutreChose() ;
    }
```

Nous verrons dans les chapitres 7 et 8 consacrés à la pratique de l'encapsulation que, si la méthode faireAutreChose est déclarée comme private, elle ne pourra jamais être appelée autrement qu'à l'intérieur d'une autre méthode de la même classe.

Appel imbriqué de méthodes

Force est de constater que l'OO ne se départit pas vraiment du procédural. L'intérieur de toutes les méthodes est, de fait, programmé en mode procédural comme une succession d'instructions classiques : assignation, boucle, condition… L'OO vous incite principalement à penser différemment la manière de répartir le travail entre les méthodes et la façon dont ces dernières s'associeront aux données qu'elles manipulent, mais ces manipulations restent entièrement de type procédural.

Plus généralement, tout objet d'une classe donnée peut contenir dans le corps d'une de ses méthodes un appel de méthode à exécuter sur un autre objet, mais toujours de la même classe, comme dans le code qui suit :

```
class O1{
    O1 unAutreO1 ;
    faireQuelqueChose(){
        unAutreO1.faireAutreChose();
    }
}
```

Un joueur de football peut faire une passe à un autre joueur. Le prédateur peut partir à la recherche d'un autre prédateur.

Les diagrammes de séquences UML qui suivent montrent la différence entre les deux cas : dans le premier cas, le destinataire est l'objet lui-même, dans le second cas, c'est un autre objet, mais de la même classe.

Figure 5–4
Envoi de message
au même objet

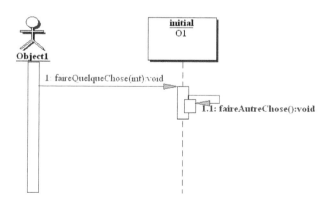

Figure 5–5
Envoi de message à un autre
objet, de la même classe

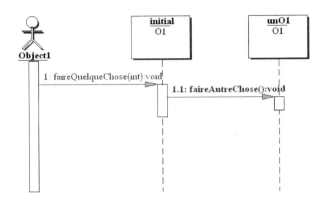

L'auto-association se produira dans notre petit exemple de l'écosystème, si les prédateurs ou les proies veulent communiquer, entre prédateurs et entre proies.

Paquets et espaces de noms

Comme nous l'avons vu dans le chapitre 2, au même titre que vous organisez vos fichiers dans une structure hiérarchisée de répertoires, vous organiserez vos classes dans une structure isomorphe de paquet (*package* en Java et Python, *namespace* en C++, C# et PHP). Il s'agit là uniquement d'un mécanisme de nommage de classes, comme les répertoires pour les fichiers, qui vous permet, tout à la fois, de regrouper vos classes partageant une même thématique (et de ce fait, un même domaine sémantique), et de donner un nom identique à deux classes placées dans des paquets différents.

En Java, le système de nommage des classes doit s'accompagner de l'emplacement des fichiers dans les répertoires correspondants. Supposez par exemple que la classe O2 nécessaire à l'exécution de la classe O1 soit dans un paquetage O2, comme indiqué dans le code qui suit. Tant le code source de la classe O2 que son exécutable devront se trouver dans le répertoire O2. La classe O1, elle, se trouvera juste un niveau au-dessus.

Fichier O2.java

```java
/* Ce fichier ainsi que le fichier .class devront être placés dans le répertoire O2 */
package O2;
public class O2 {
   public void jeTravaillePourO2() {
      System.out.println("Je travaille pour O2");
   }
}
```

Fichier O1.java

```
/* Ce fichier ainsi que le fichier .class devront être placés dans le répertoire juste
au-dessus d'O2. */
import O2.*; /* Pour rappeler les classes du répertoire O2 */
public class O1 {
    public void jeTravaillePourO1(){}
    public static void main(String[] args) {
        O2 unO2 = new O2();
        /* Il ne s'agit là que d'un système de nommage des classes. En lieu et place de
l'import, on pourrait renommer la classe O2 par O2.O2. */
        unO2.jeTravaillePourO2();
    }
}
```

En C#, en revanche, tout comme en C++ et PHP, le *namespace* n'est qu'un système de nommage hiérarchisé de classes, sans nécessaire correspondance avec l'emplacement des fichiers dans les répertoires. Nommage des fichiers et nommage des classes deviennent donc indépendants. Ainsi, les deux fichiers C# qui suivent peuvent parfaitement se retrouver dans un même répertoire, tant dans leur version source que compilée, malgré la présence de namespace dans l'un et de using dans l'autre.

Fichier O2.cs

```
/* Le namespace et la classe doivent différer dans leur nom */
namespace O22
{
public class O2 {
    public void jeTravaillePourO2() {
        System.Console.WriteLine("Je travaille pour O2");
    }
}
}
```

Fichier O1.cs

```
using O22;
public class O1 {
    public void jeTravaillePourO1(){}
    public static void Main() {
        O2 unO2 = new O2();
        /* Il ne s'agit là que d'un système de nommage des classes.
        En lieu et place du using, on pourrait renommer la classe O2 par O22.O2 */
        unO2.jeTravaillePourO2();
    }
}
```

En débutant un programme par l'instruction import ... en Java et par using ... en C#, vous signalez que, tant durant la compilation que l'exécution du programme, les classes qui y sont référées, si elles sont absentes du répertoire courant, sont à rechercher dans les paquets mentionnés dans ces deux instructions.

---

import en Java et using en C#

Vos classes étant regroupées en paquets imbriqués, il est indispensable, lors de leur utilisation, soit de spécifier leur nom complet (Paquet.classe), soit d'indiquer au début du code le paquet qui doit être utilisé afin de retrouver les classes exploitées dans le fichier. Cela se fait par l'addition, au début des codes, de l'instruction import en Java ou using en C#.

Finalement en Python, un mécanisme de paquet est également possible, comme en Java, en totale correspondance avec les répertoires. Supposons que le fichier O2.py contienne la classe O2 placée dans le répertoire O2. En matière de classe, il s'agira donc du paquet O2. Pour que la classe O1 puisse disposer des classes contenues dans le paquet, il suffit d'inclure la commande from O2.O2 import * en début de fichier. Il faudra également, truc et ficelle, inclure un fichier vide et dénommé __init__.py dans le répertoire O2 en question.

Fichier O2.py

```
# placé dans le répertoire O2
    class O2:
     def jeTravaillePourO2(self,x):
        print (x)
    }
```

Fichier O1.py

```
from O2.O2 import *
class O1:
    __lienO2=O2()
    def jeTravaillePourO1(self):
        __lienO2.jeTravaillePourO2(5)
print ("ca marche")
```

Finalement, dans tous les cas, la représentation UML de cette situation à l'aide d'un diagramme UML de paquet est illustrée par la figure 5-6 (la classe O1 associée à la classe O2 se trouvant dans le paquet O22).

Figure 5–6
La classe O1 envoie un message à la classe O2 placée dans un paquet O22.

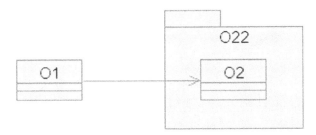

Exercices

Exercice 5.1

Revenez à l'analyse orientée objet du premier exercice du chapitre 1, consistant en une recherche des classes décrivant votre activité favorite. Approfondissez la nature des relations existant entre les classes et prenez soin d'identifier s'il s'agit de relations d'auto-association, d'associations directionnelles ou bidirectionnelles.

Exercice 5.2

Toujours dans la description OO que vous faites de cette activité, réfléchissez à une nouvelle organisation des classes en assemblages. Quelles classes installeriez-vous dans un même assemblage et quelle structure imbriquée d'assemblages pourriez-vous réaliser ?

Exercice 5.3

Écrivez le code d'une classe s'envoyant un message à elle-même, d'abord lorsque ce message n'implique qu'un seul objet, ensuite lorsque ce message en implique deux.

Exercice 5.4

Écrivez le code d'une classe A qui, lors de l'exécution de sa méthode `jeTravaillePourA()`, envoie le message `jeTravaillePourB()` à une classe B. Séparez les deux classes dans deux fichiers distincts et, quel que soit le langage doté d'un compilateur que vous utilisez, réalisez l'étape de compilation.

Exercice 5.5

Sachant que la classe A est installée dans l'assemblage `as1`, lui-même installé dans l'assemblage `as`, quel est le nom complet à donner à votre classe ?

6

Méthodes ou messages ?

Ce chapitre aborde de manière plus technique les mécanismes d'envoi de messages. Les passages d'argument par valeur ou par référent, qu'il s'agisse de variables de type prédéfini ou de variables objet, sont discutés dans le détail et différenciés dans les cinq langages. La différence entre un message et une méthode est précisée. La notion d'interface et le fait que les messages puissent circuler à travers Internet sont, à ce stade, simplement évoqués.

CANDIDUS — *Alors nos objets prennent des initiatives ? Ils communiquent par le biais de messages ?*

DOCTUS — *C'est exact, créer un objet consiste en tout premier lieu à définir son vocabulaire, ce qu'il peut « comprendre », à savoir l'ensemble des messages qu'il peut traiter. On appelle ça son interface. Bébé pourra jouer avec certains boutons et les objets eux-mêmes joueront les uns avec les autres de la même façon.*

CAND. — *Si j'ai bien observé, certains boutons messages doivent être actionnés à l'aide d'accessoires. Il me semble y reconnaître les paramètres de nos fonctions procédurales. Que se passe-t-il exactement quand un message est envoyé ?*

DOC. — *L'objet appelant a le choix entre donner une copie de ses informations et donner le moyen d'y accéder. La différence, c'est que l'accès à une source d'informations permet d'en changer la valeur, tandis qu'une simple copie ne le permet pas.*

CAND. — *Et quelle est la distinction entre message et méthode ?*

DOC. — *On appelle méthode ce qu'un objet exécute lorsqu'il reçoit le message associé. Les envois de messages, eux, correspondent aux appels de fonctions.*

Passage d'arguments prédéfinis dans les messages

Pour envoyer un bon message, procédez avec méthode. Nous l'avons dit, un objet envoie un message à un autre avant de lui passer la main pour qu'il exécute une méthode. Lors de son exécution, comme en programmation classique, la méthode peut recevoir des arguments, qui servent à affiner ou calibrer son comportement. Considérons à nouveau la déclaration de la méthode jeTravaillePour02(int x) de la classe 02, mais qui, cette fois, prévoit de recevoir un argument de type entier, x. Cette méthode peut être activée par un message, comme dans le petit exemple suivant :

```
class 01 {
  02 lien02 ;
  void jeTravaillePour01() {
    lien02.jeTravaillePour02(5) ;
  }
}
```

Rien de particulier n'est à signaler. Ajoutons maintenant que la méthode jeTravaillePour02(int x) modifie l'argument qu'elle reçoit, comme dans le petit code Java ci-après. Tâchez, sans regarder le résultat, de prévoir ce qui sera produit à l'écran.

En Java

```
class 02 {
  void jeTravaillePour02(int x) {
    x++; /* incrément de l'argument */
    System.out.println("la valeur de la variable x est: " + x);
  }
}
public class 01 {
  02 lien02;
  void jeTravaillePour01() {
    int b = 6;
    lien02 = new 02();
    lien02.jeTravaillePour02(b);
    System.out.println("la valeur de la variable b est: " + b);
  }
  public static void main(String[] args) {
    01 un01 = new 01();
    un01.jeTravaillePour01();
  }
}
```

Résultat

```
la valeur de la variable x est : 7
la valeur de la variable b est : 6
```

Qu'advient-il de la variable locale b, créée dans la méthode jeTravaillePour01() et passée comme argument du message jeTravaillePour02(b) ? Sa nouvelle valeur ne sera pas 7 car, en général, un passage d'argument s'effectue de manière préférentielle « par valeur ».

Cela signifie qu'une variable temporaire x est créée, dans laquelle on copie la valeur de b (6) et qui disparaîtra à la fin de l'exécution de la méthode. La variable b de départ est laissée complètement inchangée ; seule la copie est affectée. L'exécution de la méthode s'accompagne, en fait, d'une petite mémoire pile, dont le temps de vie n'est que celui de cette exécution.

Si une méthode en appelle une autre dans son corps d'instructions, les nouvelles variables propres à cette deuxième méthode se placeront dans la pile, au-dessus de celles concernant la méthode appelante. Alors que c'est l'unique type de passage permis par Java, d'autres langages ont enrichi leur offre. Lisez avec attention le code C# suivant et tentez, là encore, de prédire son résultat.

En C#

```csharp
using System;
class O2 {
  public void jeTravaillePour02(int x) {
    x++;
    Console.WriteLine("la valeur de la variable x est: " + x);
  }
  public void jeTravaillePour02(ref int x)
    /* observez bien l'addition du mot-clé ref */ {
    x++;
    Console.WriteLine("la valeur de la variable x est: " + x);
  }
}
public class O1 {
  O2 lienO2;

  void jeTravaillePour01() {
    int b = 6;
    lienO2 = new O2();
    lienO2.jeTravaillePour02(b);
    Console.WriteLine("la valeur de la variable b est: " + b);
    lienO2.jeTravaillePour02(ref b);
    /* observez bien l'addition du mot-clé ref */
    Console.WriteLine("la valeur de la variable b est: " + b);
  }
  public static void Main() {
    O1 unO1 = new O1();
    unO1.jeTravaillePour01();
  }
}
```

Résultat

```
la valeur de la variable x est : 7
la valeur de la variable b est : 6
la valeur de la variable x est : 7
la valeur de la variable b est : 7
```

Nous avons, dans le code C#, déclaré deux fois la méthode jeTravaillePourO2(int x) : la première fois comme en Java, la seconde fois en spécifiant que nous voulions effectuer le passage d'arguments par référent. Nous utilisons ici le mécanisme de surcharge discuté au chapitre 2. Dans le second cas, ce n'est plus la valeur de la variable que nous passons, mais bien une copie de son référent qui, tout comme le référent d'un objet, contient l'adresse de la variable. En modifiant cette variable, on modifiera cette fois la valeur contenue à cette adresse et, en conséquence, la variable de départ elle-même, et non plus une copie de celle-ci.

En C++

C++ vous permet, à l'aide d'une écriture un peu plus déroutante, d'y parvenir également. Afin de comprendre le code présenté ci-après, il faut savoir que, lorsqu'une variable est déclarée comme pointeur (int *x), on autorise l'accès direct à son adresse. On peut, de surcroît, modifier cette adresse et faire pointer le pointeur vers un autre espace mémoire. Il suffit d'écrire par exemple x++. C'est un jeu évidemment très dangereux, dont la pratique entame la réputation du C++ en matière de sécurité. La valeur pointée par le pointeur, quant à elle, est obtenue en écrivant *x.

De même, il est toujours possible d'obtenir l'adresse d'une quelconque variable y, en écrivant simplement &y. En revanche, il ne sera jamais possible d'écrire une instruction comme &y++, qui permettrait de modifier cette adresse. Ce qu'on appelle un référent en C++, préfixé par & pour le différencier d'un pointeur, désigne toujours une même adresse. C'est un mode d'accès à la valeur de la variable, mais qui reste inutilisable en dehors de ce seul accès.

```cpp
#include <iostream>
class O2 {
public:
  void jeTravaillePourO2(int x){
    x++;
    std ::cout << "la valeur de la variable x est: " << x << std::endl;
  }
  /* void jeTravaillePourO2(int &x) elle ne peut fonctionner en même temps que la
première version car son appel serait alors ambigu
  {
    x++;
    std::cout << "la valeur de la variable x est: " << x << std::endl;
  } */
  void jeTravaillePourO2(int *x) { /* on peut, par cette nouvelle signature, surcharger
la première version */
    ++*x; /* Si vous écrivez *x++, vous serez surpris du résultat, car
            l'incrément se fera sur l'adresse et non plus la valeur */
    std::cout << "la valeur de la variable x est: " << *x << std::endl;
```

```
    }
};
class O1 {
  O2 *lienO2;
public:
  void jeTravaillePourO1() {
    int b = 6;
    lienO2 = new O2();
    lienO2->jeTravaillePourO2(b);
    /* appelle de manière semblable la première version ou la deuxième version, d'où
l'impossibilité d'une déclaration commune */
    std::cout << "la valeur de la variable b est: " << b << std::endl;
    lienO2->jeTravaillePourO2(&b); /* n'appelle que la troisième version */
    std::cout << "la valeur de la variable b est: " << b << std::endl;
  }
};
int main() {
    O1 unO1;
    unO1.jeTravaillePourO1();
    return 0;
}
```

Résultat

```
la valeur de la variable x est : 7
la valeur de la variable b est : 6
la valeur de la variable x est : 7
la valeur de la variable b est : 7
```

Dans la classe `O2`, la première version de la méthode `jeTravaillePourO2()` fonctionne comme en Java et le passage d'argument se fait par valeur. Deux options sont alors proposées pour effectuer le passage d'argument par référent. La première, celle qui est usuellement recommandée, effectue un réel passage par référent (en utilisant la notation `&`), car il s'agit bien de l'adresse qui est passée. Toutefois, comme vous pouvez le voir dans le code, vous ne pouvez utiliser cette seconde version en même temps que la première (celle pour qui le passage d'argument se fait par valeur) car, lors de l'appel, il est impossible de différencier laquelle des deux est à exécuter.

La seconde version (en fait la troisième définition de la méthode) utilise, elle, un pointeur pour recevoir l'adresse de la variable. Vous la rencontrerez moins souvent (du fait que le pointeur devient dangereusement accessible dans le corps de la méthode). Ces écritures sont assez laborieuses et sont à l'origine de nombreux maux de têtes dans notre communauté informatique. Les psychanalystes et autres psychiatres, depuis des années, se battaient pour en interdire l'usage. Java et Python les ont entendus. Ils l'ont fait.

En Python

En Python, le code qui suit vous fait comprendre aisément que le seul passage d'argument autorisé est par valeur. On constatera encore l'absence de typage, puisqu'il n'est pas nécessaire de spécifier le type des arguments lors de la définition des méthodes. Au moment de l'appel de la méthode, le type dépendra automatiquement de la valeur transmise.

Remarquez par ailleurs combien ce code est plus court et plus simple à écrire que son équivalent en Java, surtout du côté du main : 12 lignes pour Python contre 19 en Java. Qui dit mieux ? La brièveté et la simplicité d'écriture de Python sont des arguments que l'on avance souvent en sa faveur.

```
class O2:
  def jeTravaillePourO2(self,x):
    x+=1
    print ("la valeur de la variable x est: %s" % (x))
class O1:
  def jeTravaillePourO1(self):
    b=6
    lienO2=O2()
    lienO2.jeTravaillePourO2(b)
    print ("la valeur de la variable b est: %s" % (b))
unO1=O1()
unO1.jeTravaillePourO1()
```

Résultat

```
la valeur de la variable x est : 7
la valeur de la variable b est : 6
```

En PHP

En PHP, comme en C++, les deux passages par valeur et par référent sont acceptés, selon que l'on ajoute ou non le & lors de la déclaration de l'argument.

```
<html>
<head>
<title> Passage d'arguments </title>
</head>
<body>
<h1> Passage d'arguments </h1>
<br>

<?php
   class O2 {
      public function jeTravaillePourO2(&$x){
      // Selon que l'on ajoute ou non le &, le résultat sera 6 ou 7.
         $x+=1;
         print ("la valeur de la variable x est $x <br> \n");
      }
   }
```

```
    class O1 {
        public function jeTravaillePourO1(){
            $b=6;
            $lienO2 = new O2();
            $lienO2->jeTravaillePourO2($b);
            print ("la valeur de la variable b est $b <br> \n");
        }
    }

    $unO1 = new O1();
    $unO1->jeTravaillePourO1();

?>

</body>
</html>
```

> **Passage par valeur ou par référent**
>
> En ce qui concerne le passage d'arguments de type prédéfini, le passage par valeur transmettra une copie de la variable et laissera inchangée la variable de départ, alors que le passage par référent passera la variable originale, sur laquelle la méthode pourra effectuer ses manipulations.

Passage d'argument objet dans les messages

Supposons maintenant que l'argument transmis à la méthode jeTravaillePourO2(O3 lienO3) soit de type, non plus prédéfini, mais d'une certaine classe, ici O3. Nous avons vu dans le chapitre 4 que cela a pour effet de créer un lien de dépendance entre les classes O2 et O3. Il s'agit là d'une possible manière de déclencher l'exécution de messages en cascade, comme illustré par le code Java présenté ci-après.

En Java

```java
class O3 {
    private int c;
    public O3(int initC) {
     c = initC;
    }
    public void incrementeC() {
     c++;
    }
    public void afficheC() {
       System.out.println("l'attribut c est egal a: " + c);
    }
}
```

```
class O2 {
  public void jeTravaillePourO2(O3 lienO3) {
    lienO3.incrementeC();
    lienO3.afficheC();
  }
}
public class O1 {
  private O2 lienO2;
  private void jeTravaillePourO1() {
    O3 unO3 = new O3(6);  ❷
    lienO2 = new O2();
    lienO2.jeTravaillePourO2(unO3);  ❶
    unO3.afficheC();
  }
  public static void main(String[] args) {
    O1 unO1 = new O1();
    unO1.jeTravaillePourO1();
  }
}
```

Résultat

```
l'attribut c est égal à : 7
l'attribut c est égal à : 7
```

Que se passe-t-il dans ce code ? De nouveau, lors de son exécution, la méthode jeTravaillePourO2() recevra comme argument une copie de la valeur stockée dans le référent unO3 ❶. Cependant, comme cette valeur est, en réalité, l'adresse physique de l'objet créé et référé par unO3 dans la méthode jeTravaillePourO1() ❷, un second référent sera créé pour accéder à ce même objet. Au contraire de ce qui se passait dans le cas précédent, la méthode jeTravaillePourO2() affectera maintenant réellement l'objet, dont l'adresse lui sera transmise par argument.

On affecte, de ce fait, toujours un même objet, et non plus une copie de celui-ci. Alors qu'il s'agit toujours du même passage par valeur, dupliquant l'original dans une zone temporaire, la variable affectée, finalement, ne sera pas qu'une copie de l'entier original dans le cas d'un argument de type prédéfini, mais bien l'objet original dans le cas présent. En fait, ce qui rend possible cette manipulation, c'est le mécanisme d'adressage indirect, qui permet à certaines variables de pointer, non pas directement sur leur valeur, mais vers une variable intermédiaire, pointant, elle, sur cette valeur.

Comme indiqué à la figure 6-1, pendant toute la durée d'exécution de la méthode jeTravaillePourO2(), l'objet unO3 sera référé deux fois, puis une seule fois à la fin de l'exécution de la méthode, puis plus du tout à la fin de l'exécution de la méthode jeTravaillePourO1(). L'objet unO3, à l'issue de l'exécution de ces deux méthodes, sera à la merci du ramasse-miettes (que nous découvrirons dans le chapitre 9). Comme nous l'avons vu précédemment, la possibilité pour un objet d'être référé un grand nombre de fois est inhérente à la pratique de la programmation orientée objet et sera reconsidérée lorsque nous nous pencherons avec tristesse sur le passage de vie à trépas des objets.

Figure 6–1
Effet du passage du référent
lienO3 adressant l'objet unO3
dans la méthode
jeTravaillePourO2() agissant,
elle, sur l'objet O2

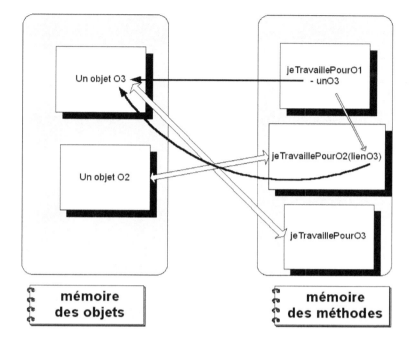

En C#

En C#, la pratique et le résultat sont à première vue très semblables. Il n'y aura en général plus lieu de préciser dans la méthode que le passage se fait par référent, car, lorsque ce sont des objets qui sont passés comme argument, il n'y a simplement pas moyen de faire autrement, ils le sont par défaut. En effet, l'esprit de la programmation OO favorise ce type de passage. Ce sont bien toujours les objets originaux qui subissent des transformations. Comme dans la vie réelle, on imagine mal qu'à chaque modification de l'état d'un objet, il faille le dupliquer afin que la modification n'affecte que la copie. Combien de copies inutiles seraient ainsi créées. Même si ces copies ne vivent que le temps d'exécution de la méthode, elles n'en consomment pas moins de la mémoire ; et pour rien, car c'est bien l'objet original que l'on cherche à transformer.

Cependant, et comme le code ci-dessous l'indique, le mot-clé ref reste encore d'utilisation possible, y compris lors du passage des arguments référents d'objets, et son emploi crée une couche additionnelle d'indirection dans l'adressage.

```
using System;

class O3
{
    private int c;
    public O3(int initC)
    {
```

```
            c = initC;
    }
    public void incrementeC()
    {
        c++;
    }
    public void afficheC()
    {
        Console.WriteLine("l'attribut c est égal à: " + c);
    }
}

class O2
{
    public void jeTravaillePourO2(O3 lienO3)
    {
        lienO3.incrementeC();
        lienO3.afficheC();
    }

    public void jeCreeUnObjetO3(ref O3 lienO3)
    /*le résultat sera différemment selon que l'on utilise ou pas ref*/
    {
        lienO3 = new O3(7);
        lienO3.incrementeC();
        lienO3.afficheC();
    }

    public static void Main()
    {
        O3 unO3 = new O3(6);
        O2 unO2 = new O2();
        unO2.jeTravaillePourO2(unO3);
        unO3.afficheC();
        unO2.jeCreeUnObjetO3(ref unO3);
        unO3.afficheC();
    }
}
```

Résultat

```
l'attribut c est égal à : 7
l'attribut c est égal à : 7
l'attribut c est égal à : 8
l'attribut c est égal à : 7 ou 8 // dépendant du passage par référent ou non
```

Dans ce code, la méthode jeCreeUnObjetO3 se comportera différemment selon que le passage du référent se fasse, à son tour, par référent ou par valeur. Si le passage du référent se fait par référent, et comme l'illustre la figure 6-2, on se retrouve avec un double niveau d'adressage indirect. Dans ce cas, c'est bien le référent original que vous affectez au nouvel objet à l'intérieur de la méthode et non plus sa copie, avec pour effet que le nouvel objet créé se trouvera référé par le référent de départ, laissant perdu dans la mémoire l'objet référé originellement. Bien que tout cela soit correct sur le plan grammatical, cet extrait fait plus ressembler ce livre à un manifeste dadaïste qu'à un livre de programmation.

Figure 6–2
Les deux niveaux d'adressage indirect découlant de la double utilisation des référents : d'abord c'est l'adresse de l'objet qui est dédoublée, ensuite c'est l'adresse de cette dernière.

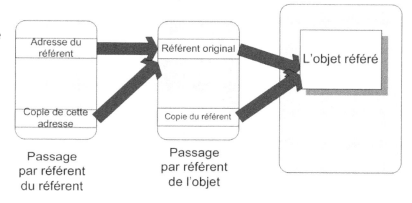

En PHP

Le code PHP ci-après est une copie parfaite du code C#. Une des grandes innovations du PHP 5 par rapport à ses versions précédentes est, justement, d'avoir rendu le passage d'arguments objets automatiquement par référent (avant, il l'était automatiquement par valeur, comme en C++) sauf à le spécifier différemment, par l'addition du &.

```php
<html>
<head>
<title> Passage d'arguments </title>
</head>
<body>
<h1> Passage d'arguments </h1>
<br>

<?php
    class O3 {
        private $c;

        public function __construct($initC) {
            $this->c = $initC;
        }

        public function incrementeC(){
            $this->c++;
        }

        public function afficheC() {
            print ("l'attribut c est egal a $this->c <br> \n");
        }
```

```
    }
    class O2 {

        public function jeTravaillePourO2(O3 $lienO3){
            $lienO3->incrementeC();
            $lienO3->afficheC();
        }

        public function jeCreeUnObjetO3(O3 &$lienO3){ /* avec ou sans le & */
            $lienO3 = new O3(7);
            $lienO3->incrementeC();
            $lienO3->afficheC();
        }
    }

    $unO3 = new O3(6);
    $unO2 = new O2();
    $unO2->jeTravaillePourO2($unO3);
    $unO3->afficheC();
    $unO2->jeCreeUnObjetO3($unO3);
    $unO3->afficheC();

?>
</body>
</html>
```

En C++

C++, à la différence de C# et de Java, vous oblige à traiter les arguments objets, tout comme vous traiteriez n'importe quelle variable. C'est là encore un lourd tribut payé à son ancêtre, le C. Comme dans le code ci-après, il faudra donc préciser, lors de la définition de la méthode, si le passage de l'objet O3 se fait par valeur ou par référent.

```
#include <iostream>
class O3 {
private:
  int c;
public:
   O3(int initC){
    c = initC;
   }
   void incrementeC() {
    c++;
   }
   void afficheC() {
     std::cout <<"l'attribut c est egal a: " << c << std::endl;
   }
};
```

```
class O2 {
public:
/*
  void jeTravaillePourO2(O3 lienO3) { ❶
    lienO3.incrementeC();
    lienO3.afficheC();
  }
*/
  void jeTravaillePourO2(O3 &lienO3) { ❷
    lienO3.incrementeC();
    lienO3.afficheC();
  }
};
class O1 {
private:
  O2 *lienO2;
public:
  void jeTravaillePourO1() {
    O3 unO3(6);
    lienO2 = new O2();
    lienO2->jeTravaillePourO2(unO3);
    /* appelle de manière semblable la première version ou la seconde */
    unO3.afficheC();
  }
};
int main() {
    O1 unO1;
    unO1.jeTravaillePourO1();
    return 0;
}
```

Dans ce code, la première méthode reçoit l'objet comme valeur ❶ et la seconde comme référent ❷. Les deux ne peuvent être utilisées simultanément, car leur appel se passe de la même manière. Il faut donc lever cette ambiguïté et choisir l'une ou l'autre de ces manières. Selon que l'on utilise la version par valeur ou par référent, le résultat sera différent.

Résultat passage par valeur

```
l'attribut c est égal à : 7
l'attribut c est égal à : 6
```

Résultat passage par référent

```
l'attribut c est égal à : 7
l'attribut c est égal à : 7
```

On constate que, dans le premier cas, l'objet original passé comme argument est laissé inchangé (seule la copie a été affectée) alors que, dans le second, c'est bien l'objet original qui a été modifié.

En Python

Lorsqu'il s'agit de référents sur les objets, Python, comme Java et C#, transmet bien l'adresse en argument et donc, indirectement l'objet original qui se trouvera modifié par l'exécution de la méthode.

```python
class O3:

    def __init__(self, initC):
        self.__c=initC
    def incrementeC(self):
        self.__c+=1
    def afficheC(self):
        print ("l'attribut c est egal à: %s" %(self.__c))

class O2:
    def jeTravaillePourO2(self,lienO3):
        lienO3.incrementeC()
        lienO3.afficheC()

class O1:
    def jeTravaillePourO1(self):
        unO3=O3(6)
        self.__lienO2=O2()
        self.__lienO2.jeTravaillePourO2(unO3)
        unO3.afficheC()
unO1=O1()
unO1.jeTravaillePourO1()
```

Résultat

```
l'attribut c est égal à : 7
l'attribut c est égal à : 7
```

Passage par référent

La programmation orientée objet favorise dans sa pratique le passage des arguments objets comme référents plutôt que comme valeurs. Les langages Java, C#, PHP et Python en ont fait, légitimement, leur mode de fonctionnement par défaut, alors que le C++ s'est limité à généraliser aux objets le passage par valeur propre aux variables de type prédéfini. Une des lourdeurs inhérentes au C++ est qu'il faudra recourir à une pratique non intuitive (due à l'utilisation explicite de pointeurs ou de référents) pour obtenir le comportement, a priori, le plus intuitif.

Comme, par défaut, le passage des objets se fait par valeur en C++, de nombreux objets seront soumis à des clonages temporaires, qu'il faudra réaliser avec soin. Nous verrons au chapitre 9 que, ce clonage demandant une attention toute particulière, C++ vous invite à définir un constructeur particulier, appelé « constructeur par copie », qui entre en action dès qu'un objet est cloné.

Une méthode est-elle d'office un message ?

Nous avons vu que message il y a quand une méthode intervient dans l'interaction entre deux objets. Néanmoins, les concepts de message et de méthode ne deviennent pas vraiment synonymes, et ce pour plusieurs raisons. Le message ramène la méthode à sa seule signature. Pour qu'un objet s'adresse à un autre, il doit uniquement connaître la signature de la méthode et peut se désintéresser complètement du corps de cette dernière. Ce qu'il doit connaître de la méthode, c'est son mode d'appel, c'est-à-dire : son nom, ses arguments et le type de ce que la méthode retourne, pour autant qu'elle retourne quelque chose.

Même message, plusieurs méthodes

Le fait de tenir la signature séparée du corps de la méthode permet aussi de prévoir plusieurs implémentations possibles pour un même message, implémentations qui pourraient, soit évoluer dans le temps sans que le message lui-même ne s'en trouve affecté, soit différer selon la nature ultime de l'objet à qui le message est destiné.

Dans un film des Monty Python, au départ d'un 100 m pour coureurs qui n'ont pas le sens de l'orientation, le même coup de feu déclenchait le départ des coureurs dans toutes les directions. Au contraire, lors de la même épreuve pour sourds, le coup de feu laissait tous les coureurs de marbre. C'est d'ailleurs de ces comiques que provient le nom d'un des langages de programmation que nous utilisons dans ce livre… Nous verrons dans les chapitres 12 et 13 que cette variation sur un même thème est permise en OO : elle est nommée « polymorphisme ». Une des manières d'envoyer des messages polymorphiques consiste à se reposer sur le mécanisme d'interface, que nous allons explorer brièvement.

> **Message = signature de méthode disponible**
>
> Le message se limite uniquement à la signature de la méthode : le type de ce qu'elle retourne, son nom et ses arguments. En aucun cas, l'expéditeur n'a besoin, lors de l'écriture de son appel, de connaître son implémentation ou son corps d'instructions. Cela simplifie la conception et stabilise l'évolution du programme.

Nature et rôle, type, classe et interface : quelques préalables

Comme chacun d'entre nous, chaque objet évolue, certes, mais possède une nature profonde qui reste la même au cours du programme. En revanche, dans un même programme, un objet donné peut être amené à jouer plusieurs rôles différents, de même qu'un rôle donné peut être rempli, successivement, par des objets de natures différentes. Vous l'aurez compris, la nature de l'objet sera sa classe. Mais comment savoir quels rôles un objet peut jouer ?

Cette séparation entre la nature profonde d'un objet et les rôles que ce dernier peut endosser, est exprimée différemment dans les divers langages de programmation OO. La différence essentielle se situe au niveau du typage.

Dans les langages typés statiquement, tels que Java ou C#, le compilateur a besoin de connaître tous les rôles qu'un objet peut être amené à jouer. La nature des objets étant directement déterminée, de manière immuable, par leur classe, cela revient à se demander quels rôles sont compatibles avec chaque classe. De manière un peu plus technique, dans un programme orienté objet, « pouvoir jouer un rôle » sera défini comme « pouvoir répondre à un ensemble défini de messages ». Un tel ensemble de messages est appelé un type.

Une classe définit automatiquement un type, dont l'ensemble de messages est l'ensemble des méthodes de la classe qui sont accessibles depuis l'extérieur. Comme nous l'avons déjà évoqué et le détaillerons dans quelques chapitres, une classe C peut également avoir une superclasse S ; cela signifie que les objets de la classe C sont capables de faire au moins tout ce que les objets de la classe S peuvent faire. La classe S définissant également un type, on en arrive à la conclusion que les objets de la classe C sont non seulement de type C, mais également de type S.

Il est par ailleurs possible de définir des ensembles de messages de manière indépendante de toute implémentation. Ces ensembles sont alors appelés interfaces. Toute classe peut implémenter autant d'interfaces qu'elle le souhaite, mais elle doit alors fournir des implémentations pour toutes les méthodes définies par l'interface.

En résumé, un objet n'a qu'une seule nature, qui est la classe dont il est une instance, mais peut avoir un nombre quelconque de types.

Qu'en est-il dans les langages dynamiques, tels que Python ? En général, la notion d'interface n'y est pas présente. Le langage n'en a pas besoin, puisqu'il n'y a pas de compilateur devant vérifier statiquement les appels. On envoie simplement les messages quand le programme tourne et si, lors de l'exécution, l'interpréteur découvre que l'objet n'est en fait pas capable de remplir le rôle qu'on attendait de lui, il va simplement interrompre le programme en levant une exception. Le type d'un objet est plus flou, de même que sa nature. En effet, en Python, si un objet est créé en conformité avec sa classe, il peut par la suite être altéré au point d'en devenir méconnaissable : il est possible de changer les méthodes d'un objet pendant que le programme tourne, l'objet ne correspondant alors plus exactement aux définitions exprimées par sa classe.

C'est cette flexibilité qui fait la force et la faiblesse des langages dynamiques : le programme est plus dynamique, la nature même des objets pouvant changer pendant l'exécution pour mieux se conformer aux rôles qu'on veut leur faire jouer, mais la complexité du programme s'en trouve potentiellement accrue, alors même qu'on s'est privé du filet de sauvetage offert par le compilateur.

Interface : liste de signatures de méthodes disponibles

Toutes les signatures de méthodes ne deviendront pas des messages pour autant. Nous expliquerons dans les deux chapitres suivants la pratique de « l'encapsulation », qui n'octroie qu'à un nombre restreint de méthodes l'heureux privilège de pouvoir être appelées de l'extérieur. L'idée est d'extraire de la définition de chaque classe la liste des signatures de méthodes qui pourront faire l'objet d'envoi de messages. De manière quelque peu anticipée, nous appellerons cette liste l'interface de la classe, car il s'agit bien de sa partie visible, seule disponible pour des utilisateurs extérieurs. Dans la figure 6-3, vous observerez l'extraction, à partir de la définition des classes, des seules méthodes qui pourront faire l'objet de messages.

Figure 6–3

Extraction de l'interface de la classe O1, ne reprenant que les signatures des méthodes disponibles pour les autres classes

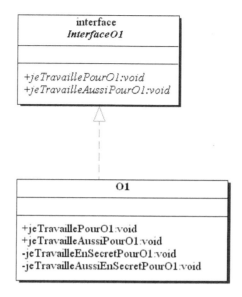

Nous préciserons aussi, au chapitre 15, le lien entre la classe O1 et son interface, dénommée ici Interface01. Dorénavant, ce sera l'interface, plus que la classe directement, qui reprendra les services que l'objet sera en mesure de rendre à tout autre. Les objets ne montrent que leur interface aux autres objets. Pourquoi extraire de la classe cette seule partie visible ? Car il n'est pas nécessaire pour un premier objet, utilisant les méthodes du second, d'avoir accès à toutes ces dernières, surtout si elles risquent d'évoluer au cours du temps. Certaines relèvent du fonctionnement interne et intime de l'objet et ne peuvent être actionnées que par l'objet lui-même.

Des méthodes strictement internes

Quand un conducteur appuie sur la pédale d'accélération, il se moque éperdument de savoir que, ce faisant, il ouvre davantage l'entrée du mélange gazeux dans le moteur. Il laisse le soin à la pédale elle-même de communiquer avec le moteur, de manière à concrétiser le seul service que le conducteur exige de sa voiture : accélérer.

Quand nous sauvegardons un fichier, nous laissons le soin au traitement de texte de stocker de manière fiable tout ce qui est écrit sur le disque dur. Il repère un espace libre sur le disque, fractionne éventuellement le fichier en un ensemble de morceaux à relier entre eux et associe sur le disque le nom du fichier à l'adresse où celui-ci se trouve. Pour ce faire, le traitement de texte, lui-même, utilise les services du pilote du disque dur intégrés dans le système d'exploitation. En fait, un des rôles majeurs de tout système d'exploitation informatique est de fournir un ensemble d'interfaces à l'utilisateur ou à toute application qui le requiert, pour réaliser très intuitivement un ensemble de services dont l'implémentation complexe, invisible à vos yeux et à ceux de l'application, est entièrement laissée au soin du système d'exploitation lui-même. Ce dernier finit par déléguer au pilote du périphérique.

L'avantage évident de cette séparation des responsabilités est que vous pouvez changer votre disque dur sans devoir en rien changer votre traitement de texte. Ce tour de force n'est possible que parce que l'*interface* présentée par le système d'exploitation *abstrait* les détails de fonctionnement du pilote du disque dur. Votre traitement de texte continue donc à envoyer les mêmes messages au système d'exploitation, indépendamment des détails d'implémentation des méthodes réelles qui se trouvent derrière.

De la même manière, il vaut mieux dans vos programmes utiliser des interfaces (envoyer des messages au système d'exploitation) qu'utiliser directement les classes des objets (communiquer directement avec le driver du disque dur) ou, pire, accéder directement aux parties internes d'un objet (outrepasser même le pilote du disque dur et communiquer directement avec lui en binaire – liant ainsi votre programme à ce modèle spécifique de disque dur).

✎ Type, classe et interface

Un ensemble de méthodes publiques est appelé un type. La définition d'une classe entraîne, de manière automatique et implicite, la définition d'un type correspondant, qui sera l'ensemble des méthodes publiquement accessibles de la classe. Une interface est une définition abstraite d'un type, dans le sens où le type est défini sans donner aucune précision sur l'implémentation des méthodes. Une classe peut implémenter zéro, une ou plusieurs interface(s).

La mondialisation des messages

Message sur Internet

Un message se limite-t-il à circuler dans la mémoire vive de l'ordinateur, comme nous l'avons vu dans les chapitres précédents, ou peut-il franchir les murs, les frontières, les océans, les planètes et les univers ? Oui, il peut franchir tout cela, et bien plus encore, pour autant qu'il trouve là-bas un objet à qui s'adresser et qui a prévu, de par ses types, de pouvoir répondre à ce message. Il existe un moyen qui s'est extraordinairement répandu aujourd'hui pour relier des objets informatiques entre eux… On vous le donne en mille… Eh oui ! Internet. Deux objets pourront se parler à travers Internet, non pas pour s'envoyer des plaisanteries ou du spam par courriel, mais pour se charger mutuellement de certains services.

Pour qu'un premier objet parle à un second, il lui est maintenant important de connaître, non seulement son nom, mais également son adresse Internet, de manière à retrouver l'ordinateur sur lequel cet objet s'activera. Il lui faut bien évidemment posséder l'interface des services rendus par ce distant interlocuteur. Tout aussi important, il s'agit également de définir une stratégie d'activation de l'objet destinataire. Par exemple, faut-il exécuter l'application qui active l'objet, avant que celui-ci ne soit réquisitionné pour exécuter son message, ou l'objet est-il automatiquement activé, dès que l'ordinateur qui peut l'exécuter reçoit le message ?

Quelques complications apparaissent, par rapport au simple envoi de message dans un même ordinateur. Cependant, l'ambition des concepteurs des mécanismes d'objets distribués (Java-RMI, CORBA ou services web) est de rendre l'aspect Internet le plus transparent possible, c'est-à-dire qu'à quelques détails près, vite assimilés, comme l'adresse des objets et les stratégies d'activation, la réalisation d'applications distribuées soit en tout point semblable à celle d'applications locales.

On peut par ailleurs voir Internet comme un grand programme orienté-objet : les ordinateurs-objets ne communiquent entre eux que par envoi de messages, avec la plupart du temps une encapsulation stricte : votre ordinateur peut échanger des messages avec les serveurs de Google, mais vous ne pouvez pas accéder à l'intérieur de ces serveurs.

L'informatique distribuée

En fait, tout le mécanisme de communication entre objets par envois de messages a permis de repenser la conception des applications informatiques distribuées. La distribution d'applications informatiques à travers un réseau reste le fait qu'un programme s'exécutant sur un ordinateur puisse, à un certain moment, déléguer une partie de sa tâche à un autre programme, s'exécutant sur un autre ordinateur. Cela se faisait déjà. Simplement, tout a été repensé et reformulé dans l'optique OO. Il ne s'agit plus de procédures qui s'appellent à distance, mais d'objets qui se parlent à distance, par envois de messages. Le chapitre 16 sera entièrement dédié aux objets distribués.

> **Les objets distribués**
>
> Les technologies d'objets distribués tentent d'étendre à tout Internet la portée des envois de messages entre objets, et ce de la manière la plus simple et transparente qui soit.

Exercices

Exercice 6.1

Qu'afficheront à l'exécution les deux programmes suivants ? Notez l'obligation pour la méthode main, statique, de ne pouvoir intégrer dans son code que des attributs ou des méthodes également déclarés statiques.

Chapitre6.java

```java
public class Chapitre6 {
  static int i;
  static public void test(int i) {
    i++;
    System.out.println ("i = " + i);
  }
  public static void main(String[] args) {
    i = 5;
    test(i);
    System.out.println("i = " + i);
  }
}
```

Chapitre6.csc

```
using System;
public class Chapitre6 {
  static int i;
  static public void test(ref int i) {
    i++;
    Console.WriteLine ("i = " + i);
  }
  static public void test(int i) {
    i++;
    Console.WriteLine ("i = " + i);
  }
  public static void Main() {
    i = 5;
    test(i);
    Console.WriteLine("i = " + i);
    test(ref i);
    Console.WriteLine("i = " + i);
  }
}
```

Exercice 6.2

Qu'affichera à l'exécution le code C++ suivant ?

```
#include <iostream>
void test(int i) {
  i++;
  std::cout <<"i = "<<i<<std::endl;
}
void test2(int &i) {
  i++;
  std::cout <<"i = "<<i<<std::endl;
}
int main() {
  int i = 5;
  test(i);
  std::cout <<"i = "<<i<<std::endl;
  test2(i);
  std::cout <<"i = "<<i<<std::endl;
  return 0;
}
```

Exercice 6.3

Qu'affichera à l'exécution le code Java suivant ?

```java
class TestI {
  int i;
  public TestI(int i) {
    this.i = i;
  }
  public void getI(){
    System.out.println ("i = " + i);
  }
  public void incrementeI(int i) {
    this.i += i; // this est le référent de l'objet lui-même
  }
}
public class Chapitre6 {
  static TestI unTest = new TestI(5);
  static int i = 5;
  static int j = 5;

  static void test(int j) {
      i+=j;
      j+=5;
  }
  static void Test(TestI unTest) {
    unTest.incrementeI(i);
    unTest.incrementeI(j);
  }
  public static void main(String[] args) {
    test(i);
    Test(unTest);
    unTest.getI();
  }
}
```

Que donnerait ce même code si nous remplacions dans la méthode `static void test(int j)` le nom de l'argument par `k`, ainsi que si l'instruction de la méthode, `i+=j` devenait `i+=k` ?

Exercice 6.4

Qu'affichera à l'exécution le code C++ suivant ?

```cpp
#include <iostream>
class TestI {
private:
  int i;
public:
  TestI(int i) {
    this->i = i;
  }
  void getI() {
    std::cout << "i = " << i << std::endl;
  }
  void incrementeI(int i) {
    this->i += i; // this est le référent de l'objet lui-même
  }
};
void test(int i) {
  i++;
  std::cout <<"i = "<<i<<endl;
}
void Test(TestI unTest, int i) {
    unTest.incrementeI(i);
}
void Test2(TestI &unTest, int i) {
    unTest.incrementeI(i);
}
int main() {
  int i = 5;
  test(i);
  TestI unTest(5);
  TestI *unAutreTest = new TestI(5);

  Test(unTest, i);
  unTest.getI();
  Test2(unTest, i);
  unTest.getI();

  Test(*unAutreTest, i);
  unAutreTest->getI();
  Test2(*unAutreTest, i);
  unAutreTest->getI();

  return 0;
}
```

Exercice 6.5

Qu'affichera à l'exécution le code Java présenté ci-après ?

```java
class TestI {
  int i;
  public TestI(int i) {
    this.i = i;
  }
  public void getI() {
    System.out.println ("i = " + i);
  }
  public void incrementeI(int i) {
    this.i += i; // this est le référent de l'objet lui-même
  }
}
public class Chapitre6 {
  static TestI unTest = new TestI(5);
  static void Test(TestI unTest) {
    unTest = new TestI(6);
    unTest.incrementeI(5);
  }
  public static void main(String[] args) {
    Test(unTest);
    unTest.getI();
  }
}
```

Exercice 6.6

Pourquoi C# ne permet-il le passage par « référent » que pour des arguments de type prédéfinis ? En quoi C++ ne choisit-il pas la facilité en utilisant par défaut le passage d'arguments par valeur pour les objets ?

## 7

L'encapsulation des attributs

Ce chapitre présente les principes de l'encapsulation que, dans un premier temps, nous limiterons aux seuls attributs. Cette technique préserve l'intégrité des objets, sépare la lecture des attributs et leur stockage et contribue à stabiliser les codes.

CANDIDUS — *Certains termes de l'OO, tels « encapsulation » et « cloisonnement », me font penser à hermétisme et réglementation. Les nouveaux langages me semblaient pourtant offrir plus de souplesse !*

DOCTUS — *Je ne vois aucune contradiction entre souplesse et élégance. L'encapsulation est le moyen de ranger proprement le contenu de chaque objet. Il faut y voir un souci de répartition des tâches.*

CAND. — *Et concrètement, j'y gagnerai quoi ?*

DOC. — *En tout premier lieu, les accesseurs (setters et getters) doivent faire partie de l'interface des objets, qui est rigoureusement spécifiée. Il en résulte que les éléments internes, variables et méthodes, pourront évoluer sans la moindre conséquence pour les objets environnants. Et tu constateras qu'on n'y perd pas en liberté au bout du compte. Cette encapsulation n'est pas autre chose qu'un emballage, qui évite les fuites…*

CAND. — *… ou les intrusions. Au lieu de me servir dans les affaires de quelqu'un, mieux vaut donc lui demander poliment de l'aide. Il saura toujours mieux que quiconque où il les a rangées.*

DOC. — *Il saura également mieux que toi faire le nécessaire pour que tu en disposes en toute sécurité. Par exemple, il te fera attendre en cas de besoin.*

CAND. — *Ces objets ne se contentent pas de communiquer ; ils coopèrent, en fait !*

Accès aux attributs d'un objet

Accès externe aux attributs

Lorsque, dans notre écosystème du chapitre 3, l'objet proie boit l'eau, et dès le moment où la proie possède parmi ses attributs un possible accès à l'objet eau (par la présence d'un référent), pourquoi ne pourrait-elle pas directement s'occuper de la diminution de la quantité d'eau, sans ce détour obligé par une méthode de la classe Eau qui s'en charge elle-même ? En tous les cas, il serait plus facile d'écrire directement :

```
class Proie {
  Eau eau
  void bois() {
    eau.quantite = eau.quantite - 1000; // plutôt que eau.diminueQuantite(1000)
  }
}
```

que de passer par la méthode diminueQuantite() ajoutée à cet effet dans la classe Eau et qui se limite à reproduire exactement la même chose. De plus, l'exécution s'en trouverait considérablement accélérée. De même, pourquoi le feu-de-signalisation, quand il passe au vert, ne pourrait-il pas directement changer la vitesse de la voiture à l'aide d'une instruction telle que laVoitureDevant.vitesse = 50, sans devoir passer par une méthode de la classe Voiture ? En fait, pratiquement tous les langages de programmation OO dans la lignée du C++ le permettent, à tort comme nous le verrons, pour autant que l'on déclare explicitement les attributs comme public. Et nous voici en présence d'un nouveau mot-clé capital de la programmation OO, qui caractérise l'accès aux attributs et aux méthodes de la classe par toute autre classe. Ce mot-clé ne devrait idéalement prendre que deux valeurs : public et private (laissons pour l'instant les deux mots en anglais, vu qu'ils le sont dans les langages de programmation, en exprimant nos regrets les plus sincères auprès de la French Academy).

> **Attribut private**
>
> Un attribut ou une méthode sera private, si l'on souhaite restreindre son accès à la seule classe dans laquelle il est déclaré. Il sera public si son accès est possible par, ou dans, toute autre classe. Attention ! L'encapsulation est une propriété de classe et non d'objet. Deux objets de la même classe n'ont aucun secret l'un pour l'autre et ce qui est privé pour l'un est parfaitement accessible par l'autre.

Cachez ces attributs que je ne saurais voir

Si vous nous avez suivi jusqu'ici, permettez-nous de vous poser la question suivante : comment, jusqu'à présent et de façon implicite (nous n'avons pour l'instant encore jamais fait allusion au mode d'accès), avons-nous considéré le mode d'accès des attributs d'une classe : private ou public ? private, bien entendu ! Nous avons dit et redit dans les chapitres précédents que les seuls accès possibles aux attributs d'une classe, y compris leur simple lecture, ne pouvaient se faire que par l'entremise des méthodes de cette classe.

En déclarant les attributs comme private, toute tentative d'accès direct, du genre o2.unAttribut = 50 (quand dans l'objet o1, la valeur de l'attribut unAttribut de l'objet o2 se voit directement changée), sera verbalisée par le compilateur. Ce mot-clé, private ou public, permet au compilateur de nous seconder en faisant d'une mauvaise pratique orientée objet une erreur de syntaxe (et de compilation). Dans le petit code suivant, on a ajouté le mode d'accès à la déclaration des attributs et des méthodes, rendant maintenant complète la déclaration de notre classe.

```
class Feu-de-signalisation {
  private int couleur ; /* attribut à l'accès privé */
  private Voiture voitureDevant ; /* autre attribut de type référent à l'accès privé */

  public Feu-de-Signalisation (int couleurInit, Voiture voitureInit) {
  /* le constructeur sera presque toujours public évidemment, puisqu'on crée un objet de
l'extérieur de la classe de cet objet */
    couleur = couleurInit ;
    voitureDevant = voitureInit ;
  }
  public void change() { /* une autre méthode accessible de l'extérieur */
    couleur = couleur + 1 ;
    if (couleur == 4) couleur = 1 ;
    if (couleur == 1) voitureDevant.changeVitesse(50) ;
  }
}
```

Encapsulation des attributs

Sachez que dans certains langages OO, et non des moindres – car ils sont de vénérables langages du troisième âge (50 ans en informatique), comme Smalltalk –, tous les attributs seront private par défaut ! Dans les langages plus modernes et moins scrupuleux, dès le moment où, respectant ainsi la charte de la bonne programmation OO, vous déclarez explicitement ces attributs private, leur simple lecture ou modification se fera à l'aide de méthodes d'accès, comme dans les cinq codes en cinq langages qui suivent. Dans ces codes, la classe FeuDeSignalisation est déclarée avec le mode d'accès des attributs adéquats. Ensuite, un objet issu de cette classe est créé et son attribut couleur reçoit la valeur 1.

En Java

```
class FeuDeSignalisation {
  private int couleur; /* l'attribut privé */
  public FeuDeSignalisation(int couleur) {
  /* le constructeur presque d'office public */
    if ((couleur > 0) && (couleur <= 3))
      this.couleur = couleur;
  }
  public int getCouleur() { /* la méthode qui renvoie la valeur de la couleur */
    return couleur;
  }
```

```
  public void setCouleur(int nouvelleCouleur) {
  /* une méthode qui modifie la valeur de la couleur */
    if ((nouvelleCouleur > 0) && (nouvelleCouleur <= 3))
      couleur = nouvelleCouleur;
  }
}
public class Principale {
  public static void main(String[] args) {
    FeuDeSignalisation unFeu = new FeuDeSignalisation(2);
    System.out.println(unFeu.getCouleur());
    /* on affiche la valeur de la couleur */
    unFeu.setCouleur(1); /* on modifie cette valeur */
    /* unFeu.couleur = 1 est une instruction interdite */
  }
}
```

En C++

```
#include <iostream>
class FeuDeSignalisation {
private : /* on factorise le private et le public */
  int couleur;
public:
  FeuDeSignalisation(int couleur) {
    if ((couleur > 0) && (couleur <= 3))
      this->couleur = couleur;
  }
  int getCouleur() {
    return couleur;
  }
  void setCouleur(int nouvelleCouleur) {
    if ((nouvelleCouleur > 0) && (nouvelleCouleur <= 3))
      couleur = nouvelleCouleur;
  }
};
int main() {
    FeuDeSignalisation unFeu(2);
    std::cout << unFeu.getCouleur() << std::endl;
    unFeu.setCouleur(1);
    return 0;
}
```

La seule différence sensible à relever avec Java est qu'il n'est pas nécessaire de répéter le mot-clé public ou private quand plusieurs attributs ou méthodes à la suite partagent un même mode d'accès.

En C#

```csharp
using System;

class FeuDeSignalisation {
  private int couleur;
  public FeuDeSignalisation(int couleur) {
    if ((couleur > 0) && (couleur <= 3))
      this.couleur = couleur;
     public int Hauteur { get ; set;} = 10 ; /*Depuis C#6, raccourci ô combien
audacieux s'il en est.*/❶
  }
  public int accesCouleur { /* méthode d'accès très originale */
    get {
      return couleur;
    }
    set {
      if ((value > 0) && (value <= 3)) ❷
        couleur = value;
    }
  }
}
public class Principale {
  public static void Main() {
    FeuDeSignalisation unFeu = new FeuDeSignalisation(2);
    Console.WriteLine(unFeu.accesCouleur);
    unFeu.accesCouleur = 1;
    unFeu.Hauteur = 10;
    Console.WriteLine(unFeu.Hauteur);
  }
}
```

En C#, les modes d'accès, set et get, sont regroupés dans une seule méthode . Ici, value ❷ indique la valeur à transmettre dans l'attribut. L'appel de la méthode se fait tout comme un accès direct à un attribut quelconque. Comme il s'agit d'une forme « indirecte » d'accès à l'attribut, on conçoit mieux l'existence de cette syntaxe.

Depuis sa sixième version, ce langage est encore plus audacieux, car il vous permet le raccourci reproduit dans le code pour l'attribut hauteur ❶. Il n'est même plus besoin de déclarer l'attribut. Vous vous limitez à la seule méthode d'accès. C'est le compilateur qui se chargera de la création et de la gestion de l'attribut hauteur. Comme cela, il est sûr que vous respectez les mécanismes d'encapsulation. Évidemment, toute manipulation de cet attribut intérieure à la classe passera toujours par le recours à la méthode Hauteur, ce qui n'est pas des plus économes.

En PHP

```
<html>
<head>
<title> Encapsulationn </title>
</head>
<body>
<h1> Encapsulation </h1>
<br>

<?php
   class FeuDeSignalisation {
      private $couleur;

      public function __construct($couleur) {
         if (($couleur > 0) && ($couleur <=3))
            $this->couleur = $couleur;
      }

      public function getCouleur() {
         return $this->couleur;
      }

      public function setCouleur($nouvelleCouleur) {
         if (($nouvelleCouleur > 0) && ($nouvelleCouleur <=3))
            $this->couleur = $nouvelleCouleur;
      }
   }

   $unFeu = new FeuDeSignalisation(2);
   print($unFeu->getCouleur());
   $unFeu->setCouleur(1);
   $unFeu->couleur = 3; ❶ /* Le programme se bloque ici et ne fait plus rien*/
   print($unFeu->getCouleur());
?>

</body>
</html>
```

Il n'y a rien de bien spécial à dire. Bien évidemment, en l'absence de compilation, c'est lors de l'exécution qu'une tentative d'accès ❶ à quoi que ce soit de privé dans la classe déclenchera une erreur fatale.

En Python

```
class FeuDeSignalisation:
  def __init__(self,couleur):
    if couleur>0 and couleur <=3:
      self.__couleur=couleur
    else : self.__couleur =0
  def getCouleur(self):
    return self.__couleur
  def setCouleur(self,nouvelleCouleur):
    if nouvelleCouleur>0 and nouvelleCouleur<=3:
      self.__couleur=nouvelleCouleur
unFeu=FeuDeSignalisation(2)
print (unFeu.getCouleur())
unFeu.setCouleur(1) #changement de notre attribut privé
unFeu.__couleur = 2 #cela n'affecte en rien l'attribut privé
                    #un nouvel attribut est simplement créé
print (unFeu.getCouleur()) #valeur de notre attribut privé
print (unFeu.__couleur) #valeur du nouvel attribut
```

Résultat

```
2
1
2
```

En Python, comme le code l'illustre, la mise en œuvre des attributs privés est encore différente, en raison de l'absence d'étape de compilation préalable. Pas de mot-clé private, un attribut privé est simplement signalé par la présence de deux signes de soulignement pour précéder son nom. Lorsque la déclaration de celui-ci est rencontrée à l'exécution, son nom est automatiquement changé de manière invisible (ces changements s'opérant également là où il apparaît dans les méthodes), ce qui fait que toute tentative d'accès par la suite ne concerne plus ce même attribut. L'attribut en devient inaccessible en dehors des méthodes de la classe.

Pourquoi ces mille détours avant de lire ou de modifier un attribut ? Pourquoi les classes ne peuvent-elles exhiber leurs attributs en public ? Il y a plusieurs justifications à l'obligation, morale nous l'avons vu (car il y a possibilité de contourner cette obligation), de déclarer les attributs comme private. Nous retrouverons certaines de ces justifications lorsque nous discuterons du mode d'accès des méthodes, qu'il faut également privilégier comme private. Bien sûr, tout ne peut être privé dans les classes, mais beaucoup de choses néanmoins.

Encapsulation

L'encapsulation est ce mécanisme syntaxique qui consiste à déclarer comme private une large partie des caractéristiques de la classe, tous les attributs et de nombreuses méthodes.

Encapsulation : pour quoi faire ?

Pour préserver l'intégrité des objets

Tout d'abord, pourquoi sommes-nous instamment priés de déclarer les attributs comme private ? Une première raison étend la responsabilité des classes, non seulement au typage de leurs objets, mais également à la préservation de l'intégrité de ces derniers. En général, les objets d'une classe, décrits et caractérisés par la valeur de leurs attributs, ne peuvent admettre que ces attributs prennent n'importe quelle valeur. La couleur du feu ne peut prendre que les valeurs 1, 2 et 3. La quantité d'eau ne peut devenir négative, de même que l'énergie des animaux. Pourtant, rien dans la déclaration même des attributs ne permet ces restrictions. Le programmeur d'une classe fera évidemment attention à ne pas faire n'importe quoi, mais les programmeurs de toutes les autres classes, appelées à interagir avec la première, n'ont aucune raison de se préoccuper de cette intégrité.

Mieux vaut prévenir que guérir. Laissons à chaque classe le soin de s'assurer qu'aucun de ses objets ne subira de changements d'état non admis. L'unique manière de procéder consiste à rendre les attributs inaccessibles sinon par l'entremise de méthodes publiques qui, elles, sont accessibles et s'assurent que les nouvelles valeurs prises restent dans celles admises.

Vous comprendrez très facilement comment les méthodes peuvent s'en charger, en lisant les deux petits codes qui suivent.

```
class Feu-de-signalisation {
  private int couleur;
  private Voiture voitureDevant;

  public void changeCouleur(int nouvelleCouleur) {
    if (nouvelleCouleur >= 1) && (nouvelleCouleur <=3) /* intégrité assurée */
      couleur = nouvelleCouleur ;
  }
}
class Voiture {
  private int vitesse ;
  public int changeVitesse(int nouvelleVitesse) {
    if (nouvelleVitesse >= 0) && (nouvelleVitesse <=130) /* intégrité assurée */
      vitesse = nouvelleVitesse ;
      return vitesse ;
    }
}
```

En quelque sorte, les méthodes de la classe filtrent l'usage que l'on fait des attributs. En entrée, elles ne tolèrent que certaines valeurs. En sortie, elles présentent les attributs d'une manière qui convient aux autres classes, à celles qui veulent connaître leur valeur. C'est ce que Betrand Meyer et son language Eiffel tentent d'installer d'une manière moins forcée, par l'introduction des notions d'invariance, et par le fait qu'un objet puisse, avant d'exécuter une méthode, vérifier qu'un ensemble de préconditions soit satisfait et, qu'à l'issue de cette exécution, c'est un ensemble de post-conditions qui le soit.

> **Intégrité des objets**
>
> Une première raison justifiant l'encapsulation des attributs dans la classe est d'obliger cette dernière, par l'intermédiaire de ses méthodes, à se charger de préserver l'intégrité de tous ses objets.

La gestion d'exception

Dans nos cinq langages OO, il est également prévu que toute tentative, lors de l'exécution du programme, visant à violer l'intégrité d'un objet en lui passant des valeurs d'attributs inadmissibles, puisse faire l'objet d'un mécanisme de gestion d'exception. Ce mécanisme permet, soit à la classe elle-même, soit à son interlocutrice, de prévoir la réponse à donner à cette tentative avortée : on interrompt le programme, la classe interlocutrice essaie une autre valeur, on continue comme si de rien n'était, mais cette fois-ci sans avoir à effectuer le changement... La gestion d'exception est un mécanisme de programmation assez sophistiqué, destiné à la réalisation de code plus robuste et qui anticipe et gère les problèmes pouvant survenir lors de l'exécution d'un code dans un contexte sur lequel le programmeur n'a pas tout contrôle. Il pourrait faire l'objet d'un chapitre à lui tout seul.

Toute source de problèmes pouvant survenir à l'exécution n'est pas évitable, par exemple un réseau ou un disque dur inaccessible, un processeur inapte au multithreading, un accès incorrect à une base de données, un entier devant servir de diviseur égal à zéro et beaucoup d'autres. En général, les instructions susceptibles de poser de tels problèmes sont placées dans un bloc try-catch. Lorsque le problème se pose effectivement, le programmeur est censé l'avoir anticipé et avoir prévu dans la partie catch du bloc une manière de récupérer la situation, un filet de sûreté, afin de reprendre l'exécution à ce stade. Sans cela, le code s'interrompt en déclenchant juste l'exception. En présence du try-catch, le code continue et exécute le remède que le programmeur a prévu en réponse à ce problème. Un ensemble d'exceptions déjà répertoriées (comme le fameux NullPointerException en Java ou ArithmeticException lorsqu'on divise par zéro) existent dans les bibliothèques associées aux différents langages de programmation et ne demandent alors qu'à être simplement « rattrapées ». En héritant de la classe Exception (en Java, comme dans le code ci-après, ou l'équivalent pour les autres langages), le programmeur peut créer ses propres classes d'exceptions, en accord avec la logique de son code et de manière à bénéficier de ce mécanisme de gestion d'exceptions prêt à l'emploi. Dans la programmation par contrat du langage Eiffel, c'est ce système d'exceptions qui pallie l'irrespect des préconditions ou le viol de l'invariance des classes.

Dans le code Java qui suit, nous nous limitons à en montrer un exemple à titre pédagogique, dans lequel le programmeur du FeuDeSignalisation prévoit à l'avance ce qui devra se produire si un quelconque utilisateur du code tente de changer la couleur du feu en lui passant une valeur non autorisée.

Exemple Java d'exception

```java
class FeuDeSignalisation {
  private int couleur;

  public void changeCouleur(int nouvelleCouleur) throws MauvaiseCouleurException
  {
```

```
    if ((nouvelleCouleur >= 1) && (nouvelleCouleur <=3)) /* intégrité assurée */
       couleur = nouvelleCouleur ;
    else throw new MauvaiseCouleurException(nouvelleCouleur);
    /* C'est à cet endroit précis du code qu'on crée l'exception pour des couleurs non
autorisées */
  }
}
/* Puis on définit la classe, sous-classe d'Exception qui indiquera ce qu'il y a lieu de
faire */
class MauvaiseCouleurException extends Exception {
  public MauvaiseCouleurException(int couleur) {
    System.out.println("La couleur " + couleur + " que vous avez rentree n'est pas
permise");
  }
}

public class TestException {
  public static void main(String[] args) {
    FeuDeSignalisation unFeu = new FeuDeSignalisation();
    try { // Toute exception doit être intégrée dans un bloc " try - catch "
      unFeu.changeCouleur(5);
    }
    catch (MauvaiseCouleurException e) {
      System.out.println("L'exception s'est declenchee");}
  }
}
```

Résultats

```
La couleur 5 que vous avez rentree n'est pas permise
L'exception s'est declenchee
```

La gestion d'exception

Toujours dans la perspective de sécuriser au maximum l'exécution des codes, tous les langages OO que nous présentons intègrent dans leur syntaxe un mécanisme de gestion d'exceptions dont la pratique est très voisine. Seul change le recours obligatoire ou non à cette gestion, Java étant le plus contraignant en la matière. En Java, la non-prise en compte de l'exception sera signalée et interdite par le compilateur (pas dans les autres langages). Une exception est levée quand quelque chose d'imprévu se passe dans le programme. Il est possible alors « d'attraper » (try-catch) cette exception et de prendre une mesure correctrice qui laisse continuer le programme malgré cet événement inattendu. Paradoxalement, toute la gestion d'exceptions consiste à rendre l'inattendu plus attendu qu'il n'y paraît et à se préparer au maximum à toutes les éventualités problématiques ainsi qu'à la manière de les affronter. À l'instar de Java, il apparaît donc assez cohérent de forcer le programmeur à en faire usage. Les exceptions sont définies dans une structure taxonomique, de la plus générique comme Exception, à la plus précise comme FileNotFoundException. Le catch tente d'abord d'attraper les exceptions les plus précises avant de se rabattre sur les plus génériques.

Pour cloisonner leur traitement

Une deuxième justification à l'encapsulation des attributs, et partagée avec l'encapsulation des méthodes comme nous le verrons dans le chapitre suivant, est de renforcer la stabilité du logiciel à travers le temps et ses multiples et possibles évolutions. Nous avons vu que les classes autorisent une décomposition naturelle du logiciel, en autant de modules à répartir entre plusieurs programmeurs. Il est extrêmement important de rendre les codes aussi indépendants que possible entre eux. Il faut limiter les conséquences dans le reste du code d'un quelconque changement dans une petite partie de ce dernier.

Autorisant tous les modules fonctionnels à interagir avec l'ensemble des données du problème, la programmation procédurale ne favorise en rien cette stabilité. En effet, toute transformation dans le typage ou le stockage des données affectera tous ces modules. Comme, de surcroît, ces modules s'imbriquent entre eux, l'effet se propagera, tant en largeur qu'en profondeur. En programmation OO, en revanche, aucune modification d'une partie private de la classe n'aura d'effet sur le reste du programme. Il est bien connu par les développeurs de logiciel que la maintenance du code constitue une dépense aussi importante, sinon plus, que l'obtention d'une première version. De manière à diminuer cette dépense, il est capital qu'un travail d'anticipation, concrétisé par l'encapsulation, entraîne les programmeurs à séparer, dans le développement de leur classe, ce qui restera stable dans le temps (en le déclarant comme public) de ce qui est susceptible d'être encore modifié (en le déclarant comme private).

Pour pouvoir faire évoluer leur traitement en douceur

Les attributs et leur typage sont une partie de code susceptible de nombreuses évolutions dans le temps. Déjà, la manière même de sauvegarder l'état de l'objet sur le disque dur, dont nous traiterons au chapitre 19, risque d'être revue à travers le temps : sauvegarde en tant qu'objet, sauvegarde séparée des attributs dans un fichier ASCII, sauvegarde en tant qu'enregistrement d'une base de données relationnelle, sauvegarde dans une base de données orientée objet... Il devient alors capital, pour limiter l'effet d'un tel changement, de déclarer comme private tout ce qui concerne le stockage des attributs. En effet, seul le type de la lecture de l'attribut, et nullement la manière de le stocker ou le coder, devrait concerner toute autre classe désirant y avoir accès.

Considérons la petite situation suivante, qui n'ira pas sans rappeler un certain « bogue » devenu tristement célèbre. À chaque objet voiture est ajouté un attribut représentant la date de fabrication que, dans un premier temps, nous décidons de coder en tant qu'entier écrit sur 8 chiffres (par exemple 20120415 pour le 15 avril 2012), et de déclarer comme public. La classe Voiture se présente de la manière suivante :

```
class Voiture {
   public int dateFabrication ;
   // ...... autres attributs ......
   // ...... autres méthodes......
}
```

Considérons également une autre classe, modélisant les possibles acheteurs de véhicule qui, dans les différentes méthodes qui les caractérisent telles que : calculPrix(), négociePrix(), comparePrixAvecArgus(), achete(), font souvent référence à la date de fabrication de la voiture. Par exemple, la méthode négociePrix() pourrait se définir comme suit, en tolérant un accès direct à la date de la voiture :

```
class Acheteur {
  private Voiture voitureInteressante ;

  public int négociePrix() {
    int prixPropose = 0 ;
      if (voitureInteressante.dateFabrication < 19970101)
      /* accès possible à l'attribut date */
      prixPropose = voitureInteressante.getPrixDeBase() - 10000;
  }
}
```

Supposons maintenant que le programmeur de la classe Voiture se rende compte, après quelques mois, de l'incongruité qu'il y a à coder la date de cette manière et décide, plus logiquement, de la coder comme un String, c'est-à-dire une chaîne de caractères, par exemple : « 15/04/2012 ». Automatiquement, l'instruction conditionnelle if (voitureInteressante.dateFabrication < 0101997) devient complètement absurde et provoque l'ire du compilateur, car une chaîne de caractères ne peut se comparer à un entier. Le pauvre programmeur de la classe Acheteur en sera réduit à entièrement récrire le code de sa classe, vu qu'il y a de fortes chances que la date de fabrication des voitures soit souvent reprise dans ce code.

Quelle solution aurait-elle été plus sécurisée, en garantissant plus de résistance aux changements (nous voulons des programmeurs progressistes mais des classes conservatrices) ? Il aurait fallu que le programmeur de la classe Voiture anticipe que l'attribut dateFabrication puisse subir de nombreux changements dans le temps, et décide qu'il devienne adéquat de séparer son stockage de sa lecture. Dorénavant, quelle que soit la manière dont cet attribut sera typé et stocké, manière déclarée private, il sera toujours lu, donc présenté aux autres classes, comme un String.

La bonne version du code de la classe Voiture devient :

```
class Voiture {
  private int dateFabrication ;
  //…. autres attributs ….

  public String getDateFabrication() {
    String date = null;
    // instructions qui transforme l'entier
    //date en un string…;
    return date ;
  }
  // autres méthodes….
}
```

Cette nouvelle écriture de la classe conduira à accroître la stabilité de l'ensemble du logiciel car, si le stockage ou le typage de l'attribut dateFabrication change, il faudra simplement adapter le corps d'instructions de la méthode de la classe Voiture qui renvoie l'attribut. Aucune autre classe ne se trouvera plus affectée (pour autant que la date soit toujours vue comme un `String` par toutes ces autres classes) et, de ce fait, l'effet d'un tel changement restera confiné à la classe elle-même.

La classe : enceinte de confinement

En plus d'un type, d'un fichier, d'un garant de l'intégrité des objets, la classe se doit d'être également une enceinte de confinement. La conception du logiciel demande un travail d'anticipation, destiné à ne laisser public que ce qui est appelé à se transformer le moins, au fil du temps et des versions du logiciel. Il est évident que cette pratique ne prend vraiment toute sa raison d'être qu'avec le grossissement des projets informatiques et la multiplication des programmeurs. Plus la taille d'un programme devient importante, plus il est crucial de pouvoir facilement le décomposer et de distribuer les modules entre plusieurs développeurs, qui seront incités, dans leur pratique, à rechercher l'équilibre parfait entre les modifications incessantes de leur code et le peu d'effet que celles-ci provoquent sur les développements de leurs collègues.

> **Stabilisation des développements**
>
> Il y a une seconde raison de déclarer les attributs comme `private`, commune aux méthodes : c'est d'éviter que tout changement dans le typage ou le stockage de ceux-ci ne se répercute sur les autres classes.

Exercices

Exercice 7.1

Réalisez un petit code qui stocke un attribut `date` comme un entier et autorise sa lecture par les autres classes uniquement comme un `String`.

Exercice 7.2

Si une classe contient 10 attributs, combien de méthodes d'accès à ses attributs vous paraissent-elles nécessaires ?

Exercice 7.3

Réalisez une classe de type `compte en banque`, en y intégrant deux méthodes, l'une déposant de l'argent, l'autre en retirant, et dont vous vous assurerez que l'attribut `solde` ne puisse jamais être négatif.

Exercice 7.4

Dans la même classe que celle de l'exercice précédent, écrivez une méthode d'accès au `solde`, qui retourne ce dernier comme un entier, alors qu'il est stocké comme un réel.

8

Les classes et leur jardin secret

Ce chapitre poursuit l'exposé de la pratique de l'encapsulation en l'étendant aux méthodes. Il sépare l'interface d'une classe de son implémentation. Il justifie cette encapsulation par la stabilisation des développements qu'elle apporte. Il discute les différents niveaux d'encapsulation rendus possibles dans les langages de programmation.

DOC. — *Nous avons toute liberté de modifier un mécanisme interne à un objet, et même les méthodes publiques qui font partie de l'interface. Il s'agit juste de dire à un objet ce qu'on attend de lui sans pour autant lui dire comment il doit s'y prendre ! C'est lui qui doit savoir comment implémenter la chose, avec ses propres méthodes privées. L'héritage lui-même doit être réglementé, les parents doivent pouvoir décider de ce qu'ils gardent pour eux.*

CAND. — *Je pourrais donc appliquer ce même principe de cloisonnement face aux utilisateurs de mes classes ! Ils n'hériteront que des méthodes que j'aurai choisi de mettre à leur disposition.*

DOC. — *On peut également constituer des relations de groupe. Des classes d'objets travaillant en équipe pourront utiliser un vocabulaire commun tout en restant inaccessibles au public, comme des amis qui parlent entre eux alors que l'entourage n'est pas du tout concerné. Encore plus fort : dans une voiture, le volant, l'accélérateur et le frein peuvent n'exister que pour « l'objet » conducteur.*

CAND. — *Hmmm... Ton conducteur me fait penser à un chauffeur esclave de sa voiture qui attend ses ordres pour pouvoir s'amuser sur ses pédales.*

Doc. — *On peut effectivement faire dans le genre poupées russes : des objets complètement imbriqués les uns dans les autres. Autre direction maintenant : après la fermeture de nos boîtes noires pour interdire l'accès à leurs rouages internes, il faudra également prévoir de les interconnecter pour construire notre système. Il nous restera à doser raisonnablement la complexité des branchements du réseau de communications entre tous ces objets, pour éviter les cascades d'événements inextricables !*

Encapsulation des méthodes

Idéalement, même la simple lecture des attributs ne devrait que très rarement constituer le contenu d'une méthode publique. Le plus souvent, les autres classes modifient ces attributs ou les utilisent à travers une méthode, afin qu'à partir de la valeur de ceux-ci, une nouvelle activité se déclenche, quitte à se propager de classes en classes. Simplement les lire, et rien d'autre, n'apparaîtra que très rarement utile. Cela nous amène naturellement à une nouvelle règle de bonne conduite OO, qu'on ajoutera à la charte du bon artisan OO :

> **Méthode private**
>
> En plus des attributs, une bonne partie des méthodes d'une classe doit être déclarée comme `private`.

Interface et implémentation

On différencie les méthodes `private` des méthodes `public` en déclarant, comme nous l'avions anticipé dans un chapitre précédent, que les premières sont responsables de l'implémentation de la classe, alors que les secondes sont chargées de son interface. Comme indiqué à la figure 8-1, la partie interface d'une classe doit rester réduite par rapport à son implémentation. Plus cette partie est réduite, plus la possibilité d'un changement y est réduite et moins les modifications ont de conséquences. Gardez à l'esprit que l'interface ne reprend de toutes les méthodes de la classe, que les seuls possibles messages, c'est-à-dire les signatures des méthodes publiques. Seules ces signatures ne peuvent évoluer dans le temps, car même le corps des méthodes identifiées par ces signatures peut être modifié, sans conséquence sur les autres classes. De son côté, la partie `private` est un large espace maintenu de modifications possibles, tout comme un chantier en cours.

Figure 8–1
La séparation dans une classe entre une large partie implémentation et une plus petite partie interface

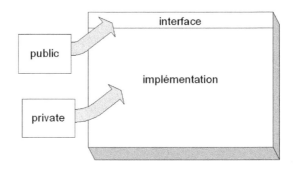

Toujours un souci de stabilité

Cette séparation force tout programmeur d'une classe à réfléchir de façon anticipée, afin de tenir clairement détachées les méthodes qu'il prédestine aux autres classes de celles qui font partie du jardin secret de la classe qu'il programme. Aucun changement dans les méthodes d'implémentation n'affectera le codage des classes en interaction. Les méthodes private de la classe agissent dans la mesure où elles y sont appelées dans les méthodes public. En revanche, les premières ne peuvent être appelées de l'extérieur de la classe. Ainsi dans les deux petits codes qui suivent en Java (en C++, C# et PHP c'est parfaitement équivalent) et en Python, la méthode privée passSetCouleur(), qui se déclenche si la couleur passée n'est pas autorisée, ne pourra être appelée que de l'intérieur de la classe.

En Java

```
class FeuDeSignalisation {
  private int couleur;

  public FeuDeSignalisation(int couleur) {
    if ((couleur >= 1) && (couleur <=3)) {
      this.couleur = couleur ;
    }
  }

  public int getCouleur() {
    return couleur;
  }

  private void pasSetCouleur(int nouvelleCouleur) {
    System.out.println ("pas bonne couleur, la: " + nouvelleCouleur);
  }

  public void setCouleur(int nouvelleCouleur) {
    if ((nouvelleCouleur >= 1) && (nouvelleCouleur <=3))
      couleur = nouvelleCouleur ;
    else pasSetCouleur(nouvelleCouleur); // appel de la methode privée
  }
}

public class TestPrive {
  public static void main(String[] args) {
    FeuDeSignalisation unFeu = new FeuDeSignalisation(2);
    System.out.println(unFeu.getCouleur());
    unFeu.setCouleur(5);
    System.out.println(unFeu.getCouleur());
    /* unFeu.pasSetCouleur(5); ici, on ne peut appeler cette méthode privée */
  }
}
```

Resultats

```
2
pas bonne couleur, la : 5
2
```

En Python

```
class FeuDeSignalisation:

    def __init__(self,couleur):
      if couleur>0 and couleur <=3:
        self.__couleur=couleur

    def __pasSetCouleur(self,nouvelleCouleur): #methode privée par
                                               #le double souligné
      print ("pas bonne couleur, la: %s" %(nouvelleCouleur))

    def getCouleur(self):
      return self.__couleur

    def setCouleur(self,nouvelleCouleur):
      if nouvelleCouleur>0 and nouvelleCouleur<=3:
        self.__couleur=nouvelleCouleur
      else:
        self.__pasSetCouleur(nouvelleCouleur) #appel de la méthode privée

unFeu=FeuDeSignalisation(2)
print (unFeu.getCouleur())
unFeu.setCouleur(5)
print (unFeu.getCouleur())
#unFeu.__pasSetCouleur(5) ici, on ne peut appeler cette méthode privée
```

Figure 8–2
Appel de la méthode privée
« pasSetCouleur » à partir
de la méthode publique
de la même classe

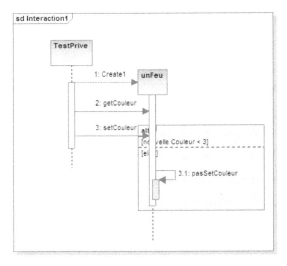

Le diagramme de séquence représenté dans la figure 8-2 illustre la manière dont une méthode privée se trouve toujours appelée par une méthode publique de la même classe. Il n'y a en effet aucun autre moyen d'appeler une méthode privée.

Notez qu'une telle pratique de séparation entre l'interface et l'implémentation, que l'on cherche à encourager par la programmation OO, est déjà monnaie courante dans bien d'autres secteurs de l'industrie. Par exemple, avez-vous l'impression que l'interface des voitures se soit considérablement modifiée depuis des années ? Conduisez aux États-Unis et vous subirez de plein fouet les inconvénients d'un changement d'interface de la classe Voiture sur la classe Conducteur. En revanche, l'implémentation des moteurs a subi des changements substantiels ; autrefois à injection indirecte, les moteurs sont aujourd'hui à injection directe, alors que votre mode de conduite ne s'en est ressenti en rien. La raison, en termes OO, tient au fait que tout ce qui concerne l'allumage du mélange de carburant, l'explosion… de l'objet voiture reste du domaine privé et donc inaccessible à l'objet conducteur, même s'il utilise son briquet. De même, les téléphones sans fil et ceux avec fil reposent sur des protocoles de communication foncièrement différents, sans que votre manière de téléphoner ne s'en trouve affectée.

Dans le premier chapitre, relatant ce que vous observiez par la fenêtre, vous vous êtes limités à ne citer que la voiture, sans détailler sa structure car, là encore, l'interface que vous utilisez ne requiert pas une connaissance structurelle du véhicule. S'il est possible que, dans la déclaration de la classe Voiture, on retrouve des attributs agrégés de type moteur ou roue, il y a peu de chances que l'interface de Voiture y fasse une allusion explicite dans les signatures des méthodes.

Cette séparation private/public ne se fait pour le programmeur qu'au prix d'un travail d'anticipation concernant les fonctionnalités de ses classes qu'il juge stables dans son code pour de nombreuses années (et qu'il peut rendre publiques et accessibles) et celles qui pourront encore évoluer (et qu'il vaut mieux garder private). Avez-vous constaté que lorsque vous changez l'imprimante de votre ordinateur, vous n'avez pas à recompiler toutes les applications – et elles sont nombreuses – dans lesquelles vous avez la possibilité d'imprimer un document ? C'est toujours la même idée : tous les objets imprimantes, quelle que soit la manière physique (leur implémentation) dont ils le font (laser, matriciel, jet d'encre), sont capables d'imprimer un document, et donc de s'interfacer adéquatement à la fonction print des applications. Vous ne trouverez jamais une fonctionnalité de manipulation de laser dans les menus à votre disposition dans le traitement de texte que vous utilisez.

Signature d'une classe : son interface

Dans le schéma d'interaction entre classes, qui est la base de la programmation OO, il est, en vérité, plus correct de parler d'interaction entre interfaces qu'entre classes. Seules les interfaces apparaissent comme disponibles aux autres classes. Nous approfondirons au chapitre 15 la pratique qui consiste à extraire de chacune des classes la seule partie visible par les autres, celle qu'elle met à disposition des autres : son interface. À nouveau, la syntaxe de certains langages vous permet de forcer le trait, par l'existence d'une structure syntaxique d'interface, qui sera héritée par la classe implémentant cette interface.

Interaction avec l'interface plutôt qu'avec la classe

Lorsqu'une classe interagit avec une autre, il est plus correct de dire qu'elle interagit avec l'interface de cette dernière. Une bonne pratique de l'OO vous incite, par ailleurs, à rendre tout cela plus clair, par l'utilisation explicite des interfaces comme médiateurs entre les classes.

Les niveaux intermédiaires d'encapsulation

Nous n'avons vu que deux modes d'accès possibles pour les propriétés d'une classe : public, pour les rendre accessibles à toutes les autres et qu'il convient d'utiliser avec prudence, et private, pour les rendre inaccessibles aux autres et que l'on peut consommer sans modération.

Pour la très grande majorité des cas, ces deux niveaux d'accès devraient être suffisants. Les variations que nous allons maintenant présenter ne le sont qu'à titre indicatif, essentiellement pour que le lecteur de cet ouvrage ne soit pas désorienté quand il rencontrera ce genre de construction dans le code d'autres personnes. En principe, dans du code OO correct, il ne devrait rien apparaître d'autre que public et private.

Classes amies

Une classe pourrait décider de se rendre entièrement accessible à quelques autres classes privilégiées, qu'elle déclarera comme faisant partie de ses « amies ». Qu'une classe déclare une autre comme étant son amie (utilisation du mot-clé friend), et ce qui est private dans la première deviendra public pour la seconde. Elle tolérera un début d'atteinte à sa vie privée. C++ est un de ces langages qui, au contraire de Java et de C#, permettent ce raffinement additionnel dans la mise en œuvre de l'encapsulation. Ainsi, dans le petit code C++ qui suit, l'objet O2 peut utiliser une méthode déclarée private dans la classe O1, car cette dernière a accepté d'ouvrir son cœur à la classe O2 : la classe O2 est déclarée comme friend de la classe O1.

```cpp
#include <iostream>
class O1 {
private:
  int a;
  void jeTravailleSecretementPourO1() { /* méthode déclarée private */
    std::cout <<"la valeur de a est: " << a << std::endl;
  }
public:
  O1(int initA):a(initA) {}
  friend class O2; /* la classe O2 est déclarée comme amie de la classe O1, ce qui lui
donne un droit de regard privilégié sur O1 */
};
class O2 {
public:
  O2() {
    O1 unO1(5);
    unO1.jeTravailleSecretementPourO1(); /* O2 peut utiliser cette méthode pourtant
« private » dans O1 */
  }
};
int main(int argc, char* argv[]) {
  O2 unO2;
  return 0;
}
```

Résultat

```
la valeur de a est : 5
```

Dans les langages permettant aux classes de se faire quelques amies, comme dans la réalité hélas, l'amitié n'est ni symétrique ni transitive (non, les amis de vos amis ne seront plus automatiquement vos amis).

Une classe dans une autre

Une autre possibilité de rendre accessibles les attributs et les méthodes déclarés private se présente lorsqu'une seconde classe est créée à l'intérieur de la première. Ce système de classes imbriquées l'une dans l'autre n'est pas des plus simples à mettre en œuvre et ne devrait être exploité que très rarement, puisque d'autres modes, plus intuitifs, vous sont proposés pour associer deux classes. Les deux codes qui suivent, le premier en Java et l'autre en C#, vous montrent comment, une classe peut être déclarée à l'intérieur d'une autre. La classe englobée aura un accès privilégié à tout ce qui constitue la classe englobante. À nouveau, n'utilisez ce stratagème que si vous voulez, le plus étroitement qui soit, solidariser le fonctionnement et le développement des deux classes.

En Java

```
class O4 {
  public O4() {
    O3.DansO3 unTest = new O3.DansO3();
    // il est possible d'utiliser directement la classe englobée
  }
}
public class O3 { /* définition de la classe englobante */
  static private int a;
  public O3(int b) {
    a = b;
  }
  public static void jeTravaillePourO3() {
    a = 5;
    DansO3 unDansO3 = new DansO3();
  }
  static class DansO3 {
  /* définition imbriquée d'une nouvelle classe englobée par la première */
    private int b;
    public DansO3(){
      b = a; /* bien qu'il soit privé dans la classe englobante, a est accessible par la
classe englobée */
      System.out.println("la valeur de b est : " + b);
    }
  }
  public static void main(String[] args){
    jeTravaillePourO3();
    O4 unO4 = new O4();
  }
}
```

Résultat

```
la valeur de b est : 5
la valeur de b est : 5
```

L'équivalent en C#

```csharp
using System;
class O4 {
  public O4(){
    O3.DansO3 unTest = new O3.DansO3();
  }
}
public class O3{
  static private int a;

  public O3(int b){
    a = b;
  }
  public static void jeTravaillePourO3() {
    a = 5;
    DansO3 unDansO3 = new DansO3();
  }
  public class DansO3{
    private int b;

    public DansO3(){
      b = a;
      Console.WriteLine("la valeur de b est : " + b);
    }
  }
  public static void Main(){
    jeTravaillePourO3();
    O4 unO4 = new O4();
  }
}
```

Utilisation des paquets

Une autre possibilité encore, que nous retrouverons dans un prochain chapitre détaillant le mécanisme d'héritage, consiste à ne donner qu'aux seuls enfants de la classe (ses héritiers) un accès aux attributs et méthodes protected du parent. Enfin, lorsque les fichiers ne contiennent chacun qu'une classe et sont dans le même répertoire, une ultime possibilité laisse l'accès uniquement aux classes faisant partie d'un même paquet. Par exemple, en Java, quand vous n'indiquez ni private ni public comme mode d'accès pour les propriétés de la classe, le mode par défaut est celui limité aux seuls paquets. Dans le code Java ci-après, la classe 01 ne rend disponible sa méthode jeTravailleSecretementPour01(), sans aucun mot-clé d'accès, qu'aux classes présentes dans le même paquet ou package (001 dans le code).

```
package 001; /* déclaration qui intègre la classe dans le paquet 001. Le nom de la
classe, dorénavant, sera précédé d'001 */
public class O1 {
  private int a;

  void jeTravailleSecretementPourO1() { /* sans rien indiquer, la méthode ne sera
accessible qu'à partir du même paquet 001 */
    System.out.println("la valeur de a est: " + a);
  }
  public O1(int initA) {
    a = initA;
  }
}
```

Les paquets existent également en C# et C++, où ils sont nommés namespace, « espace de nommage », ce qui leur correspond en effet plus fidèlement. L'équivalent en C# du code Java précédent est :

```
using System;
namespace 001 { /* déclaration du namespace */
public class O1{
  private int a;

  void jeTravailleSecretementPourO1() { /* sans rien indiquer ou en utilisant un mot-clé
additionnel « internal », la méthode ne sera accessible qu'à partir du même namespace
001 */
    Console.WriteLine("la valeur de a est: " + a);
  }
  public O1(int initA){
    a = initA;
  }
}
}
```

En C#, et en .Net en général, il faut néanmoins faire la différence entre les concepts de namespace et d'assembly (les .dll de Microsoft). On installe les fichiers classes dans l'assembly lors de l'opération de compilation. Par exemple, ci-dessous, les versions exécutables de trois fichiers classes sont installées dans exempleAssembly.dll.

```
csc /t :library /out :exempleAssembly.dll Classe1.cs Classe2.cs Classe3.cs
```

Plutôt qu'aux namespace, les niveaux d'accès et d'encapsulation seront relatifs à la découpe des classes et des fichiers correspondants en assembly. Il y a donc tout intérêt à nommer les namespace et les assembly de la même manière, afin de faciliter la compréhension et la gestion de l'ensemble des classes. Le namespace de ces trois classes serait donc ici : exempleAssembly.

Ces niveaux intermédiaires d'accessibilité ont le défaut d'accroître la portée d'un changement effectué dans une petite partie du code. C'est à vous de choisir, mais là encore, la charte du bon programmeur OO plébiscitée par ce livre vous encourage à n'utiliser que les deux seuls accès private et public, avec une grande parcimonie quant au second.

Désolidariser les modules

Alors que les deux niveaux extrêmes de l'encapsulation – private = fermé à tous et public = ouvert à tous – sont communs à tous les langages de programmation OO, ceux-ci se différencient beaucoup par le nombre et la nature des niveaux intermédiaires. De manière générale, cette pratique de l'encapsulation permet, tout à la fois, une meilleure modularisation et une plus grande stabilisation des codes, en désolidarisant autant que faire se peut les réalisations des différents modules.

Exercices

Exercice 8.1

Décrivez les différents modes d'encapsulation existant dans les langages OO et ordonnez-les, des plus sévères au moins sévères.

Exercice 8.2

Voici quelques méthodes constitutives de la classe Voiture ; séparez les méthodes faisant partie de l'interface de la classe de celles faisant partie de son implémentation : tourne, accélère, allumeBougie, sortPiston, coinceRoue, changeVitesse, injecteEssenceDansCylindre.

Exercice 8.3

Comment une méthode déclarée private dans une classe sera-t-elle indirectement déclenchée par une autre classe ?

Exercice 8.4

En quoi l'existence d'assemblage de classes peut-il compenser l'absence des relations d'amitié ?

Exercice 8.5

Pourquoi l'interface est-il tout ce qu'une classe B doit connaître d'une classe A, si elle désire communiquer avec cette dernière ?

Exercice 8.6

À votre avis, pourquoi l'amitié en C++ n'est-elle pas transitive ?

9

Vie et mort des objets

Ce chapitre présente les différentes manières d'effacer les objets de la mémoire pendant qu'un programme s'exécute. Nous verrons comment les langages utilisés dans ce livre traitent de ce problème : de la version libérale du C++, confiant la responsabilité au seul programmeur, aux versions plus « marxistes » de Java, Python et PHP, laissant un système de régulation centralisé extérieur appelé ramasse-miettes s'en occuper, en passant par la « troisième voie » adoptée par le C#.

SOMMAIRE

▸ Gestion de la mémoire RAM
▸ Dépenses de mémoire inhérentes à l'OO
▸ Mémoire pile et mémoire tas
▸ Le « delete » du C++
▸ Le ramasse-miettes de Java, C#, PHP et Python

CANDIDUS — *Comment les objets s'arrangent-ils avec la mémoire ?*

DOCTUS — *Un objet est constitué d'un ensemble de données et de méthodes pour les manipuler. Lorsqu'il entre en scène, un processus de chargement réserve la place nécessaire au stockage de ces deux ingrédients. Bien que le code ne soit chargé qu'en un seul exemplaire, un objet est tout de même plus encombrant qu'une donnée primitive. Cependant, il dispose des mécanismes nécessaires pour traiter la question. Sa suppression de la mémoire fait partie de son cycle de vie.*

CAND. — *Veux-tu dire que ça se fait tout seul ?*

DOC. — *Pas en C++, mais en Java, C#, PHP et Python, tu disposes de l'allocation et de la libération automatiques de mémoire.*

CAND. — *Je me contente donc d'appliquer les principes de localisation des données là où elles seront utilisées plutôt que de les allouer globalement au début du programme ?*

DOC. — *C'est bien ce que proposent ces quatre langages. Le mécanisme du ramasse-miettes, encore appelé Garbage Collector, prendra soin de déterminer les circonstances où les données temporaires ont fini de servir et s'arrangera pour n'intervenir qu'en cas de réel besoin. L'idée principale repose sur le fait que le seul moyen de créer un objet consiste à utiliser les zones mémoire contrôlées par la machine virtuelle et que cette même machine peut détecter que cet objet est devenu inutilisable et parfait pour la « casse ».*

Question de mémoire

Un rappel sur la mémoire RAM

Object wanted : dead or alive ! Ce chapitre a la sinistre mais non impossible mission de vous expliquer le cycle de vie des objets, comment ils vécurent et comment ils sont morts. Tout d'abord, rappelons quelques notions élémentaires sur le fonctionnement d'un ordinateur lorsqu'il exécute un programme. Avant tout, un programme a besoin d'espace mémoire pour y stocker ses données et les instructions qui les manipulent. Lors de l'exécution d'un programme OO, il faudra pouvoir stocker aussi bien les objets que les méthodes.

La mémoire dite RAM, ou vive ou encore centrale, sert à cela. C'est une mémoire rapidement accessible, volatile et chère (au contraire du disque dur qui est plus lent, mais permanent et bon marché). Elle doit se partager entre les multiples programmes qui s'exécutent simultanément. Chaque programme dispose d'une zone mémoire propre qui lui est réservée, comme un casier dans un vestiaire, et qu'il utilise exclusivement durant son exécution. Aujourd'hui, on dit que les applications sont bien cloisonnées entre elles, ce qui évite que l'une s'aventure dans un territoire réservé à l'autre.

Bien sûr, lorsque le programme s'interrompt, qu'il se soit normalement ou anormalement terminé, toute la mémoire se vide et c'est alors l'hécatombe du côté des objets. C'est précisément pour cela qu'il faut, si ce qu'ils sont devenus vous importe encore, vous préoccuper de sauver leur état sur le disque dur (nous aborderons la sauvegarde des objets sur le disque dur au chapitre 19).

Pour qu'un programme tourne vite, il est idéal que toutes les données et instructions qu'il manipule soient stockées dans la RAM. Ce que l'on ne peut installer dans la RAM pourra, en dernier recours, être stocké sur le disque dur (on parle alors de mémoire virtuelle), mais au détriment des performances, puisque celui-ci prend pour l'extraction des données un million de fois plus de temps que la mémoire RAM. Cette dernière est donc extrêmement précieuse.

Par ailleurs, comme vous l'aurez constaté dans la pratique, en installant la nouvelle version de votre logiciel favori, plus on en a, plus on en use, pour ne pas dire abuse. La gourmandise (ou plutôt l'avidité) des applications s'adapte à la disponibilité des ressources. De fait, une des préoccupations des programmeurs d'antan était d'économiser les ressources de l'ordinateur (temps de calcul et mémoire) lors du développement des applications. Aujourd'hui, l'existence même d'une pratique informatique comme l'OO affranchit quelque peu de ce souci d'optimisation, pour le remplacer graduellement par un souci de simplicité, clarté, adaptabilité et facilité de maintenance. Ce que l'on gagne d'un côté, on le perd ailleurs. En effet, la pratique de l'OO ne regarde pas trop à la dépense, et ce, à plusieurs titres.

L'OO coûte cher en mémoire

L'objet, déjà en lui-même, est généralement plus coûteux en mémoire que les simples variables `int`, `char` ou `double` de type prédéfini. Il pousse à la dépense. De plus, rappelez-vous le `new`, qui vous sert à allouer de la mémoire pendant l'exécution du programme, et ce n'importe où. Pourquoi s'en priver ? À la différence d'autres langages, tout l'espace mémoire utilisé pendant l'exécution du programme n'est pas déterminé à l'avance, ni optimisé par l'étape de compilation.

Par ailleurs, certains langages OO (et non des moindres !), comme C++, sont de grands consommateurs d'objets temporaires utilisés, soit dans le passage d'argument, soit comme variables locales (nous reviendrons sur ce point précis dans la suite). Bien que la pratique de l'OO soit une grande consommatrice de mémoire RAM et que celle-ci s'accroisse dans les ordinateurs suivant la fameuse loi de Moore (qui dit que tout en informatique fait l'objet d'un doublement de capacité tous les 16 mois), elle reste une ressource extrêmement précieuse ; toute pratique visant à économiser cette ressource pendant l'exécution du programme est plus qu'appréciable.

Économiser de la mémoire

La mémoire RAM est une denrée rare et chère, qu'il est important de gérer au mieux pendant l'exécution du programme, au risque de déborder sur le disque dur (par le mécanisme dit de « mémoire virtuelle »), avec, pour conséquence, un effondrement des performances.

Qui se ressemble s'assemble : le principe de localité

Un autre point est capital dans la gestion de la mémoire : il est important que les instructions et les données qui seront lues et exécutées à la suite se trouvent localisées dans une même zone mémoire. La raison en est l'existence aujourd'hui dans les ordinateurs d'un système de mémoire hiérarchisé (telle la mémoire cache), où des blocs de données et d'instructions sont extraits d'un premier niveau lent, pour être installés dans un second niveau plus rapide. Lors de l'exécution du programme, on extrait le plus souvent possible les données nécessaires hors du premier niveau.

Suite aux ratés, quand ce qui est requis pour la poursuite de l'exécution ne se trouve plus dans le niveau rapide, il sera nécessaire d'extirper à nouveau un bloc de données du niveau lent, en ralentissant considérablement l'exécution. Si, lors du transfert de la mémoire lente vers la mémoire rapide, on ramène un peu plus que le strict nécessaire, et au vu du principe de localité, alors la probabilité d'un raté sera diminuée d'autant, car il y a de fortes chances que le surplus du transfert réponde aux prochaines requêtes. Comme les objets peuvent s'installer n'importe où dans la mémoire au fur et à mesure de leur création et que l'essentiel de l'exécution consiste à passer d'un objet à l'autre, on conçoit que, là encore, la pratique OO soit presque antinomique avec toutes les démarches d'économie et d'accélération des performances. On verra qu'afin de diminuer les effets néfastes d'une telle répartition des objets, des systèmes automatiques cherchent à compacter au mieux la zone mémoire occupée par ces objets et à maintenir ces derniers le plus possible dans la mémoire cache.

Les objets intermédiaires

Si, au fur et à mesure de son exécution, le programme ajoute de nouveaux objets dans la mémoire, il serait commode, dans le même temps, de se débarrasser de ceux devenus inutiles et encombrants. Mais quand un objet devient-il inutile ? Tout d'abord, quand le rôle qu'il doit jouer est par essence temporaire. Ainsi, certaines structures de données se transforment en passant par un objet, lequel devient inutile une fois les structures finales obtenues. En Java par exemple, la classe Integer sert, entre autres, à créer des objets entiers à partir de String (chaînes de caractères) et à les manipuler, pour finalement les stocker dans une simple variable de type int. Dès que ce nouveau stockage est achevé, il serait intéressant de pouvoir facilement se débarrasser de l'objet Integer, qui a juste servi de « passerelle » entre le String et l'int.

Le petit code qui suit transforme en un véritable entier l'argument String reçu. Il vous aidera également à comprendre pourquoi la méthode main de Java doit inclure obligatoirement un vecteur de String comme argument. Il s'agit en effet d'un argument qu'il est possible de préciser dans l'instruction qui lance l'exécution du programme (par exemple, le nom d'un fichier d'input). Dans l'exemple, l'argument 5 est transmis comme le premier élément du vecteur de caractères et est ensuite transformé en l'entier 5. Cet exemple illustre surtout comment la variable unEntierIntermediaire disparaîtra de la mémoire une fois les accolades fermées (ici par la terminaison du main).

Ligne de commande : java ObjetIntermediaire 5

```
public class ObjetIntermediaire {
   public static void main(String args[]) {
      Integer unEntierIntermediaire = new Integer(args[0]);
      /* On récupère le premier String passé en argument par args[0] */
      int a = unEntierIntermediaire.intValue(); //transformation
      /* la méthode intValue() appliquée sur l'objet Integer permet d'en
       * récupérer la valeur entière ; à ce stade-ci, l'objet
       * unEntierIntermediaire n'est plus utile et pourrait être supprimé */
      System.out.println(args[0] + " s'est transforme en " + a);
   }
}
```

Résultat

```
5 s'est transforme en 5
```

Mémoire pile

Ce qui est vrai des objets l'est et l'a toujours été de n'importe quelle variable informatique qui n'aurait de rôle à jouer que pendant un court laps de temps, et à l'occasion d'une fonctionnalité bien précise. Considérez le petit programme suivant, qui serait écrit de manière très semblable dans pratiquement tous les langages informatiques, dans lequel une méthode s'occupe de calculer, à partir de trois arguments reçus, les deux bases, la hauteur et la surface d'un trapèze.

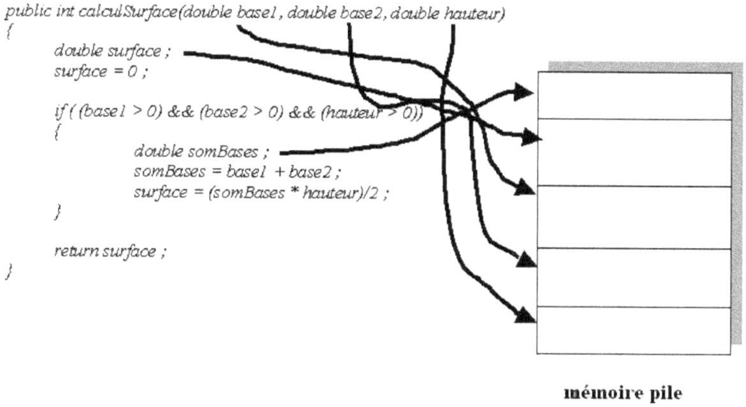

Figure 9–1
Illustration de l'existence
de cinq variables temporaires
utiles au calcul de la surface
d'un trapèze

```
public int calculSurface(double base1, double base2, double hauteur)
{
    double surface ;
    surface = 0 ;

    if ( (base1 > 0) && (base2 > 0) && (hauteur > 0))
    {
        double somBases ;
        somBases = base1 + base2 ;
        surface = (somBases * hauteur)/2 ;
    }

    return surface ;
}
```

mémoire pile

Nous avons déjà abordé ce type de mécanisme dans le chapitre 6. Comme indiqué dans la figure 9-1, durant l'exécution de cette méthode, cinq variables intermédiaires vont se créer et disparaîtront aussitôt l'exécution terminée. D'abord, lors de l'appel de la méthode, trois variables nouvelles seront nécessaires pour stocker les trois dimensions du trapèze. Si ces variables existent déjà à l'extérieur de la méthode, elles seront purement et simplement dupliquées, pour être installées dans ces variables intermédiaires. Ensuite, pendant l'exécution de la méthode, une quatrième variable intermédiaire, surface, est créée pour stocker le résultat jusqu'à la fin de cette exécution. Si la surface est calculable, une cinquième et dernière variable intermédiaire, somBases, stocke temporairement une valeur intermédiaire, dont l'usage, un peu forcé ici, confère en général une meilleure lisibilité au programme et une algorithmique plus sûre, car décomposée en une succession d'étapes plus simples.

Il vous paraîtra évident qu'une fois la méthode achevée, toutes ces variables doivent disparaître de la mémoire pour laisser la place à d'autres, et sans qu'on ne les y invite. C'est ce qu'elles font dans pratiquement tous les langages, et ce le plus simplement du monde. Ces variables sont stockées, comme indiqué sur la figure, dans une mémoire pile, dont le principe de fonctionnement est dit « LIFO » (*Last In First Out*, dernier dedans premier dehors). Dans tout code, un bloc d'instructions, encadré par les accolades, délimite également la portée des variables.

Dans une informatique séquentielle traditionnelle (nous verrons une autre solution à cela lorsque nous discuterons du « multithreading » au chapitre 17), un bloc d'instructions n'est jamais interrompu. Quand un bloc se termine, les variables du dessus de la pile disparaissent tout naturellement (car elles ne sont utilisables qu'à l'intérieur de ce bloc), alors que, lorsqu'un bloc s'entame, les nouvelles variables s'installent au-dessus de la pile. Aucune recherche sophistiquée n'est nécessaire pour retrouver les variables à supprimer et aucun gaspillage de zone mémoire n'est possible.

Gestion par mémoire pile

Ce système de gestion de la mémoire est donc extrêmement ingénieux, car il est fondamentalement économe, gère de façon adéquate le temps de vie des variables intermédiaires par leur participation dans des fonctionnalités précises, garde rassemblées les variables qui agissent de concert, et synchronise le mécanisme d'empilement et de dépilement des variables avec l'emboîtement des méthodes.

Ce système de gestion de mémoire est très efficace pour des objets essentiellement intermédiaires. Il l'est tant et si bien que C++ et C# l'ont préservé pour la gestion de la mémoire occupée par certains objets (les trois autres, quant à eux, l'ont interdit pour les objets). Idéalement, dans les deux premiers langages, vous utiliserez ce mode de gestion pour des objets dont vous connaissez à l'avance le rôle intermittent qu'ils sont appelés à jouer. En C++ par exemple, lorsque, au moyen de la simple instruction O1 o1, vous créez, n'importe où dans le code un objet o1 de la classe O1, sans utiliser le new ni un pointeur, vous installez d'office l'objet o1 dans la pile. Cet objet disparaîtra dès que se fermera l'accolade dont l'ouverture précède juste sa création.

De même, si vous passez un objet comme argument, un nouvel objet sera créé automatiquement, copie de celui que vous désirez passer. Nous avons déjà mentionné une différence clé avec Java, Python et PHP : dans ces trois langages, puisqu'il s'agit de la copie du référent et non pas de l'objet, la méthode agira bien sur l'objet original et non pas sur une copie toute fraîche, mais destinée à disparaître une fois la méthode terminée, comme en C++ et C#. Les codes qui suivent illustrent comment, en C# et C++, les objets bénéficient du même mode de gestion de mémoire pile que les variables non-objets.

En C++

```cpp
#include <iostream>
class O1 {
public:
  O1() { /* constructeur */
    std::cout << "un nouvel objet O1 est cree" << std::endl;
  }
  O1(const O1 &uneCopieO1) { /* constructeur par copie */
    std::cout << "un nouvel objet O1 est cree par copie" << std::endl;
  }
  ~O1() { /* destructeur */
    std::cout <<"aaahhhh ... un objet O1 se meurt ..." << std::endl;
  }
  void jeTravaillePourO1() {}
};
void usageO1(O1 unO1){
  unO1.jeTravaillePourO1();
}
int main(int argc, char* argv[]){
  O1 unO1; /* je crée un objet O1 */
  usageO1(unO1); /* la méthode reçoit une copie de cet objet */
  return 0;
}
```

Résultat

```
un nouvel objet O1 est créé
un nouvel objet O1 est créé par copie
aaahhhh... un objet O1 se meurt...
aaahhhh... un objet O1 se meurt...
```

Il faut, pour comprendre ce code, découvrir l'existence de deux nouvelles méthodes particulières, appelées le *constructeur par copie* et le *destructeur*. La première est appelée automatiquement dès qu'un objet se trouve dupliqué, notamment lors du passage d'argument. Elle permet, comme nous le comprendrons mieux dans les chapitres 10 et 14, de transformer une copie de surface en une copie profonde. Ici, ce constructeur se borne à signaler qu'on fait appel à lui.

Le destructeur, quant à lui, est une méthode appelée automatiquement dès la destruction d'un objet. Cette méthode ne peut recevoir d'argument car le programmeur n'est pas à l'origine de son appel. Là aussi, nous comprendrons mieux l'importance de son rôle par la suite. Elle est appelée juste avant la destruction de l'objet et sert à libérer certaines ressources référencées par celui-ci avant de le faire disparaître. Ici, de même, ce destructeur se borne à se signaler. On voit que deux objets sont créés et détruits dans l'exécution de ce code, sans qu'il soit nécessaire de les détruire par une instruction explicite. Le second est créé lors du passage comme argument du premier. Il en est une copie. Toute cette mémoire est gérée par un système de pile et les objets disparaissent dès la fermeture des accolades, le premier à la fin de la procédure usage01(), le second à la fin du programme.

Il nous semble important d'insister sur un point qui pose souvent problème : le programmeur n'est pas à l'origine de l'appel du destructeur. Ainsi, aucun appel explicite à un destructeur ne devra jamais apparaître dans votre code ; c'est toujours le langage qui s'en charge.

En C#

```csharp
using System;
public struct O1 /* ATTENTION ! On utilise une structure plutôt qu'une classe */{
  private int a;

  public void jeTravaillePourO1() {
    a = 5; // modifie l'attribut
  }
  public void donneA(){
    Console.WriteLine("la valeur de a est: " + a);
  }
}
public class TestMemoirePile {
  public static void Test(O1 unO1){
    O1 unAutreO1 = new O1();
    unAutreO1.jeTravaillePourO1();
    unO1.jeTravaillePourO1();
  } // la copie de unO1 et l'objet unAutreO1 disparaissent ici.
  public static void Main(){
    O1 unO1 = new O1();
    unO1.donneA();
    Test(unO1);
    unO1.donneA(); /* On retrouve la valeur de l'attribut a de l'objet de départ, malgré
le passage comme argument dans la méthode Test() */
  }
}
```

Résultat

```
la valeur de a est : 0
la valeur de a est : 0
```

Dans le code C# qui précède, nous utilisons une structure plutôt qu'une classe. Cela nous permet de traiter les objets issus de ces structures exactement comme n'importe quelle variable de type prédéfini. Notez qu'aucun destructeur ne peut être déclaré dans une structure, d'où son absence dans notre code ici.

Structure en C#

En C#, les objets issus d'une structure sont traités directement par valeur, dans la mémoire pile, et sans référent intermédiaire. Ils le sont comme n'importe quelle variable de type prédéfini. Les structures sont utilisées en priorité pour des objets que l'on veut et que l'on sait temporaires. Un constructeur par défaut y est prévu et donc on ne peut le surcharger en en définissant explicitement un autre. Plus important encore, les structures ne peuvent hériter entre elles, bien qu'elles héritent toutes de la classe Objet. En revanche, elles peuvent implémenter des interfaces. Tout cela s'explique aisément lorsqu'on sait que les structures sont exploitées par valeur et non par référent, et que les mécanismes d'héritage et de polymorphisme sont plus faciles à réaliser pour des objets uniquement adressés par leurs référents. Il est plus facile d'échanger des référents que des objets.

Ainsi, dans le code, trois objets instances de la structure O1 sont créés. L'un des trois est créé lors du passage par argument et on constate que la modification de son seul attribut a n'affecte pas l'objet original dont il n'est qu'une simple copie. Tant la copie passée par argument que les deux autres objets créés comme variables locales des méthodes Test(O1) et Main() disparaîtront également dès la fermeture des accolades.

Disparaître de la mémoire comme de la vie réelle

Ce mode de gestion de la mémoire pile est intimement lié à une organisation procédurale, où le programme est décomposé en procédures ou en blocs imbriqués, lesquels nécessiteront, uniquement pendant leur déroulement, un ensemble de variables qui seront éliminées à la fin. Nous avons vu que la programmation OO se détache de cette vision en privilégiant les objets aux fonctions. Il est, en conséquence, tout aussi important de détacher le temps de vie des objets de leur participation à certaines fonctions précises. L'esprit de l'OO est qu'un objet devient encombrant si, dans le scénario même que reproduit le programme, l'objet réel, que son modèle informatique « interprète », disparaît tout autant de la réalité. Dans le petit écosystème vu précédemment, la proie disparaît quand elle se fait manger par le prédateur, l'eau disparaît quand sa quantité devient nulle.

Représentez-vous tous ces jeux informatiques, dans lesquels des balles apparaissent et disparaissent, des avions explosent, des héros meurent, des footballeurs quittent le terrain. À chaque fois, l'objet représenté disparaît, tant et si bien que son élimination de la mémoire est même souhaitée, pour qu'un nouvel objet se crée et prenne sa place. Il est bien plus difficile d'organiser cette gestion de la mémoire par un mécanisme de pile car, une fois l'objet créé, son temps de vie peut transcender plusieurs blocs fonctionnels, pour finalement disparaître, éventuellement de manière conditionnelle, dans l'un d'entre eux (et pas du tout automatiquement dans le bloc où il fut créé). L'OO permet aux objets de vivre bien plus longtemps et, surtout, rend leur élimination indépendante des fonctions qui les manipulent, mais plus dépendante du scénario qui se déroule, aussi inattendu soit-il.

La vie des objets indépendante de ce qu'ils font

L'orienté objet, se détachant d'une vision procédurale de la programmation, tend à rendre la gestion de la mémoire occupée par les objets indépendante de leur participation dans l'une ou l'autre opération. Cette nouvelle gestion mémoire résultera d'un suivi des différentes transformations subies par l'objet et sera, soit laissée à la responsabilité du programmeur, soit automatisée.

Mémoire tas

Tous les langages OO proposent donc un mode de création et de destruction d'objets autrement plus flexible que la mémoire pile. En C++ et C#, ce nouveau mode vient en complément de la mémoire pile. En Java, PHP et Python, ce nouveau mode est le seul possible pour les objets, la mémoire pile restant en revanche la seule possibilité pour toutes les autres variables, de type prédéfini ou primitif. Dans ce mode plus flexible et en C++, C#, PHP et Java, tous marqués à vie par leur précurseur, le C, on peut créer les objets n'importe où dans le programme par le truchement du new (en Python, new n'est plus nécessaire). Ils seront créés n'importe quand et pourront être installés partout où cela est possible dans la mémoire, d'où la nécessité d'un référent qui connaisse leur adresse et permette de les retrouver et les utiliser. Mais comment fera-t-on disparaître un objet ? Simplement, quand la « petite histoire » que raconte le programme l'exige ? De nouveau, il est nécessaire de différencier deux politiques : celle très libérale du C++, qui laisse au seul programmeur le soin de décider de la vie et de la mort des objets, et le mode étatisé des quatre autres langages, qui s'en occupe pour vous, en arrière-plan.

C++ : le programmeur est le seul maître à bord

En C++, vous pouvez, n'importe où dans un programme, supprimer un objet qui a été créé par new, en appliquant sur son référent l'instruction delete. Vous devenez les seuls maîtres à bord et, à ce titre, capables du meilleur comme du pire. Ainsi, voici deux scénarios catastrophes, toute proportion gardée bien entendu, que les programmeurs C++ reconnaîtront aisément, même s'ils s'en défendent.

Un premier petit scénario catastrophe en C++

```
#include <iostream>
class O1{
private:
  int a;
public:
  O1() { /* constructeur */
    a = 5;
    std::cout << "un nouvel objet O1 est cree" << std::endl;
  }
```

```
    O1(const O1 &uneCopieO1) { /* constructeur par copie */
        std::cout << "un nouvel objet O1 est cree par copie" << std::endl;
    }
    ~O1() { /* destructeur */
      std::cout <<"aaahhhh ... un objet O1 se meurt ..." << std::endl;
    }
    void jeTravaillePourO1() {
      std::cout << "a vaut: "<< a << std::endl;
    }
};
void jeTueObjet(O1 *unO1){
  delete unO1; // on efface l'objet O1
}
void jeCreeObjet(){
  O1 *unO1 = new O1();
  jeTueObjet(unO1);
  unO1->jeTravaillePourO1(); /*l'objet a disparu bien que son utilisation reste
parfaitement possible.*/
}
int main(int argc, char* argv[]){
  jeCreeObjet();
  return 0;
}
```

Résultats

```
un nouvel objet O1 est créé
aaahhhh... un objet O1 se meurt...
a vaut : - 572662307
```

Un même objet unO1 est référencé deux fois. Dans la procédure jeCreeObjet() (on parlera de procédure ou de fonction car elle est définie en dehors de toute classe), on crée d'abord l'objet unO1 et on le passe en argument de la méthode jeTueObjet(), qui s'empresse de l'effacer. Pourtant, alors qu'il est éliminé par la méthode jeTueObjet(), il est encore référencé dans la méthode jeCreeObjet() par le référent unO1. Comme l'objet référencé par ce référent a disparu, ce dernier se mettra à pointer sur n'importe quoi dans la mémoire, avec toutes les mauvaises surprises dont les programmeurs du C++ sont friands.

Vous voyez, par exemple, qu'au lieu d'afficher la valeur 5, ce à quoi on aimerait s'attendre, c'est une valeur complètement imprévue qui apparaît. Rien dans la compilation du programme n'a pu prévenir ce dysfonctionnement. Évidemment, dans ce petit code, l'endroit où est créé l'objet est tellement proche de l'endroit où celui-ci est détruit qu'une telle situation vous semble parfaitement improbable. Détrompez-vous ! Dans un code plus grand et bien plus réparti entre les programmeurs, un de ces derniers, dans l'écriture de sa méthode, aura tout loisir de détruire un objet encore utile à un tas d'autres programmeurs. Nous avons vu que l'adressage indirect, permettant à un même objet d'être référé de multiples fois (dans des contextes différents), est un mécanisme inhérent au paradigme objet. Chaque référent devient alors disponible pour effacer l'objet, quand bien même les autres référents, tout perdus qu'ils soient, persisteraient à y faire référence ! Les référents fous ou pointeurs fous sont légion en C++

et aucune voiture d'ambulanciers ne se charge de les récupérer dans la mémoire. Un autre scénario tout aussi dramatique est celui qui consiste à effacer plusieurs fois un même objet par la répétition de l'instruction `delete` sur un même référent. À chaque fois, des zones parfaitement inconnues de mémoire, mais sans doute utiles, passent à la trappe.

La mémoire a des fuites

Rappelez-vous le petit laïus moralisateur au début du chapitre, vous incitant à ne pas gaspiller la mémoire des ordinateurs, sauf à la jeter dans un sac poubelle prévu à cet effet. Il est très fréquent, dans les langages où vous êtes responsables de la gestion mémoire, de laisser traîner des objets devenus inaccessibles, donc parfaitement encombrants. On parle alors de « fuite de mémoire ». Ce scénario porte moins à conséquence que le précédent. C'est même le scénario parfaitement inverse car, maintenant, alors que les objets existent encore, ils sont devenus hors de portée. Ils ralentissent le code et font chuter les performances, mais n'occasionnent rien de totalement imprévisible.

Second petit scénario catastrophe en C++

```
#include <iostream>
class O2{
public:
    O2(){
      std::cout << "un nouvel objet O2 est cree" << std::endl;
    }
    ~O2() { /* destructeur */
      std::cout <<"aaahhhh ... un objet O2 se meurt ..." << std::endl;
    }
};
class O1{
private:
  O2 *monO2; /* on agrège un objet O2 dans O1 */
public:
    O1() { /* constructeur */
      std::cout << "un nouvel objet O1 est cree" << std::endl;
      monO2 = new O2(); /* on crée ici l'objet O2 */
    }
    ~O1() { /* destructeur */
      std::cout <<"aaahhhh ... un objet O1 se meurt ..." << std::endl;
    }
};
int main(int argc, char* argv[]){
  O1 *unO1 = new O1();
  unO1 = new O1(); /* on ré-utilise le même référent */
  delete unO1;
  return 0;
}
```

Résultats

```
un nouvel objet O1 est créé
un nouvel objet O2 est créé
un nouvel objet O1 est créé
un nouvel objet O2 est créé
aaahhhh... un objet O1 se meurt...
```

La figure 9-2 montre ce qui se passe dans la mémoire des objets lorsque le programme procède à la destruction du dernier objet O1 référencé. Trois objets continueront à encombrer la mémoire inutilement, mémoire gaspillée et irrécupérable. La première raison en est l'utilisation du même référent unO1 pour les deux objets créés : seul le second objet sera accessible. De ce fait, comme l'attribut monO2 du premier objet O1 pointe vers un second objet, les deux objets occuperont inutilement la mémoire. Lorsque, grâce au delete, vous effacez le second O1, en fait vous n'effacez que cet objet et le référent vers son objet O2. Si vous omettez d'effacer l'objet O2 également (ce que vous pouvez faire par un mécanisme qui sera détaillé dans le prochain chapitre, et qui consiste à redéfinir le destructeur), celui-ci, à son tour, occupera inutilement la mémoire.

Figure 9–2
Le déroulement en mémoire des codes C++ et Java commentés dans le texte. Le référent unO1 pointe d'abord sur un premier objet O1 (chaque objet O1 pointe à son tour sur un objet O2) pour ensuite se mettre à pointer sur un autre objet O1 avant de passer à null. En C++, seul le troisième objet dans la mémoire sera effacé. En Java, C# et Python, grâce au comptage des référents et au ramasse-miettes, tous les objets finiront par être effacés de la mémoire.

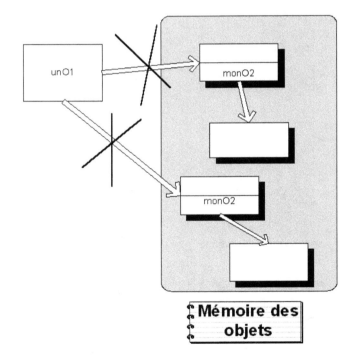

En substance, un langage comme C++, qui vous espère adulte en matière de gestion de mémoire, a tendance à quelque peu surestimer ses programmeurs. Et ceux-ci se retrouvent, soit avec des référents fous, qui se mettent à référer de manière imprévisible tout et n'importe quoi dans la mémoire, soit avec des objets perdus, comme des satellites égarés dans l'espace, sans aucun espoir de récupération.

En Java, C#, Python et PHP : la chasse au gaspi

D'autres langages, comme Java, C#, Python et PHP, se montrent moins confiants quant à vos talents de programmeurs et préfèrent prévenir à guérir. Ils partent de l'idée toute simple qu'un objet n'est plus utile dès lors qu'il ne peut plus être référencé. Un objet devenu inaccessible ne demande qu'à vous restituer la place qu'il occupait. L'idéal serait donc de réussir à vous débarrasser, à votre insu (mais tout à votre bénéfice), pendant l'exécution du programme, des objets devenus encombrants. Une manière simple consiste à ajouter un compteur de référents comme attribut caché de chaque objet et à supprimer tout objet dès que ce compteur devient nul. En effet, un objet débarrassé de tout référent est inaccessible, donc inutilisable, et donc bon à jeter.

Si vous vous repenchez sur les deux petits codes présentés précédemment, vous verrez que ce seul mécanisme vous aurait évité, d'abord le référent fou (puisque vous ne pouvez vous-même effacer un objet, un référent fou devient impossible), ensuite la perte de mémoire. En effet, le premier objet 01 disparaît car il n'est plus référencé par le référent un01. Avec lui, disparaît également le référent vers l'objet 02, entraînant donc ce dernier dans sa perte. Par exemple, le petit code Java suivant, équivalant dans l'esprit au code C++ précédent, vous montre que tous les objets inaccessibles seront en effet détruits. La méthode finalize() joue, en substance, le même rôle que le destructeur en C++ et s'exécute lors de la destruction de l'objet. Nous reviendrons sur son rôle dans les prochains chapitres.

En Java

```java
class 02{
  public 02() { /* constructeur */
    System.out.println("un nouvel objet 02 est cree");
  }
  protected void finalize () { /* le destructeur */
    System.out.println("aaahhhh ... un objet 02 se meurt ...");
  }
}
class 01{
  private 02 mon02; /* on agrège un objet 02 dans 01 */

  public 01() { /* constructeur */
    System.out.println("un nouvel objet 01 est cree");
    mon02 = new 02(); /* on crée ici l'objet 02 */
  }
  protected void finalize() { /* destructeur */
    System.out.println("aaahhhh ... un objet 01 se meurt ...");
  }
}
```

```
public class TestFuiteMemoire{
  public static void main(String[] args){
    01 un01 = new 01();
    un01 = new 01(); /* on ré-utilise le même référent */
    un01 = null;
    System.gc(); /* appel explicite du garbage-collector */
  }
}
```

Résultats

```
un nouvel objet 01 est créé
un nouvel objet 02 est créé
un nouvel objet 01 est créé
un nouvel objet 02 est créé
aaahhhh... un objet 01 se meurt...
aaahhhh... un objet 02 se meurt...
aaahhhh... un objet 01 se meurt...
aaahhhh... un objet 02 se meurt...
```

En C#

```
using System;
class 02{
  public 02() { /* constructeur */
    Console.WriteLine("un nouvel objet 02 est cree");
  }
    ~ 02() { /* le destructeur */
    Console.WriteLine("aaahhhh ... un objet 02 se meurt ...");
  }
}
class 01{
  private 02 mon02; /* on agrège un objet 02 dans 01 */
  public 01() { /* constructeur */
    Console.WriteLine("un nouvel objet 01 est cree");
    mon02 = new 02(); /* on crée ici l'objet 02 */
  }
    ~ 01() { /* destructeur */
    Console.WriteLine("aaahhhh ... un objet 01 se meurt ...");
  }
}
public class TestFuiteMemoire{
  public static void Main(){
    01 un01 = new 01();
    un01 = new 01(); /* on réutilise le même référent */
    un01 = null;
    GC.Collect(); /* appel explicite du garbage-collector */
  }
}
```

Le code C#, parfaitement équivalent au code Java, est présenté de manière à indiquer les quelques différences d'écriture avec Java, notamment dans la syntaxe du destructeur, qui rappelle plutôt celle du C++.

En PHP

Rien n'est bien original dans la version PHP du même code qui produira, là encore, le même résultat.

```
<html>
<head>
<title> Gestion mémoire des objets </title>
</head>
<body>
<h1> Gestion mémoire des objets </h1>
<br>
<?php
  class O2 {
    public function __construct() {
      print ("un nouvel objet O2 est cree <br> \n");
    }
    public function __destruct () { // déclaration du destructeur
      print ("aaahhhh .... un objet O2 se meurt ... <br> \n");
    }
  }
  class O1 {
    private $monO2;
    public function __construct() {
      print ("un nouvel objet O1 est cree <br>\n");
      $this->monO2 = new O2();

    }
    public function __destruct () {
      print ("aaahhhh .... un objet O1 se meurt ... <br> \n");
    }
  }
  $unO1 = new O1();
  $unO1 = new O1();
  $unO1 = NULL;

  ?>
</body>
</html>
```

Le ramasse-miettes (ou garbage collector)

On peut voir qu'au contraire du C++, dans les trois autres langages, tous les objets encombrants sont effacés :

- le premier objet O1, car on réutilise son référent pour la création d'un autre objet ;
- le second car on a mis son référent à null.

Cette dernière instruction est utile lorsque l'on cherche à se débarrasser d'un objet devenu encombrant : il suffit d'assigner la valeur `null` à son référent. À la différence de C++, les autres langages n'autorisent pas une suppression d'objet par une simple instruction. La dernière instruction du programme ne se rencontre en général pas, car il y est explicitement fait appel à l'effaceur d'objets : le *garbage collector*. En général, cet appel se fait à une fréquence soutenue et calibrée par défaut par la machine virtuelle de Java, C#, Python ou PHP, dès que la mémoire RAM commence à être sérieusement occupée. Ce calibrage suffit dans la plupart des cas, mais vous avez néanmoins la possibilité d'interférer directement avec ce mécanisme, comme indiqué dans les codes (par le déclenchement explicite du ramasse-miettes, tant en Java (`System.gc()`) qu'en C# (`GC.Collect()`).

Le mécanisme responsable de la découverte et de l'élimination des objets perdus s'appelle, en effet, le garbage collector, traduisible par « camion-poubelle » ou « ramasse-miettes ». Le ramasse-miettes passe en revue tous les objets de la mémoire avec pour mission d'effacer ceux qui possèdent un compteur de référents nul. En général, il s'exécute en parallèle (c'est-à-dire sur un thread à part) de votre programme (nous découvrirons le multithreading dans le chapitre 17).

Souvent, celui-ci se déclenche naturellement, lorsqu'on commence à remplir la mémoire de manière conséquente. Il est quelquefois paramétrable, selon que vous le souhaitiez hyperactif et donc très concentré sur les économies à réaliser dans la mémoire, ou plus laxiste. Il est clair qu'un compromis subtil est à rechercher ici, car souvent les économies mémoire entraînent une accélération du programme. Néanmoins, si le prix à payer pour récupérer cette précieuse mémoire est un ralentissement encore plus important du programme, occasionné par le fonctionnement simultané du ramasse-miettes et de votre programme, vous en percevez aisément le ridicule.

Des objets qui se mordent la queue

Un seul problème subsiste et, hélas, non des moindres : ce compteur de référents peut être non nul pour certains objets, bien que ces derniers ne soient pas accessibles. Il s'agit de tous les objets impliqués dans des structures relationnelles présentant des cycles, comme dans la figure 9-3.

Cette situation est plus que fréquente en OO, car il suffit par exemple que deux objets, comme notre proie et prédateur, se réfèrent mutuellement pour que cela se produise. La détection de ces cycles nécessite une très laborieuse exploration de la mémoire, qui a finalement l'effet pervers, si elle se déroule simultanément à l'exécution du programme, de ralentir celui-ci. Les langages qui ont opté pour la manière automatique de récupération de mémoire ont donc inventé des systèmes ingénieux, dont la description dépasserait le cadre de cet ouvrage, pour parer au mieux à ce problème.

Ils sont sûrs de ce qu'ils font, en ceci qu'aucun objet utile ne peut disparaître et qu'aucun référent ne puisse être atteint de soudaine folie. Cependant, ils acceptent de ne pas être parfaits et exhaustifs, en abandonnant dans la mémoire quelques objets qui sont devenus inutiles. Par exemple, ils choisissent de ne pas systématiquement passer toute la mémoire en revue, à la recherche des objets perdus, mais uniquement de se concentrer sur les objets les plus récemment créés. Les objets dont la création récente résulte d'une utilisation temporaire pour une fonctionnalité précise seront d'excellents candidats à une élimination rapide.

Figure 9–3
Tous les objets sont référencés au moins une fois, mais le cycle entier d'objets est inaccessible.

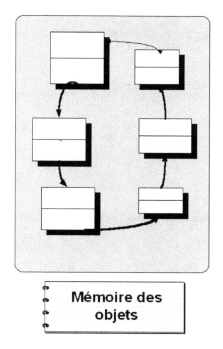

Une dernière opération à réaliser, une fois la mémoire récupérée, est de réorganiser celle-ci de façon à très facilement repérer les zones occupées et inoccupées. Cette opération aura pour effet de déplacer les objets du programme afin de les compacter dans la mémoire. Ce recompactage des objets permet d'exploiter au mieux les systèmes de mémoire hiérarchique, tels que la mémoire cache. En effet, la chance que les objets agissant de concert se trouvent localisés dans une zone voisine s'accroît lorsqu'on les installe les uns à côté des autres. Il faudra, à votre insu, changer les adresses contenues dans les référents. Ce ramasse-miettes existant en Java, C#, Python, PHP et originellement dans LISP, est donc un procédé d'une grande sophistication, tentant au mieux de vous éviter les terribles méprises ou gaspillages inhérents au C++, tout en « prenant conscience » de son coût en temps de calcul et des moyens de diminuer celui-ci.

Nous finissons le chapitre en présentant la même version des codes Java, C# et PHP, mais cette fois-ci en Python, afin d'expliquer davantage le rôle du mot-clé self. Les résultats des deux versions du code sont indiqués à la suite de celui-ci.

En Python

```python
import gc # imbrication dans le code des fonctionnalités du ramasse-miettes
class O2:
    def __init__(self):
        print ("un nouvel objet O2 est cree")
```

```
    def __del__(self):
        print ("aaahhhh ... un objet O2 se meurt ...")
class O1:

    def __init__(self):
        print ("un nouvel objet O1 est cree")
        # self.__monO2 = O2() # première version du code
        # __monO2 = O2() # deuxième version du code
    def __del__(self):
        print ("aaahhhh ... un objet O1 se meurt ...")
unO1 = O1()
unO1 = O1()
unO1 = None
gc.collect()
```

Résultat de la première version du code, avec le self, comme dans les exemples Java et C#

```
un nouvel objet O1 est cree
un nouvel objet O2 est cree
un nouvel objet O1 est cree
un nouvel objet O2 est cree
aaahhhh ... un objet O1 se meurt ...
aaahhhh ... un objet O2 se meurt ...
aaahhhh ... un objet O1 se meurt ...
aaahhhh ... un objet O2 se meurt ...
```

Résultat de la deuxième version du code, sans le self

```
un nouvel objet O1 est cree
un nouvel objet O2 est cree
aaahhhh ... un objet O2 se meurt ...
un nouvel objet O1 est cree
un nouvel objet O2 est cree
aaahhhh ... un objet O2 se meurt ...
aaahhhh ... un objet O1 se meurt ...
aaahhhh ... un objet O1 se meurt ...
```

La première version du code est identique à celle des codes Java et C#. Cependant, dès que l'on supprime le self, le référent __monO2 ne référence plus l'attribut de la classe, mais un nouvel objet, variable locale du constructeur et qui se borne à disparaître dès que le constructeur a fini de s'exécuter. C'est la présence du self (en tout point semblable à la présence du $this-> en PHP) qui différencie l'appel explicite aux attributs de l'objet de la création et l'utilisation de variables locales aux méthodes. Le paramètre self est donc indispensable, comme dans la plupart des codes Python qui précèdent, dès que l'on utilise les attributs propres à l'objet. L'omettre entraîne la création et la manipulation de variables locales aux méthodes.

Afin de clarifier davantage encore la façon subtile dont Python différencie dans ses classes variables locales, attributs de classe et attributs d'objet, le petit code suivant devrait vous être très utile.

En Python

```
class O1:
    a=0
    b=0
    c=0
    def test(self):
        a=1 # cela reste une variable locale car elle n'est liée à
            # rien lors de son affectation
        O1.b=2 #cela reste un attribut de classe car il est référé comme tel
        self.c=3 #cela devient, grâce à la présence de self, un attribut d'objet
        print (a,O1.b,O1.c)
unO1 = O1()
unO1.test()
print (O1.a,unO1.a)
print (O1.b,unO1.b)
print (O1.c,unO1.c)
```

Résultats

```
1 2 0
0 0
2 2
0 3 #ici, on fait bien la différence entre « c » attribut de classe et « c » attribut
d'objet
```

Ainsi, dans la méthode `O1.test`, il existe 5 variables différentes et indépendantes, dénommées `a`, `O1.a`, `O1.b`, `O1.c` et `self.c`, en plus bien entendu de la variable `self` elle-même. Il n'y a, pour Python, aucun lien et aucune confusion entre `a`, la variable locale à la méthode, et `O1.a`, l'attribut de l'objet/classe `O1` (oui, en Python, les classes sont également des objets à part entière).

Le garbage collector ou ramasse-miettes

Il s'agit de ce mécanisme puissant, existant dans Java, C#, Python et PHP, qui évite au programmeur la suppression explicite des objets encombrants. Il s'effectue au prix d'une exploration continue de la mémoire, simultanée à l'exécution du programme, à la recherche des compteurs de référents nuls (un compteur de référents existe pour chaque objet) et des structures relationnelles cycliques. Une manière classique de l'accélérer est de limiter son exploration aux objets les plus récemment créés. Ce ramasse-miettes est manipulable de l'intérieur du programme et peut être, de fait, appelé ou simplement désactivé. Les partisans du C++ mettent en avant le coût énorme en temps de calcul et en performance occasionnel par le fonctionnement du « ramasse-miettes » (il existe néanmoins des bibliothèques qui ajoutent ce mécanisme à C++). Toutefois, lorsqu'il est question de comparer le C++ aux autres langages, la chose s'avère délicate car les forces et les faiblesses ne portent en rien sur les mêmes aspects. C++ est un langage puissant et rapide, mais uniquement pour ceux qui ont choisi d'en maîtriser toute la puissance et la vitesse. Mettez une Ferrari dans les mains d'un conducteur qui n'a d'autres besoins et petits plaisirs que des sièges confortables, une voiture large et silencieuse ainsi qu'une complète sécurité, vous n'en ferez pas un homme heureux.

Exercices

Exercice 9.1

Expliquez pourquoi la mémoire RAM est une ressource précieuse et pourquoi il est nécessaire de tenter au mieux de rassembler les objets dans cette mémoire.

Exercice 9.2

Dans le petit code C++ suivant, combien d'objets résideront-ils de façon inaccessible en mémoire, jusqu'à la fin du programme ?

```
class O1 {
};
class O2 {
private:
  O1 *unO1;
public:
  O2()
  {
    unO1 = new O1();
  }
};
class O3 {
private:
  O2 *unO2;
public:
  O3(){
    unO2 = new O2();
  }
};
int main(int argc, char* argv[]) {
  O3 *unO3 = new O3();
  delete unO3;
  return 0;
}
```

Exercice 9.3

Dans un code équivalent en Java, tel que le code écrit ci-après, combien d'objets résideront encore en mémoire après l'appel au ramasse-miettes ?

```
class O1 {
}
class O2 {
  private O1 unO1;
  public O2(){
    unO1 = new O1();
  }
}
```

```
class O3 {
  private O2 unO2;
  public O3(){
    unO2 = new O2();
  }
}
public class Principale {
  public static void main(String[] args) {
    O3 unO3 = new O3();
    unO3 = null;
    System.gc();
  }
}
```

Exercice 9.4

Indiquez ce que produirait le petit code C++ suivant et expliquez pourquoi ce problème ne pour-rait survenir en Java et en C# :

```
#include <iostream>
class O1 {
private:
  int a;
public:
  O1() {
    a = 10;
  }
  void donneA() {
    std::cout << a << std::endl;
  }
};
class O2 {
public:
  O2(){
  }
  void jeTravaillePourO2(O1 *unO1) {
    delete unO1;
  }
  void jeTravailleAussiPourO2(O1 *unO1) {
    unO1->donneA();
  }
};
int main() {
  O1* unO1 = new O1();
  O2* unO2 = new O2();
  unO2->jeTravaillePourO2(unO1);
  unO2->jeTravailleAussiPourO2(unO1);
  return 0;
}
```

Exercice 9.5

Expliquez pourquoi le code Java suivant présente des difficultés pour le ramasse-miettes :

```java
class O1 {
  private O3 unO3;
  public O1(){
    unO3 = new O3(this);
  }
}
class O2 {
  private O1 unO1;
  public O2(O1 unO1) {
    this.unO1 = unO1;
  }
}
class O3 {
  private O2 unO2;

  public O3(O1 unO1) {
    unO2 = new O2(unO1);
  }
}
class O4 {
  private O1 unO1;
  public O4() {
    unO1 = new O1();
  }
}
public class Principale2 {
  public static void main(String[] args) {
    O4 unO4 = new O4();
    unO4 = null;
    System.gc();
  }
}
```

Exercice 9.6

Quel nombre affichera ce programme C++ à l'issue de son exécution ?

```cpp
#include <iostream>
class O1 {
private:
  static int morts;
public:
  static int getMorts(){
    return morts;
  }
public:
  ~O1(){
    morts++;
  }
};
int O1::morts = 0;

void essai(O1 unO1) {
  O1 unAutreO1;
}
int main(int argc, char* argv[]) {
  O1 unO1;
  for (int i=0; i<5; i++) {
    essai(unO1);
  }
  std::cout << O1::getMorts() << std::endl;
  return 0;
}
```

Exercice 9.7

Expliquez le fonctionnement du ramasse-miettes, les difficultés qu'il rencontre et les manières de l'accélérer.

Exercice 9.8

Expliquez comment et pourquoi, dans la gestion mémoire des objets, C# tâche d'être un compromis parfait entre Java et C++.

10

UML

Ce chapitre est centré sur quelques diagrammes UML, les plus importants pour la conception et le développement de programmes OO, tels le diagramme de classe, le diagramme de séquence et le diagramme d'états-transitions. Par leur proximité avec le code et leur côté visuel, ils constituent un excellent support pédagogique à la pratique de l'OO. Ils sont devenus aujourd'hui incontournables pour la réalisation et la communication d'applications informatiques complexes.

SOMMAIRE

▷ Diagramme de classe
▷ Diagramme de séquence
▷ Diagramme d'états-transitions
▷ Les bienfaits d'UML

DOCTUS. — *Il est temps d'aborder un aspect fondamental de la programmation objet. Elle ne constitue pas seulement une nouvelle manière d'organiser le travail de développement logiciel. Le découpage modulaire est en premier lieu le résultat d'un processus d'analyse et de conception...*

CANDIDUS. — *... Je te vois venir. Tu vas m'annoncer que l'OO est l'architecture idéale pour réaliser un paradis virtuel et qu'un plan, décrivant les informations et les processus mis en jeu, peut être transformé en programme exécutable grâce aux objets logiciels...*

DOC. — *C'est bien ce que vise la méthode UML en tout cas ! Elle présente les choses sous forme de « blocs-diagrammes » codifiés aussi représentatifs qu'expressifs. Je dirais qu'une représentation UML constitue le meilleur cahier des charges qu'on puisse désirer. Et si les outils UML sont bien exploités, la simple lecture du plan de bataille permet de relever les incohérences d'un schéma incomplet ou ambigu. Les dépendances entre classes figurent clairement dans les diagrammes. La structure des programmes sera donc mise en évidence au-delà de la conception. L'implémentation de nos objets sera visible sur le plan de leurs interdépendances.*

CAND. — *Il ne reste pas grand-chose au programmeur avec tout ça !*

Doc. — *UML favorise pour l'instant la vision globale d'un projet. L'implémentation est contrôlée par des processus encore assez complexes pour mériter les efforts d'un programmeur. La gestion mémoire par exemple… Jusqu'à demain peut-être, où programmer reviendra juste à dessiner quelques diagrammes.*

Diagrammes UML

Nous avons, sans vous aviser de la chose, fait explicitement usage de deux types très particuliers de diagrammes dans les chapitres qui précèdent. Le diagramme de classe et le diagramme de séquence font partie des treize types répertoriés et, surtout, standardisés par le langage graphique de modélisation objet nommé UML (*Unified Modelling Language*). UML (sa deuxième version a été acceptée et standardisée fin 2003) est en effet, depuis quelques années, le standard pour la représentation graphique de la succession des phases, de l'analyse à l'installation sur site, que comprend un projet informatique. Les diagrammes UML ont pour mission d'accompagner le développement de ce projet, en donnant aux personnes impliquées une autre perception, plus globale, plus intuitive, plus malléable et plus facilement communicable, de ce qu'ils sont en train d'accomplir. UML est le moyen graphique de garantir que « ce qui se conçoit et se programme bien s'énonce clairement ».

UML

Au moyen de ses 13 diagrammes, UML sert à représenter le cahier des charges du projet, les classes et la manière dont elles s'agencent entre elles. Afin d'accompagner le projet tout au long de sa vie, il permet, également, de scruter le programme quand celui-ci s'exécute, soit en suivant les envois de messages, soit en suivant à la trace un objet particulier et ses changements d'état. Il permet, finalement, d'organiser les fichiers qui constituent le projet, ainsi que de penser leur stockage et leur exécution dans les processeurs. Il y a donc un diagramme pour chaque phase du projet. Certains pensent que le graphisme UML est à ce point puissant qu'il peut servir à la modélisation de n'importe quelle situation complexe (par exemple, le fonctionnement d'un moteur automobile ou des institutions européennes…), que celle-ci se prête ou non, par la suite, à un développement informatique. C'est notamment le point de vue de G. Booch, un de ses créateurs, et d'auteurs tels que Martin et Odell. Nous restons sceptiques quant à l'exploitation d'UML en dehors du monde informatique et nous nous limiterons dans ce chapitre à l'appréhender comme un moyen de faciliter la conception, le développement et la communication d'un tel projet.

Représentation graphique standardisée

L'avantage d'une représentation graphique standardisée est que tous les développeurs la comprennent de la même manière. Une flèche terminée par une pointe particulière et reliant deux rectangles signifiera la même chose, précise au niveau du code, pour tous les programmeurs ; elle sera également en partie compréhensible pour les personnes impliquées dans le projet, mais pas dans l'écriture du code. Le code final réalisera précisément et définitivement ce que la flèche et les rectangles signifient.

Surtout, cette représentation graphique constitue un langage commun, situé quelque part entre le code final (trop précis et trop peu lisible par tous) et la compréhension intuitive qu'en manifesteront toutes les personnes impliquées (trop imprécise et trop peu formalisée).

Question lisibilité, on conviendra aisément qu'il est beaucoup plus facile de comprendre les interdépendances entre 10 classes lorsque celles-ci sont représentées comme autant de rectangles sur un tableau, un écran ou une page, que de feuilleter un long et pénible listing contenant la définition de ces mêmes classes.

Les diagrammes UML sont formels car ils visent à une sémantique très précise de tous les symboles dont ils sont composés. Cette sémantique fait d'ailleurs l'objet d'un métamodèle UML (« méta- », car écrit lui-même dans les notations UML – essentiellement le diagramme de classe). Au vu de leur précision sémantique, les diagrammes restent extrêmement contraignants une fois la programmation entamée. Très peu de libertés seront laissées au programmeur une fois ces diagrammes affichés.

UML est au code informatique final et exécutable ce que pourrait être la partition musicale à son interprétation ou le projet d'architecture à la maison qui s'ensuivra. Ce projet d'architecture est réalisé à échelle, ou à l'aide de notations que les architectes savent très rigoureuses. Or, ce projet reste compréhensible à vos yeux, même si vous seriez bien en peine de construire votre maison. À l'instar des musiciens avec leur partition et des architectes avec leur plan, tous les informaticiens comprendront les diagrammes UML d'une même façon, juste avec quelques libertés résiduelles d'interprétation, pour optimiser çà et là une partie du code non spécifiée dans les diagrammes.

Devant la diversité des langages de programmation OO, UML apparaît comme une espèce d'espéranto graphique reprenant tous les mécanismes de base de l'OO, même si leur traduction dans ces langages diffère. Cela permet aux personnes impliquées dans le développement logiciel de restreindre de plus en plus leur apport à la seule conceptualisation et analyse, en se libérant des contraintes syntaxiques propres aux langages et en différant de plus en plus les détails techniques liés à l'implémentation. Concrètement, un programmeur C++ et un programmeur Java, C#, Python ou PHP, pourront travailler, pour l'essentiel, dans un langage graphique commun, et automatiser, autant que faire se peut, la traduction des diagrammes dans les différents langages. Là où un langage choisit d'implémenter l'héritage par `:public` (C++), l'autre par `:` (C#), le troisième par `extends` (Java), le quatrième par `inherits` (VB) et le cinquième par de simples parenthèses (Python) – et on en oublie –, UML se borne à le traduire par une flèche pointant de la sous-classe vers la superclasse (voir l'héritage chapitre 11). Qu'y a-t-il de plus clair et de plus compréhensible ?

Du tableau noir à l'ordinateur

Ce côté formel et très proche des langages de programmation OO amène la plupart des utilisateurs UML à se répartir sur un axe selon l'importance qu'ils accordent aux diagrammes lors de la réalisation finale du code et l'exigence ou non d'une parfaite fidélité de ce code à ces diagrammes.

À la première extrémité, il y a ceux que nous nommerons les « UMListes du tableau noir », ceux dont le recours à ces diagrammes est moins déterminant et moins contraignant. Ils en reconnaissent l'utilité, surtout lorsque leur programme se complexifie et qu'ils sentent le besoin de petits dessins (comme nous l'avons dit et même pour eux, 10 classes représentées dans un diagramme de classes sur un tableau noir sera toujours plus clair que le code de ces mêmes 10 classes dans un listing) pour s'aider eux-mêmes à résoudre un problème de conception, et surtout pour faciliter la discussion avec leurs collègues programmeurs. Ils y recourent avec parcimonie et la volonté essentielle est de se faciliter la vie, sans respecter religieusement tous les détails syntaxiques proposés par UML. Surtout, cela ne les empêche pas, une fois que leur problème est résolu et qu'ils ont pris leurs décisions, de se détourner du tableau noir pour retourner à l'écriture du code. Ils voient surtout les diagrammes UML comme des éléments d'appoint, qu'ils utilisent à des moments précis du développement, lorsque la complexité les dépasse, lors d'interactions avec les autres programmeurs, afin de « pénétrer » dans le code d'autrui ou de documenter le leur. Ils ne sont pas en faveur des environnements de développement logiciel basés sur UML (pourtant de plus en plus fréquents) car ils leur semblent très lourds et plus contraignants qu'autre chose. Le code reste leur entière création, leur propriété, leur souci et ils restent très circonspects devant toute production automatisée.

À l'autre extrémité, nous trouvons les « programmeurs UML », ceux qui choisissent d'abord de réaliser ces diagrammes à l'aide d'environnements logiciels tels Together, Rose, Altova, Omondo ou Enterprise Architect, environnements plus contraignants car ils exigent dès le départ une certaine cohérence entre les diagrammes. Par la même occasion, ils se reposent aussi beaucoup sur la création automatique de code afin d'accompagner dans une large partie leur écriture des programmes. Une première motivation est qu'ainsi, il est plus facile d'imposer de bonnes pratiques d'écriture qui font défaut à tant de programmeurs (indentation, commentaires...). Pour ces partisans d'UML, celui-ci doit évoluer vers un langage de programmation à part entière, le but étant de pouvoir programmer un jour en UML tout comme en Java, Python, C# ou PHP, c'est-à-dire de faire d'UML un vrai environnement informatique de conception de programmes exécutables. Les environnements de développement proposent pour la plupart cette création de code dans les langages OO les plus courants.

L'OMG, l'organisme de standardisation d'UML, veut aller très loin dans l'opérationnalisation d'UML. La deuxième version est la preuve indéniable de cette évolution, comme nous le verrons lorsque nous détaillerons le diagramme de séquence. Celui-ci s'est nettement enrichi dans sa deuxième version afin d'intégrer un maximum de mécanismes procéduraux (tests conditionnels, boucles...). L'OMG promeut une pratique du développement logiciel dite « MDA » (Model Driven Architecture), c'est-à-dire axée essentiellement sur la modélisation et non plus sur l'écriture de code. Cette dernière s'automatise de plus en plus grâce à des outils informatiques qui, à partir des diagrammes du modèle, l'adaptent en fonction des plates-formes sur lesquelles le code doit s'exécuter. Plus d'informaticiens mais des modélisateurs, voilà ce dont ils rêvent pour l'avenir de la profession. L'aboutissement logique et naturel est de rendre les diagrammes UML exécutables, tout comme un programme écrit à « l'ancienne ».

Nous nous bornons ici à présenter cet axe et ces deux extrêmes. De nombreux praticiens adopteront une attitude intermédiaire. C'est à l'informaticien de voir et à l'avenir de nous dire vers quoi UML évoluera et surtout ce qu'en feront et quelle importance lui donneront ses utilisateurs et ses partisans.

UML, entre le coup de pouce au tableau noir et un vrai langage de programmation

Alors que beaucoup des utilisateurs d'UML le voient aujourd'hui comme un complément et une assistance graphique à l'écriture de code, un grand nombre de ses avocats espèrent le voir évoluer vers un véritable langage de programmation, capable d'universaliser et de chapeauter tous ceux qui existent aujourd'hui. En substance, UML pourrait devenir, en lieu et place des langages de programmation, ce que ceux-ci devinrent en remplacement de l'assembleur. Les codes seraient purement et simplement produits par une nouvelle génération de compilateur et les diagrammes s'exécuteraient sans programmation additionnelle. L'informatique n'a de cesse de se caractériser par cette succession de montées en abstraction : portes électroniques, circuits booléens, instructions élémentaires, assembleur, langages de programmation, langage de modélisation (UML). Les plus anciens d'entre vous se rappelleront avec émotion l'apparition des premiers langages de programmation, mettant un terme à leur pratique de l'assembleur. C'était la réponse à deux problèmes de plus en plus criants : la multiplicité des différents assembleurs et la complexification des programmes à écrire dans ces langages. Aujourd'hui, ces mêmes problèmes se représentent à un niveau d'abstraction plus haut. Il suffit de songer à la multiplication des langages de programmation et à la nature des programmes dont sont aujourd'hui capables les informaticiens. D'où UML.

Programmer par cycles courts en superposant les diagrammes

UML n'est pas une méthodologie, c'est juste un langage. En prenant l'exemple d'une langue étrangère, UML serait plutôt le dictionnaire auquel il manque encore l'Assimil pour mettre la langue en contexte. Rien n'est proposé sur la manière la plus pratique d'utiliser ses diagrammes : lesquels et à quelle étape du développement ? Toutefois, les créateurs, et tout ceux qui font la promotion d'UML en général, accompagnent celle-ci d'une offre méthodologique : le RUP (*Rational Unified Process*) ou la programmation dite extrême ou agile. Quelques éléments communs à ces nouvelles propositions méthodologiques sont les suivants. Il est capital de travailler par cycles courts reprenant la succession des phases classiques des projets informatiques : cahier des charges, analyse, modélisation, développement, déploiement, et débouchant systématiquement sur un code exécutable tous les mois ou les deux mois au maximum. Le client pour lequel vous développez doit pouvoir rester impliqué et suivre les progrès. Pour ce faire, rien n'est plus éclairant quant à l'évolution du projet qu'un programme dont vous lui faites la démonstration : pas de promesses en l'air, mais un programme qui tourne et exécute des choses supplémentaires tous les mois. Le retour du client ainsi que les possibles adaptations de sa demande en seront véritablement facilitées. Les informaticiens se sont rendus compte depuis longtemps que leurs clients n'ont pas toujours les idées très claires sur ce qu'ils veulent réellement au départ du projet et sur les possibilités mirobolantes qui leur seront révélées au fur et à mesure de l'avancement de ce projet.

L'utilisation des diagrammes doit se superposer dans le temps. S'il est évident que ceux ayant pour objet le cahier des charges du projet seront plus sollicités au début et que ceux décrivant l'architecture des fichiers et la manière dont ils s'exécutent sur les machines le seront plutôt à la fin, tous les diagrammes doivent néanmoins pouvoir être repris à tout moment du projet. C'est la raison de cette succession de cycles qui, chacun, voient toutes les phases classiques d'analyse et de développement se dérouler. Le développement doit montrer une grande flexibilité et capacité d'adaptation (d'où le terme « agile ») et il faut pouvoir revenir sur des décisions, mêmes prises au tout début de la conception, si des problèmes imprévus se produisent en fin de parcours (par exemple des problèmes de temps d'exécution). Il est clair que travailler par cycles courts aide à cette adaptation, car cela permet tant au client qu'aux développeurs de repérer des problèmes à tout moment, y compris très tôt dans la réalisation.

Diagramme de classe et diagramme de séquence

Les deux seuls diagrammes UML que nous ayons utilisés jusqu'à présent sont les diagrammes de classe et de séquence. Nous les avons utilisés avant d'officiellement vous les présenter, parce que nous pensons qu'ils accompagnent parfaitement l'explication des mécanismes OO sans nécessiter de détails immédiats ; l'OO les explique au même titre qu'ils servent à expliquer l'OO. Ils fournissent une visualisation alternative des mécanismes OO, mais qui aide à la compréhension formelle que l'on doit en avoir.

Le pari que nous avons pris dans les chapitres précédents est que vous ayez compris leur importance et leur signification, sans qu'il n'ait été nécessaire, dans un premier temps, de vous les détailler symbole par symbole. En fait, en plus des différents avantages déjà évoqués, ce pourrait être parmi les meilleurs outils didacticiels pour expliquer l'OO. Une raison simple à cela est que, nonobstant le fait que le langage graphique dans lequel ils s'expriment semble apparemment bien détaché du langage de programmation final, ils restent parfaitement fidèles à leur traduction dans ce langage de programmation.

Certains environnements logiciels de conception UML, comme Together ou Omondo (le plug-in UML d'Eclipse), parmi les plus puissants à ce jour, ont fait de cette traduction automatique leur cheval de bataille et leur valeur ajoutée. Comme nous l'avons dit précédemment, ils évoluent incontestablement dans le bon sens, car de plus en plus d'outils se développent, favorisant l'utilisation de ces diagrammes et assurant, « derrière », la production automatique de code. Diagramme de classe et diagramme de séquence peuvent se traduire automatiquement dans tous les langages de programmation objet, jusqu'à ce qu'un jour cette traduction ne s'avère plus nécessaire, les diagrammes UML se suffisant à eux-mêmes. Le programme s'exécutera alors directement à partir d'eux.

À titre de petit exercice, nous allons dans la suite nous livrer à une présentation des symboles graphiques les plus usités, propres aux diagrammes de classe et de séquence, et vous montrer, dans le même temps, les traductions automatiques qui peuvent être faites de ces diagrammes dans les langages C++, C#, Java, Python et PHP. Par l'addition d'une fonction `main` (en C++) ou d'une méthode `main` (en Java et C#), nous ferons de ces codes des exécutables qui, lors de l'exécution, produiront à l'écran quelques phrases qui témoignent de leur bon fonctionnement.

Diagramme de classe

Une classe

Commençons par le diagramme de classe. Une classe se décrit par ses trois compartiments : nom, attributs et méthodes.

Figure 10–1
Une classe dans le diagramme de classe UML

En Java : UML1.java

```java
class O1 {
    private int unAttribut; // private est indiqué par un signe – dans le diagramme
    private int unAutreAttribut;
        public O1() { // public est indiqué par un signe +
    }
    /* Il serait également possible d'écrire automatiquement les méthodes d'accès
        aux attributs privés, tels :
    public void setUnArribut(int unAttribut) et public int getUnAttribut()
        {return unAttribut ;} */
    public void jeTravaillePourO1() {
        System.out.println ("Je suis au service de toutes les classes");
    }
    public static void uneMethodeStatique() {
    // la méthode statique est soulignée dans le diagramme
    }
    public int uneAutreMethode(int a) {
        return a;
    }
}
public class UML1 {
    public static void main(String[] args) {
      O1 unObjet = new O1();
        unObjet.jeTravaillePourO1();
    }
}
```

Résultat

```
Je suis au service de toutes les classes
```

En C# : UML1.cs

```csharp
using System;
class O1 {
    private int unAttribut;
    private int unAutreAttribut;
        public O1() {
    }
    /* Il serait également possible de créer les méthodes d'accès qui en C#
       se définissent comme :
    public int UnAttribut {
        set {
            unAttribut = value ;
        }
        get {
            return unAttribut ;
        }
    */
    public void jeTravaillePourO1() {
        Console.WriteLine ("Je suis au service de toutes les classes ");
    }
    public static void uneMethodeStatique() {
    }
    public int uneAutreMethode(int a){
        return a;
    }
}
public class UML1 {
    public static void Main() {
      O1 unObjet = new O1();
      unObjet.jeTravaillePourO1();
    }
}
```

Résultat

```
Je suis au service de toutes les classes
```

En C++ : UML1.cpp

```cpp
#include <iostream>
using namespace std; /* nous utiliserons cela par la suite, afin de ne pas le répéter
devant les « cout », « endl » et « cin » */
class O1 {
```

```
private:
    int unAttribut;
    int unAutreAttribut;
public:
    O1() {
    }
    void jeTravaillePourO1() {
        cout <<" Je suis au service de toutes les classes " << endl;
    }
    void static uneMethodeStatique(){
    }
    int uneAutreMethode(int a){
        return a;
    }
};
int main(int argc, char* argv[]){
    O1* unObjetTas = new O1(); /* un objet construit dans le tas */
    O1 unObjetPile; /* un objet construit sur la pile */
    unObjetTas->jeTravaillePourO1();
    unObjetPile.jeTravaillePourO1();
    return 0;
}
```

Résultat

```
Je suis au service de toutes les classes
Je suis au service de toutes les classes
```

En Python : UML1.py

```python
class O1:
# Comme, en Python, il ne faut pas déclarer les attributs avant de
# les avoir utilisés, et comme on ne les utilise jamais ici, ils
# n'apparaissent pas du tout.

    def __init__(self):
        pass
    def jeTravaillePourO1(self):
        print ("je suis au service de toutes les classes")
    @staticmethod
    def uneMethodeStatique():
        pass
    def uneAutreMethode(self,a):
        return a
unObjet = O1()
unObjet.jeTravaillePourO1()
```

En PHP : UML1.php

```
<html>
<head>
<title> Traduction classe UML </title>
</head>
<body>
<h1> Traduction classe UML </h1>
<br>
<?php
   class O1 {
        private $unAttribut;
        private $unAutreAttribut;
        public function __construct() {
        }
        public function jeTravaillePourO1() {
            print ("je suis au service de toutes les classes <br> \n");
        }
        public static function uneMethodeStatique() {}
        public function uneAutreMethode(int $a) {
            return $a;
        }
   }
   $unO1 = new O1();
   $unO1->jeTravaillePourO1();

?>
</body>
</html>
```

Similitudes et différences entre les langages

À quelques détails de syntaxe près, que le lecteur pourra assez facilement épingler, les codes Java et C# sont équivalents. Il en va un peu différemment des codes Python et PHP qui, comme nous l'avons déjà vu, ne typent ni les attributs ni les méthodes (Python exige de les initialiser, ce qui les type indirectement). En Python, une méthode ne peut se trouver sans instructions d'où la présence de pass. Nous avons déjà vu également, dans les chapitres précédents, la syntaxe particulière de l'encapsulation private et des constructeurs. C++, quant à lui, exige de spécifier, lors de la création de l'objet, si cette création se fait sur la mémoire pile ou sur la mémoire tas. De manière générale, C++ offrant bien plus de degrés de liberté que les deux autres, les codes écrits dans ce langage seront toujours moins immédiats à saisir. Les deux possibilités sont illustrées dans le code. Tous les autres langages ne laissent que la mémoire tas pour les objets (C# autorise la pile pour les objets issus des « structures »).

Toujours en C++, si c'est la mémoire tas que nous souhaitons utiliser, il faut que le référent sur l'objet soit explicitement déclaré comme une variable de type adresse, qu'on appelle un pointeur en C++. C'est bien parce qu'il n'y a aucune autre possibilité pour la création d'un objet en Java, Python ou PHP qu'il n'est plus nécessaire de préciser que cette variable est effectivement de type pointeur. C# permet également les deux modes de gestion, mais réserve le tas aux seules classes et la pile aux structures. En C++, la syntaxe de l'envoi de message sur les deux objets est différente, selon que l'objet est sur la pile ou sur le tas. En fait, l'instruction `unObjetTas->jeTravaillePourO1()` n'est qu'une réécriture de l'instruction `unObjetTas*.jeTravaillePourO1()`.

Association entre classes

Figure 10–2
Une association dirigée dans le diagramme de classe UML

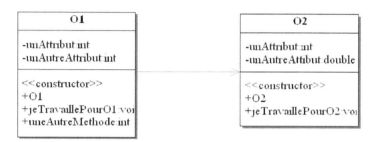

Considérons, dans un second temps, une première association « dirigée » entre la classe O1 et la classe O2. Cette relation d'association est celle que nous avons déjà rencontrée entre la proie et le prédateur, la proie et l'eau, etc. La présence de cette association, ici, dans le sens d'O1 vers O2 (en l'absence de la flèche, l'association serait considérée bi-directionnelle ; nous pourrions de plus ajouter un « 1 » sur l'extrémité droite de la flèche car un seul objet O2 est associé à un objet O1), exige que, dans le code de la classe O1, un message soit envoyé vers O2, comme montré dans les cinq codes écrits ci-après, dans les cinq langages.

En Java : UML 2.java

```
class O1 {
    private int unAttribut;
    private int unAutreAttribut ;
    private O2 lienO2; // réalise l'association avec la classe O2

    public O1(O2 lienO2) { /* Le constructeur prévoit de recevoir un référent
                              vers un objet de classe O2 */
        this.lienO2 = lienO2;
    }
    public void jeTravaillePourO1() {
        lienO2.jeTravaillePourO2() ; /* Voici l'envoi de message */
    }
    public int uneAutreMethode(int a){
        return a;
    }
}
```

```
class O2 {
    private int unAttribut ;
    private double unAutreAttibut ;

    public O2() {}
    public void jeTravaillePourO2() {
        System.out.println("Je suis au service de toutes les classes ") ;
    }
}
public class UML 2{
    public static void main(String[] args){
        O2 unObjet2 = new O2();
        O1 unObjet1 = new O1(unObjet2) ;
        /* on passe dans le constructeur de l'objet O1 le référent de l'objet O2 */
        unObjet1.jeTravaillePourO1();
        /* un premier message envoyé par le main à l'objet de classe O1
           en déclenchera un autre vers un objet de classe O2 */
    }
}
```

Résultat

```
Je suis au service de toutes les classes.
```

En C# : UML 2.cs

```
using System;
class O1 {
    private int unAttribut;
    private int unAutreAttribut;
    private O2 lienO2;
    public O1(O2 lienO2) {
        this.lienO2 = lienO2;
    }
    public void jeTravaillePourO1() {
        lienO2.jeTravaillePourO2(); /* l'envoi de message */
    }
    public int uneAutreMethode(int a) {
        return a;
    }
}
class O2 {
    private int unAttribut;
    private double unAutreAttibut;
        public O2() {}
    public void jeTravaillePourO2() {
        Console.WriteLine("Je suis au service de toutes les classes");
    }
}
```

```
public class UML 2c{
    public static void Main() {
        O2 unObjet2 = new O2();
        O1 unObjet1 = new O1(unObjet2); /* On passe ici le référent de l'objet O2
                                            lors de la construction de l'objet O1 */
        unObjet1.jeTravaillePourO1();
    }
}
```

Résultat

```
Je suis au service de toutes les classes.
```

En C++ : UML 2.cpp

```cpp
#include <iostream>
using namespace std;
class O2 {
private:
    int unAttribut2;
    double unAutreAttribut2;
public:
    void jeTravaillePourO2() {
        cout << "Je suis au service de toutes les classes" << endl;
    }
};
class O1 {
private:
    int unAttribut;
    int unAutreAttribut;
    O2* lienO2; /* il s'agit d'un pointeur vers un objet de type O2 */
public:
    O1(O2* lienO2) {
        this->lienO2 = lienO2; /* passage du référent */
    }
    void jeTravaillePourO1() {
        lienO2 -> jeTravaillePourO2(); /* l'envoi de message */
    }
    int uneAutreMethode(int a) {
        return a;
    }
};
int main(int argc, char* argv[]){
    O2* unObjet2Tas = new O2(); /* un objet construit dans le tas */
    O2 unObjet2Pile; /* un objet construit sur la pile */

    O1* unObjet1Tas = new O1(unObjet2Tas); /* passage du référent */
    O1* unObjet11Tas = new O1(&unObjet2Pile); /* passage du référent de l'objet pile */
```

```
01 unObjet1Pile(unObjet2Tas);
01 unObjet11Pile(&unObjet2Pile);

unObjet1Tas->jeTravaillePour01();
unObjet11Tas->jeTravaillePour01();
unObjet1Pile.jeTravaillePour01();
unObjet11Pile.jeTravaillePour01();
return 0;
}
```

Résultat

```
Je suis au service de toutes les classes.
Je suis au service de toutes les classes.
Je suis au service de toutes les classes.
Je suis au service de toutes les classes.
```

En Python : UML 2.py

```
class 01:
    def __init__(self, lien02):
        self.__lien02=lien02
    def jeTravaillePour01(self):
        self.__lien02.jeTravaillePour02()
    def uneAutreMethode(self,a):
        return a

class 02:
    def __init__(self):
        pass
    def jeTravaillePour02(self):
        print ("Je suis au service de toutes les classes")

unObjet2=02()
unObjet1=01(unObjet2)
unObjet1.jeTravaillePour01()
```

En PHP : UML2.php

```php
<html>
<head>
<title> Traduction classe UML </title>
</head>
<body>
<h1> Traduction classe UML </h1>
<br>
<?php
    class O1 {
        private $unAttribut;
        private $unAutreAttribut;
        private $lienO2;
        public function __construct($lienO2) {
            $this->lienO2 = $lienO2;
        }
        public function jeTravaillePourO1() {
            $this->lienO2->jeTravaillePourO2();
        }
    public static function uneMethodeStatique() {}
        public function uneAutreMethode(int $a) {
            return $a;
        }
    }
class O2 {
    private $unAttribut;
    private $unAutreAttribut;
    public function __construct() {}
    public function jeTravaillePourO2() {
        print("je suis au service de toutes les classes <br> \n");
    }
}
    $unO2 = new O2();
    $unO1 = new O1($unO2);
    $unO1->jeTravaillePourO1();
    ?>
</body>
</html>
```

Similitudes et différences entre les langages

De nouveau, Java et C# sont quasi équivalents. Les codes Python et PHP ne devraient pas, eux non plus, poser de grands problèmes de compréhension. Une fois encore, l'illustration des deux modes de gestion mémoire en C++ rend le code plus compliqué. Différentes possibilités sont indiquées, selon que l'on utilise des objets créés en mémoire pile ou en mémoire tas. Le caractère & signifie que l'on va chercher l'adresse de la variable plutôt que sa valeur. Lorsqu'il s'agit d'un objet en mémoire pile, l'explicitation de son adresse se fait à l'aide de ce caractère. En revanche, pour un objet en mémoire tas, le référent est directement l'adresse. Le résultat du code C++, malgré les différents modes de gestion de mémoire, exécutera quatre fois le même message et imprimera à l'écran quatre fois la même phrase. Nous avons voulu simplement distinguer quatre possibilités, selon que l'objet 01 et l'objet 02 se trouvent dans la mémoire pile ou dans la mémoire tas.

Pas d'association sans message

Il n'y aura jamais lieu de dessiner une telle association dirigée entre deux classes si, nulle part dans le code de la première, n'apparaît un message à destination de la seconde. Certains environnements de développement UML se chargent de vérifier cela, comme IBM Rational Software Architect (la version rachetée puis mise à jour par IBM de l'ancêtre des logiciels UML). Dans la figure suivante, sous Rational Rose, on peut voir que les messages proposés dans le diagramme de séquence sont, en effet, les seules méthodes déclarées dans le diagramme de classe.

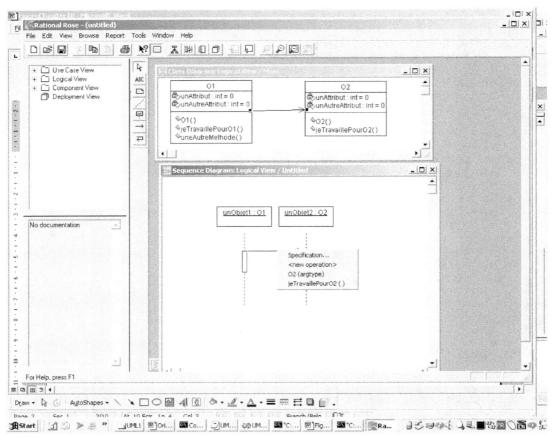

Figure 10–3 Le petit menu apparaissant dans le diagramme de séquence en dessous de la flèche de l'envoi de message reprend les seules méthodes déclarées dans la classe O2.

Si on spécifie un nouveau message, une méthode correspondante viendra automatiquement s'ajouter dans la classe qui reçoit le message. Un autre avantage certain de l'utilisation d'un logiciel de développement UML est, qu'au-delà de l'assistance graphique, une mise en cohérence automatisée est assurée entres les différents diagrammes. Rational Rose (puis ses descendants chez IBM) fut le premier environnement logiciel à assurer cette cohérence entre les diagrammes UML et à montrer ainsi les avantages d'un logiciel de développement sur la simple utilisation d'un papier et d'un crayon ou du tableau noir. Cette mise en correspondance entre les différents diagrammes est possible grâce au recours à un métamodèle de tous les diagrammes UML réalisé à l'aide du diagramme de classe.

Association entre classes

Il y a association entre deux classes, dirigée ou non, lorsqu'une des deux classes sert de type à un attribut de l'autre et que dans le code de cette dernière apparaît un envoi de message vers la première. Sans cet envoi de message, point n'est besoin d'association. Plus simplement encore, on peut se représenter l'association comme un « tube à message » fonctionnant dans un sens ou dans les deux.

Rôles et cardinalité

Figure 10–4
Illustration des rôles et de la cardinalité des associations

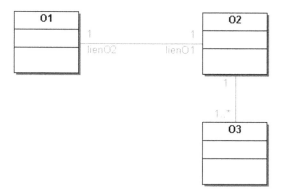

Comme la figure 10-4 le montre, d'autres informations peuvent figurer sur un diagramme de classe UML, afin de caractériser plus finement l'association entre les classes. Dans cette figure, les relations sont toutes bi-directionnelles. Sachant les difficultés que cela pose pour certains langages, nous nous limiterons à la traduction en Java et C++ (en C#, c'est tout à fait identique). Les « rôles » sont les noms donnés, aux deux pôles de l'association, à la classe qui reçoit le message et à celle qui le lui envoie. Ainsi, le code Java des classes O1 et O2 qui est produit à partir de ce diagramme UML pourrait être le suivant, le nom des rôles se substituant au nom des attributs référents .

```
class O1{
  O2 lienO2 ;
}
class O2{
  O1 lienO1 ;
}
```

Une information de type « cardinalité » peut également se retrouver aux deux pôles de l'association, signifiant le nombre d'instances de la première classe en interaction avec le nombre d'instances de la seconde. Cette cardinalité peut rester imprécise, comme dans la figure 10-4, ou plus précise, par exemple 1..3, si l'on considère qu'il n'y aura que de un à trois objet(s) entrant dans une interaction avec un autre. Dans la figure 10-4, chaque objet O2 sera associé à un certain nombre, non défini ici, d'objets O3 (on verra qu'il est possible d'utiliser un diagramme d'objet de manière à préciser la nature des objets repris par cette cardinalité). Le code Java associé transformera son référent O3 en un tableau ou une liste de référents :

```
class O2 {
  O3[] lesLiensO3 ;

  List<O3> lesLiensO3 ;
}
```

Le tableau s'impose d'emblée si la cardinalité est précise et supérieure à 1. Dans le cas d'une cardinalité laissée imprécise, type 1..*, il est possible, depuis les dernières versions de Java et de C#, d'utiliser une liste typée par la classe des objets qu'elle contiendra. L'utilisation d'un tableau en général exige de connaître le nombre des éléments qui le constituent.

En C++, comme le pointeur d'un tableau ne pointe toujours que sur le premier élément, dans les deux cas de figure (une relation 1-1 ou une relation 1-n), le code sera équivalent, d'où une synchronisation plus délicate entre le diagramme de classe et le code dans le cas de l'utilisation du C++ :

```
class O2 {
  O3* lesLiensO3 ;
}
```

Afin de préciser davantage les problèmes posés par la cardinalité et l'association bi-directionnelle, examinons le petit diagramme UML de la figure 10-5, dans lequel figure une relation, non dirigée cette fois, de type 1-n.

Figure 10–5
Un petit exemple de cardinalité
qui peut s'écrire
indifféremment 1-n ou 1..*.

Nous allons utiliser une ArrayList dans la traduction de ce diagramme de classe, ce qui nécessite d'importer dans le code Java le paquet java.util. Il suffit d'actionner la méthode add pour ajouter autant d'objets que l'on veut. Dans le code qui suit, nous nous préoccupons d'assurer une certaine cohérence dans la relation 1-n : chaque fois qu'un objet est ajouté du côté du « n », on se débrouille pour que celui du côté du « 1 » soit bien celui auquel on vient d'ajouter cet objet, et pas un autre. Cela vous paraît certainement un peu biscornu, mais lisez bien le petit code qui suit et vous devriez mieux comprendre.

```
import java.util.*;

class Musicien {
  private List<Instrument>mesInstruments = new ArrayList(); // déclaration de la liste typée
  public Musicien() {}
  public void addInstrument(Instrument unInstrument) {
      mesInstruments.add(unInstrument); // ajout d'un élément à la liste
      unInstrument.setMusicien(this);   // assure la cohérence de la relation 1-n
                                        // this référence l'objet lui-même
  }
}

class Instrument {
  private Musicien monMusicien;
  public Instrument() {}
  public void setMusicien(Musicien monMusicien) {
      this.monMusicien = monMusicien;
  }
}
```

List<A> est une des interfaces implémentées par ArrayList<A>. Notez que, bien que List et ArrayList résultent d'une association multiple entre le Musicien et les instruments, elles n'apparaissent pas en tant que telles sur le diagramme UML. Comme il s'agit d'un diagramme de haut niveau, il est souvent utile de ne pas y afficher absolument toutes les informations. Suivant le cas, on pourra souhaiter n'afficher qu'une partie des classes ou cacher certaines classes qui ne servent que de détail d'implémentation à d'autres. En particulier, les classes de la bibliothèque standard seront très rarement affichées sur un diagramme UML.

Le code Python qui suit montre comment la relation 1-n est assurée et comment la coder. L'autre raison de la présence de ce code est de rendre un petit hommage à la simplicité avec laquelle Python permet au programmeur d'utiliser les listes. C'est une des forces de ce langage. Une liste est une séquence ordonnée et modifiable d'éléments extrêmement facile à manipuler et à gérer.

```
class Musicien:
    def __init__(self,nom):
        self.__nom = nom
        self.__instruments = [] # déclaration d'une liste vide
    def addInstrument(self,unInstrument):
        self.__instruments.append(unInstrument) # ajout d'un élément à la liste
        unInstrument.setMusicien(self)
    def printInstrument(self):
        for x in self.__instruments: #instruction très élégante également
            print (x)
    def __str__(self):
        return self.__nom #définit ce qui apparaît quand on appelle le référent de l'objet
class Instrument:
    __monMusicien = None
    __type = None
    def __init__(self,type):
        self.__type = type
```

```
    def setMusicien(self,monMusicien):
        self.__monMusicien = monMusicien
    def printMusicien(self):
        print (self.__monMusicien)
    def __str__(self):
        return self.__type
guitare = Instrument("guitare")
django = Musicien("django")
django.addInstrument(guitare)
django.printInstrument()
guitare.printMusicien()
```

Résultat

```
guitare
django
```

De manière à vous convaincre, s'il le fallait encore, des avantages de la création automatique de code, le logiciel UML Omondo greffé (c'est un plug-in) sur le logiciel Eclipse produit automatiquement tout le code Java qui suit, uniquement à partir de la création de deux classes associées par le biais d'une association directionnelle →1..*. Vous voyez sur la figure 10-6 le diagramme de classe, lui aussi automatiquement complété, comme résultat de la présence de l'association. Tout ce qui sied à l'utilisation des listes en programmation vous est automatiquement proposé.

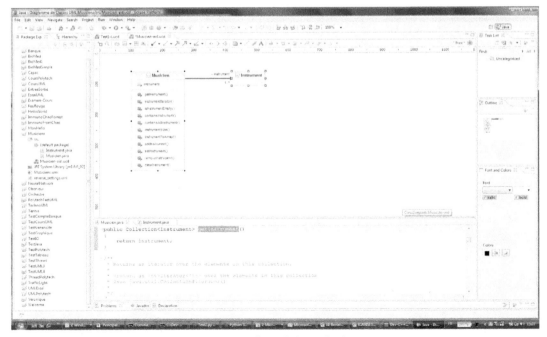

Figure 10–6　Capture d'écran du logiciel Omondo greffé sur le logiciel Eclipse

Code automatiquement créé :

```java
import java.util.Collection;
import java.util.Iterator;
public class Musicien {

/**
 *
 */
private Collection<Instrument> instrument;

/**
 * Getter of the property <tt>instrument</tt>
 *
 * @return Returns the instrument.
 *
 */
public Collection<Instrument> getInstrument()
{
    return instrument;
}

/**
 * Returns an iterator over the elements in this collection.
 *
 * @return an <tt>Iterator</tt> over the elements in this collection
 * @seejava.util.Collection#iterator()
 *
 */
public Iterator<Instrument> instrumentIterator(){
    return instrument.iterator();
}

/**
 * Returns <tt>true</tt> if this collection contains no elements.
 *
 * @return <tt>true</tt> if this collection contains no elements
 * @seejava.util.Collection#isEmpty()
 *
 */
public boolean isInstrumentEmpty(){
    return instrument.isEmpty();
}

/**
 * Returns <tt>true</tt> if this collection contains the specified element.
 *
 * @param element whose presence in this collection is to be tested.
 * @seejava.util.Collection#contains(Object)
 *
 */
```

```java
public boolean containsInstrument(Instrument instrument){
    return this.instrument.contains(instrument);
}

/**
 * Returns <tt>true</tt> if this collection contains all of the elements
 * in the specified collection.
 *
 * @param elements collection to be checked for containment in this collection.
 * @see java.util.Collection#containsAll(Collection)
 *
 */
public boolean containsAllInstrument(Collection<Instrument> instrument){
    return this.instrument.containsAll(instrument);
}

/**
 * Returns the number of elements in this collection.
 *
 * @return the number of elements in this collection
 * @see java.util.Collection#size()
 *
 */
public int instrumentSize(){
    return instrument.size();
}

/**
 * Returns all elements of this collection in an array.
 *
 * @return an array containing all of the elements in this collection
 * @see java.util.Collection#toArray()
 *
 */
public Instrument[] instrumentToArray(){
    return instrument.toArray(new Instrument[instrument.size()]);
}

/**
 * Ensures that this collection contains the specified element (optional
 * operation).
 *
 * @param element whose presence in this collection is to be ensured.
 * @see java.util.Collection#add(Object)
 *
 */
public boolean addInstrument(Instrument instrument){
    return this.instrument.add(instrument);
}
```

```java
/**
 * Setter of the property <tt>instrument</tt>
 *
 * @param instrument the instrument to set.
 *
 */
public void setInstrument(Collection<Instrument> instrument){
    this.instrument = instrument;
}

/**
 * Removes a single instance of the specified element from this
 * collection, if it is present (optional operation).
 *
 * @param element to be removed from this collection, if present.
 * @seejava.util.Collection#add(Object)
 *
 */
public boolean removeInstrument(Instrument instrument){
    return this.instrument.remove(instrument);
}

/**
 * Removes all of the elements from this collection (optional operation).
 *
 * @seejava.util.Collection#clear()
 *
 */
public void clearInstrument(){
    this.instrument.clear();
}

}

///**
// * Getter of the property <tt>instrument</tt>
// *
// * @return Returns the instrument.
// *
// */
//public Instrument getInstrument()
//{
//    return instrument;
//}
///**
// * Setter of the property <tt>instrument</tt>
// *
// * @param instrument The instrument to set.
// *
// */
//public void setInstrument(Instrument instrument ){
//    this.instrument = instrument;
//}
```

En présence d'une relation à la cardinalité multiple, il est possible de préciser ou de désambiguïser cette cardinalité en recourant à un troisième diagramme UML, très rarement utilisé sinon pour cela : le diagramme d'objet, s'apparente à une version instanciée du diagramme de classe. Rappelons que lors de l'exécution du programme, ce sont les objets qui occupent la mémoire pour s'occuper également des traitements. Néanmoins, comme tout ce qu'ils font, y compris les envois de message, est repris dans leur classe, le diagramme de classe suffit le plus souvent à décrire leur comportement. Dans ce diagramme d'objet, en lieu et place des classes, chaque objet apparaîtra, ainsi que le ou les objet(s) avec le(s)quel(s) il se trouve en interaction. Par exemple, le diagramme d'objet représenté par la figure 10-7 précise le diagramme de classe dans le cas d'un `musicien`, dont le référent est `Django`, ne possédant que deux `instruments`, dont les référents sont `guitare` et `violon`. Étant donnée la présence du `n` dans la cardinalité, il serait tout à fait imaginable que d'autres musiciens possèdent 1 ou 10 000 instruments.

Figure 10–7
Diagramme d'objet précisant
un diagramme de classe

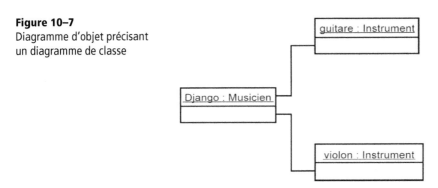

Finalement, un diagramme de classe peut marquer la différence entre plusieurs référents pointant pourtant vers une même classe, comme illustré par la figure 10-8 en présence du code Java correspondant.

```
class Musicien {
    Instrument unPremierInstrument ;
    Instrument unDeuxièmeInstrument ;
    // plutôt que Instrument[] lesInstruments = new Instrument[2] ;
}
```

Figure 10–8
Un diagramme de classe avec
deux liens d'association

La multiplicité des référents plutôt qu'une même association avec une cardinalité multiple (dans le cas présent, une relation `1-2` pourrait faire l'affaire) tient au rôle différent que sont appelés à jouer les deux référents. Ainsi, le premier instrument pourrait être un instrument solo que le musicien utilise pour l'essentiel et le deuxième, un instrument d'accompagnement, nettement moins sollicité. Les messages qui leur seront envoyés seront suffisamment différents pour qu'il devienne nécessaire d'en faire deux attributs séparés. Si une seule association était maintenue, c'est bien évidemment un tableau de deux éléments qu'il faudrait utiliser.

Dépendance entre classes

Nous avons expliqué dans le chapitre 4 qu'il suffit, pour que le lien d'association s'affaiblisse en un lien de dépendance (dans le diagramme de classe, le trait d'association se transforme alors en pointillés), que la méthode jeTravaillePourO1(O2 lienO2) reçoive en argument un objet de type O2. Une autre version que nous avons vue d'un lien de dépendance est indiquée en Java dans le code qui suit :

```
class O1 {
    private int unAttribut;
    private int unAutreAttribut ;

    public void jeTravaillePourO1() {
        O2 lienO2 = new O2() ; /* création d'un objet local O2 */

        lienO2.jeTravaillePourO2() ;   /* Voici l'envoi de message */
    } // l'objet lienO2 disparaît
    public int uneAutreMethode(int a){
        return a;
    }
}
```

Dans cette seconde version d'un lien de dépendance comme dans la précédente, l'objet O2, qui exécutera le message et justifie la dépendance, n'aura d'existence que pendant l'exécution de la méthode où il est créé. En dehors de cette méthode, l'objet O2 et le lien entre les deux classes s'effacent. Dans le cas d'un passage par argument, seul le lien s'efface car l'objet O2 continue à exister. En UML, un lien de dépendance entre deux éléments signifie simplement que toute modification dans l'un risque d'entraîner une modification de celui qui en dépend. Comme pour une association, un envoi de messages entre les deux classes pourra avoir lieu. Cependant, ce lien ne dure que le temps de l'exécution de la méthode et ne s'apparente plus à une propriété structurelle de la classe O1. Ce lien de dépendance entre classes est, en conséquence, moins fréquemment rencontré que le lien, permanent et plus effectif, d'association.

Comme illustré dans la figure 10-9, on retrouve ce même lien de dépendance (une flèche) dans un quatrième diagramme UML, le diagramme de composants, entre les fichiers dans lesquels sont stockés des éléments logiciels dépendants. On comprend mieux encore dans le cas des fichiers la nature du lien de dépendance pointillée. En effet, lorsque l'on modifie un fichier, il est fréquent qu'il faille modifier tous ceux qui en dépendent. Par exemple, si l'on modifie le contenu d'une base de données, il faudra également vérifier que tous les programmes qui s'interfacent avec cette dernière soient toujours valides.

Figure 10–9
Diagramme de composants reprenant simplement les fichiers et les liens de dépendance entre ceux-ci. Le fichier 1 dépend du fichier 2 et ce dernier dépend du fichier 3.

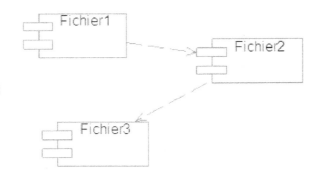

Composition

Transformons maintenant le lien d'association entre les deux classes en un lien de composition (dit encore d'agrégation forte ou d'agrégation par valeur) et observons-en les conséquences sur le code. Le lien de composition entre deux classes entraîne les instances correspondantes à s'imbriquer l'une dans l'autre dans la mémoire, pile ou tas. La disparition du composite entraînera systématiquement la disparition des composants et la cardinalité ne pourra prendre que la valeur « 1 » du côté du composite. Le lien d'agrégation faible, dit simplement d'agrégation, une fois traduit en code, ne se comporte pas différemment du lien d'association. Dès lors, parler d'agrégation plutôt que d'association revient simplement à particulariser la sémantique de cette relation et à augmenter la fidélité à la réalité qu'elle dépeint. Si les objets sont physiquement imbriqués les uns dans les autres, comme les atomes dans une molécule, on choisira le lien de composition. Sinon, et tant que subsiste malgré tout une situation d'appartenance entre deux objets, on parlera d'agrégation.

Ainsi, on peut dire d'un enfant qu'il est agrégé dans une famille, mais qu'il est simplement associé à son père. Il est, pendant une première période de son existence, un objet « composant » de sa mère (jusqu'au jour où il naît et ne l'est plus du tout). On ne sera pas trop surpris d'apprendre qu'une seule mère peut porter l'enfant (les mères porteuses, c'est autre chose). Ce lien de composition est celui, dans l'écosystème, qui relie la vision à la proie et au prédateur. En effet, les deux animaux sont bien dotés d'une vision, qui les suivra dans la vie comme dans la mort. Cette vision fait partie intégrante d'eux mêmes.

Pour un adepte de la bricole informatique, les composants matériels, comme le processeur, le disque dur ou la RAM, sont agrégés dans l'ordinateur. Pour tous les autres, et ils sont nombreux, ils sont des composants de l'ordinateur qui l'accompagneront d'office à la poubelle. Lors de l'agrégation, la classe « agrégeante » peut indiquer une multiplicité supérieure à 1, alors que lors d'une composition, la classe « composite » ne peut indiquer qu'une multiplicité inférieure ou égale à 1, pour la simple raison qu'un objet ne peut s'imbriquer physiquement dans deux objets à la fois. Le lien de composition peut d'ailleurs se visualiser dans un diagramme d'objet comme un rectangle dans un autre. Éliminons le premier rectangle et celui qui se trouve à l'intérieur disparaît automatiquement. Il n'est pas possible pour le rectangle intérieur d'être présent dans deux rectangles à la fois.

Transformons le diagramme UML précédent en sa nouvelle version, dans laquelle la première association se transforme en composition et la deuxième en agrégation, et voyons l'effet résultant dans les différents langages de programmation. Dans l'exemple qui suit, de manière à différencier les mécanismes de vie et de mort des objets découlant de ces différents types de relations, la classe 01 sera reliée à la classe 03 par un lien d'agrégation, et à la classe 02 par un lien de composition (le losange est vide pour l'agrégation et plein pour la composition). Attention à l'emplacement du losange du côté de la classe contenante et non contenue.

Figure 10–10
Dans ce diagramme de classe UML, la classe O2 est reliée à la classe O1 par un lien de composition et la classe O3 est, quant à elle, reliée à la classe O1 par un lien d'agrégation. Un objet O2 sera physiquement intégré dans un objet O1.

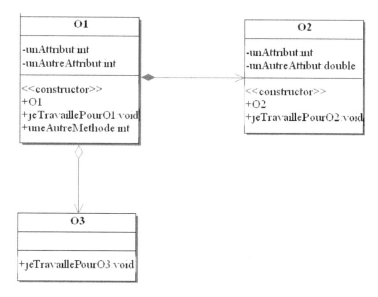

En Java

Nous allons, d'abord en Java, proposer deux versions de code réalisant cette relation de composition. Dans le premier code (UML3.java), l'objet 02 est un composant de 01, pour la simple raison qu'il n'a d'existence qu'à l'intérieur de 01. En effet, il est construit dans le constructeur d'01, avec pour conséquence que le seul référent à cet objet 02 est un attribut de 01. De manière à illustrer cette extrême dépendance entre les objets 01 et 02, nous avons recours à une méthode particulière appelée finalize().

Nous avons déjà rencontré dans le chapitre précédent cette méthode, appelée le « destructeur ». Juste avant l'élimination d'un objet, elle assure que les ressources utilisables uniquement à partir de cet objet seront libérées également. Elle ne peut recevoir d'argument et est d'office sans « retour », vu son mode d'appel. En pratique, il pourrait s'agir d'une connexion à un fichier (la méthode s'occupera donc de libérer l'accès à ce fichier), ou d'une connexion réseau que, là encore, la méthode pourrait interrompre après avoir éliminé le seul objet connecté au réseau. Ici, nous l'utiliserons juste pour qu'elle nous indique à quel moment l'objet est éliminé.

Le code qui suit crée un ensemble d'objets à répétition, de manière que le ramasse-miettes soit appelé automatiquement et récupère un certain nombre de ces objets devenus inutiles. À la différence des codes présentés au chapitre précédent, il n'y a pas ici d'appel explicite au ramasse-miettes. Nous préférons l'utiliser comme il l'est dans la plupart des cas, c'est-à-dire décidant seul si son intervention est nécessaire, quand la mémoire commence à se saturer. Nous forçons simplement son intervention par l'utilisation de la boucle. Le résultat de la simulation des deux codes Java est indiqué juste à la suite de ces codes. Nous n'en montrons qu'une partie, puisque la boucle va jusqu'à 10 000.

UML3.java

```java
class O1 {
  private int unAttribut;
  private int unAutreAttribut;
  private O2 lienO2; /* Il ne faut pas que ce lien apparaisse dans un « return » */
  private O3 lienO3;

  public O1(O3 lienO3) {
    lienO2 = new O2();    /* un lien de composition est créé */
    this.lienO3 = lienO3; /* un lien d'agrégation est créé */
  }
  public void jeTravaillePourO1() {
    lienO2.jeTravaillePourO2(); /* un message vers O2 */
    lienO3.jeTravaillePourO3(); /* un message vers O3 */
  }
  public int uneAutreMethode(int a) {
    return a;
  }

  protected void finalize() /* appel de cette méthode quand l'objet est effacé
                               de la mémoire */{
    System.out.println("aaahhhh... un Objet O1 se meurt ...");
  }
}

class O2 {
  private int unAttribut;
  private double unAutreAttibut;

  public O2() {}
  public void jeTravaillePourO2() {
    System.out.println("Je suis une instance d'O2 " +
        "au service de toutes les classes");
  }
  protected void finalize(){
      System.out.println("aaahhhh... un Objet O2 se meurt ....");
  }
}
class O3 {
  public void jeTravaillePourO3() {
    System.out.println("Je suis une instance d'O3 " + "au service de toutes les classes");
  }
  protected void finalize(){
    System.out.println("aaahhhh... un Objet O3 se meurt ....");
  }
```

```
    }
public class UML3 {
  public static void main(String[] args) {
    O3[] lesObjets3 = new O3[10000];
    for (int i=0; i<10000; i++){
      lesObjets3[i] = new O3();
      O1 unObjet1 = new O1(lesObjets3[i]); /* On passe ici le référent de l'objet O3
                                              à l'objet O1 */
      unObjet1.jeTravaillePourO1();
      unObjet1 = null; /* Par cette instruction, on cherche à se débarrasser
                          de l'objet unObjet1, mais elle n'est pas nécessaire */
    }
  }
}
```

Résultats

```
aaahhhh... un objet O1 se meurt...
aaahhhh... un objet O1 se meurt...
aaahhhh... un objet O2 se meurt...
aaahhhh... un objet O1 se meurt...
aaahhhh... un objet O1 se meurt...
aaahhhh... un objet O2 se meurt...
Je suis une instance d'O2 au service de toutes les classes
Je suis une instance d'O3 au service de toutes les classes
Je suis une instance d'O2 au service de toutes les classes
Je suis une instance d'O3 au service de toutes les classes
Je suis une instance d'O2 au service de toutes les classes
aaahhhh... un objet O1 se meurt...
aaahhhh... un objet O1 se meurt...
aaahhhh... un objet O2 se meurt...
aaahhhh... un objet O1 se meurt...
```

Ce n'est qu'une petite partie du résultat affiché. Nous constatons, dans le résultat de la simulation, qu'en affectant la valeur null aux référents des objets O1, le ramasse-miettes fait son travail comme prévu, en se débarrassant au fur et à mesure, et à notre insu, des objets O1 devenus encombrants. Notez que cette affectation à null n'est pas requise pour faire disparaître l'objet, puisque le même référent unObjetO1 est partagé par tous les objets O1 et que chacun de ces objets ne sera donc référencé que le temps d'une itération de la boucle. À la fin de cette itération, il sera livré en pâture au ramasse-miettes.

Toutefois, ce qui nous importe le plus ici, c'est l'élimination des objets O2, alors que nulle part dans l'écriture du code nous ne l'avons explicitement ordonné. En disparaissant, l'objet O1 entraîne avec lui le seul référent à l'objet O2, ce qui pousse le ramasse-miettes à le supprimer également. Nous constatons en revanche que les objets O3, juste agrégés qu'ils sont, subsisteront quant à eux jusqu'à l'arrêt pur et simple du programme.

La composition nécessite donc que le constructeur de la classe composite s'occupe de la création des objets de la classe composante. C'est une condition nécessaire mais non suffisante. Il faut également s'assurer (mais c'est un peu plus délicat) que les référents des objets composants ne soient pas transmis dans un return d'une des méthodes de la classe composite. En effet, cela voudrait dire que ces mêmes objets se trouvent également référencés de l'extérieur de la classe et survivraient à la disparition du composite.

UML3bis.java

```java
class O1 {
  private int unAttribut;
  private int unAutreAttribut;
  private O2 lienO2;
  private O3 lienO3;

  public O1(O3 lienO3) {
    lienO2 = new O2(); /* une relation de composition */
    this.lienO3 = lienO3; /* une relation d'agrégation */
  }
  public void jeTravaillePourO1() {
    lienO2.jeTravaillePourO2(); /* un message vers O2 */
    lienO3.jeTravaillePourO3(); /* un messaege vers O3 */
  }
  public int uneAutreMethode(int a){
    return a;
  }
  protected void finalize(){
    System.out.println("aaahhhh... un Objet O1 se meurt ....");
    /* appel de cette méthode quand l'objet est effacé de la mémoire */
  }
  private class O2 { /* la classe O2 est maintenant déclarée à l'intérieur de O1 */
  private int unAttribut;
  private double unAutreAttibut;

  public O2() {}
  public void jeTravaillePourO2() {
    System.out.println("Je suis une instance d'O2 " +
                       "au service de toutes les classes");
  }
  protected void finalize() {
    System.out.println("aaahhhh... un Objet O2 se meurt ....");
  }
 }
}
class O3 {
  public void jeTravaillePourO3() {
    System.out.println("Je suis une instance d'O3 " +
                       "au service de toutes les classes");
  }
  protected void finalize(){
    System.out.println("aaahhhh... un Objet O3 se meurt ....");
  }
}
```

```
public class UML3bis{
  public static void main(String[] args){
    O3[] lesObjets3 = new O3[10000];
    for (int i=0; i<10000; i++) {
      lesObjets3[i] = new O3();
      O1 unObjet1 = new O1(lesObjets3[i]); /* On passe ici le référent de l'objet O3
                                              à l'objet O1 */
      unObjet1.jeTravaillePourO1();
      unObjet1 = null; /* Par cette instruction, on cherche à se débarrasser
                          de l'objet unObjet1, mais elle n'est pas nécessaire */
    }
  }
}
```

Résultat

Le résultat est en tout point semblable à celui du code précédent, une succession de :

```
aaahhhh... un objet O1 se meurt...
aaahhhh... un objet O2 se meurt...
Je suis une instance d'O3 au service de toutes les classes
Je suis une instance d'O2 au service de toutes les classes
```

Le contenu de ce code présente une manière encore plus radicale de rendre les objets O2 totalement dépendants des objets O1. Dans le code UML3bis.java, la classe O2 est déclarée et créée à l'intérieur de la classe O1 : O2 devient interne à O1. Ce mécanisme, d'utilisation assez rare en Java et C# car assez subtil, solidarise fortement les classes O1 et O2. Suite à cette écriture, seule O1 pourra disposer de O2. Le lien de composition entre les objets se renforce en s'étendant au niveau des classes. Dans toutes ses méthodes, la classe O2 pourra utiliser tout ce qui caractérise la classe O1 et vice versa.

En C#

Le premier fichier C# est assez semblable au fichier Java, à quelques détails de syntaxe près que nous laisserons de côté pour l'instant. Le plus important est sans doute le remplacement de la méthode finalize() par un destructeur écrit « à la C++ ». À l'instar du constructeur, le destructeur porte le même nom que la classe, mais en le faisant précéder du caractère « ~ ». Il ne peut recevoir d'argument et est d'office sans « retour ». Le résultat affiché est le même que celui obtenu par le programme Java. Le second fichier Java pourrait également être repris en C#, en le laissant pratiquement inchangé (à l'exception du nom du destructeur).

Une solution bien plus intéressante est présentée par le fichier UML3bis.cs, dans lequel à la classe O2 on substitue une « structure » O2. En C#, la structure, bien que se décrivant également à l'aide d'attributs et de méthodes, est différente de la classe à plus d'un titre. Parmi ces différences essentielles, nous avons vu que les structures ne peuvent hériter entre elles. Cependant, la seule différence qui nous intéresse ici plus particulièrement est le mode de stockage auquel les objets sont astreints.

Alors que les objets instances des classes O1 et O3 seront installés dans la mémoire tas et livrés à la gestion par ramasse-miettes couplée à cette mémoire, les objets instances d'une structure seront, quant à eux, stockés dans la mémoire pile et livrés au mode de gestion de mémoire de substitution associé à la pile. Une manière assez directe de faire d'un objet O2 un objet composite d'un objet O1 est de déclarer O2 comme une structure et de simplement faire de l'objet O2 un attribut de O1. Il sera de ce fait automatiquement attaché au seul objet O1 et disparaîtra avec lui. Vous constatez, par rapport au code précédent, qu'il n'y a pas lieu de construire celui-ci dans le constructeur d'O1. Il se construit automatiquement avec une instance d'O1.

UML3.cs

```
using System;
class O1 {
    private int unAttribut;
    private int unAutreAttribut;
    private O2 lienO2;
    private O3 lienO3;

    public O1(O3 lienO3) {
      lienO2 = new O2();
      this.lienO3 = lienO3;
    }
    public void jeTravaillePourO1() {
        lienO2.jeTravaillePourO2();
        lienO3.jeTravaillePourO3();
    }
    public int uneAutreMethode(int a){
        return a;
    }
    ~O1() { /* le destructeur en C# semblable à la manière de le définir en C++
                sans argument et sans retour */
    Console.WriteLine("aaahhhh... un Objet O1 se meurt ....");
    }
}
class O2 {
    private int unAttribut;
    private double unAutreAttibut;

    public O2() {}
    public void jeTravaillePourO2() {
        Console.WriteLine("Je suis une instance d'O2 " +
                        "au service de toutes les classes");
    }
    ~O2(){
        Console.WriteLine("aaahhhh... un Objet O2 se meurt ....");
    }
}
class O3 {
    public void jeTravaillePourO3() {
        Console.WriteLine("Je suis une instance d'O3 " +
                        "au service de toutes les classes");
    }
```

```
        ~O3(){
            Console.WriteLine("aaahhhh... un Objet O3 se meurt ....");
        }
}
public class UML3 {
    public static void Main(String[] args){
        O3[] lesO3 = new O3[100000];
        for (int i=0; i<100000; i++){
            lesO3[i] = new O3();
            O1 unObjet1 = new O1(lesO3[i]); /* On passe ici le référent de l'objet3
                                               à l'objet1 */
            unObjet1.jeTravaillePourO1();
            unObjet1 = null; /* pas forcément nécessaire */
        }
    }
}
```

UML3bis.cs

```
using System;
class O1 {
    private int unAttribut;
    private int unAutreAttribut;
    private O2 lienO2;
    private O3 lienO3;

    public O1(O3 lienO3) {
        this.lienO3 = lienO3;
    }
    public void jeTravaillePourO1() {
        lienO2.jeTravaillePourO2();
        lienO3.jeTravaillePourO3();
    }
    public int uneAutreMethode(int a) {
        return a;
    }
    ~O1() { /* le destructeur en C# semblable à la manière de le définir en C++
               sans argument et sans retour */
        Console.WriteLine("aaahhhh... un Objet O1 se meurt ....");
    }
}
struct O2 { /* Nous faisons de O2 une structure plutôt qu'une classe */
    private int unAttribut;
    private double unAutreAttibut;

    public void jeTravaillePourO2() {
        Console.WriteLine("Je suis une instance d'O2 " +
                          "au service de toutes les classes");
    }
}
```

```
class O3 {
    public void jeTravaillePourO3() {
        Console.WriteLine("Je suis une instance d'O3 " +
                            "au service de toutes les classes");
    }
    ~O3() {
        Console.WriteLine("aaahhhh... un Objet O3 se meurt ....");
    }
}
public class UML3 {
    public static void Main(String[] args) {
        O3[] lesO3 = new O3[100000];
        for (int i=0; i<100000; i++) {
            lesO3[i] = new O3();
            O1 unObjet1 = new O1(lesO3[i]); /* On passe ici le référent de l'objet3
                                                à l'objet1 */
            unObjet1.jeTravaillePourO1();
            unObjet1 = null; /* pas forcément nécessaire */
        }
    }
}
```

En C++

En C++, au contraire du Java et du C#, rien n'est prévu pour se débarrasser automatiquement des objets qui encombrent la mémoire tas. Aucun ramasse-miettes ne viendra seconder une programmation défectueuse. Vous êtes seul maître à bord et, à ce titre, vous ne pourrez quitter le navire qu'une fois que tous les objets l'auront quitté. Pour cela, une instruction vous est proposée, delete, qui élimine les objets installés dans la mémoire tas. Dans la mémoire pile, le mécanisme d'effacement est automatique et se fait par désempilement systématique de ce qui y a été le plus récemment empilé.

Afin de suivre à la trace la disparition des objets, le « destructeur » est utilisé qui, comme en C#, porte le même nom que la classe, avec juste un petit « ~ » qui précède son nom. Nous verrons dans la suite que le rôle qui lui est imparti est beaucoup plus important et sensible que celui en Java, plus marginalisé, du finalize(). La raison en est, une fois encore, l'absence du ramasse-miettes en C++.

Dans le code UML3.cpp ci-après, l'objet de la classe O2 est un composant de la classe O1, alors que l'objet de la classe O3 lui est simplement associé. On constate que la différence principale réside dans le mode de déclaration de ces attributs. L'objet O3 l'est via l'utilisation explicite d'un pointeur, l'objet O2 non. Dans la mémoire, l'objet O2 sera comme installé à l'intérieur de l'objet O1, alors que l'objet O3 sera, comme c'est l'usage en Java et C#, juste référencé (ou pointé) par une variable adresse stockée dans l'objet O1.

Comme le montre le résultat de l'exécution du code UML3.cpp, lors de la destruction d'O1, l'objet O2 sera également détruit, puisque son seul champ d'action est l'objet O1. De nouveau, les quatre apparitions des mêmes phrases sont liées aux alternatives mémoire tas et pile que nous expérimentons. Les objets « tas » disparaissent suite à l'utilisation de l'instruction delete, alors que les objets « pile » disparaissent à la fin du main.

UML3.cpp

```cpp
#include <iostream>
using namespace std;
class O2 {
private:
  int unAttribut;
  double unAutreAttribut;
public:
  void jeTravaillePourO2() {
    cout << "Je suis une instance d'O2" <<
      " au service de toutes les classes" << endl;
  }
  ~O2(){
    cout <<"aaahhhh... un Objet O2 se meurt ...." << endl;
  }
};
class O3 {
public:
  void jeTravaillePourO3() {
    cout << "Je suis une instance d'O3" <<
      " au service de toutes les classes" << endl;
  }
  ~O3() {
    cout <<"aaahhhh... un Objet O3 se meurt ...." << endl;
  }
};
class O1 {
private:
  int unAttribut;
  int unAutreAttribut;
  O3* lienO3;
  O2 lienO2;
public:
  O1(O3* lienO3) {
    this->lienO3 = lienO3;
  }
  void jeTravaillePourO1() {
    lienO2.jeTravaillePourO2();
    lienO3 -> jeTravaillePourO3();
  }
  int uneAutreMethode(int a) {
    return a;
  }
  ~O1(){
    cout <<"aaahhhh... un Objet O1 se meurt ...." << endl;
  }
};
int main(int argc, char* argv[]) {
    O3* unObjet3Tas = new O3();
    O3 unObjet3Pile;
```

```
    O1* unObjet1Tas = new O1(unObjet3Tas);
    O1* unObjet11Tas = new O1(&unObjet3Pile);

    O1 unObjet1Pile(unObjet3Tas);
    O1 unObjet11Pile(&unObjet3Pile);

    unObjet1Tas->jeTravaillePourO1();
    unObjet11Tas->jeTravaillePourO1();
    unObjet1Pile.jeTravaillePourO1();
    unObjet11Pile.jeTravaillePourO1();

    delete unObjet1Tas; /* effacement du premier objet sur le tas */
    delete unObjet11Tas; /* effacement du deuxième objet sur le tas */
    return 0;
} /* tous les objets sur la pile disparaissent */
```

Résultat

```
Je suis une instance d'O2 au service de toutes les classes
Je suis une instance d'O3 au service de toutes les classes
Je suis une instance d'O2 au service de toutes les classes
Je suis une instance d'O3 au service de toutes les classes
Je suis une instance d'O2 au service de toutes les classes
Je suis une instance d'O3 au service de toutes les classes
Je suis une instance d'O2 au service de toutes les classes
Je suis une instance d'O3 au service de toutes les classes
aaahhhh... un objet O1 se meurt...
aaahhhh... un objet O2 se meurt...
aaahhhh... un objet O1 se meurt...
aaahhhh... un objet O2 se meurt...
aaahhhh... un objet O1 se meurt...
aaahhhh... un objet O2 se meurt...
aaahhhh... un objet O1 se meurt...
aaahhhh... un objet O2 se meurt...
aaahhhh... un objet O3 se meurt...
```

Y a-t-il moyen de réaliser, comme en Java et en C#, un lien de composition entre deux objets, mais installés dans la mémoire tas cette fois ? Cela est tout à fait possible, comme dans le code UML3bis.cpp montré ci-après, mais l'utilisation du destructeur devient alors capitale. Cette élimination ne s'effectuant plus automatiquement, comme en Java et C# grâce au ramasse-miettes, il faudra, lors de la destruction d'un objet O1, récrire le destructeur de la classe, de manière qu'il s'occupe également de la liquidation de son protégé.

Le code du destructeur de la classe O1 se doit maintenant d'inclure l'instruction delete lienO2, autrement de nombreux objets O2 risquent de flotter sans ancrage et en totale perdition dans la mémoire. Cette vigilance accrue de la part du programmeur est une des raisons essentielles de la présence du ramasse-miettes dans les autres langages. L'autre raison est la présence, de nouveau si la vigilance se relâche, de référents fous, obtenus au contraire par l'usage un peu précipité de l'instruction delete().

UML3bis.cpp

```cpp
#include <iostream>
using namespace std;
class O2 {
  private:
    int unAttribut2;
    double unAutreAttribut2;
  public:
    void jeTravaillePourO2(){
      cout << "Je suis une instante d'O2" <<
        " au service de toutes les classes" << endl;
    }
    ~O2(){
      cout <<"aaahhhh... un Objet O2 se meurt ...." << endl;
    }
};
class O3 {
  public:
    void jeTravaillePourO3() {
      cout << "Je suis une instante d'O3" <<
        " au service de toutes les classes" << endl;
    }
    ~O3() {
      cout <<"aaahhhh... un Objet O3 se meurt ...." << endl;
    }
};
class O1 {
  private:
    int unAttribut;
    int unAutreAttribut;
    O3* lienO3;
    O2* lienO2;
  public:
    O1(O3* lienO3) {
      lienO2 = new O2();
      this->lienO3 = lienO3;
    }
    void jeTravaillePourO1() {
      lienO2->jeTravaillePourO2();
      lienO3->jeTravaillePourO3();
    }
    int uneAutreMethode(int a) {
      return a;
    }
    ~O1(){
      cout <<"aaahhhh... un Objet O1 se meurt ...." << endl;
     delete lienO2; /* Il faut s'occuper également de l'élimination de l'objet O2 */
    }
};
```

```
int main(int argc, char* argv[]){
  O3* unObjet3Tas = new O3();
  O3 unObjet3Pile;

  O1* unObjet1Tas = new O1(unObjet3Tas);
  O1* unObjet11Tas = new O1(&unObjet3Pile);

  O1 unObjet1Pile(unObjet3Tas);
  O1 unObjet11Pile(&unObjet3Pile);

  unObjet1Tas->jeTravaillePourO1();
  unObjet11Tas->jeTravaillePourO1();
  unObjet1Pile.jeTravaillePourO1();
  unObjet11Pile.jeTravaillePourO1();

  delete unObjet1Tas;
  delete unObjet11Tas;
  delete unObjet3Tas;
  return 0;
}
```

Grâce à la redéfinition explicite du destructeur dans la classe O1, et c'est le rôle premier que celui-ci est appelé à jouer en C++, un vrai lien de composition peut exister entre deux classes, même si leurs instances sont stockées dynamiquement dans la mémoire RAM. Notez cette fois, qu'à la différence de ce qui se passe en Java ou C#, la composition est automatiquement garantie par l'utilisation du destructeur. Ce dernier étant automatiquement appelé lors de la destruction de l'objet composite, la destruction de l'objet composant est assurée.

Il va vous falloir ici redoubler d'attention. Si la composition n'est pas bien respectée par le code (c'est-à-dire si le pointeur « s'échappe » par le return d'une méthode), la situation peut mener à des bogues extrêmement durs à retracer, le pointeur devenant fou tout d'un coup sans raison apparente quand son objet parent est détruit. Allez donc comprendre cette erreur par la suite...

En Python

En Python, rien de particulier, c'est encore le ramasse-miettes qui fait le travail et les deux codes que nous présentons sont en tout point semblables aux deux codes Java et C# : le premier avec l'objet créé dans le constructeur de la classe composite, le deuxième par le mécanisme de classes imbriquées. Profitez de cet exemple pour vérifier la souplesse et la facilité d'utilisation des listes.

UML3.py

```python
class O1:
    def __init__ (self, lienO3):
        self.__lienO2=O2()
        self.__lienO3=lienO3
    def jeTravaillePourO1(self):
        self.__lienO2.jeTravaillePourO2()
        self.__lienO3.jeTravaillePourO3()
```

```
        def uneAutreMethode(a):
            return a
        def __del__(self):
            print ("aaahhhh... un Objet O1 se meurt ...")

class O2:
    def jeTravaillePourO2(self):
        print ("je suis une instance d'O2 " + "au service de toutes les classes")
    def __del__(self):
        print ("aaahhhh... un Objet O2 se meurt.....")

class O3:
    def jeTravaillePourO3(self):
        print ("je suis une instance d'O3 " + "au service de toutes les classes")
    def __del__(self):
        print ("aaahhhh... un Objet O3 se meurt.....")

lesObjetsO3=[O3() for _ in range(10)]
for o3 in lesObjetsO3:
    unObjet1=O1(o3)
    unObjet1.jeTravaillePourO1()
    unObjet1=None # Comme pour les autres langages, ceci n'est pas nécessaire
```

UML3bis.py

```
class O1:
    def __init__ (self, lienO3):
        self.__lienO2=self.O2()
        self.__lienO3=lienO3
    def jeTravaillePourO1(self):
        self.__lienO2.jeTravaillePourO2()
        self.__lienO3.jeTravaillePourO3()
    def uneAutreMethode(a):
        return a
    def __del__(self):
        print ("aaahhhh... un Objet O1 se meurt ...")

    class O2: #la classe O2 est maintenant imbriquée dans la classe O1
        def jeTravaillePourO2(self):
            print ("je suis une instance d'O2 " + "au service de toutes les classes")
        def __del__(self):
            print ("aaahhhh... un Objet O2 se meurt.....")

class O3:
    def jeTravaillePourO3(self):
        print ("je suis une instance d'O3 " + "au service de toutes les classes")
    def __del__(self):
        print ("aaahhhh... un Objet O3 se meurt.....")
```

```
lesObjets03=[03() for _ in range(10)]
for o3 in lesObjets03:
    unObjet1=01(o3)
    unObjet1.jeTravaillePour01()
    unObjet1=None # Pas nécessaire.
```

En PHP

```php
<html>
<head>
<title> Relation de composition </title>
</head>
<body>
<h1> Relation de composition </h1>
<br>
<?php
  class 01 {
    private $unAttribut;
    private $unAutreAttribut;
    private $lien02;
    private $lien03;
    public function __construct($lien03) {
        $this->lien02 = new 02();
        $this->lien03 = $lien03;
    }
    public function jeTravaillePour01() {
        $this->lien02->jeTravaillePour02();
        $this->lien03->jeTravaillePour03();
    }
    public function uneAutreMethode(int $a) {
        return $a;
    }
    public function __destruct() {
        print ("aaahhhh.... un objet 01 se meurt .... <br> \n");
    }
  }
  class 02 {
    private $unAttribut;
    private $unAutreAttribut;
    public function __construct() {}
    public function jeTravaillePour02() {
        print("je suis 02 au service de toutes les classes <br> \n");
    }

    public function __destruct() {
        print ("aaahhhh.... un objet 02 se meurt .... <br> \n");
    }
  }
  class 03 {
    public function jeTravaillePour03() {
        print("je suis 03 au service de toutes les classes <br> \n");
```

```
    }
    public function __destruct() {
        print ("aaahhhh.... un objet O3 se meurt .... <br> \n");
    }
  }
  $i=0;
  while ($i<10) {
    $lesObjetsO3[$i]=new O3();
    $unObjet1=new O1($lesObjetsO3[$i]);
    $unObjet1->jeTravaillePourO1();
    $unObjet1 = NULL;
    $i+=1;
  }
?>
</body>
</html>
```

Nous ne présentons en PHP que la première version de la composition car les classes internes ne semblent pas vouloir être acceptées par le langage à l'heure où nous écrivons ces lignes. Ici également, le « ramasse-miettes » remplit son rôle en se débarrassant des objets dès qu'ils deviennent inutiles. Il agit à tout moment et non pas de façon intermittente comme en Java et .Net. Ainsi, à chaque nouvelle affectation du référent, les objets précédemment référencés disparaîtront de la mémoire.

Composition

Bien que les liens d'agrégation et de composition servent à reproduire, tous deux, une relation de type « un tout et ses parties », le lien de composition rend de surcroît l'existence des objets tributaires de l'existence de ceux qui les contiennent. L'implantation de cette relation dans les langages de programmation dépend de la manière très différente dont les langages de programmation gèrent l'occupation mémoire pendant l'exécution d'un programme. Nous retrouvons le besoin pour les programmeurs C++ de redoubler d'attention par l'utilisation du delete. Pour les programmeurs des autres langages, ils devront s'assurer que le seul référent de l'objet contenu est possédé par l'objet contenant.

Classe d'association

Une dernière possibilité offerte par le diagramme de classe est la notion de classe d'association, illustrée par la figure 10-11 dans le cas de musiciens et de leurs instruments.

Figure 10–11
Petit exemple d'une classe d'association qui relie un unique musicien à un unique instrument pendant une performance.

Dans la figure 10-11, Performance est une classe d'association qui fait le lien entre un unique musicien et un unique instrument, et cela bien qu'un musicien puisse être associé à plusieurs instruments et réciproquement. Elle se rattache par un trait pointillé à la liaison entre les deux classes

```
class Performance {
    Musicien unMusicièn ;
    Instrument unInstrument ;
}
```

qu'elle associe. Il y aura un objet `Performance` bien particulier pour toute association entre un objet `Musicien` et un objet `Instrument`. Chaque objet de la classe d'association possédera un référent vers un objet particulier de chacune des classes associées. D'autres classes d'association typiques sont l'emprunt d'un livre par un lecteur dans une bibliothèque, la réservation d'un billet de spectacle par un client donné ou l'emploi d'une personne dans une société (comme indiqué figure 10-12).

Figure 10–12
Autre exemple d'une classe d'association : Emploi associe Personne à Société. Dans ce même diagramme, il est dit qu'une personne peut travailler jusque dans deux sociétés et qu'une société est associée à un nombre indéterminé de personnes (même si l'emploi ne reprend qu'une unique personne dans une unique société).

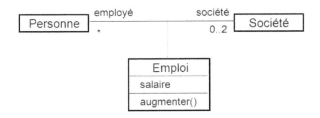

Les paquets

Il est également possible de représenter les paquets et leurs liens de dépendance ou d'imbrication, comme le montre la figure 10-13. Un paquet sera dépendant d'un autre lorsqu'une classe ou un fichier contenu dans le premier s'avère dépendant d'une classe ou d'un fichier contenu dans le deuxième.

Figure 10–13
Le paquet E est dépendant du paquet B. Le paquet C est dépendant des paquets B et D. Les paquets B, C et E se trouvent à l'intérieur du paquet A.

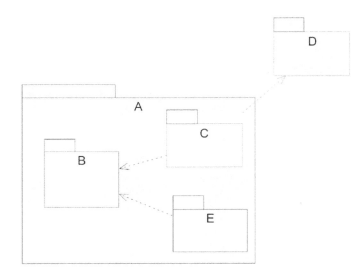

Les bienfaits d'UML

De manière à illustrer l'apport précieux des diagrammes de classe, deux exemples sont présentés ci-après. Le premier reprend le petit écosystème du chapitre 3 (dont le code sera esquissé par la suite). Le second, non accompagné d'un code, présente une première ébauche pour logiciel de match de football. Nous représentons les classes le plus simplement possible, sans y indiquer leurs attributs et méthodes. Ce qui nous intéresse le plus ici, davantage que les classes elles-mêmes, c'est la nature de leurs relations. Ces diagrammes de classes devraient vous paraître assez compréhensibles, même si nous ne les détaillons pas ici. C'est de fait, dans ses grandes lignes, le pari d'UML.

Un premier diagramme de classe de l'écosystème

Figure 10–14

Premier diagramme de classe de l'écosystème du chapitre 3

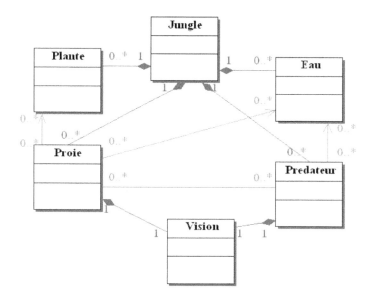

Des joueurs de football qui font leurs classes

Voir figure 10-15.

Les avantages des diagrammes de classes

Plusieurs points importants doivent être soulignés en concluant cette présentation centrée sur le diagramme de classe, le plus utilisé des treize proposés par UML. D'abord, nous sommes loin d'en avoir fini avec l'utilisation de ce dernier. Nous y reviendrons dès le prochain chapitre, car nous avons pour l'instant mis sous le boisseau un type de relation entre les classes, fondamental en OO : la relation d'héritage. Or, nous voyons bien que, tant dans l'écosystème que lors du match de football, nous pourrions simplifier la conception du modèle en factorisant dans une classe Animal tout

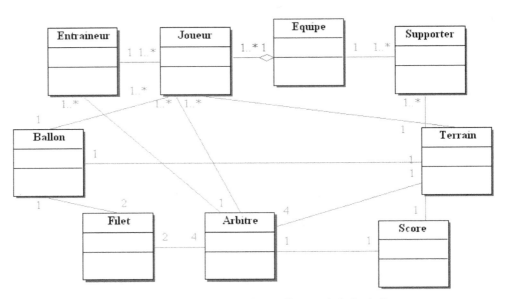

Figure 10–15 Petit diagramme de classe d'une éventuelle simulation d'un match de football

ce qu'il y a de commun entre la proie et le prédateur, et en spécialisant les joueurs de football en défenseur et attaquant. Le diagramme de classe représente aussi ces liens d'héritage et de spécialisation d'une manière qui sera décrite plus avant.

Ensuite, l'isomorphisme entre le diagramme de classe et les codes logiciels qui le traduisent est tel que plusieurs environnements de développement UML, à l'instar de ceux utilisés principalement dans ce livre (TogetherJ et Omondo), synchronisent parfaitement ce diagramme et le squelette de code (*reverse engineering*). On parle de squelette de code, car l'intérieur des méthodes n'est nullement spécifié à ce stade. C'est d'ailleurs souvent ce code produit automatiquement (les principaux langages OO sont concernés) qui permet de récupérer dans un de ces environnements un diagramme de classe créé dans un autre.

Cette synchronisation est extrêmement précieuse quand on cherche à homogénéiser les codes développés par des développeurs divers, ainsi qu'à documenter ces développements de manière uniforme. La création automatique de code, qui tenait préalablement du gadget, est une évolution désirée dans la communauté informatique, qui préfère consacrer l'essentiel de ses efforts à la conception et l'analyse des logiciels en UML, tout en laissant, chaque jour davantage, aux environnements de développement UML le soin d'écrire le code qui concrétise cette conception.

Par ailleurs, et le modèle embryonnaire du match de football est là pour en témoigner, ce diagramme est une aide extrêmement précieuse à la conception du logiciel et à l'interaction entre les développeurs. Il ne faut pas être un informaticien de génie pour le réaliser et le comprendre. Tout amateur de football (même hooligan) en comprendra aisément la structure. Cela explique que l'existence de ces diagrammes facilite grandement l'interaction entre des personnes impliquées dans un projet, personnes qui peuvent intervenir à différents niveaux de la conception, des décideurs aux programmeurs, et dont le goût pour la programmation peut largement varier.

Ils sont une preuve éclatante que l'orienté objet permet au monde qui nous environne d'être la principale source d'inspiration pour le portrait logiciel que l'on cherche à en tirer. L'OO rapproche la programmation du monde réel et, chemin faisant, l'éloigne des instructions élémentaires des processeurs. Le diagramme de classe ouvre la voie à une programmation complètement automatisée, à partir de la seule élicitation des acteurs du problème et des interactions qu'ils entretiennent entre eux. Il est aussi l'ultime étape de cette montée en abstraction qui n'a de cesse de caractériser les développements logiciels.

Finalement, ces diagrammes permettent une appréhension globale du développement, qui est impossible quand seul le code est disponible. Par exemple, dans le chapitre 21 dédié aux graphes informatiques, on verra apparaître la structure récursive d'une des solutions, avec la présence très nette d'une fermeture dans le diagramme. On verra également comment leur utilisation clarifie les « design patterns » qui sont le sujet du dernier chapitre du livre. Différentes solutions architecturales et algorithmiques peuvent être rapidement évaluées, et surtout comparées, grâce aux diagrammes de classes. Ces derniers sont devenus incontournables dans des projets informatiques de plus en plus lourds et complexes ; utilisés dès le début, ils les accompagnent tout du long et peuvent être discutés à différents stades de leur développement, documentés et uniformisés. De par sa décomposition naturelle en classes, l'OO offre à l'informatique une manière de simplifier ses développements. Les diagrammes de classes accompagnent cette offre, la rendant plus attrayante encore par son détachement accru de l'écriture logicielle et du fonctionnement intime du processeur.

Un diagramme de classe simple à faire, mais qui décrit une réalité complexe à exécuter

Alors que l'analyse par UML favorise une approche éclatée, classe par classe, au pire une classe se devant de connaître l'interface de quelques autres, l'exécution qui en résulte peut elle, au contraire, impliquer bien plus d'objets, et de manière assez tortueuse. Il n'y a rien de grave à cela, puisque vous avez laissé la main au seul processeur. Toute la partie compliquée de création, de localisation des objets et de transmission des messages, allant jusqu'au droit de vie et de mort pour chaque objet, lui incombe.

Prenez par exemple le marquage d'un but (nous le reprendrons plus avant dans un diagramme de séquence). Le joueur se limite à taper dans la balle. La balle se limite à se déplacer. Les filets se limitent à constater qu'une balle les « pénètre ». Si c'est le cas, ils le signalent à l'arbitre. L'arbitre, alors, envoie le message `incrémenteScore()` au score. Le score déclenche les cris de joie ou de désespoir des spectateurs, etc. Nulle part, l'effet très indirect du coup de pied dans le ballon sur les cris des spectateurs n'a été réellement anticipé, pensé et décortiqué. Cet effet résulte d'une avalanche de messages, circulant de manière conditionnelle (si... alors) et de lien en lien. Ces liens, au cas par cas, sont les seuls à avoir fait l'objet d'une vraie réflexion.

On décompose le problème, on le pense acteur par acteur, même si le jeu d'interaction d'acteurs qui s'ensuit se révèle complexe, au point parfois de vous surprendre. C'est l'image du feu d'artifice que nous avons évoquée dans le chapitre 4. La chronologie des messages et des effets de ces derniers n'est jamais attaquée de front. On pense les envois de message et ce qui conditionne ceux-ci, de manière logique, au cas par cas. S'il y a une succession de messages, c'est que toutes les conditions se trouvent vérifiées, mais ce déroulement n'aura jamais fait l'objet d'une étude exhaustive préalable. C'est un peu comme des musiciens d'orchestre qui répéteraient, deux par deux, de manière à apprendre à jouer ensemble. Quand ils se trouvent, tous, dans la fosse d'orchestre, pour la première fois, la musique qu'ils produisent individuellement s'harmonise, prend corps. Il ne faut pas programmer les classes comme un tout, en se préoccupant de ce qu'elles peuvent faire pour nous, mais plutôt les programmer en pensant à ce qu'elles pourront faire d'elles-mêmes et entre elles. C'est la clé de la pratique OO, sans véritable équivalent dans la pratique procédurale.

Procéder de manière modulaire et incrémentale

Non seulement la décomposition en modules indépendants simplifie le travail d'analyse, mais elle facilite également la progression du projet dans le temps, par ajouts progressifs de nouveaux modules. Ces modules, pour autant que leur interface et leur implémentation soient clairement tenues séparées, résisteront assez bien à cette incrémentation progressive et seront réutilisables dans des contextes très différents. Vous réutiliserez la balle au handball, au volley-ball, et même au rugby si la signature de la méthode responsable du déplacement de la balle a été clairement détachée de l'implémentation de ce déplacement. Cette pratique incrémentale et modulaire, ponctuée de programmes de complexité croissante, est l'essence même des nouvelles méthodologies de développement qui souvent accompagnent la promotion de l'OO.

Diagramme de séquence

Les diagrammes de séquences, que nous avons déjà approchés dans les chapitres 4 et 5, peuvent accompagner le développement d'un projet à un stade plus avancé que les diagrammes de classes. En effet, ils représentent le programme lors de son exécution : les objets s'agitent, en se sollicitant mutuellement par l'envoi de messages, qui constituent précisément l'essentiel de ces diagrammes. Tous les programmes présentés plus haut, et quel que soit le langage de programmation utilisé, peuvent se représenter par le diagramme repris du chapitre 4, quand l'objet o1 issu de la classe O1, lors de l'exécution de sa méthode jeTravaillePourO1(), envoie le message jeTravaillePourO2() à l'objet o2 issu de la classe O2.

La manière dont le joueur de foot marque un but est représentée dans le diagramme de séquence de la figure 10-17.

Le temps s'écoule de haut en bas, la succession des messages aussi. Les rectangles et les numéros de messages (1, 1.1…) indiquent la succession et l'emboîtement des appels de méthodes correspondants. Nous reviendrons sur cet emboîtement par la suite, car il peut être fortement modifié quand les programmes disposent pour s'exécuter de plusieurs processeurs ou de plusieurs threads en parallèle (le multithreading sera présenté au chapitre 17). Lorsque le programme fonctionne uniquement de manière séquentielle, on comprend bien la raison de l'emboîtement des rectangles. Il faut bien que la méthode jeTravaillePourO2 termine son exécution afin que la méthode jeTravaillePourO1 puisse reprendre la sienne, d'où le premier rectangle englobant le deuxième et l'addition successive de « . » dans la numérotation des messages.

Figure 10–16
Un petit diagramme
de séquence

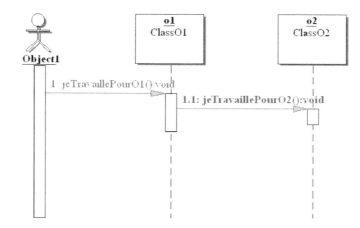

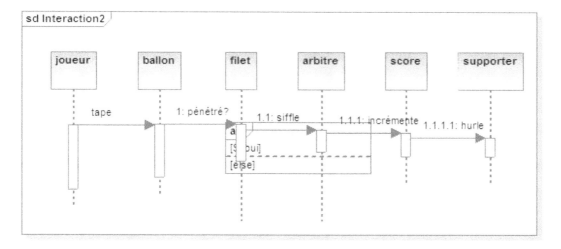

Generated by UModel   www.altova.com

Figure 10–17
Un petit diagramme de séquence représentant la manière dont un joueur marque un but à partir des classes représentées dans le diagramme de classe de la figure 10-15.

Ainsi, les flèches qui décochent les messages auront des terminaisons différentes selon que ces messages sont synchrones (l'expéditeur est bloqué en attendant que le destinataire en ait fini avec sa méthode) ou asynchrones (l'expéditeur et le destinataire peuvent travailler en parallèle). Par défaut, les messages sont considérés comme synchrones, s'exécutant sur un processeur unique et sans multithreading. Le petit bonhomme dans le diagramme représente le point de départ de la séquence de messages. Si l'on écrivait l'intégralité du diagrammme de séquence d'un programme, le petit bonhomme représenterait le `main`. Cependant, un diagramme de séquence peut démarrer au départ de n'importe quel appel de méthode.

Très tôt, certains environnements de développement UML (comme TogetherJ) ont tenté, au prix de contorsions importantes et acceptant quelques écarts par rapport à la norme UML, de synchroniser aussi parfaitement que possible l'écriture du logiciel et le diagramme de séquence qui l'accompagne. À titre d'exemple, et sans le commenter davantage, un code et le diagramme de séquence créé automatiquement par TogetherJ à partir de celui-ci sont montrés ci-après. Vous pourrez apprécier l'effort important, fourni historiquement par certains développeurs, pour synchroniser davantage encore la symbolique des diagrammes UML et l'écriture du logiciel.

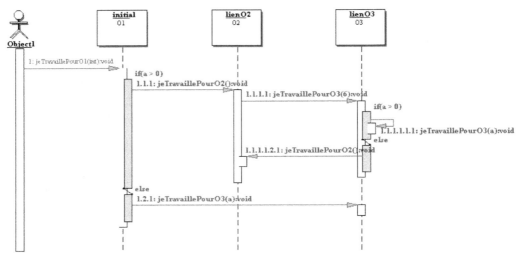

Figure 10–18 Un diagramme de séquence plus compliqué, créé automatiquement à partir du code Java

```java
public class O1 {
  private int attribute1;
  private O2 lienO2;
  private O3 lienO3;
  public void jeTravaillePourO1(int a) {
    if (a > 0){
      lienO2.jeTravaillePourO2();
    }
    else{
      lienO3.jeTravaillePourO3(a);
    }
  }
}
class O2 {
  private O3 lienO3;
  public void jeTravaillePourO2() {
    lienO3.jeTravaillePourO3(6);
  }
}
```

```
class O3 {
  private O2 lienO2;

  public void jeTravaillePourO3(int a) {
    if (a > 0){
      a--;
      jeTravaillePourO3(a);
    }
    else {
      lienO2.jeTravaillePourO2();
    }
  }
}
```

Connaissant la nouvelle version d'UML, on peut dire de Together qu'il était en avance sur son temps. En effet, dans UML 2, le diagramme de séquence s'est considérablement enrichi, de façon à synchroniser davantage encore la représentation des diagrammes et le code correspondant. Il ne s'est pas, malheureusement pour eux, enrichi à la manière de Together, mais a conservé le type d'addition que ce dernier avait déjà anticipé dans sa version à lui des diagrammes. Cela va bien sûr toujours dans le sens d'un rhabillage d'UML vers une nouvelle forme de langage de programmation.

Voici un exemple de petit code Java. On supposera que les classes O2, O3 et O4 existent par ailleurs avec les méthodes appropriées. La figure 10-19 présente la nouvelle mouture du diagramme de séquence UML 2 correspondant, produit cette fois par la nouvelle version de Together ou par Omondo (le logiciel UML qui se greffe sur l'environnement de développement Java d'Eclipse).

```
class O1
{
  private O2 o2;
  private O3 o3;
  private O4 o4;
  public void jeTravaillePourO1() {
        int i = 0;
        int j = 0;
    while (i < 100) {
      if (j > 20) {
        o2.jeTravaillePourO2();
      } else {
        o3.jeTravaillePourO3();
      }
      i++;
    }
    if (j < 50) {
      O4.jeTravaillePourO4();
    }
  }
}
```

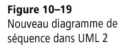

Figure 10–19
Nouveau diagramme de séquence dans UML 2

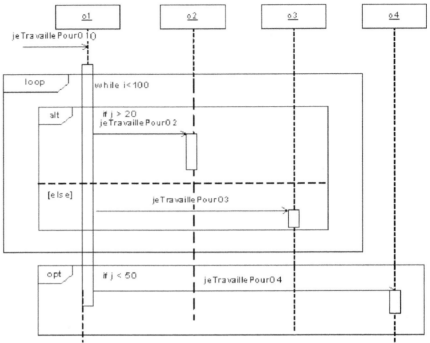

On voit apparaître dans le diagramme de nouveaux éléments graphiques qui collent mieux aux mécanismes classiques de la programmation procédurale, lesquels continuent à constituer le corps des méthodes. Ainsi, les trois grands rectangles intitulés `loop`, `alt` et `opt` correspondent à des « frames », des régions du diagramme de séquence divisées en un ou plusieurs fragment(s) ; par exemple, le frame `alt` est divisé en deux fragments d'un `if - else`. Une fois libellées par le petit texte en haut à gauche du frame, ces parties du diagramme de séquence peuvent se retrouver n'importe où dans un autre diagramme de séquence. Cela permet, par exemple, de découper le diagramme de séquence en parties distinctes et de déplacer ces parties d'un diagramme à l'autre. Les développeurs ayant réalisé des diagrammes de séquence comprenant des centaines d'objets comprendront très aisément l'intérêt de la chose.

Finalement, comme représenté dans le diagramme de séquence suivant, un objet peut être responsable tant de la création que de la disparition d'un autre. Un code C++ correspondant à ce diagramme de classe s'écrirait comme suit (l'objet `unO2` serait composé dans l'objet `O1`) :

```
class O1 {
  public void jeConstruis(){
    O2 *unO2 = new O2() ;
  }

  public void jeDetruis(){
    delete unO2 ;
  }
}
```

Figure 10–20
Un diagramme de séquence qui montre
comment l'objet O1 peut (comme dans
une relation de composition) avoir droit de vie
et de mort sur l'objet O2 ; d'abord il le crée puis
il le détruit.

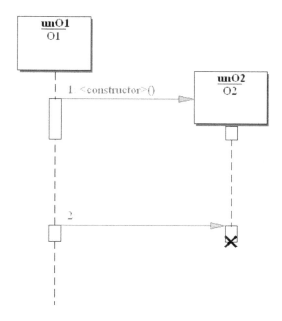

L'instruction `delete` étant absente de Java et C#, un effet aussi net et efficace serait plus difficile à obtenir dans ces langages et il faudrait passer par les bons et loyaux services du ramasse-miettes, en forçant son intervention par un appel explicite.

Le diagramme de séquence étant très proche du flot d'exécution d'un programme, on conçoit que l'évolution d'UML vers une forme de langage de programmation ait obligé à ajouter de nouveaux éléments graphiques qui rendent compte de la partie procédurale de ce flot. Cette évolution est très controversée, car elle alourdit considérablement ces mêmes diagrammes, ce qui rend inévitable l'utilisation de logiciels de développement UML. Certains développeurs, qui se sentent plus à l'aise avec une suite logique et écrite d'instructions procédurales, ne verront pas l'intérêt d'un tel enrichissement. La réalisation de ces diagrammes de séquence à la main et pour autant que l'on cherche à respecter fidèlement leur symbolique graphique (surtout l'emboîtement des cadres) tient du parcours du combattant. On comprend dès lors les réticences exprimées par les « UMListes du tableau noir », accrues davantage encore par la deuxième version d'UML. Si l'utilisation d'UML leur fait perdre du temps ou leur complique la vie, retour à l'expéditeur ! Vive leur bon vieux langage de programmation !

Il n'en reste pas moins que le souci d'universalisation d'UML au-delà de tous les langages de programmation continue à se vérifier, car tous ces langages reprennent ce type de mécanismes procéduraux (test, boucle…) même si tous le font encore à leur guise et à partir d'une syntaxe légèrement modifiée. UML 2 transcende les différences, gomme la cosmétique, en se limitant à l'essentiel, les fonctionnalités pures. Il intègre dans cet esperanto, au départ uniquement dédié aux mécanismes OO, les mécanismes de la programmation procédurale. Plus rien ne veut ou ne peut lui échapper. Tout ce que vous avez fait en Python ou en Java, pourra faire l'objet d'une traduction simultanée en C++ ou en C#. Cela devrait conduire à une grosse économie de travail. On est preneur.

Diagramme d'états-transitions

Certains objets présentent un comportement tel pendant l'exécution du code qu'ils méritent une attention toute particulière. Le diagramme d'états-transitions (que l'on doit à David Harel) se concentre sur les évolutions possibles d'un unique objet du code, en termes de changements d'états. La figure 10-21 devrait aisément vous aider à comprendre de quoi est fait ce diagramme. Il représente l'objet Personne dans ses différentes situations professionnelles. Il est sans doute inutile de fournir des explications additionnelles pour comprendre les états et les transitions possibles entre ces états. Certaines transitions sont gardées par des conditions comme le passage à la retraite à plus de 60 ans (principe toujours très débattu en France, il faudra changer le graphique dans une nouvelle édition…).

Figure 10–21
Un diagramme d'états-transitions représentant les différents états de l'objet Personne et les différentes transitions possibles entre ces états

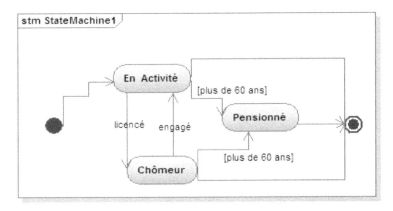

Generated by UModel   www.altova.com

Le disque plein marque la naissance de l'objet, le disque plein dans une circonférence, sa disparition. Comme indiqué dans la figure 10-22, un état peut être qualifié de macro quand il incorpore un ensemble d'états simples mais qui se caractérisent tous par les mêmes transitions entrantes ou sortantes (d'où leur regroupement dans un macro-état).

Figure 10–22
Un état composite intégrant un ensemble de micro-états

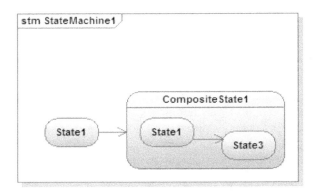

Generated by UModel   www.altova.com

La création de code à partir des diagrammes d'états-transitions prête encore à de nombreux développements. Dans les figures qui suivent, vous découvrirez le résultat de l'implémentation d'une recette de conception (design pattern, voir chapitre 23) dite « le Pattern état », qui traduit les diagrammes représentés en code (par l'intermédiaire des diagrammes de classes). Les figures 10-23, 10-24 et 10-25 présentent des exemples de diagrammes d'états-transitions de complexité croissante et les classes correspondantes écrites automatiquement à partir de ces diagrammes.

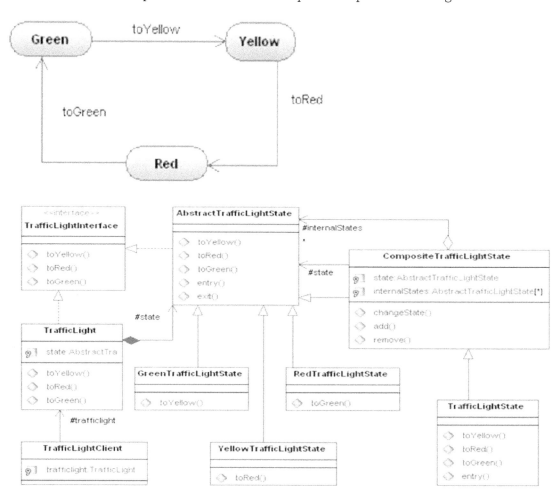

Figure 10–23
Diagramme d'états-transitions d'un feu de signalisation et le code automatiquement écrit à partir de ce diagramme, représenté à l'aide du diagramme de classe

Ces diagrammes UML, « états-transitions », « activité », sont composés de symboles qui n'ont nul équivalent en langage de programmation (qu'est-ce qu'un « état » ou une « activité » en Java, .Net ou Python ?) ; c'est pour eux que se pose de manière aiguë toute la problématique consistant à voir en UML un langage de programmation. En effet, les traductions peuvent être multiples et extraordinairement diversifiées. Nous vous en proposons une ici, qui transforme chacun des états en une classe particulière, mais bien d'autres traductions de la notion d'état en code source peuvent être imaginées, tout aussi pertinentes. Une telle marge de liberté entre le diagramme et le code source produit n'est pas propice à cette automatisation, d'où la réticence des créateurs mêmes d'UML à voir leur créature se transformer en quelque chose qu'ils n'avaient absolument pas envisagé au départ.

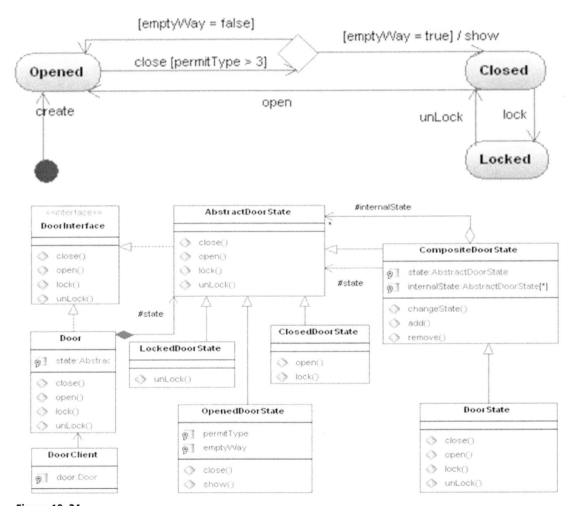

Figure 10–24
Diagramme d'états-transitions d'une porte et le code automatiquement écrit à partir de ce diagramme, représenté à l'aide du diagramme de classe

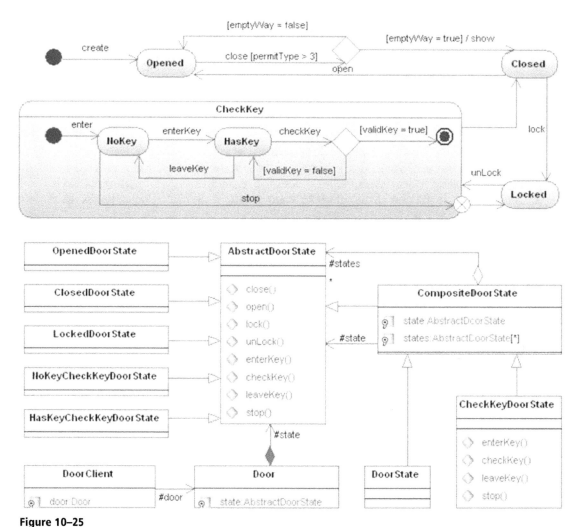

Figure 10–25
Diagramme d'états-transitions d'une porte et d'états composites « clef » et le code automatiquement écrit à partir de ce diagramme, représenté à l'aide du diagramme de classe

Exercices

Dans plusieurs des énoncés qui suivent, des relations d'héritage doivent être mises en œuvre. Nous vous conseillons donc de vous attaquer à ces énoncés-là après avoir lu le chapitre suivant.

Exercice 10.1

Tentez de dessiner les diagrammes de classe correspondant à la modélisation informatique des énoncés suivants :

1 Vous organisez un convoi humanitaire de véhicules. Les véhicules sont de trois sortes : camion, camionnette, voiture. Chacun des véhicules se caractérise par sa capacité tant à stocker des vivres qu'à transporter des passagers. Vous désirez prévoir à l'avance la consommation du convoi (dépendant, de manière différente pour chaque sorte de véhicule, de sa puissance et de sa charge).

2 Vous décidez de faire des travaux dans votre maison et vous vous interrogez quant aux dépenses à prévoir pour le paiement des salaires des ouvriers qui travailleront sur ce chantier. Vous savez que vous aurez affaire à plusieurs types d'ouvriers se différenciant par la façon dont ils veulent être payés. Certains sont déclarés, d'autres non. Certains veulent être payés à l'heure, d'autres par jour et d'autres encore par semaine. Finalement, certains veulent être payés en numéraire, d'autres par chèque et d'autres encore par virement bancaire.

3 Vous réalisez un programme s'occupant de la gestion d'une petite « CDthèque » de CD-Rom (éducatif, programme informatique et jeux), que vous souhaitez mettre à la disposition de vos amis pour une période de temps limité (maximum 10 jours). Le prix et la période maximale d'emprunt s'établissent différemment selon la nature des CD (on se base sur un échelon journalier pour les CD jeux, hebdomadaire pour les programmes et mensuel pour les CD éducatifs). Vos amis possèdent 4 types de matériel informatique : Mac, PC avec Windows XP, PC avec Windows 7, PC avec Linux. Les CD-Rom et les informations qu'ils contiennent ne sont lisibles ou exécutables que sur certains de ces systèmes. Lorsqu'un de vos amis désire vous emprunter un ou plusieurs de vos CD, et ce pour une période définie, votre programme doit être capable de :

    1. vérifier si ce CD est compatible avec son système informatique ;

    2. vérifier s'il est encore disponible ;

    3. indiquer à votre ami combien cela lui coûtera ;

    4. lui expliquer la procédure d'installation du CD, différente selon son système informatique (mais identique pour tous les CD) ;

    5. lui réclamer les CD qu'il posséderait encore et dont le temps d'emprunt est dépassé.

4 Vous réalisez un programme s'occupant de la gestion d'un bureau de réservation pour spectacle. Votre programme vend des réservations pour une représentation (un certain jour à une certaine heure) d'un spectacle (caractérisé par son titre et son auteur). Un client, identifié par ses nom, adresse et numéro de téléphone, peut effectuer plusieurs réservations. Selon que le client est un abonné du bureau ou pas, il bénéficie d'une ristourne, d'une priorité sur les réservations et de facilités de paiement. Chaque réservation peut être de deux types : soit individuelle, soit en groupe. Dans les deux cas, des tickets sont délivrés au client : soit un ticket, soit autant de tickets que de personnes du groupe. À chaque ticket correspond une place pour la représentation.

5 Un organisme bancaire est propriétaire d'un certain nombre d'agences. Chaque agence possède un nombre important de clients et de comptes bancaires détenus par ces clients. Plusieurs clients peuvent avoir procuration sur un même compte et un même client peut posséder plusieurs comptes. L'organisme bancaire est également responsable d'un grand nombre de distributeurs que les clients peuvent utiliser pour tirer de l'argent ou consulter leurs comptes. À chaque compte sont associées des cartes bancaires qui peuvent être de types différents (« carte bleue », « visa », « amex ») et qui, selon leur type, permettent différentes modalités de crédit ou de remboursement. Seuls certains types de carte peuvent être utilisés dans un distributeur. Finalement, les comptes sont de deux sortes selon qu'ils peuvent être associés à une carte bancaire ou qu'ils ne le peuvent pas.

6 Vous devez réaliser la simulation d'un réseau ferroviaire sur lequel circulent différents types de trains : des omnibus qui vont lentement et s'arrêtent à toutes les gares, des trains de marchandises qui vont moyennement vite et s'arrêtent dans une gare sur deux, et des trains à grande vitesse qui vont vite et ne s'arrêtent nulle part entre la gare de départ et la gare d'arrivée. Les trains de marchandises et à grande vitesse doivent ralentir à la vue de certains obstacles comme un feu de signalisation de couleur orange, un passage à niveau, un aiguillage ou une gare. Tous les trains doivent s'arrêter dès qu'un feu de signalisation passe au rouge, dès qu'un pylône est tombé sur la voie ou qu'un pont sur lequel le train doit passer est en pièces. Seuls les trains de marchandises et les omnibus s'arrêtent dans les gares. On simulera également le transport de la marchandise. Réalisez le diagramme de classe UML de cette application, en adaptant autant que faire se peut les principes de la programmation orientée objet.

7 Vous réalisez la simulation d'un petit exercice de manœuvre militaire. Dans votre simulation, doivent apparaître les différents militaires avec leurs grades respectifs : général, colonel, capitaine, lieutenant et simple soldat. Tous les militaires sont capables de charger, de décharger leur arme, de déserter, etc. mais, selon leur grade, la manière de s'exécuter diffère. Chaque militaire doit s'en remettre à son responsable hiérarchique immédiat pour recevoir ses ordres de mission. Chaque militaire appartient à un régiment particulier. Les ordres de manœuvre sont donnés au régiment (par l'entremise du plus haut gradé) et ce par un QG central. Dans cette manœuvre, chaque régiment se voit désigner un emplacement initial et a comme objectif de conquérir un lieu particulier. En général, les ordres de manœuvre envoyés par le QG à chaque régiment peuvent être de trois types : « conquérir », « conquérir le lieu et y organiser un immense thé dansant », « conquérir le lieu et revenir chez soi avec un souvenir ». Chacun de ces types de manœuvre se particularise par une durée d'exécution, un budget à dépenser (et la manière de le dépenser), un nombre donné de militaires, ainsi qu'un ensemble de pratiques militaires particulières.

Exercice 10.2

Réalisez en C++ le squelette du programme qui accompagne ces diagrammes de classe et de séquence.

Figure 10–26

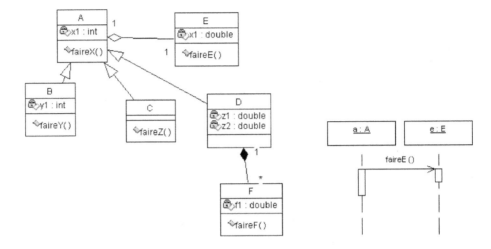

Exercice 10.3

Réalisez le squelette de code Java que l'on pourrait écrire automatiquement à partir du diagramme de classe suivant.

Figure 10–27

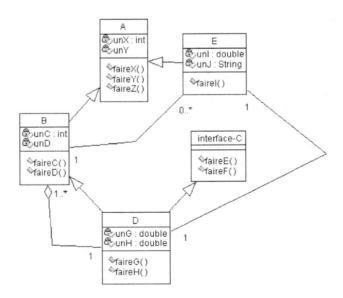

Exercice 10.4

Réalisez le squelette de code C# que l'on pourrait écrire automatiquement à partir de ces deux diagrammes UML.

Figure 10–28

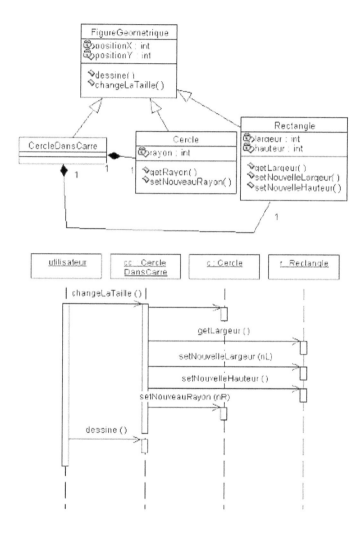

Exercice 10.5

Réalisez le squelette de code C++ que l'on pourrait écrire automatiquement à partir de ces deux diagrammes UML.

Figure 10-29

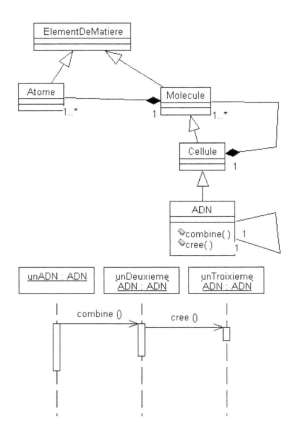

Exercice 10.6

Réalisez le diagramme de classe UML correspondant au code Java écrit ci-après :

```java
import java.util.*;
class A {
  private B unB;
  public A() {}
  public void faireA() {}
}
class B extends C implements D {
  private Vector v = new Vector();
```

```
  public B() {
    for (int i=0; i<100; i++)
      v.addElement(new A());
  }
  public void faireD(E unE) {
    unE.faireE();
  }
}
class E {
  public void faireE() {}
}
interface D {
  public void faireD(E unE);
}
class C extends A {
  private A unA;
```

11

Héritage

Dans la poursuite de la modularisation, mais verticale cette fois, ce chapitre présente la pratique de l'héritage. Il s'agit, vers le haut, de factoriser dans la superclasse des attributs et des méthodes communs aux sous-classes et, vers le bas, de spécialiser ces sous-classes par l'addition et le raffinement des méthodes et des attributs qui leur sont propres.

CANDIDUS — *Que faire si nous voulons spécialiser un objet existant ?*

DOC. — *Pour ça, l'OO nous propose le mécanisme d'héritage : il nous permet de fabriquer des objets à partir de ceux que nous avons sous la main tout en leur ajoutant de nouveaux attributs. Toutefois, ils restent des représentants à part entière de toutes leurs superclasses : mêmes attributs, mêmes signatures de méthodes. Même avec des attributs et méthodes supplémentaires, ils peuvent parfaitement ne jouer qu'un des rôles de base comme s'ils n'étaient pas spécialisés. Certaines superclasses peuvent juste servir d'intermédiaires pour réaliser plusieurs sous-classes.*

CAND. — *... et ces intermédiaires nous dispensent de dupliquer le tout dans chacune des classes concernées. Est-ce que nos sous-classes héritent vraiment tout de leurs parents et grands-parents ?*

DOC. — *Heureusement, non ! Que fais-tu donc du principe d'encapsulation ? Même pour le mécanisme d'héritage, les méthodes private ne concernent que l'implémentation intime de chaque parent. Les sous-classes n'y ont pas accès. En revanche, elles héritent des méthodes protected, c'est-à-dire des méthodes d'implémentation que tu veux mettre à disposition des sous-classes, tout en les rendant inaccessibles à toutes les autres.*

CAND. — *L'héritage est donc une porte ouverte qu'il peut être bon de refermer sur certains mécanismes intimes des parents.*

DOC. — *Une autre combinaison de classes, le multihéritage, constitue apparemment une économie par rapport à la composition. Il évite les échanges de messages nécessaires à la collaboration d'un composant. Toutefois, pour trouver une méthode de superclasse, cela devient plus complexe ; plusieurs chemins doivent être explorés et il se peut même que nous devions choisir parmi plusieurs solutions possibles.*

Comment regrouper les classes dans des superclasses ?

Reprenons l'exemple de notre petit écosystème du chapitre 3, dont une vue de la simulation est présentée ci-après. Le premier constat qui s'impose, c'est que nous avons multiplié le nombre de proies, prédateurs, plantes et points d'eau. Nous n'allons pas nous priver de l'un des avantages premiers de la classe, qui est de donner naissance à une multitude d'objets sans se préoccuper, pour chacun, de re-préciser ce qu'il fait et de quoi il est fait.

Figure 11–1
Vue de la simulation finale
du programme Java
de l'écosystème

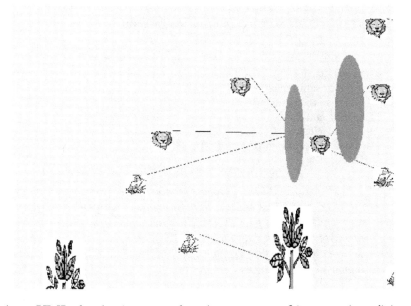

Comme le diagramme de classe UML du chapitre précédent le montre parfaitement, jusqu'ici nous avons codé ce modèle à l'aide de 5 classes (oublions la vision pour l'instant) : deux pour les animaux (Proie et Prédateur), deux pour les ressources naturelles (Plante et Eau), puis finalement la classe Jungle. Cette dernière agrège toutes les autres et lance la méthode principale qui, de manière itérée, fait évoluer les ressources et se déplacer les animaux.

Vous aurez sans doute été sensible à ce petit dérapage sémantique, effectué sous contrôle bien sûr, qui nous amène à réunir la proie et le prédateur sous le même concept d'animaux, ainsi que l'eau et la plante sous le même concept de ressource. Nous allons, en effet, joindre le geste logiciel à la parole et ajouter deux nouvelles classes Faune et Ressource, qui regrouperont ce qu'il y a de commun entre la proie et le prédateur pour la première, et entre le point d'eau et la plante pour la seconde.

Voyons dans un premier temps les attributs communs à la proie et au prédateur. Chacun se trouve situé en un point précis (x,y), se déplace avec une vitesse projetée sur chaque axe (vitx, vity), possède une énergie qui décroît suite aux efforts et s'accroît grâce aux ressources, chacun est associé aux ressources disponibles dans le milieu, avec lesquelles ils interagissent.

Toutes ces propriétés se retrouveront dès à présent « plus haut dans les classes », c'est-à-dire dans la faune. Que reste-t-il qui particularise et différencie encore la proie du prédateur ? Le prédateur interagit, en plus, avec les seules proies et vice versa. Les proies pouvant mourir, elles possèdent un attribut supplémentaire indiquant leur état de vie.

Par ailleurs, toutes les plantes et tous les points d'eau sont caractérisés par les deux mêmes attributs : leur quantité et un compteur temporel qui sert à rythmer leur évolution naturelle (la plante qui pousse et l'eau qui s'évapore).

Ici, la factorisation est encore plus radicale que dans le cas des animaux, car il ne reste au bout du compte aucun attribut qui différencie les plantes de l'eau. Dans quelle mesure ne sont-ils pas alors simplement des objets différents d'une même classe Ressource ? En effet, si la seule différence qui subsiste entre les objets est la valeur de certains de leurs attributs, il n'y a plus lieu de découper les classes en sous-classes. Par exemple, il n'existe pas de sous-classes de voiture rouge ou bleue, car il s'agit simplement de deux objets différents de la même classe voiture. Dans pareil cas, il suffit de s'en tenir à la seule diversification des objets, qui sert justement à cela : encoder par chacun des valeurs d'attributs différentes.

N'utilisez jamais l'héritage de manière abusive, pour ce qu'il n'est pas dans les langages OO, c'est-à-dire la différenciation par la seule valeur des attributs des objets appartenant à une même classe. Ne faites pas systématiquement de sous-classes pour les jeunes hommes et les hommes âgés, si seul leur âge les différencie, ou de sous-classes pour les voitures rapides ou lentes si, là encore, seule leur vitesse maximale les différencie et rien d'autre. Pour l'instant, nous nous sommes limités aux seuls attributs, mais nous verrons bien vite que les méthodes jouent un rôle encore plus important lors de cette factorisation dans une superclasse des caractéristiques communes aux sous-classes. À elles seules, elles justifieront, pour les ressources, la présence de ces deux niveaux hiérarchiques.

Héritage des attributs

Concentrons-nous d'abord sur l'héritage des attributs. Le diagramme UML ci-après (voir figure 11-2) illustre le mécanisme d'héritage, à l'aide d'un nouveau symbole graphique que nous avions délibérément laissé en suspens dans le chapitre précédent. Sur le diagramme, grâce à la flèche d'héritage (seule la pointe la différencie de celle symbolisant le lien d'association dirigée), tous les attributs et les méthodes caractérisant la superclasse deviennent automatiquement attributs et méthodes de la sous-classe, sans qu'il n'y ait besoin de le préciser davantage. C'est la direction de la flèche qui spécifie lesquelles sont les superclasses et lesquelles sont les sous-classes, nullement leur position dans le diagramme de classe, même s'il est de coutume d'installer les sous-classes en dessous des superclasses.

Première conséquence de cette application de l'héritage

Il ne peut y avoir dans la sous-classe, par rapport à sa superclasse, que des caractéristiques additionnelles ou des précisions. Ce que l'héritage permet d'abord, c'est d'ajouter dans la sous-classe de nouveaux attributs et de nouvelles méthodes (qui auront comme responsabilité la gestion de ces nouveaux attributs), les seuls à préciser dans la déclaration des sous-classes.

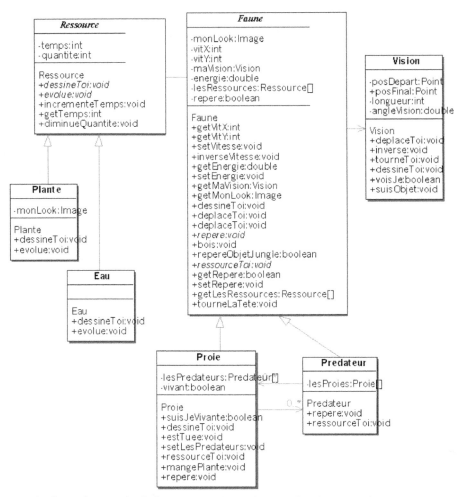

Figure 11–2 Diagramme de classe plus complet de l'écosystème où on voit apparaître deux superclasses, Faune et Ressource, et la manière dont les sous-classes héritent de celles-ci. Observez bien le sens et le dessin de la flèche symbolisant l'héritage. Les deux sont capitaux.

Ce que la relation d'héritage cherche à reproduire dans l'écriture logicielle, c'est l'existence, dans notre manière d'appréhender le monde, de concepts plus spécifiques et génériques. Nous le faisons tout naturellement pour des raisons d'économie déjà entrevue dans le premier chapitre, et nous retrouvons cette pratique « taxonomique » dans de nombreuses disciplines intellectuelles humaines : politique, économique, sociologique, biologique, zoologique… La possibilité de hiérarchiser notre conceptualisation du monde en différents niveaux d'abstraction rend plus flexible l'utilisation de l'un ou l'autre de ces niveaux, selon le contexte d'utilisation.

Par exemple, alors que l'un de nous tape ce texte sur son *portable* posé sur la table de la salle à manger, l'informaticien du labo lui demande par téléphone s'il souhaite une batterie pour son *Lenovo ThinkPad*, sa compagne le somme de retirer son *ordinateur* afin de mettre la table et son enfant réclame à jouer sur sa *machine*. Voilà quatre dénominations pour un même objet, quatre termes le désignant à différents niveaux d'abstraction, selon quatre contextes d'utilisation différents, quatre interlocuteurs et quatre besoins distincts.

L'objet est unique mais chacun le désigne à sa manière, afin de communiquer son souhait le plus économiquement et le plus effectivement qui soit. Le choix du bon niveau d'abstraction se justifie par un souci d'optimisation de la communication, par le souhait « de dire le plus avec le moins ». Il est inutile de savoir qu'il s'agit d'un Lenovo ThinkPad pour réaliser que, tout Lenovo qu'il est, il encombre la table de la salle à manger ou permet de jouer. Un concept est plus abstrait qu'un autre si, dans sa fonction descriptive, il englobe cet autre, s'il est plus général, plus passe-partout, plus adaptable. Comme la figure 11-3 l'illustre, il en est ainsi de « machine », plus abstrait que « ordinateur », plus abstrait que « portable », plus abstrait que « Lenovo ThinkPad ».

Figure 11–3
Le même ordinateur portable vu selon différents niveaux d'abstraction

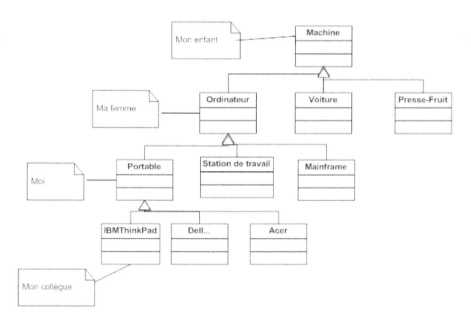

Pourquoi l'addition de propriétés ?

Une classe plus spécifique ne peut qu'ajouter des propriétés par rapport à sa superclasse, tout simplement parce qu'elle se doit de rester également dans cette superclasse, donc d'en partager les propriétés. Tout ce qu'est et fait une superclasse doit être et être fait par toutes ses sous-classes. La sous-classe peut en faire plus, pour se démarquer, mais jamais moins. Ce mode de fonctionnement est évidemment transposable aux objets, instances des classes et sous-classes correspondantes, et donne lieu à un principe clé de la pratique orientée objet, principe qui est dit de « substitution ».

Principe de substitution : un héritier peut représenter la famille

Partout où un objet instance d'une superclasse apparaît, on peut, sans que cela pose le moindre problème, lui substituer un objet quelconque instance d'une sous-classe. Tout message compris par un objet d'une superclasse le sera obligatoirement par tous les objets issus des sous-classes. L'inverse est évidemment faux. Toute Ferrari peut se comporter comme une voiture, tout portable comme un ordinateur et tout livre d'informatique OO comme un livre. C'est pour cette simple raison qu'il sera toujours possible de typer statiquement un objet par une superclasse bien que, lors de sa création et de son utilisation, il sera plus précisément instance d'une sous-classe de celle-ci, par exemple `SuperClasse unObjet = new SousClasse()` (le compilateur ne bronche pas, même si l'objet typé superclasse sera finalement créé comme instance de la sous-classe ; c'est aussi la raison pour laquelle vous devez écrire deux fois le nom de la classe dans l'instruction de création d'objet) ou encore :

```
SuperClasse unObjet = new SuperClasse() ;
SousClasse unObjetSpecifique = new SousClasse() ;
unObjet = unObjetSpecifique ; // l'inverse serait refusé par le compilateur
```

Tout message autorisé par le compilateur, lorsqu'il est censé s'exécuter sur un objet d'une superclasse, peut tout autant s'exécuter sur un objet de toutes ses sous-classes. La Ferrari peut prendre des passagers ou simplement démarrer. L'inverse n'est pas vrai. Demandez à une voiture quelconque (une Mazda, par exemple) d'atteindre 300 km/h en 5 secondes sans exploser ou à un livre quelconque (la Bible, par exemple) de vous révéler les subtiles secrets de l'héritage en OO... On pourra donc toujours affecter un objet d'une sous-classe à un objet d'une superclasse (car ce qu'est censé faire la superclasse, toute sous-classe peut le faire), mais jamais l'inverse.

L'héritage : du cognitif aux taxonomies

Nous allons, au cours de notre développement, raffiner et illustrer ces différents fondements de la pratique de l'orienté objet. D'ici là, gardons à l'esprit que l'héritage a pour première vocation de reproduire ce mode cognitif extrêmement puissant de conceptualisation hiérarchisée du monde, du plus général au plus spécifique. En conséquence, il n'y aura jamais lieu de le mettre en œuvre en OO autrement qu'entre des classes, qui, dans la conceptualisation que nous en avons, entrent dans ce rapport taxonomique. Si la source première d'inspiration de ce mécanisme puissant, permettant une organisation et un encodage économique de la connaissance, reste notre fonctionnement cognitif, il y a lieu dans une pratique, détachée maintenant des sciences cognitives, de tendre vers une formalisation plus rigoureuse et fiable.

Ce mécanisme informatisé d'héritage est né en partie de l'intelligence artificielle. S'inspirant de notre fonctionnement cognitif, cette dernière a toujours aspiré à une formalisation de ces mécanismes, pour les transposer dans une pratique d'ingénieur robuste et normative. Il en va ainsi de toutes les logiques classiques et moins classiques, des réseaux de neurones, de la théorie des probabilités subjectives, de la logique floue, autant d'outils ingénieristes qui trouvent leur origine dans les sciences cognitives.

Figure 11–4
Interprétation ensembliste
de l'héritage

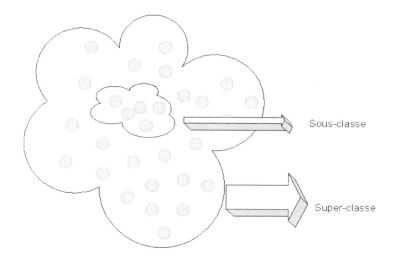

Sous-classe

Super-classe

Interprétation ensembliste de l'héritage

Ainsi, une possible interprétation plus normative de la pratique de l'héritage passe tout simplement par la théorie des ensembles. Ce détour pourra vous être quelquefois utile, quand vous ressentirez un doute sur le pourquoi et le comment de la mise en œuvre de cette pratique dans un contexte donné. Comme cela est visible à la figure 11-4, la superclasse, comme « ensemble », regroupe en tant qu'instance tous les éléments, y compris tous ceux que regroupe l'ensemble sous-classe. C'est ce qui permet d'affirmer que tout objet d'une sous-classe est également objet de sa superclasse et que l'on peut passer d'un type sous-classe à un type superclasse sans que cela ne cause de difficulté. L'inverse n'est évidemment plus vrai, car les sous-classes étant plus spécifiques, elles se permettent des choses qui ne sont pas du ressort des superclasses.

« Casting explicite » versus « casting implicite »

Comme nous le verrons dans le chapitre suivant, le « casting » autorise une variable typée d'une certaine façon lors de sa création à adopter un autre type le temps d'une manœuvre. Conscient des risques que nous prenons en recourant à cette pratique, le compilateur l'accepte si nous recourons à un « casting explicite ». C'est le cas en programmation classique quand on veut, par exemple, affecter une variable réelle à une variable entière. Dans le cas du principe de substitution, les informaticiens parlent souvent d'un « casting implicite », signifiant par là, qu'il n'y a pas lieu de contrer l'opposition du compilateur quand nous faisons passer un objet d'une sous-classe pour un objet d'une superclasse. Le compilateur ne bronchera pas, car cette démarche est tout à fait naturelle et acceptée d'office. En revanche, faire passer un objet d'une superclasse pour celui d'une sous-classe requiert la présence d'un « casting explicite », par lequel vous prenez l'entière responsabilité de ce comportement risqué. Le compilateur vous met en garde (vous êtes en effet sur le point de commettre une bêtise) mais, ensuite, vous en faites ce que vous voulez en votre âme et conscience. Par exemple, si vous transférez un réel dans un entier (la superclasse dans la sous-classe), c'est en effet une bêtise, car vous perdez la partie décimale. En général, vous en êtes pleinement conscients et assumez la responsabilité de cette perte d'information. Les puristes de l'informatique détestent la pratique du casting (explicite évidemment) qui est toujours évitable par un typage plus fin et une écriture de code plus soignée. Un mauvais casting sera responsable d'une erreur à l'exécution du code lorsque l'on affecte à une classe un type qui ne lui correspond pas, et ce alors que le compilateur a laissé faire.

Qui peut le plus peut le moins

Revenons aux ensembles. Cette manière de concevoir l'héritage (la plus solide) a permis de contrer un collègue qui affirmait qu'en se basant sur le seul ajout d'attributs, il était possible de voir la classe des nombres réels comme une sous-classe de celle des nombres entiers, ou les rectangles comme une sous-classe des carrés. En effet, un réel peut être simplement vu comme un entier auquel on ajouterait l'attribut valeur décimale et un rectangle comme un carré auquel on ajoute un côté supplémentaire. Or, il n'est point besoin de pouvoir suivre la démonstration du théorème de Fermat pour savoir que les nombres entiers sont un sous-ensemble des nombres réels et les carrés un sous-ensemble des rectangles, et qu'en prolongeant cette vision, les entiers et les carrés deviennent respectivement, non plus la superclasse, mais la sous-classe des réels et des rectangles. Et c'est ce qu'ils sont en effet, en informatique tout comme en mathématique. Vous « castez » explicitement un réel pour l'affecter à un entier, pas l'inverse. En vérité, la notion de classe et de sous-classe se base essentiellement sur la nature opératoire des objets qui en découle. Tout ce que vous faites avec un réel en informatique, vous pouvez le faire avec un entier. L'inverse est faux. Par exemple, quand vous dimensionnez une fenêtre sur un écran, les programmes qui le font s'attendent à recevoir un entier, ne titillez pas le compilateur en transmettant un réel à la place. En revanche, la situation inverse laissera le compilateur aussi froid que les circuits qui le font fonctionner.

Pour se sortir du dilemme des attributs, il serait correct de dire que, tout comme les réels, les entiers ont l'attribut entier plus l'attribut décimal. Cependant, ils sont beaucoup plus spécifiques que les réels, en ceci que la valeur de leur attribut décimal est forcément nulle. On pourrait croire que, au vu de cette spécificité accrue, la sous-classe en fera toujours plus que la superclasse. Cependant, ce qui fait la spécificité de la sous-classe est, dans le même temps, ce qui risque d'être le moins sollicité par les autres classes. Il n'est pas rare que la sous-classe passe plus de temps à jouer le rôle de sa superclasse qu'à se laisser aller à exprimer vraiment ce qu'elle est, comme nous le verrons dans la suite. Finalement, à observer les diagrammes de classe UML, vous constaterez que les rectangles des sous-classes sont très souvent plus petits que ceux des superclasses, car ils ne se différencient que par quelques ajouts. Ce qui particularise les sous-classes s'avère beaucoup moins important que ce qui les réunit.

Héritage ou composition ?

Un objet de type sous-classe est d'autant plus un objet de type superclasse que son stockage en mémoire se compose d'abord d'un objet de type superclasse, puis d'un espace mémoire réservé aux attributs qui lui sont propres, comme indiqué dans la figure ci-après. Ce mode de stockage ressemble à s'y méprendre à celui d'un objet, qui serait en partie composé d'un autre objet en son sein. Cela revient à dire qu'eu égard au stockage des objets en mémoire, rien ne différencie vraiment un lien de composition d'un lien d'héritage. Nous verrons qu'il n'en va plus de même lors de l'appel des méthodes.

Dans le cas de la composition, il y a bien envoi de messages de la classe qui offre le logement à celle qui est logée. Dans le cas de l'héritage, on ne parlera plus d'envoi de message, car il s'agit bien d'une méthode propre à la classe elle-même, quitte à être héritée d'une autre. N'oublions pas que l'héritage crée une vraie fusion entre les deux classes, alors que la composition maintient un rapport de clientélisme. Certains programmeurs tendent à favoriser tant que faire se peut la composition au détriment de l'héritage. Nous défendons ici la position classiquement admise : faites parler les concepts de la réalité que vous cherchez à reproduire et écoutez-les. C'est la réalité que vous cherchez à dépeindre qui doit avoir le dernier mot. Si deux entités qui vous intéressent entrent dans une relation taxonomique (comme la Ferrari et la voiture), recourez à l'héritage, dans tous les autres cas (comme le moteur et la voiture) choisissez la composition, sans oublier bien sûr les autres possibilités que sont l'agrégation ou l'association (comme la voiture et son propriétaire).

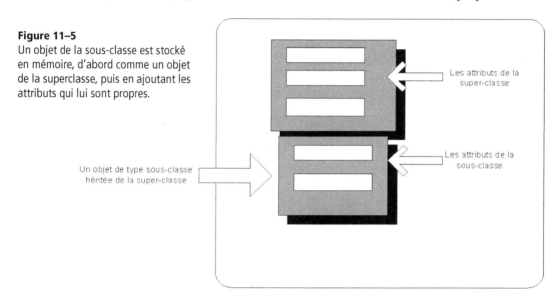

Figure 11–5
Un objet de la sous-classe est stocké en mémoire, d'abord comme un objet de la superclasse, puis en ajoutant les attributs qui lui sont propres.

Les attributs de la super-classe

Les attributs de la sous-classe

Un objet de type sous-classe héritée de la super-classe

Si le monde était simple, on ne posséderait sans doute plus les facultés nécessaires à le conceptualiser ; la réalité elle-même, du moins ce que l'on en conçoit, n'est pas toujours aussi tranchée entre la composition et l'héritage. En substance, une relation d'héritage peut conceptuellement toujours se transformer en une composition mais, là encore, l'inverse n'est pas vrai. Un disque dur n'est pas une espèce d'ordinateur, un chapitre n'est pas un livre. On peut dire, en revanche, qu'un livre de programmation contient un livre et qu'un portable contient un ordinateur.

Économiser en ajoutant des classes ?

La pratique de l'héritage en OO a été introduite pour favoriser l'économie de représentation et une simplification accrue. Or, dans le seul exemple vu jusqu'à présent, le programme a été plutôt alourdi par l'addition de deux nouvelles classes. Par ailleurs, cette démarche de factorisation n'est pas forcément des plus élémentaires.

Il est clair que cet effort ne portera ses fruits que si le programme s'enrichit de nouvelles ressources et de nouveaux animaux. Après un certain nombre d'additions, nous aurons largement rentabilisé ce préalable effort de factorisation, qui épargne des écritures et évite de possibles erreurs dues au code redondant. Dans notre cognition également, l'utilisation de ces super-concepts se renforce avec la multiplication des concepts qui en sont dérivés.

L'héritage favorise la réutilisation de code existant, de surcroît s'il a été écrit par un informaticien plus aguerri que vous, ce qui simplifie considérablement la besogne en permettant de ne vous concentrer que sur votre seul apport. Spécialisez une des classes `collections` déjà pré-codées en Java pour y encoder vos voitures, vos petit(e)s ami(e)s, les examens de fin d'année… et vous héritez gratuitement d'une série de fonctionnalités bien utiles, comme la possibilité d'ordonner très simplement les éléments de cette collection. Java recourt largement à l'héritage, afin que vous puissiez récupérer dans l'écriture de vos classes un ensemble de bibliothèques pré-codées, utiles à la réalisation d'interfaces graphiques, de gestion d'événements, de programmation concurrentielle, etc.

> **La place de l'héritage**
>
> L'héritage trouve parfaitement sa place dans une démarche logicielle dont le souci principal devient la modularisation, la clarté d'écriture, la réutilisation de l'existant, la fidélité au réel et une maintenance de code qui n'est pas mise à mal par des évolutions continues, dues notamment à l'addition de nouvelles classes.

Héritage des méthodes

Passons maintenant aux méthodes. À l'instar des attributs, les méthodes s'héritent également et toute sous-classe peut ajouter de nouvelles méthodes lors de sa déclaration. Comme schématisé par le diagramme UML de la figure 11-7, lorsque la classe `01` désire communiquer avec la classe `fille02`, elle a la possibilité, soit de lui envoyer les messages qui sont propres à cette classe, soit de lui envoyer tous ceux hérités de la classe `02`. Quand la proie ou le prédateur consomme l'eau ou la plante, l'animal envoie à l'eau ou à la plante le même message `diminueQuantite()`. Ce message n'est déclaré ni dans la classe `Eau` ni dans la classe `Plante`, mais elles en héritent toutes deux de leur superclasse `Ressource`. Pour les proies et les prédateurs aussi, de nouvelles méthodes communes aux deux, comme `tournerLaTete()` ou `repereUnObjet()`, peuvent être déclarées plus haut dans la classe `Faune`. Ainsi, toute classe nécessitant d'interagir avec les proies ou les prédateurs le fait directement avec la faune « qu'il y a en eux », sans se préoccuper de savoir exactement de quelle faune il s'agit.

> **Messages et niveaux d'abstraction**
>
> L'héritage permet à une classe, communiquant avec une série d'autres classes, de leur parler à différents niveaux d'abstraction, sans qu'il soit toujours besoin de connaître leur nature ultime (on retrouvera ce point essentiel dans l'explication du polymorphisme), ce qui facilite l'écriture, la gestion et la stabilisation du code.

Dans le diagramme UML de l'écosystème de la figure 11-6, on s'aperçoit que la classe `Faune` interagit avec la classe `Ressource`. L'héritage des méthodes ne consiste en rien, comme pour les attributs, en une éventuelle duplication des méthodes, de sorte à les retrouver dans les sous-classes, mais bien à un mécanisme de recherche qui démarre des sous-classes pour grimper dans les niveaux supérieurs.

Voici également un petit code extrait de la déclaration de la classe Faune

```
public boolean repereObjetJungle(ObjetJungle unObjet)
{
  repere = false;
  if (maVision.voisJe(unObjet.getMaZone()))
  {
    vitX = (int)((unObjet.getMaZone().x
          + (unObjet.getMaZone().width/2)
          - getPosX()) * energie);
    vitY = (int)((unObjet.getMaZone().y
          + (unObjet.getMaZone().height/2)
          - getPosY()) * energie);
    maVision.suisObjet(unObjet.getMaZone());

    repere = true;
  }
  return repere;
}
```

Le seul point d'intérêt que présente cet extrait de code est l'apparition d'une nouvelle classe qui, dans un premier temps, a été omise pour alléger le diagramme ; elle est passée comme argument de la méthode repereObjetJungle(). Il s'agit de la super-superclasse ObjetJungle. Cette méthode a pour fonction unique de vérifier si la vision dont la faune est composée rencontre un objet quelconque de la jungle (une autre faune ou une ressource) et, si c'est le cas, de forcer l'objet vision à suivre cet objet repéré. Ici, ce repérage concerne indifféremment n'importe quel objet de la jungle. Bien évidemment, la suite des événements dépendra de la nature intime de l'objet : proie, prédateur, plante ou eau. Néanmoins, la fonctionnalité de repérage, elle, peut se désintéresser de cette nature intime. On s'aperçoit dès lors de l'intérêt qu'il y a à ajouter une nouvelle superclasse au-dessus de Faune et Ressource, comme illustré ci-après. Ce diagramme constitue de fait la version définitive de notre programme. La classe ObjetJungle ne contient que les coordonnées de tous les objets, qu'ils se déplacent ou pas (récupérables par la méthode getMaZone()). La seule partie des faunes et des ressources qui compte pour la vision, c'est leur position, c'est-à-dire l'ObjetJungle dont ils sont constitués. Autrement dit, la vision ne nécessite d'interagir qu'avec la partie ObjetJungle de tous les objets de la jungle.

Dans le petit diagramme UML qui suit (figure 11-7) et les codes qui le traduisent respectivement dans les trois langages, la classe O1 peut s'adresser à la classe Fille02 en tant que Fille02 ou en tant qu'O2. Elle a, en définitive, la possibilité d'envoyer deux messages à la classe Fille02 : jeTravaillePourO2() ou jeTravaillePourLaFille02(). En plus, la classe O1, dans une autre de ses méthodes, reçoit un argument de type Fille02. Cela illustre le principe de substitution, qui dit que l'on pourra appeler cette méthode, en lui passant indifféremment un argument de type Fille02 ou de type O2.

Figure 11–6
Diagramme de classes complet
de l'écosystème

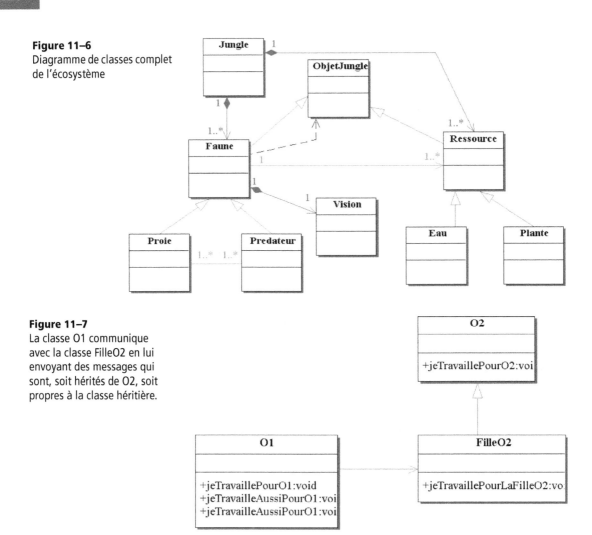

Figure 11–7
La classe O1 communique
avec la classe FilleO2 en lui
envoyant des messages qui
sont, soit hérités de O2, soit
propres à la classe héritière.

Code Java

```java
class O1 {
  private Fille02 lienFille02;
  public O1(Fille02 lienFille02) {
    this.lienFille02 = lienFille02;
  }
  public void jeTravaillePourO1() {
    lienFille02.jeTravaillePour02();
    lienFille02.jeTravaillePourLaFille02();
  }
  /* dans les résultats montrés, cette méthode est
     d'abord active, puis mise en commentaire */
  public void jeTravailleAussiPourO1(Fille02 lienFille02) {
    lienFille02.jeTravaillePour02();
    lienFille02.jeTravaillePourLaFille02();
  }
  public void jeTravailleAussiPourO1(O2 lien02) {
    lien02.jeTravaillePour02();
  }
}
class O2 {
  public O2() {}
  public void jeTravaillePour02() {
    System.out.println("Je suis un service rendu par la classe O2");
  }
}
class Fille02 extends O2 { /* C'est la syntaxe de l'héritage en java */
  public Fille02() {}
  public void jeTravaillePourLaFille02() {
    System.out.println("Je suis un service rendu par la classe Fille02");
  }
}
public class Heritage1 {
  public static void main(String[] args) {
    O2 unObjet02 = new O2();
    Fille02 uneFille02 = new Fille02();
    O1 unObjet01 = new O1(uneFille02);
    unObjet01.jeTravaillePourO1();
    unObjet01.jeTravailleAussiPourO1(unObjet02);
    unObjet01.jeTravailleAussiPourO1(uneFille02);
  }
}
```

Résultats

```
Je suis un service rendu par la classe O2
Je suis un service rendu par la classe Fille02
Je suis un service rendu par la classe O2
Je suis un service rendu par la classe O2
Je suis un service rendu par la classe Fille02
```

Résultats avec la méthode jeTravailleAussiPour01(Fille02 lienFille02) mise hors d'action

```
Je suis un service rendu par la classe 02
Je suis un service rendu par la classe Fille02
Je suis un service rendu par la classe 02
Je suis un service rendu par la classe 02
```

La différence essentielle dans ce code Java est que la première méthode jeTravailleAussiPour01(), codée pour recevoir un argument de type superclasse 02, sera maintenant appelée avec un argument de type sous-classe, sans que cela ne pose le moindre problème (au vu du casting implicite présenté plus haut). Remarquez également que la surcharge d'une méthode par le simple fait qu'un des arguments soit de la sous-classe d'un argument de la méthode surchargée ne pose aucune difficulté car, à l'exécution, il est facile de choisir la bonne méthode à exécuter selon le type statique de l'argument que l'on passe dans la méthode. S'il s'agit d'un argument de type superclasse, il ne peut s'agir que de la méthode prévue à cet effet. En revanche, s'il s'agit d'un argument de type sous-classe et si elle existe, on choisira d'exécuter la méthode prévue à cet effet (voir le prochain chapitre). Sinon, on peut se rabattre sur la méthode censée être exécutée sur un objet de type superclasse et dont la sous-classe hérite de toute manière. Il est toutefois impossible d'appeler une méthode censée recevoir un argument d'une sous-classe avec un argument typé statiquement superclasse mais de type sous-classe à l'exécution. La mise en correspondance entre la déclaration des méthodes et leurs arguments est toujours dépendante du typage statique, le seul connu par le compilateur.

Code C#

```csharp
using System;
class 01 {

  private Fille02 lienFille02;
  public 01(Fille02 lienFille02) {
    this.lienFille02 = lienFille02;
  }
  public void jeTravaillePour01() {
    lienFille02.jeTravaillePour02();
    lienFille02.jeTravaillePourLaFille02();
  }
  public void jeTravailleAussiPour01(Fille02 lienFille02) {
    lienFille02.jeTravaillePour02();
    lienFille02.jeTravaillePourLaFille02();
  }
  public void jeTravailleAussiPour01(02 lien02) {
    lien02.jeTravaillePour02();
  }
}
class 02 {
  public 02() {}
  public void jeTravaillePour02() {
    Console.WriteLine("Je suis un service rendu par la classe 02");
  }
}
```

```
class FilleO2 : O2 { /* C'est la syntaxe de l'héritage en C# plus proche du C++ */
  public FilleO2() {}
  public void jeTravaillePourLaFilleO2() {
    Console.WriteLine("Je suis un service rendu par la classe FilleO2");
  }
}
public class Heritage1 {
  public static void Main() {
    O2 unObjetO2 = new O2();
    FilleO2 uneFilleO2 = new FilleO2();
    O1 unObjetO1 = new O1(uneFilleO2);
    unObjetO1.jeTravaillePourO1();
    unObjetO1.jeTravailleAussiPourO1(unObjetO2);
    unObjetO1.jeTravailleAussiPourO1(uneFilleO2);
  }
}
```

Résultats

… les mêmes qu'en Java.

Code C++

```
#include <iostream>
using namespace std;
class O2 {
  public:

    O2() {}
    void jeTravaillePourO2() {
      cout << "Je suis un service rendu par la classe O2" << endl;
    }
};
class FilleO2 : public O2 { /* C'est la syntaxe de l'héritage en C++, notez la présence
du " public " que nous justifierons dans la suite */
  public:
    FilleO2() {}
    void jeTravaillePourLaFilleO2() {
      cout << "Je suis un service rendu par la classe FilleO2" << endl;
    }
};
class O1 {
  private:
    FilleO2* lienFilleO2;
  public:
    O1(FilleO2* lienFilleO2) {
      this->lienFilleO2    = lienFilleO2;
    }
    void jeTravaillePourO1() {
      lienFilleO2->jeTravaillePourO2();
      lienFilleO2->jeTravaillePourLaFilleO2();
```

```
    }
    void jeTravailleAussiPour01(Fille02* lienFille02) {
        lienFille02->jeTravaillePour02();
        lienFille02->jeTravaillePourLaFille02();
    }
    void jeTravailleAussiPour01(02* lien02) {
        lien02->jeTravaillePour02();
    }
    void jeTravailleAussiPour01(Fille02 lienFille02) {
        lienFille02.jeTravaillePour02();
        lienFille02.jeTravaillePourLaFille02();
    }
    void jeTravailleAussiPour01(02 lien02) {
        lien02.jeTravaillePour02();
    }
};
int main(int argc, char* argv[]) {
    02* unObjet02Tas         = new 02();
    Fille02* uneFille02Tas   = new Fille02();
    01* unObjet01            = new 01(uneFille02Tas);
    unObjet01->jeTravaillePour01();
    unObjet01->jeTravailleAussiPour01(unObjet02Tas);
    unObjet01->jeTravailleAussiPour01(uneFille02Tas);
    cout <<endl << "Essais avec des objets piles" <<endl<< endl;
    02 unObjet02Pile;
    Fille02 uneFille02Pile;

    01* unAutreObjet01       = new 01(&uneFille02Pile);
    unAutreObjet01->jeTravaillePour01();
    unAutreObjet01->jeTravailleAussiPour01(&unObjet02Pile);
    unAutreObjet01->jeTravailleAussiPour01(&uneFille02Pile);
    cout <<endl << "Derniers essais avec des objets piles" <<endl<< endl;
    unAutreObjet01->jeTravaillePour01();
    unAutreObjet01->jeTravailleAussiPour01(unObjet02Pile);
    unAutreObjet01->jeTravailleAussiPour01(uneFille02Pile);
    return 0;
}
```

Résultats

Rien de vraiment spécial ne se produit dans ces différents essais, testant l'héritage avec des objets stockés sur la pile ou sur le tas. Le même résultat est obtenu trois fois. En C#, rien de semblable ne peut être produit si l'on choisit de recourir à des objets dont le temps de vie est géré par la mémoire pile, car les « structures » qui le permettent ne peuvent simplement pas hériter entre elles. En conséquence et malgré l'existence des structures en C#, le seul recours pour des jeux d'héritage comme ceux-ci est, tout comme en Java, de se limiter aux seuls référents et à la mémoire tas.

```
Je suis un service rendu par la classe 02
Je suis un service rendu par la classe Fille02
Je suis un service rendu par la classe 02 (écrit deux fois)
Je suis un service rendu par la classe Fille02
```

Essais avec des objets en pile

```
Je suis un service rendu par la classe 02
Je suis un service rendu par la classe Fille02
Je suis un service rendu par la classe 02 (écrit deux fois)
Je suis un service rendu par la classe Fille02
```

Derniers essais avec des objets en pile

```
Je suis un service rendu par la classe 02
Je suis un service rendu par la classe Fille02
Je suis un service rendu par la classe 02 (écrit deux fois)
Je suis un service rendu par la classe Fille02
```

Code Python

```python
class 01:
    def __init__(self,lienFille2):
        self.__lienFille02=lienFille2
    def jeTravaillePour01(self):
        self.__lienFille02.jeTravaillePour02()
        self.__lienFille02.jeTravaillePourLaFille02()
    def jeTravailleAussiPour01(self,lien02):
        if isinstance(lien02,Fille02):
            lien02.jeTravaillePour02()
            lien02.jeTravaillePourLaFille02()
        else:
            lien02.jeTravaillePour02()

class 02:
    def __init__(self):
        pass
    def jeTravaillePour02(self):
        print ("je suis un service rendu par la classe 02")

class Fille02(02): #remarquez la manière dont Python réalise l'héritage
    def __init__(self):
        pass
    def jeTravaillePourLaFille02(self):
        print ("Je suis un service rendu par la classe Fille02")

unObjet02=02()
uneFille02=Fille02()
unObjet01=01(uneFille02)
unObjet01.jeTravaillePour01()
unObjet01.jeTravailleAussiPour01(unObjet02)
unObjet01.jeTravailleAussiPour01(uneFille02)
```

Comme Python ne type pas les paramètres des méthodes et que la surcharge de méthode est impossible, il est difficile de restituer le même exemple. Cependant, quelque chose de très approchant est présenté dans la version Python. Cela suffit à illustrer le fait que les méthodes peuvent être héritées et qu'en fonction du type dynamique de l'objet (ici testé par le biais de l'instruction `isinstance`), la méthode choisie sera celle de la superclasse ou celle de la sous-classe.

Code PHP

```php
<html>
<head>
<title> Héritage et substitution </title>
</head>
<body>
<h1> Héritage et substitution </h1>
<br>
<?php
   class O1 {
       private $lienFilleO2;
       public function __construct($lienFilleO2) {
           $this->lienFilleO2 = $lienFilleO2;
       }
       public function jeTravaillePourO1() {
           $this->lienFilleO2->jeTravaillePourO2();
           $this->lienFilleO2->jeTravaillePourLaFilleO2();
       }
       public function jeTravailleAussiPourO1($lienO2){
           if ($lienO2 instanceof FilleO2) {
               $lienO2->jeTravaillePourO2();
               $lienO2->jeTravaillePourLaFilleO2();
           } else {
               $lienO2->jeTravaillePourO2();
           }
       }
   }
   class O2 {
       public function __construct() {}
       public function jeTravaillePourO2() {
           print("je suis un service rendu par la classe O2 <br> \n");
       }
   }
   class FilleO2 extends O2 { //heritage PHP = syntaxe Java
       public function __construct() {}
       public function jeTravaillePourLaFilleO2() {
           print("je suis un service rendu par la classe FilleO2 <br> \n");
       }
   }
   $unObjetO2 = new O2();
   $uneFilleO2 = new FilleO2();
   $unObjetO1 = new O1($uneFilleO2);
   $unObjetO1->jeTravaillePourO1();
   $unObjetO1->jeTravailleAussiPourO1($unObjetO2);
   $unObjetO1->jeTravailleAussiPourO1($uneFilleO2);
   ?>
```

```
</body>
</html>
```

Dans le code PHP, on retrouve une syntaxe de l'héritage proche de Java, par l'entremise du mot-clé `extends` et tout comme en Python, en l'absence de typage, l'expression `instanceof()` aussi empruntée à Java, vérifie quelle version de la méthode doit vraiment s'exécuter.

La recherche des méthodes dans la hiérarchie

Les méthodes des superclasses et des sous-classes sont, comme les attributs, stockées ensemble, mais dans la mémoire des méthodes cette fois. Lors de l'envoi du message d'`01` vers la `Fille02`, la méthode est d'abord recherchée dans la zone mémoire correspondant au type de l'objet, c'est-à-dire la zone mémoire `Fille02`. Si la méthode ne s'y trouve pas, on sait grâce à l'instruction d'héritage (comme indiqué à la figure 11-8) qu'elle peut se trouver plus haut, quelque part dans une superclasse. La montée en cordée, de superclasse en superclasse à la découverte de la méthode recherchée, peut-être longue ; tout dépend de la profondeur de la structure hiérarchique d'héritage réalisée dans l'application logicielle. Toutes les méthodes dans la hiérarchie peuvent s'appliquer sur l'objet, car le compilateur aura bien vérifié que chacune, quel que soit le niveau hiérarchique où elle se trouve, n'interférera qu'avec les attributs et les méthodes qui existent à ce niveau.

Figure 11-8
Recherche de la méthode
de superclasse en superclasse
dans la structure hiérarchique
de classes

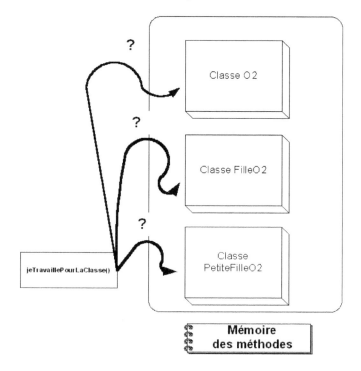

Ces montées et descentes, pendant l'exécution du programme, à la recherche de la méthode appropriée à exécuter sur l'objet, ont amené certains à parler d'un fonctionnement de type « yoyo ». Sans conteste, les voyages dans la RAM ralentissent considérablement toute l'exécution d'un programme. Or, on a déjà rencontré ces déplacements en examinant l'activation successive d'objets, qui peuvent se trouver stockés n'importe où dans la RAM. On accroît ce phénomène, en le reproduisant du côté des méthodes, dont la quête peut également occasionner ces périples incessants.

Il n'y a pas de réponse originale à cette critique fondée si ce n'est, une nouvelle fois, d'accepter la programmation OO pour ce qu'elle est (une approche simplifiée, plus intuitive, plus stable et dont la complexification est mieux maîtrisée) et non pour ce qu'elle n'est pas (une volonté d'exploitation à tous crins des possibilités d'optimisation liées au fonctionnement intime des processeurs). Il s'agit bien d'un parti pris OO contre processeur.

Encapsulation protected

protected est une troisième manière, en plus de private et public, de caractériser tant les attributs que les méthodes d'une classe. Il s'agit de raffiner le souci d'encapsulation discuté aux chapitres 7 et 8, en l'adaptant à la pratique de l'héritage. Rappelons les deux raisons premières de cette pratique d'encapsulation, qui consiste à tenter de maximiser la partie privée des classes au détriment de leur partie publique.

Concernant les attributs et les seules valeurs qui sont tolérées à leur égard, il faut laisser à leur classe, et à aucune autre, le soin de gérer leur intégrité. Ensuite, pour les attributs comme pour les méthodes, il est logique d'anticiper de possibles changements dans le codage d'une classe et souhaitable de minimiser au mieux l'effet de ces changements sur les classes qui interagissent avec elle. L'addition de protected vient d'un souci légitime, ayant pour objet le statut des sous-classes par rapport aux autres classes.

Dans la société, il est indéniable que l'héritier est un être privilégié dans une famille. Mais en programmation OO, les sous-classes doivent-elles être privilégiées ou logées à la même enseigne que toutes les autres classes ? La question est légitime car, en effet, un attribut et une méthode protected rendront leur accès possible, en plus de la classe où ils se trouvent déclarés, aux seules sous-classes héritant de celle-ci. N'est-il pas légitime de permettre aux héritiers d'hériter de leur dû le plus facilement qui soit ? Si l'héritier ne jouit d'aucun privilège par rapport à la première classe venue, quelle espèce d'héritage est-ce donc là ?

> ◢ **Protected**
>
> Un attribut ou une méthode déclaré(e) protected dans une classe devient accessible dans toutes les sous-classes. La charte de la bonne programmation OO déconseille l'utilisation de protected. D'ailleurs, Python ne possède pas ce niveau d'encapsulation.

Si ce souci de statut est compréhensible, d'où, de fait, la possibilité qui reste offerte aux programmeurs d'utiliser l'accès protected, l'avidité des héritiers est à ce point déconnectée du motif premier de l'encapsulation, que la charte du bon programmeur OO bannit l'utilisation de protected. Python ne propose d'ailleurs pas ce niveau d'encapsulation. En effet, même par rapport à toutes ses sous-classes, la superclasse se doit de préserver son intégrité. De même, tout changement dans une partie de code protected affectera toutes les sous-classes. Pour toutes les classes, séparées dans leur écriture logicielle d'une classe concernée, il vaut mieux renforcer la sécurité et la stabilité, en ne laissant publique qu'une faible partie du code de la classe, publique pour toutes les autres classes, quelle que soit leur proximité sémantique avec la classe concernée.

Les héritières resteront toujours privilégiées car, malgré un accès plus indirect via les méthodes, elles posséderont les mêmes attributs que la superclasse et elles pourront, à loisir, réutiliser les méthodes de cette dernière, sans recourir à l'envoi de messages. Néanmoins, dans l'organisation logicielle et les tracas causés par sa répartition entre une équipe de programmeurs, rien ne contribue vraiment à distinguer une sous-classe d'une autre.

Malgré les réserves exprimées, une utilisation très courante de l'encapsulation protected, par exemple dans les bibliothèques Java, se retrouve dans la définition de méthodes de superclasse que l'on encourage l'utilisateur de ces superclasses à redéfinir dans les sous-classes (nous préciserons cela dans le prochain chapitre). Il faut les redéfinir en bas en faisant explicitement appel à ces méthodes de là-haut (d'où le protected pour n'autoriser cet appel que par les sous-classes). protected incite alors à une redéfinition, en faisant toutefois appel aux méthodes originelles de la superclasse de départ. Nous clarifierons cela dans les prochains chapitres.

Héritage et constructeurs

Comme nous l'avons vu précédemment, il est fréquent que la sous-classe ajoute des attributs par rapport à la superclasse. Tout objet, instance de la sous-classe, possède dès lors deux ensembles d'attributs, ceux qui lui sont propres et ceux hérités de là-haut. Se pose alors le problème de la pratique des constructeurs, que nous savons être indispensable, en tous cas vivement conseillée, pour l'initialisation de ces attributs lors de la création de chaque objet. Comment doit se comporter le constructeur de la sous-classe dans le traitement des attributs qui ne lui incombent qu'indirectement, c'est-à-dire par héritage ? Java, C# et C++ se comportent de la même façon, que nous allons décortiquer grâce à trois petits codes Java visant à clarifier cet aspect assez subtil de la programmation objet. Python et PHP, que nous verrons à la fin, se particularisent.

Premier code Java

```java
class O1 {
    protected int unAttributO1; // attribut protected
    public O1() {
        this.unAttributO1 = 5; // le constructeur initialise l'attribut
    }
}
class FilsO1 extends O1 {
    private int unAttributFilsO1;
```

```
    public Fils01() {} /* ici, le constructeur de la superclasse est appelé
                          par défaut ou de manière implicite */
    public void donneAttribut() {
        System.out.println("mes Attributs sont: " + unAttribut01
                           + " " + unAttributFils01);
            /* l'attribut de 01 est accessible grâce au « protected »
    }
}
public class TestConsHerit {
        public static void main(String[] args) {
            Fils01 unFils = new Fils01();
            unFils.donneAttribut();
        }
}
```

Résultats

```
mes Attributs sont 5 0
```

Ce code Java est élémentaire sauf sur un point. Une classe 01 possède un attribut que nous déclarons protected pour pouvoir y accéder depuis les sous-classes. Le constructeur de cette classe initialise l'attribut à 5. Une classe Fils01 est déclarée qui hérite de 01 et possède un attribut supplémentaire. Apparemment, le constructeur de la sous-classe ne fait rien. Or, et toute la subtilité est là, si nous découvrons le résultat du code, nous constatons que le constructeur de la superclasse a pourtant été appelé car l'attribut hérité de la superclasse vaut bien 5. Nous voyons à l'œuvre un mécanisme implicite, commun à Java, C# et C++ et absent des langages de script comme Python et PHP : un constructeur de la superclasse sans argument est toujours appelé par défaut par la sous-classe. Soit il a été défini, comme dans ce code-ci, soit Java en propose un par défaut, qui se limite à initialiser tous les attributs à des valeurs par défaut : 0 ou null. S'il est défini, il se substitue purement et simplement à celui par défaut.

Deuxième code Java

```
class 01 {
    protected int unAttribut01; // attribut protected
    public 01(int unAttribut01) {
        this.unAttribut01 = unAttribut01;
    }
}
class Fils01 extends 01 {
    private int unAttributFils01;
    public Fils01(int unAttribut01, int unAttributFils01) {
        this.unAttributFils01 = unAttributFils01;
    }

    public void donneAttribut() {
        System.out.println("mes Attributs sont: " + unAttribut01 + " "
                           + unAttributFils01);
```

```
        }
    }
public class TestConsHerit {
    public static void main(String[] args) {
        Fils01 unFils = new Fils01(5,10);
        unFils.donneAttribut();
    }
}
```

Ce code est assez logique dans sa forme ; le constructeur de la superclasse s'occupe d'initialiser son attribut et celui de la sous-classe le sien. Pourtant, le compilateur fait des siennes et grommelle qu'il ne trouve plus aucun constructeur ne recevant aucun argument, et pour cause : le nouveau constructeur de la superclasse O1 a balayé celui-ci afin de le remplacer par un constructeur à un argument, la valeur initiale de l'attribut. Si l'idée de laisser chaque constructeur s'occuper de ses propres attributs est plutôt bonne, il reste à forcer la sous-classe à appeler le constructeur de la superclasse avec la valeur initiale de l'attribut qui le concerne, comme dans le code Java suivant, qui compile et s'exécute sans problème.

Troisième code Java : le plus logique et le bon

```
class O1 {
    protected int unAttribut01; // attribut protected
    public O1(int unAttribut01) {
        this.unAttribut01 = unAttribut01;
    }
}
class Fils01 extends O1 {
    private int unAttributFils01;
    public Fils01(int unAttribut01, int unAttributFils01) {
        super(unAttribut01) /* appel explicite du constructeur,
                               doit être la 1ère instruction */
        this.unAttributFils01 = unAttributFils01;
    }
    public void donneAttribut() {
    System.out.println("mes Attributs sont: " + unAttribut01
                       + " " + unAttributFils01);
    }
}

public class TestConsHerit {
    public static void main(String[] args) {
        Fils01 unFils = new Fils01(5,10);
        unFils.donneAttribut();
    }
}
```

Résultats

```
mes Attributs sont : 5 10
```

Le constructeur de la sous-classe fait appel (et il doit le faire en tout premier lieu), par l'entremise de super(), au constructeur de la superclasse. super est simplement un pointeur vers la superclasse (nous y reviendrons au prochain chapitre). Ici, l'instruction super() se borne à rappeler le constructeur de la superclasse. Pourquoi, de fait, faire appel au constructeur de la superclasse ? Simplement, dixit le compilateur, parce qu'on n'a pas le choix. Chaque classe s'occupe de l'initialisation de ses propres attributs. Gardez toujours à l'esprit le découpage fort des responsabilités en OO. Rendez à chaque classe ce qui lui appartient.

Héritage et constructeur

La sous-classe confiera au constructeur de la superclasse (qu'elle appellera par l'entremise de super() en Java, base en C# et parent en PHP) le soin d'initialiser les attributs dont elle hérite. C'est une excellente pratique de programmation OO que de confier explicitement au constructeur de la superclasse le soin d'initialiser les attributs de cette dernière. D'ailleurs, si vous ne le faites pas, Java, C# et C++ le font par défaut, en appelant implicitement un constructeur sans argument.

Nous ajoutons ici les versions C# et C++, parfaitement équivalentes à quelques détails de syntaxe près, au troisième petit code Java ci-dessus.

En C#

```csharp
using System;
class O1 {
    protected int unAttributO1;

    public O1(int unAttributO1) {
        this.unAttributO1 = unAttributO1;
    }
}
class FilsO1:O1 {
    private int unAttributFilsO1;
    public FilsO1(int unAttributO1, int unAttributFilsO1):base(unAttributO1) {
        /* notez la version différente de l'appel au constructeur de la superclasse */
        this.unAttributFilsO1 = unAttributFilsO1;
    }

    public void donneAttribut() {
        Console.WriteLine("mes Attributs sont: " + unAttributO1
                         + " " + unAttributFilsO1);
    }
}

public class TestConsHerit {
    public static void Main() {
        FilsO1 unFils = new FilsO1(5,10);
        unFils.donneAttribut();
    }
}
```

La seule vraie différence est l'appel au constructeur de la superclasse, qui se fait par le mot-clé base plutôt que super et dès la déclaration de la méthode (dès sa signature) plutôt que dans le corps d'instructions. Cela garantit qu'il s'agira en effet de la première instruction exécutée.

En C++

```cpp
#include <iostream>
using namespace std;

class O1 {
  protected:
    int unAttributO1;

  public:
    O1(int unAttributO1) {
        this->unAttributO1 = unAttributO1;
    }
};

class FilsO1:public O1 {
  private:
    int unAttributFilsO1;

  public:
    FilsO1(int unAttributO1, int unAttributFilsO1):O1(unAttributO1) {
    /* appel du constructeur de la superclasse */
        this->unAttributFilsO1 = unAttributFilsO1;
    }

    void donneAttribut() {
        cout << "mes Attributs sont: " <<unAttributO1<<" "<<unAttributFilsO1<<endl;
    }
};

int main()
{
    FilsO1* unFils = new FilsO1(5,10);
    unFils->donneAttribut();
    return 0;
}
```

La syntaxe de l'appel du constructeur de la superclasse est très proche de celle du C# (dans la déclaration plutôt que dans le corps d'instructions), à ceci près qu'il faut explicitement faire référence au nom de la superclasse. Comme nous le verrons par la suite, le C++ permet le multihéritage, ce qui rend les mots-clés super et base parfaitement ambigus.

En Python

```
class O1:
    def __init__(self,unAttribut01):
        self.unAttribut01 = unAttribut01;
class FilsO1(O1):
    def __init__(self,unAttribut01,unAttributFils01):
        O1.__init__(self,unAttribut01) #appel du constructeur de la superclasse
        self.unAttributFils01 = unAttributFils01
    def donneAttribut(self):
        print ("mes Attributs sont: %s" % self.unAttribut01,self.unAttributFils01)

unFils = FilsO1(5,10)
unFils.donneAttribut();
```

À la différence des trois autres langages, Python ne fait jamais d'appel implicite au constructeur de la superclasse. Dès lors, tout appel doit s'expliciter. Si ce n'est pas le cas, le code s'exécute malgré tout, mais les attributs de la superclasse ne sont pas initialisés. Par économie d'écriture et le protected n'existant pas dans Python, les attributs, qui n'apparaissent qu'à leur première utilisation, ont été laissés publics. Finalement, comme pour le C++ avec lequel Python partage l'acceptation du multihéritage, il faut indiquer le nom de la superclasse dont on déclenche le constructeur.

En PHP

```
<html>
<head>
<title> Héritage des constructeurs </title>
</head>
<body>
<h1> Héritage des constructeurs </h1>
<br>
<?php
  class O1 {
    protected $unAttribut01;
    public function __construct($unAttribut01) {
      $this->unAttribut01 = $unAttribut01;
    }
  }
  class FilsO1 extends O1 {
    private $unAttributFils01;
    /* Il faut obligatoirement appeler le constructeur de la superclasse */
    public function __construct($unAttribut01, $unAttributFils01) {
      parent::__construct($unAttribut01);
      // attention à la syntaxe avec « parent »
      $this->unAttributFils01 = $unAttributFils01;
    }
    public function donneAttribut() {
      print("mes attributs sont: $this->unAttribut01 et $this->unAttributFils01 <br> \n");
    }
```

```
    }
    $unFils = new FilsO1(5,10);
    $unFils->donneAttribut();
?>
</body>
</html>
```

Comme en Python, l'appel au constructeur de la superclasse est obligatoire pour initialiser les attributs de cette dernière. Comme PHP n'admet que l'héritage simple, tout comme Java et C#, la référence se fait cette fois par l'utilisation du mot-clé parent.

Héritage public en C++

C++ n'est pas avare de subtilités et de mécanismes sophistiqués. D'aucuns les décrieront comme tordus et inutiles, alors que d'autres les qualifieront, émerveillés, de mégapuissants et de vitaux. Parmi ces mécanismes, un héritage, au lieu d'être public (comme vous pouvez le constater dans le code C++ plus haut), peut alternativement être déclaré comme private ou protected. Comme indiqué dans le diagramme qui suit, la différence entre ces trois héritages réside dans l'accès d'une classe associée à la sous-classe aux attributs et méthodes de la superclasse.

Figure 11–9
Différence en C++ entre
les héritages public, protected
et private

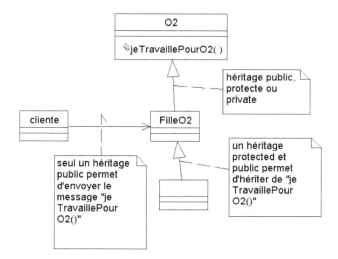

Limitons-nous aux seules méthodes publiques dans la superclasse. Si l'héritage est public, ce qui est très majoritairement le cas, les méthodes publiques héritées de la superclasse deviennent également publiques pour toutes les classes. Nous avons pris l'héritage public comme le fonctionnement par défaut, quand la classe O1 pouvait envoyer à la filleO2 des messages dont le corps se trouvait déclaré, soit directement dans la filleO2, soit hérité de O2. De fait, des héritages autres que public ne sont pas possibles dans les autres langages. Lors d'un héritage privé, une méthode `public` devient `private` dans la sous-classe ; elle deviendra `protected` dans la version `protected` de l'héritage. Ceux que ce mécanisme séduit le justifieront par un renforcement encore plus marqué de l'encapsulation, car il devient possible de limiter davantage encore l'effet de modifications dans les parties publiques. Néanmoins, comme les méthodes `public` le sont pour les empêcher de trop changer, cette sévérité accrue apparaît quelque peu exagérée.

Nous retrouverons souvent dans C++ une offre bien plus abondante de degrés de liberté à sélectionner ou calibrer. En C++, tout ce qui pouvait être imaginé comme trucs et ficelles de programmation l'a été. C'est au programmeur de procéder pour chacun de ces degrés au bon calibrage. Comme ce calibrage requiert une compréhension suffisante des conséquences de chacun des choix (qui fait malheureusement défaut chez de nombreux programmeurs), les langages OO plus jeunes ont fait le choix, suite à une analyse coût/bénéfice, de se débarrasser d'un grand nombre de ces degrés de liberté (un choix qui semble plutôt leur réussir). Comme nous avons déjà eu l'occasion de le dire et le redire, C++ est à Java ce que sont les appareils-photo 24 × 36 super réflex et autres aux simples instamatics : beaucoup de réglages en plus, mais qui n'empêchent pas les instamatics de faire souvent de bien meilleures photos.

Le multihéritage

Il n'y a rien de conceptuellement dérangeant à ce qu'une classe puisse hériter de plusieurs superclasses à la fois. Un artiste de cirque est souvent un clown, un trapéziste, un musicien, un jongleur et un dompteur, tout à la fois. Un ordinateur portable est en même temps un ordinateur et un bagage. Il hérite des deux fonctionnalités : on l'allume, le « boote », le « back-up » (désolé pour le français, sorry vraiment...) mais également, on le passe dans le détecteur de métaux, on l'enlève de sa mallette devant les membres du service de sécurité de l'aéroport, on le glisse dans le compartiment à bagages ou sur le siège arrière d'une voiture. Il a donc deux chances de se faire voler : soit en tant qu'ordinateur, soit en tant que bagage.

Ramifications descendantes et ascendantes

Notre conceptualisation du monde s'arrange bien de cette multiplicité qui, de manière plus formelle, élargit la structure de l'héritage : d'arbre (quand l'héritage ne peut se ramifier que de manière descendante), en graphe (quand les ramifications peuvent se faire autant dans le sens descendant – plusieurs sous-classes pour une classe – qu'ascendant – plusieurs superclasses pour une classe, voir la figure qui suit. En principe, toute classe pourrait réunir en son sein des caractéristiques différentes provenant de plusieurs superclasses. Il suffit qu'elle les additionne.

Or, les langages Java, C# et PHP interdisent le multihéritage (en partie, ils l'autorisent pour les interfaces comme nous le verrons plus loin), alors que C++ et Python l'autorisent totalement. Tout le problème provient de la nécessité pour les caractéristiques héritées d'être vraiment différentes entre elles.

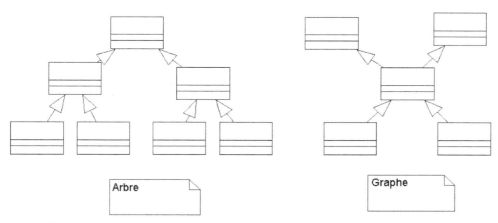

Figure 11–10 Différence entre un arbre où la ramification ne peut se faire que de manière descendante et un graphe où celle-ci peut se faire dans les deux sens

Multihéritage en C++ et Python

Nous allons, dans un premier temps, illustrer le multihéritage, en nous limitant au C++ et à Python. Nous poursuivrons uniquement avec ces langages, en découvrant, par une succession de petits exemples, des situations normales et d'autres plus problématiques, ces mêmes situations qui ont incité Java, C# et PHP à préférer s'abstenir. Remarquez, de fait, que pour réaliser le petit diagramme UML ci-après, nous sommes passés de TogetherJ à Rational Rose, car TogetherJ étant parfaitement synchronisé avec Java, un tel diagramme n'aurait pu être réalisé. Au contraire, la version de Rose utilisée ici est prévue pour s'interfacer avec le C++.

Figure 11–11

Exemple de multihéritage : la classe FilleO2 hérite de deux superclasses

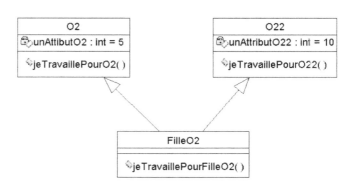

Le code C++ correspondant est indiqué ci-après.

Code C++ illustrant le multihéritage

```cpp
#include <iostream>
using namespace std;
class O2 {
  private:
    int unAttributO2;
  public:
    O2() {
      unAttributO2 = 5;
    }
    void jeTravaillePourO2() {
      cout << "Je suis un service rendu par la classe O2" << endl;
    }
};
class O22 {

  private:
    int unAttributO22;
  public:
    O22() {
      unAttributO22 = 10;
    }
    void jeTravaillePourO22() {
      cout << "Je suis un service rendu par la classe O22" << endl;
    }
};
class FilleO2 : public O2, public O22 { /* Hérite des deux classes */
  public:
    FilleO2() {}
    void jeTravaillePourLaFilleO2() {
      cout << "Je suis un service rendu par la classe FilleO2" << endl;
    }
};
class O1 {
  private:
    FilleO2* lienFilleO2;
  public:
    O1(FilleO2* lienFilleO2) {
      this->lienFilleO2 = lienFilleO2;
    }
    void jeTravaillePourO1() {
      lienFilleO2->jeTravaillePourO2(); /* message en provenance de la classe O2*/
      lienFilleO2->jeTravaillePourO22(); /* message en provenance de la classe O22*/
      /* notez qu'un tel message aurait été impossible si l'héritage concernant
         la classe O22 avait été déclaré comme protected ou private */
      lienFilleO2->jeTravaillePourLaFilleO2();
    }
};
int main(int argc, char* argv[]) {
  FilleO2* uneFilleO2   = new FilleO2();
  O1* unObjetO1         = new O1(uneFilleO2);
```

```
    unObjet01->jeTravaillePour01();
    return 0;
}
```

Le résultat attendu est

```
Je suis un service rendu par la classe 02
Je suis un service rendu par la classe 022
Je suis un service rendu par la classe Fille02
```

Rien de bien compliqué à cela, les caractéristiques de 02 et celles d'022 deviennent ensemble caractéristiques de Fille02. Chaque objet Fille02 sera tout à la fois un objet 02 et un objet 022. Il en va de même en Python comme le code suivant, équivalent en tout point au précédent, l'illustre.

Code Python illustrant le multihéritage

```python
class 02:
    def __init__(self):
        self.__unAttribut=5
    def jeTravaillePour02(self):
        print ("Je suis un service rendu par la classe 02")

class 022:
    def __init__(self):
        self.__unAttribut022=10
    def jeTravaillePour022(self):
        print ("Je suis un service rendu par la classe 022")

class Fille02(02,022): #héritage des deux classes
    def __init__(self):
        pass
    def jeTravaillePourLaFille02(self):
        print ("Je suis un service rendu par la classe Fille02")

class 01:
    def __init__(self, lienFille02):
        self.__lienFille02=lienFille02
    def jeTravaillePour01(self):
        self.__lienFille02.jeTravaillePour02()
        self.__lienFille02.jeTravaillePour022()
        self.__lienFille02.jeTravaillePourLaFille02()

fille02=Fille02()
unObjet01=01(fille02)
unObjet01.jeTravaillePour01()
```

Des méthodes et attributs portant un même nom dans des superclasses distinctes

Passons maintenant à une première situation plus délicate, obtenue en ajoutant le même attribut (unAttributAProbleme) dans les deux superclasses, ainsi que deux méthodes, mais présentant la même signature, uneMethodeAProbleme(). La mise à jour est effectuée dans le diagramme UML et dans le code qui suit. Nous avons délibérément commis un anathème OO, en déclarant l'attribut à problème protected dans les deux superclasses, c'est-à-dire directement accessibles dans la sous-classe.

Figure 11–12
Un attribut et une méthode portent le même nom dans deux superclasses distinctes.

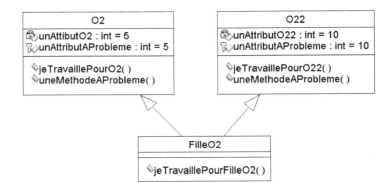

Code C++ illustrant un premier problème lié au multihéritage

```cpp
#include <iostream>
using namespace std;
class O2 {
  private:
    int unAttributO2;
  protected:
    int unAttributAProbleme;
  public:
    O2() {
      unAttributO2 = 5;
      unAttributAProbleme = 5;
    }
    void uneMethodeAProbleme() {
      cout << "dans O2 attribut a probleme vaut " <<unAttributAProbleme<<endl;
    }
    void jeTravaillePourO2() {
      cout << "Je suis un service rendu par la classe O2" << endl;
    }
};
class O22 {
  private:
    int unAttributO22;
  protected:
    int unAttributAProbleme;
```

```
  public:
    O22() {
      unAttributO22 = 10;
      unAttributAProbleme = 10;

    }
    void uneMethodeAProbleme() {
      cout << "dans O22 attribut a probleme vaut" <<unAttributAProbleme<<endl;
    }
    void jeTravaillePourO22() {
      cout << "Je suis un service rendu par la classe O22" << endl;
    }
};
class FilleO2 : public O2, public O22 {
  public:
    FilleO2() {}
    void jeTravaillePourLaFilleO2() {
      cout << O22::unAttributAProbleme << endl ; /* il faut spécifier lequel des deux
                                                     attributs est utilisé */
      O22::uneMethodeAProbleme(); /* il faut spécifier laquelle des deux méthodes
                                    est utilisée */
      cout << "Je suis un service rendu par la classe FilleO2" << endl;
    }
};
class O1 {
  private:
    FilleO2* lienFilleO2;
  public:
    O1(FilleO2* lienFilleO2) {
      this->lienFilleO2 = lienFilleO2;
    }
    void jeTravaillePourO1() {
      lienFilleO2->jeTravaillePourO2();
      lienFilleO2->jeTravaillePourO22();
      lienFilleO2->jeTravaillePourLaFilleO2();
      lienFilleO2->O2::uneMethodeAProbleme(); /* il faut, ici aussi, spécifier laquelle
                                                des deux méthodes est utilisée */

    }
};
int main(int argc, char* argv[]) {
  FilleO2* uneFilleO2= new FilleO2();
  O1* unObjetO1 = new O1(uneFilleO2);
  unObjetO1->jeTravaillePourO1();
  return 0;
}
```

Résultat

```
Je suis un service rendu par la classe O2
Je suis un service rendu par la classe O22
dans O22 attribut à probleme vaut 10
```

```
Je suis un service rendu par la classe FilleO2
dans O2 attribut à probleme vaut 5
```

Un problème survient, car les deux superclasses nomment de la même manière un attribut et une méthode. Lors de l'appel de la méthode et de l'attribut dans la sous-classe, naît une ambiguïté fondamentale, épinglée par le compilateur. De laquelle des deux méthodes et duquel des deux attributs s'agit-il ? Le compilateur ne s'offusquera que si la sous-classe fait un usage explicite de la méthode ou de l'attribut à problème. La seule manière pour éviter que le compilateur ne rechigne est de préciser : cela se fait très simplement, lors de l'appel, en attachant au nom de l'attribut ou de la méthode celui de la classe, comme vous pourriez le faire avec des fichiers portant un même nom, mais situés dans des répertoires distincts. En effet, il s'agit réellement, à l'échelle des attributs et des méthodes, de préciser le chemin à effectuer pour les retrouver ou bien encore de spécifier leur adresse complète.

En Python

```python
class O2:
    def __init__(self):
        self.__unAttributO2=5
        self.unAttributAProbleme = 5
    def uneMethodeAProbleme(self):
        print ("dans O2 attribut à problème vaut %s" %self.unAttributAProbleme)
    def jeTravaillePourO2(self):
        print ("Je suis un service rendu par la classe O2")
class O22:
    def __init__(self):
        self.__unAttributO22=10
        self.unAttributAProbleme = 10
    def uneMethodeAProbleme(self):
        print ("dans O22 attribut à problème vaut %s" %self.unAttributAProbleme)
    def jeTravaillePourO22(self):
        print ("Je suis un service rendu par la classe O22")
class FilleO2(O2,O22): #héritage des deux classes
    def __init__(self):
        O2.__init__(self)
        O22.__init__(self)
    def jeTravaillePourLaFilleO2(self):
        O2.uneMethodeAProbleme(self) #manière de choisir la version désirée
        print ("Je suis un service rendu par la classe FilleO2")
class O1:
    def __init__(self, lienFilleO2):
        self.__lienFilleO2=lienFilleO2
    def jeTravaillePourO1(self):
        self.__lienFilleO2.jeTravaillePourO2()
        self.__lienFilleO2.jeTravaillePourO22()
        self.__lienFilleO2.jeTravaillePourLaFilleO2()
        self.__lienFilleO2.uneMethodeAProbleme()#résultat dépendant de l'ordre de l'héritage
filleO2=FilleO2()
unObjetO1=O1(filleO2)
unObjetO1.jeTravaillePourO1()
```

Résultats

```
Je suis un service rendu par la classe O2
Je suis un service rendu par la classe O22
dans O2 attribut à problème vaut 10
Je suis un service rendu par la classe FilleO2
dans O2 attribut à problème vaut 10
```

En Python aussi, il faut rendre moins ambigu l'appel à la méthode. Quant à l'attribut, comme il est d'office un attribut d'instance, Python n'en considère qu'une unique occurrence, la dernière (d'où l'apparition des deux « 10 »). Python reste pourtant extrêmement ambigu quant à son résultat. Ainsi le résultat de l'exécution de l'instruction uneMethodeAProbleme se trouvant dans les deux superclasses dépendra de l'ordre des superclasses dans le multihéritage. C'est la première superclasse qui l'emportera en cas d'ambiguïté.

En effet, s'agissant des méthodes, le problème n'est pas uniquement qu'elles soient signées de la même façon dans les deux superclasses, mais qu'à signature identique ne corresponde pas un corps identique d'instructions (problème disparaissant dans le cas des « interfaces »). Alors que cette signature partagée en présence d'un corps d'instructions différent est la base du polymorphisme lorsque les classes impliquées sont à des niveaux hiérarchiques différents, le problème survient dans l'héritage multiple car les deux classes se trouvent au même niveau. Cette dernière considération mène très logiquement à la réponse trouvée par Java, C# et PHP : on se débarrasse du problème !

Ces trois derniers langages n'autorisent pas le multihéritage de classes, mais acceptent en revanche le multihéritage d'interfaces (que nous approfondirons au chapitre 15). En Java, C# et PHP, une sous-classe peut hériter d'une classe et d'autant d'interfaces que l'on veut ou juste du nombre d'interfaces souhaité. Rappelez-vous que l'interface se limite à la liste des signatures de méthodes et, de fait, en l'absence de corps, ne conduira jamais aux problèmes d'ambiguïté rencontrés en C++ et en Python. Rien n'interdit plusieurs interfaces, héritées par une même sous-classe, de posséder des signatures de méthodes communes, étant donné que les difficultés apparaissent uniquement en présence de corps d'instructions différents. En ce qui concerne les attributs, les interfaces Java autorisent uniquement des attributs « publics », « finaux » et « statiques » (c'est-à-dire des constantes de classe), mais qu'il vous reste malgré tout à nommer différemment. Les interfaces C# et PHP, quant à elles, ne les autorisent simplement pas.

Plusieurs chemins vers une même superclasse

La POO favorisant l'éclatement dans le développement logiciel, la possibilité que deux méthodes présentes dans des classes différentes portent le même nom (par exemple, implémentant une fonctionnalité commune) n'est pas nulle, d'où la prudence des autres langages. Le seul recours à cela est d'explicitement différencier leur nom ou de spécifier leur chemin d'accès au moment de l'appel. Un autre problème, encore plus subtil, est posé par le diagramme UML qui suit.

Figure 11–13
Plusieurs chemins d'héritage
mènent à une même
superclasse.

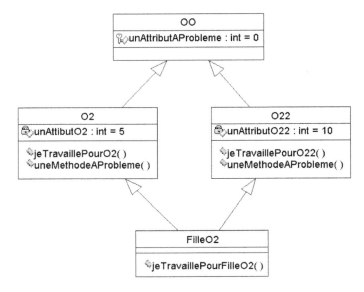

Code C++ : illustrant un deuxième problème lié au multihéritage

```cpp
class OO {
  protected:
    int unAttributAProbleme;
  public:
    OO() {
      unAttributAProbleme   = 0;
    }
};
class O2: virtual public OO {
  private:
    int unAttributO2;
  public:
    O2() {
      unAttributO2          = 5;
      unAttributAProbleme   = 5;
    }
    void uneMethodeAProbleme() {
      cout << "dans O2 attibut a probleme vaut " <<unAttributAProbleme<<endl;
    }
    void jeTravaillePourO2() {
      cout << "Je suis un service rendu par la classe O2" << endl;
    }
};
class O22: virtual public OO {
  private:
    int unAttributO22;
  public:
    O22() {
```

```
        unAttribut022        = 10;
        unAttributAProbleme  = 10;
    }
    void uneMethodeAProbleme() {
      cout << "dans 022 attibut a probleme vaut " <<unAttributAProbleme<<endl;
    }
    void jeTravaillePour022() {
      cout << "Je suis un service rendu par la classe 022" << endl;
    }
};
class Fille02 : public 02, public 022 /* l'ordre d'héritage va maintenant prendre de
l'importance */ {
  public:
    Fille02() {}
    void jeTravaillePourLaFille02() {
      022::uneMethodeAProbleme();
      cout << "Je suis un service rendu par la classe Fille02" << endl;
    }
};

class 01 {
  private:
    Fille02* lienFille02;
  public:
    01(Fille02* lienFille02) {
      this->lienFille02 = lienFille02;
    }
    void jeTravaillePour01() {
      lienFille02->jeTravaillePour02();
      lienFille02->jeTravaillePour022();
      lienFille02->jeTravaillePourLaFille02();
      lienFille02->02::uneMethodeAProbleme();
    }
};
int main(int argc, char* argv[]) {
  Fille02* uneFille02  = new Fille02();
  01* unObjet01        = new 01(uneFille02);
  unObjet01->jeTravaillePour01();
  return 0;
}
```

Le problème qui se pose est le suivant. L'héritage se réalise concrètement par une forme dissimulée de composition, puisque l'objet de la sous-classe possède un objet de la superclasse. Que se passe-t-il quand plusieurs superclasses présentent, elles-mêmes, une superclasse commune, comme dans le cas présent ? Logiquement, tout objet de la classe Fille02 se composera deux fois d'un objet de la classe 00, une première fois, en provenance de la classe 02, une seconde fois de la classe 022. Est-ce vraiment nécessaire ? Si on remonte le graphe, des classes plus spécifiques aux plus générales, dès qu'une de ces classes est rencontrée en empruntant des chemins différents, le problème se pose. Quand l'héritage n'est pas déclaré « virtuel », la répétition des instances des superclasses dans la sous-classe est la solution par défaut proposée par C++, comme le montre le résultat de l'exécution du code.

Résultat

```
Je suis un service rendu par la classe O2
Je suis un service rendu par la classe O22
dans O22 attibut à problème vaut 10
Je suis un service rendu par la classe FilleO2
dans O2 attibut à problème vaut 5
```

L'héritage virtuel

Est-ce vraiment un problème ? Il doit y en avoir un, sinon C++ ne vous aurait pas permis de le contourner, en déclarant l'héritage cette fois « virtuel ». Retournons à notre écosystème ; les ressources et la faune héritaient toutes deux d'ObjetJungle. La Proie n'héritait que de Faune, pourtant toute proie est également une ressource pour le prédateur. Nous pourrions faire hériter la proie et de Faune et de Ressource comme dans le diagramme suivant.

Figure 11–14
Dans ce diagramme de classe illustrant le multihéritage, la proie hérite à la fois de la faune et des ressources.

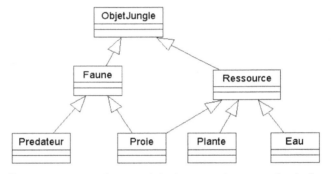

Est-il nécessaire de dupliquer l'ObjetJungle, puisque celui-ci ne contient que des informations sur la position des objets ? Dans ce cas-ci, non bien sûr, car cette information sur la position se doit de rester unique. La solution par défaut du C++ devient inappropriée ici. La seule possibilité consiste à déclarer l'héritage virtual, avec pour effet de rendre toujours unique l'objet de la superclasse partagée par les deux sous-classes.

En revanche, un héritage non virtual resterait approprié dans le cas illustré par le petit diagramme qui suit.

Figure 11–15
Une situation de multihéritage où l'utilisation de l'héritage non virtuel est bénéfique.

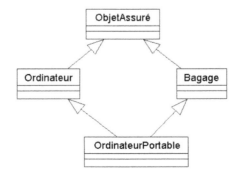

Quand on possède une assurance vol pour tous ses ordinateurs et une assurance perte pour tous ses bagages, un ordinateur portable doit pouvoir bénéficier des deux assurances, l'une contre le vol, en tant qu'ordinateur, l'autre contre la perte, en tant que bagage. L'héritage n'est plus virtuel car les deux assurances doivent apparaître différenciées dans la classe OrdinateurPortable. Ainsi, il faudra par exemple maintenir deux attributs prix d'assurance dans cette classe, celui en provenance d'Ordinateur et celui en provenance de Bagage. Quand « virtualiser » l'héritage et quand ne pas le faire ?

Comme nous le voyons, le problème n'est pas simple et l'accroissement de la difficulté n'a fait que renforcer la décision de Java, C# et PHP d'éviter toutes ces possibles sources d'ambiguïté et de confusion. Comme toujours, C++, quant à lui, nous juge bien plus intelligents que nous ne le sommes en réalité et nous offre tous les bras de levier et degrés de liberté nécessaires à la bonne décision et à l'optimisation du logiciel résultant. En rendant l'héritage virtuel dans le code précédent, il ne peut plus y avoir qu'une seule instance de l'attribut à problème.

Le résultat sera maintenant le suivant :

Résultat avec héritage virtuel

```
Je suis un service rendu par la classe O2
Je suis un service rendu par la classe O22
dans O22 attribut à problème vaut 10
Je suis un service rendu par la classe FilleO2
dans O2 attribut à problème vaut 10
```

Les « 10 » seraient à remplacer par des « 5 » si on inversait l'ordre de l'héritage. Comme dans Python précédemment, l'ordre d'héritage se met à jouer un rôle paradoxalement fondamental.

Le problème se pose également avec Python, dès l'apparition de ce losange dans les relations d'héritage, cependant il ne se pose pas pour les attributs mais pour la redéfinition des méthodes, comme nous le verrons dans le chapitre suivant.

Exercices

Exercice 11.1

Dessinez un diagramme de classes UML intégrant les classes suivantes : appareil électroménager, appareil à cuisiner, appareil à nettoyer, ramasse-miettes (pas le garbage collector, l'autre), lave-vaisselle, micro-ondes, four.

Exercice 11.2

Dessinez un diagramme de classes UML intégrant les classes suivantes : ordinateur, ordinateur fixe, ordinateur portable, PC, Macintosh, Dell portable, MAC portable Titatium G4. Discutez du possible apport du multihéritage.

Exercice 11.3

Écrivez le squelette de code dans les trois langages, Java, C# et C++, correspondant au diagramme de classes suivant.

Figure 11–16

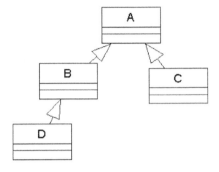

Exercice 11.4

Écrivez le squelette de code dans les trois langages, Java, C# et C++, correspondant au diagramme de classes suivant. Lorsque cela est nécessaire, remplacez les classes par des interfaces.

Figure 11–17

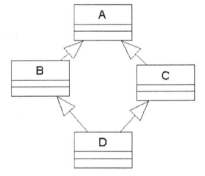

Exercice 11.5

Aucun des trois petits codes suivants ne trouvera grâce aux yeux des compilateurs. Expliquez pourquoi et corrigez-les en conséquence.

Fichier Exo1.java

```java
class O1 {}
class O2 {}
public class Exo1 extends O1,O2 {
  public static void main(String[] args) {
  }
}
```

Fichier Exo2.cs

```
public class O1 {}
public interface O2 {
  int jeTravaillePourInterface();
}
public class Exo2 : O1,O2 {
  public static void Main() {}
}
```

Fichier Exo3.cpp

```
class O1 {
  public:
    void jeTravaillePourLaClasse() {}
};
class O2 {
  public:
    void jeTravaillePourLaClasse() {}
};
class FilleO1 : public O1, public O2 {
  public:
    void jeTravaillePourFilleO1() {
      jeTravaillePourLaClasse();
    }
};
int main(int argc, char* argv[]) {
  printf("Il y a un probleme\n");
  return 0;
}
```

Exercice 11.6

Aucun des trois petits codes suivants ne trouvera grâce aux yeux des compilateurs. Expliquez pourquoi et corrigez-les en conséquence.

Exo1.java

```
class O1 {}
class O2 extends O1 {}
public class Exo1 {
  public static void main(String[] args) {
    O1 unO1 = new O1();
    O2 unO2 = new O2();
    unO2    = unO1;
  }
}
```

Exo2.cs

```
public class O1 {}
public interface O2 {}
public class O3 : O1, O2 {}
public class Exo2 {
  public static void Main() {
    O1 unO1 = new O1();
    O3 unO3 = new O3();
    O2 unO4 = unO3;
    O3 unO5 = unO4;
  }
}
```

Exo3.cpp

```
class O1 {
  public:
    void jeTravaillePourLaClasse() {}
};
class O2 {
};
class FilleO1 : public O1, public O2 {
  public:
    void jeTravaillePourFilleO1() {
      jeTravaillePourLaClasse();
    }
};
int main(int argc, char* argv[]) {
  O2 unO2;
  FilleO1 unFO1;
  unFO1= unO2;
  printf("Il y a un probleme\n");
  return 0;
}
```

Exercice 11.7

Expliquez pourquoi, malgré l'existence de l'accès protected dans les trois langages, la charte du bon programmeur OO vous incite à ne pas l'utiliser.

Exercice 11.8

Quelle différence existe-t-il en C++ entre les héritages public et private ? Pour quelle raison, selon vous, cette subtilité a-t-elle disparu de Java et C# ?

Exercice 11.9

Quelle version de cette assertion est-elle exacte ?

« Partout où apparaît un objet d'une superclasse, je peux le remplacer par un objet de sa sous-classe »

ou

« Partout où apparaît un objet d'une sous-classe, je peux le remplacer par un objet de sa superclasse »

Exercice 11.10

Soit superA une classe et sousA sa sous-classe, comment le casting sera-t-il employé :

```
a = (sousA)b
```

ou

```
a=(superA)b ?
```

Exercice 11.11

Pourquoi les classes Stream et GUI en Java se prêtent-elles idéalement à la mise en pratique des mécanismes d'héritage ?

## 12

Redéfinition des méthodes

Ce chapitre décrit une des possibilités offertes par l'héritage et qui est à la base du polymorphisme : la redéfinition dans les sous-classes de méthodes d'abord définies dans la superclasse. La mise en œuvre de cette pratique et le résultat surprenant de ses effets, différent selon les langages, tant pendant la phase de compilation que lors de l'exécution, seront analysés en profondeur.

DOCTUS — *Les langages de programmation montrent des différences dans leur conception de l'héritage, du polymorphisme et de leurs conséquences.*

CANDIDUS — *Quelles peuvent être les différences d'inspiration de nos cinq langages ?*

DOC. — *Toujours les mêmes soucis de performance et de fiabilité : le compilateur, dans son rôle de juge de la cohérence, doit trouver toutes les pièces du puzzle dans le travail du programmeur, pour s'assurer qu'elles s'assemblent parfaitement. Et l'OO nous autorise sans restriction à utiliser différents objets pour jouer un même rôle. Sa seule exigence est qu'ils disposent chacun des méthodes correspondantes.*

CAND. — *Tu penses à une superclasse joker remplacée par une instance effective au moment de l'exécution, n'est-ce pas ?*

DOC. — *Exactement. Et c'est là que le compilateur joue un rôle différent suivant les langages objet qui ont choisi d'y recourir. Ces derniers donnent plus ou moins d'importance au type déclaré des objets (et donc à l'étape de compilation) par rapport au type qu'ils endossent au moment de l'exécution. Là où C++ demande au programmeur de lever les ambiguïtés, Java le fait seul à l'exécution en s'appuyant sur un mécanisme d'exceptions.*

La redéfinition des méthodes

Nous avons vu que l'héritage permet à des classes d'être à la fois elles-mêmes et un ensemble successif de superclasses. Elles sont elles-mêmes car, en plus des caractéristiques héritées de leur(s) parent(s), elles ajoutent des attributs et des méthodes qui leur sont propres. L'héritage autorise également un mécanisme supplémentaire, subtil et extrêmement puissant : la redéfinition de méthodes issues du(des) parent(s).

Comme indiqué dans le petit diagramme UML ci-après, il s'agit de garder la même signature de méthode que celle du parent, mais d'en modifier le corps d'instructions. En substance, la classe mère et la classe fille partagent le nom d'une activité, bien qu'elles l'exécutent différemment. Dans le code Java correspondant à ce diagramme, on constate que le corps d'instructions dans la classe fille fait d'abord appel à la version de la superclasse, avant d'y ajouter ses propres éléments. Le mot-clé super sert simplement de référent vers la superclasse. Sans lui, on se serait retrouvé en présence d'une dangereuse boucle récursive infinie. Il est de ce fait indispensable, afin de préciser la version de la méthode dont il s'agit. C'est un type d'écriture très souvent rencontré, pour des raisons que nous expliquerons plus avant.

```java
public class O1 {
   public void jeFaisPresqueLaMemeChose() {
   }
}
public class FilsO1 extends O1 {
   public void jeFaisPresqueLaMemeChose() {
      super.jeFaisPresqueLaMemeChose();
      ................................
   }
}
```

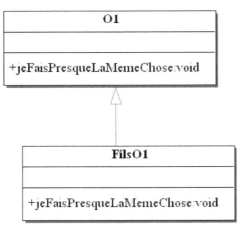

Figure 12–1
Redéfinition dans la sous-classe FilsO1 de la méthode jeFaisPresqueLaMemeChose() définie originellement dans la superclasse O1

Pourquoi l'application de ce principe de redéfinition des méthodes, participant de l'héritage, est-elle très courante en OO ?

Beaucoup de verbiage mais peu d'actes véritables

L'héritage s'est inspiré de nos mécanismes d'organisation cognitifs, pour en transposer les avantages au développement logiciel : simplicité, économie, adaptabilité, flexibilité, réemploi. Une autre caractéristique de notre vision du monde est que nous consacrons moins de concepts à en décrire les propriétés fonctionnelles et actives que les simples propriétés structurelles, comme si l'image que nous nous faisons de la nature était moins riche en fonctionnalités qu'en structure.

Le vocabulaire que nous dédions aux modalités actives est moins riche que celui dédié à la perception statique des choses. C'est d'ailleurs une des raisons fondamentales qui expliquent que nous organisons notre conceptualisation de manière taxonomique : nous regroupons toutes les classes qui partagent les mêmes modalités actives. Tous les animaux, les millions d'espèces existantes, vivent, mangent, dorment et meurent. Ils le font sans doute d'une manière qui leur est propre, mais ils le font tous. Les chanteurs d'opéra, de rock, de folk, de jazz, de gospel, ceux à la croix de bois… chantent tous, font tous des disques, passent à la télé mais, heureusement pour nous, de façon différente et pas en même temps.

Il n'est dès lors pas surprenant de retrouver des mêmes noms d'activité, ici méthodes, pour les classes et leurs sous-classes. Notez que cette mise en commun des noms d'activités à différents niveaux hiérarchiques prend toute sa raison d'être, tant dans la pratique cognitive qu'en programmation, dans des situations où ces activités sont mises en pratiques par une tierce « entité ». Ainsi, dans l'exemple que nous avons vu au premier chapitre, le feu de signalisation envoie un message unique, « démarre », à tous les véhicules lui faisant face, sans se préoccuper outre mesure de la manière ultime dont ce message sera exécuté par les différents types de véhicules.

Cette possibilité offerte à une classe d'interagir avec un ensemble d'autres classes, en leur envoyant un même message, compris par toutes mais exécuté de manière différente, explique pour une grande part que l'on retrouve ce message à plusieurs niveaux. Elle est illustrée par le petit diagramme UML qui suit. Un objet de la classe 02 déclenche le même message sur tous les objets issus de la superclasse 01, mais ces derniers l'exécutent différemment suivant leur sous-classe.

Une classe peut donc interagir avec un ensemble d'autres comme s'il s'agissait d'une seule et même classe. Elle n'a pas nécessairement besoin d'en connaître la nature ultime pour en disposer. En fait, tout un large pan du programme lui devient invisible. C'est une nouvelle forme de l'encapsulation si chère à l'OO. La « tierce classe » devient complètement aveugle aux spécifications des différentes sous-classes avec lesquelles elle interagira en dernier ressort. Ces spécifications constitueront ainsi pour le programmeur un large espace de liberté et de variabilité.

La base du polymorphisme

L'héritage offre la possibilité pour une classe de s'adresser à une autre, en sollicitant de sa part un service qu'elle est capable d'exécuter de mille manières différentes, selon que ce service, nommé toujours de la même façon, se trouve redéfini dans autant de sous-classes, toutes héritant du destinataire du message. C'est la base du polymorphisme. Cela permet à notre première classe de traiter toutes ses interlocutrices comme une seule et de ne modifier en rien son comportement si on en ajoute une ou si une autre change sa manière de répondre aux messages de la première. Simplicité de conception, économie d'écriture et évolution sans heurt : tout l'OO est là, dans le polymorphisme.

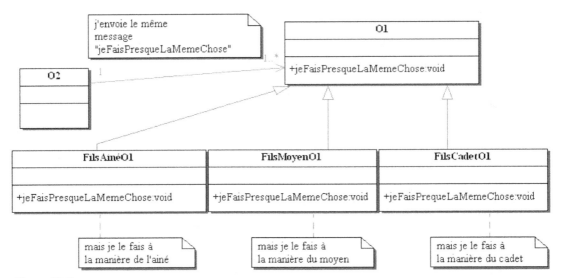

Figure 12–2
Diagramme de classe représentant le polymorphisme. La classe O2 déclenche sur la classe O1 le message jeFaisPresqueLaMemeChose qui se trouve redéfini dans trois sous-classes.

Ce faisant, nous entrons en plein dans la pratique du « polymorphisme », que nous retrouverons encore dans les chapitres qui suivent. Ce message, au niveau de la superclasse, possède ou non un corps d'instructions par défaut. Nous verrons que, dans un type particulier de classe (appelée classe « abstraite »), le message pourra se borner à n'exister qu'en tant que seule signature. Une sous-classe, au moins, deviendra indispensable afin d'en permettre une première réalisation.

Un match de football polymorphique

Nous allons illustrer ce mécanisme en nous repenchant sur la simulation du match de football que nous avions juste esquissée dans le chapitre 10. Dans un premier temps, nous avions délibérément évité toute mise en pratique de l'héritage. Or, si une classe se prête assez naturellement à cette mise en pratique, c'est bien la classe Joueur, comme montré dans le diagramme qui suit. Nous spécialisons la classe Joueur en trois sous-classes : Attaquant, Defenseur et Gardien. Rien, du côté des attributs, ne particularise vraiment les différentes sous-classes de joueurs, sauf peut-être une tenue un peu différente pour le gardien de but.

Y a-t-il lieu d'ajouter de nouvelles méthodes dans les sous-classes ? Là encore, le gardien de but peut, sans essuyer de punitions de la part de l'arbitre, attraper la balle avec les mains. Le mode d'interaction entre les joueurs et la balle sera donc quelque peu différent dans le cas du gardien qui peut, dans un premier temps, faire comme tous les joueurs, c'est-à-dire lui donner de violents coups de pied, mais, de surcroît, la caresser de ses douces mains.

Figure 12-3
Un petit diagramme de classes
centré sur les joueurs et leur
relation à l'entraîneur

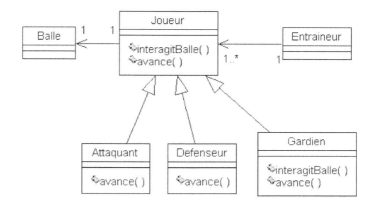

Dans ce diagramme UML, très simplifié, aucun nouvel attribut ni méthode ne vient s'ajouter dans les sous-classes de joueurs. Ce qu'octroie l'héritage ici est la redéfinition des méthodes : interagitBalle() pour le gardien de but et avance() pour tous les joueurs. Pour illustrer le polymorphisme de la méthode avance(), imaginons un entraîneur excité et paniqué en fin de partie, qui hurle d'avancer à tous ses joueurs. C'est son envoi de message à lui, sans doute le dernier avant longtemps. Surtout, dans ce hurlement de la dernière chance, il n'est plus question pour l'entraîneur d'en particulariser le contenu en fonction des joueurs auxquels il est adressé. Chaque joueur va donc avancer, mais chacun à sa manière, comme il a appris à le faire pendant les entraînements.

On a rarement vu, sauf dans des cas vraiment désespérés, le gardien de but se retrouver à flirter avec son alter ego de l'équipe adverse. En fait, tous les joueurs se déplacent, mais en respectant une certaine zone sur le terrain, liée à la place qu'ils occupent ainsi qu'au placement des joueurs adverses. Voilà un bel exemple de polymorphisme. Nous allons l'illustrer dans les cinq langages de programmation et de manière très graduelle, afin d'en expliquer les avantages, les subtilités syntaxiques et, là encore, les écarts commis par le C++. De nouveau, ce dernier a pris le pli de faire les choses de manière plus compliquée que les autres.

La classe Balle

Commençons d'abord par la classe la moins problématique.

En Java

```
class Balle {
  public Balle() {}
  public void bouge(){
    System.out.println("la balle bouge");
  }
}
```

En C++

```cpp
class Balle {
public:
Balle() {}
  void bouge(){
    cout <<"la balle bouge"<<endl;
  }
}
```

En C#

```csharp
class Balle{
  public Balle() {}
  public void bouge(){
    Console.WriteLine("la balle bouge");
  }
}
```

En Python

```python
class Balle:
  def __init__(self):
    pass
  def bouge(self):
    print ("la balle bouge")
```

En PHP

```php
class Balle {
  public function __construct() {}
  public function bouge() {
    print ("la balle bouge <br> \n");
  }
}
```

La classe Joueur

Passons maintenant à une classe plus sensible.

En Java

```java
class Joueur{
private int posSurLeTerrain;
private Balle laBalle;
```

```
public Joueur(Balle laBalle) {
  this.laBalle = laBalle;
}
public int getPosition() {
  return posSurLeTerrain;
}
public void setPosition(int position) {
  posSurLeTerrain = position;
}
public void interagitBalle() {
  System.out.println("Je tape la balle avec le pied");
  laBalle.bouge();
}
public String toString()
  // redéfinition de la méthode toString() définie dans la classe Object
{
    return getClass().getName() ;
}
public void avance() {
  System.out.println("la position actuelle du " + this + " est " + posSurLeTerrain);
  /* this déclenche automatiquement l'appel de toString() pour obtenir la classe ultime
     de l'objet */
  posSurLeTerrain += 20;
}
}
```

posSurLeTerrain est un attribut clé qui indique la position du joueur à un instant donné sur le terrain. Dans un souci de simplicité, nous ne spécifions qu'une valeur, qui pourrait être la distance par rapport au but. C'est la valeur maximale de cette distance, selon la nature des joueurs, qui impose de redéfinir leur déplacement. Comme nous utiliserons quelquefois cet attribut dans les sous-classes à venir, des méthodes d'accès, get() et set(), deviennent nécessaires.

Une autre addition, qui illustre parfaitement le thème principal de ce chapitre, est la redéfinition de la méthode toString(). Cette méthode existe par défaut dans la classe la plus haute de la hiérarchie Java, la classe Object (que nous retrouverons dans le chapitre 14) dont par défaut hérite toute classe Java. Elle est appelée implicitement à chaque fois que l'on demande d'afficher le référent d'un objet (par le this). Comme il nous importe d'afficher la classe dynamique de l'objet dans le corps de la méthode avance(), nous redéfinissons la méthode toString() afin qu'elle fasse précisément ceci : renseigner la classe dynamique de l'objet par le concours des deux méthodes introspectives getClass().getName(). Enfin, en plus de récupérer et d'afficher la classe de l'objet en question, à chaque exécution de la méthode avance(), le joueur incrémente sa position de 20.

En C++

```
class Joueur {
 private:
  int posSurLeTerrain;
  Balle* laBalle;
```

```
public:
  Joueur(Balle* laBalle) {
    this->laBalle = laBalle;
  }
  /*virtual*/ void interagitBalle() { /* présence de "virtual" */
    cout<<"Je tape la balle avec le pied" << endl;
    laBalle->bouge();
  }
  /*virtual*/ void avance() { /* présence de "virtual" */
    const type_info& t = typeid(*this); /* pour faire apparaître la classe de l'objet */
    cout<<"la position actuelle du " << t.name() << " joueur est " << posSurLeTerrain << endl;
    posSurLeTerrain += 20;
  }
  int getPosition() {
    return posSurLeTerrain;
  }
  void setPosition(int position) {
    posSurLeTerrain = position;
  }
};
```

Plusieurs points doivent être détaillés dans la version C++. Tout d'abord, vous voyez apparaître un étrange mot-clé virtual au début de la signature des méthodes qui vont se prêter à une redéfinition dans les sous- classes. Ce mot-clé marque une différence essentielle dans la manière dont les langages qui nous occupent abordent le polymorphisme, et que nous commenterons plus longuement par la suite. Dans un premier temps, nous laisserons ce mot-clé inactif (entre commentaires).

La méthode avance() est un peu plus compliquée, car nous voulons, à l'instar du toString() en Java, récupérer pendant l'exécution la classe de l'objet sur lequel la méthode avance() s'exécute. C'est un type d'information, caractéristique de RTTI (*Run-Time Type Information*), assez récemment ajouté dans le fonctionnement du C++ (celui-ci n'était pas conçu pour fonctionner en mode polymorphique). Son utilisation est un peu délicate. Il vous faut en comprendre l'utilité sans nécessairement maîtriser sa syntaxe assez sibylline.

En C#

```
class Joueur {
private int posSurLeTerrain;
private Balle laBalle;

public Joueur(Balle laBalle) {
  this.laBalle = laBalle;
}

public /*virtual*/ void interagitBalle() { /* le même " virtual " qu'en C++ */
  Console.WriteLine("Je tape la balle avec le pied");
  laBalle.bouge();
}
```

```
public /*virtual*/ void avance() { /* toujours virtual */
  Console.WriteLine("la position actuelle du " + this + " est " + posSurLeTerrain);
  posSurLeTerrain += 20;
}

public int positionGet {
  /* remarquez encore la nature singulière des méthodes d'accès */
  get {
    return posSurLeTerrain;
  }
  set {
    posSurLeTerrain = value ; /* « value » sera remplacé par n'importe quelle valeur
                 que l'on passe à l'attribut au moment de l'appel de cette méthode */
  }
 }
}
```

En C#, on note à nouveau l'apparition de cet étrange `virtual` (pour les mêmes raisons qu'en C++) au début de la déclaration des méthodes, qui sera commenté par la suite. On relève à part cela quelques petites différences syntaxiques. Ainsi aurez-vous pu noter par vous-même l'utilisation des majuscules plutôt que des minuscules pour les méthodes (`Main()` et non `main()`, `ToString()` et non `toString()`). C'est toujours le cas. La méthode `ToString()`, qui provient aussi de la superclasse `Object` dont héritent par défaut toutes les classes, n'a nul besoin d'une redéfinition ici car, dans sa version d'origine, elle fait ce qu'on souhaite qu'elle fasse : juste renvoyer la classe dynamique de l'objet en question. Toutefois, c'est également une méthode qui prête souvent à redéfinition de manière en tout point semblable à celle du code Java.

Plus originale, comme nous l'avons déjà vu, est la manière dont C# réalise les méthodes d'accès `get` et `set`. Il les réunit dans une même méthode, avec la syntaxe quelque peu singulière indiquée dans le code. Cette subtilité d'écriture permet d'appeler les méthodes d'accès comme s'il s'agissait directement de simples attributs. Par la présence de `virtual`, mis en commentaire pour l'instant, vous aurez pu constater que C# se rapproche parfois plus du C++ que de Java.

En Python

```python
class Joueur(object): # ici il faut explicitement hériter de la supersuperclasse object

  def __init__(self,laBalle):
    self.__laBalle=laBalle
  def getPosition(self):
    return self.__posSurLeTerrain
  def setPosition(self,position):
    self.__posSurLeTerrain=position
  def interagitBalle(self):
    print ("Je tape la balle avec le pied")
    self.__laBalle.bouge()
  def __str__(self): # redéfinition de cette méthode
    return self.__class__.__name__
```

```
def avance(self):
    print ("la position actuelle du " + self.__str__()+" est %s"
            %(self.__posSurLeTerrain))
    self.__posSurLeTerrain+=20
```

En Python comme en Java et en C#, nous redéfinissons la méthode de description des référents, ici la méthode __str__(). Cependant, une différence importante avec les deux langages précédents est l'obligation d'expliciter l'héritage de la superclasse object. De manière générale, Python ne fait rien de gratuit et vous oblige à déclarer toutes les initiatives que vous prenez, y compris celles qui pourraient apparaître automatiques à la plupart des programmeurs.

En PHP

```php
class Joueur {
    private $posSurLeTerrain;
    private $laBalle;
    public function __construct($laBalle) {
        $this->posSurLeTerrain = 0;
        $this->laBalle = $laBalle;
    }
    public function getPosition() {
        return $this->posSurLeTerrain;
    }
    public function setPosition ($position) {
        $this->posSurLeTerrain = $position;
    }
    public function interagitBalle() {
        print ("Je tape la balle avec le pied <br> \n");
        $this->laBalle->bouge();
    }
    public function __toString () {
        return get_class($this);
    }
    public function avance() {
        print ("la position actuelle du ");
        print ($this);
        print (" est $this->posSurLeTerrain <br> \n");
        $this->posSurLeTerrain += 20;
    }
}
```

On retrouve un code très proche de Java et de C#.

Précisons la nature des joueurs

Attaquons maintenant le principal sujet de ce chapitre, à savoir l'héritage et surtout la redéfinition des méthodes dans les sous-classes. Trois sous-classes, Gardien, Defenseur et Attaquant, vont hériter de la classe Joueur. Dans la classe Gardien, les deux méthodes interagitBalle() et avance() seront redéfinies alors que, dans les deux autres sous-classes, seule la méthode avance() le sera.

Redéfinir une méthode dans une sous-classe (ce qu'en anglais on désigne comme la pratique override) consiste à reprendre exactement sa signature, à ceci près que l'on rend l'accès à la méthode dans la sous-classe moins sévère qu'il ne l'est dans la superclasse. Un public ou protected peut remplacer un private, mais non l'inverse, par simple respect du principe de substitution. Une superclasse ne peut en faire plus qu'une sous-classe, pas plus qu'une méthode dans une sous-classe ne peut se rendre moins accessible que celle qu'elle redéfinit dans la superclasse. Si je peux envoyer un message à tous les objets issus d'une superclasse, je dois pouvoir envoyer ce même message à tous les objets issus de la sous-classe de celle-ci. A priori, une méthode définie comme private dans la superclasse, étant inaccessible et de l'extérieur et par ses enfants, ne devrait jamais pouvoir se prêter à une redéfinition. Elle ne le sera pas en effet et nous reviendrons sur ce point précis en fin de chapitre.

La redéfinition des méthodes

Une méthode redéfinie dans une sous-classe possède la même signature que celle définie dans la superclasse avec, comme unique différence possible, un mode d'accès moins restrictif. En général, une méthode définie protected ou public dans la superclasse sera redéfinie comme protected ou public dans la sous-classe.

En Java

```java
class Gardien extends Joueur { /* héritage */
 public Gardien(Balle laBalle) {
  super(laBalle); /* appel du constructeur de la superclasse */
  setPosition(0);
 }

@Override /* fortement conseillé depuis Java 6 */
 public void interagitBalle() { /* redéfinition */
  super.interagitBalle(); /* appel de la méthode originelle */
  System.out.println("Je prends la Balle avec les mains");
 }

@Override
 public void avance() { /* redéfinition */
  if (getPosition() < 10)
   System.out.println("Moi gardien, je peux encore prendre la balle avec les mains");
  if (getPosition() < 20)
   super.avance(); /* appel de la méthode originelle sous condition */
 }
}

class Defenseur extends Joueur {
 public Defenseur(Balle laBalle) {
  super(laBalle);
  setPosition(20);
 }

@Override
 public void avance() {
  if (getPosition() < 100)
```

```
    super.avance();
  }
}
class Attaquant extends Joueur {
  public Attaquant (Balle laBalle) {
   super(laBalle);
   setPosition(100);
  }

@Override
  public void avance() {
   if (getPosition() < 200) {
    super.avance();
    if (getPosition() > 150)
     System.out.println("moi attaquant je fais attention au hors-jeu") ;
   }
  }
}
```

Tout d'abord, penchons-nous sur le constructeur de Gardien. Celui-ci fait appel, par l'entremise de super(), au constructeur de la superclasse. Nous avons vu ce principe dans le chapitre précédent, chaque classe s'occupe de l'initialisation de ses propres attributs. Comme l'attribut laBalle trouve son origine dans la superclasse Joueur, c'est automatiquement le constructeur de celle-ci (pour autant qu'il s'en occupait déjà dans la superclasse) qui devra à nouveau prendre en charge son initialisation dans la sous-classe.

Passons maintenant à la redéfinition des deux méthodes. interagitBalle(), redéfinie seulement chez le gardien, se comporte dans un premier temps comme la méthode déclarée initialement chez le Joueur (et c'est de nouveau la raison de l'utilisation du mot-clé super, indispensable afin d'éviter une récursion infinie), mais ensuite ajoute une fonctionnalité qui lui est propre : « prendre la balle avec les mains ». La méthode avance(), quant à elle, ne se produira que dans des limites permises par la fonction et le placement de chacun des joueurs.

Ici, l'idée est plutôt de renforcer l'intégrité des sous-classes par rapport à la superclasse, en interdisant à l'attribut posSurLeTerrain de prendre toutes les valeurs possibles. Conditionner l'appel à la méthode originale dans la redéfinition est également une pratique assez courante. Une sous-classe a quelquefois ceci de plus spécifique que ses attributs, au contraire de ce qui se passe pour la superclasse, ne peuvent prendre toutes les valeurs. Ainsi un entier sera un réel dont la partie décimale ne peut prendre que la valeur nulle. Cela colle parfaitement à la vision « ensembliste » de l'héritage, puisque seul un sous-ensemble de toutes les valeurs d'attributs possibles sera admis pour les sous-classes.

Depuis la version 6 de Java, il est conseillé, mais pas obligatoire, d'indiquer le mot-clé @Override juste avant la redéfinition de la méthode. Cela permet au compilateur de vérifier que vous effectuez bien cette redéfinition sans erreur (même argument, même type de retour, même niveau d'accès) et également d'améliorer la documentation du code qui est générée automatiquement par l'instruction javadoc.

En C++

```cpp
class Gardien : public Joueur {
 public:
  Gardien(Balle* laBalle):Joueur(laBalle) { /* appel du constructeur de la superclasse*/
   setPosition(0);
  }
  void interagitBalle() {              /* redéfinition */
   Joueur::interagitBalle();           /* appel de la méthode originelle */
   cout<<"Je prends la Balle avec les mains"<<endl;
  }
  void avance() {                      /* redéfinition */
   if (getPosition() < 10)
    cout<<"Moi gardien, je peux encore prendre la balle avec les mains" << endl;
   if (getPosition() < 20)
    Joueur::avance();
  }
};
class Defenseur : public Joueur {
public:
  Defenseur(Balle* laBalle):Joueur(laBalle) {
   setPosition(20);
  }
  void avance() {
   if (getPosition() < 100)
    Joueur::avance();
  }
};
class Attaquant : public Joueur {
public:
  Attaquant (Balle* laBalle) : Joueur(laBalle) {
   setPosition(100);
  }
  void avance() {
   if (getPosition() < 200) {
    Joueur::avance();
    if (getPosition() > 150) {
     cout<<"moi attaquant je fais attention au hors-jeu" << endl;
    }
   }
  }
};
```

L'écriture du constructeur contraste assez largement avec la version Java. Le rappel du constructeur de la superclasse se fait, non plus dans le bloc d'instructions du constructeur, mais directement à même la déclaration de la signature. Par ailleurs, super n'existe pas en C++. Et pour cause, le multihéritage l'interdit : qui serait le super parmi tous les candidats possibles ? Comme pour la désambiguïsation parfois nécessaire, suite à un multihéritage malheureux, l'appel aux méthodes des superclasses se fait donc par une évocation explicite des classes dont elles proviennent.

En C#

```
class Gardien : Joueur {
public Gardien(Balle laBalle):base(laBalle) { /* appel du constructeur de la superclasse
*/
  positionGet = 0;
}
public /*override*/ new void interagitBalle() { /* override ou new */
  base.interagitBalle(); /* appel de la méthode originelle */
  Console.WriteLine("Je prends la balle avec les mains");
}
public /*override*/ new void avance() { /* override ou new */
  if (positionGet < 10)
    Console.WriteLine("Moi gardien, je peux encore prendre la balle avec les mains");
  if (positionGet < 20)
    base.avance(); /* appel de la méthode originelle */
}
}
class Defenseur : Joueur {
public Defenseur(Balle laBalle):base(laBalle) {
  positionGet = 20;
}
public /*override*/ new void avance() {
  if (positionGet < 100)
    base.avance();
}
}
class Attaquant : Joueur {
public Attaquant (Balle laBalle):base(laBalle) {
  positionGet = 100;
}
public /*override*/ new void avance() {
  if (positionGet < 200) {
    base.avance();
    if (positionGet > 150)
      Console.WriteLine("moi attaquant je fais attention au hors-jeu");
  }
}
```

En ce qui concerne le constructeur en C#, on trouve une pratique hybride de Java (avec l'utilisation du mot-clé base au lieu de super) et de C++ (avec l'appel du constructeur de la superclasse lors de déclaration de la signature, plutôt que dans le corps de la méthode). On retrouve d'ailleurs ce même mot-clé base dans le corps des méthodes redéfinies.

Vous constaterez également que la signature des méthodes redéfinies inclut le mot-clé new. Nous n'avons pas le choix, là encore, sous le regard coercitif du compilateur. Ne rien mettre, comme en Java, provoquerait cette fois un avertissement de la part du compilateur. Il s'agit donc de déclarer les méthodes comme new (c'est en effet une nouvelle version de la « même » méthode), ou d'opter pour un couplage du mot-clé virtual, lors de la déclaration de la version première de la méthode, avec le mot-clé override, lors de la redéfinition de la méthode. Bien évidemment, l'effet n'est pas le même, comme nous allons le constater très bientôt.

En Python

```
class Gardien(Joueur):
    def __init__(self,laBalle):
        Joueur.__init__(self,laBalle)
        self.setPosition(0)
    def interagitBalle(self):
        Joueur.interagitBalle(self)
        print ("Je prends la Balle avec les mains")
    def avance(self):
        if self.getPosition()<10:
            print ("Moi gardien, je peux encore prendre la balle avec les mains")
        if self.getPosition()<20:
            Joueur.avance(self)

class Defenseur(Joueur):
    def __init__(self,laBalle):
        Joueur.__init__(self,laBalle)
        self.setPosition(20)
    def avance(self):
        if self.getPosition()<100:
            Joueur.avance(self)

class Attaquant(Joueur):
    def __init__(self,laBalle):
        Joueur.__init__(self,laBalle)
        self.setPosition(100)
    def avance(self):
        if self.getPosition()<200:
            Joueur.avance(self)
        if self.getPosition()>150:
            print ("moi attaquant je fais attention au hors-jeu")
```

En Python, point de base ni de super, mais comme en C++, il est obligatoire de préciser de quelle superclasse provient la méthode que nous exploitons à la redéfinition de la méthode de la sous-classe.

En PHP

```
class Gardien extends Joueur {
  public function __construct($laBalle) {
    parent::__construct($laBalle); // appel du constructeur de la superclasse
    $this->setPosition(0);
  }
  public function interagitBalle() {
    parent::interagitBalle();
    print ("Je prends la Balle avec les mains <br> \n");
  }
  public function avance() {
    if ($this->getPosition() < 10) {
      print ("Moi gardien, je peux encore prendre la balle avec les mains <br> \n");
    }
```

```
      if ($this->getPosition() < 20) {
        parent::avance();
      }
    }
}
class Defenseur extends Joueur {
  public function __construct($laBalle) {
    parent::__construct($laBalle);
    $this->setPosition(20);
  }
  public function avance() {
    if ($this->getPosition() < 100) {
      parent::avance();
    }
  }
}
class Attaquant extends Joueur {
  public function __construct($laBalle) {
    parent::__construct($laBalle);
    $this->setPosition(100);
  }
  public function avance() {
    if ($this->getPosition() < 200) {
      parent::avance();
    }
    if ($this->getPosition() > 150) {
      print ("Moi attaquant je fais attention au hors-jeu <br> \n");
    }
  }
}
```

Le code PHP est très proche de Java et C#, avec présence du mot-clé parent jouant un rôle équivalent au super de Java et au base de C#.

Passons à l'entraîneur

... avant qu'une crise cardiaque ne l'éloigne à jamais des terrains de football.

En Java

```
class Entraineur{
  private Joueur[] lesJoueurs;
  public Entraineur(Joueur[] lesJoueurs){
   this.lesJoueurs = lesJoueurs;
  }
  public void panique(){
   System.out.println("C'est la panique");
   for (int i=0; i<lesJoueurs.length; i++){
```

```
    lesJoueurs[i].avance() ; /* le même message à tous les joueurs
                              - attention !!! polymorphisme */
    }
  }
}
```

Aspect capital et clé du polymorphisme, l'entraîneur est associé à un tableau d'objets typé Joueur, ce qui se traduit par une relation 1 → 1..n entre la classe Entraineur et la classe Joueur dans le diagramme de classe UML de la figure 12-3. De son seul point de vue, tous les objets avec lesquels l'entraîneur se doit d'interagir sont issus de la classe Joueur. Il ne voit aucun gardien, attaquant ou défenseur parmi eux. On pourrait ajouter les sous-classes Avant-Centre ou Ailier-Droit qu'il n'en ferait aucun cas. C'est dans sa méthode panique() que l'entraîneur envoie le message désespéré d'avancer à tous les joueurs, sans se préoccuper de qui le recevra. Sa seule certitude (le compilateur le lui a assuré) c'est que tous ses joueurs seront en mesure de l'exécuter.

L'entraîneur, en plus de friser la crise d'apoplexie, fonctionne de manière totalement polymorphique. Il n'aura pas tout perdu. Lors de l'exécution du code, tous les joueurs qui recevront le message seront de type Attaquant, Gardien ou Defenseur. Il semble donc que les objets du tableau Joueur, en fait tous les joueurs sur le terrain, peuvent bénéficier de deux typages : un typage dit statique, celui que seul le compilateur comprend et vérifie (le seul connu de l'entraîneur), et un typage dynamique, qui se révélera seulement à l'exécution.

En C++

```
class Entraineur {
private:
  Joueur* lesJoueurs[];
public:
  Entraineur(Joueur* lesJoueurs[]) {
    for (int i=0; i<3; i++)
      this->lesJoueurs[i] = lesJoueurs[i];
  }
  void panique() {
    cout << "C'est la panique" << endl;
    for (int i=0; i<3; i++)
      lesJoueurs[i] ->avance(); // le même message à tous les joueurs
                                // - attention !!! polymorphisme
  }
};
```

Ce code n'est pas très différent de la version Java, à ceci près que les joueurs apparaissent dans un tableau de pointeurs, ce qui nous oblige à affecter les pointeurs un à un, à l'aide d'une boucle. Les tableaux en C++ ne sont pas des objets et il est nécessaire de les manipuler élément par élément.

En C#

```
class Entraineur {
 private Joueur[] lesJoueurs;
 public Entraineur(Joueur[] lesJoueurs) {
  this.lesJoueurs = lesJoueurs;
 }
 public void panique() {
  Console.WriteLine("C'est la panique");
  for (int i=0; i<lesJoueurs.Length; i++)
   lesJoueurs[i].avance(); /* le même message à tous les joueurs
                          - attention !!! polymorphisme */
 }
}
```

C'est exactement le même entraîneur qu'en Java.

En Python

```
class Entraineur:

    def __init__(self,lesJoueurs):
        self.__lesJoueurs=lesJoueurs
    def panique(self):
        print ("C'est la panique")
        i=0
        while i<len(self.__lesJoueurs):
            self.__lesJoueurs[i].avance()
            i+=1
```

En PHP

```
class Entraineur {
    private $lesJoueurs;
    public function __construct($lesJoueurs){
      $this->lesJoueurs = $lesJoueurs;
    }
    public function panique() {
      print ("C'est la panique <br> \n");
      for ($i=0; $i<3; $i++) {
          $this->lesJoueurs[$i]->avance();
      }
    }
}
```

En Python et en PHP, on retrouve le même entraîneur qu'en Java, en C# et en C++ à quelques détails syntaxiques insignifiants près.

Passons maintenant au bouquet final

... c'est-à-dire la méthode principale, afin qu'en plus des joueurs, les Romains en viennent à s'empoigner.

En Java

```
public class Football {
public static void main(String[] args) {
  Balle uneBalle    = new Balle();        // création de la balle
  Joueur lesJoueurs[] = new Joueur[3];      // création de l'objet tableau
  lesJoueurs[0]     = new Gardien(uneBalle); // création du premier joueur, un gardien
  lesJoueurs[1]     = new Defenseur(uneBalle); // création du deuxième joueur, un défenseur
  lesJoueurs[2]     = new Attaquant(uneBalle); // création du troisième joueur, un attaquant

  Entraineur unEntraineur = new Entraineur(lesJoueurs); // création de l'entraineur

  System.out.println("******* d'abord les joueurs *****");
  for (int i=0; i<lesJoueurs.length; i++)
   lesJoueurs[i].interagitBalle();

  System.out.println("******* puis l'entraineur *****");
  for (int i=0; i<6; i++)
   unEntraineur.panique();
 }
}
```

Dans l'ordre, on crée d'abord l'objet `Balle`, puis un tableau de 3 joueurs (on se limitera pour des raisons évidentes à 3, mais à 11 ce serait pareil). À ce stade-ci, le tableau est typé `Joueur`. En fait, on construit un tableau de référents, chacun étant typé statiquement comme `Joueur`.

Ensuite, on crée trois joueurs de types différents : un gardien, un défenseur et un attaquant. Comme la figure ci-après l'illustre, quatre objets sont stockés en mémoire, un pour le tableau de référents et trois pour les joueurs. Au moment de l'exécution, les objets finaux, référencés par les trois éléments du tableau, ne sont plus du type de la superclasse `Joueur`, mais chacun d'une sous-classe différente. Il faut se souvenir que l'opération `new` ne s'effectue que pendant l'exécution. Il n'est donc pas possible de prévoir, au moment de la compilation, de quel type dynamique sera l'objet. Nous pourrions imaginer une situation dans laquelle la création de l'objet serait conditionnée par une information à découvrir pendant l'exécution. Cela signifie qu'avant l'exécution, on ne peut présager avec certitude de la classe finale dont l'objet sera une instance. La seule garantie que l'on ait est le typage statique de cet objet, qui est forcément une superclasse de la classe finale.

Dans de nombreux cas, la classe qui déclare l'objet et la classe qui suit l'opération `new` sont les mêmes, comme lorsque nous écrivons : `O1 unObjet01 = new O1()`.

Figure 12–4
Les 4 objets stockés en
mémoire : le tableau de joueurs
et les 3 objets joueurs

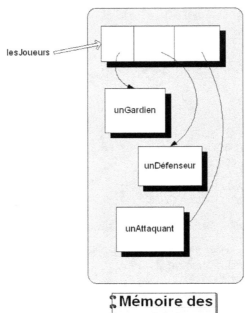

Ici, nous nous retrouvons dans une nouvelle situation, assez singulière, où les classes à gauche et à droite de cette instruction peuvent être différentes (mais pas indépendantes). La classe à droite (typage dynamique : classe finale révélée au moment de l'exécution) est impérativement soit la même qu'à gauche (typage statique), soit une des sous-classes de cette dernière. On peut écrire, sans heurter le compilateur : `01 unObjet01 = new Fils01()`.

En substance, le compilateur se satisfait d'une superclasse pour la justesse syntaxique, alors que le type final, à l'exécution, pourrait en être une sous-classe. Rien ne choque en cela, étant donné le principe de substitution, qui nous dit que, si la superclasse peut le faire, toute sous-classe le fera également sans problème. Toutefois, nous devrons, à partir de maintenant, nous efforcer de différencier le type statique (classe à gauche), le seul important pour le compilateur, du type dynamique (classe à droite), le seul vraiment important pour l'exécution du programme. Cette différenciation sera capitale pour comprendre le fonctionnement particulier et distinct des trois langages de programmation, C++, C# et Java, pour qui le typage explicite compte vraiment. En l'absence de compilateur, la situation est foncièrement différente pour Python et PHP.

Un même ordre mais une exécution différente

Dans la suite de la méthode `main` de Java, on crée un objet `entraîneur`. Finalement, on envoie le même message `interagitBalle()` aux trois joueurs et le message `panique()` à l'entraîneur, en sachant que l'exécution de ce message par l'entraîneur conduira ce dernier à envoyer le message `avance()` aux trois joueurs. L'entraîneur hurle ce message 6 fois de suite.

Lançons la simulation et affichons le résultat.

Résultat

```
********************        Résultat : *************************
******* d'abord les joueurs *****
Je tape la balle avec le pied
la balle bouge
Je prends la balle avec les mains
Je tape la balle avec le pied
la balle bouge
Je tape la balle avec le pied
la balle bouge
******* puis l'entraineur *****
C'est la panique
Moi gardien, je peux encore prendre la balle avec les mains
   la position actuelle du Gardien est 0
   la position actuelle du Defenseur est 20
   la position actuelle du Attaquant est 100
   C'est la panique
   la position actuelle du Defenseur est 40
   la position actuelle du Attaquant est 120
   C'est la panique
   la position actuelle du Defenseur est 60
   la position actuelle du Attaquant est 140
   moi attaquant je fais attention au hors-jeu
   C'est la panique
   la position actuelle du Defenseur est 80
   la position actuelle du Attaquant est 160
   moi attaquant je fais attention au hors-jeu
   C'est la panique
   la position actuelle du Attaquant est 180
   moi attaquant je fais attention au hors-jeu
C'est la panique
**********************************************************************
```

D'abord, le même message `interagitBalle()` est lancé aux trois joueurs. On s'aperçoit que ce message est, de fait, exécuté différemment selon le type de joueur. Le défenseur et l'attaquant exécutent celui défini par défaut pour tous les joueurs, alors que le gardien, lui, exécute sa version particulière, celle qu'il a redéfinie. Cela reflète bien le mode de découverte ascendant que Java met en œuvre pour découvrir la méthode à exécuter. Une fois le type de l'objet identifié lors de l'exécution, la méthode à exécuter sera d'abord recherchée dans la zone mémoire allouée à ce type.

Si la méthode n'est pas trouvée, on « grimpera », en quête de celle-ci, dans les zones mémoire allouées aux superclasses. On dit de Java qu'il est un langage polymorphique par défaut, c'est-à-dire, qu'à défaut d'autre chose, il donne toujours priorité, dans le choix de la méthode à exécuter, à celle qui correspond au type dynamique. Le compilateur vérifie préalablement la cohérence et la justesse de la démarche (type dynamique sous-classe du type statique). Puis à l'exécution, le choix de la méthode adéquate se fait sur l'instant, après un processus de recherche, qui, comme souvent en OO, ralentit le processus d'exécution, mais de manière acceptable. Chaque objet possède en fait un attribut supplémentaire mais caché, son type dynamique. Lorsqu'il reçoit un ordre d'exécution de méthode, il « s'introspecte », découvre sa classe définitive et s'assure que la méthode exécutée est bien celle déclarée dans cette classe-là.

Ensuite, l'entraîneur envoie le même message avance() aux trois joueurs. Ici, également, le message est exécuté de trois manières différentes. Chaque joueur, grâce à la présence de la méthode toString(), nous informe sur la nature de sa classe et avance de 20 si sa méthode le lui permet. On constate qu'au fur et à mesure, de moins en moins de joueurs avancent, car tous arrivent à la limite de leur zone. Le rôle de la méthode toString() est de révéler, une fois de plus, le mécanisme polymorphique qui permet la participation des différentes sous-classes, bien que le tableau de joueurs reste typé d'une seule superclasse. Passons maintenant au C++, et apprêtons-nous à découvrir un comportement plutôt surprenant.

C++ : un comportement surprenant

```
int main(int argc, char* argv[]){
Balle uneBalle;
Joueur* lesJoueurs[3];
lesJoueurs[0] = new Gardien(&uneBalle);
lesJoueurs[1] = new Defenseur(&uneBalle);
lesJoueurs[2] = new Attaquant(&uneBalle);
cout <<"****** d'abord les joueurs *****" << endl;
for (int i=0; i<3; i++)
  lesJoueurs[i]->interagitBalle();
Entraineur unEntraineur(lesJoueurs);
cout << "****** puis l'entraineur *****" << endl;
for (int j=0; j<6; j++)
  unEntraineur.panique();
return 0;
}
```

La fonction main() n'a rien de très particulier. Dans un premier temps, nous laisserons désactivé le mot-clé virtual, présent dans la déclaration des méthodes interagitBalle() et avance(). Dans sa syntaxe, la version de code qui en résulte est la plus proche du code Java que nous venons d'exécuter. Pourtant, voici le résultat obtenu :

Résultat

```
Résultat de l'exécution du C++ sans déclarer les méthodes comme « virtual » :
****** d'abord les joueurs *****
Je tape la balle avec le pied
la balle bouge
Je tape la balle avec le pied
la balle bouge
Je tape la balle avec le pied
la balle bouge
****** puis l'entraineur *****
C'est la panique
la position actuelle du class Joueur joueur est 0
la position actuelle du class Joueur joueur est 20
la position actuelle du class Joueur joueur est 100
C'est la panique
```

```
la position actuelle du class Joueur joueur est 20
la position actuelle du class Joueur joueur est 40
la position actuelle du class Joueur joueur est 120
C'est la panique
la position actuelle du class Joueur joueur est 40
la position actuelle du class Joueur joueur est 60
la position actuelle du class Joueur joueur est 140
C'est la panique
la position actuelle du class Joueur joueur est 60
la position actuelle du class Joueur joueur est 80
la position actuelle du class Joueur joueur est 160
C'est la panique
la position actuelle du class Joueur joueur est 80
la position actuelle du class Joueur joueur est 100
la position actuelle du class Joueur joueur est 180
C'est la panique
la position actuelle du class Joueur joueur est 100
la position actuelle du class Joueur joueur est 120
la position actuelle du class Joueur joueur est 200
**********************************************************************
```

Que ce soit lors de l'exécution du message `interagitBalle()` sur les trois joueurs ou du message `avance()`, nous constatons qu'au contraire de Java, le type statique prime en C++ sur le type dynamique. Par exemple, la méthode `avance()` s'exécute sans limitation, c'est-à-dire dans sa version par défaut, octroyant le droit au gardien de faire un pas de deux dans le rectangle adverse et aux attaquants de se noyer dans la foule. On peut lire dans le résultat que tous les joueurs se comportent en effet comme des `Joueurs`, et non dans leur version plus spécifique.

Indépendamment du type dynamique, c'est-à-dire de la sous-classe, celle qui caractérise vraiment les joueurs, le compilateur a le dernier mot et force le type statique au détriment du type dynamique, y compris lors de l'exécution. C'est plutôt déconcertant, car cela ne correspond pas du tout au comportement naturel que l'on serait en droit d'attendre. À quoi bon redéfinir des méthodes dans les sous-classes, si celles-ci n'ont pas la primeur lors du déclenchement du message qui les concerne ? En fait, encore une fois, C++ favorise l'optimisation (lien entre l'objet et la méthode à l'étape de compilation, plutôt qu'à l'exécution) par rapport à la cohérence sémantique. La raison est à rechercher, en partie, toujours dans ce lourd tribut payé au C, langage procédural par excellence.

Aucune recherche de méthode ralentissant l'exécution du programme n'est plus nécessaire pendant l'exécution. On dit de C++ qu'il n'est pas un langage polymorphique par défaut, comme l'était historiquement Smalltalk, et comme devraient l'être, selon la charte de l'OO, tous les langages OO dignes de cette étiquette. C++ estime que c'est à vous de faire le choix entre l'optimisation et la cohérence sémantique.

Si vous voulez que C++ se comporte comme Java au sujet du polymorphisme, il suffit de retirer les commentaires qui entourent le mot-clé `virtual` dans la déclaration des deux méthodes redéfinies. En rendant les deux méthodes « virtuelles », voilà le nouveau résultat obtenu par le code C++ parfaitement en phase avec le résultat obtenu précédemment par Java.

Nouveau résultat C++ en déclarant les deux méthodes virtuelles

```
******* d'abord les joueurs *****
Je tape la balle avec le pied
la balle bouge
Je prends la balle avec les mains
Je tape la balle avec le pied
la balle bouge
Je tape la balle avec le pied
la balle bouge
******* puis l'entraineur *****
C'est la panique
Moi gardien, je peux encore prendre la balle avec les mains
la position actuelle du class Gardien joueur est 0
la position actuelle du class Defenseur joueur est 20
la position actuelle du class Attaquant joueur est 100
C'est la panique
la position actuelle du class Defenseur joueur est 40
la position actuelle du class Attaquant joueur est 120
C'est la panique
la position actuelle du class Defenseur joueur est 60
la position actuelle du class Attaquant joueur est 140
moi attaquant je fais attention au hors-jeu
C'est la panique
la position actuelle du class Defenseur joueur est 80
la position actuelle du class Attaquant joueur est 160
moi attaquant je fais attention au hors-jeu
C'est la panique
la position actuelle du class Attaquant joueur est 180
moi attaquant je fais attention au hors-jeu
C'est la panique
```

Pour rendre le polymorphisme possible, il faut que la liaison entre l'objet et la méthode qui s'exécutera sur lui soit établie pendant l'exécution, le compilateur s'étant simplement assuré de la faisabilité de la chose. Pour que cette liaison s'effectue, il faut, comme indiqué dans la figure ci-après, que l'objet, parmi ses attributs, en possède un supplémentaire, caché au programmeur, qui contienne l'information sur la zone mémoire où se situe la méthode.

En Java, c'est d'office le cas. En C++, c'est le cas dès qu'une méthode de la classe est déclarée comme virtuelle. Un pointeur additionnel par objet est nécessaire, pointant vers une table additionnelle par classe, indiquant pour chaque méthode virtuelle où se trouve la bonne implémentation à exécuter. En C++, la simple déclaration d'une méthode virtuelle provoque de ce fait un accroissement de mémoire, alloué pour les objets et pour la table, et un ralentissement résultant de la découverte de la méthode appropriée à l'aide des pointeurs présents dans la table. C'est pour cela que C++ donne la possibilité, au détriment de la simplicité et du comportement intuitif qui en résulte, de contourner le polymorphisme. Il favorise le temps de calcul au détriment d'une certaine logique comportementale.

Figure 12–5
La mise en mémoire de la
pratique du polymorphisme

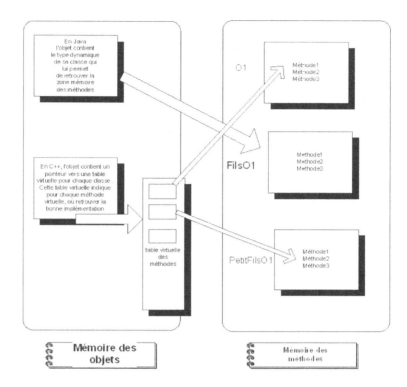

Polymorphisme : uniquement possible dans la mémoire tas

Le polymorphisme, à la base, permet qu'un même objet soit typé statiquement et dynamiquement de manière différente. Si cela est parfaitement possible avec les objets stockés dynamiquement dans la mémoire tas, cela est beaucoup plus délicat avec les objets stockés statiquement dans la mémoire pile. En C++, la simple instruction `O1 o1` crée l'objet `o1`. Pour modifier l'affectation dynamiquement, il faudrait dans le cours du programme pouvoir écrire : `o1 = fils01`, avec l'objet `fils01` instance de `Fils01` sous-classe de `O1`.

Avec le principe de substitution, l'écriture est possible, mais le résultat est partiellement satisfaisant, car il faut que la zone mémoire initialement prévue pour recevoir `o1` puisse maintenant contenir `fils01`.

Quand on sait que les objets des sous-classes sont fréquemment plus volumineux que ceux de la super-classe, on ne s'étonnera pas que cette affectation ait un prix : la perte des attributs propres à la sous-classe et surtout la perte du pointeur vers les méthodes virtuelles. De ce fait, aucun typage dynamique n'est possible pour des objets stockés sur la pile (cela revient toujours à une forme de typage statique, prédéterminé par le compilateur) et ces derniers ne peuvent en aucun cas bénéficier du polymorphisme qui exige la manipulation de référents. En présence des référents, l'instruction `o1 = fils01` n'a comme seul effet que de faire pointer le référent `o1` vers l'objet précédemment référé par `fils01`.

En C#

```
public class Football{
public static void Main(){
  Balle uneBalle        = new Balle();
  Joueur[] lesJoueurs   = new Joueur[3];
  lesJoueurs[0]         = new Gardien(uneBalle);
  lesJoueurs[1]         = new Defenseur(uneBalle);
  lesJoueurs[2]         = new Attaquant(uneBalle);
  Entraineur unEntraineur = new Entraineur(lesJoueurs);
  Console.WriteLine("******* d'abord les joueurs *****");
  for (int i = 0; i<lesJoueurs.Length; i++)
   lesJoueurs[i].interagitBalle();
  Console.WriteLine("******* puis l'entraineur *****");
  for (int i = 0; i<6; i++)
   unEntraineur.panique();
}
}
```

On ne note rien de particulier dans l'écriture de la classe principale, qui ressemble à s'y méprendre à du Java. Cependant, du point de vue polymorphique, C# se situe entre les deux langages précédents. C'est l'avantage d'être le troisième. Si on laisse le programme tourner sans déclarer virtual les méthodes à redéfinir, il est alors obligatoire d'ajouter le mot-clé new lors de la redéfinition des méthodes. En présence de ce mot-clé, le résultat n'est pas polymorphique.

Résultat du C# sans virtual/override **mais en présence de** new

```
******* d'abord les joueurs *****
Je tape la balle avec le pied
la balle bouge
Je tape la balle avec le pied
la balle bouge
Je tape la balle avec le pied
la balle bouge
******* puis l'entraineur *****
C'est la panique
la position actuelle du Gardien est 0
la position actuelle du Defenseur est 20
la position actuelle du Attaquant est 100
C'est la panique
la position actuelle du Gardien est 10
la position actuelle du Defenseur est 30
la position actuelle du Attaquant est 110
C'est la panique
la position actuelle du Gardien est 20
la position actuelle du Defenseur est 40
la position actuelle du Attaquant est 120
C'est la panique
la position actuelle du Gardien est 30
la position actuelle du Defenseur est 50
la position actuelle du Attaquant est 130
```

```
C'est la panique
la position actuelle du Gardien est 40
la position actuelle du Defenseur est 60
la position actuelle du Attaquant est 140
C'est la panique
la position actuelle du Gardien est 50
la position actuelle du Defenseur est 70
la position actuelle du Attaquant est 150
```

Résultat en déclarant `virtual` **les méthodes à redéfinir et** `override` **les méthodes redéfinies**

```
******* d'abord les joueurs *****
Je tape la balle avec le pied
la balle bouge
Je prends la balle avec les mains
Je tape la balle avec le pied
la balle bouge
Je tape la balle avec le pied
la balle bouge
******* puis l'entraineur *****
C'est la panique
Moi gardien, je peux encore prendre la balle avec les mains
la position actuelle du Gardien est 0
la position actuelle du Defenseur est 20
la position actuelle du Attaquant est 100
C'est la panique
la position actuelle du Defenseur est 40
la position actuelle du Attaquant est 120
C'est la panique
la position actuelle du Defenseur est 60
la position actuelle du Attaquant est 140
moi attaquant je fais attention au hors-jeu
C'est la panique
la position actuelle du Defenseur est 80
la position actuelle du Attaquant est 160
moi attaquant je fais attention au hors-jeu
C'est la panique
la position actuelle du Attaquant est 180
moi attaquant je fais attention au hors-jeu
C'est la panique
```

En présence du couple `virtual/override`, on obtient bien le résultat polymorphique attendu. En fait, C# considère qu'il n'y a plus de comportement par défaut mais, à la place, deux comportements possibles, tout aussi adoptables. L'un met l'accent sur les performances, l'autre sur une certaine logique comportementale, en optant pour une déclaration particulière des méthodes concernées. L'absence de comportement par défaut contraint à maîtriser parfaitement ce que vous faites et les choix possibles. Enfin, tout cela ne concerne que les classes en C# et nullement les structures (comme les objets présents sur la pile dans le cas du C++), puisque celles-ci ne peuvent hériter entre elles. L'addition du `new` indique explicitement que la redéfinition de cette méthode dans la sous-classe, ne se verra utilisée qu'en présence d'un objet typé statiquement par cette sous-classe.

En Python

```
uneBalle=Balle()
lesJoueurs={}
lesJoueurs[0]=Gardien(uneBalle)
lesJoueurs[1]=Defenseur(uneBalle)
lesJoueurs[2]=Attaquant(uneBalle)
unEntraineur=Entraineur(lesJoueurs)
print ("****** d'abord les joueurs ******")
i=0
while i<len(lesJoueurs):
     lesJoueurs[i].interagitBalle()
     i+=1
print ("****** puis l'entraineur ******")
i=0
while i<6:
     unEntraineur.panique()
     i+=1
```

Résultats

```
****** d'abord les joueurs ******
Je tape la balle avec le pied
la balle bouge
Je prends la Balle avec les mains
Je tape la balle avec le pied
la balle bouge
Je tape la balle avec le pied
la balle bouge
****** puis l'entraineur ******
C'est la panique
Moi gardien, je peux encore prendre la balle avec les mains
la position actuelle du Gardien est 0
la position actuelle du Defenseur est 20
la position actuelle du Attaquant est 100
C'est la panique
la position actuelle du Defenseur est 40
la position actuelle du Attaquant est 120
C'est la panique
la position actuelle du Defenseur est 60
la position actuelle du Attaquant est 140
moi attaquant je fais attention au hors-jeu
C'est la panique
la position actuelle du Defenseur est 80
la position actuelle du Attaquant est 160
moi attaquant je fais attention au hors-jeu
C'est la panique
la position actuelle du Attaquant est 180
moi attaquant je fais attention au hors-jeu
C'est la panique
moi attaquant je fais attention au hors-jeu
```

En PHP

```php
$uneBalle = new Balle();
$lesJoueurs[0] = new Gardien($uneBalle);
$lesJoueurs[1] = new Defenseur($uneBalle);
$lesJoueurs[2] = new Attaquant($uneBalle);

$unEntraineur = new Entraineur($lesJoueurs);
print ("********* d'abord les joueurs ******* <br> \n");
for ($i = 0; $i<3; $i++) {
    $lesJoueurs[$i]->interagitBalle();
}
print ("******** puis l'entraineur ******** <br> \n");
for ($i = 0; $i<6; $i++) {
    $unEntraineur->panique();
}
```

Enfin, Python et PHP se conforment bien tous deux à la charte du bon langage OO car, à l'instar de Java, ils sont polymorphiques par défaut. Sans rien ajouter pour ce faire, la classe dynamique prime sur la classe statique lors de l'exécution du code. Remarquez toutefois que cela ne leur pose pas trop de problème, puisque ces langages ont purement et simplement supprimé le typage statique, qui est le seul vérifié par le compilateur. C'est bien lors de la réception du message que l'objet vérifie quelle version de celui-ci il doit exécuter, mais nul compilateur ne l'aura préalablement aiguillé sur une mauvaise piste.

Polymorphisme possible mais différent dans les cinq langages

La mise en place du polymorphisme différencie les cinq langages de programmation de manière sensible. C++ se comporte, par défaut, de manière non polymorphique. Java, Python et PHP font le contraire. C# considère qu'il n'y a plus lieu de laisser une version par défaut, mais de préciser ce que vous cherchez à faire.

Quand la sous-classe doit se démarquer pour marquer

Ajoutons la méthode marqueUnBut() dans la sous-classe Attaquant de notre simulation Java du match de football :

```java
class Attaquant extends Joueur {
 public Attaquant (Balle laBalle) {
  super(laBalle);
  setPosition(100);
 }
 @Override
 public void avance() {
  if (getPosition() < 200) {
   super.avance();
   if (getPosition() > 150)
    System.out.println("moi attaquant je fais attention au hors-jeu");
  }
```

```
  }
  public void marqueUnBut() {
    System.out.println("youpiiiii..... j'ai marqué... !!");
  }
}
```

On se place dans le cas extrême où seuls les attaquants sont autorisés à marquer. Il serait somme toute assez naturel de les y autoriser. Or, en dépit des cris désespérés de l'entraîneur, le compilateur fait une totale obstruction si dans la méthode main, vous écrivez :

```
lesJoueurs[2].marqueLeBut() ;
```

Bien que tout leur permette de le faire, car ils sont bien attaquants et peuvent marquer des buts, cette instruction engendrera une erreur de compilation. C'est normal, puisque le rôle premier du compilateur est de vérifier que tout envoi de message est conforme au typage statique de l'objet. Nous avons bien dit au typage statique et non au typage dynamique, puisque ce type est supposé non connu au moment de la compilation. Vous pourriez vous étonner de l'étroitesse de vue du compilateur. Dans l'instruction :

```
lesJoueurs[2] = new Attaquant(uneBalle);
```

ce même compilateur pourrait se rendre compte que le type final de l'objet, le seul qui compte in fine, est Attaquant et donc, que lesJoueurs[2] peuvent, de fait, marquer un but. Dans un cas semblable, vous avez tout à fait raison, il le pourrait.

Considérons maintenant un cas plus général, correspondant au petit code suivant :

```
int a;
Joueur unJoueur;
readConsole( a ); /* on imagine une instruction qui permet de donner au
                   * clavier la valeur de a alors que le code s'exécute,
                   * et qui existe dans tous les langages de programmation */
if (a > 1)
  unJoueur = new Gardien() ;
else
  unJoueur = new Attaquant() ;
unJoueur.marqueUnBut() ;
```

Ici, vous admettrez que, si le compilateur se basait sur le type dynamique, il serait bien en peine de savoir si la réception du message par le joueur est possible ou pas. Et c'est bien pour cela que le compilateur, féroce mais néanmoins prudent, ne se base que sur le typage statique pour sa vérification de la conformité des envois de messages.

Les attaquants participent à un casting

Comment détourner l'attention du compilateur ? Comment lui faire comprendre que, bien que le marquage de but ne soit pas vrai de tous les joueurs, nous savons, nous programmeurs compétents, que le `joueur[2]` est bien un attaquant et qu'il peut se le permettre. La solution est de recourir au *casting* (traduit de différentes manières en français : « transtypage », « coercion »… on en passe et des meilleures), qui consiste à forcer la main au compilateur de la manière suivante :

```
((Attaquant)lesJoueurs[2]).marqueUnBut()
```

Cela revient à dire ceci. On sait qu'il n'est pas prévu que tous les joueurs marquent des buts, mais on sait également quelque chose que toi, compilateur, tu ne peux pas savoir (car cette information sera obtenue seulement pendant l'exécution) : le deuxième joueur du tableau est bien un attaquant, et, en tant que tel, il peut marquer un but. Le compilateur acceptera un casting d'une classe dans une de ses sous-classes, mais dans aucune autre. Il est évident qu'il n'y aura jamais lieu d'opérer ce casting dans le sens contraire. Le principe de substitution nous permet toujours de faire passer une sous-classe pour sa superclasse (on parle alors de casting implicite). Cela, c'est complètement admis et parfaitement normal. Ce qui ne l'est plus, c'est de faire passer la superclasse pour sa sous-classe. Car, en effet, rien ne nous incite à penser que cela puisse fonctionner (rappelez-vous dans le chapitre précédent la Mazda que l'on traiterait comme une Ferrari…).

Et, de fait, cela pourrait ne pas marcher. Comme à chaque fois que vous désactivez un système de protection, cela peut se retourner contre vous. Supposons qu'alors que notre programme compile merveilleusement, un gardien plutôt qu'un attaquant soit installé à la place du `joueur[2]`, comme indiqué ci-après :

```
lesJoueurs[2] = new Gardien(); /* nous avons maintenant un gardien à la place d'un
attaquant.*/
```

Le compilateur ne tiquera pas quand il lira l'instruction : `((Attaquant)lesJoueurs[2]).marqueUnBut()` puisqu'il ne connaît pas le type final du `joueur[2]`. Lors de l'exécution pourtant, une erreur surviendra, de type « mauvais casting », comme montré ci-après (code Java) :

```
C'est la panique
la position actuelle du Defenseur est 80
C'est la panique
C'est la panique
java.lang.ClassCastException: Gardien
at Football.main(Football.java:162)
Exception in thread "main"
```

Éviter les « mauvais castings »

Une erreur de type « mauvais casting » surgit. Le programme s'attendait à recevoir un `attaquant` pendant l'exécution et vous lui passez un `gardien` à la place. Lors de l'exécution, la machine virtuelle vérifie que l'objet passé est bien du type indiqué. Si ce n'est pas le cas, une exception est levée. Comme cette exception se produit pendant l'exécution, et qu'il vaut mieux tenter de prévenir toute forme d'erreur dès l'écriture du code, il y a deux manières de procéder. Vous pourriez accepter l'erreur si elle survient et recourir alors à une gestion d'exception que Java encourage toujours dans l'écriture du code (il vous faudrait alors faire une gestion d'exception `ClassCastException` pour tout casting). Cependant, il y a mieux à faire : empêcher une telle erreur de se produire. Vous pouvez, à l'aide de l'opérateur instanceof qui en Java (il existe le même en PHP) renvoie le type dynamique de l'objet, vérifier que vous opérez bien un « casting » possible.

L'écriture devient alors :

```
if (lesJoueurs[2] instanceof Attaquant)
  ((Attaquant)lesJoueurs[2]).marqueUnBut();
```

En fait, il vous revient de forcer pendant l'exécution la vérification du type, avant d'opérer le casting. Cela ne change évidemment rien à la compilation, mais ainsi le message n'est envoyé à l'objet que si celui-ci est apte à le recevoir.

Bien que les précautions à prendre soient les mêmes et dans le même esprit, la manière de procéder se transforme légèrement en C++ et en C#. Ils autorisent également le casting, mais encouragent et font la vérification de type plutôt de la manière suivante.

En C++

```
class Attaquant : public Joueur {
 public:
  Attaquant (Balle* laBalle) : Joueur(laBalle) {
   setPosition(100);
  }
  void avance() {
   if (getPosition() < 200) {
    Joueur::avance();
    if (getPosition() > 150)
    {
     cout<<"moi attaquant je fais attention au hors-jeu"<<endl;
    }
   }
  }
  void marqueUnBut() {
   cout << "youpiiii.... j'ai marqué..... " << endl;
  }
};
int main(int argc, char* argv[]) {
Balle uneBalle;
Joueur* lesJoueurs[3];
lesJoueurs[0] = new Gardien(&uneBalle);
lesJoueurs[1] = new Defenseur(&uneBalle);
lesJoueurs[2] = new Attaquant(&uneBalle);

cout << "******* d'abord les joueurs *****"<< endl;
for (int i=0; i<3; i++)
  lesJoueurs[i]->interagitBalle();
Entraineur unEntraineur(lesJoueurs);
```

```
cout << "******* puis l'entraineur *****" << endl;
for (int j=0; j<6; j++)
  unEntraineur.panique();
Attaquant *unAttaquant = dynamic_cast<Attaquant*>(lesJoueurs[2]) ; /* afin de vérifier
                                                   le type dynamique de l'objet */

if (unAttaquant != 0)
  unAttaquant->marqueUnBut();
return 0;
}
```

En C#

```
Attaquant unAttaquant = lesJoueurs[2] as Attaquant;
if (unAttaquant!= null)
  unAttaquant.marqueUnBut();
```

En C# comme en C++, on force le casting. Si cela marche, c'est-à-dire si à l'exécution l'objet est bien du type dynamique de la classe dans laquelle on désire le « caster », le nouveau référent recevra la bonne adresse ; sinon il recevra 0 ou null, mais l'envoi de message ne s'effectuera pas, bien heureusement.

Les problèmes de casting de ce type ne concernent pas Python ni PHP, puisqu'ils ne typent ni les attributs ni les référents. De fait, dans ces langages, aucun compilateur ne vérifie préalablement la syntaxe et les types statiques. C'est seulement au moment de l'exécution que l'on découvrira tout ce qu'il y a à découvrir sur le type des objets auxquels sont destinés les messages. Rien de préalable n'entravera le cours d'exécution des messages.

Python et PHP : tout se passe à l'exécution

Python et PHP s'interprétant, c'est-à-dire exécutant les instructions du code au fur et à mesure de leur rencontre, la traduction en langage exécutable s'effectue « en ligne ». Elle est suivie directement de l'exécution, laquelle a le soin de découvrir des erreurs qui, dans d'autres langages OO, seraient découvertes lors de la compilation. Tous les « viols » et les incohérences de typage, par exemple l'envoi d'un message à un objet qui n'est pas destiné par sa classe à le recevoir, se découvriront donc lors de l'exécution. Quand on sait le sang d'encre que se font C++, Java et C# pour prévenir ce type d'erreur par un typage fort et l'engagement à l'entrée du code d'un « videur-compilateur », on peut s'interroger sur cette option prise par Python et PHP. Leur défense s'appuie sur la simplicité et la rapidité de mise en œuvre pour aller directement à l'essentiel et ne se préoccuper que des fonctionnalités premières du code. On peut donc les voir plus comme des langages de prototypage, susceptibles de céder la place, lors d'une phase plus « industrielle », à des langages plus contraignants, plus sécurisés et plus rapides (surtout Python, PHP restant un langage de prédilection pour les Maîtres du Web).

Le casting a mauvaise presse

Avouons-le tout de go, l'opération de casting a, en général, mauvaise réputation en programmation. D'ailleurs Stroustrup, inventeur du C++, regrette son omniprésence dans la programmation en Java ou C#. Cette manière de détourner l'attention du compilateur a été largement cause de troubles dans des langages comme C et C++. En effet, l'utilisation malveillante ou simplement distraite du compilateur peut entraîner des effets plutôt brutaux et inélégants. Il a justement comme rôle de faire une vérification de la bonne utilisation des types, pourquoi délibérément lui fausser compagnie ?

Dans l'exemple décrit précédemment, il aurait été très facile d'éviter le casting en ajoutant explicitement (voir diagramme suivant) un référent de type Attaquant auprès de l'entraîneur, de manière à ce que ce dernier n'envoie qu'à ce seul Attaquant les messages qui le concernent. L'attaquant sera dès lors référencé deux fois, une fois comme Joueur l'autre comme Attaquant, selon les messages qu'on souhaite lui faire exécuter.

Figure 12–6
Diagramme de classe alternatif qui évitera à l'entraîneur de recourir au casting pour demander à son attaquant de marquer un but

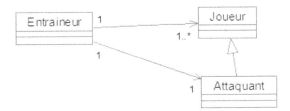

Cette solution est clairement celle du puriste, qui tente d'éviter par la compilation et le typage fort toute mauvaise surprise lors de l'exécution du code. Nous pensons néanmoins que, dans ce cas précis, et vu l'omniprésence de cette opération de casting en Java ou C#, la critique n'a plus exactement la même portée. D'abord, ce casting n'est toujours autorisé que dans certaines limites : une classe dans sa sous-classe, rien d'autre. Ensuite, il survient souvent comme le juste pendant du polymorphisme. Or, si le polymorphisme est, lui, très encouragé, il est difficile de protester contre une situation qui lui est souvent conséquente. Enfin, si son évitement prête à plus de contorsions étranges de la part du programmeur que sa simple acceptation maîtrisée, il n'y a plus lieu d'hésiter.

Par exemple, sans recourir au référent Attaquant additionnel mentionné précédemment, une manière alternative de l'éviter serait, dans le cas du football, de déclarer la méthode marqueUnBut() chez tous les joueurs, mais de la vider de son contenu d'instructions, tant chez le gardien que chez le défenseur. Absurde non ? Faire comme si le gardien et le défenseur pouvaient marquer des buts alors qu'ils ne peuvent pas…

L'unique consigne reste donc que le compilateur a toujours raison, mais que vous pouvez le forcer de temps à autre à relâcher son attention dans une partie du programme, partie que vous devez en contrepartie vous forcer à réaliser en redoublant d'attention.

Polymorphisme et casting

Une conséquence du polymorphisme est le recours au casting qui vise à récupérer des fonctionnalités propres à l'une ou l'autre sous-classe lors de l'exécution d'un programme. Sa pratique est parfois délicate et demande une attention soutenue, car elle peut mener à des erreurs pendant la phase d'exécution. Java et C#, par exemple, par l'introduction de la généricité dans leurs dernières versions, tentent de diminuer ce recours. L'absence de typage statique dans Python et PHP est bien évidemment une manière de contourner cette problématique, bien que cette absence ne les mette pas non plus à l'abri d'avatars ne survenant malheureusement qu'à l'exécution, lorsqu'on s'y attend le moins.

Redéfinition et encapsulation

Que se passe-t-il si, comme dans le petit code Java suivant, la méthode que nous cherchons à redéfinir est déclarée private dans la superclasse ?

```java
class O1 {
      public void jeTravaillePourO1() {
            jeSuisPriveDansO1();
      }
      private /*protected*/ void jeSuisPriveDansO1() {
            System.out.println("je suis O1");
      }
}
public class FilsO1 extends O1 {
      @ Override /* n'est possible qu'avec un même niveau d'accès */
      public void jeSuisPriveDansO1() {
            System.out.println("je suis le Fils d'O1");
      }
      public static void main(String[] args) {
            O1 o1 = new FilsO1();
            o1.jeTravaillePourO1();
      }
}
```

Comme vous pouvez le voir à l'exécution, selon que vous déclarez private ou protected la méthode jeSuisPriveDansO1 de la superclasse, c'est la version de la superclasse ou de la sous-classe qui s'exécute. Or, si l'on s'en tient à la découverte des méthodes fonctionnant de manière ascendante en Java, ce devrait toujours être la version redéfinie qui s'exécute (donc celle de la sous-classe). Cependant, les langages OO considèrent à juste titre qu'une méthode déclarée comme private dans la superclasse, n'étant nullement accessible par la sous-classe, ne peut se prêter à une quelconque redéfinition. En fait, c'est comme si la méthode de la sous-classe était renommée implicitement par Java, afin d'éviter toute confusion possible. C'est aussi pour cela que depuis Java 6, la présence du mot-clé @Override assure que la véritable redéfinition se fasse en préservant l'exacte signature des méthodes. C# vous évite ce genre de problème et de confusion en forçant les deux méthodes à posséder le même niveau d'accessibilité. De plus, vous ne pourrez jamais redéfinir une méthode déclarée private en C# (un bon point pour ce langage qui évite là une source patente de confusion).

> **Redéfinition de méthodes et multihéritage**
>
> Si deux classes redéfinissent une méthode d'abord définie dans une superclasse qu'elles se partagent et si à leur tour ces deux classes sont héritées par une seule classe (le type de situation problématique d'héritage en losange évoquée dans le chapitre précédent) qui décide de redéfinir toujours la même méthode, alors se pose à nouveau le problème de la présence une fois ou deux fois de la méthode de la superclasse du haut. Tant Python que C++ offrent des solutions optionnelles pour faciliter le choix de l'implémentation.

Polymorphisme contre case-switch

On dit souvent que toute programmation qui exige qu'un objet, à la réception d'un message, teste sa nature intime par l'intermédiaire d'un `case-switch` ou d'une succession de `if-then` afin de savoir quelle méthode exécuter, est une partie de code idéale pour réaliser un « polymorphisme ».

Lorsque nous donnons un cours de programmation OO, nous ne testons pas, au préalable les prérequis de chacun de nos élèves, de façon à adapter le cours pour chacun. De même, chacun d'entre eux, à la réception du message que nous leur délivrons, ne s'interroge pas sur ses capacités propres afin de savoir comment digérer la matière.

Une programmation polymorphique vous permet en effet d'éviter cette succession de tests. Chaque sous-classe d'étudiants (n'y voyez rien de péjoratif) recevra ce cours à la manière de sa sous-classe. Un programme conçu de telle sorte évitera évidemment les réécritures qu'une série de tests ou un `case-switch` entraînerait suite à l'ajout d'une sous-classe.

Pensez-y, un `case-switch` ou une succession d'`if-then-else` dans une classe, pour différencier ses différentes manières d'être, est la porte ouverte au polymorphisme. L'ajout d'une de ces manières n'impliquera pas de reprogrammer toute la classe. On se limitera juste à une sous-classe additionnelle. C'est bien évidemment le côté « encapsulation » propre au polymorphisme qui se trouve à l'œuvre ici.

Exercices

Exercice 12.1

Réalisez le diagramme de classes UML ainsi qu'une ébauche de code des classes suivantes. Une agence bancaire contient des comptes en banque de deux sortes : livrets d'épargne et comptes courants. Dans le premier compte, aucun retrait ne peut rendre le solde négatif et dans le second, le retrait ne peut amener le solde en dessous de − 1 000 euros. Une autre différence tient à la manière de calculer l'intérêt. Dans le premier cas, l'intérêt est multiplié par 2 % ; dans le second, on prend la racine carrée. Utilisez l'appel des méthodes de la superclasse.

Exercice 12.2

Le « boot » par défaut d'un ordinateur consiste à charger le système d'exploitation présent sur le disque dur dans la mémoire RAM. On considérera deux catégories d'ordinateurs : une première demande un mot de passe avant de « booter », l'autre demande de choisir son système d'exploitation avant de « booter ». Esquissez le code des trois classes correspondantes.

Exercice 12.3

Tentez de prédire ce que le code Java suivant fera apparaître à l'écran. Réalisez le diagramme de classes UML correspondant.

```java
class Electeur {
  private int age;
  private String adresse;
  protected Candidat[] lesCandidats;
  public Electeur(Candidat[] lesCandidats) {
    this.lesCandidats = lesCandidats;
  }
```

```
 public void jeVote() {}
}
class ElecteurIdiot extends Electeur {
 private int QI;
 public ElecteurIdiot(Candidat[] lesCandidats, int QI) {
  super(lesCandidats);
  this.QI = QI;
 }
 public void jeVote() {
  for (int i=0; i<lesCandidats.length; i++) {
   if ((lesCandidats[i].donneQI() > QI)
     || (lesCandidats[i].compareSlogan("vive la France, la semaine des 5 heures")))
   {
    lesCandidats[i].accroitVoix();
    break;
   }
  }
 }
}
class ElecteurIndecis extends Electeur {
 int age;
 public ElecteurIndecis(Candidat[] lesCandidats, int age) {
  super(lesCandidats);
  this.age = age;
 }
 public void jeVote() {
  for (int i=0; i<lesCandidats.length; i++) {
   if ((lesCandidats[i].getAge() < age)
     && ((lesCandidats[i].compareSlogan("vive la France, l'etat c'est moi"))
       ||
       (lesCandidats[i].compareSlogan("vive la France, etranger dehors"))
       ||
       (lesCandidats[i].compareSlogan("vive la France, regardez mon bilan"))))
   {
    lesCandidats[i].accroitVoix();
    break;
   }
  }
 }
}
class ElecteurMalin extends Electeur {
 public ElecteurMalin(Candidat[] lesCandidats) {
  super(lesCandidats);
 }
 public void jeVote() {
  for (int i=0; i<lesCandidats.length; i++) {
   if (lesCandidats[i].compareSlogan("vive la France, regardez mon bilan")) {
    lesCandidats[i].accroitVoix();
    break;
   }
  }
 }
}
```

```
}
class Candidat {
 private String nom;
 private int age;
 private int nbreCasseroles;
 private int QI;
 private int nombreDeVoix;

 public Candidat(String nom, int age, int nbreCasseroles, int QI) {
  this.nom = nom;
  this.age = age;
  this.nbreCasseroles = nbreCasseroles;
  this.QI = QI;
  nombreDeVoix = 0;
 }
 public int getAge() {
  return age;
 }
 public String monSlogan() {
  return "vive la France, ";
 }
 public void accroitVoix() {
  nombreDeVoix ++;
 }
 public int donneNombreCasseroles() {
  return nbreCasseroles;
 }
 public int donneQI() {
  return QI;
 }
 public boolean compareSlogan(String unSlogan) {
  /* la methode String.compareTo(String) renvoie 0 seulement si
     les deux chaînes sont egales */
  if (unSlogan.compareTo(monSlogan())==0)
   return true;
  else
   return false;
 }
 public void donneNombreVoix() {
  System.out.println(nom + " a fait " + nombreDeVoix + " voix");
 }
}
class CandidatDangereux extends Candidat {
 public CandidatDangereux(String nom, int age, int nbreCasseroles, int QI) {
  super(nom,age,nbreCasseroles,QI);
 }
 public String monSlogan() {
  return super.monSlogan() + "etranger dehors";
 }
}
class CandidatEgoTrip extends Candidat {
 public CandidatEgoTrip(String nom, int age, int nbreCasseroles, int QI) {
```

```
   super(nom,age,nbreCasseroles,QI);
 }
 public String monSlogan() {
   return super.monSlogan() + "l'etat c'est moi";
 }
}
class CandidatBrillant extends Candidat {
 public CandidatBrillant(String nom, int age, int nbreCasseroles, int QI) {
   super(nom,age,nbreCasseroles,QI);
 }
 public String monSlogan() {
   return super.monSlogan() + "regardez mon bilan";
 }
}
class CandidatCasserole extends Candidat {
 public CandidatCasserole(String nom, int age, int nbreCasseroles, int QI) {
   super(nom,age,nbreCasseroles,QI);
 }
 public String monSlogan() {
   return super.monSlogan() + "regardez mon compte en banque";
 }
}
public class Exo3 {
 public static void main(String[] args) {
   Candidat[] lesCandidats = new Candidat[8];
   Electeur[] lesElecteurs = new Electeur[10];

   lesCandidats[0] = new CandidatDangereux("LePon",75,1000,50);
   lesCandidats[1] = new CandidatDangereux("Laguillerette",55,0,10);
   lesCandidats[2] = new CandidatDangereux("StChasse",50,100,10);
   lesCandidats[3] = new CandidatEgoTrip("LeChe",60,0,150);
   lesCandidats[4] = new CandidatEgoTrip("Madeleine",55,0,100);
   lesCandidats[5] = new CandidatCasserolle("SuperLier",70,1000,100);
   lesCandidats[6] = new CandidatBrillant("Jaudepis",65,0,1000);
   lesCandidats[7] = new CandidatBrillant("Tamere",55,0,800);

   lesElecteurs[0] = new ElecteurMalin(lesCandidats);
   lesElecteurs[1] = new ElecteurMalin(lesCandidats);
   lesElecteurs[2] = new ElecteurIndecis(lesCandidats, 20);
   lesElecteurs[3] = new ElecteurIndecis(lesCandidats,80);
   lesElecteurs[4] = new ElecteurIndecis(lesCandidats,60);
   lesElecteurs[5] = new ElecteurIndecis(lesCandidats,70);
   lesElecteurs[6] = new ElecteurIndecis(lesCandidats,40);
   lesElecteurs[7] = new ElecteurIdiot(lesCandidats,20);
   lesElecteurs[8] = new ElecteurIdiot(lesCandidats,10);
   lesElecteurs[9] = new ElecteurIdiot(lesCandidats,60);

   for (int i=0; i<lesElecteurs.length; i++)
     lesElecteurs[i].jeVote();
   for (int i=0; i<lesCandidats.length; i++)
     lesCandidats[i].donneNombreVoix();
 }
}
```

Exercice 12.4

Que donne l'exécution du programme Java suivant ?

```java
// fichier A.java
public class A {
 public A() {}
}
// fichier B.java
public class B extends A {
 public B() {
  super();
 }
 public String toString() {
  return(" Hello " + super.toString());
 }
}
// fichier testAB.java
public class TestAB {
 public TestAB() {
  A a = new B();
  System.out.println(a);
 }
 public static void main(String[] args) {
  TestAB tAB = new TestAB();
 }
}
```

Exercice 12.5

Supprimez dans le code qui suit les lignes qui provoquent une erreur et indiquez si l'erreur se produit à la compilation ou à l'exécution. Quel est le résultat de l'exécution qui s'affiche à l'écran après suppression des instructions à problème ?

```java
class A {
 public void a() {
    System.out.println("a de A") ;
 }
 public void b() {
   System.out.println("b de A") ;
 }
}
class B extends A {
   public void b() {
      System.out.println("b de B") ;
   }
   public void c() {
      System.out.println("c de B") ;
   }

}
```

```
public class Correction2 {
  public static void main(String[] args) {
  A a1=new A() ;
  A b1=new B() ;
  B a2=new A() ;
  B b2=new B() ;
  a1.a() ;
  b1.a() ;
  a2.a() ;
  b2.a() ;
  a1.b() ;
  b1.b() ;
  a2.b() ;
  b2.b() ;
  a1.c() ;
  b1.c() ;
  a2.c() ;
  b2.c() ;
  ((B)a1).c() ;
  ((B)b1).c() ;
  ((B)a2).c() ;
  ((B)b2).c() ;
                }
}
```

Exercice 12.6

Que donne l'exécution du programme C++ suivant ? Réalisez le diagramme de classes UML correspondant.

```
#include <iostream>
using namespace std;
class Animaux {
 private:
  int age;
  int id;
  void dormirEnFonctionDeMonAge() {
   if (age > 2)
    cout << "Je fais un petit ";
   else
    cout << "Je fais un gros ";
  }
  virtual void dormirAToutAge() {
   cout << "ronflement";
  }
 public:
  Animaux(int _age, int _id) : age(_age), id(_id) {}
  void dormir() {
   dormirEnFonctionDeMonAge();
   dormirAToutAge();
  }
};
```

```
class Employe {
 private:
  int age;
  int id;
  char *nom;
  void mangerDeTouteFacon() {
   cout <<"Je mange beaucoup de ";
  }
  virtual void mangerDifferemment() {
   cout <<"mes Animaux";
  }
 public:
  Employe(int _age, int _id, char* _nom): age(_age),id(_id) {
   nom = _nom;
  }
  void manger() {
   mangerDeTouteFacon();
   mangerDifferemment();
  }
};
class Elephant: public Animaux {
 public:
  Elephant(int _age, int _id):Animaux(_age,_id) {};
 private:
  void dormirAToutAge() {
   cout << "barrissement";
  }
};
class Lion: public Animaux {
 public:
  Lion(int _age, int _id):Animaux(_age,_id){}
 private:
  void dormirAToutAge() {
   cout << "rugissement";
  }
};
class Singe: public Animaux {
 public:
  Singe(int _age, int _id) : Animaux(_age,_id){}
};
class EmployeDuZoo: public Employe {
 public:
  EmployeDuZoo(int _age,int _id,char* _nom):Employe(_age,_id,_nom){}
  void mangerDeTouteFacon() {
   cout << "Je mange enormement de ";
  }
  void mangerDifferemment() {
   cout << "choucroute";
  }
};
```

```cpp
class MandaiDuZoo: public Employe {
 public:
  MandaiDuZoo (int _age, int _id, char* _nom):Employe(_age,_id,_nom){}
  void mangerDeTouteFacon() {
   cout << "Je mange tres peu de ";
  }
  void mangerDifferemment() {
   cout <<"radis beurre";
  }
};
class ResponsableDuZoo:public Employe {
 private:
  Employe* mesEmployes[3];
  Animaux* mesAnimaux[3];
 public:
  ResponsableDuZoo (int _age, int _id, char* _nom,Employe* _mesEmployes[3],
    Animaux* _mesAnimaux[3]):Employe(_age,_id,_nom) {
     for (int i=0; i<3; i++) {
      mesAnimaux[i] = _mesAnimaux[i];
      mesEmployes[i] = _mesEmployes[i];
     }
    }
    void mangerDifferemment() {
     cout << "caviar";
    }
    void faireLaTourneeDuSoir() {
     for (int i=0; i<3; i++) {
      mesAnimaux[i]->dormir();
      cout << endl;
     }
     for (int j=0; j<3; j++) {
      mesEmployes[j]->manger();
      cout << endl;
     }
    }
};
int main(int argc, char* argv[]) {
 Employe *mesEmployes[3];
 mesEmployes[0] = new EmployeDuZoo(30,2,"Dupont");
 mesEmployes[1] = new EmployeDuZoo(25,3,"Durant");
 mesEmployes[2] = new MandaiDuZoo(23,4,"Michel");
 Animaux *mesAnimaux[3];
 mesAnimaux[0]   = new Lion(1,0);
 mesAnimaux[1]   = new Elephant(3,1);
 mesAnimaux[2]   = new Singe(2,2);
 ResponsableDuZoo JeanMarie(60,1,"JeanMarie",
   (Employe*[3])mesEmployes,(Animaux*[3])mesAnimaux);
 JeanMarie.faireLaTourneeDuSoir();
 return 0;
}
```

Exercice 12.7

Que donne l'exécution du programme C# suivant ?

```csharp
using System;

class InstrumentDeMusique {
 private String nomInstrument;
 private double poidsInstrument;
 private Musicien joueurInstrument;
 private static int nombreInstrumentDansOrchestre;

 public InstrumentDeMusique(String nomInstrument, double poidsInstrument,
    Musicien joueurInstrument) {
  this.nomInstrument   = nomInstrument;
  this.poidsInstrument = poidsInstrument;
  this.joueurInstrument = joueurInstrument;
  nombreInstrumentDansOrchestre ++;
 }
 public double donneMonPoids() {
  return poidsInstrument;
 }
 public Musicien donneMonJoueur() {
  return joueurInstrument;
 }
 public Boolean seraiJeBienJoue() {
  if (joueurInstrument.donneExperience() > 10)
    return true;
  else
    return false;
 }
 public virtual void testDesaccordage() {
  Console.WriteLine("on teste");
 }
}
class Violon : InstrumentDeMusique {
 private String marqueDesCordes;
 private int frequenceDaccordage;
 private int temperatureLimite;
 private int temperatureAmbiante;
 private static int nombreViolonDansOrchestre;

 public Violon(String nomInstrument, double poidsInstrument,
    Musicien joueurInstrument, String marqueDesCordes,
    int temperatureAmbiante)
   :base(nomInstrument, poidsInstrument, joueurInstrument)
 {
  this.marqueDesCordes   = marqueDesCordes;
  frequenceDaccordage    = 12;
  temperatureLimite      = 40;
  this.temperatureAmbiante = temperatureAmbiante;
 }
```

```
 public override void testDesaccordage() {
  if (temperatureAmbiante > temperatureLimite)
    Console.WriteLine("Attention violon desaccorde");
  else
    Console.WriteLine("Tout va bien");
 }
}
class Piano : InstrumentDeMusique {
 private int frequenceDaccordage;
 private String nomDeLaccordeur;
 private static int nombrePianoDansOrchestre;

 public Piano(String nomInstrument, double poidsInstrument,
   Musicien joueurInstrument, String nomDeLaccordeur)
  :base(nomInstrument, poidsInstrument, joueurInstrument)
 {
  frequenceDaccordage = 24;
  this.nomDeLaccordeur = nomDeLaccordeur;
 }
 public String donneNomAccordeur() {
  return nomDeLaccordeur;
 }
 public override void testDesaccordage() {
  if (nomDeLaccordeur == "")
    Console.WriteLine("Attention pas d'accordeur de piano");
  else
    Console.WriteLine("Tout va bien");
 }
}
class Musicien {
 private String nom;
 private int experience;
 private int age;

 public Musicien(String nom, int experience, int age) {
  this.nom        = nom;
  this.experience = experience;
  this.age        = age;
 }
 public String donneNome() {
  return nom;
 }
 public int donneAge() {
  return age;
 }
 public int donneExperience() {
  return experience;
 }
}
public class Exo7 {
 public static void Main() {
```

```
InstrumentDeMusique[] lesInstruments = new InstrumentDeMusique[4];
Musicien[] lesMusiciens = new Musicien[4];

lesMusiciens[0]      = new Musicien("Pat",5,25);
lesMusiciens[1]      = new Musicien("Herbie",15,22);
lesMusiciens[2]      = new Musicien("Brad",15,34);
lesMusiciens[3]      = new Musicien("Joe",5,18);

lesInstruments[0] = new Violon("stradivarius",2,lesMusiciens[0],"cordeMeilleure",42);
lesInstruments[1] = new Piano("playel11",150,lesMusiciens[1],"");
lesInstruments[2] = new Piano("Playel12",135,lesMusiciens[2],"Albert");
lesInstruments[3] = new InstrumentDeMusique("Instrument",200,lesMusiciens[1]);

for (int i=0; i<4; i++)
  lesInstruments[i].testDesaccordage();
}
```

13

Abstraite, cette classe est sans objet

Ce chapitre explique la notion de classe abstraite et son exploitation lors du polymorphisme.

DOCTUS. — *Rappelle-toi que la définition d'une méthode est constituée de sa signature : type retourné, nom de méthode et liste de ses arguments. Son implémentation est l'affaire du mécanisme d'héritage. Nous pouvons donc nous contenter, dans un premier temps, de déclarer l'existence de certaines méthodes tout en remettant à plus tard leur réalisation concrète.*

CANDIDUS — *Et qu'est-ce qu'on y gagne ?*

DOC. — *Tu crées un objet presque normalement et tu le manipules avec sa classe abstraite, mais tu précises que certaines méthodes seront détaillées ailleurs, seulement quand tu connaîtras son type final. C'est en fait dans des sous-classes, bien concrètes celles-là, que tu devras réaliser les méthodes concernées.*

CAND. — *Nos classes concrètes représentent les différentes formes que peuvent prendre les objets d'une abstraite, c'est ça ?*

DOC. — *Tu peux utiliser la classe abstraite pour manipuler ces objets mais elle ne sera, du moins en partie, qu'une sorte de squelette qui regroupe tout ce qui est concret et commun à un groupe d'objets, tout en mentionnant des méthodes abstraites que tu te proposes de réaliser dans des sous-classes qui vont en hériter.*

De Canaletto à Turner

Le peintre vénitien Canaletto a peint de multiples vues de Venise au XVIIIe siècle. Elles sont extraordinaires par la précision et la profusion de détails qui nous sont rapportés. Canaletto réalisait ses œuvres afin de satisfaire des commandes de notables anglais, exigeant une vue précise de Venise, non avare de détails, sous la forme d'un reportage fidèle à la réalité. Il y a bien évidemment une « aspiration photographique » dans ce travail. Elles sont précises au point que, grâce à elles, on a pu déduire exactement de quelle hauteur, depuis l'époque du peintre, les eaux étaient montées dans Venise.

Turner a lui aussi peint Venise quelque cent ans plus tard. La ville y est moins nette, bien qu'on en devine les caractéristiques essentielles. Nous sommes aux sources de l'abstraction picturale, où la peinture exprime davantage la vision intérieure de l'artiste que la réalité. Il cherche à communiquer sa Venise à lui, et, ce faisant, à suggérer les émotions qu'elle provoque en lui. Néanmoins, cette abstraction conserve de nombreux traits de la ville, faisant l'économie de leur implémentation détaillée. C'est la signature de Venise, bien plus que sa photo. Cela présente l'avantage de bien mieux vieillir et de ressembler à la Venise d'aujourd'hui, bien plus que l'œuvre de Canaletto, qui n'est plus à jour. Les abstractions tiennent mieux dans le temps. Il en va un peu ainsi des classes abstraites par rapport aux classes concrètes.

Des classes sans objet

En se replongeant dans les deux petits programmes illustrant les mécanismes d'héritage : l'écosystème et le match de football, force serait de faire le constat suivant : dès qu'une superclasse apparaît dans le code, elle n'a plus l'occasion de donner naissance à des objets. Dans le code de l'écosystème ne figure aucun objet de type faune ou ressource et dans le match de football ne joue aucun joueur. Au moment de la création de l'objet à proprement parler, lorsque les joueurs montent sur le terrain, lors de l'utilisation du new, la classe qui type dynamiquement l'objet n'a plus lieu d'être une superclasse.

Vous aurez tôt fait de nous rétorquer qu'en étant instance de la sous-classe, tous les objets le sont automatiquement de la superclasse. C'est exact d'un point de vue déclaration ou typage statique et c'est vrai pour le compilateur (ce qui n'est déjà pas rien), mais cela ne reste que partiellement vrai lors de l'exécution. Les objets sont d'abord d'un type dynamique avant d'être également du type statique, comme nombre d'immigrés vous diront qu'ils sont d'abord français (ou devenus tels) avant d'être italiens, algériens, polonais ou argentins. Tout objet peut être de plusieurs types statiques, hérités de leurs parents et grands-parents, mais ne sera que d'un seul type dynamique, sa véritable et ultime nature. Nous l'avons vu précédemment, l'existence de ces divers typages statiques pour un même objet, et ceci à plusieurs niveaux taxonomiques, facilite leur utilisation dans des contextes très variés.

Rien n'interdit, pour l'instant, de créer dynamiquement des objets de type superclasse. Toutefois, on conçoit aisément que, dès que l'univers conceptuel qui nous intéresse est couvert de sous-classes (c'est-à-dire lorsque chaque élément de l'ensemble est repris dans un sous-ensemble), il ne soit plus justifié de créer encore des objets de la superclasse. Votre voiture est une Renault avant d'être une voiture, votre chien est un cocker avant d'être un chien, le joueur de football est un attaquant ou un défenseur avant d'être un joueur. Cela pourrait néanmoins être le cas, si on vous demande d'ajouter un animal dans votre logiciel sans préciser son espèce, ou si on vous offre une voiture sans préciser sa marque, ou si l'entraîneur décide d'envoyer un joueur sur le terrain sans lui indiquer quel poste il occupe, mais c'est plutôt rare. On sait pertinemment de quelle nature intime sont les objets auxquels on a affaire. Dans la pratique courante de l'OO, les superclasses, bien qu'indispensables à la factorisation des caractéristiques communes aux sous-classes, ne donnent que très rarement naissance à des objets. La figure 13-1 dépeint la situation idéale dans laquelle les objets sont tous issus d'une sous-classe ; aucun objet n'est laissé au niveau de la superclasse.

Figure 13–1
Une situation d'héritage idéale,
avec tous les objets issus des
seules sous-classes

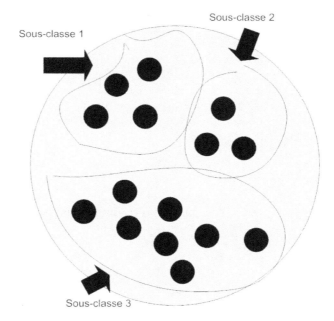

Du principe de l'abstraction à l'abstraction syntaxique

Gardez à l'esprit que ce ne serait pas une bourde syntaxique de créer des objets instances d'une superclasse, sauf dans un cas précis, que nous allons maintenant détailler et qui se produit quand vous déclarez explicitement la superclasse comme étant « abstraite ».

Nous nous baserons pour comprendre la nature et le rôle des classes abstraites sur le modèle de l'écosystème. Dans le code, la classe Jungle envoie de manière répétée le même message evolue() aux objets issus des deux sous-classes de Ressource : Eau et Plante. L'exécution de ce message n'a à ce point rien de commun entre l'eau (elle s'assèche) et la plante (elle pousse) qu'aucun corps d'instructions n'est repris dans la classe Ressource. L'eau et la plante, bien qu'évoluant toutes deux et capables de recevoir ce même message, ne partagent rien dans l'exécution de celui-ci.

Dans le code Java qui suit, tant la classe Eau que la classe Plante intègrent la méthode evolue() :

```
public class Plante {           public class Eau {
  ...                             ...
  public void evolue() {          public void evolue() {
    ...                             ...
  }                               }
}                               }
```

Vous pourriez décemment vous demander à quoi cela sert de nommer ces méthodes de la même manière, si elles décrivent des réalités si distinctes. Rappelez-vous ce que nous vous disions sur la pauvreté de notre langage, quand il s'agit de décrire des modalités actives par rapport aux modalités structurelles. Voilà une première raison. Il en est une seconde qui tient plus à la pratique logicielle. Il est intéressant de pouvoir écrire le code de la jungle, la « tierce » classe, « cliente » de l'eau et de la plante, comme envoyant indifféremment un même message aux points d'eau et aux plantes. À l'instar des joueurs de football recevant le message avance() de l'entraîneur, une économie d'écriture sera véritablement réalisée si l'on permet à la Jungle d'envoyer le même message evolue(), en boucle, à toutes les ressources auxquelles elle est associée (sans se préoccuper du nombre ni de la nature de celles-ci) :

```
for (int i=0; i<lesRessources.length; i++)
  lesRessources[i].evolue();
```

On pourrait imaginer créer un ensemble de 100 points d'eau, par la simple instruction suivante :

```
for (int i=0 ; i<100 ; i++)
  lesRessources[i] = new Eau() ;
```

et 200 plantes, au moyen de :

```
for (int i=0 ; i<200 ; i++)
  lesRessources[100+i] = new Plante() ;
```

et envoyer ensuite le message evolue() à ces 300 ressources. C'est en effet ce que l'on cherche à faire au moment de l'exécution du code. Même si l'on ajoutait un nouveau type de ressource, par exemple des cadavres en décomposition d'autres animaux, le code de la jungle ne se modifierait en rien.

Malheureusement pour nous, l'exécution est toujours précédée par une étape de compilation (sauf pour Python et PHP) qui, parmi d'autres choses, fait office de correcteur syntaxique plutôt sévère. Or, dans tous les langages de programmation, un tableau se doit d'être typé. Si nous voulons donc installer toutes les ressources dans un tableau, il faudra typer ce dernier au moyen d'une instruction telle que :

```
Ressource [] lesRessources = new Ressource[300].
```

Pouvions-nous typer ce tableau comme Plante ? Non, car il y a des points d'eau. Et comme Eau ? Non, car il y a des plantes. La seule solution est de le typer comme Ressource, puisqu'en effet, tant les plantes que les eaux en sont. Et nous nous retrouvons, comme dans le chapitre précédent, en présence d'objets dont le type statique, Ressource, diffère du type dynamique, Eau ou Plante. Nous nageons à nouveau, avec bonheur, en plein polymorphisme.

La classe Jungle pourrait également recevoir dans une de ses méthodes un argument de type Ressource, sur lequel elle enverrait un message commun à la plante ou l'eau, qui serait par la suite exécuté différemment. Une nouveauté, essentielle ici, est que ni la classe Eau ni la classe Plante ne redéfinisse une méthode evolue(), qui aurait une part d'instructions déjà prévue dans la superclasse. Pourtant, si nous typons le tableau des ressources comme Ressource et si nous envoyons le message « évolue » sur chacun de ces objets, le compilateur, pour qui seul le type statique a voix au chapitre, ne pourra accepter qu'aucune méthode evolue() ne soit en effet présente dans la classe Ressource.

La seule issue possible est d'installer une méthode evolue() dans la classe Ressource, tout en déclarant cette méthode « abstraite », c'est-à-dire sans corps d'instructions. Une méthode abstraite se limite à sa seule signature ; elle ne fait rien, à part se présenter.

En Java, en C# et en PHP, nous la déclarons dans la classe Ressource de la manière suivante :

```
abstract public void evolue();
```

En C++, elle est dite méthode « virtuelle pure » et se déclare ainsi :

```
public :
  void virtual evolue() = 0;
```

Elle est virtuelle par la présence de virtual. En ajoutant = 0, on la rend abstraite. Nous verrons par la suite une manière de réaliser l'abstraction dans Python.

Classe abstraite

Toute classe contenant au moins une méthode abstraite devient d'office abstraite. D'ailleurs, tant Java que C# et PHP forcent le trait, en vous obligeant à ajouter le mot-clé abstract dans la déclaration de la classe, comme suit :

```
public abstract class Ressource extends ObjetJungle {
    ...
}
```

C++ reste plus sobre et sait que l'abstraction d'au moins une méthode entraîne l'abstraction de toute la classe. Il n'y a d'autre moyen de rendre une classe abstraite qu'en y installant une méthode abstraite ou virtuelle pure. En fait, Java, C# et PHP n'accepteraient pas qu'une méthode abstraite ne fût définie dans une classe, elle-même déclarée comme abstraite (l'omission de la déclaration de la classe comme abstraite donnerait une erreur de compilation), mais le contraire ne s'applique pas. Les trois langages acceptent d'une classe qu'elle soit abstraite, alors qu'aucune méthode abstraite ne s'y trouve. Ils bloquent ainsi la possibilité pour certaines classes de donner naissance à des objets, indifféremment du fait qu'elles intègrent ou non une méthode abstraite. Dans la pratique, très logiquement, une classe ne sera généralement abstraite que si une méthode abstraite s'y trouve.

new et abstract incompatibles

Au début de ce chapitre, nous vous expliquions que, souvent, les superclasses ne donnent pas naissance à des objets. Dorénavant, elles le pourront d'autant moins qu'elles seront déclarées abstraites. new et abstract sont deux mots-clés totalement incompatibles, en ce sens qu'aucune allocation de mémoire ne peut être effectuée pour des instances de classe abstraite. Si nous revenons à la définition première des classes abstraites, c'est-à-dire qu'elles contiennent au moins une méthode abstraite, cette interdiction doit vous paraître logique.

Supposons qu'une classe contenant une méthode abstraite puisse donner naissance à des objets. Tout objet doit être capable d'exécuter tous les messages reçus. Qu'en serait-il du message issu de la méthode abstraite ? Le compilateur ne tiquerait pas, car la syntaxe du message est parfaitement correcte, mais que faire à l'exécution, face à un corps d'instructions absent ? On enverrait un message qui dit de ne rien faire ? Cette possibilité a d'office été bannie par les langages OO, car un message se doit de faire quelque chose. Lors de l'instruction suivante :

```
Ressource [] lesRessources = new Ressource[300]
```

on ne crée pas 300 objets Ressource (la classe est abstraite), mais bien un seul objet (le crochet plutôt que la parenthèse est là pour le signaler au compilateur) de type tableau.

Notez pour l'anecdote qu'un corps d'instructions vide est considéré comme distinct de pas de corps d'instructions du tout : public void evolue() {} est différent de abstract public void evolue(). Tous les langages OO interdisent l'envoi de messages à partir de méthodes sans corps d'instructions, mais cette interdiction est levée pour des méthodes dont le corps d'instructions, bien qu'existant, est vide. Seules les premières méthodes sont abstraites, les autres sont stupides mais concrètes !

Abstraite de père en fils

Au contraire des superclasses concrètes, les superclasses abstraites obligent à redéfinir (ne serait-il pas plus approprié de simplement dire « définir » ?) les méthodes abstraites dans leurs sous-classes. Tant que la méthode abstraite n'est pas redéfinie dans les sous-classes, chacune de ces sous-classes se doit de rester abstraite, et aucune ne donnera naissance au moindre objet. Le compilateur se chargera de vérifier que vous maintenez l'abstraction de sous-classes en sous-classes jusqu'à ce que toutes les méthodes abstraites soient redéfinies.

Ci-après, vous voyez le code Java de la superclasse abstraite Ressource et de la sous-classe concrète Eau. La méthode dessineToi(), qui représente graphiquement la ressource, est abstraite dans la classe Ressource, car il est nécessaire de savoir de quoi il s'agit avant de le dessiner. Tous les objets se dessinent, mais chacun à sa manière. La méthode evolue(), pour des raisons déjà évoquées, est également abstraite. Les plantes évoluent en grandissant, les points d'eau en diminuant. Comme déjà dit dans le chapitre précédent, depuis sa sixième version Java vous encourage à l'utilisation du mot-clé @Override lors de la moindre redéfinition de méthode.

```
public abstract class Ressource extends ObjetJungle { /* classe abstraite */
  private int temps;
  private int quantite;

  Ressource () {
    super();
    temps = 0;
    quantite = 100;
  }
  abstract public void dessineToi(Graphics g); /* méthode abstraite */
  abstract public void evolue();                /* méthode abstraite */
  public void incrementeTemps() {
    temps++;
  }
  public int getTemps() {
    return temps;
  }
  public void diminueQuantite() {
    decroitTaille(2);
  }
}
public class Eau extends Ressource {
  Eau() {
    super();
  }
  @Override
  public void dessineToi(Graphics g) { /* définition de cette méthode abstraite */
    g.setColor(Color.blue);
    g.fillOval(getMaZone().x, getMaZone().y, getMaZone().width, getMaZone().height);
  }
  @Override
  public void evolue() {                /* définition de cette méthode abstraite */
    incrementeTemps();
    if ((getTemps()%10) == 0)
      decroitTaille(2);
  }
}
```

Un petit exemple dans quatre langages de programmation

Ci-après, vous trouverez en Java, C#, PHP et C++ un même exemple d'une superclasse abstraite parce qu'elle contient une méthode abstraite, ainsi que de deux sous-classes concrétisant cette méthode de deux manières différentes.

En Java

```
abstract class O1 {
  abstract public void jexisteSansRienFaire();
}
class FilsO1 extends O1 {
```

```
    @Override
    public void jexisteSansRienFaire() {
      System.out.println("ce n'est pas vrai, je fais quelque chose");
    }
}
class AutreFilsO1 extends O1 {
    @Override
    public void jexisteSansRienFaire() {
      System.out.println("c'est de nouveau faux, moi aussi je fais quelque chose");
    }
}
public class ExempleAbstract {
    public static void main(String[] args) {
      /* O1 unO1 = new O1(); impossible */
      O1 unFilsO1         = new FilsO1();
      O1 unAutreFilsO1    = new AutreFilsO1();
      unFilsO1.jexisteSansRienFaire();
      unAutreFilsO1.jexisteSansRienFaire();
    }
}
```

Résultat

```
ce n'est pas vrai, je fais quelque chose
c'est de nouveau faux, moi aussi je fais quelque chose
```

Remarquez que nous avons délibérément typé statiquement et dynamiquement nos objets de
manière différente, le type statique ne pouvant être qu'une superclasse du type dynamique. Alors
qu'il n'est pas possible de typer dynamiquement un objet par une classe abstraite, comme le montre
le code (impossible de créer un objet comme étant typé « définitivement » par une classe abstraite),
il n'y a aucun problème pour le typer statiquement avec une classe abstraite. C'est de fait une pratique très courante et inhérente au polymorphisme.

En C#

```
using System;
abstract class O1 {
    abstract public void jexisteSansRienFaire();
}
class FilsO1 : O1 {
    public override void jexisteSansRienFaire() {
      Console.WriteLine("ce n'est pas vrai, je fais quelque chose");
    }
}
class AutreFilsO1 : O1{
    public override void jexisteSansRienFaire() {
      Console.WriteLine("c'est de nouveau faux, moi aussi je fais quelque chose");
    }
}
```

```
public class ExempleAbstract {
   public static void Main() {
      /* 01 un01 = new 01(); impossible */
      01 unFils01 = new FilsO1();
      01 unAutreFils01 = new AutreFilsO1();
      unFils01.jexisteSansRienFaire();
      unAutreFils01.jexisteSansRienFaire();
   }
}
```

Résultat

```
ce n'est pas vrai, je fais quelque chose
c'est de nouveau faux, moi aussi je fais quelque chose
```

Il n'y a rien d'essentiellement différent par rapport au code Java, si ce n'est l'addition du mot-clé override lors de la concrétisation des méthodes abstraites. Le mot-clé virtual n'est plus nécessaire lors de la déclaration des méthodes abstraites (elles le sont automatiquement), comme il l'est lors de la déclaration des méthodes, non plus abstraites, mais concrètes et à redéfinir.

En PHP

```
<html>
<head>
<title> Héritage et abstraction </title>
</head>
<body>
<h1> Héritage et abstraction </h1>
<br>
<?php
     abstract class O1 {
          abstract public function jexisteSansRienFaire();
     }
     class FilsO1 extends O1 {
          public function jexisteSansRienFaire() {
               print ("ce n'est pas vrai, je fais quelque chose <br> \n");
          }
     }
     class AutreFils01 extends O1 {
          public function jexisteSansRienFaire() {
               print ("c'est de nouveau faux, moi aussi je fais quelque chose <br> \n");
          }
     }
     $unFils01 = new FilsO1();
     $unAutreFils01 = new AutreFilsO1();
     $unFils01->jexisteSansRienFaire();
     $unAutreFils01->jexisteSansRienFaire();
?>
</body>
</html>
```

Comme PHP se passe de compilation, il n'y a pas de typage statique/dynamique. Néanmoins, à cette différence essentielle près, l'abstraction se réalise comme dans les deux langages précédents (et elle est plutôt très inspirée de Java, comme l'est toute la partie « héritage » de PHP).

En C++

```cpp
#include <iostream>
using namespace std;
class O1 {
  public:
    virtual void jexisteSansRienFaire() = 0;
};
class FilsO1 : public O1 {
  public:
    void jexisteSansRienFaire() {
      cout <<"ce n'est pas vrai, je fais quelque chose" << endl;
    }
};
class AutreFilsO1 : public O1 {
  public:
    void jexisteSansRienFaire() {
      cout <<"c'est de nouveau faux, moi aussi je fais quelque chose" << endl;
    }
};
int main(int argc, char* argv[]) {
  FilsO1 unFilsO1;
  AutreFilsO1 unAutreFilsO1;
  /* O1 unO1; impossible */
  unFilsO1.jexisteSansRienFaire();
  unAutreFilsO1.jexisteSansRienFaire();

  O1* unFilsO1Pointeur = new FilsO1();
  O1* unAutreFilsO1Pointeur = new AutreFilsO1();

  unFilsO1Pointeur->jexisteSansRienFaire();
  unAutreFilsO1Pointeur->jexisteSansRienFaire();

  return 0;
}
```

Résultat

```
ce n'est pas vrai, je fais quelque chose
c'est de nouveau faux, moi aussi je fais quelque chose
ce n'est pas vrai, je fais quelque chose
c'est de nouveau faux, moi aussi je fais quelque chose
```

En C++, le mot-clé abstract disparaît. La déclaration de la méthode comme « virtuelle pure » suffit à rendre la classe abstraite. Nous présentons deux versions du programme, selon que les objets sont créés dans la mémoire pile ou dans la mémoire tas. Dans le premier cas, il n'est pas possible de typer statiquement des objets par une classe abstraite car, comme la seule déclaration suffit à la création de l'objet, les deux types se doivent d'être égaux. L'utilisation du polymorphisme à partir de classe abstraite n'est donc possible qu'avec des pointeurs et sur des objets installés dans la mémoire tas.

Classe abstraite

Une classe abstraite en Java, C#, PHP et C++ (dans ce cas, en présence d'une méthode virtuelle pure) ne peut donner naissance à des objets. Elle a comme unique rôle de factoriser des méthodes et des attributs communs aux sous-classes. Si une méthode est abstraite dans cette classe, il sera indispensable de la redéfinir dans les sous-classes, sauf à maintenir l'abstraction pour les sous-classes et à opérer la concrétisation quelques niveaux en dessous.

L'abstraction en Python

Bien qu'il ne soit pas possible de déclarer une classe abstraite en Python (à cause de la simplification de la syntaxe et de l'affaiblissement du typage), une petite pirouette, illustrée dans le code suivant, empêche la classe 01 de donner naissance à des objets.

```
class 01:
    def __init__(self):
        assert self.__class__ is not 01
    def jexisteSansRienFaire(self):
        pass

class Fils01(01):
    def jexisteSansRienFaire(self):
        print ("ce n'est pas vrai, je fais quelque chose")

class AutreFils01(01):
    def jexisteSansRienFaire(self):
        print ("c'est de nouveau faux, moi aussi je fais quelque chose")

# un01=01() devenu impossible
unFils01=Fils01()
unAutreFils01=AutreFils01()
unFils01.jexisteSansRienFaire()
unAutreFils01.jexisteSansRienFaire()
```

L'instruction assert évalue la condition qui suit (ici, dans le constructeur, vérifie si l'objet en création n'est pas de la classe 01). Si cette condition est vérifiée, cette instruction ne fait rien. Dans le cas contraire, une exception est produite et levée (elle peut alors être try-catch comme expliqué dans le chapitre 7). La classe 01 pourra être héritée et aura dès lors comme seul rôle de factoriser des méthodes à redéfinir dans les classes filles. Comme Python n'a que faire du typage statique, les classes abstraites ne joueront pas un rôle exactement semblable à celui joué dans les situations polymorphiques possibles et fréquentes dans les trois autres langages.

Un petit supplément de polymorphisme

Les enfants de la balle

D'un revers de la main, monsieur Loyal, centré dans le disque lumineux, interrompt les cuivres et les cymbales un peu rouillés et hurle : « Que tous les artistes fassent leur numéro. » Et, bientôt, l'un après l'autre, tous les artistes viendront s'exécuter sur la piste. Ce qu'ils ne savent pas tous ces artistes, ces jongleurs, ces clowns, ces trapézistes, ces funambules et ces dompteurs, tous ces enfants ou, devrions-nous dire, toutes ces sous-classes de la balle, c'est qu'ils feront leur numéro, non pas à la manière Bouglione ou Pinter, mais à la manière polymorphique.

Monsieur Loyal envoie un même message à un tableau d'artistes (abstraits) de cirque (la méthode faireMonNuméro étant abstraite dans la classe Artiste) et chacun se lance dans le numéro qu'il a concrétisé et si longtemps répété dans sa sous-classe d'artiste, devenue pour le coup concrète elle aussi : Jongleur, Trapéziste, Dompteur...

Il est important pour monsieur Loyal de savoir que la classe Artiste existe pour interagir avec tous ces artistes d'une seule manière, quitte à ce que ce qui leur soit demandé se prête à une réalisation différente (numéro, cachet...).

Cliquez frénétiquement

Empoignez votre souris d'ordinateur et cliquez frénétiquement ; un clic, deux clics, cliquez où vous pouvez, cliquez où vous voulez, mais cliquez. Ce qui se produit sur l'écran, en réponse à ces clics, dépend de l'endroit où vous cliquez, de l'objet graphique sur lequel vous cliquez. Un menu apparaît, une fenêtre se ferme, une autre s'ouvre, un onglet passe au premier plan, une nouvelle police de caractères est mémorisée, le curseur se transforme en croix, etc. Il s'en passe des choses et pourtant le clic est toujours le même.

Parfois, vous pouvez juste le doubler rapidement, parfois votre souris possède un, deux ou trois boutons et le clic se fait sur l'un ou l'autre. Cela laisse malgré tout très peu de modalités d'action, en comparaison au nombre d'objets graphiques qui réagiront.

Une poignée de modalités d'action, effectives sur une large panoplie d'objets, réagissant tous différemment en regard de ces actions... les interfaces graphiques des systèmes exploitations, Windows, Mac OS ou Linux, sont de merveilleux exemples de polymorphisme. Une souris, un clic et une véritable taxonomie d'objets graphiques capables de réagir à ce clic, voilà comment on peut résumer très schématiquement l'interaction de l'utilisateur avec ces systèmes d'exploitation.

Pourquoi ces objets graphiques sont-ils organisés de façon hiérarchique ? Car une fenêtre est un objet qui peut se déplacer, s'agrandir et possède un système de glissement dévoilant une partie seulement de la fenêtre. Une icône est un objet graphique qui peut juste se déplacer, un menu est un objet graphique qui ne peut pas se déplacer, mais peut s'ouvrir, etc. Il est clair que certaines modalités d'action sont partagées par ces objets et, ainsi, sont factorisables dans des superclasses abstraites. D'autres seront spécifiées de manière polymorphique, au bas de l'arbre taxonomique, comme les effets de la souris. La figure 13-2 montre les différents objets graphiques Java et leur structure d'héritage. On constate que Java, comme recommandé par la charte du bon programmeur objet, n'est pas économe des niveaux d'héritage. Ici on en décompte jusqu'à six.

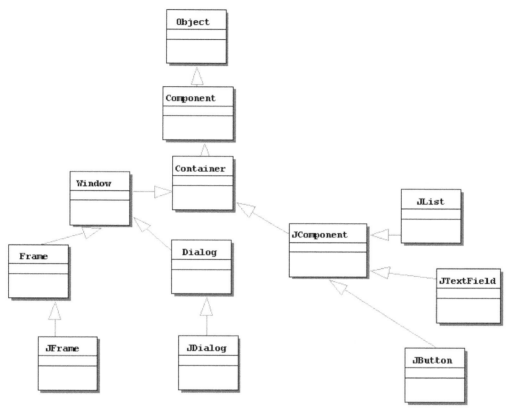

Figure 13–2
La hiérarchie des classes graphiques en Java

Ce détour par les interfaces graphiques des systèmes d'exploitation est loin d'être innocent, car l'histoire de l'orienté objet est concomitante, en partie, à celle des interfaces graphiques. Lorsque Steve Jobs, célèbre créateur des Macintosh, se rend au Xerox PARC en 1979 (La Mecque de la créativité informatique dans ces années-là), Alan Kay, leader d'un groupe de recherche, lui présente les trois technologies innovantes sur lesquelles il planche :

• Tout d'abord, la mise en réseau des ordinateurs selon un protocole encore balbutiant : Internet. Steve Jobs n'y voit rien de très prometteur.

• Ensuite, une nouvelle manière de programmer, implémentée en grande partie dans un nouveau langage de programmation, inspiré de Simula mais largement amélioré : Smalltalk. À nouveau, Steve Jobs ne voit pas là de quoi fouetter un programmeur. Alan Kay décrit pourtant cette manière de programmer, OO comme il se doit, comme l'approche la plus élégante et la plus directe pour réaliser ce qui est son troisième domaine de recherche...

- La conception de nouvelles modalités d'interaction avec l'ordinateur : fenêtres, souris, menus... On connaît aujourd'hui cette musique par cœur, mais, en 1979, toute interaction se faisait via des lignes de commande tapées au clavier. En découvrant cette dernière recherche, Steve Jobs est subjugué et il comprend que c'est la manière la plus innovante et à la fois la plus naturelle de penser l'utilisation de l'ordinateur. Il part avec, sous le bras, son projet d'un nouveau système d'exploitation pour les Mac.

Par la suite, quand Steve Jobs comprendra enfin les vertus de l'OO, Objective-C (un autre langage OO simplifié par rapport au C++) deviendra le langage de programmation de prédilection des aficionados des produits Apple (dont l'iPhone plus récemment). On connaît également la suite de l'histoire... Un certain Bill Gates passa aussi par là, jeta un œil par la fenêtre, et Windows, comme par hasard, vit le jour. Chaque fois que vous cliquez à l'écran, ouvrez une fenêtre ou déroulez un menu, c'est en partie à Alan Kay que vous le devez.

Le Paris-Dakar

L'organisateur du Paris-Dakar doit planifier à l'avance la consommation de tout le convoi des véhicules qui participent à cette course : motos, camions, buggies, voitures, hélicoptères... Tous ces véhicules consomment, mais différemment en fonction des kilomètres parcourus. Il est capital de comprendre ici que c'est la manière de calculer la consommation qui diffère d'un véhicule à l'autre. Si la seule différence se ramenait à une valeur, par exemple simplement la consommation par kilomètre multipliée par la distance parcourue, il n'y aurait nul besoin d'héritage, nul besoin de polymorphisme. Il n'y aurait, qui plus est, qu'une seule classe de véhicule, dont les objets se distingueraient notamment par la valeur de cette consommation kilométrique.

Si seule la valeur des attributs différencie les objets, point n'est besoin de sous-classe. En général, l'usage des langues naturelles ne permet pas de distinguer le lien existant entre un objet et sa classe de celui existant entre une sous-classe et sa superclasse. Ma Renault objet est une Renault classe. Une Renault sous-classe est une voiture superclasse. La même expression « est une » est utilisée ici, alors qu'en programmation OO, ces deux contextes d'utilisation mènent à des développements logiciels très différents : simple instanciation d'objet dans le premier, mise en place d'une structure d'héritage à deux niveaux dans le second. Ne vous trompez pas et n'abusez pas d'héritage inutile. Il se doit d'alléger et non pas d'alourdir votre conception. Le gain de son apport, en clarté, économie, maintenance et extensibilité, doit être suffisamment important. Autrement, n'y songez même pas et contentez-vous d'un seul niveau taxonomique. C'est déjà bien assez.

Le polymorphisme en UML

Dans les trois exemples de polymorphisme présentés plus haut, ce qui apparaît à chaque fois est un type d'architecture logicielle comme celle décrite en UML ci-après.

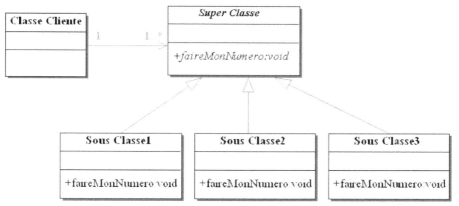

Figure 13–3
Diagramme de classes UML classique associé au polymorphisme

Dans UML, toute classe ou méthode abstraite est indiquée en italique. Ici, la superclasse et la seule méthode de la classe sont, de fait, abstraites. Trois sous-classes concrètes redéfinissent la méthode faireMonNumero(), dont le corps d'instructions sera radicalement différent pour chacune des sous-classes. Une « classe cliente » envoie indifféremment le message faireMonNumero() à tous les référents qu'elle possède comme attributs. Comme indiqué dans le diagramme, ces attributs sont typés par la superclasse. Il peut s'agir d'un seul référent, typé statiquement d'une unique manière, mais qui, lors de l'exécution du message, peut endosser plusieurs types dynamiques différents. Cela peut également être un tableau de référents, qui lors de l'envoi d'un même message, en boucle sur tous les éléments du tableau, donnera lieu à des exécutions différentes.

Aucun objet n'est ici encore créé, sauf un tableau de référents. Il n'y a donc à ce stade pas de tentatives, qui seraient rejetées à la compilation, pour créer un objet d'une classe abstraite (la superclasse ici). Les référents pointeront vers des objets, qui eux, lors de leur création, seront de type dynamique, correspondant à une des sous-classes héritant de la superclasse. L'opération de création d'objets se fera à partir des sous-classes, bien concrètes cette fois. Chaque objet sera donc typé statiquement par son référent superclasse et typé dynamiquement par sa sous-classe.

Il n'y aurait aucun problème à approfondir l'arbre d'héritage et, nonobstant le lien client-serveur entre la classe cliente et la superclasse, à laisser définir la manière d'exécuter le message bien plus bas dans l'héritage. Plusieurs couches de classes abstraites peuvent précéder l'arrivée, tout en bas, des classes concrètes. Rappelez-vous qu'à entendre certains gourous de l'OO, les superclasses ne devraient être, en principe, qu'abstraites. Ce principe est discutable, nullement contraint par la syntaxe des langages de programmation, mais on en perçoit néanmoins la pertinence en jetant un simple coup d'œil au monde qui nous entoure.

Exercices

Exercice 13.1

Expliquez pourquoi la présence d'une méthode abstraite dans une classe interdit naturellement la création d'objets issus de cette classe.

Exercice 13.2

Justifiez pourquoi l'absence de concrétisation dans une sous-classe d'une méthode définie abstraite dans sa superclasse oblige, sans autre forme de procès, la sous-classe à devenir abstraite.

Exercice 13.3

Expliquez pourquoi C++ ne recourt pas à l'utilisation du mot-clé `abstract` pour définir une classe abstraite.

Exercice 13.4

Justifiez pourquoi C# n'impose pas de définir une méthode abstraite `virtual` pour pouvoir la redéfinir.

Exercice 13.5

Réalisez un code dans lequel une superclasse `MoyenDeTransport` contiendrait une méthode `consomme()` abstraite, qu'il faudrait redéfinir dans les trois sous-classes `Voiture`, `Moto`, `Camion`.

Exercice 13.6

Réalisez un code dans lequel une superclasse `ExpressionAlgebrique` contiendrait un `String` comme « 2 + 5 » ou « 7 * 2 » ou « 25 : 5 », une méthode abstraite `evalue()` et trois sous-classes `Addition`, `Multiplication`, `Division` redéfinissant cette méthode selon la nature de l'expression mathématique.

Exercice 13.7

Retrouvez ce qu'écrirait à l'écran le code Java suivant. Dessinez également le diagramme de classes UML correspondant.

```java
abstract class Militaire {
  private int age;
  private String nationalite;
  private int QI;

  public Militaire(int age, String nationalite, int QI) {
    this.age = age;
    this.nationalite = nationalite;
    this.QI = QI;
  }
  abstract public void partirEnManoeuvre();
  public void deserter() {
    System.out.println("Salut les cocos");
```

```
    }
    public void executer() {
      System.out.println("A vos ordres chef");
    }
    public int getQI() {
      return QI;
    }
}
abstract class Plouc extends Militaire {
  public Plouc(int age, String nationalite, int QI) {
    super(age,nationalite,QI);
  }
  abstract public void partirEnManoeuvre();
}
abstract class Grade extends Militaire {
  public Grade(int age, String nationalite, int QI) {
    super(age,nationalite,QI);
  }
  public void commander (Militaire unTroufion) {
    unTroufion.executer();
  }
  abstract public void partirEnManoeuvre();
}
class Colonel extends Grade {
  private Plouc[] mesTroufions;

  public Colonel(int age, String nationalite, int QI, Militaire[] mesTroufions) {
    super(age,nationalite,QI);
    this.mesTroufions = new Plouc[4];
    for (int i=0; i<4; i++) {
      this.mesTroufions[i] = (Plouc)mesTroufions[i];
    }
  }
  public void partirEnManoeuvre() {
    for (int i=0; i<4; i++) {
      commander(mesTroufions[i]);
      System.out.println();
    }
  }
}
class General extends Grade {
  private Colonel monColonel;

  public General(int age, String nationalite, int QI, Colonel monColonel) {
    super(age,nationalite,QI);
    this.monColonel = monColonel;
  }
  public void partirEnManoeuvre() {
    commander(monColonel);
  }
}
```

```
class Abruti extends Plouc {
  public Abruti(int age, String nationalite, int QI) {
    super(age,nationalite,QI);
  }
  public void partirEnManoeuvre() {
    System.out.println("C'est super");
  }
}
class TireAuFlanc extends Plouc {
  public TireAuFlanc(int age, String nationalite, int QI) {
    super(age,nationalite,QI);
  }
  public void executer() {
    super.executer();
    deserter();
    System.out.println("et merde");
  }
  public void partirEnManoeuvre() {
    if (getQI() < 5)
      System.out.println("vivement le bar");
    else
      System.out.println("vivement la bibliotheque");
  }
}
public class Armee {
  public static void main(String[] args) {
    Militaire[] unRegiment = new Militaire[6];
    unRegiment[0] = new Abruti(20, "Belge", 1);
    unRegiment[1] = new Abruti(23, "Francais", 8);
    unRegiment[2] = new TireAuFlanc(20, "Italien", 1);
    unRegiment[3] = new TireAuFlanc(25, "Italien", 8);
    unRegiment[4] = new Colonel(50, "Belge", 2, (Militaire[])unRegiment);
    unRegiment[5] = new General(60, "Francais", 2, (Colonel)unRegiment[4]);
    for (int i=0; i<6; i++)
      unRegiment[i].partirEnManoeuvre();
  }
}
```

Exercice 13.8

Retrouvez ce qu'écrirait à l'écran le code C# suivant :

```
using System;
abstract class Animaux {
  private int monAge;
  private String monNom;

  public Animaux(int age, String nom) {
    monAge = age;
    monNom = nom;
  }
```

```
   public virtual void crierSuivantLesAges() {
     if (monAge <= 2) {
       Console.WriteLine("je fais un petit");
     }
     else {
       Console.WriteLine("je fais un gros");
     }
   }
   protected virtual void crierAToutAge() {
     Console.WriteLine("chuuuuut");
   }
   abstract public void dormir();
}
class Fermier {
   private int nbreAnimaux;
   private Animaux[] mesAnimaux;

   public Fermier(Animaux[] lesAnimaux, int nombre) {
     mesAnimaux = lesAnimaux;
     nbreAnimaux = nombre;
   }
   public void jeFaisMaTourneeDuSoir() {
     for (int i=0; i<nbreAnimaux; i++) {
       mesAnimaux[i].dormir();
       Console.WriteLine();
     }
   }
}
class Cochon : Animaux {
   public Cochon(int age, String nom) : base(age,nom) {}
   protected override void crierAToutAge() {
     Console.WriteLine("groin groin");
   }
   public override void dormir() {
     crierSuivantLesAges();
     crierAToutAge();
     Console.WriteLine("et je m'endors en fermant les yeux");
   }
}
class Poule : Animaux {
   public Poule(int age, String nom) : base(age,nom) {}
   protected override void crierAToutAge() {
     Console.WriteLine("cot cot");
   }
   public override void dormir() {
     crierSuivantLesAges();
     crierAToutAge();
     Console.WriteLine("et je m'endors sur mon perchoir");
   }
}
```

```
class Taureau : Animaux {
  public Taureau(int age, String nom) : base(age, nom) {}
  public override void dormir() {
    crierSuivantLesAges();
    crierAToutAge();
    Console.WriteLine("et je m'endors a côte de ma vache");
  }
}
public class Ferme {
  public static void Main() {
    Animaux[] laFamilleRoyale = new Animaux[10];
    Fermier AlphonseII = new Fermier(laFamilleRoyale,3);
    laFamilleRoyale[0] = new Cochon(1,"Phil");
    laFamilleRoyale[1] = new Poule(1,"Astrud");
    laFamilleRoyale[2] = new Taureau(3,"Lorenzio");
    AlphonseII.jeFaisMaTourneeDuSoir();
  }
}
```

Exercice 13.9

Retrouvez ce qu'écrirait à l'écran le code Java suivant. Ce code utilise la classe Vector qui est un tableau dynamique dont nous utilisons les méthodes suivantes :

* size() pour obtenir la taille du tableau ;
* elementAt(i) pour extraire le énième élément du tableau (attention, cette méthode renvoie un object et il est nécessaire d'utiliser le casting pour récupérer le vrai type) ;
* addElement() ajoute un nouvel élément en queue du tableau.

Dessinez également le diagramme de classes UML correspondant.

```
import java.util.*;
public class UneSerre {
  Vector maSerre = new Vector();
  Jardinier j;

  public static void main(String[] args) {
    new UneSerre();
  }
  public UneSerre() {
    maSerre.addElement(new Bananier(3,150));
    maSerre.addElement(new Olivier(5,300));
    maSerre.addElement(new Magnolia());

    j=new Jardinier(maSerre);

    j.occupeToiDesPlantes(0,2,1);
    j.occupeToiDesPlantes(3,3,4);
    j.occupeToiDesPlantes(4,0,1);
  }
}
```

```
class Jardinier {
  Vector maSerre;

  public Jardinier(Vector maSerre) {
    this.maSerre = maSerre;
  }
  public void occupeToiDesPlantes(int periode, int lumiere, int humidite) {
    for (int k=0; k<maSerre.size();k++) {
      Vegetal v = (Vegetal)maSerre.elementAt(k);
      v.jeGrandis(lumiere,humidite,periode);
    }
  }
}
abstract class Vegetal {
  protected int age;
  private int hauteur;
  private int etat;
  protected static String[] humidite=   {   "je me desseche !",
                                             "plus d'eau", "ok pour l'eau",
                                             "Mes racines pourrissent",
                                             "blou bloup"
                                         };
  protected static String[] lumiere=    {   "more light please",
                                             "lumosite parfaite",
                                             "je suis aveuglee",
                                             "je crame!!"
                                         };
  public Vegetal(int a, int h) {
    age = a;
    hauteur = h;
  }
  abstract public void jeGrandis(int lumiere, int humidite, int periode);
}
abstract class Fruitier extends Vegetal {
  Fruitier(int a, int h) {
    super(a,h);
  }
  public void jeDonneDesFruits() {
    System.out.println(" .... et je donne des fruits");
  }
}
class Bananier extends Vegetal {
  Bananier (int a, int h) {
    super(a,h);
  }
  public void jeDonneDesFruits() {
    System.out.println(" .... et je donne de bonnes bananes");
  }
  public void jeGrandis(int l, int h, int periode) {
    System.out.println("le bananier dit: ");
    if (l>1) l=1;
```

```
      System.out.println(lumiere[l]+" ");
      System.out.println(humidite[h]);
      if (periode==3 && age>3 && age>10) jeDonneDesFruits();
      age++;
   }
}
class Olivier extends Fruitier {
   Olivier(int a, int h) {
      super(a,h);
   }
   public void jeGrandis(int l, int h, int periode) {
      System.out.println("l'olivier dit: ");
      if (l>1) l=1;
      System.out.println(lumiere[l]+" ");
      System.out.println(humidite[h]);
      if (periode==1 && age>3 && age>10) jeDonneDesFruits();
      age++;
   }
}
abstract class Plante extends Vegetal {
   Plante(int a, int h) {
      super(a,h);
   }
   public void jeDonneDesFleurs() {
      System.out.println("je donne des jolies fleurs");
   }
}
class Magnolia extends Plante {
   Magnolia() {
      super(0,0);
   }
   Magnolia(int a, int h) {
      super(a,h);
   }
   public void jeGrandis(int l, int h, int periode) {
      System.out.println("le magnolia dit: ");
      System.out.println(lumiere[l]+" ");
      System.out.println(humidite[h]);
      if (periode==1 && age>1 && age>6) jeDonneDesFleurs();
      age++;
   }
   public void jeDonneDesFleurs() {
      System.out.println("Les Magnolias fleurissent");
   }
}
```

Exercice 13.10

Retrouvez ce qu'écrirait à l'écran le code C++ suivant. Dessinez également le diagramme de classes UML correspondant.

```
#include <iostream>
using namespace std;

class Instrument {
  public:
    Instrument() {}
    virtual void joue() = 0;
};
class Guitare : public Instrument {
  public:
    void joue() {
      cout << "je fais ding ding" << endl;
    }
};
class Trompette : public Instrument {
  public:
    void joue() {
      cout << "je fais pouet pouet" << endl;
    }
};
class Tambour : public Instrument {
  public:
    void joue() {
      cout << "je fais badaboum" << endl;
    }
};
class Musicien {
  private:
    Instrument* monInstrument;
  public:
    Musicien(Instrument *monInstrument) {
      this->monInstrument = monInstrument;
    }
    void joue() {
      monInstrument->joue();
    }
};
class Orchestre {
  private:
    Musicien *lesMusiciens[3];
    int nombreMusicien;
  public:
    Orchestre(Musicien* lesMusiciens[3]) {
      for (int i=0; i<3; i++) {
        this->lesMusiciens[i] = lesMusiciens[i];
      }
    }
    void joue() {
      for (int i=0; i<3; i++) {
        lesMusiciens[i]->joue();
      }
    }
```

```
};
int main() {
  Instrument* lesInstruments[10];
  Musicien* lesMusiciens[8];

  lesInstruments[0]  = new Guitare();
  lesInstruments[1]  = new Guitare();
  lesInstruments[2]  = new Trompette();
  lesInstruments[3]  = new Trompette();
  lesInstruments[4]  = new Guitare();
  lesInstruments[5]  = new Tambour();
  lesInstruments[6]  = new Tambour();
  lesInstruments[7]  = new Tambour();
  lesInstruments[8]  = new Trompette();
  lesInstruments[9]  = new Guitare();
  lesMusiciens[0]    = new Musicien(lesInstruments[2]);
  lesMusiciens[1]    = new Musicien(lesInstruments[5]);
  lesMusiciens[2]    = new Musicien(lesInstruments[0]);
  lesMusiciens[3]    = new Musicien(lesInstruments[9]);
  lesMusiciens[4]    = new Musicien(lesInstruments[9]);
  lesMusiciens[5]    = new Musicien(lesInstruments[4]);
  lesMusiciens[6]    = new Musicien(lesInstruments[2]);
  lesMusiciens[7]    = new Musicien(lesInstruments[1]);

  Musicien* lesMusiciensDOrchestre[3];
  lesMusiciensDOrchestre[0] = lesMusiciens[2];
  lesMusiciensDOrchestre[1] = lesMusiciens[5];
  lesMusiciensDOrchestre[2] = lesMusiciens[3];

  Orchestre *unOrchestre    = new Orchestre(lesMusiciensDOrchestre);
  unOrchestre->joue();

  return 0;
}
```

Exercice 13.11

Corrigez les classes A et B pour que le code compile et que son exécution affiche à l'écran : « 1, 2, trois, quatre ». Expliquez et corrigez les erreurs à même le code.

```
abstract class A extends Object {
    private int a,b ;
    private String c ;

    public A(int a,int b, String c) {
        super() ;
        this.a=a ;
        this.b=b ;
        this.c=c ;
    }
```

```
    public abstract void decrisToi() ;

}


class B extends A {
    private String d ;

    public B(int a, int b, String c, String d) {
        this.a=a ;
        this.b=b ;
        this.c=c ;
        this.d=d ;
    }
}
public class Correction1 {
    public static void main(String[] args) {

        B b=new B(1,2,"trois","quatre") ;
        b.decrisToi() ;
    }
}
```

Exercice 13.12

Dans le code C++ qui suit, seuls la classe C et le main contiennent des erreurs. Supprimez-les sans altérer les fonctionnalités du code et indiquez ce que ce dernier écrirait dans sa version correcte.

```
#include <iostream>
using namespace std;

class A {
    private:
        int a ;

    public:
        A(int a) {
            this->a=a ;
        }
        int getA() {
            return a ;
        }

        virtual void action(){
            cout << "je travaille" << endl ;
        }
        virtual void actionA() = 0 ;
        void actionA2() {
            cout << "je travaille pour A et A" << endl ;
```

```
        }
} ;

class B : A {
    private:
        int a,b ;

    public:
        B(int a, int b): A(a) {
            this->a=a ;
            this->b = b ;
        }

        void action(){
            actionA() ;
            cout << "je ne travaille pas" << endl ;
        }
            virtual void actionA(){
            cout << "je travaille pour A" << endl ;
        }
        void actionA2() {
            cout << "je travaille pour A et A" << endl ;
        }
} ;

class C : public A,B {
    public:
        C(int a, int b):A(a),B(a,b)
        {}

        void action() {
            cout << getA() << "je travaille pour C"<<endl ;
        }

        void actionA(){
            cout << "je travaille pour C" << endl ;
        }
} ;

int main()
{
        A *a = new A(1) ;
        A *c1 = new C(1,2) ;
        B c2 ;
        c1->action() ;
        c2.action() ;
        return 0 ;
}
```

14

Clonage, comparaison et affectation d'objets

Ce chapitre aide à comprendre comment l'installation en mémoire des objets et la définition de leurs relations aux autres objets sont déterminantes lors de leur clonage, de leur comparaison deux à deux et de l'affectation de l'un d'entre eux à un autre. Ces processus se réalisent par l'entremise de la super-superclasse Object en Java, Python et C#. Ils sont un peu différents en C++ et PHP.

CANDIDUS —*Jusqu'à quel point peut-on manipuler un objet comme s'il s'agissait d'une simple valeur primitive ?*

DOCTUS — *La structure d'un objet étant plus complexe, tu devras décider ce qui pourra déterminer que deux objets sont égaux. Il s'agit de bien choisir les attributs à considérer pour évaluer l'équivalence de deux objets.*

CAND. —*Je vois : mais pourquoi ne pas les prendre tous ?*

DOC. — *Et que feras-tu en présence de deux objets composites ? Te suffira-t-il que deux voitures possèdent un moteur et quatre roues pour les déclarer égales ? Néanmoins, ils savent se cloner ; ils héritent ça de leur grand-mère ! Tu devras juste leur indiquer ce que tu considères équivalent pour guider leur duplication. Mais attention ! lorsque tu copieras un objet, il te faudra distinguer parfaitement la copie, la représentation de cet objet en mémoire étant différente d'un langage à l'autre.*

Introduction à la classe Object

Le sommet de la hiérarchie, la classe des classes, s'appelle en Java la classe `Object`. Notez qu'il existe également une classe `class` en Java, dont les objets sont en fait les classes de tous les objets. Insensé, non ?

Toutes les classes, quelles qu'elles soient, les vôtres comme celles de Java, héritent de la classe `Object`. En C#, non seulement toutes les classes, mais également toutes les structures, héritent de la classe `Object`. Les concepteurs de Python la trouve également suprême, mais pas au point de lui décerner la majuscule (tous ces langages différencient bien évidemment minuscules et majuscules) et cette superclasse a pour petit nom `object`. Elle n'existe ni en C++ ni en PHP.

Une classe à compétence universelle

Vous utiliserez une telle classe comme argument ou type de retour d'une méthode que vous souhaitez à compétence universelle (pouvant s'opérer sur toute sorte d'objet), méthode que vous pourrez par la suite spécialiser selon le type d'objet en question. Cette classe `Object` est donc, le plus souvent, candidate à une utilisation de type « universelle ». Utilisez-la quand vous concevez un type de structure particulière, qui concerne tous les objets sans distinction de classe, comme une liste liée ou un tableau extensible.

En Java et C#, de nombreuses classes `collections` font largement usage de la classe `Object`. Les exemples les plus connus en sont les classes `Vector` et `ArrayList`, tableaux extensibles qui peuvent contenir un nombre indéterminé d'objets de toute classe. Par exemple, les méthodes de `Vector` les plus usitées sont `addElement(Object unObjet)`, qui ajoute n'importe quel type d'objet à la fin de ce `Vector`, et `Object elementAt(int i)`, qui renvoie l'objet positionné à la « énième position » du `Vector`.

Comme vous le voyez, c'est bien le type `Object` que l'on retrouve dans la définition de ces méthodes. C'est normal, car rien dans la fonctionnalité de ce `Vector` n'exige de connaître le type particulier de ce qui y est contenu. Un `Vector` étant généralement composé d'objets de classe quelconque, l'utilisation de la méthode `elementAt(int i)` est presque toujours accompagnée d'un casting, afin de récupérer les caractéristiques propres à l'objet extrait. Un exemple d'utilisation de la classe `Vector` est donné ci-après. Nous y découvrons également pourquoi et comment la possibilité de typer ces collections (depuis les plus récentes versions de Java et de .Net) évite l'utilisation du casting. Comme nous le verrons aussi, les objets se nomment et se clonent tous, mais tous peuvent le faire d'une manière qui leur est particulière.

Code Java illustrant l'utilisation de la classe Vector et innovation de Java 5

```
import java.util.*;
class O1 {
  public void jeTravaillePourO1() {
    System.out.println("Salut, je travaille pour O1");
  }
}
```

```
class O2 {
  public void jeTravaillePourO2() {
    System.out.println("Salut, je travaille pour O2");
  }
}
public class TestVector {
  public static void main(String[] args) {
    Vector unVecteur = new Vector() ; /* depuis la cinquième version de Java,
                                         vous pouvez créer :
    Vector<O1> unVecteur = new Vector<O1> */
    unVecteur.addElement(new O2());
    if (unVecteur.elementAt(0) instanceof O1)
      ((O1)unVecteur.elementAt(0)).jeTravaillePourO1(); /* il faut caster pour récupérer
        le bon type, mais plus dans les versions récentes du langage */
    if (unVecteur.elementAt(1) instanceof O2)
      ((O2)unVecteur.elementAt(1)).jeTravaillePourO2();
  }
}
```

Résultat

```
Salut, je travaille pour O1
Salut, je travaille pour O2
```

Nouvelle version du code

```
import java.util.*;
class O1 {
  public void jeTravaillePourO1() {
    System.out.println("Salut, je travaille pour O1");
  }
}
class O2 {
  public void jeTravaillePourO2() {
    System.out.println("Salut, je travaille pour O2");
  }
}
public class TestVector2 {
  public static void main(String[] args) {
    Vector<O1> unVecteur = new Vector<O1>(); // depuis le nouveau Java
    unVecteur.add(new O1());
    // « unVecteur.add(new O2()); » n'est plus possible
    unVecteur.elementAt(0).jeTravaillePourO1(); // Plus besoin de caster !!!!
  }
}
```

Bien sûr, s'il n'est plus besoin de caster, il devient impossible d'utiliser ce même vecteur pour des objets de types différents (sauf si issus d'une même superclasse). Dans notre exemple, il n'est plus possible d'insérer des objets des classes O1 et O2 dans le même Vector.

Dans le chapitre 21, nous expliquerons comment l'introduction des génériques en Java (tout comme en C#) a rendu possible ce typage des Vector selon le type des objets que l'on veut y installer.

Décortiquons la classe Object

Voici maintenant la classe Object, telle qu'elle est spécifiée par Sun/Oracle. Onze méthodes y sont prédéfinies, représentatives de la compétence universelle de chaque objet en Java.

```java
public class Object {
  private static native void registerNatives();
  static {
    registerNatives();
  }
  public final native Class getClass();
  public native int hashCode();
  public boolean equals(Object obj) {
    return (this == obj);
  }
  protected native Object clone() throws CloneNotSupportedException;
  public String toString() {
    return getClass().getName() + "@" +  Integer.toHexString(hashCode());
  }
  public final native void notify();
  public final native void notifyAll();
  public final native void wait(long timeout) throws InterruptedException;
  public final void wait(long timeout, int nanos) throws InterruptedException {
    if (timeout < 0)
      throw new IllegalArgumentException("timeout value is negative");
    if (nanos < 0 || nanos > 999999)
      throw new IllegalArgumentException(
          "nanosecond timeout value out of range");
    if (nanos >= 500000 || (nanos != 0 && timeout == 0))
      timeout++;
    wait(timeout);
  }
  public final void wait() throws InterruptedException {
    wait(0);
  }
  protected void finalize() throws Throwable { }
}
```

Décrire chacune de ces méthodes dépasserait largement le cadre de ce voyage initiatique dans le monde de l'OO ; nous devrions rentrer trop profondément dans des arcanes syntaxiques propres à Java. Ainsi, la présence du mot native dans la déclaration des méthodes signale que celles-ci sont écrites dans un autre langage de programmation, pour des raisons d'optimisation ou de proximité intime avec le fonctionnement du processeur, généralement C ou C++. Aucune instruction n'est donc présente et la version exécutable de la méthode est déjà pré-installée dans la machine virtuelle

Java, dédiée à la plate-forme que vous utilisez. De même, les méthodes notify et wait jouent un rôle clé lors de la mise en pratique du multithreading, que nous exposerons au chapitre 17.

Notez finalement (et nous l'illustrerons par la suite) que les deux méthodes dont l'encapsulation est du type controversé protected sont précisément celles qui sont les plus susceptibles de subir une redéfinition dans les sous-classes, redéfinition faisant appel à la version d'origine (d'où le protected). En cela, elles font partie de la SPM (Société pour la Protection des Méthodes).

Penchons-nous plutôt sur ces méthodes qui aident à la compréhension des mécanismes OO, car il est intéressant de voir ce que les brillants ingénieurs de Sun/Oracle considèrent comme étant des méthodes à caractère universel, susceptibles d'être exécutées sur tous les objets informatiques qui peuplent notre galaxie. La preuve en est que certaines de ces méthodes se retrouvent, au nom près, dans la classe Object du langage C#. Nous les indiquons ci-après :

```
public static bool Equals (Object objA , Object objB)
public virtual bool Equals (Object obj)
public virtual int GetHashCode ()
public Type GetType()
public static bool ReferenceEquals(Object objA, Object objB)
public virtual string ToString()
protected object MemberwiseClone()
```

Nous avons déjà évoqué la méthode ToString(), grâce à laquelle l'objet se présente tout en nous renseignant sur sa classe. Des méthodes comme GetType() en C# et GetClass() en Java donnent également un semblant d'introspection où l'objet lui-même peut informer celui qui le manipule sur la nature de sa classe et, par là même, fournir toutes les informations désirées sur les méthodes ou les attributs qui caractérisent cette classe. Ainsi, il est possible de créer un nouvel objet unAutreO à partir d'un objet existant, unO, au moyen de la simple instruction :

```
Object unAutreO = unO.getClass().newInstance(); // En Java
```

La classe object en Python dont, au contraire de Java et C#, il faut explicitement hériter si l'on souhaite récupérer certaines fonctionnalités, se caractérise également par un ensemble de méthodes à compétence universelle comme __init__ pour construire n'importe quel objet et __new__ pour le construire à partir d'un objet existant. Nous avons déjà vu la méthode __str__ qui nous renseigne à l'exécution sur le typage dynamique de l'objet. Toute sous-classe de object peut redéfinir ces méthodes.

Revenons à la classe Object de Java et surtout à deux méthodes universelles qui nous intéressent plus particulièrement ; tout d'abord, la méthode equals(Object o), qui sert à tester l'égalité de deux objets. Elle est appelée sur le premier objet, en Java, afin de le comparer au second. Elle peut être appelée de la même manière en C#, ou en lui passant en argument les deux objets à comparer (dans ce dernier cas, elle devient légitimement static). La seconde méthode est clone() qui, en Java, sert à dupliquer un objet. Par les petits codes suivants, nous allons illustrer au mieux le fonctionnement de ces deux méthodes. Notre compréhension des problèmes de stockage et d'organisation en mémoire tas des objets devrait s'en trouver améliorée. Nous allons étudier en premier lieu la méthode equals(Object o).

Test d'égalité de deux objets

Code Java pour expérimenter la méthode equals(Object o)

Dans le premier programme qui suit, nous codons nos habituelles classes O1 et O2. La classe O2 possède juste un attribut entier, alors que la classe O1 possède en plus un attribut de type référent vers O2. Nous créons ensuite trois objets O2 et deux objets O1 dont nous testerons l'égalité. Dans un premier temps, plusieurs instructions seront mises en commentaire afin de les désactiver.

```java
class O1{
  private int unAttributO1;
  private O2 lienO2;

  public O1(int unAttributO1, O2 lienO2){
    this.unAttributO1 = unAttributO1;
    this.lienO2 = lienO2;
  }

  @Override
  public boolean equals(Object unObjet) /* la méthode qui nous intéresse,
                                     d'abord désactivée puis activée */ {
    if (this == unObjet) {
      return true; /* renvoie true si les objets sont les mêmes */
    }
    else {
      if (unObjet instanceof O1) {
        O1 unAutreO1 = (O1)unObjet; /* effectue un casting */
        if ((unAttributO1 == unAutreO1.unAttributO1)
            &&(lienO2.getAttribut() == unAutreO1.lienO2.getAttribut())){
          return true;
        }
        else{
          return false;
        }
      }
    }
    return false;
  }
}

class O2{
  private int unAttributO2;

  public O2(int unAttributO2){
    this.unAttributO2 = unAttributO2;
  }
  public int getAttribut(){
    return unAttributO2;
  }
}
```

```
/*
  @Override
  public boolean equals(Object unObjet) {
    if (this == unObjet) {
      return true;
    }
    else {
      if (unObjet instanceof O2) {
        O2 unAutreO2 = (O2)unObjet;
        if (unAttributO2 == unAutreO2.unAttributO2)
          return true;
        else
          return false;
      }
    }
    return false;
  }
*/
}

public class CloneEqual{
  public static void main(String[] args){
    O2 unO2 = new O2(5);
    O2 unAutreO2 = new O2(5);
    O2 unTroisièmeO2 = new O2(10);
    unTroisièmeO2 = unO2;
    O1 unO1 = new O1(10, unO2);
    O1 unAutreO1 = new O1(10, unAutreO2);

    if (unO2 == unAutreO2) /* teste l'égalité des référents */
      System.out.println("unO2 et unAutreO2 ont la même référence");
    if (unO2.equals(unAutreO2)) /* sans redéfinition, teste l'égalité des référents,
                                   avec redéfinition teste l'égalité des états */
      System.out.println("unO2 et unAutreO2 ont le même état") ;
    if (unO2 == unTroisièmeO2)
      System.out.println("unO2 et unTroisièmeO2 ont la même référence");
    if (unO2.equals(unTroisièmeO2))
      System.out.println("unO2 et unTroisièmeO2 ont le même état");
    if (unO1 == unAutreO1)
      System.out.println("unO1 et unAutreO1 ont la même référence");
    if (unO1.equals(unAutreO1))
      System.out.println("unO1 et unAutreO1 ont le même état");
  }
}
```

Nous avons, dans un premier temps, désactivé la redéfinition de la méthode equals dans les classes O1 et O2. Voici le résultat du code, en l'absence de cette redéfinition :

Résultat

```
unO2 et unTroisièmeO2 ont la même référence
unO2 et unTroisièmeO2 ont le même état
```

Au vu de ce résultat, on comprend le mode de fonctionnement par défaut de la méthode equals(), celle qui est héritée de la classe Object. Sans redéfinition, cette méthode se comporte exactement comme le double « = », opération d'égalité logique venant du C++ (à ne pas confondre avec le simple « = », qui est l'opération d'affectation). Par défaut, l'égalité porte sur les référents, c'est-à-dire les adresses des objets. Il est clair que si les référents sont égaux, on sait qu'ils pointent vers un même objet et donc l'égalité est tout à fait vérifiée. Ce test d'égalité des référents est précieux quand la complexité du programme devient telle qu'il est nécessaire, à certaines étapes du code, de vérifier que deux référents continuent à pointer vers un même objet. Cela se produit très souvent quand les référents sont perdus dans d'immenses vecteurs ou tableaux.

Ce que l'on aimerait pourtant, comme illustré dans la figure qui suit, c'est élargir cette égalité aux objets qui, bien qu'installés dans des zones mémoire différentes, possèdent un même état, c'est-à-dire des attributs ayant la même valeur. Lorsque le programme écrit « unO2 et unTroisièmeO2 ont le même état », il a raison, mais cela n'apprend rien puisqu'il s'agit du même objet en mémoire. Or, deux objets d'une même classe et caractérisés par un même état pourraient légitimement être considérés comme égaux, où qu'ils se trouvent dans la mémoire.

Vous pourriez, dès lors, conserver le double « = » pour le test d'égalité des référents et redéfinir la méthode equals() pour le test d'égalité des états. Car c'est parce que Java sait que vous aurez tôt ou tard besoin ou envie de redéfinir cette nouvelle procédure de comparaison qu'il a créé et installé la méthode equals() dans la classe des classes, méthode qui ne demande qu'à être redéfinie, comme suit :

```
public boolean equals(Object unObjet) {
  if (this == unObjet) {
    return true;
  }
  else {
    if (unObjet instanceof O2) {
      O2 unAutreO2 = (O2)unObjet;
      if (unAttributO2 == unAutreO2.unAttributO2)
        return true;
      else
        return false;
    }
  }
  return false;
}
```

D'abord, on teste s'il s'agit oui ou non du même objet. Si ce n'est pas le cas, on teste si ces deux objets sont bien issus de la même classe. Enfin, dans le cas positif, on compare les valeurs des attributs deux à deux.

Figure 14–1
Différence entre l'égalité des
référents et l'égalité des états

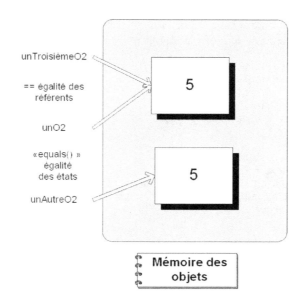

Cette redéfinition des deux méthodes equals() dans les deux classes était déjà présente en commentaire. Si vous supprimez les marques de commentaire et ré-exécutez le programme vous obtenez :

Résultat

```
unO2 et unAutreO2 ont le même état
unO2 et unTroisièmeO2 ont la même référence
unO2 et unTroisièmeO2 ont le même état
unO1 et unAutreO1 ont le même état
```

Égalité en profondeur

On s'aperçoit que, bien qu'unO2 et unAutreO2 ne représentent plus physiquement le même objet, ils sont malgré tout déclarés comme égaux car ils partagent les mêmes valeurs d'attributs. Quitte à redéfinir la méthode equals(), il est important de la redéfinir le plus « profondément » possible. En effet, deux objets seront égaux si, avant tout, ils possèdent les mêmes valeurs d'attributs. Cependant, comme vous le montre l'exemple de la classe O1 et la figure qui suit, il faut que les objets qu'ils référencent par leur attribut de type « référent », possèdent eux aussi les mêmes valeurs d'attributs, et ainsi de suite, de référents en référents. Cette procédure de comparaison doit donc s'effectuer récursivement, en suivant le fil rouge des référents et en parcourant tout le réseau relationnel des objets.

Il ne faut pas seulement que les attributs soient égaux au premier niveau, il faut également que les objets vers lesquels pointent les attributs référents soient eux-mêmes égaux. La redéfinition de la méthode equals() dans le code de la classe O1 illustre ce mécanisme de comparaison en cascade. Et c'est ainsi que, dans le résultat de l'exécution du programme, les objets unO1 et unAutreO1 sont également déclarés égaux. Parler de récursivité est parfaitement adéquat, car une manière plus élégante et vraiment récursive de redéfinir la méthode equals dans la classe O1 aurait été :

```
public boolean equals(Object unObjet) /*la méthode qui nous intéresse, d'abord
désactivée
   puis activée*/{
   if (this == unObjet) {
     return true;   //renvoie true si les objets sont les mêmes
   }
   else {
     if (unObjet instanceof O1) {
       O1 unAutreO1 = (O1)unObjet;   //effectue un casting
       if ((unAttributO1 == unAutreO1.unAttributO1)
           &&(lienO2.equals(unAutreO1.lienO2))){ // appel vraiment récursif de "equals"
         return true;
       }
       else{
         return false;
       }
     }
   }
   return false;
```

Les bonnes utilisations et redéfinitions de cette méthode sont conditionnées par une compréhension adéquate des modes d'adressage et de stockage des objets en mémoire. Il en va de même de la méthode clone(), qui duplique un objet et que nous illustrons en enrichissant le code précédent par la possibilité de cloner les objets O1 et O2.

Figure 14–2
Pour que deux objets soient égaux, il faut non seulement que leurs attributs soient égaux, mais que les objets vers lesquels ils pointent soient égaux également.

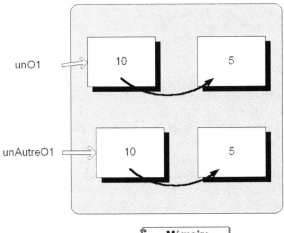

Le clonage d'objets

Code Java pour expérimenter la méthode clone()

```java
class O1 implements Cloneable { /* implémenter l'interface Cloneable */
  private int unAttribut01;
  private O2 lien02; /* l'attribut référent */

  public O1(int unAttribut01, O2 lien02) {
    this.unAttribut01 = unAttribut01;
    this.lien02 = lien02;
  }
  public void donneAttribut() {
    System.out.println("valeur attribut = " + unAttribut01);
  }
  public O2 getO2() {
    return lien02;
  }

  @Override
  public boolean equals(Object unObjet) {
    if (this == unObjet) {
      return true;
    }
    else {
      if (unObjet instanceof O1) {
        O1 unAutre01 = (O1)unObjet;
        if ((unAttribut01 == unAutre01.unAttribut01)
            &&(lien02.getAttribut()== unAutre01.lien02.getAttribut())) {
          return true;
        }
        else {
          return false;
        }
      }
    }
    return false;
  }

  @Override
  public Object clone() throws CloneNotSupportedException { /* la méthode clone */
    O1 unNouveau01     = (O1)super.clone() ; /* copie superficielle et rappel de la
version d'origine */
    unNouveau01.lien02 = (O2)lien02.clone(); /* copie en profondeur */
    return unNouveau01;
  }
}
class O2 implements Cloneable {
  private int unAttribut02;
```

```
    public O2(int unAttributO2) {
      this.unAttributO2 = unAttributO2;
    }
    public int getAttribut() {
      return unAttributO2;
    }
    public void setAttribut(int unAttributO2) {
      this.unAttributO2 = unAttributO2 ;
    }

    @Override
    public boolean equals(Object unObjet) {
      if (this == unObjet) {
        return true;
      }
      else {
        if (unObjet instanceof O2) {
          O2 unAutreO2 = (O2)unObjet;
          if (unAttributO2 == unAutreO2.unAttributO2)
            return true;
          else
            return false;
        }
      }
      return false;
    }

    @Override
    public Object clone() throws CloneNotSupportedException { /* la méthode clone */
      return super.clone();
    }
}
public class CloneEqual {
  public static void main(String[] args) {
    /*   Test de la méthode equals()    */
    O2 unO2 = new O2(5);
    O2 unAutreO2 = new O2(5);
    O2 unTroisiemeO2 = new O2(10) ;
    O1 unO1 = new O1(10, unO2);
    O1 unAutreO1 = new O1(10, unAutreO2);

    if (unO2 == unAutreO2)
      System.out.println("unO2 et unAutreO2 ont la même référence");
    if (unO2.equals(unAutreO2))
      System.out.println("unO2 et unAutreO2 ont le même état");
    if (unO2 == unTroisiemeO2)
      System.out.println("unO2 et unTroisiemeO2 ont la même référence") ;
    if (unO2.equals(unTroisiemeO2))
      System.out.println("unO2 et unTroisiemeO2 ont le même état ")   ;
    if (unO1 == unAutreO1)
      System.out.println("unO1 et unAutreO1 ont la même référence");
    if (unO1.equals(unAutreO1))
      System.out.println("unO1 et unAutreO1 ont le même état");
```

```
    /* Test de la méthode Clone */
    O2 unQuatriemeO2 = null ;
    try {
      unQuatriemeO2 = (O2)unTroisiemeO2.clone() ; /* clonage */
    } catch(Exception e) {}

    /* vérification de l'égalite de " unTroisiemeO2 " et " unQuatriemeO2 " */
    System.out.println(unTroisiemeO2.getAttribut() + " = ? "
                        + unQuatriemeO2.getAttribut()) ;
    O1 unTroisiemeO1 = null ;
    try {
      unTroisiemeO1 = (O1)unAutreO1.clone() ;
    } catch(Exception e) {}

    if (unO1.equals(unTroisiemeO1))
      System.out.println("unO1 et unTroisiemeO1 ont le même état") ;
    unTroisiemeO1.getO2().setAttribut(7) ;

    /* on modifie l'état de l'objet unTroisiemeO1 et on vérifie que cela n'affecte pas
l'objet unO1 */
    if (unO1.equals(unTroisiemeO1))
      System.out.println("unO1 et unTroisiemeO1 ont le même état") ;
    else
      System.out.println("unO1 et unTroisiemeO1 n'ont pas le même état") ;
  }
}
```

Résultat

```
unO2 et unAutreO2 ont le même état
unO1 et unAutreO1 ont le même état
10 = ? 10
unO1 et unTroisiemeO1 ont le même état
unO1 et unTroisiemeO1 n'ont pas le même état
```

Java nécessite quelques additions syntaxiques pour pouvoir cloner un objet. Par l'implémentation d'une interface particulière (le chapitre 15 sera entièrement consacré à l'implémentation d'interfaces), il faut d'abord déclarer que les deux classes O1 et O2 peuvent être clonées. Cette addition est une simple étiquette apposée aux deux classes, nécessaire lors de l'exécution du clonage, réalisée par une méthode native en Java, donc susceptible de poser problème. En effet, le clonage pouvant échouer et, comme vous le constatez dans la signature de la méthode clone(), lever une exception, Java vous oblige à prévoir et gérer cette exception. Une fois ces additions effectuées, l'appel de la méthode clone() de la classe Object a pour effet de créer une copie de l'objet, attribut par attribut.

Comme le résultat du code l'indique, cela ne pose aucun problème pour la classe O2, car il suffit de dupliquer la valeur du seul attribut qu'elle possède et de l'installer dans le clone. La redéfinition de clone() dans la classe O2 se limite, de fait, à rappeler la version de la classe Object. Cependant, comme cette méthode a un accès protected dans la classe Object, vous êtes forcés de la redéfinir en la déclarant public dans la classe O2 pour pouvoir l'utiliser (souvenez-vous que l'encapsulation ne peut que s'affaiblir en restriction, lors d'une redéfinition des méthodes dans les sous-classes). La présence de ce `protected` est de nouveau une incitation de Java à maîtriser au mieux l'utilisation du clonage par un rappel de la méthode d'origine. En effet, en matière de clonage, vous n'êtes pas à l'abri d'une surprise et vous pourriez vous retrouver avec un petit objet aussi inattendu que Doly...

Surprise il peut en effet y avoir, car la situation est de nouveau plus délicate pour `01`, étant donné que deux solutions s'offrent à vous, comme l'illustre la figure suivante. Soit vous optez pour une copie superficielle de tous les attributs de l'objet `01` dans un nouvel objet, appelé dans le code `unTroisieme01`. Dans ce cas, et en ce qui concerne l'attribut de `01` référent vers l'objet `02`, le nouvel objet `01`, clone du premier, partagera la valeur de cet attribut et, simplement, se mettra également à référencer le même objet `02`. Toutefois, il peut sembler préférable qu'à l'instar du clonage de l'objet `01`, vous cloniez également tous les attributs référencés par cet objet.

De nouveau, le clonage pourrait se propager récursivement de référent à référent, de manière à reproduire, à partir d'un premier objet, tout le réseau relationnel dans lequel il s'inscrit. C'est l'option prise par le code ici, qui ajoute comme attribut référent du nouvel objet `01`, un clone de cet attribut. De manière à illustrer ce mécanisme de clonage en profondeur, à la fin du programme on modifie l'attribut de l'objet `02` pointé vers l'objet `unTroisième01`. Si l'objet `02` était pointé deux fois par les deux objets `01`, le résultat du test de comparaison serait différent. Il y a donc bien deux objets `01` et deux objets `02` distincts.

Figure 14–3
Différence entre clonage
en superficie et clonage
en profondeur

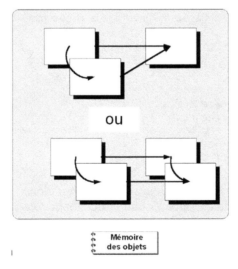

Comme nous l'avions déjà constaté lors de l'étude de la méthode `equals()`, et à nouveau ici pour le clonage, il y a plusieurs options dans la manipulation des objets, selon que l'on entraîne dans ces mêmes manipulations les objets référencés ou pas. Ces deux méthodes `equals` et `clone` peuvent se prêter semblablement à une redéfinition récursive. Il sera toujours indispensable de maîtriser les conséquences que ces choix entraînent, bien que Java et C# (qui, dans les opérations que nous avons effectuées ici, lui ressemble comme deux gouttes d'eau) vous forcent la main et vous épaulent largement pendant ces manipulations. Ainsi, le « ramasse-miettes » pourra vous débarrasser d'objets maladroitement créés lors de ces manipulations.

Égalité et clonage d'objets en Python

Code Python pour expérimenter l'égalité et le clonage

Dans le code Python qui suit, la pratique de l'égalité d'objets est singulière et passe forcément par l'utilisation de l'opérateur ==. Toutefois, c'est à vous de décider quel type d'égalité vous choisissez de réaliser et cela pour chaque classe. Cela se fait par la définition de la méthode __eq__, qui sera automatiquement et implicitement appelée dans l'exécution du code dès que l'opération == entre deux objets est rencontrée. Il en va de même pour les méthodes __ge__, __gt__, __le__, __lt__ et __ne__, automatiquement appelées dès que sont rencontrés respectivement les opérateurs : >=, >, <=, < et !=.

Dans ce code, nous avons décidé de réaliser la version de « l'égalité d'état en profondeur ». En l'absence de définition de la méthode __eq__, la version par défaut est, comme en Java, celle de l'égalité des référents. En revanche, aucune fonctionnalité ne vous mâche la besogne pour le clonage d'objets et nous nous sommes limités à définir de toutes pièces une méthode clone (uniquement dans la classe O2), qui renvoie une nouvelle instance avec l'attribut de l'instance que l'on choisit de cloner.

```python
class O1:

    def __init__(self,unAttribut01,lien02):
        self.__unAttribut01 = unAttribut01
        self.__lien02 = lien02

    def __eq__(self, unObjet):
        if isinstance(unObjet,O1) :
            if (self.__unAttribut01 == unObjet.__unAttribut01 and
                self.__lien02.getAttribut() == unObjet.__lien02.getAttribut()):
                return True
            else:
                return False
        else:
          return False


class O2:

    def __init__(self,unAttribut02):
        self.__unAttribut02 = unAttribut02

    def __eq__(self, unObjet):
        if isinstance(unObjet,O2):
            if (self.__unAttribut02 == unObjet.__unAttribut02):
                return True
            else:
                return False
        else:
            return False
    def clone(self):
      return O2(self.__unAttribut02)
```

```
    def getAttribut(self):
        return self.__unAttribut02

un02 = 02(5)
unAutre02 = 02(5)
unTroisieme02 = 02(10)
unTroisieme02 = un02
un01 = 01(10, un02)
unAutre01 = 01(10,unAutre02)

if un02 == unAutre02:
    print ("un02 et unAutre02 ont le meme etat")
if un02 == unTroisieme02:
    print ("un02 et unTroisieme02 ont le meme etat")
if un01 == unAutre01:
    print ("un01 et unAutre01 ont le meme etat")

unQuatre02 = un02.clone()
print (unAutre02.getAttribut())
```

Résultats

```
un02 et unAutre02 ont le même état
un02 et unTroisième02 ont le même état
un01 et unAutre01 ont le même état
5
```

Égalité et clonage d'objets en PHP

Code PHP pour expérimenter l'égalité et le clonage

Dans l'esprit, le code PHP qui suit est très proche des précédents mais à nouveau en présence d'une syntaxe considérablement modifiée. Il est tout d'abord nécessaire de différencier l'égalité des référents, assurée avec un === (l'inégalité avec !==) de l'égalité des états des objets (c'est-à-dire des attributs), qui sera par défaut réalisée de manière récursive et en présence d'un == (l'inégalité avec !=). C'est donc bien le nombre de « = » qui fait la différence. En ce qui concerne le clonage, il en existe par défaut une forme implicite (appelé par la syntaxe clone $object) qui recopie les attributs un à un dans le nouvel objet, mais qu'il est possible de redéfinir par une fonction __clone() dans la classe concernée. Si celle-ci existe, c'est elle qui sera appelée lors du clonage de l'objet, comme le code qui suit l'illustre au mieux.

```
<html>
<head>
<title> Clonage et comparaison d'objets </title>
```

```
</head>
<body>
<h1> Clonage et comparaison d'objets </h1>
<br>
<?php
    class O1 {
        private $unAttributO1;
        private $lienO2;
        public function __construct($unAttributO1, $lienO2) {
            $this->unAttributO1 = $unAttributO1;
            $this->lienO2 = $lienO2;
        }
        public function donneAttribut() {
            print ("valeur attribut = $this->unAttributO1 <br> \n");
        }
        public function getO2() {
            return $this->lienO2;
        }
        public function __clone() {
            $this->lienO2 = clone $this->lienO2;
        }
    }
    class O2 {
        private $unAttributO2;
        public function __construct($unAttributO2) {
            $this->unAttributO2 = $unAttributO2;
        }
        public function getAttribut() {
            return $this->unAttributO2;
        }
        public function setAttribut($unAttributO2) {
            $this->unAttributO2 = $unAttributO2;
        }
    }
    $unO2 = new O2(5);
    $unAutreO2 = new O2(5);
    $unTroisiemeO2 = new O2(10);
    $unO1 = new O1(10, $unO2);
    $unAutreO1 = new O1(10, $unAutreO2);
    if ($unO2 === $unAutreO2) {
        print ("unO2 et unAutreO2 ont la même référence<br> \n");
    }
    if ($unO2 == $unAutreO2) {
        print ("unO2 et unAutreO2 ont le même état <br> \n");
    }
    if ($unO2 === $unTroisiemeO2) {
        print ("unO2 et unTroisiemeO2 ont la même référence <br> \n");
    }
    if ($unO2 == $unTroisiemeO2) {
        print ("unO2 et unTroisiemeO2 ont le même état <br> \n");
    }
```

```
    if ($un01 === $unAutre01) {
        print ("un01 et unAutre01 ont la même référence <br> \n");
    }
    if ($un01 == $unAutre01) {
        print ("un01 et unAutre01 ont le même état <br>\n");
    }
    $unQuatrieme02 = clone $unTroisieme02;
    print ($unTroisieme02->getAttribut());
    print ($unQuatrieme02->getAttribut());
    $unTroisieme01 = clone $unAutre01;
    if ($un01 == $unTroisieme01) {
        print ("un01 et unTroisieme01 ont le même état <br>\n");
    }
    $unTroisieme01->get02()->setAttribut(7);
    if ($un01 == $unTroisieme01) {
        print ("un01 et unTroisieme01 ont le même état <br>\n");
    } else {
        print ("un01 et unTroisieme01 n'ont pas le même état <br>\n");
    }
?>
</body>
</html>
```

Toutes les aides présentes dans Java, C#, PHP et Python disparaissent du C++ qui, à nouveau, non seulement vous rend la vie plus compliquée, mais, pire encore, vous juge suffisamment aptes à affronter ces complications. Le test d'égalité des états d'objet et la possibilité de dupliquer des objets sont également présents dans C++. Cependant, ces différentes opérations sont à ce point attachées au mode de stockage des objets qu'il sera nécessaire, dans les codes et les explications qui suivent, d'étudier ce qui se passe en mémoire pile comme en mémoire tas. Le code qui suit s'en trouve considérablement allongé et demande que l'on redouble d'attention par rapport aux versions Java, Python et PHP.

Traitement en surface et en profondeur

Les objets se référant mutuellement en mémoire et y constituant ainsi un graphe connecté, il sera important, dans tout traitement qu'ils subissent, de penser à prolonger ces traitements le long du graphe ou pas, différenciant ainsi un traitement en surface d'un traitement en profondeur.

Égalité, clonage et affectation d'objets en C++

Code C++ illustrant la duplication, la comparaison et l'affectation d'objets

```
class 02 {
  private:
    int unAttribut02;
```

```
  public:
    O2(int unAttributO2) {
      this->unAttributO2 = unAttributO2;
    }
    int getAttribut() {
      return unAttributO2;
    }
    /* constructeur par copie */
/*
    O2(const O2& unO2) {
      unAttributO2 = unO2.unAttributO2;
    }
*/
    O2& operator=(const O2& unO2) { /* surcharge de l'affectation */
      unAttributO2 = unO2.unAttributO2;
      return *this;
    }
    /* déclaration de la surcharge de la comparaison */
/*
    friend bool operator==(const O2& unO2, const O2& unAutreO2);
*/
};
class O1 {
  private:
    int unAttributO1;
    O2* lienO2;
  public:
    O1(int unAttributO1, O2* lienO2){
      this->unAttributO1= unAttributO1;
      this->lienO2      = lienO2;
    }
    void donneAttribut(){
      cout <<"valeur attribut = " << unAttributO1 << endl;
    }
    /* constructeur par copie */
/* O1(const O1& unO1) {
      unAttributO1      = unO1.unAttributO1;
      lienO2            = new O2(*unO1.lienO2);
    }
*/
    O1& operator=(const O1& unO1) { /* surcharge de l'affectation */
      unAttributO1 = unO1.unAttributO1;
      if (lienO2)
        delete lienO2;
      lienO2 = new O2(*unO1.lienO2);
      return *this;
    }
    /* déclaration de la surcharge de l'opérateur de comparaison */
/*
    friend bool operator==(const O1& unO1, const O1& unAutreO1);
*/
};
```

```
    /* redéfinition des opérations de comparaison */
/*
  bool operator==(const O2& unO2, const O2& unAutreO2) {
    if (unO2.unAttributO2 == unAutreO2.unAttributO2)
      return true;
    else return false;
  }
  bool operator==(const O1& unO1, const O1& unAutreO1) {
    if ((unO1.unAttributO1 == unAutreO1.unAttributO1)
        &&
        (unO1.lienO2->getAttribut()== unAutreO1.lienO2->getAttribut())
    )
      return true;
    else
      return false;
  }
*/

int main(int argc, char* argv[]) {
  /* Test de la méthode equals() */
  /* Objets créés dans le tas */
  O2* unO2Tas            = new O2(5);
  O2* unAutreO2Tas       = new O2(5);
  O2* unTroisiemeO2Tas = new O2(10);
  O2* unQuatriemeO2Tas = new O2(10);
  *unTroisiemeO2Tas      = *unO2Tas;
  unQuatriemeO2Tas       = unO2Tas;
  O2* unCinquiemeO2Tas = new O2(*unO2Tas);

  O1* unO1Tas            = new O1(10, unO2Tas);
  O1* unAutreO1Tas       = new O1(10, unAutreO2Tas);
  O1* unTroisiemeO1Tas = new O1(*unAutreO1Tas);
  O1* unQuatriemeO1Tas = new O1(10,unO2Tas);
  *unQuatriemeO1Tas      = *unAutreO1Tas;

  if (unO2Tas            == unAutreO2Tas)
    cout << "unO2Tas et unAutreO2Tas ont la même référence" << endl;
  if (unO2Tas            == unTroisiemeO2Tas)
    cout << "unO2Tas et unTroisiemeO2Tas ont la meme reference" << endl;
  if (unO2Tas            == unQuatriemeO2Tas)
    cout << "unO2Tas et unQuatriemeO2Tas ont la meme reference" << endl;
  if (unO2Tas            == unCinquiemeO2Tas)
    cout << "unO2Tas et unCinquiemeO2Tas ont la meme reference" << endl;
  if (unO1Tas            == unAutreO1Tas)
    cout << "unO1Tas et unAutreO1Tas ont la même référence" << endl;
  if (unAutreO1Tas       == unTroisiemeO1Tas)
    cout << "unO1AutreTas et unTroisièmeO1Tas ont la même référence" << endl;
  if (unAutreO1Tas       == unQuatriemeO1Tas)
    cout << "unO1AutreTas et unQuatriemeO1Tas ont la même référence" << endl;
  if (*unO2Tas           == *unAutreO2Tas)
    cout << "unO2Tas et unAutreO2Tas ont le meme etat" << endl;
```

```
if (*unO2Tas         == *unTroisiemeO2Tas)
  cout << "unO2Tas et unTroisiemeO2Tas ont le meme etat" << endl;
if (*unO2Tas         == *unQuatriemeO2Tas)
  cout << "unO2Tas et unQuatriemeO2Tas ont le meme etat" << endl;
if (*unO2Tas         == *unCinquiemeO2Tas)
  cout << "unO2Tas et unCinquiemeO2Tas ont le meme etat" << endl;
if (*unO1Tas         == *unAutreO1Tas)
  cout << "unO1Tas et unAutreO1Tas ont le meme etat" << endl;
if (*unAutreO1Tas    == *unTroisiemeO1Tas)
  cout << "unAutreO1Tas et unTroisiemeO1Tas ont le meme etat" << endl;
if (*unAutreO1Tas    == *unQuatriemeO1Tas)
  cout << "unAutreO1Tas et unQuatriemeO1Tas ont le meme etat" << endl;

/* Objets créés dans la pile */
O2 unO2Pile          = O2(5);
O2 unAutreO2Pile     = O2(5);
O2 unTroisiemeO2Pile = O2(10);
O2 &unQuatriemeO2Pile = unO2Pile;
unTroisiemeO2Pile    = unO2Pile;
O2 unCinquiemeO2Pile = O2(unO2Pile);

O1 unO1Pile          = O1(10, &unO2Pile);
O1 unAutreO1Pile     = O1(10, &unAutreO2Pile);
O1 unTroisiemeO1Pile = O1(unAutreO1Pile);
O1 unQuatriemeO1Pile = O1(10, &unO2Pile);
unQuatriemeO1Pile    = unAutreO1Pile;

if (&unO2Pile        == &unAutreO2Pile)
  cout << "unO2Pile et unAutreO2Pile ont la meme reference" << endl;
if (&unO2Pile        == &unTroisiemeO2Pile)
  cout << "unO2Pile et unTroisiemeO2Pile ont la meme reference" << endl;
if (&unO2Pile        == &unQuatriemeO2Pile)
  cout << "unO2Pile et unQuatriemeO2Pile ont la meme reference" << endl;
if (&unO2Pile        == &unCinquiemeO2Pile)
  cout << "unO2Pile et unCinquiemeO2Pile ont la meme reference" << endl;
if (&unO1Pile        == &unAutreO1Pile)
  cout << "unO1Pile et unAutreO1Pile ont la meme reference" << endl;
if (&unAutreO1Pile   == &unTroisiemeO1Pile)
  cout << "unO1AutrePile et unTroisiemeO1Pile ont la meme reference" << endl;
if (&unAutreO1Pile   == &unQuatriemeO1Pile)
  cout << "unO1AutrePile et unQuatriemeO1Pile ont la meme reference" << endl;
if (unO2Pile         == unAutreO2Pile)
  cout << "unO2Pile et unAutreO2Pile ont le meme etat" << endl;
if (unO2Pile         == unTroisiemeO2Pile)
  cout << "unO2Pile et unTroisiemeO2Pile ont le meme etat" << endl;
if (unO2Pile         == unQuatriemeO2Pile)
  cout << "unO2Pile et unQuatriemeO2Pile ont le meme etat" << endl;
if (unO2Pile         == unCinquiemeO2Pile)
  cout << "unO2Pile et unCinquiemeO2Pile ont le meme etat" << endl;
if (unO1Pile         == unAutreO1Pile)
  cout << "unO1Pile et unAutreO1Pile ont le meme etat" << endl;
```

```
  if (unAutre01Pile     == unTroisieme01Pile)
    cout << "unAutre01Pile et unTroisieme01Pile ont le meme etat" << endl;
  if (unAutre01Pile     == unQuatrieme01Pile)
    cout << "unAutre01Pile et unQuatrieme01Pile ont le meme etat" << endl;
  return 0;
}
```

Nous allons décrire ce code ligne par ligne. Initialement, de nombreuses instructions seront maintenues en commentaire, que nous réactiverons au fur et à mesure de leur justification. D'abord, la classe 02 a, comme à l'habitude, son attribut, son constructeur et sa méthode d'accès. Les trois méthodes qui suivent sont désactivées pour l'instant. Il s'agit du constructeur par copie, qui participe à la duplication des objets et joue un rôle équivalent à celui de la méthode clone() de Java. Ensuite, nous trouvons la surcharge de l'opérateur d'affectation, qui permettra de réaliser l'affectation d'un objet dans un autre (ce qui requerra également une duplication de l'objet affecté et une destruction en partie de l'objet destinataire).

Finalement, nous trouvons la surcharge de l'opérateur de comparaison ==, de manière à lui permettre de comparer des objets entre eux (rôle équivalent à la méthode equals() en Java). Une différence importante de C++ par rapport à Java est la mise en œuvre du mécanisme de surcharge d'opérateur pour réaliser l'égalité et l'affectation d'un objet dans un autre (mécanisme qui existe également en C# et est très proche de son mode d'emploi en C++ ; nous verrons à la fin du chapitre comment C# joint la pratique de Java à celle de C++).

Surcharge d'opérateur

La surcharge d'opérateur consiste en général à simplement étendre la portée des opérateurs unaires (par exemple « ++ ») ou binaires (comme l'addition) à de nouveaux types, par exemple de nouvelles classes. Ces opérateurs sont généralement prédéfinis pour des types primitifs. On peut, par défaut, additionner et comparer des entiers ou des réels entre eux, mais C++ vous offre la possibilité de comparer et d'additionner des fleurs, des animaux, des proies, des footballeurs, pour autant que vous surchargiez les opérateurs correspondants pour ces nouvelles classes. Ainsi, vous pourriez définir l'addition de deux objets fleurs comme l'obtention d'une nouvelle fleur possédant un nombre de pétales égal à l'addition des deux objets fleurs, ou celle de deux footballeurs, comme l'obtention d'un troisième, aussi absurde cela soit-il, ayant comme numéro ou comme QI la somme des deux autres. En fait, la surcharge d'opérateur est un jeu d'écriture, sous la responsabilité du compilateur, qui traduira dans une forme d'utilisation classique leur emploi dans un contexte nouveau. Nous verrons le comment et le pourquoi de la surcharge des opérateurs de comparaison (==) et d'affectation (=) dans la suite.

Traitons d'abord la mémoire tas

La classe 01 ressemble à la classe 02, si ce n'est l'addition d'un référent vers un objet 02. De nouveau, on retrouve le constructeur par copie et la surcharge des opérateurs d'affectation et de comparaison. Passons maintenant à la partie principale, l'intérieur de la fonction main(). Tout d'abord, neuf objets sont créés dans la mémoire tas, cinq de la classe 02 et quatre de la classe 01. Les quatre premiers objets 02 sont créés sans surprise. Dans l'instruction suivante, *unTroisieme02Tas = *un02Tas, le premier objet, dé-référencé, c'est-à-dire l'objet vraiment, pas son adresse, est affecté au troisième, comme la figure page suivante l'illustre.

Il y a, en conséquence, un clonage du premier objet qui s'opère, de manière à l'installer dans la mémoire, préalablement affectée au troisième. L'ancien objet, unTroisiemeO2Tas, a complètement disparu pour reproduire l'objet unO2Tas. Il n'y a rien de bien particulier à signaler, car l'affectation d'un objet dans un autre se fait comme pour n'importe quelle variable dans n'importe quel langage de programmation (figure 14-4).

Figure 14–4
Affectation de l'objet unO2Tas
dans l'objet unTroisiemeO2Tas
et du référent de l'objet
unO2Tas dans le référent de
l'objet unQuatriemeO2Tas

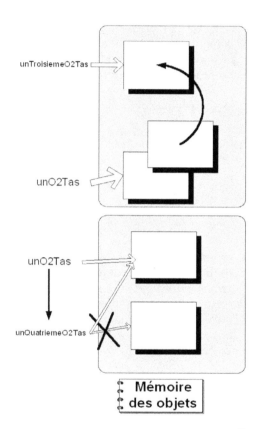

Dans l'instruction suivante, unQuatriemeO2Tas = unO2Tas, une autre affectation s'opère mais, cette fois-ci, concerne les référents et non plus les objets à proprement parler. Dorénavant, deux référents pointeront vers le même objet : unQuatriemeO2Tas et unO2Tas. La figure 14-4 illustre la différence que présentent ces deux types d'affectation. Le dernier type est de façon classique celui que l'on rencontre pour les objets en Java et en C#. Dans ce cas, un objet, en l'absence de son référent, est en perdition dans la mémoire et ne demande qu'à être récupéré par un « ramasse-miettes », malheureusement inexistant en C++.

L'instruction suivante, O2* unCinquiemeO2Tas = new O2(*unO2Tas), crée un nouvel objet en utilisant le constructeur par copie de la classe O2. Le constructeur par copie sert donc, à partir d'un référent vers un premier objet, ici unO2Tas, à définir ce qu'il faut récupérer dans le premier pour le transmettre au second, ici unCinquiemeO2Tas. Il est obligatoire que ce constructeur par copie reçoive un référent comme argument car, s'il recevait un objet, il faudrait copier ce dernier, ce qui provoquerait un nouvel appel au constructeur par copie, et ainsi de suite ad vitam aeternam. Le constructeur par copie, dont le rôle et le fonctionnement ne vont pas sans rappeler l'opérateur d'affectation, intervient principalement lors du passage d'un objet par argument dans une méthode quelconque, puisque à chaque appel de la méthode concernée un objet sera dupliqué.

Les deux instructions suivantes créent deux objets 01 en mémoire tas, en leur passant comme argument les référents vers deux objets 02. L'instruction suivante crée unTroisième01 en appelant à nouveau le constructeur par copie, mais sur le référent de l'objet unAutre01Tas cette fois. Finalement, un quatrième objet 01 est créé, auquel est affecté unAutre01Tas à la place. Les pointeurs étant dé-référencés, les objets sont à nouveau concernés par cette affectation et non les référents.

Surcharge de l'opérateur d'affectation

```
01& operator=(const 01& un01) { // surcharge de l'affectation
  unAttribut01 = un01.unAttribut01;
  if (lien02)
    delete lien02;
  lien02 = new 02(*un01.lien02);
  return *this;
}
```

Le petit code qui précède reprend la surcharge de l'opérateur d'affectation ou d'assignation, lorsqu'il porte sur les objets eux-mêmes et non leur référent. Pour la classe 01, il s'agit tout d'abord de récupérer la valeur de l'attribut unAttribut01. Ensuite, il faut dupliquer l'objet 02 pointé vers l'attribut référent et l'installer dans l'objet qu'on affecte. Une étape importante est l'effacement de l'ancien objet référencé par l'attribut référent. Étant donné que ce référent se mettra à pointer sur le nouvel objet 02, et en l'absence de tout ramasse-miettes, il est important d'effacer l'ancien objet 02 qui n'est plus référencé par personne.

Comparaisons d'objets

Après les avoir créés, le code se lance dans des comparaisons de ces neuf objets deux à deux. Les sept premières comparaisons se font sur les référents. Cela ne pose aucun problème pour le compilateur car, comme les référents sont des adresses, il n'y a rien de gênant à les comparer deux à deux. Ces comparaisons se révéleront vraies à chaque fois que les deux référents pointeront vers un même objet. En revanche, les sept comparaisons qui suivent seront refusées par le compilateur (c'est pour cette raison que nous les plaçons en commentaire dans un premier temps). En effet, il s'agit maintenant de comparer, non plus des référents, mais des objets, et l'opérateur de comparaison n'est pas initialement prévu pour cela. On comprend, dès lors, que la seule façon d'éviter le joug du compilateur est de surcharger l'opérateur de comparaison pour les objets issus des classes 02 et 01.

La mémoire pile

Les neuf objets suivants sont créés dans la mémoire pile, mais de manière semblable à la création des objets `tas`. On retrouve de même les opérations de comparaison, d'abord entre les référents, ce que le compilateur accepte, ensuite entre les objets eux-mêmes, ce que le compilateur refuse à nouveau sans surcharge de l'opérateur de comparaison.

À ce stade, le résultat de l'exécution est le suivant :

```
unO2Tas et unQuatriemeO2Tas ont la même référence
unO2Pile et unQuatriemeO2Pile ont la même référence
```

En effet, le premier objet `O2` et le quatrième partagent le même référent. Toutes les autres comparaisons sont soit fausses (et donc à mettre en commentaire pour exécuter le code), soit inactives en l'absence de surcharge de l'opérateur de comparaison.

Surcharge de l'opérateur de comparaison

Comme indiqué dans le code, tant pour la classe `O1` que pour la classe `O2`, l'opération se fait en deux temps. D'abord, l'opérateur est surchargé en dehors des deux classes. La syntaxe de la signature est quelque peu alambiquée, pour faciliter par la suite le travail de récriture du compilateur :

```
bool operator==(const O2& unO2, const O2& unAutreO2){
   if (unO2.unAttributO2 == unAutreO2.unAttributO2)
      return true;
   else
      return false;
}
bool operator==(const O1& unO1, const O1& unAutreO1){
   if (   (unO1.unAttributO1 == unAutreO1.unAttributO1)
       && (unO1.lienO2 != unAutreO1.lienO2)
       && (unO1.lienO2->getAttribut() == unAutreO1.lienO2->getAttribut())
   )
      return true;
   else
      return false;
}
```

Comme cette opération de surcharge doit avoir accès aux attributs des classes `O1` et `O2`, déclarés `private`, une manière élégante d'autoriser cet accès est de déclarer la procédure de surcharge `friend` de nos deux classes.

De façon similaire, des fonctions définies en dehors de toute classe (ce que seul C++ autorise) peuvent être déclarées comme `friend` si elles désirent un accès privilégié aux caractéristiques privées de ces classes. Vous constaterez que la comparaison, dans le cas de la classe `O1`, porte non seulement sur son attribut, mais également sur l'attribut de l'objet référencé. Les deux objets auront le même état si, bien qu'ils pointent vers des objets `O2` différents, toutes les valeurs d'attributs sont égales.

Voyons le résultat en réalisant la surcharge de l'opérateur de comparaison, autorisant de ce fait les comparaisons d'objets, que le compilateur laisse maintenant passer.

Résultat du code en rendant possibles les comparaisons d'objets

```
unO2Tas et unQuatriemeO2Tas ont la même référence
unO2Tas et unAutreO2Tas ont le même état
unO2Tas et unTroisiemeO2Tas ont le même état
unO2Tas et unQuatriemeO2Tas ont le même état
unO2Tas et unCinquiemeO2Tas ont le même état
unO1Tas et unAutreO1Tas ont le même état
unO2Pile et unQuatriemeO2Pile ont la même référence
unO2Pile et unAutreO2Pile ont le même état
unO2Pile et unTroisiemeO2Pile ont le même état
unO2Pile et unQuatriemeO2Pile ont le même état
unO2Pile et unCinquiemeO2Pile ont le même état
unO1Pile et unAutreO1Pile ont le même état
```

Que constatons-nous ? Quel que soit leur mode de création, par affectation ou avec un constructeur par copie, les objets O2 partagent le même état. Cela prouve qu'il existe, par défaut dans toute classe C++, un constructeur par copie et une opération d'affectation qui se bornent à recopier tous les attributs d'un objet à l'autre. Nous constatons également que les grands absents de ces comparaisons sont, d'une part, les objets unAutreO1 et unTroisiemeO1, d'autre part, unAutreO1 et unQuatriemeO1.

À l'instar de ce qui se passait en Java pour la méthode clone(), cette comparaison et cette affectation par défaut ne réalisent qu'un traitement en surface des objets. Les valeurs d'attributs sont dupliquées mais, dès le moment où un de ces attributs référence une autre classe, il est important de se préoccuper de la duplication ou non des objets référencés. C'est d'autant plus vrai en C++, que cela vous évitera de mauvaises surprises si vous effacez le référent dans un des objets, en oubliant qu'il est encore et toujours référencé par l'un ou l'autre objet de l'affectation. Ce n'est pas possible en Java, puisqu'il existe un « ramasse-miettes », mais cela peut faire énormément de dégâts en C++, dégâts dont la probabilité croît avec la taille du logiciel et la difficulté qu'il y a à tracer de multiples référents.

Dernière étape

Pour conclure avec le C++, nous allons enlever les derniers commentaires du code, ce qui revient à surcharger le constructeur par copie et l'opérateur d'affectation. Ces opérations de surcharge sont tellement répandues, sinon automatisées, que dans de nombreux générateurs automatiques de code, à partir d'UML par exemple, elles sont ajoutées systématiquement dans le squelette de code C++ produit. On parle alors de la définition d'une « classe canonique ». Ci-après apparaît un code C++, tel qu'il était automatiquement produit par Rational Rose lors de la simple création d'une classe O1 dans le diagramme de classe. On y trouve un squelette de constructeur, de destructeur, mais tout est aussi en place pour pourvoir à la surcharge des opérateurs d'affectation et de comparaison (les deux comparaisons s'y trouvent, « == » et « != » qui signifie « non égal »). Pour Java, seules 2 ou 3 lignes sont créées – de quoi vous convaincre s'il était nécessaire encore, de la maîtrise accrue qu'exige la complexité du C++ par rapport à Java.

Code C++ de la classe O1 créé automatiquement par Rational Rose

```cpp
//## begin module.cm preserve=no
// %X% %Q% %Z% %W%
//## end module.cm
//## begin module.cp preserve=no
//## end module.cp
//## Module: O1; Pseudo Package body
//## Subsystem: <Top Level>
//## Source file: C:\Program Files\Rational\Rational Rose C++ Demo 4.0\O1.cpp
//## begin module.additionalIncludes preserve=no
//## end module.additionalIncludes
//## begin module.includes preserve=yes
//## end module.includes
// O1
#include "O1.h"
//## begin module.additionalDeclarations preserve=yes
//## end module.additionalDeclarations
// Class O1
O1::O1()
   //## begin O1::O1%.hasinit preserve=no
: unAttributO1(10)
   //## end O1::O1%.hasinit
   //## begin O1::O1%.initialization preserve=yes
   //## end O1::O1%.initialization
{
   //## begin O1::O1%.body preserve=yes
   //## end O1::O1%.body
}
O1::O1(const O1 &right)
   //## begin O1::O1%copy.hasinit preserve=no
: unAttributO1(10)
   //## end O1::O1%copy.hasinit
   //## begin O1::O1%copy.initialization preserve=yes
   //## end O1::O1%copy.initialization
{
   //## begin O1::O1%copy.body preserve=yes
   //## end O1::O1%copy.body
}
O1::~O1() {
   //## begin O1::~O1%.body preserve=yes
   //## end O1::~O1%.body
}
const O1 & O1::operator=(const O1 &right) {
   //## begin O1::operator=%.body preserve=yes
   //## end O1::operator=%.body
}
int O1::operator==(const O1 &right) const {
   //## begin O1::operator==%.body preserve=yes
   //## end O1::operator==%.body
}
```

```
int O1::operator!=(const O1 &right) const {
  //## begin O1::operator!=%.body preserve=yes
  //## end O1::operator!=%.body
}
//## Other Operations (implementation)
return O1::getAttribut(argtype argname) {
  //## begin O1::getAttribut%1021245027.body preserve=yes
  //## end O1::getAttribut%1021245027.body
}
// Additional Declarations
//## begin O1.declarations preserve=yes
//## end O1.declarations
```

Résultat final du code C++

```
unO2Tas et unQuatriemeO2Tas ont la même référence
unO2Tas et unAutreO2Tas ont le même état
unO2Tas et unTroisiemeO2Tas ont le même état
unO2Tas et unQuatriemeO2Tas ont le même état
unO2Tas et unCinquiemeO2Tas ont le même état
unO1Tas et unAutreO1Tas ont le même état
unAutreO1Tas et unTroisiemeO1Tas ont le même état
unAutreO1Tas et unQuatriemeO1Tas ont le même état
unO2Pile et unQuatriemeO2Pile ont la même référence
unO2Pile et unAutreO2Pile ont le même état
unO2Pile et unTroisiemeO2Pile ont le même état
unO2Pile et unQuatriemeO2Pile ont le même état
unO2Pile et unCinquiemeO2Pile ont le même état
unO1Pile et unAutreO1Pile ont le même état
unAutreO1Pile et unTroisiemeO1Pile ont le même état
unAutreO1Pile et unQuatriemeO1Pile ont le même état
```

Découvrons le résultat obtenu en supprimant tous les commentaires du code. On s'aperçoit que les égalités d'états se sont étendues à présent sur et entre tous les objets O1, qu'ils soient dans la pile ou dans le tas. Tant le clonage, l'affectation que les comparaisons se font maintenant en profondeur.

Cette étude fouillée des méthodes equals() et clone() de la superclasse Object pour Java, de la version très simplifiée du Python, du rôle du constructeur par copie et des opérateurs de comparaison et d'affectation en C++ avait un but principal.

Il s'agit d'enfoncer le clou sur la structure relationnelle des objets en mémoire, tant dans la pile que dans le tas. Toute opération de lecture, de sauvegarde (que nous étudierons au chapitre 19), d'accès et d'effacement doit prendre en considération, et ce avec un maximum de soin et de prudence, tout le réseau relationnel des objets, au travers duquel voyagent de nombreux messages. Un tel réseau est susceptible de s'installer extrêmement vite pendant l'exécution d'un programme, ce qui fait toute la puissance de l'OO, mais également sa fragilité, dès lors que le fonctionnement de ce réseau n'est pas suffisamment compris et maîtrisé.

En C#, un cocktail de Java et de C++

Comme le code présenté ci-après l'indique, la version C# permet d'opter indifféremment pour la manière Java, en redéfinissant la méthode `Equals()` et en définissant la méthode `Clone()`, ou pour la manière C++, en surchargeant les opérateurs appropriés. Nous avons vu que C# autorise à stocker des objets dans la mémoire pile, en en faisant des instances de structure plutôt que de classe. Ces objets se créent comme ceux issus des classes, mais leur processus de destruction ainsi que les mécanismes d'affectation sont très différents. Dans le code, nous gardons les classes `O1` et `O2` pratiquement égales à celles définies dans Java, mais nous ajoutons les structures `SO1` et `SO2` pour traiter les objets créés dans la pile.

Pour les structures

Pour les structures, il n'y a pas lieu de s'occuper de surcharger quoi que ce soit en ce qui concerne l'affectation d'objets, puisque le fonctionnement par défaut est le seul que l'on puisse imaginer. L'affectation se fait d'office en suivant le fil des référents. Pour la comparaison, on peut soit surcharger les opérateurs de comparaison, soit redéfinir la méthode `Equals()` héritée de la superclasse `Object`. En effet, au même titre que les classes, les structures héritent également de la classe `Object`. C'est la seule classe dont elles peuvent hériter, les pauvres.

En général, C# vous incite à favoriser la redéfinition de la méthode `Equals()` par rapport à la surcharge d'opérateurs. Même si vous avez déjà surchargé les opérateurs appropriés, il vous avisera de redéfinir la méthode `Equals()` afin de pouvoir faire fonctionner la procédure de comparaison de manière polymorphique, puisque cette méthode provient de la classe `Object`. Par ailleurs, vous ne pouvez pas surcharger l'opérateur `==` sans surcharger également son dual, l'opérateur `!=`. Intéressant, non ? C# vous oblige à ne pas mourir idiot et à rester cohérent : si vous surchargez un opérateur logique, vous êtes contraint de surcharger son contraire. Le compilateur en fait son affaire.

Pour les classes

Pour les classes, vous pouvez à nouveau utiliser la surcharge ou la redéfinition de la méthode `Equals()` pour la comparaison. En revanche, la duplication d'un objet ne peut se faire qu'à l'aide de la méthode `Clone()`, puisqu'il est impossible de surcharger l'opérateur d'affectation ou d'assignation. Cette dernière procède d'abord à une copie superficielle de l'objet, par l'entremise de la méthode `MemberwiseClone()`, héritée de la superclasse `Object`, puis crée un clone afin de reproduire l'attribut référent. La présence de `MemberwiseClone()` se justifie par l'impossibilité en C# de redéfinir une méthode définie comme `protected` dans la superclasse, en affectant à la version redéfinie une priorité d'accès plus large (`public` ici).

Code C#

```
using System;

struct SO1 {
```

```
    private int unAttribut01;
    private SO2 lien02;

    public SO1(int unAttribut01, SO2 lien02) {
      this.unAttribut01 = unAttribut01;
      this.lien02 = lien02;
    }
    public SO2 getO2() {
      return lien02;
    }
    public void changeO2(int nouvelleValeur) {
      lien02.setAttribut(nouvelleValeur);
    }
    public void donneAttribut() {
      Console.WriteLine("valeur attribut = " + unAttribut01);
    }
    public static bool operator==(SO1 un01, SO1 unAutre01) { /* surcharge de l'opérateur
de comparaison */
      if ((un01.unAttribut01 == unAutre01.unAttribut01)
          &&
          (un01.lien02.getAttribut() == unAutre01.lien02.getAttribut())
      )
        return true;
      else
        return false;
    }
    public static bool operator!=(SO1 un01, SO1 unAutre01) {
      if ((un01.unAttribut01 != unAutre01.unAttribut01)
          ||
          (un01.lien02.getAttribut() != unAutre01.lien02.getAttribut())
        )
        return true;
      else
        return false;
    }
    public override bool Equals(Object unObjet) { /* Redéfinition de la méthode Equals */
      if (unObjet != null) {
        if (unObjet is SO1) {
          if ((unAttribut01 == ((SO1)unObjet).unAttribut01)
              && (lien02.getAttribut() == ((SO1)unObjet).lien02.getAttribut())
          )
            return true;
          else
            return false;
        }
      }
      return false;
    }
}
class O1 {
  private int unAttribut01;
  private O2 lien02;
```

```
    public O1(int unAttributO1, O2 lienO2) {
      this.unAttributO1 = unAttributO1;
      this.lienO2 = lienO2;
    }
    public O2 getO2() {
      return lienO2;
    }
    public void donneAttribut() {
      Console.WriteLine("valeur attribut = " + unAttributO1);
    }
    public override bool Equals(Object unObjet) { /* redéfinition de la méthode Equals */
      if (this == unObjet) {
        return true;
      }
      else {
        O1 unAutreO1 = unObjet as O1;
        if (unObjet != null) {
          if (    (unAttributO1           == unAutreO1.unAttributO1)
              && (lienO2.getAttribut()    == unAutreO1.lienO2.getAttribut())
          )
            return true;
          else
            return false;
        }
      }
      return false;
    }
    public O1 Clone() { /* définition du clonage */
      O1 unNouveauO1 = (O1)this.MemberwiseClone();
      unNouveauO1.lienO2 = lienO2.Clone();
      return unNouveauO1;
    }
}
struct SO2 {
  private int unAttributO2;

  public SO2(int unAttributO2) {
    this.unAttributO2 = unAttributO2;
  }
  public int getAttribut() {
    return unAttributO2;
  }
  public void setAttribut(int nouvelleValeur) {
    unAttributO2 = nouvelleValeur;
  }
  public static bool operator==(SO2 unO2, SO2 unAutreO2) {
  /* surcharge de la comparaison*/
    if (unO2.unAttributO2 == unAutreO2.unAttributO2)
      return true;
    else
      return false;
  }
```

```
      public static bool operator!=(SO2 unO2, SO2 unAutreO2) {
        if (unO2.unAttributO2 != unAutreO2.unAttributO2)
          return true;
        else
          return false;
      }
      public override bool Equals(Object unObjet) { /* redéfinition de la méthode Equals */
        if (unObjet != null) {
          if (unObjet is SO2) {
            if (unAttributO2 == ((SO2)unObjet).unAttributO2)
              return true;
            else
              return false;
          }
        }
        return false;
      }
    }
    class O2 {
      private int unAttributO2;

      public O2(int unAttributO2) {
        this.unAttributO2 = unAttributO2;
      }
      public int getAttribut() {
        return unAttributO2;
      }
      public void setAttribut(int nouvelleValeur) {
        unAttributO2 = nouvelleValeur;
      }
      public override bool Equals(Object unObjet) { /* redéfinition de la méthode Equals */
        if (this == unObjet) {
          return true;
        }
        else {
          O2 unAutreO2 = unObjet as O2;
          if (unObjet != null) {
            if (unAttributO2 == unAutreO2.unAttributO2)
              return true;
            else
              return false;
          }
        }
        return false;
      }
      public O2 Clone() {
        return((O2) MemberwiseClone());
      }
    }
    public class CloneEqual {
      public static void Main() {
```

```
/*   Test de la méthode equal()    */
/*    Objets créés dans le tas */
O2 unO2 = new O2(5);
O2 unAutreO2 = new O2(5);
O2 unTroisiemeO2 = new O2(10);
unTroisiemeO2 = unO2;
O1 unO1 = new O1(10, unO2);
O1 unAutreO1 = new O1(10, unAutreO2);

if (unO2 == unAutreO2)
  Console.WriteLine("unO2 et unAutreO2 ont la même référence");
if (unO2.Equals(unAutreO2))
  Console.WriteLine("unO2 et unAutreO2 ont le même état");
if (unO2 == unTroisiemeO2)
  Console.WriteLine("unO2 et unTroisiemeO2 ont le même état");
if (unO2.Equals(unTroisiemeO2))
  Console.WriteLine("unO2 et unTroisiemeO2 ont le même état");
if (unO1 == unAutreO1)
  Console.WriteLine("unO2 et unAutreO2 ont la même référence");
if (unO1.Equals(unAutreO1))
  Console.WriteLine("unO1 et unAutreO1 ont le même état");

/* Test de la méthode Clone */
O2 unQuatriemeO2 = null;
unQuatriemeO2 = (O2)unTroisiemeO2.Clone();
Console.WriteLine(unTroisiemeO2.getAttribut() + " = ? " +
unQuatriemeO2.getAttribut());

O1 unTroisiemeO1 = null;
unTroisiemeO1 = (O1)unAutreO1.Clone();

if (unO1.Equals(unTroisiemeO1))
  Console.WriteLine("unO1 et unTroisiemeO1 ont le même état");
unTroisiemeO1.getO2().setAttribut(7);
if (unO1.Equals(unTroisiemeO1))
  Console.WriteLine("unO1 et unTroisiemeO1 ont le même état");
else
  Console.WriteLine("unO1 et unTroisiemeO1 n'ont pas le même état");

/* Objets créés dans la pile */
SO2 unO2Pile = new SO2(5);
SO2 unAutreO2Pile = new SO2(5);
SO2 unTroisiemeO2Pile = new SO2(10);
unTroisiemeO2Pile = unO2Pile;

SO1 unO1Pile = new SO1(10, unO2Pile);
SO1 unAutreO1Pile = new SO1(10, unAutreO2Pile);
SO1 unTroisiemeO1Pile = unAutreO1Pile;

if (unO2Pile == unAutreO2Pile)
  Console.WriteLine("unO2Pile et unAutreO2Pile ont le meme etat");
```

```
      if (un02Pile == unTroisieme02Pile)
        Console.WriteLine("un02Pile et unTroisieme02Pile ont le meme etat");
      if (un01Pile == unAutre01Pile)
        Console.WriteLine("un01Pile et unAutre01Pile ont le meme etat");
      if (un01Pile.Equals(unAutre01Pile))
        Console.WriteLine("un01Pile et unAutre01Pile ont le meme etat");
      if (unAutre01Pile == unTroisieme01Pile)
        Console.WriteLine("un01AutrePile et unTroisieme01Pile ont le meme   etat");
      unTroisieme01Pile.change02(7);
      if (un01Pile == unTroisieme01Pile)
        Console.WriteLine("un01Pile et unTroisieme01Pile ont le même état");
      else
        Console.WriteLine("un01Pile et unTroisieme01Pile n'ont pas le même état");
  }
}
```

Résultat

```
un02 et unAutre02 ont le même état
un02 et unTroisieme02 ont le même état
un02 et unTroisieme02 ont le même état
un01 et unAutre01 ont le même état
5 = ? 5
un01 et unTroisieme01 ont le même état
un01 et unTroisieme01 n'ont pas le même état
un02Pile et unAutre02Pile ont le même état
un02Pile et unTroisieme02Pile ont le même état
un01Pile et unAutre01Pile ont le même état
un01Pile et unAutre01Pile ont le même état
un01AutrePile et unTroisieme01Pile ont le même état
un01Pile et unTroisieme01Pile n'ont pas le même état.
```

Le code étant très proche des précédents en Java et C++, le résultat devrait apparaître très logique. On s'aperçoit que l'objet un Troisieme01 est bien une copie en profondeur de l'objet un01 car, en changeant la valeur de l'attribut pointé par le premier, l'égalité n'a plus court. Il en va de même pour les objets un01Pile et unTroisieme01Pile, bien que nulle redéfinition de mécanisme d'affectation n'ait été nécessaire. La répétition de la phrase « un01Pile et unAutre01Pile ont le même état » est due à ce que l'on a effectué la comparaison des deux manières possibles proposées par C#, soit à l'aide de l'opérateur == surchargé, soit à l'aide de la méthode Equals() redéfinie. L'avantage de disposer de ces deux modes alternatifs (ainsi que de la méthode ReferenceEquals) pour surcharger l'égalité est aussi de pouvoir exploiter l'un dans la définition de l'autre, afin d'éviter les effets de récursivité (tels ceux que pourrait produire l'utilisation réciproque de == et != lors de leur surcharge). N'hésitez donc pas à exploiter un mode dans la surcharge ou la redéfinition de l'autre.

Exercices

Exercice 14.1

Créez une classe `CompteEnBanque` munie d'un seul attribut `solde` et définissez l'égalité de deux objets comptes en banque, de telle manière qu'elle soit vérifiée dès lors que les deux soldes sont égaux. Réalisez cet exercice en C# et en C++.

Exercice 14.2

Dans ces deux mêmes langages, surchargez l'opérateur d'addition pour cette même classe, de telle manière que la somme de deux comptes en banque en donne un troisième, dont le solde est la somme des deux soldes.

Exercice 14.3

Pourquoi Java a-t-il déclaré `protected` la méthode `equals()` dans la superclasse `Object` ?

Exercice 14.4

Pourquoi C# a-t-il déclaré `static` la version de la méthode `Equals(object a, object b)` dans la superclasse `Object`, qui compare les deux objets reçus en tant qu'arguments ?

Exercice 14.5

Pourquoi est-il plus dans l'esprit OO en C# de redéfinir la méthode `Equals()` que de surcharger l'opérateur `==` ?

Exercice 14.6

Créez une nouvelle classe `Emprunt` munie d'un seul attribut `montant` et modifiez la classe `CompteEnBanque` de telle manière que plusieurs objets emprunts puissent être associés à un même objet compte en banque. Redéfinissez l'égalité de deux comptes en banque comme vérifiée, si la somme des montants des emprunts est la même dans les deux cas.

Exercice 14.7

Redéfinissez la méthode `clone()` en Java pour la classe `CompteEnBanque` de manière à ce que les emprunts se trouvent également clonés lors du clonage du compte.

15

Interfaces

Ce chapitre présente les interfaces, structures de code qui se bornent à proposer les seules signatures des méthodes. Il décrit dans les quatre langages de programmation qui en font usage les trois rôles que ces interfaces sont appelées à jouer : forcer l'implémentation de leurs méthodes, permettre le multihéritage, faciliter et stabiliser la décomposition de l'application logicielle.

DOCTUS — *Tout ce qu'on attend d'un objet peut être exprimé par son interface. Seuls les attributs nécessaires à la concrétisation des objets en sont exclus. Une interface représente un sous-ensemble de méthodes que tu pourras invoquer comme s'il s'agissait d'une classe à part entière. Même le compilateur se contente des signatures qu'elle contient. Tu peux compiler une classe dépendant d'une interface avant même d'avoir réalisé la moindre classe d'implémentation concrète.*

CANDIDUS — *S'il ne s'agit que d'une liste de signatures, est-ce que n'importe quel sous-ensemble des méthodes d'une classe suffit à définir une interface ?*

DOC. — *Absolument. C'est même cette simplicité qui nous permet de réaliser en Java quelque chose d'équivalent au multihéritage. Java n'autorisant qu'une seule classe parent, tu devras recourir aux interfaces pour que le compilateur te demande d'implémenter toutes les méthodes déclarées par une classe. Attention tout de même ! En Java, tu pourras implémenter plusieurs interfaces mais tu ne pourras hériter que d'une seule superclasse.*

CAND. — *Si je pousse à l'extrême, il devrait donc être possible de créer un objet ne dépendant que d'un ensemble d'interfaces. Il ne dépendra alors jamais directement des classes concrètes avec lesquelles il doit communiquer.*

Doc. — *Rien ne l'interdit en effet, à tel point que de tels objets peuvent être mis en œuvre sur un réseau. Chacun des ordinateurs ne devra disposer que des seules interfaces nécessaires pour la communication. Pour envoyer une requête à un objet situé sur une machine distante, les seules signatures de méthodes de cet objet suffiront. Le message sera envoyé à l'objet concret de la machine distante qui se chargera d'exécuter la méthode associée.*

Interfaces : favoriser la décomposition et la stabilité

Dans un chapitre précédent, nous avons entr'aperçu les interfaces comme des structures de code dont la finalité première est d'extraire d'une classe l'ensemble des signatures de ses services, afin d'en informer toutes celles qui voudraient y faire appel. Ces classes n'ont nul besoin des détails d'implémentation, c'est-à-dire de la manière précise dont ces services seront réellement exécutés (le corps d'instructions) par l'objet qui les fournit. Il suffira d'appeler le service par son nom pour le voir s'exécuter.

L'utilisation d'interfaces conduit naturellement à des applications facilement décomposables, réparties à travers une large équipe de programmeurs et très résistantes aux changements d'implémentation. Seules les interfaces circuleront de programmeur en programmeur puisqu'elles sont les seuls éléments de code dont chacun d'eux a besoin pour définir les interactions de sa classe avec celles des autres. De même, ce programmeur extraira de sa classe les services qu'il doit rendre disponibles aux autres. C'est l'aboutissement naturel de l'encapsulation, quand elle est pratiquée à l'extrême. On dissimule tout ce qui concerne l'implémentation d'une classe au point d'en faire un fichier distinct et inaccessible, au contraire du fichier reprenant les seuls noms des services rendus par cette classe, qui est disponible, lui, pour tout utilisateur.

Java, C# et PHP : interface et héritage

En Java, C# et PHP (pas en Python), une interface est une classe abstraite dont toutes les méthodes sont déclarées abstraites. Nous verrons plus avant dans ce chapitre qu'en matière d'interface, C++ voit les choses un peu différemment. Tout en conservant les avantages qu'elles donnent dans la décomposition et la stabilisation des applications logicielles, C++ a détaché les interfaces de l'héritage.

En Java, les seuls attributs pouvant encore figurer dans la définition d'une interface sont `public`, `final` (c'est-à-dire constants : une fois leur valeur déterminée, ils ne sont plus modifiables) et `static` (ce qui est assez logique, puisque, à l'instar d'une classe abstraite, vous ne pouvez créer des objets instances des interfaces). C# et PHP n'autorisent aucun attribut dans la définition de leurs interfaces.

En Java et PHP, on n'hérite pas d'une interface, mais on l'implémente, en respectant la syntaxe suivante :

```
class O1 extends O2 implements IO2
```

désignant une classe 01 qui hérite d'une classe 02 et implémente une interface I02. C# ne fait pas de différence syntaxique entre l'héritage de classe et l'utilisation d'interface et sa version de l'instruction précédente se réduit simplement à :

```
class 01 : 02 , I02
```

à ceci près que les interfaces doivent être citées en dernier, c'est-à-dire à la suite de la seule classe dont on peut hériter.

Les interfaces peuvent normalement hériter entre elles, comme le diagramme de classes présenté page suivante l'indique. En UML, le lien continu représente l'héritage et le lien en pointillé représente l'implémentation (C# ne faisant pas de différence entre les deux). Quand ils concernent les interfaces, les graphes d'héritage peuvent être plus complexes que quand ils se limitent aux seules classes : ramifications multiples, tant descendantes qu'ascendantes (sinon ils se restreindraient à des structures d'arbres).

Figure 15–1
Structure d'héritage des interfaces. Dans ce diagramme de classes UML, figurent quatre interfaces (02, 01, 001 et 002) et deux classes (0001 et Interface).

Les trois raisons d'être des interfaces

Forcer la redéfinition

Les interfaces ont principalement trois raisons d'être. La première, largement exploitée par Java, est de forcer le programmeur à réutiliser des fonctionnalités déjà prédéfinies dans les bibliothèques d'utilitaires du langage, écrites très souvent sous forme d'interfaces. Par exemple, toute classe Java peut implémenter l'interface `MouseListener`, dont toutes les méthodes abstraites seront déclenchées par des événements souris, comme `public void mouseClicked()` ou `public void mouseReleased()`.

En implémentant l'interface `MouseListener`, vous voilà contraints d'exprimer, par la concrétisation de ces méthodes abstraites, ce que votre code exécutera en réponse à un clic de souris. En gros, en cliquant sur la souris, vous passez la main au système d'exploitation de votre ordinateur, qui cherche par quelle voie redonner la main au programme. Il le fera en se servant des méthodes appropriées, comme `mouseClicked()` (qui s'exécute d'un simple clic de souris), que vous aurez concrétisées dans votre programme.

D'autres interfaces très utiles, comme `Runnable` (pour la redéfinition de la méthode `public void run()` qui contient le corps d'instructions à exécuter par un thread, voir chapitre 17) ou `KeyListener` (pour l'utilisation du clavier), sont souvent implémentées ensemble par une même classe (d'où la nécessité d'autoriser la multi-implémentation d'interfaces).

Implémentation d'interfaces

Quand, en Java, C# et PHP, une classe implémente une interface ou en hérite, elle est contrainte de concrétiser les méthodes qu'elle y trouve. Ne pas le faire engendre une erreur lors de la compilation ou directement à l'exécution pour PHP. L'interface oblige à utiliser et à redéfinir ses méthodes. En Java, c'est par le biais des interfaces que sont implémentées les fonctionnalités GUI et multithread. Nous verrons que C# et Python procèdent différemment.

Dans la suite, nous présentons trois petits codes Java ayant pour mission d'illustrer l'utilisation de trois interfaces : `Comparable`, `ActionListener` et `KeyListener`. Nous vous renvoyons aux manuels de programmation Java (ils ne manquent pas sur les étals des librairies ou sur le Web) pour approfondir la composition et l'utilisation de ces interfaces. Nous y faisons juste une rapide allusion pour comprendre comment ces structures d'interfaces peuvent jouer un rôle majeur dans le développement d'utilitaires et l'exploitation de bibliothèques Java existantes.

Le premier code illustre bien l'utilisation des interfaces afin de récupérer une fonctionnalité existante fort utile, le « triage de liste ». Il est souvent indispensable de trier toute liste par ordre croissant ou décroissant des éléments qui la composent. Or, les algorithmes de tri font la joie des programmeurs tant ils peuvent être sujets à d'incroyables variations, allant de la plus extrême maladresse du programmeur débutant à la plus subtile sophistication d'un hacker endiablé. La différence se mesure par le temps de calcul nécessaire. C'est pourquoi Java vous épargne la tâche de réécrire la méthode de tri (il en offre une excellente, appelée `sort`, dans l'interface `Collections`). Cependant, il reste encore – ce que Java ne peut faire pour vous – à définir votre critère de tri par l'implémentation de l'interface `Comparable` et la redéfinition obligatoire de sa méthode `compareTo`. Cette dernière est censée renvoyée 1, -1 ou 0, selon le résultat de la comparaison. Dans le code qui suit, il s'agit de trier des objets de la classe `O1` sur la valeur de leur seul attribut.

Code Java illustrant l'interface Comparable

```java
import java.util.*;
class O1 implements Comparable {
   private int a;

   O1(int a) {
     this.a = a;
   }
   public void printAttribute(){
     System.out.print(a + " ");
   }
   @Override
   public int compareTo(Object o) { /* obligation de la redéfinir avec utilisation
                                       du mot-clé @Override depuis java 6 */

     if (a > ((O1)o).a){
       return 1;}
     else
       if (a < ((O1)o).a){
         return -1;}
       else {
         return 0;
       }
   }
}

public class TestInterface {
   public static void main(String[] args){
     ArrayList<O1> lesO = new ArrayList<O1>();
     lesO.add(new O1(10));
     lesO.add(new O1(25));
     lesO.add(new O1(5));
     lesO.add(new O1(42));

     System.out.println("Liste non triée");
     for (int i=0; i<lesO.size(); i++){
       lesO.get(i).printAttribute();
     }

     Collections.sort(lesO); // le tri est effectué

     System.out.println();
     System.out.println("Liste triée");
     for (int i=0; i<lesO.size(); i++){
       lesO.get(i).printAttribute();
     }
   }
}
```

Résultat

```
Liste non triée
10 25 5 42
Liste triée
5 10 25 42
```

Le deuxième code concrétise une méthode abstraite provenant de l'interface ActionListener dont il hérite, qui se déclenche en cliquant sur un objet graphique. Lorsque vous exécutez ce code, une fenêtre apparaît avec trois boutons. En cliquant sur l'un d'entre eux, vous changez l'aspect de votre application. Bien que plusieurs éléments de ce code soient très liés aux bibliothèques graphiques Java, que nous ne voyons pas ici, le fonctionnement devrait rester compréhensible. L'unique mécanisme que nous cherchons à mettre en évidence, c'est l'obligation d'utiliser et de redéfinir une méthode (ici public void actionPerformed()) héritée de l'interface ActionListener où elle est abstraite, afin d'indiquer ce qui se passera lors d'un clic sur un des trois boutons. Le résultat du code apparaît figure 15-2.

Code Java illustrant l'interface ActionListener

```java
import java.awt.*;
import java.awt.event.*;
import javax.swing.*;

class PlafPanel extends JPanel implements ActionListener { /* on implémente l'interface
ActionListener */
  private JButton metalButton;
  private JButton motifButton;
  private JButton windowsButton;

  public PlafPanel() {
    /* on ajoute trois boutons */
    metalButton = new JButton("Metal");
    motifButton = new JButton("Motif");
    windowsButton = new JButton("Windows");
    add(metalButton);
    add(motifButton);
    add(windowsButton);
    /* on rend ces boutons sensibles à ce qui est dit dans les méthodes redéfinies
       à partir de l'interface, c'est-à-dire la méthode actionPerformed */
    metalButton.addActionListener(this);
    motifButton.addActionListener(this);
    windowsButton.addActionListener(this);
  }
  /* la méthode à absolument redéfinir, et qui dit ce qui se passe en cliquant
     sur les boutons */
  @Override
  public void actionPerformed(ActionEvent evt) {
    Object source = evt.getSource();
```

```
      String plaf = " ";

      if (source == metalButton) // Test pour savoir de quel bouton il s'agit.
        plaf = "javax.swing.plaf.metal.MetalLookAndFeel";
      else if (source == motifButton)
        plaf = "com.sun.java.swing.plaf.motif.MotifLookAndFeel";
      else if (source == windowsButton)
        plaf = "com.sun.java.swing.plaf.windows.WindowsLookAndFeel";
      try {
        UIManager.setLookAndFeel(plaf);
        SwingUtilities.updateComponentTreeUI(this);
      }
      catch(Exception e) {}
    }
}
public class ExempleDInterface1 extends JFrame { /* JFrame est la fenêtre qui apparaît à
l'exécution du code */
  public ExempleDInterface1() {
    setTitle("Test Plateforme"); // titre de la fenêtre
    setSize(300, 200); // taille de la fenêtre

    addWindowListener(
      new WindowAdapter() {
          public void windowClosing(WindowEvent e) {
            System.exit(0);
          }
      }
    );
    getContentPane().add(new PlafPanel()); /* on ajoute sur le JFrame le panneau avec
les trois boutons */
  }
  public static void main(String[] args) {
    ExempleDInterface1 unTest = new ExempleDInterface1();
    unTest.setVisible(true); // on fait apparaître la fenêtre
  }
}
```

Résultat

Figure 15–2
Illustration de l'interface ActionListener. Quand on clique sur un des trois boutons, l'apparence de l'application change.

Le troisième code, illustrant le rôle et l'utilisation de l'interface KeyListener, dessine à l'écran une succession de traits verticaux et horizontaux lorsque vous appuyez sur les quatre touches fléchées de votre clavier. Si vous appuyez sur la touche Majuscule en même temps, le dessin sera exécuté plus rapidement. Là encore, la connaissance des bibliothèques graphiques Java est indispensable à une compréhension complète du code (et sort largement du cadre de cet ouvrage), mais les fonctionnalités principales, surtout la redéfinition des méthodes liées au clavier et à l'interface KeyListener, devraient apparaître suffisamment compréhensibles. Trois méthodes abstraites sont définies dans cette interface. L'implémentation de l'interface oblige à redéfinir ces trois méthodes, y compris si nous n'avons rien de précis à demander à certaines d'entre elles (comme c'est le cas dans ce code). Le résultat du code est illustré figure 15-3.

Code Java illustrant l'interface KeyListener

```java
import java.awt.*;
import java.awt.event.*;
import javax.swing.*;

class SketchPanel extends JPanel implements KeyListener {
  // l'interface qui nous importe
  private Point start,end;

  public SketchPanel() {
    start = new Point(0,0);
    end = new Point(0,0);
    addKeyListener(this);
  }
  /* une méthode à nécessairement redéfinir, mais la seule que l'on redéfinisse
     vraiment */
  @Override
  public void keyPressed(KeyEvent evt) {
    int keyCode = evt.getKeyCode();
    int modifiers = evt.getModifiers();
    int d;

    if ((modifiers & InputEvent.SHIFT_MASK) != 0) // si on appuie sur la touche Majuscule
      d = 5;
    else
      d = 1;
    if (keyCode == KeyEvent.VK_LEFT) add (-d,0);
    // selon la touche sur laquelle on appuie
    else if (keyCode == KeyEvent.VK_RIGHT) add (d,0);
    else if (keyCode == KeyEvent.VK_UP) add (0,-d);
    else if (keyCode == KeyEvent.VK_DOWN) add (0,d);
  }
  @Override
  public void keyReleased(KeyEvent evt) {}; /* on la redéfinit sans vraiment
                                  la redéfinir, sinon gare au compilateur */
```

```
   @Override
   public void keyTyped(KeyEvent evt) {}; /* on la redéfinit sans vraimert la
                                             redéfinir */

   public boolean isFocusable() { return true; }

   public void add (int dx, int dy) { // c'est la méthode qui trace les lignes
      end.x += dx;
      end.y += dy;
      Graphics g = getGraphics();
      g.drawLine(start.x, start.y, end.x, end.y);
      g.dispose();
      start.x = end.x;
      start.y = end.y;
   }
}
public class ExempleDInterface2 extends JFrame {
   public ExempleDInterface2() {
      setTitle("Test Jeu Graphique");
      setSize(300, 200);
      addWindowListener(
         new WindowAdapter() {
            public void windowClosing(WindowEvent e) {
               System.exit(0);
            }
         }
      );
      getContentPane().add(new SketchPanel());
   }
   public static void main(String[] args) {
      ExempleDInterface2 unTest = new ExempleDInterface2();
      unTest.setVisible(true);
   }
}
```

Résultat

Figure 15–3
Illustration de l'interface
KeyListener. En utilisant
les quate touches fléchées,
vous pouvez dessiner
une succession de traits
horizontaux et verticaux.

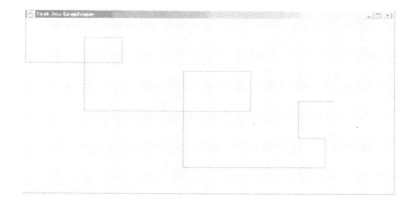

Permettre le multihéritage

Comme nous l'avons dit, plusieurs interfaces seront très souvent implémentées en même temps. De fait, un autre apport des interfaces est d'avoir levé l'interdiction du multihéritage : d'interdit pour les classes, il devient autorisé pour les interfaces. Il s'agit plutôt d'une multi-implémentation en Java et PHP, quand une classe implémente plusieurs interfaces, mais c'est vraiment un multihéritage, quand une interface hérite de plusieurs autres ou, dans tous les cas de figure, en C#.

La disparition du corps d'instructions dans les méthodes contourne toutes les difficultés posées par le multihéritage en C++ (discutées au chapitre 11). Comme dans le diagramme UML précédent, rien n'interdit à deux interfaces de posséder deux signatures de méthodes égales (dans ce diagramme, la même signature de méthode `jeTravaillePour001()` apparaît deux fois), puisque seule la classe, plus bas dans le graphe d'héritage, fournira un contenu à ces méthodes. De même, une classe et une interface pourraient partager la même signature de méthode. Si elles se trouvent héritées par une sous-classe commune, c'est de la seule version concrétisée de la méthode qu'héritera réellement la sous-classe. Concernant les attributs, leur déclaration restreinte à des constantes statiques en Java et leur disparition pure et simple de C# et PHP réduisent également les problèmes posés par des noms égaux.

La carte de visite de l'objet

Finalement, l'interface peut s'assimiler à la carte de visite d'une classe (et de tous les objets auxquels elle donne naissance), qu'un développeur d'une autre classe consulte et s'engage à respecter dans la conception de la sienne. Le diagramme UML qui suit illustre une collaboration idéale entre deux programmeurs, le premier en charge de la classe O1 et l'autre de la classe O2.

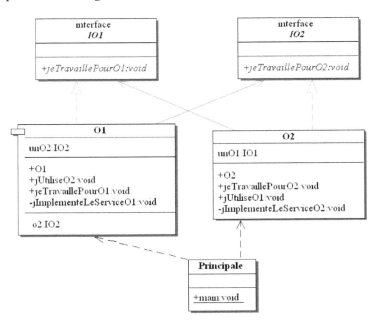

Figure 15–4
Diagramme de classes d'interaction entre les classes O1 et O2, passant par la médiation des deux interfaces implémentées par les classes IO1 et IO2

Ce qui apparaît dans ce diagramme, c'est que l'unique dépendance de la classe 01 avec 02 passe par la seule interface de la classe 02, c'est-à-dire I02. L'unique fichier dont doit disposer le développeur de la classe 01 est celui qui contient le code de l'interface I02, et aucun autre. L'existence d'une implémentation quelconque de cette interface par une classe, ici la classe 02, peut ne le préoccuper en rien. Son contrat de développement, il le signe avec l'interface et non avec la classe.

C'est la responsabilité des autres développeurs de la classe 02 de faire en sorte que ce soit bien l'interface I02, et aucune autre, qui soit implémentée. Les codes Java, C# et PHP correspondant à ce diagramme sont présentés ci-après, répartis dans les deux cas, et comme cela doit l'être idéalement, sur 5 fichiers séparés : les deux classes, les deux interfaces et la classe principale. Le développeur de la classe 01, par exemple, n'aura à manipuler que trois d'entre eux : I01 au début, pour le donner aux autres, puis I02 pour savoir comment s'adresser à la classe 02 et, évidemment, 01.

Code Java

Fichier 1 : I01.java

```java
public interface I01 {
public void jeTravaillePour01();}
```

Fichier 2 : I02.java

```java
public interface I02 {
public void jeTravaillePour02();}
```

Fichier 3 : 01.java

```java
public class 01 implements I01 {
  private I02 un02;

  public 01() { }
  public void set02(I02 un02){
    this.un02 = un02;
  }
  public void jUtilise02() {
    System.out.println("j'utilise 02");
    un02.jeTravaillePour02();
  }

  @Override
  public void jeTravaillePour01(){
    System.out.println("je travaille pour 01");
    jImplementeLeService01();
  }
  private void jImplementeLeService01() {
    System.out.println("je suis prive dans 01");
  }
}
```

Fichier 4 : O2.java

```java
public class O2 implements IO2 {
  private IO1 unO1;

  public O2 (IO1 unO1){
    this.unO1 = unO1;
  }

  @Override
  public void jeTravaillePourO2() {
    System.out.println("je travaille pour O2");
    jImplementeLeServiceO2();
  }
  public void jUtiliseO1(){
    System.out.println("j'utilise O1");
    unO1.jeTravaillePourO1();
  }
  private void jImplementeLeServiceO2() {
    System.out.println("je suis prive dans O2");
  }
}
```

Fichier 5 : Principale.java

```java
public class Principale {
  public static void main(String[] args) {
    O1 unO1 = new O1();
    O2 unO2 = new O2(unO1);
    unO1.setO2(unO2);
    unO1.jUtiliseO2();
    unO2.jUtiliseO1();
  }
}
```

Résultat

```
j'utilise O2
je travaille pour O2
je suis privé dans O2
j'utilise O1
je travaille pour O1
je suis privé dans O1
```

Ce code Java ne comporte rien de spécial. Le code de la classe O1 contient un référent vers l'interface IO2 et vice versa. Aucun lien n'est établi syntaxiquement entre les classes O1 et O2. Ce n'est qu'à l'exécution, et de manière polymorphique, qu'un objet O1 enverra explicitement un message vers un objet de la classe O2. Tous les services rendus par la classe O2 sont bien une implémentation de ceux prévus par l'interface.

Lors de l'exécution, l'interaction pourra se faire en toute tranquillité d'esprit, car rien de ce qui sera fait n'aura pas d'abord été prévu dans les interfaces et vérifié par le compilateur. Pour ce dernier, les interfaces sont une garantie du respect des types et, en conséquence, de la sécurité d'exécution. Notez qu'en Java, la seule compilation de la classe `Principale` entraîne la compilation de toutes les classes dont elle dépend, comme indiqué par le code. Les liens à la compilation se font simplement par le jeu de dénomination des fichiers et des classes.

Code C#

Fichier 1 : I01.cs

```
public interface I01 {
void jeTravaillePour01();}
```

À la différence de Java, point de mode d'accès dans la définition des méthodes, car ce mode d'accès ne peut être spécifié que lors de leur implémentation. Comme le seul mot-clé permis à ce niveau par Java est `public`, cela revient au même.

Fichier 2 : I02.cs

```
public interface I02 {
void jeTravaillePour02();}
```

Fichier 3 : O1.cs

```
using System;
public class O1 : I01 {
  private I02 un02;

  public O1(){}
  public void set02(I02 un02) {
    this.un02 = un02;
  }
  public void jUtilise02(){
    Console.WriteLine("j'utilise 02");
    un02.jeTravaillePour02();
  }
  public void jeTravaillePour01(){
    Console.WriteLine("je travaille pour 01");
    jImplementeLeService01();
  }
  private void jImplementeLeService01(){
    Console.WriteLine("je suis prive dans 01");
  }
}
```

```
/* on ajoute une sous-classe qui doit à son tour implémenter l'interface */
public class Fils01 : 01, I01 /* l'interface n'est pas automatiquement héritée*/ {
  public new void jeTravaillePour01() {
    Console.WriteLine("je travaille pour fils 01");
  }
}
```

Fichier 4 : 02.cs

```
public class 02 : I02 {
  private I01 un01, unAutre01;

  public 02 (I01 un01, I01 unAutre01) {
    this.un01 = un01;
    this.unAutre01 = unAutre01;
  }
  public void jeTravaillePour02(){
    Console.WriteLine("je travaille pour 02");
    jImplementeLeService02();
  }
  public void jUtilise01(){
    Console.WriteLine("j'utilise01");
    un01.jeTravaillePour01();
    unAutre01.jeTravaillePour01(); /* c'est ici que la réimplantation de l'interface
                                      devient nécessaire */
  }
  private void jImplementeLeService02() {
    Console.WriteLine("je suis prive dans 02");
  }
}
```

Fichier 5 : Principale.cs

```
public class Principale {
  public static void Main() {
    01 un01 = new 01();
    Fils01 unAutre01 = new Fils01();
    02 un02 = new 02(un01, unAutre01);
    un01.set02(un02);
    un01.jUtilise02();
    un02.jUtilise01();
  }
}
```

Résultat

```
j'utilise 02
je travaille pour 02
je suis privé dans 02
```

```
j'utilise O1
je travaille pour O1
je suis privé dans O1
je travaille pour fils O1
```

À première vue, le code ressemble à s'y méprendre au code Java. Cependant, il sera toujours important en C# de se préoccuper des problèmes de typage statique et dynamique (et de l'emploi soigné des mots-clés `abstract`, `virtual`, `new` et `override`) si l'héritage se propage vers le bas et si de nouvelles classes héritent de O1. C'est le cas ici avec la classe `FilsO1`. Comme seule O1 implémente l'interface, si nous ne forçons pas `FilsO1` à ré-implémenter à son tour la même interface, par défaut et à cause du typage statique, le comportement de la méthode `jeTravaillePourO1()` sera celui de la superclasse O1, la première à implémenter l'interface et non pas celui de `FilsO1`, comme ce serait effectivement le cas en Java. N'oubliez pas que C# n'est pas polymorphique par défaut. Il a fait le choix de ne rien être par défaut et de vous obliger à préciser vos intentions.

C# a rendu cette pratique plus contraignante et moins intuitive que ne l'a fait Java, en évitant que vous vous laissiez guider par le seul fonctionnement par défaut (entièrement polymorphique en Java). Ainsi, cette ré-implémentation à plusieurs niveaux des interfaces pourrait confronter le programmeur C# à des problèmes de signatures de méthodes partagées entre plusieurs interfaces, qu'il ne pourra trancher qu'en précisant de quelle interface est issue la méthode (par une écriture comme `IO1.jeTravaillePourO1() {…}`).

À lire les développeurs de .Net, il semble que la raison essentielle de ce choix, ainsi que la présence du `new` dans la redéfinition des méthodes, soient liées à la possibilité de faire coexister dans un même code plusieurs versions des mêmes fonctionnalités. Tant que vous n'êtes pas convaincu du développement en cours de la méthode `jeTravaillePourO1()` dans la classe `FilsO1`, n'implémentez pas l'interface IO1 dans celle-ci ; par défaut, c'est la version de la classe O1 qui s'exécutera. Dès que vous êtes sûr de vous, ajoutez l'implémentation de l'interface IO1 ; c'est automatiquement la nouvelle version qui sera exécutée, bien qu'il suffise d'un simple retrait pour revenir à la version précédente. Ainsi, les deux versions peuvent coexister dans un même code. Cela aide le développeur à innover, puisqu'il a la certitude qu'une version ancienne continue à fonctionner comme roue de secours.

Si tous ces fichiers sont clairement tenus séparés, leur liaison, nécessaire lors de la compilation, recourt à une pratique moins souple qu'en Java, mais qui en revanche apparaîtra plus familière aux habitués du monde Microsoft. Pour qu'une classe, à la compilation, puisse en référencer une autre, il faut d'abord la transformer en une interface `.dll` (le même nom d'interface désigne ici deux types de fichiers un peu différents, bien qu'ils servent tous deux à une forme de médiation entre d'autres fichiers). L'instruction de compilation se transforme alors en :

```
csc /t:library /out :IO1.dll IO1.cs
```

pour faire de l'interface IO1 un code récupérable à la compilation par les autres codes qui en dépendent. Ensuite, la compilation de la classe O1 utilisant cette interface se fera par :

```
csc /r:IO1.dll /t:library O1.dll O1.cs
```

Et, ainsi de suite, on « rebrousse » le fil des dépendances jusqu'à la classe `Principale`, la seule à contenir le point de départ de l'exécution, c'est-à-dire la méthode `Main`. La classe `Principale` se compilera à l'aide de l'instruction :

```
csc /r:O1.dll /r:O2.dll /r:IO1.dll /r:IO2.dll Principale.cs
```

La connexion entre les interfaces et les fichiers `.dll` ne devrait pas surprendre les programmeurs habitués à l'environnement Microsoft ; on retrouve ces interfaces dans le langage Visual Basic et dans toute l'approche COM/OLE. Ainsi, en C#, même les structures peuvent hériter des interfaces et permettre à leur méthode de « s'extérioriser ». Ces interfaces serviront encore dans le nouveau .Net, en tant que ponts entre les différents langages de programmation reconnus par la plateforme, tels que VB.Net, C#, C++, Python.Net et JScript. Ainsi, il sera possible d'utiliser du code C#, par l'entremise de son interface `.dll`, à l'intérieur d'une macro VB.Net. Les interfaces, ici, serviront non seulement à la médiation entre des classes écrites dans des environnements différents, mais élargiront cette médiation à des langages de programmation différents.

Code PHP

```php
<html>
<head>
<title> Interfaces </title>
</head>
<body>
<h1> Interfaces </h1>
<br>
<?php
interface IO1 {
    public function jeTravaillePour01();
}
interface IO2 {
    public function jeTravaillePour02();
}

class O1 implements IO1 {
    private $unO2;
    public function __construct(){}
    public function setO2(IO2 $unO2) {
    // Il est possible de typer l'argument avec l'interface
        $this->unO2 = $unO2;
  }
  public function jUtilise02(){
    print("j'utilise O2 <br> \n");
    $this->unO2->jeTravaillePour02();
    }
    public function jeTravaillePour01(){
        print("je travaille pour O1 <br> \n");
        self::jImplementeLeService01();
    }
```

```
    private function jImplementeLeService01(){
        print("je suis prive dans 01 <br> \n");
    }
}
class 02 implements I02 {
    private $un01;
    public function __construct (I01 $un01) {
    // Il est possible de typer l'argument avec l'interface
        $this->un01 = $un01;
    }
    public function jeTravaillePour02(){
        print("je travaille pour 02 <br> \n");
        self::jImplementeLeService02();
    }
    public function jUtilise01(){
        print("j'utilise01 <br> \n");
        $this->un01->jeTravaillePour01();
    }
    private function jImplementeLeService02() {
        print("je suis prive dans 02 <br> \n");
    }
}
$un01 = new 01();
$un02 = new 02($un01);
$un01->set02($un02);
$un01->jUtilise02();
$un02->jUtilise01();
?>
</body>
</html>
```

Nous installons tout le code dans un seul fichier .php. Il n'y a rien de bien particulier à signaler. Le code est très proche du Java, sans nul besoin de typage statique, sauf lors du passage d'arguments où l'on peut, dans un souci de clarification, spécifier le type qui sera vérifié à l'exécution.

Les interfaces dans UML 2

L'importance des interfaces dans le développement des logiciels OO est telle qu'UML a, dans sa deuxième version, enrichi son offre de symboles graphiques pour les prendre en considération. Ainsi, les liens entre les classes 01, 02 et les interfaces I01 et I02 décrits précédemment se représentent désormais, comme dans la figure 15-5, à l'aide d'un petit cercle lorsqu'il s'agit d'une implémentation d'interface et d'un « socket » (un arc de cercle comme un petit grippeur) lorsqu'il s'agit d'une utilisation d'interface. En général, le « socket interface » d'une classe se connecte sur le « cercle interface » d'une autre. C'est ainsi que les classes se connectent au mieux, par interfaces interposées. Ce nouveau symbole graphique s'est substitué au stéréotype « interface » apposé jusqu'alors sur les classes qui l'étaient. Cela nous aide également à comprendre la notion de stéréotype en UML, qui s'écrit entre guillemets, s'ajoute sur n'importe quel élément graphique d'UML pour en particulariser l'usage et, en général, effectue la transition jusqu'à l'arrivée d'un nouveau symbole graphique.

Figure 15–5

La classe O1 implémente l'interface IO1 et utilise l'interface IO2 et vice versa pour la classe O2.

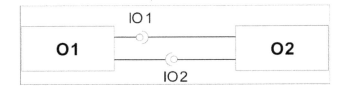

Parmi d'autres additions d'UML 2, figure le diagramme dit de « structure composite », dans lequel on trouve des éléments graphiques comme celui, extension de la figure précédente, représenté dans la figure 15-6. Vous découvrez un composant logiciel et ses trois manières d'interagir respectivement avec ses trois « composants interlocuteurs ». Il peut s'agir d'une classe ou d'un composant plus important incluant plusieurs classes. Chaque interaction est symbolisée par un port comprenant une implémentation et une utilisation d'interface. L'implémentation correspond à la manière de ce composant de se « présenter » à son interlocuteur. La partie utilisatrice reprend les services que ce composant attend à son tour de la part de cet interlocuteur. Chaque interlocuteur se voit associé à un « port » à part. Il reprend le protocole de communication pour cet interlocuteur précis, chaque interlocuteur ayant le sien. À l'intérieur du composant, on découvre les parties fonctionnelles reliées à ces ports et qui concrétisent ces interfaces. Cette manière de représenter les composants logiciels par leur façon de s'imbriquer entre eux, les implémentations faisant office de « sortie » du composant et les utilisations des « entrées », ramène la conception logicielle à la réalisation d'un immense Lego ou puzzle, où l'on tente au mieux de construire un ensemble fonctionnel en assemblant entre elles des parties pré-existantes en fonction de leurs « entrées-sorties ».

Figure 15–6

Partie d'un diagramme de « structure composite »

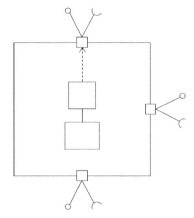

En C++ : fichiers .h et fichiers .cpp

Dans ce langage, le rôle de l'interface se réduit au plus essentiel de tous, c'est-à-dire une structure de code utilisée pour la médiation entre les différents acteurs d'un programme en cours de développement. Sa mise en œuvre est pourtant fondamentalement différente, car elle ne repose plus sur la pratique de l'héritage, mais plutôt sur la séparation dans l'écriture d'une classe entre un fichier dit d'interface, portant l'extension .h, et un fichier dit d'implémentation, portant l'extension .cpp.

L'interface n'est plus une addition syntaxique du langage, comme c'est le cas en Java et C#, mais elle répond plutôt à un mode d'organisation de l'application logicielle en un ensemble de fichiers présentant les classes aux autres, les .h, et de fichiers implémentant ces classes, les .cpp. L'interface n'est plus un élément essentiel de la syntaxe, mais un type de fichier. Dans la version C++ des diagrammes UML, elle ne figurera plus dans le diagramme de classe, mais on la retrouvera dans le diagramme qui décrit l'organisation des fichiers de l'application : le diagramme de composant, comme la figure suivante l'illustre.

Figure 15–7
Diagramme UML
de composants associé
au code C++ présenté
plus loin

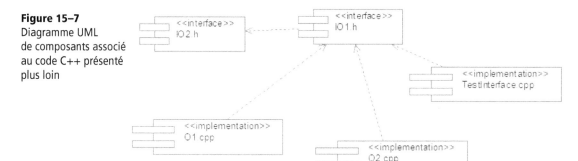

Jusqu'à présent, nous avons réalisé nos exemples de code C++ sans les faire précéder et les accompagner de fichiers d'interfaces. La raison en est simple : ces derniers ne sont pas utiles à la compréhension première des briques de base de l'OO. Cependant, toute formation en C++ accorde, à juste titre, beaucoup d'importance à la décomposition, dans l'écriture des classes, entre fichiers d'interfaces et fichiers d'implémentation.

Excepté ce rôle de médiation, la définition du corps des méthodes dans le seul fichier d'implémentation, ou directement dans le fichier d'interface (on les déclare alors « inline »), n'est pas sans conséquence sur la taille et la vitesse d'exécution du code.

Implémenter une méthode dès la déclaration de la classe comme nous l'avions fait jusqu'ici, plutôt que dans un fichier séparé comme nous le ferons par la suite, conduit à une version différente de l'exécutable. Nous négligerons ces aspects, car notre ouvrage n'a pas pour vocation une compréhension exhaustive du C++. Cependant, tout développeur dans ce langage doit garder à l'esprit que cette séparation interface/implémentation et l'endroit où se trouve déclarée l'implémentation des méthodes, est responsable d'un ensemble d'effets assez conséquents.

Nous allons reprendre l'application réalisée précédemment en Java, C# et PHP, en présentant et commentant les cinq fichiers C++ qui la réalisent.

Fichier 1 : IO1.h

```
#include "IO2.h"
class O1 {
 private:
  O2 *unO2;
  void jImplementeLeService01();
 public:
  O1();
  void jeTravaillePour01();
  void setO2(O2 *unO2);
  void jUtiliseO2();
};
```

Nous voyons qu'il n'est plus possible d'isoler dans l'interface un sous-ensemble des méthodes, les seules que nous voudrions rendre disponibles aux autres classes. Toutes les méthodes existant dans la classe devront être prévues dans l'interface. Néanmoins, l'interface se borne à n'en présenter que leur signature. C'est bien en cela qu'elle constitue, à nouveau, un partenaire essentiel à la décomposition de l'application logicielle. La classe O1 inclut (include) l'interface IO2.h et elle possède un attribut de type O2. C'est de cette manière qu'en C++ les classes interagiront entre elles. Chacune, dans le développement de son interface, inclura l'interface de celle qu'elle utilise et en fera un attribut supplémentaire.

Fichier 2 : IO2.h

```
class O1;
class O2 {
 private:
  O1 *unO1;
  void jImplementeLeService02();
 public:
  O2 (O1 *unO1);
  void jeTravaillePour02();
  void jUtiliseO1();
};
```

Pour éviter des problèmes de récursivité sans fin, dus au simple fait que les deux classes se référencent mutuellement, nous ne procéderons pas ici à l'inclusion de l'interface IO1.h. En revanche, nous rappellerons simplement la classe O1 au début du code. De nouveau, toutes les méthodes de la classe O2 sont là, mais dans leur version la plus sobre, sans instruction. La classe O2 possède, à son tour, un attribut de type O1.

Fichier 3 : O1.cpp

```cpp
#include <iostream>
#include "IO1.h"
using namespace std;

O1::O1() { }
void O1::jeTravaillePourO1() {
  cout <<"je Travaille pour O1" << endl;
  jImplementeLeServiceO1();
}
void O1::jImplementeLeServiceO1() {
  cout << "je suis prive dans O1"<<endl;
}
void O1::setO2(O2 *unO2) {
  this->unO2 = unO2;
}
void O1::jUtiliseO2() {
  cout << "j'utilise O2" << endl;
  unO2->jeTravaillePourO2();
}
```

Comme nous le voyons, ce premier fichier d'implémentation, `O1.cpp`, doit commencer par inclure l'interface qu'il a pour mission d'implémenter. Ensuite, toutes les méthodes sont concrètement définies. Elles s'écrivent en faisant précéder leur signature de la classe à laquelle elles appartiennent.

Fichier 4 : O2.cpp

```cpp
#include <iostream>
#include "IO1.h"
using namespace std;

O2::O2(O1 *unO1) {
  this->unO1 = unO1;
}
void O2::jUtiliseO1() {
  cout << "j'utilise O1" << endl;
  unO1->jeTravaillePourO1();
}
void O2::jImplementeLeServiceO2() {
  cout <<"je suis prive dans O2" << endl;
}
void O2::jeTravaillePourO2() {
  cout << "je Travaille pour O2" << endl;
  jImplementeLeServiceO2();
}
```

Il ne faut pas inclure `IO2.h`, puisque l'inclusion de la première interface s'en sera déjà occupée.

Fichier 5 : TestInterface.cpp

```
#include "IO1.h"

int main(int argc, char* argv[]) {
  O1* unO1 = new O1();
  O2* unO2 = new O2(unO1);
  unO1->setO2(unO2);
  unO1->jUtiliseO2();
  unO2->jUtiliseO1();
  return 0;
}
```

Finalement, le main, détaché de toute classe, se borne à inclure seulement IO1.h, pour les mêmes raisons que le fichier précédent.

Résultat

```
j'utilise O2
je travaille pour O2
je suis privé dans O2
j'utilise O1
je travaille pour O1
je suis privé dans O1
```

✎ **Séparation .h/ .cpp**

En C++, la séparation des fichiers d'interfaces .h et d'implémentation .cpp est une autre façon d'améliorer la stabilité des logiciels, en forçant les développeurs, par l'organisation des fichiers (et non plus du code comme en Java, C# ou PHP), à désolidariser physiquement le catalogue des objets de leur accès direct.

Interfaces : du local à Internet

Par fichiers séparés

Ce qu'il y a de vraiment commun aux trois langages de programmation OO, c'est le besoin de séparer dans deux fichiers différents les signatures des méthodes de leur implémentation, ce qui est visible et accessible de l'extérieur et la manière dont cela s'exécute de l'intérieur. Java, C# et PHP permettent une extraction encore supplémentaire et plus fine, par le jeu de l'héritage. Dans ces langages, l'interface est re-solidarisée à l'implémentation par ce mécanisme d'héritage, alors qu'en C++ l'interface est incluse (include) dans le fichier d'implémentation.

Dans le prochain chapitre, nous allons généraliser à Internet cette interaction entre objets par le truchement de leurs interfaces. Les interfaces sont à ce point suffisantes à la communication entre objets que seuls les fichiers qui les contiennent devront être installés sur les ordinateurs séparés, mais appelés à communiquer. La véritable implémentation des services sera non seulement encapsulée dans les fichiers classes, mais également dans des ordinateurs séparés, ordinateurs simplement connectés par Internet et son protocole de communication : TCP/IP.

Exercices

Exercice 15.1

Écrivez en Java ou en C# le code correspondant à ce diagramme de classes, composé de quatre interfaces et d'une classe.

Figure 15–8

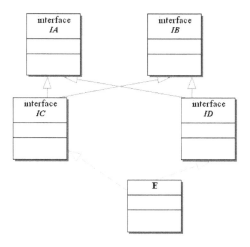

Exercice 15.2

Si la classe B cherche à interagir avec la classe A, comment allez-vous représenter la flèche d'association dirigée dans le diagramme de classes ci-après ?

Figure 15–9

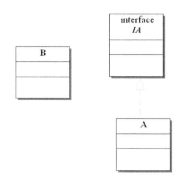

Exercice 15.3

Expliquez en quoi l'utilisation des interfaces rend possible le multihéritage.

Exercice 15.4

Décomposez en un fichier d'interface .h et un fichier d'implémentation .cpp, le seul fichier d'implémentation C++ suivant :

```cpp
class A {
  private:
    int a1, a2;
    bool b1, b2;

    int faireA() {
      return a1 + a2;
    }
  public:
    A(int a1, int a2) {
      this->a1 = a1;
      this->a2 = a2;
      b1 = false;
    }
    void faire2A(int c) {
      faireA() + c;
    }
};
```

Exercice 15.5

Lors de la compilation du code Java ci-après, deux erreurs sont signalées. Lesquelles ?

```java
interface IA {
  private int faireA();
  public void faire2A();
  public int faire3A();
}
class A implements IA {
  public int faireA() {
    return 2;
  }
  public void faire2A() {
    System.out.println(faireA());
  }
}
public class Exercice5 {
  public static void main(String[] args) {
    A unA = new A();
    unA.faire2A();
  }
}
```

Exercice 15.6

Lors de la compilation du code C# suivant, trois erreurs sont signalées. Lesquelles ?

```
using System;
interface IA {
  public int faireA();
  public void faire2A();
}
class B {
  public int faireB() {
    return 3;
  }
}
class A : IA, B {
  public int faireA() {
    return 2;
  }
  public void faire2A() {
    Console.WriteLine(faireA());
  }
}
public class Exercice6 {
  public static void Main() {
    A unA = new A();
    unA.faire2A();
  }
}
```

Exercice 15.7

Dans quel cas de figure une classe abstraite héritera-t-elle d'une interface ?

Exercice 15.8

Pourquoi en C++, au contraire de C# et de Java, le fichier d'implémentation contiendra-t-il le même nombre ou moins de méthodes que le fichier interface ?

Exercice 15.9

En C# et en Java, un attribut peut-il posséder en tant que type une interface ? Si oui, est-ce là une bonne pratique ?

Exercice 15.10

Expliquez les trois pratiques de compilation liées à la présence des interfaces et pourquoi la pratique de Java apparaît comme la moins lourde à mettre en œuvre.

16

Distribution gratuite d'objets : pour services rendus sur le réseau

En s'interrogeant tout d'abord sur les raisons de leur utilisation, ce chapitre initie à la pratique des applications informatiques distribuées. Réalisées par le biais d'objets distribués, ces applications s'activent sur des ordinateurs séparés et communiquent à travers la couche physique, Internet, ou un niveau sémantique au-dessus, le Web. Différentes implémentations de ces objets distribués seront évoquées et expérimentées, comme RMI, Corba, Jini et les services web.

DOCTUS — *Internet fait la démonstration tous les jours de ce qu'on peut faire en matière de logiciels distribués. Nos objets ne sont rien d'autre que des moyens modernes pour répartir les tâches de manière démocratique, à travers toute la planète. C'est l'OO à l'heure de la mondialisation, n'en déplaise aux alterégOO.*

CANDIDUS — *Une démocratie dans laquelle chacun est libre de s'exprimer mais où les responsabilités devront être pleinement assumées !*

DOC. — *Il s'agit là d'un aspect très fort de notre défi. Cette responsabilisation n'est possible que si elle est basée sur de réelles compétences.*

Cand. — Il faudra donc veiller à la bonne distribution des rôles en s'assurant que chacun disposera de tout le nécessaire pour effectuer son travail. Chaque objet devra également pouvoir communiquer avec tous les spécialistes qu'il lui faudra connaître pour compléter son savoir-faire.

Doc. — Les langages actuels sont assez avancés pour exploiter tout le travail réalisé avant l'OO. Ce qui reste à faire ne concerne que l'aspect d'ouverture des programmes existants pour les faire communiquer, afin qu'on puisse s'en servir, dans la situation et le moment voulus.

Objets distribués sur le réseau : pourquoi ?

Faire d'Internet un ordinateur géant

L'utilisation d'objets qui s'exécutent indépendamment sur des processeurs séparés, mais tout en continuant à s'envoyer des messages, cette fois-ci à travers Internet, se justifie par un ensemble d'avantages, pour la plupart liés à l'exploitation des réseaux informatiques en général. Le premier d'entre eux est d'accroître les ressources de calcul mises à disposition. On connaît le fameux slogan de Sun/Oracle : « The computer is the network ».

Cela reste évidemment le cas tant que le coût des communications entre les objets (par exemple la durée d'une communication multipliée par le nombre de communications) est inférieur à l'épargne effectuée par la répartition de l'exécution sur différents processeurs. Internet est un immense ordinateur, le plus grand et le plus puissant, pour autant que l'on arrive à paralléliser efficacement l'application logicielle qui nous intéresse sur tous les nœuds qui le constituent. Battu à plate couture, notre misérable cerveau avec ses cent milliards de neurones et ses dix mille dérisoires connexions par neurone.

C'est avec une mélancolie certaine que les utilisateurs gourmands en temps de calcul rêvent à tous ces ordinateurs dormants qui, quand ils se réveillent, ne tournent qu'à 10 % de leur capacité de temps de calcul, et ce quand ils tournent vraiment, entre deux courriels et deux téléchargements de la photo osée de la dernière vedette d'un reality show.

L'exemple le plus connu d'une telle utilisation des ressources Internet est le projet Seti@home : tous les ordinateurs volontaires du réseau dédient une partie de leurs ressources (temps de calcul et mémoire) à la recherche de motifs tangibles dans des signaux radio perçus de l'univers entier, révélateurs d'une éventuelle présence intelligente dans l'univers (en dehors du bureau des auteurs, bien entendu). Les extraterrestres auraient démarré un projet semblable, mais leurs ordinateurs sont, depuis, pris dans une boucle infinie et à cours de ressources, dans l'analyse des écrits de Heidegger, des chansons de Léo Ferré, des films de Greenaway, des tableaux de Pollock et des musiques de Boulez.

Seti@home est très facilement parallélisable car chaque ordinateur jouant le jeu ne s'occupe que d'une partie du ciel ; tous font la même chose, mais chacun se limite à une partie des données. C'est également le cas dans de nombreux projets bioinformatiques comme le séquençage de motifs d'ADN, le repliement des protéines ou la prédiction climatique, eux aussi facilement parallélisables. Citons ainsi le projet Folding@home de l'Université de Stanford, partageant sur tous les ordinateurs qui y participent la recherche des caractéristiques des protéines liées à des maladies telles que Alzheimer ou de nombreux cancers.

La motivation essentielle des nouveaux projets d'informatique distribuée comme le *Grid Computing*, qui répartit des tâches très exigeantes en mémoire et temps de calcul sur tous les ordinateurs d'Internet qui acceptent d'y consacrer un peu de leurs ressources, est que quel que soit l'accroissement des performances informatiques, il sera toujours négligeable par rapport à celui des performances du réseau dans sa totalité qui, non seulement bénéficie de l'accélération de chacun de ses membres, mais également de l'accroissement du nombre de ceux-ci dans le réseau. Le mélange du *Grid Computing* et des services web devrait connaître une évolution très naturelle.

Répartition des données

Une autre raison d'utiliser Internet pour la communication entre objets tient au simple fait que ces derniers doivent parfois s'exécuter sur des processeurs distribués, car les données à manipuler sont elles-mêmes réparties dans la mémoire connectée à ces processeurs. C'est souvent le cas de la lecture ou de la mise à jour de bases de données, laquelle ne peut s'effectuer que sur le serveur où cette base est installée. Déplacer toute la base serait incommensurablement plus coûteux que simplement déplacer l'objet, qui nécessite quelques informations en provenance de cette base. Les applications distribuées appliquées au commerce électronique sont pour la plupart de ce type. On les dit « 2-tiers » lorsqu'un client interagit, via son navigateur Internet, directement avec le serveur de la base de données. C'est plutôt rare, car les connexions directes sur une base de données sont lentes, coûteuses et concurrentielles.

De ce fait, on ajoute le plus souvent quelques processeurs intermédiaires ; l'application est dite alors « 3-tiers ou multi-tiers ». Ces processeurs récoltent les requêtes clients et, avant d'entamer une interaction avec la base de données (interaction lente et à réaliser avec parcimonie), les vérifient (pour cela, ils peuvent s'embarquer dans quelques interactions supplémentaires avec le client), les compilent, les transforment, les homogénéisent puis, enfin, les transmettent à la base de données.

Tous ces allers-retours entre les clients, les serveurs intermédiaires et les bases de données se font idéalement avec les objets distribués et sont d'ailleurs très fréquemment réalisés à partir du protocole RMI propre à Java (dû au positionnement stratégique de Java pour les applications web), étudié à la prochaine section. Ici, les objets sont distribués, purement et simplement car les données qu'ils doivent traiter le sont également, pour des raisons historiques, économiques, stratégiques ou de confidentialité.

Répartition des utilisateurs et des responsables

Tous les utilisateurs de l'informatique ne partagent pas un même lieu géographique et ne l'utilisent pas pour les mêmes raisons. Ils sont tout autant distribués que le sont leurs machines. Et leur mobilité est devenue celle de leur portable. L'existence des objets distribués facilite l'intégration de services rendus par des entreprises commerciales distinctes mais, éventuellement, complémentaires. À ce titre, on parle souvent et de plus en plus, d'architecture informatique orientée service (SOA).

Par exemple, l'organisation d'un voyage implique des services pour la prise en charge du déplacement, d'autres pour celle du séjour, d'autres encore pour celle des assurances, etc. Une agence de voyage pourra plus simplement interagir avec ces différentes entreprises, de manière à centraliser aisément toute la gestion du voyage. Chaque utilisateur peut collaborer avec les autres en déléguant respectivement leurs tâches à des objets distribués. On entend souvent parler sur Internet d'agents « intelligents », capables de prises de décision, d'achats, de ventes, au profit de leur « maître ». Ces agents se trouvent le plus souvent incarnés dans des objets distribués. C'est aussi derrière ce type d'informatique que courent les services web : intégrer et faire collaborer à moindre frais des compétences distribuées géographiquement. Vous achetez un disque et le magasin dans lequel vous vous trouvez vous réserve des places pour le concert de l'artiste du disque. L'achat des logiciels informatiques devrait être lentement mais sûrement remplacé par la location de ces mêmes logiciels le temps nécessaire à leur utilisation.

On assiste au développement d'une informatique éclatée, distribuée sur le réseau. Les programmes, qui s'exécutent sur des machines distantes se sollicitent mutuellement au fur et à mesure de leur exécution. Les deux petits exemples qui suivent illustreront ce nouvel emploi du Web, à portée de souris aujourd'hui. Si vous utilisez un traitement de texte et désirez corriger votre texte à l'aide du meilleur correcteur orthographique existant sur le marché, vous êtes limité au seul programme disponible dans le traitement de texte que vous utilisez. Demain, lorsque vous solliciterez dans le menu de votre traitement de texte la fonction « correcteur orthographique », de nombreuses options s'offriront à vous, différenciées par leur temps d'utilisation, leur prix, leur qualité, etc. Il vous sera alors possible de choisir celle qui vous convient. Automatiquement, ce choix entraînera l'empaquetage de votre texte, de manière à le faire circuler sur le Web, à l'acheminer vers le correcteur orthographique en question (à l'Académie française ou à Oxford), qui le corrigera et vous le renverra dans sa version corrigée. Un système de facturation totalement intégré ne vous fera payer que ce que vous aurez dépensé (accès et temps de correction). Vous ne serez plus obligés d'acheter et de mettre constamment à jour sur votre ordinateur un correcteur unique. Ce scénario est évidemment extensible à tous les logiciels utilisés, y compris le traitement de texte de départ. Et c'est évidemment le bien nommé Internet des objets qui pointe son nez à l'horizon.

Peer-to-peer

Le logiciel Napster fut à l'origine du modèle *peer-to-peer* ; toutefois, la présence d'un serveur central le rendait très vulnérable et il a disparu au profit d'autres implantations comme Gnutella ou Kazaa, dont les serveurs sont plus distribués. Ce modèle est très représentatif d'une vision idéalisée d'Internet, « new age » et « collectiviste », défendue par beaucoup : tout ordinateur devrait être, à la fois, serveur de données et client des autres serveurs, en évitant au maximum de passer par des ordinateurs pivots, jouant un rôle trop stratégique de concentrateurs ou de médiateurs.

Si les réseaux informatiques ont eu et continuent à avoir cet extraordinaire impact psychologique et économique sur le fonctionnement de nos sociétés, c'est que leur diffusion s'accompagne, tout en les amplifiant, de deux phénomènes d'importance croissante : la communication et la dématérialisation de ce que l'on communique. De plus, ces deux phénomènes s'amplifient mutuellement : l'accroissement des communications pousse à la dématérialisation des supports d'échange (voyez la musique, les films) et l'accroissement de cette dématérialisation banalise la communication de ceux-ci (voyez les musées Internet ou le commerce électronique en général).

La dématérialisation des supports d'échange est une tendance constante, qui nous accompagne depuis l'origine des temps. Le troc, qui consistait à échanger des produits mais exigeait de multiples relations interpersonnelles, fit place à la monnaie métallique, qui facilitait l'échange, parce qu'elle désolidarisait la transaction des produits échangés. De nos jours, cette monnaie matérielle est de plus en plus souvent remplacée par des transactions électroniques, ce qui accroît la distance dans le temps et dans l'espace entre acheteurs et vendeurs. Pièces, billets, chèques s'effacent chaque jour un peu plus au profit des cartes de crédit et des sites web (et demain le bitcoin). Cela montre que l'objet de l'échange survit très souvent et très bien aux mutations que subit le support de l'échange. Le besoin d'échanger demeure tandis que le médiateur se métamorphose.

L'informatique a largement accompagné cette tendance à la dématérialisation, avant d'en devenir un vecteur et un accélérateur prépondérant. Ainsi, en matière d'économie, nous vivons une évolution conséquente qui nous fait passer des échanges matériels de biens et de marchés à des relations fondées sur le seul accès dématérialisé à un bien, accès limité dans le temps et facilité par les réseaux. De nombreux économistes pensent que nous paierons dans l'avenir moins pour le transfert de propriété d'un bien dans l'espace que pour le « flux d'expérience » auquel nous aurons accès dans le temps. Par exemple, nous n'achèterons plus un DVD mais nous paierons le visionnage d'un film, téléchargé en direct à partir d'une agence de location vidéo. Le marketing des objets les plus matériels risque lui aussi d'être modifié par cette pratique nouvelle. En effet, nous n'achèterons plus une voiture, mais nous la louerons le temps d'un voyage, tout comme vous le faites aujourd'hui lorsque vous louez une place dans un avion, mais probablement pour d'autres raisons.

Cette parfaite mise à plat du réseau Internet, ce projet par trop égalitaire, deviendrait ce faisant un réseau de communication fantastique pour des objets voués à se rendre mutuellement des services à travers le réseau. « Passe-moi ton texte que je te le corrige avec le merveilleux correcteur sémantique dont j'ai fait l'acquisition récemment, et j'en profite pour t'envoyer une photo à retoucher avec ton merveilleux système de traitement d'images, et puis surtout n'hésite pas à m'envoyer ta dernière production musicale dont mon merveilleux compositeur automatique fera du Mozart. »

Il ne s'agit pas ici de simples transferts de fichiers, mais plutôt de déclencher des applications à distance, en leur transmettant en paramètres les données sur lesquelles ces applications vont devoir opérer. C'est toute la différence entre un envoi de message, qui est un ordre d'exécution, et un envoi de données. Les autoroutes de l'information se transformeront en des réseaux de petits boulots, où l'on troque des services plutôt que des biens et où les 35 heures seront très difficiles à faire respecter. Oracle a beaucoup misé sur cette évolution et favorise le développement d'une plate-forme informatique nommée JXTA, qui devrait faciliter grandement le développement par chacun d'applications peer-to-peer.

L'informatique ubiquitaire

Une autre évolution plus récente veut que les ordinateurs tels qu'on les connaît, c'est-à-dire des boîtes grises ou fluo sur la table ou sur les genoux, soient de moins en moins les seules machines à vouloir communiquer. Dans un avenir très proche, dans le monde de l'Internet sans fil, n'importe quelle machine dotée d'un processeur pourrait chercher à communiquer avec n'importe quelle autre. C'est ce qu'on appelle aujourd'hui l'informatique ubiquitaire ou disparaissante, à votre convenance. Bien que contradictoires, les deux adjectifs décrivent des réalités qui se conditionnent. C'est parce qu'il y a des ordinateurs partout qu'il n'est plus opportun de parler d'ordinateur.

Rappelez-vous le premier chapitre. La voiture que nous y décrivions pourrait réellement envoyer un message au feu rouge, comme « passe au vert, j'arrive ». Le réfrigérateur pourrait commander au supermarché voisin le renouvellement de ses denrées périmées. Votre appareil photo pourrait envoyer vos prises de vues directement sur la télévision de votre fils…

Imaginez-vous dans un pays lointain avec votre appareil photo numérique. Vous souhaitez imprimer avec la meilleure qualité possible la photo que vous venez de faire et n'avez aucune imprimante le permettant. Dans votre appareil photo un petit menu affiche la liste des boutiques qui peuvent s'occuper de cette impression dans un rayon d'un kilomètre. Vous en choisissez une, là encore selon certains critères : prix, proximité, qualité. Une fois votre choix effectué, un seul clic suffit à lancer l'impression. Vous n'aurez plus alors qu'à aller chercher votre photo imprimée dans la boutique en question. La facturation s'effectuera, à nouveau, le plus automatiquement et simplement qui soit sous forme électronique. Vous en rêviez... Les objets distribués l'ont fait. Nous reviendrons sur cet exemple dans la suite du chapitre. Rien n'est vraiment fictif dans tout cela, la technologie le permet ; il reste à rendre toutes ces idées utiles, puis, un jour, indispensables. Le monde de demain connectera des milliards de milliards d'objets intelligents logés dans les endroits les plus incongrus et capables de collaborer en synchronisant les services qu'ils nous rendront.

Robustesse

Un dernier avantage à la répartition à travers le réseau d'une application informatique tient à la robustesse de cette application face aux pannes de machines, si le même traitement s'effectue, en toute redondance, sur plusieurs ordinateurs à la fois. L'ambition idéale d'Internet était de renforcer, par ses multiples ordinateurs et ses multiples liaisons, la fiabilité du système informatique. Plus un réseau contient de nœuds et de connexions, plus la fiabilité de ses communications est assurée. En clair, la multiplication des ressources mises à disposition pour un projet unique garantit une quasi parfaite fiabilité dans l'exécution de ce projet.

RMI (Remote Method Invocation)

Très peu de modifications devront être apportées aux fichiers Java utilisés dans le chapitre précédent, dès lors que nous souhaitons simplement « migrer » cette même application sur Internet. Nous débutons la pratique des objets distribués par la méthodologie RMI car, d'une certaine manière, c'est elle qui satisfait le mieux l'ambition poursuivie par toutes les autres : rendre transparente la distribution géographique des objets s'échangeant des messages pour le programmeur, ce dernier ayant la possibilité de programmer « distribué » exactement comme il programme en local. Bien qu'elles partagent l'ambition de rendre le développement d'applications globales presque aussi immédiat que le développement d'applications locales, c'est la force de la technologie RMI (*Remote Method Invocation*), par rapport à la technologie Corba que nous discuterons dans la suite, de passer effectivement le plus facilement d'une application Java purement locale à une version distribuée. Les cinq fichiers Java nécessaires, comme dans le chapitre précédent, sont indiqués ci-après.

Nous allons détailler uniquement les additions qui font de cette application, précédemment locale, une application Internet. Pour les différencier du cas précédent, nous avons simplement ajouté « RMI » à la fin du nom des classes et interfaces concernées. Comme nous travaillons à travers le réseau Internet, des problèmes sont à prévoir, panne de réseau, connexion impossible, que Java nous force, de fait, à anticiper. En conséquence de quoi, les seules additions requises concerneront surtout des mécanismes de gestion d'exception. Nous allons développer les côtés serveur et client de la communication, bien que nous sachions qu'en matière d'objets distribués, ces deux appellations sont parfaitement interchangeables.

Côté serveur

Fichier 1 : IO2RMI.java – Définition de l'interface

```
public interface IO2RMI extends java.rmi.Remote {
  public void jeTravaillePourO2() throws java.rmi.RemoteException;
  public String jeRenvoieUnString() throws java.rmi.RemoteException;
}
```

Nous avions anticipé dans les chapitres précédents l'importance prise par les interfaces dans la réalisation des applications distribuées. Il est en effet plus important encore, lorsque les programmeurs se trouvent largement séparés aussi bien dans l'espace que dans le temps, de baser leur communication sur un protocole d'échange minimal, leur laissant les mains libres pour d'éventuelles transformations dans les applications dont ils ont la charge. Nous découvrons dans la suite, leur exploitation dans ce cadre précis d'objets distribués sur des processeurs distincts. Pour indiquer qu'elle sera utilisée à distance, l'interface doit hériter de la classe java.rmi.Remote. Nous prévoyons deux services dans cette interface, le premier se borne à écrire sur le serveur, alors que le second transmet un String que le client doit recevoir. Il faut prévoir un éventuel déclenchement de l'exception java.rmi.RemoteException, quand on enverra le message prévu par cette signature. Bien des choses pourraient se passer sur le réseau, rendant l'envoi du message impossible. Le message, dès l'écriture de sa signature, doit également contenir les exceptions auxquelles il peut donner lieu. Les problèmes qui peuvent se produire, et qu'il est nécessaire de prévoir, font partie de la signature du message.

Fichier 2 : O2RMI.java – Définition de la classe, implémentation de l'interface par la classe O2RMI

```
public class O2RMI implements IO2RMI {
  public O2RMI() {}
  public void jeTravaillePourO2() { /* implémentation du premier service */
    System.out.println("je travaille pour O2");
    jImplementeLeServiceO2();
  }
  public String jeRenvoieUnString() { /* implémentation du deuxième service */
    return "un bonjour en provenance d'O2";
  }
  private void jImplementeLeServiceO2() {
    System.out.println("je suis prive dans O2");
  }
}
```

La classe O2RMI implémente les deux messages à exécuter, jeTravaillePourO2() et jeRenvoieUnString(). Même si leur mode d'exécution se fera à distance plutôt que localement, rien ne change vraiment dans l'écriture de leur « envoi ».

Fichier 3 : PrincipaleServeurRMI.java – Fichier final côté serveur

```java
import java.rmi.registry.Registry;
import java.rmi.registry.LocateRegistry;
import java.rmi.RemoteException;
import java.rmi.server.UnicastRemoteObject;

public class PrincipaleServeurRMI {
  public PrincipaleServeurRMI() {}
  public static void main(String[] args) {
    try {
      O2RMI obj = new O2RMI ();
      IO2RMI stub = (IO2RMI)UnicastRemoteObject.exportObject(obj, 0);
      Registry registry = LocateRegistry.getRegistry();
      registry.bind("unObjetO2", stub);

    } catch (Exception e) {System.exit(0);}
  }
}
```

La classe Serveur utilise UnicastRemoteObject pour rendre l'objet disponible sur le réseau. Il faut maintenant prévoir que l'objet en question, qui exécutera les services du côté serveur, soit référencé par un nom. Il faut installer cet objet sur le Web avec un nom symbolique, ici unObjetO2, au moyen duquel tout client pourra y faire appel. Ce nom sera installé dans un « registre » que tout client pourra consulter. Lors de la déclaration du nom du référent dans le « registre », par l'opération registry.bind(), un port, autre que celui spécifié par défaut (this), peut être précisé.

Un service de sécurité peut également être activé, qui se limite souvent à celui par défaut. On admettra, sans s'en préoccuper davantage, que toute interaction de type réseau ne va pas sans un souci sécuritaire (dissimulation du contenu du message, identification de l'expéditeur ou du destinataire…) qu'il faudra prendre en charge. L'objet en charge du service est maintenant disponible côté serveur.

Côté client

Fichier 4 : O1RMI.java – Fichier réalisant l'appel des services côté client

```java
import java.rmi.registry.LocateRegistry;
import java.rmi.registry.Registry;

public class O1RMI {
  IO2RMI unObjetO2 = null;
  public O1RMI(){
    System.out.println("je vais chercher l'objet sur le Net");
    try {
      Registry registry = LocateRegistry.getRegistry();
      unObjetO2 = (IO2RMI) registry.lookup("unObjetO2");
    }
```

```
    catch (Exception e) {
      System.out.println("ça ne marche pas " + e);
      System.exit(0);}
      System.out.println("c'est fait");
  }
  public void jUtiliseO2() {
    System.out.println("j'utilise O2");
    try /* on envoie les deux messages */ {
      unObjetO2.jeTravaillePourO2();
      System.out.println(unObjetO2.jeRenvoieUnString());
    } catch (Exception e) {
      System.out.println("ça ne marche pas" + e);
      System.exit(0);
    }

    System.out.println("c'est fait");
  }
}
```

Pour envoyer son message, le client doit avant tout identifier son destinataire. Il le fait en utilisant le même « registre » que le serveur. Il cherche sur ce « registre » l'objet correspondant au nom unObjetO2, qui est en effet le nom que nous lui avons donné côté serveur. Il est important à ce stade de compléter le nom de l'objet par l'adresse Internet de l'ordinateur sur lequel il se trouve, ainsi que le port de communication qui est dédié à cette interaction. En général, cette même opération s'écrira plutôt de la manière suivante :

```
registry.lookup (" rmi ://iridia.ulb.ac.be :1234/unObjetO2 ")
```

iridia.ulb.ac.be étant l'adresse Internet du serveur en question et 1234 le port de communication. Nous ne l'avons pas fait ici, puisque nous exécutons toute l'application en local.

✎ Un objet dans chaque port

Un port est un « canal de sortie » dédié à une communication d'un ordinateur donné avec le monde extérieur. Chaque communication avec chaque interlocuteur doit faire l'objet d'un port distinct et dédié à cette seule communication. Du côté du serveur, l'objet est également « présent » et « à l'écoute » sur ce même port.

À ce stade, une véritable distribution du service sur Internet ne demande en fait qu'une modification de l'adresse dans le code du client, les deux envois de messages sur unObjetO2 se déroulant exactement comme si cette application ne fonctionnait qu'en local. Comme discuté dans le chapitre précédent, nous voyons que le client exige de connaître l'interface IO2RMI, qui sert effectivement de médiateur entre les deux acteurs : du côté serveur, on l'implémente, du côté client, on l'utilise.

L'interface encore

La structure syntaxique d'interface permet une véritable séparation physique des développements informatiques, non seulement entre les programmeurs mais également entre les machines exécutant les programmes. La seule information en provenance du serveur dont le client dispose est l'interface des services rendus par celui-ci afin qu'il puisse compiler.

Fichier 5 : PrincipaleClientRMI.java – Finalement le fichier principal côté client

```java
public class PrincipaleClientRMI {
  public static void main (String args[]) {
    O1RMI unObjet01 = new O1RMI();
    unObjet01.jUtilise02();
  }
}
```

RMIC : stub et skeleton

Déclencher une application distribuée via le protocole RMI est à peine plus exigeant qu'une simple application locale. Jusqu'à Java 5, une étape additionnelle nécessaire, dans le cas d'un processus dit « invocation statique », était celle de la création du `stub` et du `skeleton` par la ligne de commande `rmic O2RMI`, à exécuter sur le fichier compilé en Java (`.class`) de la classe qui effectue le service côté serveur.

Comme la figure ci-après le montre, ils sont indispensables à l'envoi du message. En substance, le `stub` « empaquette » le message côté client et s'occupe, en pratique, de la transmission du message vers le serveur. De son côté, le `skeleton` « dépaquette » le message côté serveur, l'active sur l'objet destinataire, « empaquette » le résultat (le `return` du message s'il y en a un) et le retourne au client. Le `stub` « dépaquette » le résultat et le client peut alors continuer son exécution. C'est la présence de ces deux exécutables additionnels qui permet aux développeurs d'écrire une application distribuée aussi simplement qu'une application locale. Dans un processus d'invocation statique, la plus grosse partie du travail est ainsi faite gracieusement par le `stub` et le `skeleton`. Dans les dernières versions de Java, la création tant du `stub` que du `skeleton` se fait de manière dynamique et tant le client que le serveur découvrent par un mécanisme de « réflexion », c'est-à-dire directement à partir des objets serveurs et clients, les méthodes qui sont accessibles sur ceux-là.

Figure 16–1
Les rôles joués
par le stub
et le skeleton

serveur   skeleton   stub   client

Invocation statique versus invocation dynamique

RMI que nous présentons pour l'instant, de même que son équivalent Corba, réalise cet envoi de message à travers Internet grâce à un mécanisme d'invocation statique pour lequel un `skeleton` et un `stub` restent indispensables afin de jouer la doublure du serveur du côté client et la doublure du client côté serveur. En revanche, l'invocation dynamique ne nécessite plus la présence de ces doublures.

Lors d'une invocation statique, le `stub` serait comme une doublure ou un substitut du serveur pour le client. En son absence, le programme ne pourrait s'exécuter côté client, car il n'y aurait personne à qui envoyer le message. Par exemple, il est important que les paramètres du message soient empaquetés de telle manière que le `skeleton` puisse aisément les dépaqueter. L'un ne va donc pas sans l'autre. Le `skeleton` apparaît comme le dual du `stub` côté serveur, faisant office d'une doublure ou d'un substitut du client.

La présence de ces deux modules, `stub` et `skeleton` (répétons qu'ils ont tous deux disparu des dernières versions de Java), est générale à toutes les applications distribuées qui fonctionnent par invocation statique. On les retrouvera de manière très semblable dans la technologie Corba et en partie dans la technologie .Net de Microsoft. C'est une donnée inhérente aux applications distribuées d'avoir du côté serveur et du côté client un substitut de l'autre. On se rappellera qu'il s'agit par ailleurs d'un des 23 design patterns mis au point par le « Gang des quatre » (présentés au chapitre 24).

Stub et skeleton

Dans chacune des technologies distribuées qui se disputent le marché, et dans leur version dite statique, le `stub` s'occupe de recevoir l'envoi, de le décomposer en les différentes parties qui le composent, puis de le transmettre. Le `skeleton`, le reçoit, le recompose, l'exécute sur l'objet concerné, récupère en retour la réponse du message, qu'il transmet vers le `stub`. Ce dernier reprend alors la main, récupère le retour et l'intègre comme il se doit dans l'exécutable. Les dernières versions de Java, tout comme dans l'exemple traité plus avant, ne requièrent plus ce préalable statique.

Une autre manière de penser le `stub`, qui s'accorde parfaitement aux applications distribuées lorsque celles-ci concernent des processeurs embarqués dans des machines autres qu'informatiques, est de le considérer comme un « pilote » du serveur. En effet, toute interaction de votre ordinateur avec un périphérique nécessite l'intégration d'un « pilote », qui sert d'intermédiaire à cette communication. Il reçoit les commandes du processeur, mais les réinterprète, les temporise, les remet en forme, pour que le périphérique les « comprenne » et puisse les exécuter. Il en va également ainsi du `stub` dans l'interaction client-serveur. Ce `stub` n'est plus indispensable dans le cas de l'invocation dynamique.

Lancement du registre

Le lancement du « registre » est une opération additionnelle qui permet aux objets serveurs de s'enregistrer et à l'application cliente de les retrouver. La ligne de commande `rmiregistry` s'en occupe. En ligne de commande sur Windows, il convient de plutôt exécuter `start rmiregistry`, de manière à pouvoir continuer de lancer des instructions sur la même fenêtre (une nouvelle fenêtre de l'interface en ligne de commande est simplement lancée). La dernière étape côté serveur est d'exécuter le programme principal : `java PrincipaleServeurRMI`. Côté client, il faudra simplement exécuter le programme principal du client : `java PrincipaleClientRMI`. La procédure à suivre, ainsi que les différentes fenêtres de l'interface en ligne de commande qui s'afficheront sur l'écran de l'ordinateur, si le tout est exécuté en local, sont montrées ci-après.

Figure 16–2
Déroulement de l'interaction RMI client-serveur, en local et à partir d'une interface en ligne de commande

Corba (Common Object Request Broker Architecture)

Le protocole RMI de communication entre objets distribués fonctionne très bien, à ceci près que, s'il accepte en effet que des objets se parlent à travers Internet, il impose en revanche de ne les voir se parler qu'en Java. Cette restriction est la condition première de la facilité d'emploi. Par ailleurs, cela ne permet nullement de récupérer tout ce qui a déjà été développé dans d'autres langages, afin de le transformer en services disponibles sur le réseau Internet ou intranet.

Corba est une réponse à ce souci d'universalité et à ce refus de faire table rase des milliards de lignes de code traînant dans les sillons des disques durs. Tous les objets devraient pouvoir communiquer entre eux, qu'ils aient été écrits en Java, C++, Smalltalk, VB, Pascal, Fortran ou même Cobol. Les applications existantes, même non orientées objet, devraient pouvoir s'envelopper dans une sorte de revêtement objet, afin que les procédures qui les animent se métamorphosent en messages.

Un standard : ça compte

Au même titre qu'UML pour l'analyse et la modélisation des applications informatiques, l'OMG a élu Corba standard pour les applications distribuées. L'objectif de Corba est d'assurer l'interopérabilité entre des applications hétérogènes, tant du point de vue du langage de programmation utilisé pour les rédiger que du point de vue du système d'exploitation au-dessus duquel les exécutables de ces applications tournent. Si vous voulez échanger des services à travers Internet et vous faire comprendre de tout le monde, parlez Corba et non plus Java ou .Net (nous verrons que si .Net accepte à l'heure actuelle plusieurs langages de programmation, la présence du système Windows est une condition première).

Malheureusement, malgré l'extraordinaire avancée qu'il constitue sur le chemin de l'interopérabilité, et alors que RMI et les services web continuent de plus belle sur leur lancée, Corba a un peu plus de mal à se faire entendre dans les entreprises. La raison première tient, sans nul doute, au prix à payer pour son universalité. Corba est plus compliqué que les autres protocoles à mettre en œuvre, car il exige avant tout d'apprendre un nouveau langage de programmation, IDL. C'est, paradoxalement, cette seule complication qui nous intéresse ici, car l'acronyme IDL signifie *Interface Definition Language*.

Ce langage permet, en effet, d'écrire les seules lignes de code vraiment nécessaires à la réalisation d'applications distribuées : la définition des interfaces. Alors qu'en Java, vous définissez les interfaces en Java ou en XML pour les services web, en Corba vous les définissez en IDL. Ce langage est proche du C++ et complexifie davantage, par comparaison avec Java (mais est-ce une si bonne chose pour la diffusion de Corba ?), la manière dont vous définissez les services qu'une application serveur peut offrir à un client. Corba a trouvé une solution très classique pour se rendre indépendant de tous les langages de programmation existants : en proposer un nouveau, au-dessus de tous les autres.

Dans le cas très simple de l'exemple de ce chapitre, l'interface sera définie pratiquement comme en Java (ce code doit se trouver dans un fichier portant l'extension `.idl`) :

```
module ExempleCorba {
   interface IO2Corba {
      void jeTravaillePourO2();
      string jeRenvoieUnString();
   };
};
```

IDL

Les interfaces sont déclarées au sein d'un module, ici `ExempleCorba`. Un module constitue d'abord un espace de nommage, c'est-à-dire que tout ce qui sera déclaré à l'intérieur portera toujours au départ le nom du module (c'est équivalent aux `package` en Java et `namespace` en C# et C++). Les modules, tout comme les répertoires, peuvent s'imbriquer les uns dans les autres. Un module peut contenir beaucoup d'autres déclarations que les interfaces, seuls éléments syntaxiques distribuables en Java : en plus des interfaces et des signatures de méthodes, on y trouve des constantes, des définitions de types nouveaux (en récupérant le `typedef`, les `struct` ou `enum` du C++) ou d'exceptions. De plus, à la différence de Java et de C#, il est possible d'ajouter des attributs dans les interfaces ; ces derniers peuvent n'être que lisibles, `readonly`, ou parfaitement modifiables par le client.

Digne héritier du C++, Corba ne force pas par sa syntaxe la pratique de l'encapsulation. Les interfaces sont capables, comme en Java et C#, d'hériter entre elles, simplement ou de façon multiple. Les arguments des méthodes sont passés par référence ou par valeur, ce qui peut à nouveau compliquer la traduction en Java. Lorsque le fichier .idl est finalisé, pour passer à l'implémentation, il est nécessaire de projeter tout cela vers un langage de programmation classique. C'est là que l'universalité de Corba fait merveille : le fichier .idl est projetable dans n'importe quel langage de programmation OO ou éventuellement non OO, du côté client comme du côté serveur.

En se limitant à Java et C++, un module sera traduit en package pour Java et en namespace pour C++. Une interface sera traduite en interface pour Java mais – car on sait depuis le chapitre précédent qu'aucune structure syntaxique équivalente n'existe dans ce langage – en classe abstraite pour C++. Dans les deux langages, chaque attribut de l'interface entraînera l'existence d'une paire de méthodes pour le lire et le modifier. Les exceptions seront traduites en exceptions et ainsi de suite…

Compilateur IDL vers Java

Nous allons, dans le cas d'une projection en Java, utiliser le compilateur IDLJ (l'outil Corba fourni par Oracle dans le *toolkit* Java). Bien sûr, d'autres implémentations de Corba existent, comme Visibroker de Borland, OrbixWeb de Iona Technologies, WebSphere d'IBM, ou d'autres encore, généralement payantes. Celle d'Oracle est gratuite, comme le *toolkit* Java. Il est important de séparer les spécifications énoncées par l'OMG de l'implémentation logicielle concrète de ces spécifications, qui prête à quelques variations selon les constructeurs. Compilons notre fichier .idl dans le monde Java au moyen de l'instruction suivante :

```
idlj -fall ExempleCorba.idl
```

Cette instruction a pour effet de créer un nouveau répertoire ExempleCorba, dans lequel plusieurs nouveaux fichiers .class sont installés, comme indiqué ci-après :

```
Volume in drive C is SYS
Volume Serial Number is 0C6E-0209

Directory of C:\Test\TestCorba\ExempleCorba

18/07/2004 16:56    <DIR>          .
18/07/2004 16:56    <DIR>          ..
18/07/2004 16:57              351 IO2Corba.java
18/07/2004 16:57            2.002 IO2CorbaHelper.java
18/07/2004 16:57              842 IO2CorbaHolder.java
18/07/2004 16:57              360 IO2CorbaOperations.java
18/07/2004 16:57            2.256 IO2CorbaPOA.java
18/07/2004 16:57            2.775 _IO2CorbaStub.java
               6 File(s)          8.586 bytes
               2 Dir(s) 21.581.393.920 bytes free
```

Ces fichiers doivent faciliter la conception en Java de tout ce que vous avez prévu dans la définition du module. Observons-les de plus près. Tout d'abord, nous retrouvons le stub _IO2CorbaStub.java qui implémente l'interface, puisqu'elle apparaît comme un « substitut » du serveur pour le client, dans une optique tout à fait semblable à celle de RMI.

Depuis la nouvelle version de Corba, nous trouvons également un fichier IO2CorbaPOA. Le POA (*Portable Object Adapter*) sert d'intermédiaire entre l'ORB et l'objet Corba et permet de définir différentes « politiques » d'activation et de désactivation de l'objet serveur lors de l'exécution de ses services (un par méthode, activation uniquement lors de l'appel, problème de sollicitation concurrentielle de l'objet...). Toute application Corba doit posséder au minimum une instance de POA qui peut provenir soit directement du RootPOA (la politique par défaut), soit d'une version plus spécialisée. Associé à ce POA, un POAManager est à l'écoute du côté serveur. Il se conforme aux fonctionnalités du type de POA choisi pour le serveur et finalement crée l'objet serveur en le référençant par un ID. Ce POA maintient une table réalisant le lien entre les ID de chaque objet et les politiques d'activation associées. C'est le POA qui recevra la requête (il remplace donc le skeleton de l'ancienne version de Corba) et qui, en fin de compte, invoque la méthode en question en suivant sa politique d'activation et de désactivation des objets.

Le fichier IO2CorbaOperations.java est le plus évident à saisir, puisqu'il se limite à reproduire en Java l'interface idl., y compris signature des deux méthodes. Cette interface est implémentée par IO2CorbaPOA.

IO2CorbaHelper.java contient un ensemble de fonctions auxiliaires, notamment la méthode narrow(), que nous utiliserons par la suite, pour effectuer l'équivalent d'un casting dans le type de l'interface.

Finalement, le fichier IO2CorbaHolder.java traite les arguments des méthodes qui peuvent être passés par référents et qui ne sont pas pris en compte de manière automatique par Java.

Il reste maintenant à concrétiser le côté client et le côté serveur de l'application, en écrivant deux nouveaux fichiers : ExempleCorbaClient.java et ExempleCorbaServeur.java, que nous allons détailler avec plus d'attention, car il s'agit bien d'un travail que le programmeur est d'office amené à faire.

Côté client

Le fichier ExempleCorbaClient.java

```java
import ExempleCorba.*;
import org.omg.CosNaming.*;
import org.omg.CosNaming.NamingContextPackage.*;
import org.omg.CORBA.*;
public class ExempleCorbaClient {
  public static void main(String args[]) {
    try {
      ORB orb = ORB.init(args, null); /* creation d'un objet CORBA */
    /* ensuite débute une suite d'instructions pour la mise en oeuvre du nommage */
      org.omg.CORBA.Object objRef = orb.resolve_initial_references("NameService");
      NamingContextExt ncRef = NamingContextExtHelper.narrow(objRef);
      NameComponent nc = new NameComponent("unObjet02", "");
```

```
        NameComponent path[] = {nc};
    /* il faut retrouver l'objet sur lequel déclencher les services */
        IO2Corba unObjetO2 = IO2CorbaHelper.narrow(ncRef.resolve(path));
        System.out.println("j'utilise O2");
    /* on envoie les deux messages */
        unObjetO2.jeTravaillePourO2();
        System.out.println(unObjetO2.jeRenvoieUnString());
    }
    catch(Exception e) {
        System.out.println("Error : " + e);
        e.printStackTrace(System.out);
    }
  }
}
```

Quelques `import` sont d'abord nécessaires pour récupérer les fonctionnalités Corba, par exemple le service de nommage prévu dans `org.omg.CosNaming.*`. Nous plaçons l'essentiel du code dans un bloc `try-catch` de gestion d'exceptions, puisque de nombreux problèmes pourraient survenir dans la communication entre le client et le serveur. Il faut ensuite créer un objet Corba, `orb`, pour pouvoir utiliser le bus Corba qu'on appelle l'ORB (*Object Request Broker*) et qui empaquette / dépaquette les messages et les fait circuler sur TCP/IP. Le service le plus important que Corba met à notre disposition est le nommage qui permet, comme dans le cas du registre RMI, de récupérer un objet par ses nom et adresse, où qu'il se situe sur Internet.

Les services de Corba

Corba, répondant ainsi aux spécifications de l'OMG, met d'autres services à notre disposition, tous implémentés en partie par les constructeurs, tels que le service de nommage, mais aussi le « cycle de vie » (définit la manière dont les objets sont créés, déplacés ou copiés), le « service d'événements » (les objets répondent à des événements), le « service de transaction » (une succession de messages s'inverse si une étape se passe mal), le « service d'accès concurrentiel » (un même objet traite simultanément plusieurs clients), un « service de requête » (l'objet nous informe sur son état et ses méthodes), et d'autres encore.

Nous n'allons pas passer trop de temps sur la manière dont les objets utilisent ce service de nommage. Il faut d'abord récupérer un *naming context*, car les noms des objets peuvent se structurer différemment selon l'implémentation spécifique de Corba qu'on utilise. Un tableau de `NameComponent` reprendra le nom entier de l'objet. Ici, nous nous limiterons à juste un nom (un seul élément) : `unObjetO2`, le même nom d'objet que nous avions donné lors de l'utilisation de RMI.

Le `unObjetO2 = (IO2RMI)Naming.lookup("unObjetO2")` de RMI se transforme ici en `IO2Corba unObjetO2 = IO2CorbaHelper.narrow(ncRef.resolve(path))`. L'effet est le même : réaliser l'association entre un objet local dont le référent est `unObjetO2` et l'objet distant, lequel recevra in fine les messages. C'est cette pratique qui rend l'écriture d'une application distribuée très proche de l'écriture d'une application s'exécutant en local. La classe `IO2CorbaHelper` réalise le casting de l'objet dans l'interface désirée.

Finalement, l'invocation des deux méthodes se fait exactement comme pour RMI, sans différence aucune avec une application locale. Cette écriture simple dissimule pourtant une procédure laborieuse, comprenant le codage des messages et des arguments dans une forme transférable sur le réseau, le transport de ces messages à travers le Web, l'activation et l'exécution de ces méthodes sur l'objet serveur, la récupération des « retours », le codage de ceux-ci, leur retransmission sur le Web vers le client et, finalement, la récupération de ces « retours » par le client.

Côté serveur

Le fichier ExempleCorbaServer.java

```java
import org.omg.CosNaming.*;
import org.omg.CosNaming.NamingContextPackage.*;
import org.omg.CORBA.*;
import org.omg.PortableServer.*;
import ExempleCorba.*;
public class ExempleCorbaServer{
  public static void main(String args[]){
    try {
      ORB orb = ORB.init(args, null);    /* creation d'un objet CORBA */
        /* creation de l'objet serveur */
      O2CorbaServant o2Ref = new O2CorbaServant();
        /* Obtention d'une référence au rootpoa et activation du POA manager */
      POA rootpoa = POAHelper.narrow(orb.resolve_initial_references("RootPOA"));
      rootpoa.the_POAManager().activate();
      org.omg.CORBA.Object ref = rootpoa.servant_to_reference(o2Ref);
      IO2Corba href = IO2CorbaHelper.narrow(ref);
        /* Obtention d'une référence à l'objet serveur */
      org.omg.CORBA.Object objRef = orb.resolve_initial_references("NameService");
      NamingContextExt ncRef = NamingContextExtHelper.narrow(objRef);
      NameComponent path[] = ncRef.to_name("unObjetO2");
        /* dénomination de l'objet serveur */

      System.out.println("Je mets mon objet sur le net");
      ncRef.rebind(path, href);        /* on enregistre l'objet serveur */

      orb.run();     // on attend l'invocation des clients
      System.out.println("c'est fait");
    }
    catch(Exception e) {
      System.err.println("Error: " + e);
      e.printStackTrace(System.out);
    }
  }
}

class O2CorbaServant extends IO2CorbaPOA { /* implémentation de l'objet serveur */
  public void jeTravaillePourO2() {      /* implémentation du premier service */
    System.out.println("je travaille pour O2");
    jImplementeLeServiceO2();
  }
```

```
public String jeRenvoieUnString() { /* implémentation du deuxième service */
  return "un bonjour en provenance de O2";
}
private void jImplementeLeServiceO2() {
  System.out.println("je suis prive dans O2");
}
}
```

Comme pour le fichier du côté client, nous devons dans un premier temps créer un objet Corba, un orb. Une différence importante avec le protocole RMI est que Corba sépare les responsabilités du côté du serveur en un ensemble d'objets « servants » et un « serveur », à proprement parler, qui a pour rôle d'instancier ces objets servants selon le protocole d'activation du POA. Les objets servants implémentent l'interface IO2CorbaPOA responsable de la définition des services à délivrer.

Deux classes sont donc à l'œuvre ici, la classe serveur qui s'occupe de créer les objets servants pour les rendre disponibles sur le bus Corba, et la classe servant qui type les objets rendant les services. C'est par l'instruction :

```
org.omg.Corba.Object ref = rootpoa.servant_to_reference(o2Ref);
```

que le servant se rend disponible sur le serveur doté du POA choisi. Le service de nommage fonctionne comme pour le client. L'enregistrement de l'objet servant, avec le nom symbolique qui permettra de le référencer sur Internet, se fait par l'instruction ncRef.rebind(path, href); équivalant à l'instruction Naming.rebind("unObjetO2", this); du protocole RMI (on retrouve l'expression rebind). À ce stade, la dernière instruction est de lancer le serveur et d'attendre simplement qu'un client adresse une requête. C'est ce dont s'occupe l'instruction orb.run();.

Exécutons l'application Corba

Avant de faire tourner cette application, il faut d'abord compiler tous les fichiers Java, ceux du répertoire ExempleCorba et les deux que l'on vient de réaliser, installés quant à eux dans le répertoire supérieur. Au même titre que le rmiregistry de RMI, il faut déclencher le service de nommage par la ligne de commande suivante : tnameserv. Ensuite, les deux dernières étapes sont, toujours comme en RMI, l'exécution du serveur suivie de l'exécution du client. Si tout se déroule comme attendu, les commandes à écrire, ainsi que les résultats obtenus dans un environnement en ligne de commande, devraient apparaître comme sur la figure 16-3.

Corba vise à offrir un environnement d'exécution pour des millions d'objets à granularité variable : de simples instances d'objets C++, de quelques centaines de bits, jusqu'à des objets plus volumineux, encapsulant des millions de lignes de code Cobol, déjà programmées et à récupérer par un emballage IDL. Bien entendu, tous ces objets ne sont pas utilisés en même temps. Ainsi, pour éviter d'encombrer inutilement la mémoire centrale, Corba propose également plusieurs stratégies d'activation des objets définies par le POA.

Figure 16–3
Déroulement de l'interaction Corb client-
serveur en local et à partir d'une fenêtre
d'invite de commande

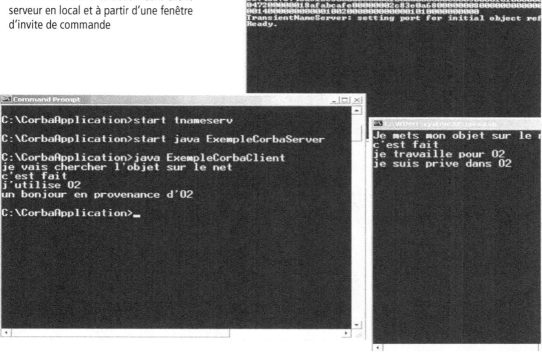

Par défaut, c'est lors de l'envoi de message sur le serveur que Corba activera l'objet pour le rendre capable de traiter le message. Toutefois, plusieurs stratégies d'activation restent possibles, à choisir par le programmeur quand il développe la partie serveur, comme un processus par activation d'objet, un processus partagé par plusieurs activations, ou encore un processus par exécution de méthode sur un objet.

Ce même exemple est bien évidemment transposable dans n'importe quel langage de programmation OO, que ce soit côté serveur ou côté client.

Corba n'est pas polymorphique

Un autre point particulièrement intéressant ici, car il touche aux fondements de l'OO, est la façon dont RMI, au contraire de Corba, permet un vrai polymorphisme, grâce à la possibilité de transférer entre le client et le serveur, non plus seulement des signatures de méthodes empaquetées, mais, par exemple, tout le code d'une classe. Pourquoi est-ce nécessaire à l'implémentation du polymorphisme ? Supposez qu'en réponse à un message envoyé par le client, le serveur renvoie un objet typé dynamiquement (c'est-à-dire pendant l'exécution), Fils01. Dans la signature du message déclarée dans l'interface, le type statique de ce retour est la superclasse 01, qui est la seule connue par le client. Recevant cet objet, vers lequel un nouveau message propre à la classe Fils01 (c'est-à-dire redéfini dans la classe Fils01) pourrait être envoyé, il est nécessaire de connaître le code de ce message. La classe Fils01 n'étant pas connue par le client, elle sera téléchargée pendant l'exécution du programme. Dans le feu de l'action, RMI compense donc par un transfert de code ce qui manque comme information, soit chez le serveur, soit chez le client.

Le polymorphisme en est directement responsable, car il spécifie, seulement pendant l'exécution, laquelle parmi plusieurs méthodes devra réellement être exécutée. Corba ne le peut pas, car les codes des classes ne peuvent être transférés côté client ou côté serveur en cours d'exécution. C'est la raison pour laquelle RMI crée les stub et les skeleton à partir des classes implémentant les interfaces, et non plus directement à partir des interfaces. La possibilité pour un code Java distribué de créer ce stub sur le vif, face à une classe manquante du côté serveur ou client, et de le transférer vers l'un ou l'autre, est la base du fonctionnement de RMI et de Jini, comme nous allons le voir.

Ajoutons un peu de flexibilité à tout cela

Nous avons établi une analogie entre le rôle du stub et celui d'un pilote de périphérique. Essayons de la pousser un peu. Prenons par exemple le cas bien connu de l'imprimante. Avant d'utiliser l'imprimante d'un ordinateur, il faut en charger le pilote, qui est un programme servant d'intermédiaire entre elle et le processeur.

Reprenons notre exemple de l'appareil photo et de l'imprimante, de plus en plus probable avec l'accroissement de la mobilité de tous les utilitaires embarquant un processeur. Vous arrivez dans un lieu quelconque avec votre appareil photo et vous désirez, sans plus attendre, imprimer une de vos prises de vues. Dans une ville, il est possible que plusieurs imprimantes soient disponibles dans un rayon de 100 m, presque à portée de main, toutes capables d'imprimer votre document. Comment choisir ? Plusieurs critères sont susceptibles de dicter votre choix : la proximité, la qualité de l'impression, le prix, et si le document est volumineux, la durée d'impression.

L'idéal serait que dans le viseur de votre appareil photo, à la suite d'une petite investigation de votre part sur des possibles « services » d'impression existant à proximité, vous voyiez apparaître une liste des imprimantes disponibles, chacune avec son emplacement, son prix, sa qualité et sa durée d'impression. Une fois votre choix effectué, il devient nécessaire de télécharger le pilote de l'imprimante, le temps de l'interaction de votre appareil photo avec celle-ci.

Il est crucial que vous soyez également tenu informé des soudaines défaillances d'un appareil, jusqu'alors disponible ou de l'ajout dans le réseau d'une nouvelle imprimante. Bref, il faudrait avoir la possibilité de ne charger un stub ou un « pilote » qu'à l'issue d'un choix entre plusieurs d'entre eux, de ne le conserver que le temps de l'exécution et de pouvoir à tout moment remettre ce choix en question.

Tout cela conduit à une vision de l'informatique plus mobile, souple, adaptable et surtout plus en phase avec les innovations technologiques de type réseau sans fil, la mobilité des utilisateurs et l'accélération des changements que la pression économique induit. Les applications informatiques évoluent en effet très vite et il est important d'être informé des nouveautés dont vous pourriez tirer un profit immédiat. Il faudrait pour cela pouvoir rapidement charger un nouveau stub, sans le figer à jamais sur votre disque dur et sans qu'il entre en compétition avec ceux qui le précédaient (suivez notre regard vers certaines .dll que nous ne nommerons pas).

Que les applications informatiques soient plutôt à louer le temps de leur utilisation qu'acquises définitivement est en passe d'entrer dans les mœurs de nombreuses entreprises, lassées de ces mises à jour incessantes et coûteuses de suites bureautiques ou autres logiciels graphiques. Cette nouvelle vision ne s'accorde pas avec la pratique trop statique, consistant à télécharger le stub avant l'exécution du programme et à partir d'une interface déjà identifiée.

Corba : invocation dynamique versus invocation statique

Corba, le premier, a infléchi cette contrainte, en permettant que le stub soit comme créé pendant l'exécution du client, et non plus un préalable à cette exécution. On parle alors d'invocation dynamique en lieu et place de l'invocation statique que nous avons illustrée dans notre petite application précédente. À partir d'objets distribués dont il connaît l'existence et l'adresse, le client Corba est capable de spécifier le nom de la méthode à invoquer, ainsi que les paramètres désirés.

Pour peu qu'un tel objet existe, un stub et un skeleton seront créés tant du côté client que serveur, autorisant l'envoi de messages, exactement comme dans le cas statique. Toutes ces informations sont stockées dans une sorte d'annuaire des services (l'interface repository) associés à chaque objet entre lesquels le client pourra faire son choix. Ainsi le client peut-il toujours, pendant l'exécution, se renseigner sur ce qui est disponible, construire son message et l'envoyer vers le serveur désiré. Dans le cas d'une invocation dynamique, dont la réalisation est nettement plus complexe que celle de l'invocation statique (et dépasse le cadre de cet ouvrage), le code client peut obtenir pendant son exécution la référence d'un objet Corba, instancier une variable de type Request, obtenir l'interface de l'objet à partir de l'interface repository, en extraire les méthodes et les attributs et, à partir de ceux-ci, construire la requête, l'invoquer et finalement obtenir les résultats de son exécution en retour. Le tout est réalisé sans aucune compilation préalable pour adapter le client au serveur.

Jini

Du côté de Java-RMI, Oracle a également accru la souplesse de l'approche, avec la possibilité de découvrir des services plutôt que de s'y conformer dès le départ, comme l'exige le téléchargement du stub en préambule de l'interaction. En quelques lignes, car il en faudrait tellement plus pour rendre justice à cette avancée technologique importante, Jini doit tout d'abord être perçu comme la continuation de RMI. Jini comprend une addition structurelle, essentielle à son fonctionnement, comme en Corba un annuaire de services (appelé lookup).

Ce dernier simplifie la médiation entre le client et le serveur, en gardant continûment la liste des services disponibles sur le réseau et en informant le client pour qu'il choisisse le service le plus adapté à ses attentes. Rappelez-vous la petite histoire de l'imprimante. Seule une approche de type Jini permet à ce scénario de se réaliser. Cet « annuaire » doit également prendre en charge toutes les modifications se produisant sur le réseau de services et en informer les clients le souhaitant : disparition, addition ou modification des services existants.

L'utilisation de Jini se déroule de la manière suivante. D'abord, si un artefact quelconque cherche à rendre ses services disponibles sur un réseau, il doit découvrir un annuaire pour y enregistrer son offre. Soit il possède l'adresse IP de cet annuaire, soit il se met en quête d'un annuaire disponible dans le réseau local. Une fois cet annuaire découvert, l'artefact met en dépôt sur celui-ci un « proxy », qui peut être soit un `stub` (interaction directe entre un client et lui), soit, plus simplement encore, l'ensemble du service exécutable (c'est-à-dire un objet et les méthodes à exécuter sur celui-ci).

En possession de cet ensemble, le client exécutera le service sans plus avoir à passer par le serveur. Lorsque, à son tour, un client désire s'offrir un de ces services, il passe par ce même annuaire, afin de s'informer sur l'offre disponible. Il transmet à l'annuaire les services désirés, de manière à récupérer le proxy qui lui permettra de les utiliser. Ce proxy sera, soit le service complet, soit le `stub` qui, par RMI, servira de pont entre le client et le serveur.

Un problème important à résoudre devient alors la robustesse de cette architecture flexible, car les services peuvent apparaître ou disparaître à tout moment. Il faut imaginer un mécanisme qui tolère cette flexibilité, tout en limitant les conséquences nuisibles qu'elle peut causer. Lors d'un envoi de message qui échoue, Jini, dans le prolongement de Java, délègue à un mécanisme de gestion d'exception la possibilité de remédier à cet échec. Par ailleurs, un service qui décide de quitter le réseau en avisera l'annuaire qui détient son proxy, de manière à ce que celui-ci soit mis hors d'état. L'annuaire avisera les utilisateurs courants de ce proxy qu'il est temps de mettre fin à cette utilisation.

Un service pourrait également quitter le réseau, de manière plus brutale, sans en informer l'annuaire. Les dommages causés par un tel départ sont atténués par un mécanisme dit de `leasing`, qui demande à l'artefact fournissant le service d'informer l'annuaire sur la durée de mise à disposition du service et sur la fréquence selon laquelle l'artefact se rappellera au bon souvenir de l'annuaire. Si lors d'une de ces sessions de contact, le service ne peut plus être contacté ou s'il ne désire pas renouveler le bail de son proxy, ce dernier sera détruit et les clients seront avertis de sa disparition.

XML : pour une dénomination universelle des services

Un dernier problème à relever concerne la façon dont les services sont présentés sur l'annuaire et le codage des messages ainsi que des retours. Corba le fait à sa façon, Jini à la façon Java, mais rien de tout cela n'est vraiment conforme au style dans lequel les concepteurs et les acteurs principaux du Web ont décidé de coder toute information installée et circulant sur ce réseau. Pour autant que les services à disposition, ainsi que les messages qui circulent sur Internet, soient à assimiler à n'importe quel autre type d'information disponible sur le Web, un standard aujourd'hui s'impose, qui a pour nom XML. La circulation ne se fait plus véritablement via Internet mais via le Web, en utilisant le protocole HTTP. Dans l'approche des services web, tout comme dans n'importe quel échange au-dessus du protocole HTTP, un « serveur web » est indispensable pour recevoir et traiter la requête côté serveur (par exemple Apache sur Linux ou IIS sur Windows). Alors que Corba fait jouer à l'ORB le rôle de bus de communication des requêtes entre clients et serveurs, dans le cas des services web, ce rôle incombe au protocole HTTP (*HyperText Transfer Protocol*), à travers lequel ne circule que du texte et non plus des ordres prêts pour l'exécution, comme c'est le cas pour Corba ou RMI.

Par un jeu de balises imbriquées (voir encart), XML structure de manière très homogène tout le contenu sémantique (à différencier de sa seule mise en forme) des documents disponibles sur le Web. Il pourrait ainsi constituer un mode de représentation des services et des messages envoyés sur le Web, à utiliser au-dessus des modes de représentation propres à Corba ou RMI. Cela permet également d'homogénéiser, dans leur représentation, tous les services disponibles sur le Web, quelle qu'en soit l'implémentation finale : Corba, RMI ou DCOM. L'interopérabilité redevient possible à partir d'XML.

Ce mariage entre l'informatique distribuée, la possibilité qu'ont deux applications informatiques de se solliciter mutuellement à travers le Web et le langage XML porte le nom de « services web ».

Cela permet aussi d'assimiler tout service à n'importe quel type de documentation circulant à travers le Web et de bénéficier ainsi des mécanismes de recherche de documentation et d'extraction d'information (par un parsing des documents XML), devenus aussi indispensables que courants sur le Web.

Microsoft a parfaitement anticipé avec XML cette homogénéisation du contenu des messages et des services dans sa nouvelle plate-forme .Net, en automatisant la traduction en XML de tous les services codés au départ dans un langage de programmation comme C# ou VB.Net. Sun fait de même, en proposant un ensemble de bibliothèques Java dénommées JAX-RPC (concaténant Java, XML et RPC – *Remote Procedure Call*), fournissant également une parfaite interopérabilité entre les langages de programmation et les systèmes d'exploitation. PHP ne pouvait pas ne pas suivre étant donnée l'importance du monde web pour ce langage, et les services web ainsi que les protocoles (Soap…) qui les accompagnent sont parfaitement intégrés.

Nous nous limiterons dans la suite à décrire la manière dont .Net nous invite à développer des services web, la plus simple à mettre en œuvre, en prenant conscience que cette manière d'intégrer XML dans la dénomination des services et des messages est en passe d'être adoptée par tous les grands constructeurs informatiques, tous les langages de programmation et de devenir de facto un standard web.

XML

XML installe l'information dans une structure de balises imbriquées, comme l'exemple ci-après l'illustre, lorsqu'il s'agit d'encoder un livre et ses auteurs :

```
<livre>
  <auteur>
    <prénom> Hugues </prénom>
    <nom> Bersini </nom>
  </auteur>
  <auteur>
    <prénom> Ivan </prénom>
    <nom> Wellesz</nom>
  </auteur>
</livre>
```

Dans une telle structure récursive, il est très facile d'effectuer une recherche ou de traiter l'information. L'utilisation massive d'XML devrait conduire à une importante homogénéisation de toute l'information contenue dans Internet, impossible par HTML (qui est une simple manière d'organiser la disposition de cette information mais non pas de définir son contenu). La dénomination des balises est laissée au libre choix des concepteurs. Cependant, l'intérêt est de s'accorder sur des dénominations et des structurations de document communes, qui seront définies dans un format appelé DTD (*Document Type Definition*), par exemple, toujours pour le livre :

```
< !ELEMENT livre (auteur)+>
< !ELEMENT auteur(prénom, nom)>
< !ELEMENT prénom (#PCDATA)>
< !ELEMENT nom (#PCDATA)>
```

Une autre forme, plus récente, d'écriture des documents de conformation a été adoptée dans le cadre des services web. Il s'agit des schémas XML, plus proches dans leur syntaxe des documents XML de base (à nouveau, un système de balises imbriquées, ce qui facilite l'uniformisation du traitement). En prenant en compte des types de données plus complexes que la simple composition récursive propre à XML, ces schémas faciliteront la traduction dans un format XML des bases de données relationnelles ainsi que des diagrammes de classes UML. Le schéma XML de l'exemple précédent ressemblerait plus ou moins à ceci :

```
<Schema xmlns = « urn :schemas-microsoft-com :xml-data »>
<ElementType name= "prénom" content = "textOnly" model = "closed" />
<ElementType name= "nom" content ="textOnly" model = "closed" />
<ElementType name = "auteur" content = "eltOnly" model = "closed">
    <element type = "nom" minOccurs = "1" maxOccurs = "1" / >
    <element type =  "prenom" minOccurs = "1" maxOccurs = "1" / >
</ElementType>
```

Les services web sur .Net

La plate-forme .Net de Microsoft a pour vocation de fournir un environnement qui simplifie la conception, le développement, le déploiement et l'exécution d'applications distribuées. Corba, RMI et Jini ont en commun de concevoir ces applications distribuées en termes d'invocation de méthodes à distance. Ces appels de méthodes et envoi de messages seront perçus – dans la vision Microsoft, partagée par HP, IBM, Sun, PHP et plusieurs autres acteurs du monde informatique – comme la mise à disposition de services web. La nouveauté essentielle par rapport à Corba ou Jini est l'exploitation intensive d'XML comme langage de description de ces services.

Reprenons notre exemple de RMI et de Corba et développons, en C# cette fois, un service que nous désirons rendre disponible sur le Web.

Code C# du service

Fichier TestService.asmx

```
<%@ WebService Language="C#" Class="TestService" %>

using System;
using System.Threading;
using System.Web.Services;

public class TestService : WebService {

        [WebMethod]
        public string jeTravaillePourLeWeb (String unNom)
        {
                return "Salut, " + unNom + jeSuisPriveDansLaClasse();
        }
```

```
            private string jeSuisPriveDansLaClasse() {
                    return ", je travaille pour le web";
            }
}
```

Un service web doit se coder dans un fichier de type `asmx`. À la différence de Corba et de RMI, qui exigent de débuter l'écriture des services sur le Web par la définition d'une interface, suivie pour son implémentation d'une classe donnée dans laquelle est défini le corps d'exécution, .Net permet de partir directement de l'implémentation. La présence de `[WebMethod]` rend la signature de la méthode disponible sur le Web, sans qu'il y ait besoin de la détacher pour l'installer dans un code à part (on dit que l'on « expose » la méthode sur le Web).

De manière à rendre ce service disponible, mais surtout « lisible », sur le Web, .Net en crée automatiquement une version XML, reprenant ce qu'il y a lieu de connaître pour l'utiliser : son nom, les arguments à passer et ce que le service renvoie en retour. Le type de langage XML utilisé à cette fin s'appelle *Web Service Description Language* : WDSL. Ci-après, vous pouvez voir une partie du fichier `TestService.asmx?WSDL` qui reprend la description du service.

```xml
<?xml version="1.0" encoding="utf-8" ?>
- <definitions xmlns:http="http://schemas.xmlsoap.org/wsdl/http/"
   xmlns:soap="http://schemas.xmlsoap.org/wsdl/soap/"
   xmlns:s="http://www.w3.org/2001/XMLSchema" xmlns:s0="http://tempuri.org/"
   xmlns:soapenc="http://schemas.xmlsoap.org/soap/encoding/"
   xmlns:tm="http://microsoft.com/wsdl/mime/textMatching/"
   xmlns:mime="http://schemas.xmlsoap.org/wsdl/mime/"
   targetNamespace="http://tempuri.org/" xmlns="http://schemas.xmlsoap.org/wsdl/">
- <types>
- <s:schema elementFormDefault="qualified" targetNamespace="http://tempuri.org/">
- <s:element name="jeTravaillePourLeWeb">
- <s:complexType>
- <s:sequence>
   <s:element minOccurs="0" maxOccurs="1" name="unNom" type="s:string" />
   </s:sequence>
   </s:complexType>
   </s:element>
- <s:element name="jeTravaillePourLeWebResponse">
- <s:complexType>
- <s:sequence>
   <s:element minOccurs="0" maxOccurs="1" name="jeTravaillePourLeWebResult"
type="s:string" />
   </s:sequence>
   </s:complexType>
   </s:element>
   <s:element name="string" nillable="true" type="s:string" />
   </s:schema>
   </types>
- <message name="jeTravaillePourLeWebSoapIn">
   <part name="parameters" element="s0:jeTravaillePourLeWeb" />
   </message>
```

```
- <message name="jeTravaillePourLeWebSoapOut">
    <part name="parameters" element="s0:jeTravaillePourLeWebResponse" />
  </message>
- <service name="TestService">
- <port name="TestServiceSoap" binding="s0:TestServiceSoap">
    <soap:address location="http://localhost/6152/TestService.asmx" />
  </port>
  </definitions>
```

WDSL

Parmi les différentes informations encodées en XML (nous n'en détaillerons pas la structure), vous pouvez deviner le nombre et le type des arguments, le retour du service ainsi que, à la fin, l'emplacement URL de ce dernier. Ici, car nous travaillons en local, cet emplacement est : http://localhost/6152/TestService.asmx.

Afin de visualiser les services en format WDSL, il faut créer une URL virtuelle, ici le localhost/6152 et éditer le fichier TestService.asmx?WSDL à partir de votre navigateur. La lecture du service web sur le navigateur n'est possible que si le « serveur web » est actif (Apache sous Linux ou IIS sous Windows). En effet, c'est lui qui reçoit la requête, l'interprète comme un « service web » et vous en expose le contenu. Bien évidemment, l'adresse URL de ce service variera en fonction de l'emplacement de l'objet à même de l'exécuter. Au même titre que Corba ou RMI, le service doit pouvoir être localisé sur Internet, mais cette localisation est directement codée sous forme XML et fait partie intégrante de la définition du service. Nous justifierons la présence de l'expression Soap par la suite.

> **WDSL**
>
> L'existence de ce standard de description de services, WDSL, rendra toute application distribuée utilisable par l'ensemble des technologies d'objets distribués, tout environnement web (par exemple, ce service pourrait être utilisé à partir d'un navigateur Internet) et sur toute plate-forme informatique.

Création du proxy

Une fois le service disponible sur Internet et prêt à être exécuté sur un serveur donné, comment un client peut-il y avoir accès ? Comme pour RMI et Corba, il faut créer un « proxy » ou un stub, grâce auquel le client, localement, procédera comme s'il s'adressait directement au serveur. C'est ce proxy qui sert de passerelle entre le client et le serveur. Comme dans tous les mécanismes d'invocation statique d'objet distribué décrits jusqu'à présent, c'est un intermédiaire essentiel. Ce proxy, créé par rmic en RMI et par idlj en Corba, se construit dans .Net de la manière suivante :

```
C:\TestService>wsdl /l:cs /o:TestServiceProxy.cs http://localhost/6152/
TestService.asmx?WDSL

Microsoft (R) Web Services Description Language Utility
[Microsoft (R) .NET Framework, Version 1.0.3705.0]
Copyright (C) Microsoft Corporation 1998-2001. All rights reserved.
```

```
Writing file 'TestServiceProxy.cs'.

C:\TestService>
```

Le proxy se crée à partir de l'instruction wsdl et s'installe dans un fichier TestServiceProxy.cs. Remarquez la localisation Internet du fichier asmx.

Toute classe devant être utilisée par une autre dans Windows se doit d'être transformée en une .dll. Il faut donc, du côté client maintenant, compiler ce proxy et le transformer en une .dll. au moyen de l'instruction suivante :

```
C:\TestService>csc /out:TestServiceProxy.dll /t:library /r:system.web.services.dll
TestServiceProxy.cs

Microsoft (R) Visual C# .NET Compiler version 7.00.9466
for Microsoft (R) .NET Framework version 1.0.3705
Copyright (C) Microsoft Corporation 2001. All rights reserved.

C:\TestService>
```

Le proxy, côté client, est maintenant prêt à jouer son rôle d'intermédiaire entre le client et le serveur. Il reste encore à créer le code du client, comme indiqué ci-après.

Code C# du client

TestClient.cs

```
using System;
public class TestClient {
  public static void Main() {
    TestService unTest = new TestService();
    Console.WriteLine(unTest.jeTravaillePourLeWeb(" moi le service "));
  }
}
Il faut compiler ce code en le rattachant au proxy, comme indiqué ci-après :
C:\TestService>csc /r:TestServiceProxy.dll TestClient.cs
Microsoft (R) Visual C# .NET Compiler version 7.00.9466
for Microsoft (R) .NET Framework version 1.0.3705
Copyright (C) Microsoft Corporation 2001. All rights reserved.

C:\TestService>
Il ne nous reste plus qu'à exécuter le client :
C:\TestService>TestClient
Salut, moi le service, je travaille pour le Web

C:\TestService>
```

Et le tour est joué.

Soap (Simple Object Access Protocol)

Soap est le protocole XML d'écriture des messages à envoyer au serveur (le nom des méthodes et leurs paramètres) et d'écriture de la réponse obtenue, suite à l'exécution des messages. Les deux paquets Soap d'appel et de réponse de la méthode sont reproduits ci-après :

```
POST /6152/TestService.asmx HTTP/1.1
Host: localhost
Content-Type: text/xml; charset=utf-8
Content-Length: length
SOAPAction: "http://tempuri.org/jeTravaillePourLeWeb"

<?xml version="1.0" encoding="utf-8"?>
<soap:Envelope xmlns:xsi="http://www.w3.org/2001/XMLSchema-instance"
   xmlns:xsd="http://www.w3.org/2001/XMLSchema"
   xmlns:soap="http://schemas.xmlsoap.org/soap/envelope/">
  <soap:Body>
    <jeTravaillePourLeWeb xmlns="http://tempuri.org/">
      <unNom> moi le service </unNom>
    </jeTravaillePourLeWeb>
  </soap:Body>
</soap:Envelope>
HTTP/1.1 200 OK
Content-Type: text/xml; charset=utf-8
Content-Length: length

<?xml version="1.0" encoding="utf-8"?>
<soap:Envelope xmlns:xsi="http://www.w3.org/2001/XMLSchema-instance"
   xmlns:xsd="http://www.w3.org/2001/XMLSchema"
   xmlns:soap="http://schemas.xmlsoap.org/soap/envelope/">
  <soap:Body>
    <jeTravaillePourLeWebResponse xmlns="http://tempuri.org/">
      <jeTravaillePourLeWebResult> Salut, moi le service, je travaille pour le Web
      </jeTravaillePourLeWebResult>
    </jeTravaillePourLeWebResponse>
  </soap:Body>
</soap:Envelope>
```

Ce message Soap sera transmis au proxy qui le traduira comme il se doit pour le transmettre au serveur. On conçoit que l'utilisation de parseur XML soit indispensable, de manière à extraire les informations nécessaires pour transmettre le message au serveur, son nom et ses arguments. Une fois ce message exécuté et la réponse obtenue, cette dernière sera empaquetée à son tour dans un format Soap, que le proxy dépaquettera, afin de la rendre disponible dans le code client.

Invocation dynamique sous .Net

Malgré l'existence du proxy et des compilations préalables, on constate que sous .Net l'invocation dynamique et non statique est le mode d'invocation standard. Observons par exemple le code du fichier `TestServiceProxy.cs` produit automatiquement à partir du fichier `.asmx` (il nous servira par la suite lors de la description des appels asynchrones) :

Fichier TestServiceProxy.cs

```
using System.Diagnostics;
using System.Xml.Serialization;
using System;
using System.Web.Services.Protocols;
using System.ComponentModel;
using System.Web.Services;


/// <remarks/>
[System.Diagnostics.DebuggerStepThroughAttribute()]
[System.ComponentModel.DesignerCategoryAttribute("code")]
[System.Web.Services.WebServiceBindingAttribute(Name="TestServiceSoap",
Namespace="http://tempuri.org/")]
public class TestService : System.Web.Services.Protocols.SoapHttpClientProtocol {

    /// <remarks/>
    public TestService() {
        this.Url = "http://localhost/6152/TestService.asmx";
    }

    /// <remarks/>
[System.Web.Services.Protocols.SoapDocumentMethodAttribute("http://tempuri.org/
jeTravaillePourLeWeb", RequestNamespace="http://tempuri.org/",
ResponseNamespace="http://tempuri.org/",
Use=System.Web.Services.Description.SoapBindingUse.Literal,
ParameterStyle=System.Web.Services.Protocols.SoapParameterStyle.Wrapped)]
    public string jeTravaillePourLeWeb(string unNom) {
        object[] results = this.Invoke("jeTravaillePourLeWeb", new object[] {
                unNom});
        return ((string)(results[0]));
    }

    /// <remarks/>
    public System.IAsyncResult BeginjeTravaillePourLeWeb(string unNom,
            System.AsyncCallback callback, object asyncState) {
        return this.BeginInvoke("jeTravaillePourLeWeb", new object[] {
                unNom}, callback, asyncState);
    }

    /// <remarks/>
    public string EndjeTravaillePourLeWeb(System.IAsyncResult asyncResult) {
        object[] results = this.EndInvoke(asyncResult);
        return ((string)(results[0]));
    }
}
```

On y trouve l'instruction `this.invoke ("nom de la méthode", "description des paramètres")` caractéristique des invocations dynamiques, puisque l'on passe toute la description du service au moment de l'exécution.

Invocation asynchrone en .Net

En .Net, tout comme en Corba, il est possible, après l'envoi du message, de ne pas bloquer l'expéditeur le temps de l'exécution. L'expéditeur peut alors, s'il le désire, exécuter la suite de son code jusqu'à ce qu'il soit informé du service s'exécutant côté serveur et qu'il en obtienne le résultat. On parle alors d'invocation asynchrone plutôt que synchrone. Nous en donnons un exemple ci-après à partir du fichier précédent. Nous l'avons renommé TestServiceLong.cs. Son exécution est beaucoup plus longue à cause d'une boucle ridicule qui justifie que le client continue de dérouler son code jusqu'à être informé de la fin du service.

Fichier TestServiceLong.cs

```
<%@ WebService Language="C#" Class="TestService" %>

using System;
using System.Threading;
using System.Web.Services;

public class TestService : WebService {

        [WebMethod]
        public string jeTravaillePourLeWeb (String unNom)
        {
                return "Salut, " + unNom + jeSuisPriveDansLaClasse();
        }

        private string jeSuisPriveDansLaClasse() {
                int a = 0;
                for (int i=0; i<1000000000; i++) {
                                // allongement idiot de la méthode=boucle ridicule
                                a++;
                }
                return ", je travaille pour le web";
        }
}
```

Fichier TestClientLong.cs

```
using System;
using System.Runtime.Remoting.Messaging;

public class TestClient {
private static bool bEnd = false;
```

```
public static void CallbackService(IAsyncResult arResult) {

    // afin d'obtenir l'état initial du proxy
    TestService unTest = (TestService)arResult.AsyncState;

    // obtenir les résultats du service Web en appelant la méthode End du Proxy
    Console.WriteLine(unTest.EndjeTravaillePourLeWeb(arResult));
    Console.WriteLine("Le service Web vient de se terminer");
    bEnd = true;
}

public static void Main() {

    TestService unTest = new TestService();

    // J'appelle le service Web de manière asynchrone - utilisation des délégués
    AsyncCallback acb = new AsyncCallback(CallbackService);
    Console.WriteLine(unTest.BeginjeTravaillePourLeWeb("moi le service",acb,unTest));
    // Je continue comme si de rien n'était jusqu'à la fin du service
    while (!bEnd) {
      Console.WriteLine("je vaque a mes occupations en attendant");
    }

    }
}
```

Résultats

```
...................................... .
...................................... .
je vaque à mes occupations en attendant
je vaque à mes occupations en attendant
je vaque à mes occupations en attendant
je vaque à mes occupations en attendant
je vaque à mes occupations en attendant
je vaque à mes occupations en attendant
je vaque à mes occupations en attendant
je vaque à mes occupations en attendant
je vaque à mes occupations en attendant
Salut, moi, le service, je travaille pour le web
Le service Web vient de se terminer
```

La réalisation de cet appel asynchrone exige de modifier le code du client en exploitant assez naturellement les deux méthodes Begin et End créées automatiquement par .Net dans le fichier proxy (voir plus haut).

Mais où sont passés les objets ?

Du côté serveur, l'objet est créé à la volée, le temps de l'exécution du service. Il n'est donc pas nécessaire de désigner un objet précis, enregistré dans un registre comme dans RMI ou la version par défaut de Corba, sur lequel s'exécutera le service. Un nouvel objet est créé pour chaque message qui arrive au serveur et est détruit à la fin de l'exécution de ce dernier. Cela simplifie grandement les choses et doit pouvoir suffire dans une majorité d'applications. On peut dès lors légitimement se demander l'intérêt qu'il y a à maintenir un objet serveur toute la durée de l'interaction, comme nous l'avons fait en expérimentant RMI et Corba.

S'il est difficile de percevoir ce que cet objet pourrait nous apprendre au début de son activation, il n'en est pas moins vrai que, durant l'interaction, l'objet peut maintenir un ensemble d'informations, du côté serveur, propice à cette interaction. Par exemple, un second envoi de message pourrait ne pas avoir le même effet selon les résultats du premier envoi (résultats enregistrés dans l'état de l'objet serveur). Imaginez un jeu informatique ayant cours sur le réseau ; le comportement de chaque objet, en réponse à un message envoyé par un autre, dépendra de son état. De même, dans une négociation commerciale entre deux objets, les décisions prises par chaque objet lors de cette interaction dépendront de leur connaissance courante de cette négociation.

Une manière de procéder pourrait consister à sauvegarder cet état intermédiaire sur le disque dur (par exemple, dans une base de données). Cependant, vu les temps d'accès disque, cela pourrait considérablement ralentir et alourdir le déroulement de l'application. Il serait plus efficace de retrouver une situation, inhérente à RMI et Corba, de maintien d'information du côté serveur le temps de l'interaction.

Les services web ne fonctionnent pas directement au-dessus de TCP/IP comme RMI et Corba mais, en raison de leur homogénéisation web et de leur codage XML, un étage plus haut, au-dessus du protocole HTTP. Lorsque, au-dessus de ce protocole, une interaction client-serveur doit se dérouler en maintenant du côté serveur des informations sur son état, on invoque souvent la présence de cookies, comme nous allons le voir. Nous allons reproduire les services web de l'exemple précédent, en maintenant du côté serveur le nombre de fois que le service est appelé et en modifiant la réponse du serveur au message en fonction de ce nombre. La nouvelle implémentation asmx du service est la suivante :

Fichier TestServiceAvecMemoire.asmx

```
<%@ WebService Language="C#" Class="TestServiceAvecMemoire" %>

using System;
using System.Web.Services;

[WebService(
    Description = "Un service Web avec mémoire")]
/* il est possible de passer des informations sur la nature du service */

/* il faut maintenant que la classe hérite de WebService pour utiliser
   l'objet " Session " */
public class TestServiceAvecMemoire : WebService
{
  public void TestServiceAvecMemoire() {
    if (nouvelleSession) /* debut de la session */ {
```

```
      nouvelleSession = false;
      nbreConnexions = 0;
    }
  }
  /* il est possible également de passer des informations sur la nature ce la méthode
     - attention à l'addition de " EnableSession = true ", indispensable si cette
     méthode doit utiliser des informations mémorisées côté serveur */
  [WebMethod(
      Description="Un Service avec memoire",
      EnableSession = true
      )]

  public string jeTravaillePourLeWeb (String unNom) {
    /* le retour sera différent suivant qu'il est invoqué une première fois ou non */
    if (nbreConnexions == 0) {
      nbreConnexions++;
      return " Salut, " + unNom + jeSuisPriveDansLaClasse();
    }
    else {
      nbreConnexions++;
      return " Encore toi, " + "salut, " + unNom +   jeSuisPriveDansLaClasse();
    }
  }
  private string jeSuisPriveDansLaClasse() {
    return ", je travaille pour le Web";
  }
  private int nbreConnexions { /* méthode d'accès */
    /* utilisation capitale de l'objet Session pour mémoriser l'état du serveur */
    get {
      return (int) Session["nbreConnexions"];
    }
    set {
      Session["nbreConnexions"] = value;
    }
  }
  private bool nouvelleSession { /* méthode d'accès */
    get {
      if (Session["nouvelleSession"] == null) return true;
      return (bool) Session["nouvelleSession"];
    }
    set {
      Session["nouvelleSession"] = value;
    }
  }
}
```

On relève plusieurs adjonctions par rapport à la version précédente. D'abord, tant dans la définition de la classe service que dans la méthode qui rend le service, des informations supplémentaires peuvent être transmises par l'utilisation d'un attribut Description. Ensuite, la classe doit maintenant hériter de WebService pour pouvoir utiliser l'objet Session qui maintient la mémoire de l'interaction. Cet objet Session enregistre un ensemble de variables arbitraires que l'on désigne par Session["variable"].

C'est l'inélégance de cette écriture pour traiter les variables sessions qui nous fait recourir aux méthodes d'accès pour l'attribut entier `nbreConnexions` (qui mémorisera le nombre d'invocations de la méthode) et l'attribut booléen `nouvelleSession` (qui indiquera si oui on non il s'agit d'une nouvelle session). Toute méthode utilisant des informations sur la session doit le signaler dans sa déclaration par : `EnableSession = true`.

Voici maintenant le code du côté client qui doit, lui aussi, par l'addition de l'instruction `unTest.CookieContainer = new CookieContainer()` signaler que cette interaction se fera en maintenant des informations sur l'état du serveur. Les cookies apparaissent.

```
using System;
using System.Net;

public class TestClient2 {
  public static void Main() {
    TestServiceAvecMemoire unTest = new TestServiceAvecMemoire();
    unTest.CookieContainer = new CookieContainer();
    Console.WriteLine(unTest.jeTravaillePourLeWeb(" moi le service "));
    /* le même envoi de message, mais l'effet sera différent */
    Console.WriteLine(unTest.jeTravaillePourLeWeb(" moi le service "));
  }
}
```

Résultat

```
Salut, moi le service, je travaille pour le Web
Encore toi, salut, moi le service, je travaille pour le Web
```

Un annuaire des services XML universel : UDDI

Enfin, existe-t-il dans cette nouvelle infrastructure d'objets distribués, un mode d'organisation et de présentation des services comparable à l'annuaire de Jini ? Oui, car tous les constructeurs se sont mis d'accord sur un mode uniforme de présentation de ces services, dénommé UDDI (*Universal Description Discovery and Integration*). Tous les services décrits dans le langage WDSL peuvent y être affichés et consultés, ainsi que leur emplacement et la façon de les activer.

Comme dans Jini, dès qu'un de ces services se révèle utile à un client, ce dernier pourra télécharger le proxy du service, de manière par exemple à communiquer directement avec le serveur responsable du service. La spécification UDDI décrit une série de standards que les fournisseurs de service web doivent respecter afin de présenter leur service dans cet annuaire. Dans l'annuaire UDDI, chaque enregistrement contient trois types d'information, décrits sur le modèle des bottins téléphoniques (nom, adresse, contact de l'entreprise), des « Pages jaunes » (catégorie de l'entreprise) et « Pages vertes » (informations plus techniques concernant le service web). Logiquement centralisé mais physiquement réparti, cet annuaire universel recueille les inscriptions des fournisseurs de services web et permet à tout un chacun d'effectuer des recherches selon ses besoins.

Services web versus RMI et Corba

Malgré l'avance prise par Java et le label de standard unique de Corba, il est incontestable que les services web ont damé le pion de leurs concurrents, en premier lieu du fait de la généralisation d'XML à tout le contenu du Web, que celui-ci soit statique (sites) ou plus dynamique (services), ensuite grâce à la facilité et à la rapidité (due à l'automatisation) de mise en œuvre de ces mêmes services – en tout cas en ce qui concerne la plate-forme de développement .Net.

Cependant, les services web ne sont pas à l'abri des critiques.

Le contenu d'un message doit être parsé avant de s'exécuter. Ce processus est long et doit en outre faire l'objet d'une standardisation (par exemple : types de données que l'on peut passer en arguments et en retour des méthodes) afin qu'un message XML envoyé par un client soit interprété correctement par le serveur. C'est loin d'être le cas aujourd'hui avec la multiplication des standards Soap. Les services web sont donc bien plus lents et moins standards que ne l'est Corba aujourd'hui. Comme progrès technologique, on a déjà vu mieux…

Malgré sa dénomination, Soap (*Simple Object Access Protocol*), le protocole d'envoi et de réception de message, n'est pas du tout orienté objet : rien n'est prévu pour la référence, la sauvegarde ou le maintien de l'état des objets durant une session. Comme nous l'avons vu précédemment, il n'y a pas vraiment d'objets exécutant les services le temps de l'interaction. Les objets sont les grands absents des services web. Il semble en fait que l'on soit revenu aux anciens RPC (*Remote Procedure Call*), par lesquels les applications informatiques, simplement, se sollicitaient mutuellement les exécutions de procédures. Sans doute, le seul véritable avantage des services web s'avère être un contrôle plus facile de la sécurité, surtout grâce aux pare-feu qui empêchent toute circulation sur des ports autres que HTTP (le port 80 utilisé par les services web). Corba et RMI se caractérisent par un processus d'allocation de port dynamique, ce qui rend la sécurité des échanges nettement plus délicate à assurer.

Services web versus Windows Communication Foundation (WCF)

Depuis quelques années, Windows a généralisé sa technologie de services Web afin de la supplanter par les WCF, une technologie de communication entre machines plus rapide, plus fiable et plus flexible. Dixit Microsoft, WCF prend en charge davantage de protocoles de transport de messages que les services Web ASP.NET et se présente donc comme la voie d'homogénéisation du développement des applications orientées services. Ainsi, les messages peuvent être envoyés à l'aide du protocole HTTP, ainsi que du protocole de plus bas niveau TCP (*Transmission Control Protocol*), via les canaux nommés ou le *Microsoft Message Queuing* (MSMQ). Les logiciels développés à l'aide de WCF peuvent être adaptés afin de fonctionner avec une gamme plus vaste d'autres logiciels et de technologies de communication.

Exercices

Exercice 16.1

Expliquez pourquoi la pratique des objets distribués repose dans une large mesure sur la structure syntaxique d'interface.

Exercice 16.2

Comment le compilateur Corba, idl -> C++, traduit-il dans ce langage une interface IDL ?

Exercice 16.3

Expliquez en quoi RMI est plus polymorphique que Corba.

Exercice 16.4

Justifiez l'apport de XML dans le développement des services web.

Exercice 16.5

Réalisez l'application suivante en Corba : un appareil de retrait d'argent automatique programmé en Java sur un premier ordinateur débite ou crédite des comptes en banque enregistrés sur un second ordinateur. Les dépôts et les retraits d'argent sur ces comptes devront être programmés en C++.

Exercice 16.6

Complétez l'implémentation de l'application RMI suivante, dont l'interface est montrée ci-après : un système automatisé de conversion dans la monnaie locale d'un montant indiqué en euro fonctionne sur un premier ordinateur (car les fluctuations de cours sont connues seulement par ce premier ordinateur). Un second ordinateur informe des clients sur la valeur dans leur monnaie locale d'une somme en euro.

```
public interface Convertisseur extends java.rmi.Remote {
  public int convertiEnDollar(double enEuro)
    throws java.rmi.RemoteException;
  public int convertiEnFrancais(double enEuro)
    throws java.rmi.RemoteException;
  public int convertiEnLire(double enEuro)
    throws java.rmi.RemoteException;
  public int ...
}
```

Exercice 16.7

Expliquez la démarche suivie tant par Corba que par RMI pour tenter de rendre l'écriture d'applications distribuées très proche de l'écriture d'applications locales.

Exercice 16.8

Expliquez le rôle du `stub` ou du proxy que l'on retrouve dans toute pratique d'objets distribués.

Exercice 16.9

Expliquez l'apport de Jini par rapport à RMI.

Exercice 16.10

Expliquez la raison du service de nommage, tant en Corba qu'en RMI, et la manière dont les objets sont connus sur le Web à l'aide d'un nom symbolique.

Exercice 16.11

Expliquez pourquoi ce service de nommage a disparu dans le développement des services web et par quoi il a été remplacé.

Exercice 16.12

Expliquez la manière dont les services web compensent la disparition d'un objet maintenu par RMI et Corba le temps de l'interaction client-serveur.

17

Multithreading

Ce chapitre est consacré au multithreading, grâce auquel plusieurs objets agissent de manière simultanée, tout en synchronisant leurs accès à des ressources qu'il ne leur est pas possible de partager.

DOCTUS — *Idéalement, on pourrait associer un processeur à chaque objet. Cependant, ça ne serait pas encore suffisant pour satisfaire pleinement nos objets : chacun peut être amené à faire plusieurs choses en même temps…*

CANDIDUS — *Comme toi par exemple lorsque tu conduis ta voiture ?*

DOC. — *Oui, mais cela n'a rien d'extraordinaire. Un système d'exploitation se débrouille très bien avec le multitâche pour exécuter plusieurs programmes, en récupérant tes actions sur le clavier et la souris, etc. Si tu dois créer des objets serveurs, tu devras te débrouiller pour satisfaire plusieurs clients en même temps. Ce sera le cas pour des clients répartis sur un réseau, par exemple.*

CAND. — *On peut toujours les mettre en file d'attente… mais ce n'est certes pas très efficace.*

DOC. — *Certains langages facilitent le fonctionnement simultané de plusieurs objets. Il faudra tout de même nous assurer qu'ils ne manipulent pas les mêmes données en même temps. Leur accès devra absolument être synchronisé. On appelle ça le parallélisme, ou multithreading.*

Replongeons-nous dans notre écosystème Java et observons la proie et le prédateur se désaltérer ensemble au point d'eau. La classe Eau possède une méthode diminue(int x) qui fait décroître sa quantité de la valeur x jusqu'à l'assécher complètement. La quantité est fixée à une valeur de départ, transmise dans le constructeur, comme indiqué dans le code Java ci-après :

```
public class Eau {
  private int quantite;

  public Eau (int quantite) {
    this.quantite = quantite;
  }
  public void diminue (int decroit) {
    if (quantite > decroit) {
      System.out.println("ok, l'eau diminue");
      quantite -= decroit;
    }
    else {
      quantite = 0;
      System.out.println("zut, il n'y a plus d'eau");
    }
  }
}
```

La méthode `jeBois()` qui sert, tant à la proie qu'au prédateur, à se désaltérer contient une boucle de 100 lapées, le prédateur consommant l'eau deux fois plus vite que la proie. Le code des deux animaux le montre ci-après :

```
public class Proie {
  private Eau uneEau;

  public Proie(Eau uneEau) {
    this.uneEau = uneEau;
  }
  public void jeBois() {
    for (int i=0; i<100; i++) {
      System.out.println("la proie essaie de boire");
      uneEau.diminue(10);
    }
  }
}
public class Predateur {
  private Eau uneEau;

  public Predateur (Eau uneEau) {
    this.uneEau = uneEau;
  }
  public void jeBois(){
    for (int i=0; i<100; i++) {
      System.out.println("le predateur essaie de boire");
      uneEau.diminue(20);
    }
  }
}
```

La classe `Jungle`, quant à elle, crée l'eau, la proie et le prédateur, et ordonne aux deux animaux de se désaltérer.

```
public class Jungle{
  public static void main(String[] args) {
    Eau uneEau = new Eau(1000);
    Proie uneProie = new Proie(uneEau);
    Predateur unPredateur = new Predateur(uneEau);

    uneProie.jeBois();
    unPredateur.jeBois();
  }
}
```

Partie du résultat

```
la proie essaie de boire
OK ! l'eau diminue
la proie essaie de boire
OK ! l'eau diminue
la proie essaie de boire
…
OK ! l'eau diminue
la proie essaie de boire
zut ! il n'y a plus d'eau
le prédateur essaie de boire
zut ! il n'y a plus d'eau
le prédateur essaie de boire
zut ! il n'y a plus d'eau
le prédateur essaie de boire
zut ! il n'y a plus d'eau
le prédateur essaie de boire
…
```

Informatique séquentielle

Hélas, vu la façon dont le code est écrit et bien que la réalité dépeinte soit celle d'une proie et d'un prédateur se désaltérant de concert, il ne restera plus une goutte d'eau à consommer pour le prédateur quand la proie en aura terminé avec sa méthode `jeBois()`. Une partie du résultat affiché le montre clairement. En effet, au contraire du monde qui nous entoure, l'informatique fonctionne, dans l'immense majorité des ordinateurs, de manière fondamentalement séquentielle. Le processeur ne peut s'occuper que d'une instruction à la fois. Il doit en avoir terminé avec une pour en attaquer une autre. On doit cette vision, inchangée depuis 70 ans, à John von Neumann, dont la conception de l'ordinateur était tout simplement inspirée du cerveau... « ordinateur » le plus massivement parallèle qui soit !

Les langages de programmation sont structurés autour de blocs d'instructions qui s'exécutent, en principe, sans interruption. Ces blocs sont encadrés par des accolades (Python utilise l'indentation) qui délimitent une mini-tâche à accomplir, ainsi que la portée des variables à n'utiliser que durant l'exécution de cette dernière. Si rien n'est fait pour contrer cela, toute mini-tâche s'exécutera d'un bloc et elle devra obligatoirement se terminer avant qu'une autre ne puisse disposer du processeur. C'est bien pour cela que le prédateur devra attendre les 100 lapées de la proie avant de plonger sa gueule… dans le sable. Si l'OO a pour vocation de mieux coller à la réalité qui nous entoure, il est impératif que des objets, qui exécutent les mini-tâches leur incombant, puissent le faire en parallèle et non plus d'une manière uniquement séquentielle. La proie et le prédateur devraient, comme dans la réalité, pouvoir se partager le point d'eau.

Multithreading

Le mécanisme dit de *multithreading*, qu'il est possible d'exploiter directement dans l'écriture de codes Java, C# et Python, rend effectif ce parallélisme des tâches. Les programmeurs C++ et PHP doivent en général se retourner vers le système d'exploitation, exploiter une bibliothèque additionnelle ou user de l'un ou l'autre artefact de programmation pour bénéficier de ce même procédé. Java, C# (ou Visual C++.Net, qui bénéficie des mêmes bibliothèques) et Python en ont fait un utilitaire intégré à même leur syntaxe. C'est la raison pour laquelle, dans les exemples de code à venir, nous nous limiterons à ces trois seuls langages. Le multithreading permet aux blocs d'instructions de s'imbriquer pendant leur exécution.

Le processeur passe la main à un bloc puis à l'autre de manière séquentielle. Les instructions continuent à s'exécuter en séquence (le processeur ne pouvant toujours exécuter qu'une seule instruction à la fois) alors que les blocs, eux, s'exécutent en parallèle. Chacun de ces blocs, sujet à ce parallélisme d'exécution, est appelé un *thread*. Comme la figure ci-après le montre, le processeur passe de l'un à l'autre sous la responsabilité d'un gestionnaire de threads, qui sait quand interrompre un thread pour en débuter un autre. Cette gestion du multithreading est généralement laissée au système d'exploitation. Dans la version la plus simple, le processeur se consacre à chacun des threads pendant une même durée. Des stratégies plus fines permettent, par exemple, d'interrompre un thread quand celui-ci est en attente d'une ressource ou d'un accès périphérique, pour reprendre l'exécution d'un autre.

Figure 17–1
Le multithreading répartissant
l'occupation du processeur
entre trois mini-tâches

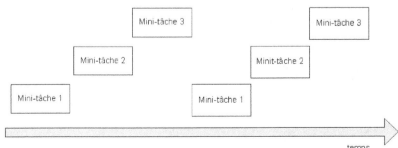

Malgré la volonté de s'émanciper de Java, de Python et, dans une moindre mesure, de C# (très dépendant du ou des Windows) autant que possible des plates-formes sur lesquelles ils s'exécutent, le résultat d'un programme intégrant un mécanisme de multithreading pourra largement varier d'une plate-forme à l'autre. Ce mécanisme est, à une moindre échelle (car à l'intérieur d'un seul programme), la réplique exacte du mécanisme de multitâche, présent dans tous les systèmes d'exploitations actuels.

Le multithreading, une réplique à moindre échelle du multitâche

Le multitâche vous permet d'utiliser différentes applications (traitement de texte, navigateur, jeu, courrier électronique…) avec la même apparence de simultanéité que la proie et le prédateur s'abreuvant de concert. Le multitâche et sa version réduite, le multithreading, s'exécutent de la même façon. Cela se déroule de la manière suivante : le gestionnaire entame une première mini-tâche (*thread*), en exécute quelques instructions, puis est interrompu pour donner la main à une deuxième mini-tâche. Avant de passer la main, il mémorise tout ce qui lui est nécessaire pour pouvoir reprendre l'exécution de la première mini-tâche, à peine délaissée (par exemple, l'adresse de l'instruction suivante à exécuter ou les adresses de fichiers et autres périphériques avec lesquels cette mini-tâche interagissait). En substance, il mémorise tout le contexte d'exécution de cette mini-tâche. Après avoir donné un peu de son temps à toutes les mini-tâches qui s'exécutent à la suite et pourtant parallèlement, il revient à la première, en commençant, avant toute chose, par restituer son contexte d'exécution. Comme pour le multitâche, c'est le système d'exploitation qui prend en charge la gestion du temps à répartir entre tous les threads.

Implémentation en Java

Nous allons donc laisser la proie et le prédateur boire ensemble, pacifiquement, la soif l'emportant sur la faim. Pour ce faire, nous allons, tant en Java qu'en C# et Python, implémenter ce mécanisme de multithreading, pour que la méthode `jeBois()` de la proie et celle du prédateur puissent s'exécuter simultanément. Commençons par Java :

```java
public class Proie extends Thread { /* La proie devient un Thread */
  private Eau uneEau;

  public Proie(Eau uneEau) {
    this.uneEau = uneEau;
  }
  public void jeBois(){
    for (int i=0; i<100; i++){
      System.out.println("la proie essaie de boire");
      uneEau.diminue(10);
    }
  }
  public void run() { /* méthode héritée de la classe Thread et à redéfinir */
    jeBois();
  }
}
public class Predateur extends Thread {
  private Eau uneEau;
```

```
    public Predateur (Eau uneEau) {
        this.uneEau = uneEau;
    }
    public void jeBois(){
        for (int i=0; i<100; i++) {
            System.out.println("le predateur essaie de boire");
            uneEau.diminue(20);
        }
    }
    public void run() {
        jeBois();
    }
}
public class Jungle {
    public static void main(String[] args){
        Eau uneEau = new Eau(1000);
        Proie uneProie = new Proie(uneEau);
        Predateur unPredateur = new Predateur(uneEau);
        uneProie.start();        /* démarrage du premier thread */
        unPredateur.start();     /* démarrage du deuxième thread */
    }
}
```

Voici une partie du résultat

```
le prédateur essaie de boire
la proie essaie de boire
OK ! l'eau diminue
la proie essaie de boire
OK ! l'eau diminue
la proie essaie de boire
OK ! l'eau diminue
OK ! l'eau diminue
la proie essaie de boire
le prédateur essaie de boire
OK ! l'eau diminue
OK ! l'eau diminue
le prédateur essaie de boire
OK ! l'eau diminue
la proie essaie de boire
le prédateur essaie de boire
...
le prédateur essaie de boire
zut ! il n'y a plus d'eau
zut ! il n'y a plus d'eau
la proie essaie de boire
le prédateur essaie de boire
zut ! il n'y a plus d'eau
zut ! il n'y a plus d'eau
la proie essaie de boire
```

Nous constatons que la proie et le prédateur exécutent leur méthode jeBois() simultanément, sans que nous ayons un quelconque contrôle sur la durée que chacun peut consacrer à cela. Cette répartition du processeur entre les deux méthodes qui doivent s'exécuter ensemble est de la seule responsabilité du système d'exploitation. Les deux animaux boivent ensemble, chacun pendant une durée apparemment aléatoire (nous verrons par la suite comment répartir cette durée de façon plus uniforme), et se retrouvent de la même manière, quand l'eau est épuisée, le bec dans l'eau... euh, non, dans le sable !

Il y a plusieurs manières d'implémenter le multithreading en Java. Ici, nous avons transformé, tant la proie que le prédateur, en threads, en faisant hériter les deux classes de la classe Thread. La seule méthode qu'il nous importe de récupérer dans cette dernière pour la redéfinir est la méthode run(), dont le corps d'instructions se compose de celles que nous désirons exécuter en parallèle avec d'autres. Les deux blocs d'instructions sont en fait les deux méthodes jeBois(), car la redéfinition des deux run() se limite à appeler ces méthodes.

Une autre manière de faire, plus fréquente, consiste à utiliser l'interface Runnable car souvent le seul héritage possible aura été déjà « épuisé » par une autre superclasse. Nous retrouvons ci-après le code de la classe Proie implémentant l'interface Runnable, qui oblige cette fois à redéfinir la méthode run. Aussi, le thread associé à la Proie doit-il maintenant se trouver explicitement créé et agrégé dans la classe en question :

```
class Proie implements Runnable {
  private Eau uneEau;
  Thread tProie; // il faut maintenant agréger le thread dans la classe

  public Proie(Eau uneEau) {
    this.uneEau = uneEau;
    tProie = new Thread(this); // this se réfère à Runnable
    tProie.start(); // Il faut maintenant le démarrer ici
  }
  public void jeBois(){
    for (int i=0; i<100; i++){
      System.out.println("la proie essaie de boire");
      uneEau.diminue(10);
    }
  }
  public void run() { /* méthode héritée de l'interface et à obligatoirement redéfinir */
    jeBois();
  }
}
```

Lorsqu'un thread est créé (ici la proie et le prédateur héritant de la classe Thread, les deux threads seront automatiquement créés quand les deux animaux le seront), il est d'abord dans un état dormant. Il faut le lancer par l'entremise de la méthode start(), afin de le rendre disponible pour le gestionnaire du multithreading, c'est-à-dire sélectionnable pour occuper le processeur. Un thread pourra, par la suite, être supprimé ou suspendu, repris ou détruit, par des méthodes et une gestion appropriées (attention ! les dernières versions de Java se sont beaucoup modifiées en ce qui concerne les mécanismes de suspension et de redémarrage des threads).

Implémentation en C#

```csharp
using System.Threading;
class Eau{
  private int quantite;

  public Eau (int quantite){
    this.quantite = quantite;
  }
  public void diminue (int decroit){
    if (quantite > decroit){
      Console.WriteLine("ok, l'eau diminue");
      quantite -= decroit;
    }
    else{
      quantite = 0;
      Console.WriteLine("zut, il n'y a plus d'eau");
    }
  }
}
class Predateur {
  private Eau uneEau;
  private Thread unThread; /* le thread est agrégé */

  public Predateur(Eau uneEau){
    this.uneEau = uneEau;
    ThreadStart unTs = new ThreadStart(jeBois); /* un délégué est créé sur la méthode
                                                    à associer au thread */
    unThread = new Thread(unTs); /* le thread est créé en lui passant le délégué */
  }
  public void lanceThread(){
    unThread.Start(); /* démarrage du thread */
  }
  public void jeBois(){
    for (int i=0; i<100; i++){
      Console.WriteLine("le predateur essaie de boire");
      uneEau.diminue(20);
    }
  }
}
class Proie {
  private Eau uneEau;
  private Thread unThread;

  public Proie(Eau uneEau){
    this.uneEau = uneEau;
    unThread = new Thread(new ThreadStart(jeBois));
  }
```

```
  public void jeBois(){
    for (int i=0; i<100; i++){
      Console.WriteLine("la proie essaie de boire");
      uneEau.diminue(10);
    }
  }
  public void lanceThread(){
    unThread.Start();
  }
}

public class Jungle{
  public static void Main(){
    Eau uneEau = new Eau(1000);
    Proie uneProie = new Proie(uneEau);
    Predateur unPredateur = new Predateur(uneEau) ;
    uneProie.lanceThread();
    unPredateur.lanceThread();
  }
}
```

Le résultat sera évidemment le même que celui du code Java, à l'implémentation près du multithreading et de son interaction avec l'exécutable C# sur le système d'exploitation que vous utilisez.

Comme première différence importante, alors que Java force plutôt la pratique d'héritage pour récupérer les utilitaires du multithreading, nous voyons que C#, quant à lui, adopte la pratique de composition ou d'agrégation forte. Nous avons vu dans le chapitre 11 que, les effets étant très semblables, le choix de l'une ou de l'autre dépendait en général de la sémantique du problème. Ici, hérite-t-on d'un thread ou contient-on un thread ? Les deux visions se valent.

Une autre différence importante est la manière dont le bloc d'instructions est associé au thread. On dit des threads qu'ils sont composés de trois compartiments, comme le montre la figure ci-après : le processeur sur lequel le thread s'exécute, les données qu'il manipule (par exemple, les attributs de l'objet, instance de la classe dans laquelle le thread est défini) et le corps d'instructions, la mini-tâche, associée au thread. En Java, la mini-tâche est transmise au thread par la redéfinition de la méthode run(). Cette méthode n'a donc d'autre raison d'être que de déclarer, pour un thread, le corps d'instructions qui le constitue.

Figure 17–2
Les trois compartiments
d'un thread

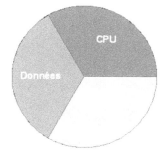

Cette même transmission se fait en C#, en recourant à une nouvelle structure de données, propre au C# (et à .Net en général), que l'on appelle les « délégués ». Un délégué – dont la création et le mode d'utilisation ressemblent à s'y méprendre à ceux des interfaces (mais qui ne contiendraient qu'une seule méthode à concrétiser) – produit des instances associées qui se limitent à n'être que des référents de fonction. Un délégué pointe sur une méthode, au même titre qu'un référent pointe sur un objet. Nous préciserons et reviendrons sur ce mécanisme de délégué inhérent à la plate-forme .Net au cours du prochain chapitre. Ici, le délégué utilisé est de type `ThreadStart` et pointe sur le bloc d'instructions à associer, en C#, à un thread. Comme en Java, les deux threads sont démarrés par la méthode `Start()` (avec une majuscule initiale… juste pour embêter son monde…).

C# 4 a considérablement innové en matière de multithreading, de manière à ne pas gaspiller inutilement les objets threads. Ainsi, si un objet thread existe déjà mais n'est plus utilisé, il pourra être facilement réexploité. Ces facilités devraient améliorer les performances des exécutables répartis sur plusieurs threads, qui ont tendance à s'écrouler rapidement avec la multiplication de ceux-ci.

Implémentation en Python

```python
from threading import Thread #un import indispensable

class Eau:
    def __init__(self,quantite):
        self.__quantite=quantite
    def diminue(self,decroit):
        if self.__quantite>decroit:
            print ("ok, l'eau diminue")
            self.__quantite=decroit
        else:
            self.__quantite=0
            print ("zut, il n'y a plus d'eau")

class Proie(Thread):
    def __init__(self,uneEau):
        self.__uneEau=uneEau
        Thread.__init__(self)
    def jeBois(self):
        i=0
        while i<100:
            print ("la proie essaie de boire")
            self.__uneEau.diminue(10)
            i+=1
    def run(self):
        self.jeBois()

class Predateur(Thread):
    def __init__(self,uneEau):
        self.__uneEau=uneEau
        Thread.__init__(self)
```

```
    def jeBois(self):
        i=0
        while i<100:
            print ("le predateur essaie de boire")
            uneEau.diminue(20)
            i+=1
    def run(self):
        self.jeBois()

uneEau=Eau(100)
uneProie=Proie(uneEau)
unPredateur=Predateur(uneEau)
uneProie.start()
unPredateur.start()
```

Dès l'import du module threading, l'implémentation Python est très proche de celle en Java, avec héritage de la classe Thread, définition de la méthode run et envoi du message start pour débuter les deux threads.

L'effet du multithreading sur les diagrammes de séquence UML

Il est utile de refaire un petit détour par UML et ses diagrammes de séquence, de manière à différencier les diagrammes correspondant aux deux pratiques, sans et avec multithreading.

Figure 17–3
Diagramme de séquence de la proie et du prédateur se désaltérant sans multithreading

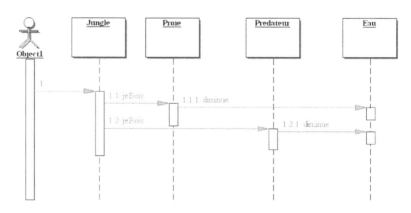

Lorsqu'un message est déclenché de manière synchrone, la flèche qui le représente dans le diagramme de séquence est complète et les « rectangles de temporalité » s'ajustent en fonction. Cela veut dire qu'en l'absence de multithreading, le premier message jeBois, envoyé à la proie, doit se terminer avant que le second message jeBois, envoyé cette fois au prédateur, ne puisse débuter.

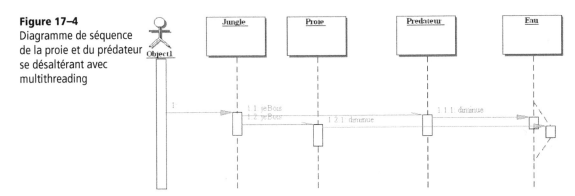

Figure 17–4
Diagramme de séquence
de la proie et du prédateur
se désaltérant avec
multithreading

En revanche, lorsqu'un message est déclenché de manière asynchrone, la flèche qui le représente est différemment dessinée et les « rectangles de temporalité » n'ont plus à s'ajuster en fonction. En fait, dans ce cas, le déroulement de l'expéditeur du message n'est plus conditionné par celui du destinataire. Les deux objets vivent leur propre vie, indépendamment l'un de l'autre. L'eau exécute deux fois le même message, de manière parallèle, comme le diagramme de séquence l'indique également. On conçoit que ce même type de diagramme de séquence puisse se retrouver lors de la réalisation d'applications distribuées, dans la mesure où l'objet expéditeur et l'objet destinataire sont actifs sur des processeurs différents.

Du multithreading aux applications distribuées

Du multithreading aux applications distribuées, il n'y a qu'un pas, car deux objets, exécutant parallèlement deux blocs d'instructions séparés, pourraient idéalement se trouver sur deux processeurs différents. Lorsqu'un message est envoyé à travers Internet, il n'y a a priori aucune raison pour que son expéditeur se tourne les pouces en attendant la réponse. De fait, tous les protocoles d'objets distribués autorisent, d'une manière ou d'une autre, des envois de messages asynchrones, qui n'interrompent pas le déroulement de l'exécution de l'expéditeur. Quant à l'illustration du plus récent de ces protocoles, nous avons vu dans le chapitre précédent comme il est simple de réaliser, par exemple, des services web asynchrones.

Choisir un envoi synchrone ou asynchrone ne dépend finalement en rien de l'architecture informatique qui le prend en charge, mais bien de la seule logique de l'application à exécuter. L'objet expéditeur a-t-il, oui ou non, besoin d'une réponse du destinataire pour aller de l'avant avec son flot d'instructions ? Si la réponse est non, il pourra continuer à s'exécuter, soit sur un thread qui lui est propre, dans le cas d'une informatique purement séquentielle, soit sur un processeur qui lui est propre, dans le cas d'une informatique qui peut être parallélisée au moins sur deux processeurs, comme nous l'avons vu dans le chapitre précédent.

Dans la pratique, les raisons d'exploiter le multithreading sont très nombreuses. Les applications de type e-commerce, où plusieurs clients veulent bénéficier simultanément des services d'un serveur, ne peuvent se réaliser autrement qu'en multithreading : un client, un thread. Il sera important, dans ce cas, de synchroniser les multiples interactions client-serveur afin d'établir avec prudence à quel moment de l'interaction on peut passer d'un client à l'autre. Nous verrons par la suite une manière d'y parvenir.

Les animations graphiques, si fréquentes dans les pages web, exigent généralement un thread qui leur est propre, afin que leur déroulement continu (souvent une boucle infinie opérant sur un vecteur d'images) n'empêche pas de regagner le contrôle du processeur pour d'autres interactions. Autrement dit, il ne faudrait pas que ce livre, défilant sous toutes ses coutures sur l'écran du site web d'Eyrolles, vous empêche d'entrer dans le formulaire votre numéro de carte de crédit (message subliminal…).

Enfin, les architectures de vos ordinateurs étant de plus en plus souvent constituées de plusieurs processeurs, il est clair que la meilleure manière d'en garantir l'utilisation en parallèle à l'exécution de vos programmes est d'exploiter le multithreading.

Des threads équirépartis

Nous aimerions reprendre un certain contrôle sur la façon dont la proie et le prédateur consomment l'eau. Idéalement, la proie et le prédateur devraient pouvoir se désaltérer en alternance. Il y a plusieurs façons d'y arriver. Une première, très simple, est d'utiliser la méthode yield() dans la boucle de la méthode jeBois(). Cette méthode interrompt le thread, juste le temps pour le gestionnaire de donner la main à un autre thread. Comme il n'y en a que deux ici, c'est automatiquement le second qui prendra le contrôle du processeur et, ainsi de suite, de façon parfaitement équitable.

Une autre manière est de jouer sur la priorité des threads. On peut attribuer aux threads différents niveaux de priorité, qui autoriseront certains à mobiliser plus souvent le processeur que d'autres.

Une dernière manière est de recourir à la méthode sleep(), comme le font les trois codes Java, C# et Python qui suivent.

En Java

```java
public void jeBois() {
  for (int i=0; i<100; i++) {
    System.out.println("la proie essaie de boire");
    uneEau.diminue(10);
    try {
      sleep(100); /* le sleep est dans un try-catch, en argument :
                     le nombre de millisecondes */
    } catch (Exception e) {}
  }
}
```

En C#

```
public void jeBois() {
  for (int i=0; i<100; i++) {
    Console.WriteLine("la proie essaie de boire");
    uneEau.diminue(10);
    Thread.Sleep(100); /* le sleep est statique et ne peut être appelé
                          qu'à partir de sa classe */
  }
}
```

En Python

```
import time # un import additionnel nécessaire
  def jeBois(self):
   i=0
   while i<100:
     time.sleep(0.01); # à indiquer en secondes et non pas en millisecondes
     print ("la proie essaie de boire")
     self.__uneEau.diminue(10)
     i+=1
   }
 }
```

Python se particularise en ceci que le contrôle des threads s'exerce à partir d'objets extérieurs, ici l'objet time.

Résultats

```
le prédateur essaie de boire
OK ! ça marche
la proie essaie de boire
OK ! ça marche
le prédateur essaie de boire
OK ! ça marche
la proie essaie de boire
OK ! ça marche
le prédateur essaie de boire
OK ! ça marche
la proie essaie de boire
OK ! ça marche
le prédateur essaie de boire
OK ! ça marche
la proie essaie de boire
OK ! ça marche
le prédateur essaie de boire
OK  ça marche
la proie essaie de boire
```

Il y a bien une alternance parfaite entre la proie et le prédateur.

La méthode `sleep()` force le thread à se mettre en repos pendant la durée transmise comme argument. Automatiquement, elle incite le processeur à réactiver un autre thread, puisque le précédent est mis en veille. Cette méthode sert également à ajuster la vitesse d'exécution du thread, car plus la durée de mise en veille est importante, plus le temps d'exécution du thread sera allongé. Dans une application graphique animée, cela permet d'ajuster la vitesse de l'animation.

La méthode `sleep()` est déclarée statique dans la classe `Thread` (en C#, elle ne peut s'appeler qu'à partir de sa classe, car C#, contrairement à Java, ne permet pas à une méthode statique d'être appelée à partir d'un objet). En Python, `sleep` est appelée de façon extérieure au thread, directement sur un objet `time`. On conçoit aisément que la méthode ne s'applique systématiquement qu'au seul objet thread en activité et que, dès lors qu'il n'est pas nécessaire de préciser l'objet concerné, il est logique que cette méthode soit définie comme statique ou appelée de l'extérieur.

Une autre différence entre les codes C#, Python et Java tient à ce que ce dernier force beaucoup plus l'utilisation de la gestion d'exception. Dans le cas du `sleep()`, qui peut en effet mal se passer puisque très liée au fonctionnement du processeur, cette gestion est obligatoire en Java et facultative en C# ou Python. Comme c'est le cas pour ce `sleep()`, C# et Python se comportent souvent comme C++ et confient au programmeur la responsabilité de recourir à la gestion d'exception.

Synchroniser les threads

Alors que l'eau peut être consommée simultanément par la proie et le prédateur (cette ressource est suffisamment étendue pour qu'ils restent à distance l'un de l'autre), nous considérerons qu'il n'en va plus de même pour la plante. Si cette dernière est occupée par la proie ou par le prédateur, un des deux devra attendre son tour pour pouvoir s'y ressourcer. Ce que vit la plante ici est le quotidien des bases de données dans les applications d'entreprises, auxquelles plusieurs utilisateurs peuvent accéder simultanément. Si les modifications apportées par le premier utilisateur peuvent avoir des conséquences sur celles que cherche à réaliser un second, il est primordial de laisser le premier aller jusqu'au bout de sa manœuvre.

En l'absence d'un tel souci de synchronisation, les résultats deviendront parfaitement incohérents. Supposez par exemple des réservations de billet d'avion dans une même base de données. Il est indispensable qu'une première réservation se termine entièrement avant d'en lancer une deuxième (à partir d'un lieu physique différent et indépendant du premier). Si ce n'était pas le cas et si le guichetier confirmait sa réservation au passager sans avoir mis à jour la base de données, cette même réservation pourrait être effectuée ailleurs par un autre guichetier. Dans un cas semblable, c'est en effet la base de données qui doit s'occuper de la synchronisation de son accès par les différents programmes qui cherchent à la modifier.

Voyons comment, en Java puis en C# et finalement en Python, la plante bloque son accès à la proie ou au prédateur, dès que l'un des deux s'y ressource.

En Java

```java
public class Plante {
  private int quantite;

  public Plante (int quantite){
    this.quantite = quantite;
  }
  public void diminue (int decroit){
    if (quantite > decroit) {
      System.out.println("ok, la plante diminue");
      quantite -= decroit;
    }
    else {
      quantite = 0;
      System.out.println("zut, il n'y a plus de plante");
    }
  }
}
public class Proie extends Thread {
  private Eau uneEau;
  private Plante unePlante;

  public Proie(Eau uneEau, Plante unePlante) {
    this.uneEau = uneEau;
    this.unePlante = unePlante;
  }
  public void jeBois(){
    for (int i=0; i<100; i++){
      System.out.println("la proie essaie de boire");
      uneEau.diminue(10);
      try{
        sleep(10);
      } catch (Exception e) {}
    }
  }
  public void jeMange(){
    synchronized (unePlante) { /* la plante devient inaccessible par qui que ce soit */
      for (int i=0; i<25; i++) {
        System.out.println("la proie essaie de manger");
        unePlante.diminue(10);
      }
    }
  }
  public void run() {
    jeBois();
    jeMange();
  }
}
public class Predateur extends Thread {
  private Eau uneEau;
  private Plante unePlante;
```

```java
  public Predateur (Eau uneEau, Plante unePlante) {
    this.uneEau = uneEau;
    this.unePlante = unePlante;
  }
  public void jeBois() {
    for (int i=0; i<100; i++) {
      System.out.println("le predateur essaie de boire");
      uneEau.diminue(20);
      try {
        sleep(100);
      } catch(Exception e) {}
    }
  }
  public void jeMange() {
    synchronized (unePlante) { /* la plante devient inaccessible par qui que ce soit */
      for (int i=0; i<25; i++) {
        System.out.println("le predateur essaie de manger");
        unePlante.diminue(20);
      }
    }
  }
  public void run() {
    jeBois();
    jeMange();
  }
}
```

En C#

```csharp
class Plante {
  private int quantite;

  public Plante (int quantite) {
    this.quantite = quantite;
  }
  public void diminue (int decroit) {
    if (quantite > decroit) {
      Console.WriteLine("ok, la plante diminue");
      quantite -= decroit;
    }
    else {
      quantite = 0;
      Console.WriteLine("zut, il n'y a plus de plante");
    }
  }
}
class Predateur {
  private Eau uneEau;
  private Thread unThread;
  private Plante unePlante;
```

```
    public Predateur(Eau uneEau, Plante unePlante) {
      this.uneEau = uneEau;
      this.unePlante = unePlante;
      ThreadStart unTs = new ThreadStart(jeConsomme);
      unThread = new Thread(unTs);
    }
    public void lanceThread() {
      unThread.Start();
    }
    public void jeConsomme() {
      jeBois();
      jeMange();
    }
    public void jeBois(){
      for (int i=0; i<100; i++)
      {
        Console.WriteLine("le predateur essaie de boire");
        uneEau.diminue(20);
        Thread.Sleep(100);
      }
    }
    public void jeMange() {
      Monitor.Enter (unePlante); /* la plante devient inaccessible */
      for (int i=0; i<25; i++) {
        Console.WriteLine("le predateur essaie de manger");
        unePlante.diminue(10);
      }
      Monitor.Exit (unePlante);
      /* une manière alternative est d'utiliser "lock(unePlante)"
       * et de mettre entre accolades le bloc d'instructions qui suit,
       * le "lock" en C# devient l'équivalent du "synchronized" en Java */
    }
}
class Proie {
  private Eau uneEau;
  private Thread unThread;
  private Plante unePlante;

  public Proie(Eau uneEau, Plante unePlante) {
    this.uneEau = uneEau;
    this.unePlante = unePlante;
    unThread = new Thread(new ThreadStart(jeConsomme));
  }
  public void jeConsomme() {
    jeBois();
    jeMange();
  }
```

```
    public void jeBois() {
      for (int i=0; i<100; i++) {
        Console.WriteLine("la proie essaie de boire");
        uneEau.diminue(10);
        Thread.Sleep(100);
      }
    }
    public void jeMange() {
      Monitor.Enter (unePlante); /* la plante devient inaccessible */
      for (int i=0; i<25; i++) {
        Console.WriteLine("la proie essaie de manger");
        unePlante.diminue(10);
      }
      Monitor.Exit (unePlante);
    }
    public void lanceThread() {
      unThread.Start();
    }
}
```

Résultats (en partie) : la proie essaie de boire

```
zut ! il n'y a plus d'eau
la proie essaie de boire
zut ! il n'y a plus d'eau
la proie essaie de manger
le prédateur essaie de boire
OK ! la plante diminue
zut ! il n'y a plus d'eau
la proie essaie de manger
OK ! la plante diminue
la proie essaie de manger
OK ! la plante diminue
…
zut ! il n'y a plus d'eau
le prédateur essaie de boire
zut ! il n'y a plus d'eau
le prédateur essaie de manger
OK ! la plante diminue
le prédateur essaie de manger
OK ! la plante diminue
…
```

D'abord, nous avons ajouté dans les codes la classe Plante, très semblable à la classe Eau. Dans le code C#, nous avons dû créer une méthode jeConsomme() qui joint les deux méthodes jeBois() et jeMange() dans le corps d'instructions à associer au thread. La synchronisation se fait en Java par l'addition dans la méthode jeMange() d'un bloc synchronized(laPlante){} entourant la partie de code qui ne peut occuper la plante que de manière exclusive. Il est important de comprendre que l'arbitre du mécanisme de synchronisation entre threads est la ressource elle-même, cette même ressource qu'il est impossible de partager. Ici, c'est de la plante qu'il s'agit.

Cette synchronisation s'opère car le thread confie à la ressource un « sémaphore » qui, le temps d'une partie de son exécution, n'accepte pas que soit partagée cette ressource. Si un autre thread veut utiliser cette même ressource (ici, toujours la plante), il devra attendre que celle-ci ait libéré le sémaphore qu'elle a en sa possession. Cette libération effectuée, un autre thread pourra à son tour déclencher la méthode et le sémaphore.

La synchronisation peut se faire sur une méthode tout entière, par exemple, en Java, en ajoutant synchronized dans la signature de la méthode si c'est elle qui bloque l'accès à l'objet sur lequel elle s'exécute. Ici, la méthode étant déclarée dans la proie et le prédateur, nous n'avons pas synchronisé la méthode entière, car c'est alors à la proie et au prédateur que nous aurions bloqué l'accès. L'équivalent en C# est obtenu, soit en remplaçant synchronized par lock, soit en encadrant la partie de code à synchroniser par Monitor.Enter() et Monitor.Exit().

> **Sémaphore**
>
> La détention par la ressource à synchroniser d'un « sémaphore », le temps de son utilisation, de telle manière que d'autres threads n'y aient plus accès, est la base de cette pratique de synchronisation. Ainsi, la ressource arbitre elle-même son utilisation.

Contrairement à ce qui se passe pendant qu'elle boit, on voit que quand la proie mange, la plante lui est réservée exclusivement. Le prédateur ne pourra s'attaquer à la plante que lorsque la proie en aura terminé. Remarquez qu'il persiste une incertitude sur qui, de la proie ou du prédateur, attaquera la plante en premier, car cela dépend duquel des deux threads en aura fini le plus vite avec l'eau.

En Python

```python
import time
import threading
from threading import Thread

class Plante(Thread):
    def __init__(self,quantite):
        self.__quantite=quantite
        self.lock = threading.Lock() #obtention d'un objet Lock fourni par le module
threading
    def diminue(self,decroit):
        if self.__quantite>decroit:
            print ("ok, la plante diminue")
            self.__quantite-=decroit
        else:
            self.__quantite=0
            print ("zut, il n'y a plus de plante")

class Eau:
    def __init__(self,quantite):
        self.__quantite=quantite
    def diminue(self,decroit):
```

```
        if self.__quantite>decroit:
          print ("ok, l'eau diminue")
          self.__quantite-=decroit
        else:
          self.__quantite=0
          print ("zut, il n'y a plus d'eau")

class Proie(Thread):
   def __init__(self,uneEau,unePlante):
      self.__uneEau=uneEau
      self.__unePlante=unePlante
      Thread.__init__(self)
   def jeBois(self):
      i=0
      while i<100:
         time.sleep(0.01)
         print ("la proie essaie de boire")
         self.__uneEau.diminue(10)
         i+=1
   def jeMange(self):
      self.__unePlante.lock.acquire() #bloque l'accès à la plante
      i=0
      while i<25:
         print ("la proie essaie de manger")
         self.__unePlante.diminue(10)
         i+=1
      self.__unePlante.lock.release() #libère l'accès à la plante
   def run(self):
      self.jeBois()
      self.jeMange()

class Predateur(Thread):

   def __init__(self,uneEau,unePlante):
      self.__uneEau=uneEau
      self.__unePlante=unePlante
      Thread.__init__(self)
   def jeBois(self):
      i=0
      while i<100:
         time.sleep(0.001)
         print ("le predateur essaie de boire")
         uneEau.diminue(20)
         i+=1
   def jeMange(self):
      self.__unePlante.lock.acquire()
      i=0
      while i<25:
         print ("le predateur essaie de manger")
         self.__unePlante.diminue(20)
         i+=1
```

```
      self.__unePlante.lock.release()
   def run(self):
      self.jeBois()
      self.jeMange()

uneEau=Eau(100)
unePlante=Plante(50)
uneProie=Proie(uneEau,unePlante)
unPredateur=Predateur(uneEau,unePlante)
uneProie.start()
unPredateur.start()
```

En Python, l'équivalent des codes précédents se fait par l'obtention d'un objet de type Lock sur la plante, dont l'état peut être soit « verrouillé », soit « déverrouillé ». La méthode acquire(), appelée sur l'objet Lock, fait que le thread appelant verrouille la plante pour tout autre thread, alors que la méthode release déverrouille la plante pour les autres threads.

D'autres procédés, plus fins encore, de synchronisation entre plusieurs threads existent. Ainsi, un thread peut décider de se suspendre et de reprendre son cours après qu'un autre en a terminé ; en Java, C # et Python, la méthode join() s'en occupe et réalise une espèce de « jonction » entre des threads. Le code C# qui suit illustre l'utilité de la méthode join, en différenciant le résultat obtenu en sa présence et en son absence.

```
using System;
using System.Threading;

public class Printable {
   private String s;

   public Printable(String s) {
   this.s = s;
   }

   public void Print() {
      Thread.Sleep(10000);
      Console.WriteLine(s);
   }
}

public class Testeur {
   public static void Main() {
      Printable p = new Printable("Hello Hugues");
      Thread t1 = new Thread(new ThreadStart(p.Print));
      Console.WriteLine("Debut du thread");
      t1.Start();
      Console.WriteLine("Joindre les threads");
      t1.Join(); // différencier le résultat avec et sans la jointure
      Console.WriteLine("Les threads sont joints");
   }
}
```

Résultat

```
Debut du thread
Joindre les threads
Hello Hugues
Les threads sont joints
```

Les deux dernières lignes seront inversées en l'absence de l'instruction t1.Join(). La raison en est que la dernière instruction du code, écrivant à l'écran « les threads sont joints » sera, en présence de la jointure, exécutée après la fin du thread t1. En fait, nous sommes bien ici en présence de deux threads, t1 et celui lié au code principal. La présence du Join force le code principal à s'interrompre le temps de l'exécution de t1, avant de pouvoir reprendre son cours.

De même, un thread peut décider de surseoir à son exécution en attendant qu'un autre l'autorise à reprendre son cours (le couplage wait-notify en Java et Python et wait-pulse en C#).

On aura compris l'intérêt principal du multithreading, qui peut donner à un programme OO une apparente simultanéité aux agissements de plusieurs objets. Si ces objets tournent sur des processeurs différents, leur comportement sera effectivement parfaitement simultané. Dans la réalité, les objets se comportent de la sorte ; l'OO, qui a pour vocation d'y référer au mieux, ne pouvait déroger à cette nécessaire prise en compte.

Exercices

Exercice 17.1

Tentez de prédire ce qu'affichera le code Java suivant. Expliquez ce qu'il faudrait ajouter dans le code pour que l'alternance entre les deux threads soit parfaite.

```java
public class ExempleThread extends Thread {
  static int j = 1;

  public void run() {
    for (int i = 1; i<=200; i++) {
        System.out.println(j++ + " " + getName());
    }
  }

  public static void main(String[] args) {
      new ExempleThread().start();
      new ExempleThread().start();
  }
}
```

Exercice 17.2

Expliquez ce qu'il faudrait ajouter dans ce code Java pour qu'à la sortie de l'imprimante, les pages des deux documents ne soient plus mélangées.

```java
public class ExempleThread2 extends Thread {
  static Imprimante imprimante;
  String[] pages;
  public Exemple16(String s) { super(s);}
  public void run() {
    pages = new String[100];
    for (int i=0; i < pages.length; i++) {
        pages[i] = "Page " + (i+1) + " du " + getName();
    }
    imprimante.imprime(pages);
  }
  public static void main(String[] args) {
        imprimante = new Imprimante();
        new ExempleThread2("premierDocument").start();
        new ExempleThread2("deuxiemeDocument").start();
  }
}

class Imprimante {
  public void imprime(String[] s) {
    for (int i = 0; i<s.length; i++) {
      System.out.println(s[i]);
    }
  }
}
```

Exercice 17.3

À partir du code C# ci-après, introduisez une troisième classe d'instruments dont les objets puissent jouer en même temps que les autres.

```csharp
using System;
using System.Threading;

abstract class Instrument {
  private Thread unThread;

  public Instrument() {
     unThread = new Thread(new ThreadStart(jeJoue));
  }

  public Thread getThread() {
    return unThread;
  }

  abstract public void jeJoue();
}
```

```
class Guitare : Instrument {
  public Guitare(): base() {}

  public override void jeJoue() {
    for (int i = 0; i< 1000; i++) {
        Console.WriteLine(" je fais djing djing ");
    }
  }
}

class Trompette : Instrument {
  public Trompette() : base() {}
  public override void jeJoue() {
    for(int i = 0; i<1000; i++) {
        Console.WriteLine(" je fais pouet pouet ");
    }
  }
}

public class Orchestre {
  public static void Main() {
    Guitare uneGuitare = new Guitare();
    Trompette uneTrompette = new Trompette();
    uneGuitare.getThread().Start();
    uneTrompette.getThread().Start();
  }
}
```

Exercice 17.4

Réalisez, en Java ou en C#, un programme qui, grâce au multithreading, permette à plusieurs valeurs d'actions boursières d'afficher leur fluctuation journalière en même temps sur l'écran.

Exercice 17.5

Pourquoi le multithreading est-il indispensable aux applications informatiques de commerce d'articles sur Internet ?

Exercice 17.6

Pourquoi la méthode `sleep()` est-elle statique ?

Exercice 17.7

Pourquoi faut-il synchroniser l'accès aux bases de données ?

Exercice 17.8

Pourquoi le résultat du multithreading peut-il dépendre de la plate-forme sur laquelle le programme s'exécute ?

18

Programmation événementielle

Ce chapitre décrit un mode plus implicite de communication entre les objets, où chacun d'eux peut être observé par un autre, de telle manière que la modification de l'état de l'objet observé déclenche l'exécution d'une méthode chez l'objet observant, tout cela sans le moindre envoi de message.

DOCTUS — *L'OO est en fait à l'origine de la programmation événementielle des interfaces graphiques que sont les fenêtres, boutons et zones de texte.*

CANDIDUS — *Les objets sont donc prêts à réagir aux événements ! Comment vont-ils établir les liaisons événements-méthodes ?*

DOC. — *D'abord une mise au point : la liaison événement-action des premiers objets graphiques était assez sommaire. Elle consistait par exemple à associer un clic de la souris dans une certaine zone de l'écran à l'invocation de certaines fonctions appelées « callbacks ». Ces fonctions étaient en quelque sorte des méthodes associées aux fenêtres du tableau de bord.*

CAND. — *Nous avions donc déjà des objets à part entière sans le savoir !*

DOC. — *Exactement ! Il s'agit maintenant de faire un pas de plus. Nous voulons traiter toutes sortes d'événements et ne plus nous limiter aux interfaces graphiques. Tous nos objets doivent participer à un mécanisme de diffusion de l'information afin de pouvoir y mettre leur grain de sel quand ils ont un rôle à jouer dans l'histoire. On peut prévoir un système d'abonnement aux seules informations utiles à chacun ; elles sont en général assez peu nombreuses pour que ce type de liaison soit suffisant.*

CAND. — *Comment décrirais-tu le mécanisme qui est alors mis en place ?*

DOC. — *Nos sources d'information devront mémoriser la liste des objets qui s'intéressent à elles et penser à les joindre à chaque fois qu'elles changent d'état. De leur côté, les objets abonnés devront fournir un moyen d'être appelés par ces sources.*

CAND. — *Et je suppose qu'une étape de mise en place s'occupe de présenter les interlocuteurs les uns aux autres… joli travail !*

Des objets qui s'observent

Nous savons, à ce stade du livre, que l'interaction entre les objets est la base de l'OO. Cette interaction, jusqu'ici, n'a été conçue que par envoi explicite de messages entre deux objets, quand le premier déclenche, « en pleine connaissance de cause », l'exécution d'une méthode sur le second. Le message peut être synchrone, interrompant alors la série des choses à faire par l'expéditeur jusqu'à ce que l'exécution du message soit terminée par le destinataire. Le message peut, au contraire, être asynchrone, quand l'expéditeur continue à dérouler ses instructions sans attendre la réponse du destinataire. Ce mécanisme exige de connaître, dès la conception du code, à qui, à quel moment et pour quelle raison les messages seront envoyés, que ce soit au moment de la compilation ou lors de l'exécution.

Il existe pourtant une autre manière de penser la communication entre objets, relevant de la « programmation événementielle », une manière plus implicite, n'utilisant pas les envois de messages, mais exigeant que les objets s'observent plutôt qu'ils ne se parlent. Il s'agit de programmer en « couvrant les derniers événements ». L'observateur modifie son comportement en fonction de l'observé. On crée entre les objets un lien de dépendance plutôt que de communication. Ce mode de programmation est appelé événementiel, car une chose qui se produit dans un objet est considérée comme un événement pour un ensemble d'autres, qui vont alors agir en conséquence.

Cette dépendance entre les objets n'est concrétisée dans aucune des deux classes concernées, l'observable et l'observateur, mais plutôt dans une troisième classe, qui établit ce lien de dépendance. Ainsi, lors de la Seconde Guerre mondiale, quand fut communiqué à la radio le fameux message « les violons de l'automne blessent mon cœur… » annonçant aux résistants l'imminence du débarquement allié, l'auteur de ce message ignorait tout des auditeurs. Ces derniers attendaient sa diffusion, l'oreille collée au poste, pour agir en conséquence, sans que l'auteur n'ait la moindre connaissance de qui ils étaient, souhaitant toutefois qu'ils préfèrent Verlaine à Lili Marlène.

Un autre exemple est celui du feu rouge du premier chapitre et des voitures qui attendent pour démarrer que le feu passe au vert. Lorsque le feu indique aux conducteurs qu'ils peuvent enfin s'élancer, il n'a aucune idée des interlocuteurs motorisés à qui il envoie ce message. Il serait plus naturel de concevoir un programme dans lequel les voitures devant être informées s'inscrivent comme « observateurs » du feu au fur et à mesure de leur arrivée devant celui-ci, comme vous le verrez à la fin du chapitre.

Bien sûr, le mode de programmation qui sous-tend cette interaction reste l'envoi de messages, mais cette couche supplémentaire, réalisée comme un des vingt-trois *design patterns* auxquels nous consacrerons notre dernier chapitre, permet de penser l'interaction d'une manière différente et moins contraignante. La pratique demande d'abord très simplement d'une classe qu'elle se rende observable ; dans la déclaration de cette classe devra figurer, à un endroit précis de son code, son souci d'avertir toutes celles qui l'observent, que s'est produit ce dont elles voulaient être informées. Ces dernières, ensuite, réagiront en conséquence ; dans leur code, effectivement, elles doivent prévoir ce qu'elles feront au moment de l'occurrence de l'événement. Finalement, une troisième classe sera responsable de la relation s'établissant entre les observateurs et les observés, en inscrivant ceux-ci auprès de ceux-là.

Dans notre écosystème, nous considérerons donc, situation parfaitement invraisemblable, que la plante est observée par les prédateurs qui sont informés dès que la plante est attaquée par la proie, de manière à se rabattre sur cette dernière, plutôt que sur la plante elle-même. Le code Java réalisant cela est présenté ci-après.

En Java

La plante

```java
import java.util.*;
public class Plante extends Observable { /* implémente la classe Observable */
  private int quantite;
  private boolean jeSuisConsomme;

  Plante (int quantite){
    this.quantite = quantite;
    jeSuisConsomme = false;
  }
  public boolean suisJeConsomme() {
    return jeSuisConsomme;
  }
  public void changeConsomme() {
    jeSuisConsomme = true;
    setChanged(); /* on signale l'état de l'objet à communiquer */
    notifyObservers(); /* on avertit qui de droit */
  }
  public void diminue (int decroit) {
    if (quantite > decroit) {
      System.out.println("ok, la plante diminue");
      quantite -= decroit;
    }
    else {
      quantite = 0;
      System.out.println("zut, il n'y a plus de plante");
    }
  }
}
```

Par le mécanisme de l'héritage, la plante s'est transformée en une classe Observable (qui est définie dans le paquet java.util). En tant que telle, elle doit prévenir ceux qui l'observent : elle appelle setChanged() pour signaler que c'est l'état de l'objet à cet instant qu'elle désire communiquer, puis notifyObserver() pour effectivement en aviser ses observateurs (comme vous pouvez le constater, elle n'a pas connaissance directe de qui ils sont). Ici, la plante veut simplement avertir ceux que cela intéresse qu'on est en train de la consommer.

Du côté du prédateur

```java
import java.util.*;

public class Predateur extends Thread implements Observer {
  private Eau uneEau;
  private Plante unePlante;
  private boolean faimPlante;

  Predateur (Eau uneEau, Plante unePlante) {
    this.uneEau = uneEau;
    this.unePlante = unePlante;
    faimPlante = true;
  }
  public void jeBois() {
    for (int i=0; i<100; i++) {
      System.out.println("le predateur essaie de boire");
      uneEau.diminue(20);
    }
  }
  public void update(Observable o, Object arg) {
    /* héritée de l'interface et à redéfinir absolument,
       indique ce qui sera fait suite à l'événement */
    faimPlante = false;
    System.out.println("moi, predateur, je n'ai plus faim de plante mais de proie");
  }
  public void jeMange() {
    if (faimPlante) {
      synchronized (unePlante) {
        for (int i=0; i<25; i++) {
          System.out.println("le predateur essaie de manger");
          unePlante.diminue(20);
        }
      }
    }
    else {
      System.out.println("miam-miam, à nous deux la proie");
    }
  }
  public void run() {
    jeBois();
    jeMange();
  }
}
```

Le prédateur, lui, se doit d'implémenter l'interface Observer, afin de déclarer la manière dont il souhaite réagir à la transformation d'état de l'objet observé. Il le fait, simplement (mais de façon obligatoire), en redéfinissant la méthode update (Observable o, Object arg). Cette méthode peut recevoir, via ses arguments, des informations sur l'objet observable que la méthode `notifyObserver` pourra lui transmettre. Nous verrons pratiquement dans l'exemple du `FeuDeSignalisation` comment cela se passe. Ici, le prédateur, apprenant que la plante est consommée, décide de changer de cible et de s'attaquer à la proie.

Du côté de la proie

```
public class Proie extends Thread {
  private Eau uneEau;
  private Plante unePlante;

  Proie(Eau uneEau, Plante unePlante) {
    this.uneEau = uneEau;
    this.unePlante = unePlante;
  }
  public void jeBois() {
    for (int i=0; i<50; i++) {
      System.out.println("la proie essaie de boire");
      uneEau.diminue(10);
    }
  }
  public void jeMange() {
    unePlante.changeConsomme();
    synchronized (unePlante) {
      for (int i=0; i<25; i++) {
        System.out.println("la proie essaie de manger");
        unePlante.diminue(10);
      }
    }
  }
  public void run() {
    jeBois();
    jeMange();
  }
}
```

C'est la proie qui, en attaquant la plante, avise celle-ci qu'elle est consommée.

Finalement, du côté de la Jungle

```
public class Jungle {
  public static void main(String[] args) {
    Eau uneEau            = new Eau(1000);
    Plante unePlante      = new Plante(1000);
    Proie uneProie        = new Proie(uneEau, unePlante);
    Predateur unPredateur = new Predateur(uneEau, unePlante);
    uneProie.start();
    unPredateur.start();
    unePlante.addObserver(unPredateur);
    /* Le prédateur devient un observateur de la proie */
  }
}
```

La jungle fait du prédateur un nouvel observateur privilégié de la proie. Par la méthode addObserver(), c'est la jungle qui installe le lien de dépendance entre les deux objets et informera le prédateur des changements d'état qui l'intéressent dans la plante. Le résultat de l'exécution est indiqué ci-après.

Résultat

```
...
le prédateur essaie de boire
la proie essaie de boire
OK ! l'eau diminue
OK ! l'eau diminue
le prédateur essaie de boire
la proie essaie de boire
OK ! l'eau diminue
OK ! l'eau diminue
moi, prédateur, je n'ai plus faim de plante mais de proie
la proie essaie de manger
OK ! la plante diminue
la proie essaie de manger
OK ! la plante diminue
la proie essaie de manger
...
zut ! il n'y a plus d'eau
le prédateur essaie de boire
zut ! il n'y a plus d'eau
le prédateur essaie de boire
zut ! il n'y a plus d'eau
...
zut ! il n'y a plus d'eau
miam-miam, à nous deux la proie
```

Le prédateur ayant été avisé de la consommation de la plante par la proie (« moi, prédateur, je n'ai plus faim de plante mais de proie »), il choisit pour manger de s'attaquer directement à la proie plutôt qu'à la plante. On le comprend.

La version C# de ce même mécanisme de dépendance événementielle est assez différente, car elle met en pratique cette originalité syntaxique et très efficace de C# (et .Net en général) que sont les délégués, ces référents de méthodes.

En C# : les délégués

Généralités sur les délégués dans .Net

Dans .Net, les délégués sont des référents de méthodes qui séparent, dans l'écriture du code, l'appel d'une méthode de son implémentation. Ils sont directement inspirés des pointeurs sur les fonctions qu'autorise C++. La définition de la méthode peut être différée par rapport à l'appel de celle-ci à même le code. La déclaration des délégués sera conforme à la signature de toutes les méthodes cherchant à se substituer à eux lors de l'exécution. Leur nom exprime la possibilité qu'ils ont d'être « délégués » par les véritables méthodes, le temps que celles-ci soient définies. Cela pourrait ressembler à des interfaces, mais limitées à une seule méthode. Les clients ne connaissent que l'interface lors de la compilation et la méthode ne sera trouvée et mise en œuvre qu'au moment de l'exécution. On fait tout avec ce délégué, sauf définir son bloc d'instructions, et son association avec la méthode qui le concrétise précisément et qui se produit au moment de l'exécution. Le petit code C# qui suit devrait clarifier ce mécanisme :

```
using System;

public class TestDelegue {
    public delegate void exempleDelegue(String message); // déclaration du délégué

    public static void Main() {
        Testeur t = new Testeur();
        exempleDelegue ed = new exempleDelegue(t.faire); // association à la méthode
        ed("Bersini"); // exécution de la méthode
    }
}

class Testeur {
    public void faire(String message) { // une concrétisation possible du délégué
        Console.WriteLine("Bonjour " + message);
    }
}
```

Résultat

```
Bonjour Bersini
```

Dans ce code, le délégué est d'abord déclaré comme ne pouvant s'associer qu'à des méthodes qui ne renvoient rien mais reçoivent un String en paramètre. Ensuite, une instance du délégué ed est créée, que l'on associe à la méthode t.faire afin qu'elle soit conforme à cette signature. On exécute ensuite le délégué comme s'il s'agissait de la méthode en lui passant l'argument en question. L'exemple suivant montre qu'un même délégué peut recevoir une suite de méthodes, toutes signées de la même façon. La première méthode est non statique et exige la création d'une instance de la classe Testeur ; la deuxième est statique et peut fonctionner directement à partir de la classe.

```
using System;

public class TestDelegue {
    public delegate void exempleDelegue(String message);

    public static void Main() {
        Testeur t = new Testeur();
        exempleDelegue ed = new exempleDelegue(t.faire);

    /* Depuis C# 2, on peut directement écrire : ed = t.faire */
```

```
        ed += new exempleDelegue(Testeur.faireAutrement);

/* ajout d'une nouvelle méthode, on aurait pu écrire également:
   ed += Testeur.faireAutrement */
   ed("Bersini");
        }
}

class Testeur {
    public void faire(String message) {
            Console.WriteLine("Bonjour " + message);
    }

    public static void faireAutrement(String message) {
            Console.WriteLine("Au revoir " + message);
    }
}
```

Résultat

```
Bonjour Bersini
Au revoir Bersini
```

Dans le chapitre précédent, nous avons vu ce mécanisme à l'œuvre lors de la mise en pratique du multi threading à la façon .Net. Pour ce faire, un délégué de type ThreadStart peut s'associer à n'importe quel corps de méthode renvoyant void et ne recevant aucun argument. Il s'agit bien du corps d'instructions associé au thread. On conçoit dès lors l'équivalence fonctionnelle des interfaces (façon Java) et des délégués (façon .Net). On retrouve cette même équivalence dans la mise en œuvre des délégués pour implémenter les fonctionnalités « bouton » et « souris » dans .Net, comme le petit code ci-dessous l'illustre : un bouton est créé puis disposé sur une fenêtre. Lorsqu'on clique dessus, ce qui se produit est défini par la méthode associée au délégué EventHandler.

```
using System;
using System.Windows.Forms;
using System.Drawing;

public class BasicWindowsForm : Form {
        protected Button bouton;

public BasicWindowsForm()
{
     Init();
}

private void Init() {
     this.Size = new Size(400, 400);
     this.Text = "Basic Windows Form";
     CreeBouton();
}
```

```
private void CreeBouton() {
      bouton = new Button();
      bouton.Text = "Hello World";
      bouton.Dock = DockStyle.Fill;
      this.Controls.Add(bouton);

      bouton.Click += new EventHandler(Handler); /* association entre le délégué et
             son corps, l'appel se produit lorsqu'on clique sur le bouton */
}

private void Handler(object envoyeur, EventArgs e) { // implémentation du délégué
      Console.WriteLine(e.ToString() + " " + envoyeur.ToString());
      Console.WriteLine("Hello World");
}

public static void Main() {
      Application.Run (new BasicWindowsForm());
}
}
```

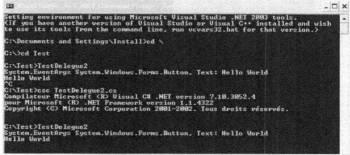

Figure 18–1
Illustration de l'utilisation du délégué EventHandler pour la gestion d'un bouton

Retour aux observateurs et observables

Revenons à nos proies et prédateurs qui s'observent en .Net et reproduisons à l'aide des délégués l'équivalent du code réalisé précédemment en Java.

Tout d'abord, la plante

```
using System;
using System.Threading;

/* création d'un nouveau type de délégué que l'on rattachera aux méthodes à déclencher
 * suite à l'événement */
public delegate void GereObservation(object source);

class Plante {
  private int quantite;
  private Boolean jeSuisConsomme;
  /* on déclare ces délégués comme étant de type "event" car ils ne doivent
   * s'activer qu'en réponse à un événement */
  public event GereObservation observeurs;

  public Plante (int quantite) {
    this.quantite = quantite;
  }
  public Boolean suisJeConsomme() {
    return jeSuisConsomme;
  }
  public void changeConsomme() {
    jeSuisConsomme = true;
    /* on signale aux observateurs qu'ils peuvent réagir en exécutant le délégué,
     * des informations sur l'objet peuvent être passées */
    observeurs(this);
  }
  public void diminue (int decroit) {
    if (quantite > decroit) {
      Console.WriteLine("ok, la plante diminue");
      quantite -= decroit;
    }
    else {
      quantite = 0;
      Console.WriteLine("zut, il n'y a plus de plante");
    }
  }
}
```

Avant la définition de la classe Plante, une nouvelle catégorie de délégués est créée, appelée GereObservation. On sait, comme pour tout délégué en C#, que l'on créera à partir de ceux-ci des référents sur des méthodes. En fait, on indique précisément par ces délégués quelles méthodes doivent se déclencher dans la classe Observateur, lorsque l'observable change d'état. Pour ce faire, on rend ces délégués « événementiels » dans la plante, en les déclarant de type event. La plante associe au déclenchement d'un événement donné, ici, dès qu'elle est consommée, un appel à toutes les méthodes référencées par le délégué. Elle le fait par l'instruction observeurs(this), qui signalera aux observateurs qu'ils peuvent réagir en conséquence. Comme pour Java, il est prévu dans la définition du délégué que des informations sur la source de l'événement puissent être transmises.

Du côté du prédateur

```
class Predateur {
  private Eau uneEau;
  private Thread unThread;
  private Plante unePlante;
  private Boolean faimPlante;

  public Predateur(Eau uneEau, Plante unePlante) {
    this.uneEau = uneEau;
    this.unePlante = unePlante;
    unThread = new Thread(new ThreadStart(jeConsomme));
    faimPlante = true;
  }
  public void lanceThread() {
    unThread.Start();
  }
  public void jeConsomme() {
    jeBois();
    jeMange();
  }
  public void jeBois() {
    for (int i=0; i<100; i++) {
      Console.WriteLine("le predateur essaie de boire");
      uneEau.diminue(20);
    }
  }
  public void miseAJour(object source) {
    faimPlante = false;
    Console.WriteLine("moi, predateur, je n'ai plus faim de plante mais de proie");
  }
  public void jeMange() {
    if (faimPlante) {
      Monitor.Enter (unePlante);
      for (int i=0; i<100; i++) {
        Console.WriteLine("le predateur essaie de manger");
        unePlante.diminue(10);
      }
      Monitor.Exit (unePlante);
    }
    else {
      Console.WriteLine("miam-miam, à nous deux la proie");
    }
  }
}
```

On ne note rien de spécial pour le prédateur, si ce n'est l'addition d'une méthode miseAJour() qui joue le même rôle que la méthode update() en Java. Ici, au contraire de Java, le nom de cette méthode importe peu mais, lors de la création de délégués, plus tard, cette méthode sera passée en référent, comme celle qui doit être exécutée en réponse à un événement donné.

Du côté de la proie

```
class Proie {
  private Eau uneEau;
  private Thread unThread;
  private Plante unePlante;

  public Proie(Eau uneEau, Plante unePlante) {
    this.uneEau = uneEau;
    this.unePlante = unePlante;
    unThread = new Thread(new ThreadStart(jeConsomme));
  }
  public void jeConsomme() {
    jeBois();
    jeMange();
  }
  public void jeBois(){
    for (int i=0; i<50; i++) {
      Console.WriteLine("la proie essaie de boire");
      uneEau.diminue(10);
    }
  }
  public void jeMange(){
    unePlante.changeConsomme();
    Monitor.Enter (unePlante);
    for (int i=0; i<25; i++){
      Console.WriteLine("la proie essaie de manger");
      unePlante.diminue(10);
    }
    Monitor.Exit (unePlante);
  }
  public void lanceThread() {
    unThread.Start();
  }
}
```

C'est le même genre de proie que pour Java.

Finalement, du côté de la Jungle

```
public class Jungle{
  public static void Main(){
    Eau uneEau              = new Eau(1000);
    Plante unePlante        = new Plante(1000);
```

```
    Proie uneProie           = new Proie(uneEau, unePlante);
    Predateur unPredateur    = new Predateur(uneEau, unePlante);

  /* c'est maintenant que, d'abord, on associe le délégué à la méthode "miseAJour"
   * et, de plus, on crée la dépendance entre la plante et le prédateur */
    unePlante.observeurs += new GereObservation (unPredateur.miseAJour);
    uneProie.lanceThread();
    unPredateur.lanceThread();
  }
}
```

Résultat

```
comme pour le code Java
```

Comme en Java, c'est dans la Jungle que va s'installer la dépendance, ici non pas entre l'observable et les observateurs, mais plus directement entre l'événement qui se produit dans l'observable et les méthodes à déclencher en réponse à cet événement. Le délégué GereObservation référencera maintenant la méthode miseAJour du prédateur. De surcroît, c'est cette mise à jour qui se déclenchera en réponse à l'événement. Toutes ces méthodes seront référencées par les event GereObservation observeurs de la plante. Ici, une seule est concernée (la méthode miseAJour du prédateur), mais d'autres pourraient l'être, comme le montre bien la présence du +=. En effet, une des contraintes propres aux délégués de type event est que toute association de méthodes au délégué ne peut se faire que par l'entremise du +=, et jamais simplement =.

Voici un autre exemple illustrant comment des objets dormeur peuvent s'inscrire comme autant d'observateurs d'un objet réveil. Marcel et Maurice associent leur méthode seReveiller au réveil. Maurice y ajoute par la suite sa méthode continueADormir. Chaque dormeur, ainsi que le réveil, possède son propre thread. Dès que le réveil sonne, les deux threads des dormeurs sont interrompus.

```
using System;
using System.Threading;

public class Test {
   public static void Main(String[] args) {
      Reveil reveil = new Reveil();
      Dormeur marcel = new Dormeur("Marcel");
      reveil.client += new trop (marcel.seReveiller);
      marcel.seCoucher(20);
      Dormeur maurice = new Dormeur("Maurice");
      reveil.client += new trop(maurice.seReveiller);

      reveil.client += new trop(maurice.continueADormir);


      maurice.seCoucher(20);
      reveil.demarre(100);
   }
}
```

```
public delegate void trop();

class Reveil {
    private int temps;
    public event trop client;

    public void demarre(int temps) {
        this.temps = temps;
        Thread threadReveil = new Thread(new ThreadStart(tictac));
        threadReveil.Start();
    }

    public void tictac() {
        for (int i=0; i < temps; i++) {
            Console.Write("tic...tac...");
            Thread.Sleep(200);
        }
        Console.WriteLine();

        Console.WriteLine("Drrrrriiiiiiiiiiiiiiiiiiiiiiiiiiiiiiiiiiiiiiiiiiiiiiiiiiii
                        iiiiiiiiiiiiiiiiinnnnnnnnnnnnnnnnnnnnnnnng !!!!");
        client();
    }
}

class Dormeur {
    Thread threadDormeur;
    String nom;
    public Dormeur(string nom){
        this.nom = nom;
    }
    public void seCoucher(int temps){
        Console.WriteLine("Bonjour, je m'appelle " + nom + " et je suis fatigué");
        Console.WriteLine("Je vais dormir " + temps + " minutes");
        threadDormeur = new Thread(new ThreadStart(dormir));
        threadDormeur.Start();
        Console.WriteLine(nom + " est maintenant endormi   !");
    }
    public void dormir(){
        while (true){
            Console.Write("RRRR.....PSSSS......");
            Thread.Sleep(1000);}
    }
    public void seReveiller(){
        threadDormeur.Abort();
        Console.WriteLine("Bonjour, je m'appelle " + nom + " et je suis réveillé !");
    }

    public void continueADormir(){
        Console.WriteLine("Aujourd'hui, c'est dimanche. Je reste couché !");
    }
}
```

Résultat

```
Bonjour, je m'appelle Marcel et je suis fatigué
Je vais dormir 20 minutes
Marcel est maintenant endormi !
Bonjour, je m'appelle Maurice et je suis fatigué
Je vais dormir 20 minutes
Maurice est maintenant endormi !
c...tic...tac...tic...tac...tic...tac...RRRR.....PSSSS......RRRR.....PSSSS......
tic...tac...tic...tac...tic...tac...tic...tac...tic...tac...RRRR.....PSSSS......
RRRR.....PSSSS......tic...tac...tic...tac...tic...tac...tic...tac...tic...tac...
RRRR.....PSSSS......RRRR.....PSSSS......tic...tac...tic...tac...tic...tac...tic.
..tac...tic...tac...RRRR.....PSSSS......RRRR.....PSSSS......tic...tac...tic...ta
c...tic...tac...tic...tac...tic...tac...RRRR.....PSSSS......RRRR.....PSSSS......
tic...tac...tic...tac...tic...tac...tic...tac...tic...tac...RRRR.....PSSSS......
RRRR.....PSSSS......tic...tac...tic...tac...tic...tac...tic...tac...tic...tac...
RRRR.....PSSSS......RRRR.....PSSSS......tic...tac...tic...tac...tic.
..tac...tic...tac...RRRR.....PSSSS......RRRR.....PSSSS......tic...tac...tic...ta
c...tic...tac...tic...tac...tic...tac...RRRR.....PSSSS......RRRR.....PSSSS......
tic...tac...tic...tac...tic...tac...tic...tac...tic...tac...RRRR.....PSSSS......
RRRR.....PSSSS......tic...tac...tic...tac...tic...tac...tic...tac...tic...tac...
RRRR.....PSSSS......PSSSS......
Drrrrriiiiiiiiiiiiiiiiiiiiiiiiiiiiiiiiiiiiiiiiiiiiiiiiiiiiiiiiiiiiiiiiiiiiiiiii
nnnnnnnnnnnnnnnnnnnnnnnng !!!!
Bonjour, je m'appelle Marcel et je suis réveillé !
Bonjour, je m'appelle Maurice et je suis réveillé !
Aujourd'hui, c'est dimanche. Je reste couché !
```

En Python : tout reste à faire

Conformément à sa volonté de se limiter à l'essentiel, il n'existe pas à proprement parler de méca-nisme prémâché en Python (comme les classes `Observable` et `Observer` en Java) pour implémenter implicitement une programmation de type événementiel. Un des principes fondateurs de Python est que « l'explicite » doit toujours être privilégié par rapport à « l'implicite ». Les mécanismes mis en œuvre dans le code Python ci-après reproduisent les méthodes `setChanged`, `addObserver` et `update` qui caractérisent la solution Java.

```python
import threading
import time
from threading import Thread

class Eau:

    def __init__(self,quantite):
        self.__quantite=quantite
    def diminue(self,decroit):
        if self.__quantite>decroit:
```

```python
                print ("ok, l'eau diminue")
                self.__quantite-=decroit
        else:
                self.__quantite=0
                print ("zut, il n'y a plus d'eau")

class Plante:

    def __init__(self,quantite):
            self.__lock=threading.Semaphore(1)
            self.__quantite=quantite
    def suisJeConsomme(self):
            return self.__jeSuisConsomme
    def changeConsomme(self):
            self.__jeSuisConsomme=1
            self.setChanged()
    def diminue(self,decroit):
            self.__lock.acquire()
            if self.__quantite>decroit:
                print ("ok, la plante diminue")
                self.__quantite-=decroit
            else:
                self.__quantite=0
                print ("zut, il n'y a plus de plante")
            self.__lock.release()
    def setChanged(self) :
            self.__observer.update()
    def addObserver(self,observer):
            self.__observer=observer

class Predateur(Thread):
    def __init__(self,uneEau,unePlante):
            self.__uneEau=uneEau
            self.__unePlante=unePlante
            Thread.__init__(self)
    def jeBois(self):
            i=0
            while i<100:
                print ("le predateur essaie de boire")
                self.__uneEau.diminue(20)
                i+=1
    def update(self):
            self.__faimPlante=False
                print ("moi, predateur, je n'ai plus faim de plante mais de proie")
    def jeMange(self):
            if self.__faimPlante==True:
                i=0
                while i<25:
                    print ("le predateur essaie de manger")
                    self.__unePlante.diminue(20)
                    i+=1
```

```
            else:
                print ("miam-miam, à nous deux la proie")
    def run(self):
            self.jeBois()
            self.jeMange()

class Proie(Thread):
    def __init__(self,uneEau,unePlante):
            self.__uneEau=uneEau
            self.__unePlante=unePlante
            Thread.__init__(self)
    def jeBois(self):
            i=0
            while i<50:
                    time.sleep(0.01)
                    print ("la proie essaie de boire")
                    self.__uneEau.diminue(10)
                    i+=1
    def jeMange(self):
            self.__unePlante.changeConsomme()
            i=0
            while i<25:
                    print ("la proie essaie de manger")
                    self.__unePlante.diminue(10)
                    i+=1
    def run(self):
            self.jeBois()
            self.jeMange()

uneEau=Eau(1000)
unePlante=Plante(1000)
uneProie=Proie(uneEau,unePlante)
unPredateur=Predateur(uneEau,unePlante)
uneProie.start()
unPredateur.start()
unePlante.addObserver(unPredateur)
```

Un feu de signalisation plus réaliste

Le code qui suit reprend les exemples des premiers chapitres traitant de l'interaction entre le feu de signalisation et les voitures, mais cette fois dans une version plus réaliste où le feu n'a nul besoin de connaître les voitures qui lui font face et qui démarreront dès son passage au vert. Le feu se contente d'être observé par des voitures qui s'ajoutent à lui, non plus directement à partir de sa classe, mais par l'entremise d'une tierce classe (ici la classe Trafic qui fait le raccord entre le feu et les voitures). Lorsque le feu change de couleur, il ne le signale pas aux voitures, mais celles-ci (qui lui sont associées dans la classe Trafic) en sont malgré tout avisées et agiront en conséquence. De surcroît, la méthode notifyObservers(Object) peut transmettre certaines informations concernant la nature de l'événement (par exemple, ici, la couleur du feu) qui seront récupérées par la méthode update (Observable, Object). De façon beaucoup plus logique, les voitures s'ajoutent au feu au fur et à mesure de leur arrivée, ici gérée par la classe Trafic. La version C# ou Python sera facilement obtenue en transposant à cet exemple les codes dans les deux langages présentés précédemment.

En Java

```java
import java.util.*;
import java.awt.event.*;

class FeuDeSignalisation extends Observable {
   private int couleur;

   public FeuDeSignalisation(int couleur){
      this.couleur = couleur;
   }

   public void changeCouleur () {
      couleur++;
      if (couleur == 4) couleur = 1;
      if (couleur == 1){
          setChanged();
          notifyObservers("vert");
      }
      else
      {
        if (couleur == 3){
          setChanged();
          notifyObservers("rouge");
        }
      }
   }
}

class Voiture implements Observer {
   private int vitesse;

   public Voiture(int vitesse){
      this.vitesse = vitesse;
   }

   public void demarre() {
      vitesse = 50;
      System.out.println("je demarre");
   }

   public void update(Observable o, Object arg) {
      System.out.println(o + " " + (String)arg);
```

```
      if ((String)arg == "vert") {
         demarre();
      }
   }
}

public class Trafic {
   public static void main(String[] args){
      FeuDeSignalisation unFeu = new FeuDeSignalisation(1);
      ArrayList<Voiture> l = new ArrayList<Voiture>();
      for (int i=0; i < 3; i++){
         l.add(new Voiture(0));
         unFeu.addObserver(l.get(i));
      }
      for (int i=0; i<4; i++){
         unFeu.changeCouleur();
      }
   }
}
```

Résultat

```
FeuDeSignalisation@5224ee rouge
FeuDeSignalisation@5224ee rouge
FeuDeSignalisation@5224ee rouge
FeuDeSignalisation@5224ee vert
je demarre
FeuDeSignalisation@5224ee vert
je demarre
FeuDeSignalisation@5224ee vert
je demarre
```

Exercices

Exercice 18.1

Différenciez la communication entre objets par envoi de messages de celle de type événementiel.

Exercice 18.2

Expliquez pourquoi la programmation événementielle permet à un objet de penser sa « stratégie de communication », sans pour autant définir à l'avance avec qui il communiquera.

Exercice 18.3

Réalisez les deux classes qui suivent, soit en Java, soit en C#, et pensez leur interaction de façon « événementielle ». Une première classe appelée Loterie a pour seule méthode importante celle qui consiste à tirer des nombres de manière aléatoire. Une seconde classe appelée Joueur observe la première et sa seule méthode sera de hurler sa joie quand le numéro en sa possession sera tiré par la classe Loterie.

Exercice 18.4

Réalisez en Java l'interaction entre une classe Dormeur et une classe Réveil de manière « événementielle », code réalisé en C# dans le chapitre. Récupérez par les dormeurs l'heure du réveil au moment précis où il sonne et, selon cette heure, choisissez de vous réveiller ou de retourner vous coucher.

19

Persistance d'objets

Dans ce chapitre, nous nous intéressons aux différentes manières de sauvegarder les objets sur le disque dur durant l'exécution du programme.

CANDIDUS — *Ne pourrait-on pas de temps en temps sauvegarder l'état de nos objets ailleurs que dans la mémoire RAM ?*

DOCTUS — *Bien sûr ! Tu en sais déjà assez pour décrire ce que pourrait comporter un tel mécanisme.*

CAND. — *Bon ! j'essaie. Une instance d'objet peut être identifiée par la classe à laquelle elle appartient. Ça nous donne déjà un identificateur auquel nous pourrions associer un fichier ou une entrée de table pour son enregistrement.*

DOC. — *Là, tu tiens déjà quelque chose. Le contenu de ta sauvegarde pourra effectivement donner lieu à une réinstanciation correcte.*

CAND. — *J'ai donc un moyen de raccrocher ma sauvegarde à l'ensemble des méthodes qui permettent d'en faire un nouvel exemplaire d'objet. Je suppose que la sauvegarde de ces méthodes est déjà assurée par le code exécutable ?*

DOC. — *C'est exact. Et les objets procèdent tout bêtement : ils sauvegardent leurs attributs primitifs, demandent aux attributs de type objet de se sauvegarder eux-mêmes et mettent le tout dans un enregistrement qui pourra être restauré plus tard. Ce mécanisme standard est déjà réalisé en Java, C#, Python et PHP.*

CAND. — *C'est vrai que nos objets sont des structures idéales pour le stockage en base de données.*

DOC. — *Malheureusement, ce n'est pas le cas ! Les structures OO ressemblent à s'y méprendre à celles des bases de données mais, quand il s'agit d'y sauvegarder les objets, un vrai travail de traduction doit être réalisé par le programmeur.*

Sauvegarder l'état entre deux exécutions

Jusqu'à présent, lors de l'exécution d'un programme OO, des objets naissaient, vivaient en subissant un ensemble de transformations, puis mouraient broyés dans un sinistre camion-poubelle à la fin du programme. Or, dans la grande majorité des applications, cette disparition des objets, emportant dans leur tombe toutes les transformations qu'ils ont subies, n'est pas des plus satisfaisantes. En effet, il est courant que ces transformations exigent d'être mémorisées pour que, lors d'une nouvelle exécution, le programme puisse repartir de l'état des objets à la fin de l'itération précédente.

Pensez à des opérations bancaires modifiant le solde de comptes en banque, ou à des jeux vidéo dont vous désirez mémoriser l'état présent avant de vaquer à d'autres occupations. Cela se passe exactement comme lors de l'utilisation du traitement de texte. Quand vous interrompez son utilisation, il vous demande si vous souhaitez sauvegarder toutes les modifications apportées à votre document (il est d'ailleurs plutôt conseillé d'anticiper sa demande). Pour ce faire, il est capital de consolider la grosse majorité des applications OO avec une mémoire persistante, en complément de la mémoire RAM (pile ou tas), qui n'a, elle, de rôle à jouer que pendant la seule exécution du programme.

Et que dure le disque dur

Aujourd'hui, dans vos ordinateurs, plusieurs systèmes de mémorisation transcendent le temps, les déclenchements et interruptions de programmes, la panne de courant, etc. Parmi ceux-ci, un seul dure, dure, dure… et durera encore longtemps : le disque dur. Ce disque engrange toutes les données, sous forme de blocs d'octets, encodés magnétiquement dans ses cylindres ou électriquement dans ses portes NAND.

> ### Le disque dur
> Tout fichier est stocké physiquement comme un ensemble d'octets enchaînés par une liste liée (voir chapitre 21). Ces octets sont codés magnétiquement sur le disque ou électriquement dans ses portes NAND. Le disque dur est doté d'une immense capacité, mais souffre d'un accès très lent par rapport à la mémoire RAM. À chaque accès, il faut d'abord retrouver l'emplacement du bloc, le cylindre, le secteur, etc., puis commencer à le lire bit par bit et, quand il s'agit de l'intégralité du fichier, bloc par bloc. C'est un processus long et pénible, présentant le désavantage de ralentir les applications qui, au cours de leur déroulement, doivent extraire de l'information ou en déposer sur le disque dur.

Quatre manières d'assurer la persistance des objets

Si, pendant le déroulement de votre application, il vous paraît important de mémoriser les transformations opérées jusqu'à présent dans vos objets, il n'y a d'autres moyens de le faire que sur le disque dur. Dans un esprit de continuité, nous allons supposer que, dans notre écosystème, nous souhaitions sauvegarder l'état des acteurs avant de quitter le programme.

Aujourd'hui, il y a quatre manières d'assurer la persistance des objets : la simple écriture et lecture des valeurs d'attributs à sauvegarder sur un fichier, la sérialisation des objets, l'interaction avec une base de données relationnelle et l'utilisation de bases de données orientées objet. Nous pourrions également les distinguer en fonction de leur respect de la nature « objet » des données à sauvegarder, leur facilité d'emploi, leur diffusion. Nous allons passer en revue ces quatre manières, leurs défauts, leurs qualités et l'état actuel de cette diffusion, en les appliquant à la sauvegarde de notre prédateur (ce qui ne devrait pas déplaire à la SPA).

Simple sauvegarde sur fichier

Utilisation des streams ou flux

Tous les langages de programmation dont nous nous servons proposent, de manière assez semblable, d'utiliser les *streams* (traduction littérale : flux) pour écrire et lire des octets sur un fichier. Un flux est un tube à octets, qui connecte le programme en train de s'exécuter et tout type de périphérique, disque et autres (réseau, imprimantes…). Cette abstraction permet de traiter tous les périphériques comme un seul, en phase avec la manière dont le processeur s'y connecte : un bus unique, que la présence de « pilotes » permet ensuite de ramifier et de spécialiser en fonction du périphérique.

Comme, à l'état primitif, le flux ne fait circuler que des octets, cette classe est souvent sujette à des spécifications, par le jeu de l'héritage, ou à des emboîtements (en Java et en C#) par lesquels on spécialise, avec un second flux connecté à même le premier, un mode d'écriture ou de lecture sur le périphérique. On parle alors de *flux filtré*. Les données à lire peuvent être des nombres, des caractères, des images, du son ; selon le cas, la manière d'associer les octets et de les transmettre à l'application est différente.

Par exemple, en Java, si vous désirez extraire d'un fichier des informations que vous savez n'être que des nombres réels, vous allez emboîter sur un `FileInputStream` directement attaché au fichier en question (`fichier.dat` dans le code ci-après), un `DataInputStream`, et ce de la manière suivante :

```
FileInputStream fin = new FileInputStream ("fichier.dat");
DataInputStream din = new DataInputStream(fin);
double s = din.readDouble();
```

La méthode `readDouble()` n'existe que dans la classe `DataInputStream`. Un autre type de filtrage très fréquent consiste à adjoindre, soit à la lecture, soit à l'écriture, un mécanisme de temporisation (en anglais, *buffering*), qui permet, par exemple, d'écrire les octets dans une zone RAM locale, avant de les transférer d'un seul coup sur le disque dur (pour minimiser le nombre d'accès au disque, très lents). Ces flux filtrés sont un exemple de l'application du design pattern Décorateur que nous découvrirons au chapitre 24.

L'héritage entre les flux est une caractéristique commune aux langages avec, comme toujours et au grand dam des programmeurs, quelques nuances de syntaxe ou de pratique. La spécialisation de la lecture ou de l'écriture se fait souvent en fonction du type de périphérique avec lequel on communique, ou en fonction du type très particulier d'information à échanger. Comme nous le verrons dans la suite, la lecture et l'écriture d'objets demanderont un flux dédié. On conçoit aisément la raison d'être de l'héritage. Dans tous les cas, on lit ou on écrit, mais il est nécessaire de redéfinir le mode de lecture ou d'écriture en fonction du support ou des données à transmettre.

Qui sauve quoi ?

Effectuons la sauvegarde de quatre données concernant chaque prédateur (type, vitesse en x et en y, énergie) dans un fichier texte appelé leFichierPredateur.txt. Nous supposerons, de fait, que la lecture et l'écriture soient réalisées de la manière la plus simple qui soit, comme s'il s'agissait de lire, une après l'autre, les lignes de texte qui composent le fichier. Il est clair qu'il existe de nombreuses façons possibles de lire et écrire sur un fichier, comme il existe de nombreuses sous-classes stream à exploiter.

Nous nous bornerons ici à une pratique fort simple, mais qui a l'insigne avantage de se transposer assez immédiatement d'un langage à l'autre. Nous supposerons, et c'est plutôt une bonne pratique, que le prédateur soit responsable de la persistance de ses données. Qui, mieux que lui, pourrait s'en occuper, puisque lui seul y accède de la manière la plus directe qui soit. Deux méthodes sont ajoutées dans la classe Predateur (mais elles pourraient l'être plus haut dans l'organisation hiérarchique des classes, car elles sont communes à d'autres classes et sous-classes), que nous nommons sauveDonnees(), responsable de l'écriture sur le disque, et litLesDonnees(), responsable de la lecture. Le code de ces deux méthodes sera récrit en fonction des mécanismes de persistance mis en œuvre. Nous n'indiquerons, pour chacun des langages, que les parties de code additionnelles qui permettent l'interaction avec le fichier.

En Java

```java
import java.io.*;
public class Predateur {
  public void sauveDonnees(PrintWriter maSortie) { /* écrit les données sur le fichier */
    maSortie.println(toString());
    maSortie.println(getVitX());
    maSortie.println(getVitY());
    maSortie.println(getEnergie());
    maSortie.println();
  }
  public void litLesDonnees(BufferedReader monEntree) { /* lit les données du fichier */
    try{
      String s=null;
      monEntree.readLine(); /* saute une ligne */
      s = monEntree.readLine(); /* lit une ligne */
      int vitx = Integer.parseInt(s); /* caste en entier */
      s = monEntree.readLine();
```

```
      int vity = Integer.parseInt(s);
      s = monEntree.readLine();
      double energie = Double.parseDouble(s); /* caste en double */
      setVitesse(vitx, vity);
      setEnergie(energie);
      monEntree.readLine(); /* saute le type */
   } catch (IOException e) {System.out.println(e); }
  }
}
public class Jungle {
  private FileOutputStream fos;        /* la connexion au fichier en écriture */
  private PrintWriter maSortie;        /* afin d'utiliser "println()" */
  private FileReader fr;               /* la connexion au fichier en lecture de texte */
  private BufferedReader monEntree;    /* lecture "temporisée" */

  public Jungle(int largeur, int hauteur) {
    BufferedReader monEntree = null;
    try {
      fr = new FileReader("leFichierPredateur.txt"); /* connexion-fichier en lecture
                                                        de texte */
      monEntree = new BufferedReader(fr);            /* flux filtré pour la lecture
                                                        temporisée */
    } catch (IOException e) {e.getMessage();}
    for (int i=0; i<lesLions.length; i++)
      lesLions[i].litLesDonnees(monEntree);
    try{
      monEntree.close(); /* fermeture du tube */
    } catch (Exception e) {System.out.println(e);}
    try {
      fos = new FileOutputStream("leFichierPredateur.txt"); /* connexion sur le fichier
                                                              en écriture */
    } catch (IOException e) {e.getMessage();}
    maSortie = new PrintWriter(fos, true); /* flux filtré pour l'écriture
                                             de ligne de texte */
    for(int i=0; i<lesLions.length; i++)
      lesLions[i].sauveDonnees(maSortie);
    maSortie.close(); /* fermeture indispensable du tube */
  }
}
```

Nous commencerons par la classe Jungle. De manière quelque peu étrange (car ces deux opérations ne se suivent habituellement pas de si près), la jungle demandera d'abord à ses prédateurs de sauvegarder leurs données sur le disque, puis de les récupérer. Quatre déclarations de classes, deux pour la lecture et deux pour l'écriture, seront nécessaires. Pour la lecture, deux classes sont en jeu :

- FileReader, qui se limite à installer un « tube à caractères » entre le fichier et le programme en signalant qu'il s'agit d'une lecture du fichier spécialisée pour du texte ;

- BufferedReader, qui s'emboîte sur le premier et met à disposition un mécanisme de temporisation pour rendre la lecture plus efficace. La temporisation économise les accès très coûteux en temps sur le disque dur. Pendant une large partie du programme, une zone de mémoire RAM dite tampon fait office de disque dur virtuel, jusqu'à ce qu'il soit « déchargé » sur le véritable disque dur. Dans cette dernière classe, la méthode readLine() lit un fichier ligne de texte par ligne de texte.

Pour l'écriture, les deux classes en jeu sont :

- FileOutputStream, qui se limite à installer un « tube à octets » entre le fichier et le programme, en signalant cette fois qu'il s'agit d'un tube servant à l'écriture ;
- PrintWriter, qui spécialise cette lecture à du texte (et qui permettra d'utiliser la méthode println() comme pour afficher du texte à l'écran). Java, comme à l'habitude, force la gestion d'exception, pour gérer des imprévus, ici principalement des problèmes d'accès sur le disque dur.

Dans la classe Predateur, la méthode sauveDonnees() se borne à écrire les quatre informations suivies d'une ligne vide de séparation. Elle écrit chaque information de manière non optimale (puisqu'il s'agit pour l'essentiel de nombres), comme une chaîne de caractères. Connaissant la nature des données, nous aurions pu recourir à l'utilisation de classes diverses pour réaliser tant la sauvegarde que l'écriture, les différentes options ne manquant pas en Java.

La méthode litLesDonnees() commence par lire chaque ligne du fichier, puis utilise un mode de conversion propre à Java pour traduire en entiers ou doubles ces données codées sur des chaînes de caractères.

Finalement, il est toujours très important de fermer un tube d'accès fichier après l'usage, par la méthode close(), sans quoi les données temporisées risqueraient de ne pas être transmises comme il se doit, dans un sens comme dans l'autre. Cela libère également la connexion pour d'autres utilisations ou utilisateurs. N'omettez jamais ce close() car vous pourriez être surpris de ne pas retrouver vos petits sur le disque dur.

En C#

```
using System;
using System.IO;
class Predateur {
  public void sauveDonnees(StreamWriter maSortie) {
  /* écrit les données sur le fichier */
    maSortie.WriteLine(this);
    maSortie.WriteLine(vitX);
    maSortie.WriteLine(vitY);
    maSortie.WriteLine(energie);
    maSortie.WriteLine();
  }
  public void litLesDonnees(StreamReader monEntree) { /* lit les données du fichier */
    string s;
    monEntree.ReadLine();
    s = monEntree.ReadLine();
    int vitX = Int32.Parse(s);
    s = monEntree.ReadLine();
    int vitY = Int32.Parse(s);
    s = monEntree.ReadLine();
    double energie = Double.Parse(s);
```

```
      setVitesse(vitX, vitY) ;
      setEnergie(energie) ;
      monEntree.ReadLine();
   }
}
public class Jungle {
  public static void Main() {
    /* obtient la connexion au fichier en mode lecture : */
    FileStream fso = new FileStream ("leFichierPredateur.txt", FileMode.Open);
    /* flux filtré pour utiliser "ReadLine()" : */
    StreamReader monEntree = new StreamReader(fso);
    for (int i=0; i<lesLions.length; i++)
      lesLions[i].litLesDonnees(monEntree);
    monEntree.Close(); /* fermeture du tube */
    /* obtient la connexion en mode écriture */
    FileStream fsc = new FileStream("leFichierPredateur.txt", FileMode.Create);
    /* flux filtré pour utiliser "WriteLine()" */
    StreamWriter maSortie = new StreamWriter(fsc);
    for(int i=0; i<lesLions.length; i++)
      lesLions[i].sauveDonnees(maSortie);
    maSortie.Close(); /* fermeture indispensable du tube */
  }
}
```

À quelques différences syntaxiques près, le code C# est très proche du code Java et adopte le même principe de flux filtrés. La différence entre l'écriture et la lecture se fait dans les arguments du constructeur du FileStream et ne requiert pas de classes séparées. Ces arguments suffisent à spécifier le mode d'accès ou l'emploi d'un mécanisme de temporisation. Par exemple, le FileMode peut être OpenOrCreate, indiquant que le fichier doit être ouvert s'il existe, ou créé s'il n'existe pas. D'autres informations sont spécifiables à la construction, comme FileAccess.Read quand seule la lecture est autorisée, ou FileAccess.ReadWrite, qui est l'option par défaut. Enfin, on retrouve, comme en Java, les mêmes *reader* ou *writer* pour la gestion de texte.

En C++

```
class Predateur {
  public:
    void sauveLesDonnees(ofstream maSortie) { /* écrit les données sur le fichier */
      maSortie << this << endl; /* surcharge de l'opérateur "<<" */
      maSortie << vitX << endl;
      maSortie << vitY << endl;
      maSortie << energie << endl;
      maSortie << endl;
    }
    void litLesDonnees(ifstream monEntree) { /* lit les données du fichier */
      monEntree >> vitX; /* surcharge de l'opérateur ">>" */
      monEntree >> vitX;
      cout << vitX << endl;
      monEntree >> vitY;
```

```
        monEntree >> energie;
    }
};
int main(int argc, char* argv[]) {
    ifstream fis ("leFichierPredateur.txt"); /* obtient la connexion en mode lecture */
    if (!fis) {
        cerr << "leFichier n'est pas accessible" << endl;
        return false;
    }
    for (int i=0; i<lesLions.length; i++)
        lesLions[i]->litLesDonnees(monEntree);
    fis.close(); /* ferme le tube */
    ofstream fos ("leFichierPredateur.txt"); /* obtient la connexion en mode écriture */
    if (!fos) {
        cerr << "leFichier n'est pas accessible" << endl;
        return false;
    }
    for(int i=0; i<lesLions.length; i++)
        lesLions[i].sauveDonnees(maSortie);
    fos.close(); /* ferme le tube */
    return 0;
}
```

Comme à son habitude, la version C++ se distingue quelque peu. On y retrouve les flux d'entrée et de sortie, également installés dans une structure hiérarchique d'héritage. La gestion d'exception n'étant pas obligatoire, un test est effectué sur les pointeurs du fichier pour s'assurer que l'accès est possible. Ce qu'il y a de plus original dans cette version, c'est la réutilisation des mêmes symboles << et >> pour l'écriture et la lecture, quoi qu'on écrive et où qu'on écrive (clavier/écran ou sur fichier). Cette réutilisation est possible, grâce à ce mécanisme très puissant de surcharge d'opérateur, qui généralise ici l'utilisation de << et >> comme il se doit, en fonction, à droite, du type de données transmises et, à gauche, du support sur lequel s'écrivent ou se lisent ces données.

En Python

```python
class Predateur:
    def sauveDonnees(self,maSortie):
        try:
            maSortie.write(self.__str__()+"\n")
            maSortie.write(str(self.getVitX())+"\n")
            maSortie.write(str(self.getVitY())+"\n")
            maSortie.write(str(self.getEnergie())+"\n")
            maSortie.write("fin du fichier\n")
        except:
            print("une erreur s'est produite")
    def litLesDonnees(self,monEntree):
        try:
            s=monEntree.readline()
            s=monEntree.readline()
            vitx=int(s)
```

```
            s=monEntree.readline()
            vity=int(s)
            s=monEntree.readline()
            energie=float(s)
            self.setVitesse(vitx,vity)
            self.setEnergie(energie)
            monEntree.readline()
        except:
            print("une erreur s'est produite")

uneEau=Eau(1000)
unePlante=Plante(1000)
uneProie=Proie(uneEau,unePlante)
unPredateur=Predateur(uneEau,unePlante)
try:
   fr=open('leFichierPredateur.txt', 'w') #fichier ouvert en écriture
   unPredateur.sauveDonnees(fr)
   fr.close()
   fr=open('leFichierPredateur.txt', 'r') #fichier ouvert en lecture
   unPredateur.litLesDonnees(fr)
   fr.close()
except:
   print("une erreur s'est produite")
```

Exactement comme en Java, on ouvre un fichier, devenu objet pour l'occasion, via la fonction open en lecture (présence du r) ou en écriture (présence du w) et on modifie son contenu via les fonctions write et readline. On referme ensuite le flux à l'aide de la méthode close. Remarquez que le troisième argument d'open, pour autant qu'on le spécifie, est la taille du *buffer* (attribuée par défaut par le système d'exploitation). Notez l'extrême simplicité du *casting* (toujours cette formidable brièveté d'écriture de Python) grâce aux méthodes str, int et float, ainsi que le mécanisme de levée d'exception qui remplace le catch par un except, mais n'oblige pas la récupération d'une exception à proprement parler (généralement, on spécifie malgré tout un type d'exception à récupérer).

En PHP

```
<html>
<head>
<title> Lecture et écriture fichier </title>
</head>
<body>
<h1> Lecture et écriture fichier </h1>
<br>
<?php
class Predateur {
            private $vitX;
            private $vitY;
            private $energie;
            public function __construct($vitX, $vitY, $energie){
                        $this->vitX = $vitX;
```

```
                                    $this->vitY = $vitY;
                                    $this->energie = $energie;
                }
        public function sauveDonnees($maSortie){
                                    fwrite($maSortie,"$this\n");
                                    fwrite($maSortie,"$this->vitX\n");
                                    fwrite($maSortie,"$this->vitY\n");
                                    fwrite($maSortie,"$this->energie\n");
                                    fwrite($maSortie,"\n");
                }
        public function litLesDonnees($monEntree){
                                    $s = fgets($monEntree);
                                    $s = fgets($monEntree);
                                    $this->vitX = (int)$s;
                                    $s = fgets($monEntree);
                                    $this->vitY = (int)$s;
                                    $s = fgets($monEntree);
                                    $this->energie = (float)$s;
                                    $s = fgets($monEntree);
                }
}
$unPredateur=new Predateur(10,10,100);
if (!($fp=fopen("leFichierPredateur.txt","w")))
{
                print("Ouverture impossible du fichier");
                exit;
}
stream_set_write_buffer($fp, 0);
$unPredateur->sauveDonnees($fp);
fclose($fp);
if (!($fi=fopen("leFichierPredateur.txt","r")))
{
                print("Ouverture impossible du fichier en lecture");
                exit;
}
$unPredateur->litLesDonnees($fi);
?>
</body>
</html>
```

Ce code PHP est presque entièrement calqué sur le code Python. On y retrouve la même simplicité d'usage.

Sauvegarder les objets sans les dénaturer : la sérialisation

La pratique que nous venons de présenter nous assure que les informations à sauvegarder le seront effectivement, mais elle présente l'inconvénient de « sonner faux » dans une perspective plus OO. En effet, nul cas n'est fait de l'organisation en objets des informations à sauvegarder. Qu'ils soient contenus dans des objets ou non, ces entiers, doubles ou caractères à sauvegarder, le seront de la même manière. La structuration OO est totalement perdue.

De plus, nous savons que les objets sont connectés entre eux, par un réseau relationnel qui peut très vite devenir important et complexe. Rien n'est prévu pour que la sauvegarde d'un des nœuds de ce réseau puisse déboucher sur la sauvegarde du réseau tout entier. C'est au programmeur de penser la persistance, de manière à conserver également les liens qui relient les objets entre eux, lors de leur sauvegarde. L'utilisation de simples tubes à octets connectés au fichier ne le permet pas.

Si vous sauvegardez un attribut de type référent, vous vous limitez à sauvegarder une adresse, sans que l'objet pointé ne le soit également. En substance, il est nécessaire ici de recourir à un mode de sauvegarde plus puissant, qui reproduise très facilement sur le disque dur une copie des objets et de leur structure d'interconnexion, c'est-à-dire qui fasse, à un instant donné, une copie miroir du tissu relationnel des objets installés dans la RAM. La lecture d'un des objets du réseau suffirait, pareillement, à la reproduction dans la RAM du réseau tout entier. Ce mécanisme, absent du C++ standard (mais bien des bibliothèques logicielles compensent aujourd'hui cette absence originelle), est prévu en C#, Java, Python et PHP et porte le nom de *sérialisation*.

Il suffit de découvrir la nouvelle version des méthodes sauveDonnees() et litLesDonnees() pour se convaincre de l'extrême simplicité de la mise en œuvre de la sérialisation.

En Java

```java
import java.io.*;
public class Predateur extends Faune implements Serializable {
  private Proie[] lesProies;
  public void sauveDonnees(ObjectOutputStream oos) {
    try{
      oos.writeObject(this); /* on sauve l'objet */
    } catch (IOException e) { System.out.println(e); }
  }
  public void litLesDonnees(ObjectInputStream ois) {
    Predateur unPredateur;
    try{ /* on lit l'objet puis on le caste dans la classe adéquate */
      unPredateur = (Predateur)ois.readObject();
    } catch (Exception e) { System.out.println(e); }
  }
}
public class Jungle {
  ...
    try {
      fis = new FileInputStream ("leFichierPredateur.ser");
      ois = new ObjectInputStream(fis); /* on installe un tube de lecture d'objets
                                           sur le fichier */
    } catch (IOException e) {e.getMessage();}
  for (int i=0; i<lesAnimaux.length; i++)
    lesLions[i].litLesDonnees(ois);
  try {
    ois.close(); /* on ferme le tube */
  } catch (Exception e) {}
```

```
try {
  fos = new FileOutputStream("leFichierPredateur.ser");
  oos = new ObjectOutputStream(fos); /* on installe un tube d'écriture d'objets
                                         sur le fichier */
} catch (IOException e) {e.getMessage();}
for(int i=0; i<lesLions.length; i++)
  lesLions[i].sauveDonnees(oos);
try {
  oos.close(); /* on ferme le tube */
} catch(Exception ex) { System.out.println(ex.getMessage()); }
}
```

Deux seules instructions s'occupent de tout : `oos.writeObject()` pour la sauvegarde des objets et `ois.readObject()` pour leur récupération. Malgré la simplicité déconcertante de l'approche, plusieurs points restent à éclaircir. D'abord, la lecture et l'écriture d'objets dans un fichier s'opèrent à l'aide des deux sous-classes de flux : `ObjectInputStream` et `ObjectOutputStream`. C'est sur les deux instances de ces deux classes que les messages de lecture et d'écriture d'objets sont envoyés. Pour l'écriture, l'objet est passé en argument. Dans sa déclaration initiale, la méthode `writeObject(Object unObjet)` peut recevoir comme argument n'importe quel objet (utilité du type `Object`).

De la même manière, la méthode `readObject()` est déclarée comme retournant n'importe quel type d'objet. Cela a deux conséquences. La première est qu'il faut recourir à un nécessaire casting (ici `Predateur`) pour utiliser cet objet comme il se doit. Cependant, à chaque utilisation du casting, il est possible, et dommageable, que l'objet ne soit pas de la classe dans lequel on le caste ; il en résulte une exception.

Il faut absolument prévenir cela, en intégrant la lecture de l'objet dans un `try-catch`. Vous pourriez éventuellement, à partir de l'objet et en utilisant les méthodes de réflexion comme `getClass()`(ou en employant la méthode `instanceof`), récupérer la classe de l'objet (attribut caché) et la tester avant d'effectuer le casting.

Toute classe souhaitant que ses instances puissent être sérialisées doit implémenter l'interface `Serializable`. Ici, cette interface étiquette cette classe plutôt qu'elle ne lui indique un ensemble de services à implémenter, comme le font normalement les interfaces. La présence de `Serializable` indique juste que la classe se prête à cela et, s'il est nécessaire de l'expliciter, c'est que certaines classes ne peuvent pas être sérialisées. Si vous créez une classe que vous pensez ne jamais devoir sérialiser, omettez d'implémenter cette interface.

Pensez par exemple à la classe `Thread`. Cela n'a pas de sens de sérialiser un objet `thread`, car il fait purement et simplement partie du contexte d'exécution du programme et doit, à ce titre, être recréé à chaque exécution. Il en va de même pour certaines classes de connexion aux périphériques tels que les fichiers et d'autres encore, comme la classe `Image`, dont les objets sont, là encore, par essence temporaires.

La sérialisation est récursive, car en sauvegardant et en récupérant un objet, elle emmène dans sa suite tous les objets qu'il référence et, ces derniers faisant de même, il se crée une chaîne d'objets. La sauvegarde se fait en « série », d'où son nom. Néanmoins, vous pourriez décider, par exemple, de ne pas sérialiser une classe, qui se trouve pourtant associée à une autre qui peut l'être.

De façon plus classique, une classe dont vous avez besoin dans la définition d'une autre (comme `Thread` ou `Image`) peut, par définition, n'être pas sérialisable. En Java, vous contournez ce problème en déclarant certains attributs « transient ». Les objets référencés par ces attributs ne seront plus enchaînés aux autres, dans le long périple qui les mène jusqu'au disque dur. La version C# de ce mécanisme est très voisine, à quelques détails de syntaxe près (mais on s'y fait…).

En C#

```csharp
using System;
using System.IO;
using System.Runtime.Serialization;
using System.Runtime.Serialization.Formatters.Binary; // Sérialisation en binaire
using System.Runtime.Serialization.Formatters.Soap; // Sérialisation en XML;

[Serializable] /* declare la classe sérialisable */

class Predateur {
  public void sauveLesDonnees(BinaryFormatter maSortie, Stream sw) {
    maSortie.Serialize(sw, this); /* on sauve l'objet */
  }
  public void litLesDonnees(BinaryFormatter monEntree, Stream sr) {
    Predateur unPredateur;
    /* on lit l'objet et on le caste dans la classe adéquate */
    unPredateur = (Predateur)monEntree.Deserialize(sr);
  }
}
public class Jungle {
  public static void Main() {
    Stream sr = File.OpenRead("leFichierPredateur.ser");
    /* on crée un tube à objets en lecture */
    BinaryFormatter monEntree= new BinaryFormatter();
    /* Il faut plutôt utiliser SoapFormatter pour la sérialisation en XML */
    for (int i=0; i<lesAnimaux.length; i++)
      lesLions[i].litLesDonnees(monEntree, sr);
    sr.Close(); /* on ferme le tube */
    Stream sw = File.Create("leFichierPredateur.ser");
    /* on crée un tube à objets en écriture */
    BinaryFormatter maSortie = new BinaryFormatter(); // ou SoapFormatter;
    for(int i=0; i<lesLions.length; i++)
      lesLions[i].sauveDonnees(maSortie, sw);
    sw.Close(); /* on ferme le tube */
  }
}
```

On retrouve, dans la version C#, plusieurs points communs avec Java. D'abord, on note la présence de [Serializable] (où l'on voit bien qu'il ne s'agit pas d'une vraie interface) devant la classe qui peut l'être, ainsi que la présence de [NonSerialized] devant un attribut, indiquant (comme transient en Java) que la sérialisation s'arrête à celui-ci. On ouvre un flux pour la lecture comme pour l'écriture, mais on recourt à l'utilisation de la classe BinaryFormatter pour le formatage des objets sauvés ou lus. La lecture et l'écriture se font au moyen des méthodes Serialize et Deserialize et, lors de la lecture, pour les mêmes raisons qu'en Java, il est nécessaire de caster l'objet lu dans la classe d'accueil.

Notez qu'en C# et .Net en général, il est également possible de sérialiser très facilement des objets dans le format XML, soit en substituant simplement le `BinaryFomatter` par un `SoapFormatter`, comme indiqué dans le code, soit par l'utilisation de la classe `XMLSerialize` et des méthodes `Serialize` et `Deserialize` recevant des flux en argument. Nous l'avons dit lors de la présentation du C#, Microsoft a intégré plus rapidement et naturellement le format XML au sein de ses applications et environnements de développement.

En Python

```python
import pickle; #un des modules qui permettent la sérialisation
class Predateur(Thread):

    def sauveDonnees(self,maSortie):
        try:
            pickle.dump(self.uneEau,maSortie)
        except:
            print ("une erreur s'est produite")
    def litLesDonnees(self,monEntree):
        try:
            x = pickle.load(monEntree)
        except:
            print ("une erreur s'est produite")

uneEau=Eau(1000)
unePlante=Plante(1000)
uneProie=Proie(uneEau,unePlante)
unPredateur=Predateur(uneEau,unePlante)
uneProie.start()
unPredateur.start()
unePlante.addObserver(unPredateur)
try:
    #Ouverture du fichier en écriture binaire
    fr=open('leFichierPredateur.ser', 'wb')
    unPredateur.sauveDonnees(fr)
    fr.close()
    fr=open('leFichierPredateur.ser', 'rb')
    unPredateur.litLesDonnees(fr)
    fr.close()
except:
    print ("une erreur s'est produite")
```

En Python, un certain nombre de modules traitent les opérations d'entrée-sortie qui permettent de sérialiser des objets. Nous avons choisi le module `pickle`, très simple à mettre en œuvre, comme le montre la présence des méthodes `dump` et `load`. Il est nécessaire, pour sérialiser les objets, d'ouvrir les fichiers en mode binaire (présence des arguments `wb` et `rb`). On ne rencontre pas de problème de casting puisque Python ne nécessite pas le typage statique pour les objets traités.

PHP donne à la sérialisation un sens un peu différent. Les opérations `serialize` et `unserialize` existent bel et bien dans ce langage, mais elles servent davantage à convertir dans un sens ou dans l'autre les objets en chaînes de caractères de manière à ce que ces mêmes objets soient (et là se trouve la connexion avec les autres langages) plus aisément stockables dans un fichier ou transmissibles via le réseau.

Contenu des fichiers de sérialisation : illisible

La simplicité du mécanisme de sérialisation dissimule une grande puissance et une formidable efficacité. Il suffit de comparer déjà les deux versions programmées de la persistance pour s'en rendre compte. Ce mécanisme rend parfaitement justice à la nature OO des données à sauver. De plus, il suffit de partir d'un nœud du réseau d'interactions entre objets pour qu'automatiquement, tous les autres soient pris en charge, en lecture comme en écriture.

Que manque-t-il donc à cette solution pour qu'elle s'impose comme la voie royale de la persistance des objets ? Une chose malheureusement essentielle : la lisibilité. Nous parlons évidemment ici de la version binaire de la sérialisation. Il est clair que la version XML discutée dans son implantation .Net regagne en lisibilité ce que la version binaire avait perdu. Il ne suffit pas de sauvegarder les objets sur le disque dur, il faut encore qu'ils soient accessibles et lisibles sans devoir obligatoirement relancer l'exécution d'un programme Java ou C#. Il faudrait, comme vous pourriez le faire avec le fichier texte de la première version de la persistance, simplement ouvrir le fichier et y lire les objets et leur état. Or, observez ci-après le fichier `leFichierPredateur.ser`, quand il est ouvert avec le bloc-note de Windows.

```
« ¬ï _sr Predateur}'% Ï¬µ_ _L _fost _Ljava/io/FileOutputStream;[ lesProiest _[LProie;xr
_Fauneææõ'V_√ _D energieZ _repereI _vitXI _vitY[
lesRessources »
```

Y comprenez-vous quelque chose ? Au pire, on devine certains éléments. Seul un programme Java peut vraiment lire les objets, vous les traduire et éventuellement afficher leur contenu. Il en va exactement de même pour C# ou Python (dans leur version binaire uniquement, la version SOAP permise par C# nécessitant l'utilisation d'un parseur XML dédié pour accéder à l'information désirée). Il s'agit donc bien d'un mécanisme de sauvegarde des objets, mais dont Java, C# ou Python se réservent la complète exclusivité. Or, si on peut facilement admettre qu'il n'y a aucune raison de se pencher sur les fichiers sauvegardés d'un jeu, c'est plus difficile pour des comptes en banque ou autres informations, auxquels on devrait pouvoir accéder entre deux sessions d'exécution de Java, de C# ou de Python.

En outre, il existe aujourd'hui un mode de dépôt des données sur disque dur, mode très lisible, optimisé, très efficace, et surtout qui s'est extraordinairement répandu : les bases de données. Pour couronner le tout, ces bases de données ressemblent comme deux gouttes d'eau au modèle OO. Hélas, des gouttes qui restent très troubles, car si l'équivalence table/classe et enregistrement/objet est plus que tentante, elle est loin d'être vérifiée.

Les bases de données relationnelles

Les bases de données relationnelles sont, aujourd'hui, le moyen le plus répandu pour stocker l'information de manière permanente. Au grand dam de ceux qui aimeraient pousser la vision objet jusqu'au fin fond du disque dur, par exemple par un mécanisme de sérialisation plus transparent, il y a peu de raison que cela change dans les années à venir. C'est pour cela que les programmes OO doivent s'interfacer avec ce mode de stockage, pour y entreposer leurs objets entre deux phases d'utilisation.

Les raisons du quasi-monopole de ce mode de stockage sont nombreuses. Une première en est qu'à l'instar de l'approche OO, les données sont concentrées dans des structures de type « objet ». Les informations à stocker le sont en tant que valeurs d'attributs, regroupées dans des structures appelées « tables », très voisines de nos classes. Chaque instance d'une table, obtenue en fixant les valeurs d'attributs pour un cas donné, et qui donnerait naissance à un objet dans le cas de la classe, donne ici naissance à un enregistrement. Nous verrons les différences essentielles que présentent tables et classes dans la suite du chapitre.

Une deuxième raison est l'existence d'un mode d'organisation de ces tables, mode dit relationnel, dont la qualité première est d'éviter d'avoir à reproduire la même information plusieurs fois. On imagine aisément tous les problèmes liés à la duplication des informations : mises à jour plus pénibles et erreurs d'encodage plus probables. Chaque table se doit de coder un concept donné et il est nécessaire de séparer l'encodage des informations dans des tables distinctes, mais conservant entre elles des relations qui permettent, à partir de l'une d'entre elles, de retrouver les informations de l'autre.

Nous verrons que l'existence de ces relations entre les tables, conceptuellement proche des liens d'association entre les classes, intensifie davantage encore la ressemblance avec l'approche OO. C'est pourtant dans le mécanisme qui concrétise ces relations que réside toute la différence entre les bases de données relationnelles et la manière dont les objets existent et se référencent entre eux dans la mémoire de l'ordinateur.

Une troisième raison est la quantité importante de solutions techniques disponibles aujourd'hui, pour gérer de façon automatique des problèmes aussi critiques que les « backups automatisés », les accès concurrentiels, les accès sécurisés et fiabilisés, les accès de type transactionnel (quand une étape défaillante dans une succession d'opérations rend caduques toutes les opérations effectuées jusque-là), le stockage réparti sur plusieurs ordinateurs, etc.

SQL

Une dernière raison est l'existence d'un langage d'interrogation de ces bases de données, langage standardisé nommé SQL (*Structured Query Language*), que nous utiliserons dans la suite. Toute application informatique qui doit s'interfacer avec une base de données relationnelle le fera en « parlant » ce langage. C'est ce standard, additionné à toutes les solutions techniques proposées par des environnements logiciels bien installés aujourd'hui, comme Oracle, Informix, Sybase ou Access, additionné, enfin, à toutes les couches logicielles de visualisation et d'analyse de données s'exécutant à partir de ces bases, qui rendent les bases de données relationnelles incontournables lors de l'étude des solutions de persistance des objets.

Une table, une classe

Supposons, dans un premier temps, que nous souhaitions sauvegarder les quatre informations de notre prédateur dans une table dénommée `Predateur`, dans une base de données Access.

SQL

SQL est un langage d'interaction avec les bases de données, utilisable généralement dans des programmes informatiques qui interagissent avec ces bases. Les instructions de ce langage permettent la création des tables et des relations, la consultation, l'insertion, l'effacement et la modification des enregistrements, la définition des permissions au niveau des utilisateurs.

Select pour lire les enregistrements

```
SELECT [ALL] | [DISTINCT]
<liste des noms de colonnes> | *
FROM <Liste des tables>
[WHERE <condition logique>]
```

Insert pour insérer des nouveaux enregistrements

```
INSERT INTO Nom_de_la_table
(colonne1,colonne2,colonne3,...)
VALUES (Valeur1,Valeur2,Valeur3,...)
```

Update pour mettre à jour ces enregistrements

```
UPDATE Nom_de_la_table
SET Colonne = Valeur
[WHERE qualification]
```

Delete pour effacer ces enregistrements :

```
DELETE FROM Nom_de_la_table
WHERE qualification
```

Figure 19–1
En Access, la table Predateur

idPredateur	vitx	vity	energie
0	15	0	0,005
1	17	0	0,006
2	6	0	0,02
3	0	0	0,0001
4	2	0	0,063

Parmi les attributs indiqués dans la table, pour les cinq prédateurs qui y sont enregistrés, un n'apparaîtrait pas dans l'approche OO : il s'agit de la « clé primaire », nommée ici idPredateur. On conçoit bien l'existence d'un tel attribut dans une base de données. C'est par lui que l'on accède à tous les enregistrements désirés. Le système de gestion de la base de données sait, à partir d'une valeur donnée de cet attribut, retrouver l'enregistrement unique correspondant.

✎ Clé primaire

La clé primaire d'une table est l'attribut qui permet d'accéder, de manière unique et sans aucune équivoque, à un des enregistrements de la table. La valeur de cet attribut doit être distincte pour chaque enregistrement, une valeur entière étant ce qu'il y a de plus courant.

Cet attribut disparaît de la classe `Predateur` car cette dernière n'a nullement besoin d'intégrer dans sa définition un mode d'accès à ses instances. Chaque instance est retrouvée par l'utilisation d'une variable « référent », dont la valeur unique est l'adresse physique de cette instance. N'oublions pas que l'OO est d'abord et avant tout un mode de programmation, manipulant un ensemble de variables permettant de référencer des informations stockées dans la mémoire vive, alors que les bases de données relationnelles sont, avant tout, un simple mais puissant mode de stockage de l'information, fiable et économique, dans lequel ce mécanisme de référents n'a plus lieu d'être.

Référent versus clé

Les bases de données relationnelles fonctionnent et s'utilisent indépendamment de tout mode de stockage, là où les objets ne s'utilisent et ne fonctionnent que sur un mode stocké. Un enregistrement est indicé par un nombre unique plutôt qu'un emplacement unique. C'est la valeur d'une variable fondamentale (la clé) et non pas un système d'adressage qui donne accès à l'objet et les connexions entre les objets. C'est là toute la différence, et ce n'est pas rien.

Dans les deux cas, l'objet `predateur` et l'enregistrement `predateur`, il est nécessaire de retrouver l'information sans équivoque aucune. Tant la clé primaire que le référent servent à cela. Cependant, la clé primaire n'a pas obligation de correspondre à une adresse physique, un système de gestion de la base de données s'occupant de mémoriser la correspondance entre la valeur de cette clé et l'emplacement de l'enregistrement.

Chaque prédateur, dans une base de données relationnelle, doit connaître son identifiant unique, comme vous pourriez connaître le numéro qui vous identifie dans votre passeport ou votre carte d'identité. Les objets prédateurs ne le doivent pas, car leurs utilisateurs, connaissant leur adresse, savent parfaitement les retrouver. L'objet existe à ce point pour autrui que l'absence de référents sur un de ces objets revient à signer son arrêt de mort.

Comment interfacer Java et C# aux bases de données

Voyons maintenant, en Java et en C#, comment les deux méthodes `sauveDonnees()` et `litLesDonnees()` du prédateur sont redéfinies, dans le cas où toute l'information concernant ce prédateur est stockée dans une table Access. C++ n'a pas intégré dans sa syntaxe de base l'accès aux bases de données. Tout ce que nous ferons dans la suite en Java et en C# pourrait bien évidemment être réalisé de la même manière en C++, mais en se reposant entièrement sur des fonctionnalités additionnelles, proposées par le système d'exploitation et le « pilote » de la base de données. Nous passerons donc sous silence l'interaction entre C++ et les bases de données. C++ n'a pas ce même souci d'universalité partagé par Java et C# (pour autant que l'univers s'arrête aux systèmes d'exploitation Windows, concernant ce dernier).

Quant à Python, sa bibliothèque standard ne fournit pas à ce jour d'interface universelle à toutes les bases de données relationnelles. Cependant, de nombreux modules tiers permettent aux programmes de se connecter à différentes bases de données (comme DB2, MySQL, Informix, Microsoft SQL Server, Adabas, Sybase…). Nous laisserons donc pour le moment la version Python de côté, conscients du fait que de multiples solutions d'interfaçage aux bases de données relationnelles existent, qui permettraient de reproduire sans difficulté aucune les versions Java et C#.

PHP, pour sa part, a parfaitement intégré l'interaction avec les bases de données (et ceci depuis ses toutes premières versions), puisqu'il s'agit là d'une des fonctionnalités essentielles des scripts web qui s'exécutent côté serveur. Nous le passerons cependant sous silence car il s'assimile, pour l'essentiel, aux versions Java et C# et l'interaction entre les bases de données et le PHP (le couple PHP/MySQL est bien connu pour la conception de sites web dynamiques) a déjà fait l'objet de très nombreux ouvrages.

En Java

```java
import java.awt.*;
import javax.swing.*;
import java.io.*;
import java.sql.*;
public class Predateur extends Faune {
  public void litLesDonnees(Connection connexion, int i) {
    try {
      Statement ordre     = connexion.createStatement(); /* établit la connexion */
      String requete      = "SELECT * FROM Predateur WHERE IdPredateur =" + i;
          /* la requête SQL */
      ResultSet resultats= ordre.executeQuery(requete);
          /* envoie la requête sur la connexion */
      resultats.next(); /* itère le résultat */
      setVitX(resultats.getInt("vitx"));
      setVitY(resultats.getInt("vity"));
      setEnergie(resultats.getDouble("energie"));
      ordre.close();
    } catch (Exception e) { System.out.println(e.getMessage()); }
  }
  public void sauveDonnees(Connection connexion, int i) {
    try {
      Statement ordre = connexion.createStatement();
      /* la requête SQL */
      String requete = "UPDATE Predateur SET " + "vitx='" + getVitX()
                    + "', vity='" + getVitY() + "', energie='"
                    + getEnergie() + "' WHERE IdPredateur =" + i;
      System.out.println("j'execute la requete");
      int resultat = ordre.executeUpdate(requete);
      /* envoie la requête sur la connexion */
      if (resultat == 1)
        System.out.println("la base de donnees est mise a jour");
      else
        System.out.println("c'est rate");
      ordre.close();
    } catch (Exception e) { System.out.println(e.getMessage()); }
  }
}

public class Jungle {
  private Connection connexion;
```

```
public Jungle(int largeur, int hauteur) {
  try{
    Class.forName("sun.jdbc.odbc.JdbcOdbcDriver"); /* va chercher le pilote adéquat */
    /* établit la connexion sur la base */
    connexion = DriverManager.getConnection("jdbc:odbc:Ecosysteme");
  } catch (Exception se) {System.out.println("Connexion Impossible"
                                              + se.getMessage());}
  for (int i=0; i<lesAnimaux.length; i++)
    lesLions[i].litLesDonnees(connexion,i);
  for(int i=0; i<lesLions.length; i++)
    lesLions[i].sauveDonnees(connexion, i);
  }
}
```

Commençons cette fois par la classe Jungle. Elle doit créer la connexion vers la base de données. Elle le fait en créant un objet de type Connection, qui sera passé comme argument des méthodes sauveDonnees() et litLesDonnees(). L'objet Connexion nécessite d'abord l'activation d'un pilote vers une base de données de type Access. L'instruction Class.forName(nomDeClasse) charge en mémoire tout ce qui concerne la classe indiquée entre parenthèses, toutes les méthodes de cette classe et les attributs statiques, bref, tout ce qui est exploitable sans devoir créer la moindre instance de cette classe.

Ici, cette instruction met à disposition ce qui nous servira à « dialoguer » avec notre base de données Access. ODBC (*Open DataBase Connectivity*) est un pont vers les bases de données Microsoft qui reçoit et exécute des requêtes SQL sur ces bases de données.

Java doit, de son côté, créer une sorte de pont équivalent, appelé JDBC, qui est capable d'exécuter n'importe quelle requête SQL sur n'importe quelle base de données relationnelle. JDBC s'est très largement inspiré d'ODBC. Lorsqu'il s'agit d'une base de données Microsoft, comme c'est le cas d'Access, il reste à connecter les deux ponts (bien que le protocole JDBC soit extrêmement proche d'ODBC), ce qui est le rôle du sun.jdbc.odbc.JdbcOdbcDriver.

Java possède également dans ses bibliothèques de quoi établir des ponts JDBC vers la majorité des bases de données relationnelles qui, de leur côté, ont développé les pilotes adéquats. Tout cela, en fait, ne sert qu'à véhiculer des requêtes SQL, du code Java vers les bases de données et d'en recevoir les résultats dans une forme lisible et exploitable (souvent, un vecteur d'objets sur lequel tout est prévu pour la lecture des composants).

La connexion avec la base de données spécifique, que nous avons appelée Ecosysteme, s'établit au moyen de l'instruction suivante, encadrée par un try-catch :

```
connexion = DriverManager.getConnection("jdbc:odbc:Ecosysteme")
```

C'est sur cet objet de type Connection que nous enverrons les requêtes et c'est donc lui que nous passons en argument des méthodes litLesDonnees() et sauveDonnees() du prédateur.

Commençons par la méthode litLesDonnees(). Il faut d'abord créer un ordre, sur lequel nous exécuterons notre requête. Cet ordre est un objet de la classe Statement, obtenu à partir de l'objet connexion : cela relie l'ordre à la base de données qui nous intéresse. Toute requête SQL est une chaîne de caractères, que nous associerons ici à l'ordre par la méthode executeQuery(). Il s'agit, dans un premier temps, d'une simple lecture qui retourne un certain résultat. Cette requête sera notre première requête SQL, un SELECT.

Il n'est pas question ici de détailler SQL. Ce langage est puissant, standard et vite assimilé, car logiquement conçu. Par exemple, la requête SELECT, que nous envoyons vers la base de données Ecosysteme, lit toutes les valeurs d'attributs du énième prédateur (la forme de cette requête doit vous paraître assez compréhensible).

Le résultat est envoyé sur un nouvel objet de type ResultSet, une collection dont on passe facilement en revue les différents éléments au moyen de la méthode next(). La dernière opération consiste à extraire les valeurs d'attributs qui nous intéressent par la méthode getInt(), lorsque nous savons qu'il s'agit de lire un entier, ou getDouble() lorsqu'il s'agit de lire un réel. Nous devons bien sûr nous préoccuper de toutes les exceptions que ces manœuvres pourraient lever (base indisponible, accès non autorisé, getInt() appliquée sur autre chose qu'un entier...).

La méthode sauveDonnees(), quant à elle, envoie sur l'objet Ordre une requête de type UPDATE, puisqu'il s'agit de mettre à jour les enregistrements de la table Predateur avec les nouvelles valeurs des attributs. La requête UPDATE … SET …. WHERE modifie uniquement certains attributs (indiqués dans le SET) d'une table (indiquée dans l'UPDATE) pour les enregistrements vérifiant la condition WHERE. Elle est envoyée sur l'objet Ordre par l'entremise de la méthode executeUpdate(), différente de executeQuery() en ceci qu'elle n'attend rien en retour.

Enfin, que ce soit lors de la lecture ou de l'écriture, il sera nécessaire, une fois l'une ou l'autre effectuée, de fermer les connexions établies avec la base de données, au risque que les transmissions ne s'effectuent pas correctement.

En C#

```
using System;
using System.IO;
using System.Runtime.Serialization;
using System.Runtime.Serialization.Formatters.Binary;
using System.Data;
using System.Data.OleDb;
class Predateur : Faune {
  public void litLesDonnees(OleDbConnection connexion, int i) {
    try {
      string requete = "Select * FROM Predateur WHERE IdPredateur =" + i;
      OleDbCommand ordre = new OleDbCommand(requete, connexion);
      Console.WriteLine("j'execute la requete");
      OleDbDataReader resultats = null;
      resultats = ordre.ExecuteReader(); /* exécute la requête SQL */
      string s = null;
      resultats.Read();
      s = "" + resultats["vitx"];
      setVitX(Int32.Parse(s));
      s = "" + resultats["vity"];
      setVitY(Int32.Parse(s));
      s = "" + resultats["energie"];
```

```
            setEnergie(Double.Parse(s));
            Console.WriteLine(vitX);
            resultats.Close(); /* ferme le tube */
        } catch (Exception e) {Console.WriteLine("c'est rate " + e);}
    }
    public void sauveDonnees(OleDbConnection connexion, int i) {
        try {
            String requete = "UPDATE Predateur SET " + "vitx='" + vitX + "', vity='" + vitY
                        + "', energie='" + energie + "' WHERE IdPredateur =" + i;
            Console.WriteLine("j'execute la requete");
            OleDbCommand ordre = new OleDbCommand(requete, connexion);
            ordre.ExecuteNonQuery(); /* exécute la requête SQL */
            ordre.Close();
        } catch (Exception e) {Console.WriteLine("C'est rate " + e);}
    }
}
public class Jungle {
    public static void Main() {
        /* établit la connexion avec la base de données */
        string strConnection = "Provider=Microsoft.Jet.OleDb.4.0;";
        strConnection +=    @"DataSource=C:\Persist\Persist\Ecosysteme.mdb";
            /* le "@" permet de conserver les caractères spéciaux */
        OleDbConnection connexion = new OleDbConnection(strConnection);
        try {
            connexion.Open();
            Console.WriteLine("Connexion reussie");
            for (int i=0; i<lesAnimaux.length; i++)
                lesLions[i].litLesDonnees(connexion,i);
            connexion.Close();
            Console.WriteLine("Connexion fermee");
        } catch (Exception e) {Console.WriteLine("C'est rate" + e);}
        try {
            connexion.Open();
            Console.WriteLine("Connexion reussie");
            for(int i=0; i<lesLions.length; i++)
                lesLions[i].sauveDonnees(connexion, i);
            connexion.Close();
            Console.WriteLine("Connexion fermee");
        } catch (Exception e) {Console.WriteLine("C'est rate" + e);}
    }
}
```

Dans la version C#, le pont vers la base de données Ecosysteme s'établit par un jeu d'instructions qui met en œuvre la classes OleDb, propre à l'architecture .Net. Une fois la connexion établie, l'esprit (mais pas la lettre malheureusement) est très proche de Java. En effet, comme en Java, cet objet connexion est passé en argument des méthodes litLesDonnees() et sauveDonnees().

Comme en Java également, un ordre est créé sur lequel s'exécutera la méthode executeReader() pour la lecture via un SELECT et executeNonQuery() pour l'écriture sur la base via un UPDATE (en l'absence d'un renvoi de résultat). Dans le cas du SELECT, toujours comme en Java, le résultat est passé dans une classe collection, ici de type OleDbDataReader, sur laquelle une lecture itérée est possible par la méthode Read(). Les valeurs d'attributs sont récupérées en tant que string, et il est nécessaire de les transformer en entier ou double.

Depuis la version .Net 2, la nouvelle version du code C# s'écrira plutôt comme suit :

```
using System;
using System.Data;
using System.Data.Common;

public class TestDB {
   public static void Main() {
      DataTable dt = DbProviderFactories.GetFactoryClasses();
      DbProviderFactory dbpf = DbProviderFactories.GetFactory
          ("System.Data.OleDb");
      DbConnection connexion = dbpf.CreateConnection();
      connexion.ConnectionString = "Provider=Microsoft.Jet.OleDb.4.0;";
      connexion.ConnectionString+=   @"DataSource=C:\Persist\Persist\Ecosysteme.mdb";;
      String requete = "SELECT * FROM Predateur WHERE IdPredateur = " + i;
      DbCommand ordre = connexion.CreateCommand();
      ordre.CommandText = requete;
      DbDataReader resultat = null;
      connexion.Open();
      resultat = ordre.ExecuteReader();
      resultat.Read();
   }
}
```

Toutes les classes débutant par OleDb se doivent maintenant de débuter par Db. En substance, .Net 2 a enrichi son mode d'accès aux bases de données relationnelles d'une couche logicielle additionnelle qui généralise un même code à plusieurs types de bases de données. Ce code fonctionnera de manière identique quel que soit le pilote de connexion à la base de données, qu'il soit de type OleDb ou pas.

C'est l'instruction DbProviderFactory dbpf = DbProviderFactories.GetFactory("System.Data.OleDb") qui va particulariser ce code générique au cas du driver OleDb.

Relations entre tables et associations entre classes

Tant que nous nous limitons à une table et à une classe, la sauvegarde et la récupération des objets à partir d'une base de données relationnelle semblent des opérations bien bénignes, qui se règlent facilement à l'aide de quelques requêtes SQL bien maîtrisées. Malheureusement, un programme OO, c'est toujours un réseau de classes qui, de manière co-responsable, s'occupent de mener à bien l'application.

Qu'à cela ne tienne direz-vous, les tables peuvent être tout autant en relation que les classes le sont, le passage de l'OO vers le relationnel ne se trouve-t-il pas facilité par cette ressemblance structurelle ? Quelques requêtes SQL ne suffisent-elles pas à mener à bien le va-et-vient des objets entre le programme et la base de données, quelles que soient les liaisons dangereuses qui existent entre ces objets ?

Relation 1-n

Pour répondre à cette question, nous envisagerons quelques relations, une par une, pouvant exister entre les classes de notre écosystème et nous nous pencherons sur leur traduction dans le mode relationnel. Tout d'abord, supposons une nouvelle classe, `Taniere`, habitat de notre prédateur, et admettons de surcroît que chacun des prédateurs peut se loger dans plusieurs de ses tanières.

Figure 19–2
Relation 1-n entre la table
Prédateur et la table Tanière

Dans l'approche OO, le prédateur interagit avec ses tanières en possédant un vecteur de référents vers celles-ci, la valeur de chaque référent étant l'adresse d'un des objets tanières avec lequel le prédateur peut interagir. Chacun des prédateurs a donc une connaissance directe de ses tanières, il possède l'adresse de chacune d'entre elles. Dans l'approche base de données relationnelle, il y a lieu, tout comme en OO, de tenir séparé ces deux tables, puisqu'elles concernent, en effet, deux réalités très distinctes.

Cependant, il n'est plus question ici d'un adressage physique explicite, mais simplement d'une manière, pour chaque enregistrement de la première table, de découvrir avec quels enregistrements de la seconde table il entre en relation. Cela se fait, tout simplement, en ajoutant à la seconde table une clé dite « étrangère », dont les valeurs doivent être partagées avec celles prises par la clé primaire de la première table.

La relation s'établit alors, comme indiqué dans la figure ci-après, entre la clé primaire de la première table et la clé étrangère de la seconde. La tanière saura à quel prédateur elle appartient, par l'entremise de cette clé étrangère, dont la valeur correspondra à une des valeurs de la clé primaire des prédateurs. Il existe une façon de forcer ce partage des valeurs entre les deux clés, en imposant l'intégrité référentielle dans la relation entre ces deux tables. Les tanières ne peuvent alors appartenir qu'aux seuls prédateurs existants.

Figure 19–3
Concrétisation
de la relation 1-n
par le jeu des clés primaires
et étrangères

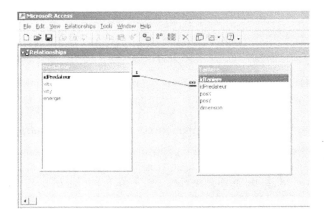

Ici, la liaison entre le prédateur et la tanière se fait par une recherche de valeurs communes entre les clés primaires et étrangères, et nullement par un adressage explicite, comme dans l'approche OO. À un même type « conceptuel » de relation correspondent deux mécanismes de mise en relation complètement différents. Cette différence fonctionnelle est à la base du « clash culturel » entre le monde relationnel et le monde OO.

Ce clash n'est pas une aubaine pour la communauté informatique qui, aujourd'hui, a adopté, dans une large partie, la pratique OO pour la programmation et la pratique relationnelle pour la sauve-garde des données. Il suffit de programmer la moindre interaction entre un code OO et une base de données relationnelle pour se rendre compte des nombreux problèmes pratiques et des incroyables migraines que provoque l'intégration des requêtes SQL à même le code. Nous aurons l'occasion de le constater très vite dans le problème de réservation de places de spectacle qui suit. Ce clash trouve son origine dans une justification différente de l'existence de ces relations entre tables ou classes.

Pour ce qui est des classes, nous nous trouvons en pleine logique de programmation : l'ordinateur exécute des instructions et deux classes doivent se parler, dès lors que la première déclenche sur l'autre une séquence d'instructions. Pour ce faire, elle n'a d'autre moyen que de connaître l'adresse des données que ces instructions doivent manipuler.

Pour ce qui est des tables, nous sommes en pleine logique de stockage de données, l'important étant la facilité d'utilisation, d'écriture et de lecture de ces données. Les relations sont parfaitement justifiées lors de l'écriture ou de la mise à jour des données, car elles évitent des redondances malvenues, souvent sources d'erreur. Ces relations existent, alors, sans aucun besoin d'emplacement physique. Elles exis-tent à titre « conceptuel », que les tables soient stockées sur un disque dur ou dans un réfrigérateur.

En conséquence de quoi, on se rend compte que, dès qu'un diagramme de classe intègre une relation de type 1-n entre deux classes (et c'est plutôt fréquent), il est indispensable de penser une traduction dans le mode relationnel. Cette traduction, idéalement, passe par l'addition, en plus des attributs issus des deux classes, d'une clé primaire dans une des tables et d'une clé étrangère dans l'autre, ainsi que par une affectation de valeur pour ces clés, qui traduisent les relations entre les objets.

En substance, la figure 19-3 devrait être une traduction automatisée de la figure 19-2. La version relationnelle sera souvent plus contrainte que la version OO, dans la mesure où, dans la première, aucune tanière ne peut exister sans faire référence à un prédateur (à cause de l'intégrité référen-tielle), alors qu'il pourrait y avoir dans la seconde des tanières inhabitées (la flèche d'association dans le diagramme UML serait alors dirigée). Les instructions SQL se complexifieront également, car elles devront prendre en considération l'existence de ces relations. Par exemple, si l'on désire accéder à la dimension de la seconde tanière du premier prédateur, la requête SQL le permettant sera la suivante (INNER JOIN indiquant la jointure entre les deux tables) :

```
SELECT Taniere.dimension FROM Predateur INNER JOIN Taniere ON
Predateur.idPredateur = Taniere.IdPredateur WHERE Predateur.idPredateur = 1 AND
idTaniere = 2
```

Son équivalent OO se limiterait à quelque chose comme : `Predateur[0].getMesTannieres()[1].getDimension()`. En fait, il faut quelque peu « tordre le cou » à l'approche OO pour coller à la vision relationnelle et encore, nous ne sommes pas au bout de nos peines. Dans le diagramme de classes, l'association qui existe entre le prédateur et les points d'eau (nous ne considérons pas d'héritage pour l'instant) est de type n-n. En effet, plusieurs prédateurs peuvent s'abreuver à un même point d'eau et un prédateur quelconque peut s'abreuver à plusieurs points d'eau.

Relation n-n

Est-il possible de reproduire cela simplement par une relation équivalente n-n entre les deux tables ?.
Ne vous y risquez pas ! C'est parfaitement prohibé étant donné le mécanisme de jointure qui sous-tend
les relations 1-n. La table du côté du n comprend une clé étrangère à associer à la clé primaire de la
table du côté du 1. Une seule clé étrangère est nécessaire, car chaque enregistrement de cette table n'est
associé qu'à un seul enregistrement de l'autre table, quitte à ce que cela soit plusieurs fois le même.

Or, si nous voulions une relation de type n-n, il faudrait ajouter plusieurs clés étrangères dans la
table du côté du n, pour que chaque « eau » puisse référencer plusieurs prédateurs. C'est impen-
sable, car nous ne saurions combien en mettre et comment se ferait la jointure entre la clé primaire
et ces multiples clés étrangères.

En conclusion, les relations n-n ne sont pas admises dans les bases de données relationnelles, alors
qu'il peut en exister, sans le moindre problème, en OO. On conçoit bien qu'un premier objet puisse
pointer vers de multiples objets et que ces derniers puissent faire de même. Cette relation n-n met
davantage en évidence les deux mécanismes très différents mis en œuvre : lien conceptuel d'un côté,
lien physique de l'autre. Le seul moyen de s'en sortir dans l'univers relationnel est de procéder,
comme dans la figure ci-après, à l'ajout d'une table intermédiaire, une table qui associe les points
d'eau aux prédateurs.

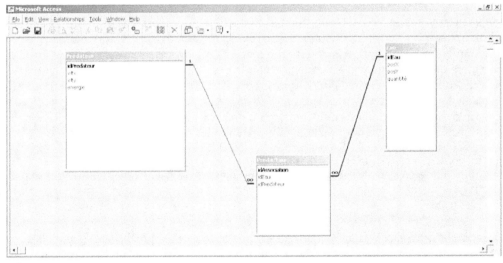

Figure 19–5
Décomposition d'une relation n-n en deux relations 1-n

Cette table additionnelle, sans équivalent dans la version OO, complexifie encore la traduction du monde objet vers le relationnel, inévitable pour sauvegarder les objets et leurs relations dans une base de données. Il faudra, via les requêtes SQL, créer, ouvrir et modifier cette table d'associations, alors qu'elle ne paraît être la contrepartie sémantique d'aucune des classes en présence.

Dernier problème : l'héritage

La relation d'héritage entre les classes n'existe pas dans les bases de données relationnelles. Une table ne peut hériter d'une autre. Pour autant, et de manière assez paradoxale, un même souci d'économie et de non-redondance prévaut à l'existence de l'héritage entre les classes et aux relations entre les tables. En effet, de nombreux attributs de notre prédateur sont hérités de la classe Faune, dans un souci d'économie. Motivée par une semblable préoccupation, la traduction de l'héritage en une relation 1-1 entre les deux tables peut s'effectuer très simplement comme indiqué ci-après.

Figure 19–6
Traduction d'une relation d'héritage entre classes en une simple relation entre tables

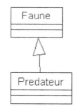

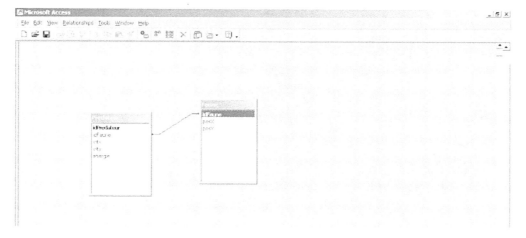

Chaque enregistrement Predateur est en relation 1-1 avec un enregistrement Faune, qui reprend toutes les valeurs d'attributs dont le prédateur hérite dans la version OO. Certains adeptes du monde relationnel n'admettent pas les relations 1-1 et argumentent, à raison, qu'une seule table joignant les attributs des deux précédentes ferait aussi bien l'affaire. Du point de vue des performances, cette attitude se justifie, mais elle est plus discutable du point de vue « sémantique ». Cependant, nous voyons bien qu'une traduction OO/relationnel est toujours possible. Certains vendeurs de bases de données relationnelles, acteurs du monde de l'OO, proposent des outils logiciels qui automatisent cette traduction, par exemple en créant le schéma relationnel à partir du diagramme de classes, ainsi que les requêtes SQL qui lisent et écrivent l'état des objets.

Bien sûr, le résultat n'est pas toujours des plus digestes et le programmeur OO aura une impression dérangeante de dénaturation de son programme, par rapport à la simple sérialisation, qui permet de sauvegarder et de lire les objets en un coup de cuillère à POO. De plus, cette traduction ne fait aujourd'hui l'objet d'aucune vraie standardisation du côté de l'OMG (Object Management Group).

Réservation de places de spectacles

Parmi les exercices situés à la fin du chapitre 10 consacré à l'UML, nous trouvons l'énoncé suivant.

Vous devez réaliser un programme s'occupant de la gestion des réservations d'une salle de spectacle. Votre programme vend des réservations pour une représentation (un certain jour, à une certaine heure) d'un spectacle (caractérisé au minimum par son auteur, son titre et son type). Un client, identifié par ses nom, prénom, adresse et numéro de téléphone, peut effectuer autant de réservations qu'il le souhaite. Si le client est un abonné (auquel cas le système conserve l'année de son inscription), il bénéficie d'une priorité sur les réservations (il peut réserver des places une ou deux semaines avant les non-abonnés) et de facilités de paiement (il peut payer l'ensemble de ses réservations à la fin de l'année s'il le désire). Une fois la réservation enregistrée, le programme permet de sélectionner les places désirées par le client et un ticket est émis pour chaque place réservée.

Il est demandé de faire le diagramme de classes de cette application. Ici, nous profiterons de ce même énoncé pour prolonger la solution et approfondir sur ce cas concret le problème soulevé par la mise en correspondance entre l'analyse objet et la base de données relationnelle dans laquelle sont stockées en dernier recours toutes les informations. Nous proposerons une manière très simple et sans doute honteusement bricolée d'affronter la difficulté posée par cette mise en correspondance. Nous ne prétendons nullement à l'excellence ici, et la solution proposée en est une parmi beaucoup d'autres, témoignant de l'absence à ce jour d'une méthodologie unifiée et unanime pour affronter ce type de difficulté.

La première étape pourrait consister en la réalisation de la base de données et de son schéma relationnel comme représenté sur la figure 19-7.

Figure 19–7
Schéma de la base de données relationnelle du
problème de réservation de places de spectacles

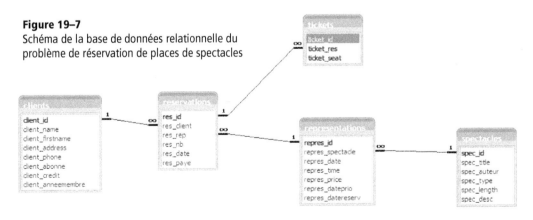

On y découvre les cinq tables auxquelles on est en droit de s'attendre : Reservation, Spectacle, Representation, Client et Ticket. Remarquez d'office que les deux types de clients, abonnés ou non, ne se distinguent ici que par un attribut booléen dans la table Client. L'héritage n'existe pas en relationnel. En revanche, dans le diagramme de classes de la même application représenté dans la figure 19-8, on retrouve bien les deux sous-classes de Client, les abonnés et les non-abonnés. La classe Client devient dès lors une classe abstraite, tout comme les méthodes de réservation et de paiement.

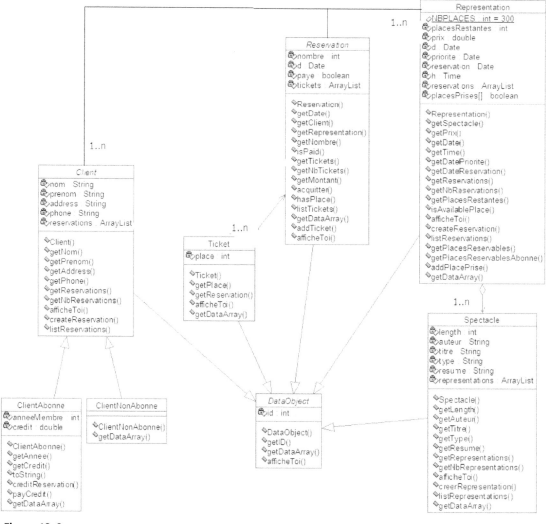

Figure 19-8
Diagramme de classes UML du problème de réservation de places de spectacles

L'addition de la classe `DataObject` doit vous paraître encore plus intrigante. Voici son code Java :

```java
public abstract class DataObject {
    private int id;
    public DataObject(int id){
        this.id = id;
    }
    public int getID(){
        return this.id;
    }
    public abstract Object[] getDataArray();
    public abstract String afficheToi();
    public String toString(){
        return this.afficheToi();
    }
}
```

C'est une des premières conséquences de la mise en correspondance entre ces deux réalités informatiques que sont l'objet et le relationnel. Le seul attribut de cette classe est l'entier `id` qui, en fait, reprend la valeur de la clé primaire de tous les objets figurant également dans la base de données relationnelle. C'est la raison pour laquelle les classes `Client`, `Spectacle`, `Representation`, `Reservation` et `Ticket` héritent toutes de cette superclasse. Chaque objet de notre code reprendra les attributs de son enregistrement correspondant, y compris un attribut additionnel en la personne de la clé primaire. La redéfinition de la méthode `getDataArray()` dans la sous-classe « client abonné » sera par exemple :

```java
public Object[] getDataArray() {
    Object[] array = new Object[Client.HEADERS.length];
    array[0] = new Integer(this.getID());
    array[1] = this.getNom();
    array[2] = this.getPrenom();
    array[3] = this.getAddress();
    array[4] = this.getPhone();
    array[5] = "Oui";
    array[6] = new Double(this.getCredit());
    array[7] = new Integer(this.getAnnee());
    array[8] = new Integer(this.getNbReservations());
    return array;
}
```

Tous les attributs du client sont entreposés dans un tableau d'objets que l'on présentera dans une fenêtre lorsqu'il faudra afficher toutes les informations concernant le client. Vous pouvez également découvrir dans le diagramme les différentes méthodes associées aux classes importantes du projet. Par exemple, le client abonné pourra créer, afficher, payer ou créditer des réservations, payer son crédit, etc. La classe `Reservation` est indiquée dans le diagramme comme une association entre les classes client et représentation. Les liaisons 1-n de la base de données et du diagramme de classes obligent à construire l'objet du côté n en l'associant systématiquement à l'objet du côté 1. Ainsi, la construction d'un objet issu de la classe d'association `Reservation` se fera comme suit :

```
public Reservation(int id, Date d, Client client, Representation representation, int nb,
boolean paye){
    super(id);
    this.d = d;
    this.client = client;
    this.representation = representation;
    this.nombre = nb;
    this.paye = paye;
    this.tickets = new ArrayList();
    this.representation.addReservation(this);
    this.client.addReservation(this);
}
```

Tant la representation que le client ajoutent cette réservation, en instance de création, dans leur array list de réservations respectives. Dans la solution présentée ici, l'accès à la base de données relationnelle se fait au tout début de l'exécution. Par exemple, l'extraction des clients et des spectacles de la base de données relationnelle se fera comme suit :

```
public void loadData(){
    this.extractClients();
    this.extractSpectacles();
    this.extractRepresentations();
    this.extractReservations();
    this.extractTickets();
}
public ArrayList extractClients(){
    clients = new ArrayList();
    try {
        if(conn==null)
          this.connect();
        Statement stmt = conn.createStatement();
        String query = "SELECT * FROM clients ORDER BY client_name, client_firstname";
        ResultSet rs = stmt.executeQuery(query);
        while(rs.next()){
          int c_id = rs.getInt("client_id");
          String c_n = rs.getString("client_name");
          String c_fn = rs.getString("client_firstname");
          String c_ad = rs.getString("client_address");
          String c_ph = rs.getString("client_phone");
          int c_ab = rs.getInt("client_abonne");
          double c_c = rs.getDouble("client_credit");
          int c_am = rs.getInt("client_anneemembre");
          if(c_ab==1){
            clients.add(new ClientAbonne(c_id,c_n,c_fn,c_ad,c_ph,c_c,c_am));
          } else {
            clients.add(new ClientNonAbonne(c_id,c_n,c_fn,c_ad,c_ph));
          }
        }
        rs.close();
        stmt.close();
```

```
    } catch (SQLException e) {
        e.printStackTrace();
    } catch(Exception e){
        e.printStackTrace();
    }
    return clients;
}
public ArrayList extractSpectacles(){
    spectacles = new ArrayList();
    try {
        if(conn==null)
            this.connect();
        Statement stmt = conn.createStatement();
        String query = "SELECT * FROM spectacles ORDER BY spec_auteur, spec_title";
        ResultSet rs = stmt.executeQuery(query);
        while(rs.next()){
            int s_id = rs.getInt("spec_id");
            String s_t = rs.getString("spec_title");
            String s_a = rs.getString("spec_auteur");
            String s_ty = rs.getString("spec_type");
            int s_l = rs.getInt("spec_length");
            String s_r = rs.getString("spec_desc");
            spectacles.add(new
                Spectacle(s_id,s_l,s_a,s_t,s_ty,s_r));
        }
        rs.close();
        stmt.close();
    } catch (SQLException e) {
        e.printStackTrace();
    } catch(Exception e){
        e.printStackTrace();
    }
    return spectacles;
}
```

L'extraction des réservations de la base de données relationnelle est un peu plus délicate. Afin de retrouver le client et la représentation associés à cette réservation en particulier, il faut faire explicitement l'intersection entre les clés primaires des clients et des représentations et leurs clés étrangères respectives présentes dans la classe Reservation. C'est la raison des deux boucles et des tests dans le code qui suit :

```
public ArrayList extractReservations(){
    if(representations.isEmpty())
        this.extractRepresentations();
    if(clients.isEmpty())
        this.extractClients();
    reservations = new ArrayList();
    try {
        if(conn==null)
            this.connect();
```

```
        Statement stmt = conn.createStatement();
        String query = "SELECT * FROM reservations ORDER BY res_client,
                       res_rep, res_date";
        ResultSet rs = stmt.executeQuery(query);
        while(rs.next()){
            int r_id = rs.getInt("res_id");
            int r_c = rs.getInt("res_client");
            int r_r = rs.getInt("res_rep");
            int r_n = rs.getInt("res_nb");
            Date r_d = rs.getDate("res_date");
            boolean r_p = rs.getBoolean("res_paye");
            Client c = null;
            for(int i=0;i<clients.size();i++){
                c = (Client) clients.get(i);
                if(c.getID()==r_c)
                    break;
            }
            Representation rp = null;
            for(int i=0;i<representations.size();i++){
                rp = (Representation) representations.get(i);
                if(rp.getID()==r_r)
                    break;
            }
            reservations.add(new
            Reservation(r_id,r_d,c,rp,r_n,r_p));
        }
        rs.close();
        stmt.close();
    } catch (SQLException e) {
        e.printStackTrace();
    } catch(Exception e){
        e.printStackTrace();
    }
    return reservations;
}
```

Pour finaliser l'application, il reste encore à réaliser une interface graphique qui sera capable, une fois les clients et les représentations affichés, d'en sélectionner afin d'effectuer la réservation et le paiement qui la validera. Mais il se fait tard et c'est ici que nous vous abandonnons dans le développement de cette application...

Les bases de données relationnelles-objet

Nous avons vu qu'alors que le stockage de données reste la chasse gardée de la technologie des bases de données relationnelles, l'orientation objet, en revanche, s'est répandue comme une traînée de poudre dans l'ensemble des applications logicielles. Le fossé entre ces deux pratiques n'est pas tant d'ordre sémantique, toutes deux privilégiant une mise en relation entre les types de données qu'elles représentent, mais plutôt d'ordre « mécanique », la concrétisation de ces relations s'opérant de façon très différente. De multiples tentatives sont à l'œuvre depuis une vingtaine d'années, afin de combler ce fossé et d'éviter, lors du développement des logiciels, une telle dénaturation du modèle objet dès la sauvegarde. Il serait impossible en quelques lignes de décrire, même une partie modeste et surtout actualisée, de toutes ces tentatives.

Assurant l'interfaçage avec ces bases de données, le langage SQL s'est fait, par ses différentes évolutions, le meilleur témoin de ces tentatives. On peut, en substance, considérer que ces essais de conciliation proviennent des deux bords. En premier lieu, on a affaire aux défenseurs du relationnel pour le stockage, qui proposent un enrichissement de SQL appelé SQL3, parfaitement compatible avec le premier et offrant aux développeurs d'applications OO une manière de stocker leurs objets plus en accord avec la manière de les utiliser.

En second lieu, on a affaire aux défenseurs de l'OO pour le développement logiciel, qui considèrent que la sauvegarde sur disque dur se devrait de simplement « miroiter » la RAM à un moment donné, sans se détacher aucunement de la pratique OO, et qui proposent un nouveau langage d'interfaçage avec ces bases de données nouvelle génération, OQL (*Object Query Language*), inspiré de SQL mais ne maintenant plus la compatibilité.

Commençons par les premiers, ardents partisans du stockage relationnel et proposant SQL3 comme possible compromis. Oracle en est un des représentants les plus actifs, pour ne pas dire combatifs, et on le comprend aisément, vu l'omniprésence de cet acteur industriel dans le monde des bases de données relationnelles. Une version actuelle de ce SGBD (*système de gestion des bases de données*) est compatible avec SQL3 et offre aux programmeurs OO, surtout Java en l'occurrence, la possibilité d'intégrer des requêtes SQL3 dans la partie JDBC de leur code.

Les programmeurs ne sont plus contraints à des « acrobaties syntaxiques » infernales pour réaliser la sauvegarde de leurs objets. L'OO est installé de manière progressive, tout en maintenant l'existant relationnel comme tel. Malheureusement, SQL3 n'est pas réputé pour sa simplicité comme nous allons le voir, dans l'obligation qu'il est de rester compatible avec les versions précédentes de SQL.

SQL3

Nous nous bornerons, à propos des prédateurs et de leurs tanières, à présenter quelques-unes des requêtes permises par ce nouveau SQL. Tout d'abord, afin d'obtenir un équivalent des classes, SQL3 introduit, en plus des tables, plusieurs nouveaux types de données : les « types de données abstraits », les « types références » et les « types collections ». Reprenons le diagramme UML Predateur-Taniere et ébauchons en SQL3 la création des types abstraits correspondants.

```
CREATE TYPE PredateurType AS OBJECT
CREATE TYPE TaniereType AS OBJECT
( posX NUMBER,
  posy NUMBER,
  lePredateur REF PredateurType )
CREATE TYPE TaniereRefType AS OBJECT
(taniereRef REF TaniereType)
CREATE TYPE tableRefTaniereType AS TABLE OF TaniereRefType
```

```
CREATE OR REPLACE TYPE PredateurType AS OBJECT
( vitX NUMBER,
  vitY NUMBER,
  energie NUMBER,
  nom VARCHAR(20),
  lesTanieres tableRefTaniereType )
CREATE TABLE Predateur OF PredateurType NESTED TABLE lesTanieres STORE AS
tableLesTanieres
CREATE TABLE Taniere OF TaniereType
```

Figure 19–9

Le diagramme de classes UML des classes Predateur et Taniere

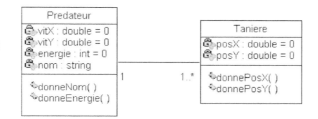

On peut considérer que ce code SQL3 est, pour la base de données sous-jacente, la contrepartie de la création des classes pour le programme. Si on le décortique ligne par ligne, on trouve tout d'abord la création du premier type (Predateur) sans rien (mais que nous définirons complètement dans la suite), simplement parce que nous l'utilisons dans la définition des tanières (et ce, pour résoudre le problème des références croisées). Toute création de table se doit d'abord d'être précédée du type « abstrait ». Dans la définition du type « abstrait » pour les tanières, on retrouve bien un attribut référentiel du type « prédateur ».

On s'aperçoit, en effet, du rapprochement permis par SQL3 avec la démarche objet, car la relation entre les deux types abstraits s'établit par l'intermédiaire d'attributs référentiels. On crée un type référentiel sur les tanières qu'on appelle TaniereRefType. Ensuite, on crée un vecteur de ces référents appelé tableRefTaniereType. Si on avait, à ce stade, voulu créer un tableau de taille finie, on aurait plutôt écrit l'instruction suivante : CREATE TYPE tableRefTaniereType AS VARRAY(5) OF TaniereRefType.

On définit ensuite le type PredateurType que l'on avait juste déclaré pour résoudre la référence croisée. On voit qu'il contient comme attribut un référent vers tableRefTaniereType, ce qui concrétise la partie 1..* de l'association UML. Après avoir créé les types abstraits, on retrouve maintenant la création des tables, propre à SQL en général, mais qui s'effectue, cette fois, comme « instance » des types abstraits. Vu la présence du référent de type « vecteur », l'instanciation de la table Predateur requiert la déclaration d'une table enchâssée (NESTED TABLE). Reconnaissez qu'en matière de simplicité, c'est un sommet.

L'héritage est également pris en compte dans SQL3 et, en se souvenant qu'un prédateur est une sous-classe de Faune, on pourrait déclarer le type abstrait prédateur comme ceci :

```
CREATE TYPE PredateurType UNDER FauneType
```

De manière à se coller davantage encore à l'OO, SQL3 permet également l'installation de méthodes (fonctions ou procédures) à l'intérieur de ces types abstraits. Ainsi, considérons la méthode d'accès donnePosX() de la tanière, retournant la valeur du premier attribut. Sa prise en compte se réalisera de cette manière :

```
CREATE OR REPLACE TYPE TaniereType AS OBJECT
( posX NUMBER,
  posy NUMBER,
  lePredateur REF PredateurType
  MEMBER FUNCTION donnePosX RETURN NUMBER )

CREATE TYPE BODY TaniereType AS
  MEMBER FUNCTION donnePosX RETURN NUMBER IS
  BEGIN
    RETURN posX;
  END donnePosX;
END;
```

Enfin, on maintient dans SQL3 l'équivalent des requêtes classiques SELECT ou INSERT.

```
SELECT t.posX, t.lePredateur.nom
FROM Taniere t
WHERE t.lePredateur.energie = 100
INSERT INTO Predateur
VALUES (PredateurType(1,2, …))
```

Dans le SELECT, on retrouve l'utilisation du « . » qui accède aux attributs de l'objet. On constate bien l'apport de la pratique OO dans la syntaxe SQL classique. Dans une approche purement relationnelle, il y aurait lieu d'effectuer dans ce type de requête une jointure explicite entre les tables Predateur et Taniere. Ce nouvel SQL offre aux programmeurs OO une écriture plus légère, et qui ne surprendra plus outre mesure par des manipulations tortueuses et des détournements syntaxiques. C'est un petit pas vers l'OO, non négligeable, mais encore timide vu la pression exercée par le relationnel et la syntaxe SQL existante.

Les bases de données orientées objet

En tant que programmeur OO, quelle serait la solution idéale ? Elle consisterait très simplement en un mode de lecture/écriture d'objets aussi trivial que la sérialisation, mais qui emprunte aux bases de données toutes leurs indispensables qualités fonctionnelles telles que les archivages automatisés, les accès sécurisés, fiabilisés et concurrentiels, l'existence d'un langage d'interrogation détaché de la programmation équivalent à SQL, mais pleinement objet cette fois, tous les outils de visualisation et d'analyse intégrés, on en passe et des meilleures... Une telle perspective existe et a pour nom : les bases de données orientées objet. Elles ont quitté le monde du fantasme pour celui des disques durs et de nombreux produits sont, depuis 20 ans, apparus sur le marché : ObjectStore, Versant, O2, Poet, Gemstone, entre autres.

Bien que ces produits s'emploient à réussir le mariage idéal entre la sérialisation et les qualités fonctionnelles du relationnel, leur percée commerciale est encore timide et le restera sans doute longtemps. La raison en est évidente. Allez dire à tous ces utilisateurs de bases de données relationnelles qui, depuis tant d'années, stockent des quantités invraisemblables de données dans leurs tables, de transformer ce mode de stockage en un mode OO. Vous serez bien reçu.

Alors que les informations resteront encore pour longtemps dans des tables qui sont en relations, nul entrepreneur ne ressentant le besoin de les transformer en objets, même la définition plus formalisée de ce que seraient ces bases de données version objet fait encore l'objet de quelques controverses. En dépit de nombreuses tentatives, les bases de données OO sont encore loin d'une possible standardisation, comme l'ont été UML, CORBA ou SQL.

Néanmoins, un consortium d'acteurs du monde industriel des bases de données s'est créé depuis douze ans, l'ODMG (*Object Data Management Group*), qui tente d'établir un standard pour les bases de données OO. Ce consortium, lié de très près à l'OMG, n'arrête pas de se défaire et de se reconstituer sous des formes très diverses, autre illustration de la difficulté toujours pas résolue de réconcilier l'objet et le relationnel. Parmi leurs cibles, un nouveau langage d'interfaçage avec ces bases, dénommé OQL (*Object Query Language*), est en passe de se stabiliser… De s'imposer ? C'est une autre histoire.

OQL

Ce langage peut être utilisé de façon isolée ou, plus naturellement, en le plongeant dans du code objet (Java, C++…). OQL se doit donc d'être extrêmement proche des langages OO. Ainsi, pour la création des classes, on retrouve des instructions très familières comme :

```
class Predateur : Faune {
   attribute int energie ;
   attribute string nom ;
   relationship Taniere lesTanieres inverse lePredateur;
   string donneNom();
   int donneEnergie();
}
```

Et pour la création d'un objet :

```
Declare p :Predateur
   p = Predateur(nom : « Gates »,…..) // le constructeur
```

OQL permet d'écrire des requêtes de type SELECT, mais pas de UPDATE, car les méthodes sont là pour pourvoir aux mises à jour. Ces requêtes appliquées à un objet ou a une collection d'objets ou de valeurs donnent comme résultat une valeur, un objet, une collection de valeurs ou une collection d'objets. En voici quelques échantillons :

```
SELECT p.nom
FROM p IN Predateur
WHERE p.donneEnergie() > 100
```

Le résultat sera une collection de *strings*. On découvre une écriture très proche de l'OO où l'appel des méthodes est parfaitement imbriqué dans les requêtes.

```
SELECT STRUCT (nom : p.nom, energie: p.energie)
FROM p IN Predateur

SELECT t.posX, t.posY
FROM t in Taniere, p in t.lePredateur
WHERE p.nom = "Gates"
```

Le résultat en sera un ensemble de valeurs structurées contenant chacune un nom et un entier, dans le premier cas, et deux entiers dans le second. Il y a également moyen de regrouper les résultats par une requête comme :

```
SELECT p
FROM p IN Predateur
GROUP BY (faible: p.energie < 50, fort: p.energie > 100)
```

On imagine volontiers qu'une convergence sollicitée et enviée par les développeurs OO serait celle de SQL3 et OQL, leur permettant de sauvegarder et d'interroger leurs objets d'une manière unique, quelle que soit la façon définitive dont ces derniers s'installent dans le disque dur. Cette convergence est-elle en effet possible, nonobstant l'existence des deux mécanismes de sauvegarde ? Il semble en tous les cas qu'elle reste encore hors de portée.

Objets sains et saufs

Il existe aujourd'hui de multiples solutions pour que les objets maintiennent leur état entre deux itérations d'un programme qui les concerne. Pour un ensemble de raisons liées à la facilité d'accès et à la transparence de la sauvegarde, et surtout préservant la structure des objets et la nature de leurs liens, les bases de données OO semblent une solution de choix. En attendant celles-ci, et de manière à interfacer les données stockées aujourd'hui dans les bases de données relationnelles avec les codes OO, une initiative comme SQL3 est tout aussi vitale. Pourra-t-on un jour manipuler indifféremment, à l'intérieur d'un programme OO, enregistrements de bases de données et objets stockés à même le disque ? L'avenir nous le dira car les tentatives ne manquent pas.

Django et Python

De nombreux environnements logiciels de développement web, tel Django dans le monde Python, mettent très simplement en correspondance les classes et les tables, les objets et les enregistrements. Django, comme tout bon framework, offre une couche d'abstraction presque totale pour l'accès aux bases de données et leur gestion. La vision orientée objet du monde Python/Django éclipse totalement l'aspect relationnel des données. En d'autres mots, on ne devra pas soi-même créer et définir la base de données, on ne devra pas écrire la moindre ligne de SQL pour y accéder. Tout se fera de manière transparente et c'est à peine si on soupçonnera l'existence d'une base pour stocker nos données.

Cette abstraction est réalisée à l'aide des modèles, qui vont permettre de définir une fois pour toutes les données à stocker, en respectant entièrement l'approche orientée objet. Toutes les données à sauvegarder vont être modélisées sous forme d'une ou de plusieurs classes qui posséderont des attributs et des méthodes. Et à partir de cette définition de classes, Django sera capable :

- de créer automatiquement une base de données ad hoc contenant les tables et les champs nécessaires pour stocker les objets ;
- de écrire des méthodes pour accéder à la base de données, créer, modifier et supprimer les objets.

Ainsi, les deux tables Predateur et Taniere seront créées à partir des deux classes qui suivent.

Définition de nos deux modèles : Predateur et Taniere et leur relation 1-n

```
from django.db import models

class Predateur(models.Model):
    energie = models.IntegerField()
    vitX = models.IntegerField()
    nom = models.CharField(max_length=30)

class Taniere(models.Model):
    lieu = models.CharField(max_length=30)
    nom = models.CharField(max_length=30)
    predateur = models.ForeignKey(Predateur)
```

Ajout d'un troisième modèle et prise en compte de la relation n-n

```
class PointEau(models.Model):
    lieu = models.CharField(max_length=30)
    nom = models.CharField(max_length=30)
    predateur=models.ManyToManyField(Predateur)
```

La creation d'un nouveau prédateur se fait très simplement par :

```
lion = Predateur(100,25,'King')
lion.save()
```

La récupération de tous les prédateurs se fait par :

```
predateurs = Predateur.objects.all()
```

La récupération de tous les prédateurs dont le nom commence par A :

```
predateurs = Predateur.objects.all(nom_startswith='A')
```

Et, cerise sur le gateau, la possible récupération de tous les points d'eau fréquentés par le prédateur lion peut s'effectuer par :

```
pointeau_de_lion = lion.pointeau_set.all()
```

LINQ

La bibliothèque LINQ (*Language-INtegrated Query*), sous les feux de la rampe informatique à l'heure actuelle, est sans conteste l'innovation majeure dans la nouvelle version de la plate-forme de développement Microsoft .Net 3. On peut aller jusqu'à penser que l'essentiel des autres innovations présentes dans cette troisième version (les expressions lambda, les « méthodes d'extension », les variables anonymes typées implicitement var et la manipulation des query) sont autant d'étapes majeures pour enfin aboutir à la réalisation de LINQ. Si cette bibliothèque est à ce point discutée et décortiquée dans le monde informatique, c'est parce qu'elle est présentée par Microsoft comme la solution à cet épineux problème de la mise en correspondance entre le monde du stockage des données (tel le relationnel) et celui de l'orienté objet, auquel vient s'ajouter depuis quelques années, avec l'invasion irrépressible des applications web, la nécessaire prise en charge de l'information stockée et représentée sous forme XML. LINQ veut aboutir une fois pour toutes à la réalisation et à la concrétisation parfaite de l'équation DATA=OBJECT, c'est-à-dire présenter une syntaxe unifiée faisant abstraction de la manière définitive dont sont stockées les données en mémoire. Il n'est pas le seul : JDO ou Hibernate, chez Sun, Django pour Python, sont également à la recherche du Graal, mais nous présenterons LINQ comme une des voies les plus prometteuses par son universalisme et son ambition.

Pour une même information, nous avons trois manières de la représenter : l'objet, le relationnel et XML. Il est en effet grand temps de parvenir à homogénéiser un mode d'accès et de traitement de cette information qui soit indépendant de la manière de la représenter. Qu'importe que l'hôtel que je cherche sur le Web soit enregistré dans une base de données relationnelle, orientée objet ou sous forme XML ; il m'est urgent de savoir au plus vite la disponibilité des chambres et leur prix. Indépendamment de la manière dont les hôtels sont sauvegardés, je veux pouvoir les interroger sans difficulté aucune, et trouver tous ceux qui disposent de chambres libres pendant la période des quinze premiers jours de juillet. LINQ se présente comme un candidat possible à cette homogénéisation : une même requête, dans un langage voisin du nôtre, agissant dans ces trois univers d'information.

De surcroît, LINQ s'intègre parfaitement aux langages de programmation .Net tels C# et VB, dont il est une évolution. Toute requête LINQ se trouve compilée au même titre que n'importe quelle autre instruction. Finies donc les requêtes SQL qui ne posent problème qu'à l'exécution, c'est-à-dire quand, en effet, elles interagissent directement avec la base de données relationnelle. LINQ permet de prévenir, par la compilation, des erreurs d'interrogation de bases de données (par exemple, des attributs mal orthographiés) qui, auparavant, ne se seraient produites que pendant la phase d'exécution. De plus, l'homogénéisation autorisera une même expression à interroger indifféremment des systèmes d'information objet, XML et relationnels et d'en mélanger les résultats. Le programmeur est enfin libre de ses mouvements OO. Il n'a plus besoin de maîtriser autant de langages qu'il y a de manières de stocker l'information : SQL, XML...

Voyons directement, afin d'en savourer toute la richesse, des exemples de code contenant chacun une requête LINQ d'un même type SELECT, mais s'appliquant, pour les premières, sur un tableau d'objets (ici des string) et pour les secondes, sur notre habituelle base de données relationnelle des prédateurs.

Premier exemple de LINQ agissant sur une collection d'objets

```
using System;
using System.Collections.Generic;
using System.Linq;
using System.Text;

class app {
    static void Main() {
        string[] names = {"Burke","Connor","Frank","Everet","Albert","George",
                          "Harris","David"};

        var test = from s in names
                   where s.Length == 5
                   orderby s
                   select s.ToUpper();

        foreach (var item in test) Console.WriteLine(item);
    }
}
```

Résultat

```
BURKE
DAVID
FRANK
```

Cette requête `select` n'ira pas sans vous rappeler sa version SQL, mais dans une version qui serait inversée par rapport à l'originale. L'inversion de la requête est justifiée par l'utilisation des aides à la programmation. C'est parce qu'il découvre que s est de type `string` que l'environnement de développement (Visual Studio, par exemple) pourra vous faciliter la programmation des opérateurs qui suivent. Le typage anonyme y est réalisé par la présence du mot-clé `var`. Cette inférence sur le typage permet au compilateur de déduire le type de variables sans que le développeur ait besoin de le lui signaler explicitement. Comme cette étape se passe à la compilation (à la différence de Python et de PHP, qui typent implicitement, mais à l'exécution), les risques d'erreur restent limités, tout en autorisant une syntaxe plus libre. La clause `where` agit comme une condition de filtrage du résultat. Ces clauses (par exemple plusieurs `where` à la suite l'un de l'autre) se concatènent au besoin, car LINQ sait en effet enchaîner les opérateurs comme :

```
List.Where(clause where).Select(clause select).OrderBy(critère de tri)
```

L'opérateur `select` effectue une projection de la liste de départ sur une nouvelle liste obtenue à l'issue de son action. C'est à lui que l'on doit la création d'un nouveau typage en ligne, comme résultat de cette projection. Les opérateurs de tri classique que sont `OrderBy` et `ThenBy` trient les éléments d'un résultat, pour peu que ceux-ci implémentent l'interface `IComparable<T>`, comme dans le code qui suit :

```
using System;
using System.Collections;
using System.Collections.Generic;
using System.Linq;
using System.Text;

class Etudiant {

   public Etudiant (String prenom, String nom, int age) {
      Prenom = prenom;
      Nom = nom;
      Age = age;
   }

   public int Age {
      get; set; // admirez le nouveau raccourci de syntaxe C# 3
   }

   public String Nom {
      get ; set;
   }

   public String Prenom {
      get; set;
   }
}


class app {
      static void Main() {
         List<Etudiant> lesEtudiants = new List<Etudiant> ();
      lesEtudiants.Add(new Etudiant("Paul","Lenders",25));
      lesEtudiants.Add(new Etudiant("Pierre", "Bertrand", 22));
      lesEtudiants.Add(new Etudiant("Pascale", "Aimée", 28));
      lesEtudiants.Add(new Etudiant("Marcel", "VanDamme", 18));

            var test = from s in lesEtudiants
                              where s.Age > 20
                              orderby s.Nom
                              select new {s.Prenom, s.Nom};

            foreach (var item in test) Console.WriteLine(item.Prenom);
      }
   }
```

Résultat

```
Pascale
Pierre
Paul
```

On observera dans ce code le raccourci de syntaxe pour la déclaration des attributs. On se convaincra surtout de l'utilisation du typage implicite via le mot-clé var, car on crée sur le fil un nouveau type, ne reprenant que les attributs nom et prenom des étudiants, et cela sans avoir dû le prévoir. De surcroît, cette syntaxe est clairement une alternative à l'utilisation d'un foreach, itérant sur toute la liste et nécessitant la réécriture du test booléen. Le succès planétaire du SQL milite en effet en faveur de ce type d'écriture, de nature plus déclarative.

Second exemple de LINQ agissant sur une base de données relationnelle

```
using System;
using System.Linq;
using System.Data;
using System.Data.Linq;
using System.Data.Linq.Mapping;
using System.Data.OleDb;

[Table] public class Predateur
{
   [Column(IsPrimaryKey=true)] public int idPredateur;
   [Column]    public int vitx;
   [Column]    public int vity;
   [Column]    public int energie;
}

class SomeDataContext : DataContext

{
    public SomeDataContext(IDbConnection connection) : base (connection) {}

}

class Test
{
   static void Main() {
      string strConnection = "Provider=Microsoft.Jet.OleDb.4.0;";
      strConnection += "Data Source=C:\\Test\\Ecosysteme.mdb";
      OleDbConnection connexion = new OleDbConnection(strConnection);
      SomeDataContext dataContext = new SomeDataContext(connexion);
      Table<Predateur> lesPredateurs= dataContext.GetTable<Predateur>();

      IQueryable<int> query = from p in lesPredateurs
         where p.energie > 0
         orderby p.idPredateur descending
         select p.idPredateur;

      foreach (int id in query) Console.WriteLine (id);
   }
}
```

Résultat

```
2
1
```

Dans la base de données, seuls les deuxième et troisième prédateurs possèdent une énergie diffé-rente de 0, mais les deux id sont affichés en ordre inverse en conséquence de la clause orderby.

On découvre qu'un même opérateur de projection select, toujours très inspiré de SQL mais inversé, composé d'un même filtre de type where et/ou d'un mécanisme de tri orderby, peut s'appliquer indifféremment sur un tableau d'objets entreposés dans la mémoire RAM et sur une base de données relationnelle. Une troisième illustration aurait pu être possible, en appliquant, une fois encore, ce même type de requête à même l'information stockée en XML.

C'est ce qu'illustre la figure 19-10 schématisant la bibliothèque LINQ.

Figure 19–10
La bibliothèque LINQ

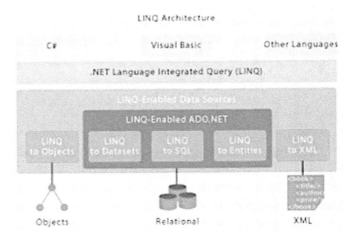

Si, par mégarde, il y a erreur dans la requête select, un attribut mal orthographié par exemple, le code produira une erreur à la compilation. Cela est évidemment possible grâce à la déclaration de la table|classe Predateur et des attributs Column, qui font le lien avec la base de données relation-nelle. La traduction en une requête SQL se fait à la volée, après que le compilateur ait vérifié l'exactitude de la syntaxe. Elle s'écrirait en requêtes XQuery en présence d'un fichier XML. Un objet de classe DataContext représente le lien entre la base de données et les classes entités qui lui sont affectées. Il maintient la correspondance entre les objets du code et les enregistrements de la base de données. Il peut être produit automatiquement à partir de la base de données en question, par exemple par une fonctionnalité présente dans Visual Studio. Il est responsable de la création du code SQL qui sera soumis à la base de données.

L'addition ou le retrait d'enregistrements dans la base de données s'effectue à partir du `DataContext` de la manière très simple suivante :

```
dataContext.Predateur.InsertOnSubmit(p) ; //p serait un nouvel objet prédateur
dataContext.SubmitChanges() ; // exécution de l'insertion

dataContext.Predateur.DeleteOnSubmit(p) ; // p serait l'objet à supprimer
dataContext.SubmitChanges() ; //exécution de la suppression
```

Afin de parvenir à LINQ, il a fallu d'abord accepter des instructions de la forme suivante (appelées « extensionss de méthodes ») :

```
IEnumerable<string> f = Enumerable.Where(names, s=> s.Length == 5);
```

Dans ces instructions, le prédicat booléen `Where` est entré en argument et appliqué sur la liste `names`. En fait, cette écriture, dans laquelle `Where` s'exécute statiquement sur `IEnumerable`, est celle obtenue lorsque le compilateur traduit celle qui suit :

```
IEnumerable<string> f = names.Where(s=> s.Length == 5);
```

On peut voir que la fonction `Where`, dans laquelle le prédicat booléen est toujours passé en argument, est maintenant directement appliquée sur la liste de strings `names`. L'extension de méthodes permet d'ajouter de nouveaux opérateurs s'appliquant à même les `IEnumerable<T>`, sans avoir à modifier et à recompiler les opérateurs déjà existants. On a déjà présenté le concept de variables anonymes `var` comme une addition également nécessaire et qui sert à créer le type désiré sur le fil, comme dans l'instruction :

```
var test3 = from s in names
               where s.Length == 5
               orderby s
               select s.ToUpper();
```

Il a fallu également développer et intégrer les expressions lambda, qui se composent d'une liste de paramètres, du symbole `=>` intuitivement traduit par « tel que » et d'une expression qui constitue en fait la valeur retournée par l'expression lambda, comme dans :

```
public class app {
      public static void Main() {
          List<int> list = new List<int>(new int[] {-1,2,-5,45,5});
      var positifs = list.FindAll((int i) => i > 0);
      foreach (int i in positifs) Console.Write(i + " ");
   }
}
```

Quant à la composition des clauses `Where`, `Orderby` et autres, il s'agit de fonctions qui s'exécutent de manière emboîtée, la deuxième s'exécutant sur les résultats obtenus par la première et ainsi de suite. Il est aussi important mais surprenant d'apprendre que les opérateurs ne s'exécutent pas au moment de la rencontre de l'instruction LINQ à l'exécution, mais bien dès le premier `foreach` rencontré, c'est-à-dire dès la première itération sur la liste concernée. Ces requêtes, une fois compilées et transformées, seront, dans le cas précis d'une base de données relationnelle, transformées en requêtes SQL exactes afin d'attaquer la base de données. Le résultat sera récupéré sous la forme d'une liste énumérable. LINQ est clairement une nouvelle étape importante sur le chemin de l'homogénéisation des traitements et du stockage de l'information, sur la voie d'une forme de programmation unifiée réconciliant les techniques de sauvegarde et de manipulation des données. On n'a pas fini d'en entendre parler. Il suffit de songer que LINQ, entre autres choses, se présente comme une alternative à SQL. Sa maîtrise et sa compréhension exigent du lecteur intéressé qu'il passe quelques heures additionnelles dans les manuels et les nombreuses pages web qui lui sont consacrées.

Exercices

Exercice 19.1

Décrivez les quatre solutions de persistance envisageables pour la sauvegarde des objets, entre deux itérations d'un programme les concernant.

Exercice 19.2

Expliquez pourquoi les classes de type `stream` se prêtent assez naturellement à la mise en pratique des mécanismes d'héritage.

Exercice 19.3

Expliquez le pourquoi des « flux filtrés ».

Exercice 19.4

Justifiez la dénomination de la « sérialisation ».

Exercice 19.5

Expliquez pourquoi il est nécessaire d'interrompre parfois cette sérialisation pour certaines classes d'objets.

Exercice 19.6

Différenciez classes et tables.

Exercice 19.7

Comment peut-on traduire une relation d'héritage entre deux classes en une simple relation entre deux tables ?

Exercice 19.8

Justifiez pourquoi une simple relation n-n entre deux classes ne peut se traduire en une simple relation n-n entre deux tables correspondantes.

Exercice 19.9

Justifiez la nécessité des bases de données OO.

Exercice 19.10

Pourquoi SQL a-t-il donné naissance à deux extensions OO différentes, SQL3 et OQL, et pourquoi l'avenir des programmeurs OO serait-il plus radieux si ces deux-là ne formaient plus qu'un ?

20

Et si on faisait un petit flipper ?

Ce chapitre est dédié à la réalisation d'un petit flipper et d'un petit tennis en Java. C'est leur conception orientée objet qui nous intéressera principalement ici. À quelques variations près, le flipper est emprunté à Timothy Budd, un auteur prolifique en ouvrages introductifs à l'OO de très bonne facture, et certainement un des meilleurs éducateurs en la matière. Ce projet sera l'occasion de nous interroger sur une série de choix de conception : héritage versus composition, héritage simple versus multihéritage, conception décentralisée versus centralisation, dans un contexte pratique et surtout très familier.

▸ Flipper
▸ Tennis
▸ Conception orientée objet

CANDIDUS — *Et si on jouait un peu avec notre mécano ?*

DOCTUS — *Bonne idée ! Et tu vas voir que c'est pas si simple de faire simple.*

CAND. — *Faire simple a toujours été un défi pour les informaticiens. À ma connaissance, on n'y parvient que d'une seule manière. Il faut d'abord réaliser une première version. L'étape suivante consiste à crasher son disque dur pour n'avoir plus aucune chance de succomber à la tentation de récupérer quoi que ce soit de la première version. Ensuite, on repart de zéro en évitant de refaire les mêmes bêtises que dans la version précédente.*

DOC. — *Quoi ! J'aurais un peu de mal à recommander une telle méthode de travail ! Fait ainsi : tu termines d'abord la lecture de mon ouvrage et tu prends ensuite quelques jours de vacances au Tibet. Après quelques boucles de ce genre, le nombre de questions sur l'OO qui encombrent ta cervelle aujourd'hui sera alors comparable au nombre de réponses que tu pourras donner. Il s'agit d'un cheminement initiatique très gratifiant.*

CAND. — *D'accord ! Mais je vais commencer mon voyage par une partie de flipper au bistrot du coin…*

Figure 20-1
La simulation en Java
du petit flipper

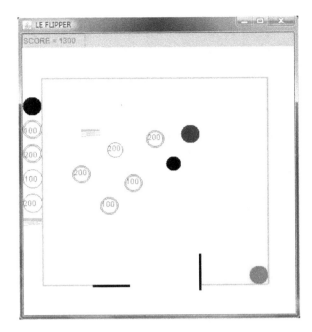

Généralités sur le flipper et les GUI

Comme vous pouvez l'observer sur la figure 20-1, le flipper est constitué d'une bille plus claire, du point de départ de la bille en bas à droite et d'une rangée d'obstacles possibles à gauche. Dans un premier temps, il s'agit de sélectionner et d'installer quelques-uns de ces obstacles dans la partie principale du flipper, à droite. Quatre catégories d'obstacles sont disponibles :

- Le trou (le rond noir) fait disparaître la bille.
- Le ressort la fait juste rebondir.
- Le champignon de valeur, quand il est heurté par la bille, incrémente le score de la valeur indiquée sur l'obstacle.
- Le champignon à ressort, incrémente lui aussi le score de la valeur indiquée mais, en plus, fait rebondir la bille tout comme le ressort.

Enfin, nous trouvons dans le flipper un panneau de score, des parois qui font rebondir la bille et deux flips (dont un est dressé dans l'image) qui servent à renvoyer la bille quand elle est à leur portée. La bille est lancée en cliquant avec la souris sur l'emplacement en bas à droite, sa direction et sa vitesse dépendant de l'endroit où on clique. Les deux flips sont contrôlés par deux touches du clavier (flèches gauche et droite).

Le flipper est intéressant dans l'analyse orientée objet car plusieurs points délicats de conception doivent être résolus avant de s'attaquer à l'écriture du code proprement dite. Ces différents cas seront discutés et comparés par l'entremise des diagrammes de classes qui les accompagnent. Le diagramme de classes final que nous avons décidé d'implémenter est présenté en figure 20-2. Par souci de clarté, les méthodes et les attributs sont exclus de l'analyse. Seuls nous intéressent les éléments de base du jeu et la manière dont ils interagissent. Nous fournissons plus avant le code Java complet de ce flipper.

Figure 20–2
Diagramme de classes
du flipper

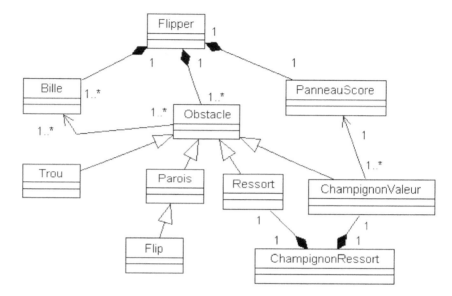

Nous allons passer en revue les différentes parties de ce diagramme et les choix d'implémentation correspondants. La classe principale est `Flipper`. C'est elle qui agrège tous les éléments du flipper et contient la méthode `main()` qui lance le jeu. Ce flipper est composé d'un vecteur de billes, d'un vecteur d'obstacles et d'un panneau de score. Le lien est un lien fort, un lien de composition, car il est difficile d'imaginer toutes ces parties du jeu existant à l'extérieur du flipper. Les billes n'ont rien de bien particulier.

Dans une version écartée de ce diagramme mais conservée dans le code Java qui suit, la bille hérite de la classe `Trou`. La raison en est (comme vous pouvez le voir dans l'image du flipper) que la bille et le trou se dessinent de la même façon, un petit disque coloré. La bille peut, dès lors, récupérer la méthode dessinant le trou, via un héritage.

Quand un héritage de la sorte se produit, il s'agit plutôt d'une pratique un peu tortueuse, permettant à une classe de récupérer à moindre frais des fonctionnalités déclarées dans une autre. C'est un héritage très « utilitariste », de convenance, mais sans légitimité sémantique et, en conséquence, d'assez mauvais aloi. Gardez toujours en votre chef ce credo fondamental de l'OO : la réalité est le juge ultime. En effet, une bille n'est pas une espèce de trou. C'est un coup de chance s'ils se dessinent de la même manière et cela pourrait ne plus être le cas dans des versions ultérieures du code, versions toujours à prévoir. L'utilitarisme forcené a ceci de délicat qu'il n'est pas forcément partagé par tous les praticiens.

Pourtant, les programmeurs Java sont très friands de ce type de pratique, quand ils font de leur classe une héritière d'une `Frame` ou d'un `Thread`, pour récupérer les fonctionnalités graphiques de la première et la gestion concurrentielle de la seconde. À la place, la classe pourrait, plus proprement, agréger une

`Frame` ou un `Thread`. Cela éviterait notamment de gaspiller le seul héritage disponible en Java ou C#. Les codes suivants (Java et C#) font apparaître sur l'écran une fenêtre comprenant un bouton qui réagit au clic en écrivant dans la console le texte inscrit sur le bouton. Une pratique courante, tant en Java qu'en C#, est de faire hériter la classe principale de `JFrame` pour Java et de `Form` pour C#.

Fenêtre et bouton avec héritage en Java

```java
import java.awt.*;
import javax.swing.*;
import java.awt.event.*;

public class TestFenetre extends JFrame implements ActionListener {
  private JButton unBouton;

  public TestFenetre() {
    unBouton = new JButton("un tres gros bouton"); /* on crée le bouton */
    unBouton.addActionListener(this);              /* on crée une sensibilité
                à l'événement sur le bouton, en y associant la méthode actionPerformed */
    setTitle("Essai Fenetre");                     /* héritée de JFrame,
                                                      on intitule la fenêtre */

    setSize(400, 400);                             /* on la dimensionne */
    setLocation(0,0);                              /* on la positionne */
    getContentPane().add(unBouton, "North");       /* on ajoute le bouton sur
                                                      la fenêtre au-dessus */

    setVisible(true);                              /* le tout doit apparaître */
  }

  public void actionPerformed (ActionEvent e) {    /* on définit ce qui se passe en
cliquant sur le bouton ; cette méthode provient de l'interface ActionListener et est à
rédéfinir obligatoirement */
      System.out.println(e.getActionCommand()); /* on récupère le texte sur le bouton */
  }

  public static void main(String[] args) {
      new TestFenetre();
  }
}
```

Résultat du code Java

Aussi déroutante que puisse paraître à première vue la création d'un objet à même sa classe, l'instruction `new TestFenetre()` dans la méthode `main` crée l'objet `JFrame` que l'on voit apparaître. Dans le constructeur de la classe principale, les méthodes appelées sont pour la plupart héritées de la `JFrame` et servent à intituler, dimensionner et positionner ce nouvel objet. Puis on ajoute le bouton sur la `JFrame`. Voici la version quasi équivalente de ce code en C# :

Figure 20–3
Création en Java d'une fenêtre
avec un large bouton sur la
partie supérieure

Fenêtre et bouton avec héritage en C#

```csharp
using System;
using System.Windows.Forms;
using System.Drawing;

public class TestFenetre : Form {
 private Button unBouton;
 public TestFenetre() {
  unBouton         = new Button();                    /* on crée le bouton */
  unBouton.Text    = "un tres gros bouton";           /* on le nomme */
  unBouton.Click += new EventHandler (boutonMethode); /* on y ajoute par délégué
                                                          la sensibilité au clic */
  Text             = "Essai Fenetre";                 /* on nomme la fenêtre */
  StartPosition    = FormStartPosition.CenterScreen;  /* on positionne la fenêtre */
  ClientSize       = new Size(400, 400);              /* on la dimensionne */
  unBouton.Dock = DockStyle.Top;                     /* on place le bouton au-dessus */
  Controls.Add(unBouton);                            /* on ajoute le bouton */
 }

 public void boutonMethode(object envoyeur, EventArgs e) {
          Console.WriteLine(((Button)envoyeur).Text); /*la concrétisation du délégué
                                                         récupère le texte du bouton */
 }

 public static void Main() {
  Application.Run(new TestFenetre()); // on fait apparaître la fenêtre
 }
}
```

Dans le code C#, l'action du clic sur le bouton se fait par concrétisation du délégué plutôt que par redéfinition de la méthode provenant de l'interface comme en Java, mais l'esprit est très semblable. L'instruction `Application.Run(new TestFenetre());` a pour mission de faire apparaître la fenêtre.

Dans ces deux langages, une version moins répandue et pourtant plus souhaitable, substituant la composition à l'héritage et respectant en cela l'héritage pour ce qu'il est, est donnée ci-après (hormis la gestion du bouton non prise en compte ici, le résultat produit sera exactement le même).

Fenêtre et bouton avec composition en Java

```java
import java.awt.*;
import javax.swing.*;
public class Fenetre2 {
  JFrame uneFenetre;
  JButton unBouton;

  public Fenetre2() {
    uneFenetre = new JFrame();
    unBouton   = new JButton("Un très gros bouton");
    uneFenetre.setTitle("Essai Fenetre");
    uneFenetre.setSize(400, 400);
    uneFenetre.setLocation(0,0);
    uneFenetre.getContentPane().add(unBouton, "North");
    uneFenetre.setVisible(true);
  }
  public static void main(String[] args) {
    new Fenetre2();
  }
}
```

Fenêtre et bouton avec composition en C#

```csharp
using System;
using System.Windows.Forms;
using System.Drawing;
public class Fenetre2 {
  private Button unBouton;
  private static Form uneFenetre;

  public Fenetre2() {
    unBouton        = new Button();
    uneFenetre      = new Form();
    unBouton.Text   = "un tres gros bouton";
    uneFenetre.Text = "Essai Fenetre";
    uneFenetre.StartPosition = FormStartPosition.CenterScreen;
    uneFenetre.ClientSize = new Size(400, 400);
    uneFenetre.Controls.Add(unBouton);
    Application.Run(uneFenetre);
  }
```

```
   public static void Main() {
      new Fenetre2();
   }
}
```

Dans ces deux codes, l'héritage a été remplacé par un mécanisme de composition entre les classes. Nos deux classes principales possèdent une fenêtre plutôt qu'elles n'en héritent. Nous avons vu au chapitre 11 la mise en œuvre très semblable, surtout pour les attributs, des mécanismes d'héritage et de composition. Dans la plupart des cas où un mécanisme d'héritage utilitariste et sans légitimité sémantique est utilisé, il sera souhaitable de lui substituer une relation de composition entre les classes impliquées. L'héritage pourra toujours être remplacé par une relation de composition mais l'inverse n'est pas vrai.

Fenêtre et bouton en Python

```
from tkinter import *
class TestFenetre:
    def __init__(self,master):
        master.title("Essai Fenetre") #on intitule la fenetre
        # on la dimensionne
        frame = Canvas(master, height=400, width=400, background = "grey")


def callBack(event):
    print (event.widget.cget("text"))



root = Tk() # on lance l'application graphique
unTest = TestFenetre(root)
# on crée un bouton
unBouton = Button(root,text="un tres gros bouton")
unBouton.place(anchor="nw") # on place le bouton au nord ouest
unBouton.bind("<Button-1>",callBack) # on clique sur le bouton gauche
    # on définit ce qui se passe en appuyant sur le bouton
root.mainloop()
```

La bibliothèque graphique la plus courante avec Python est tkinter, une adaptation de la bibliothèque Tk développée à l'origine pour le langage Tcl et reprise depuis par Perl. Notez qu'il est toujours possible de récupérer les bibliothèques graphiques de Java, via l'interface Jython. Une fois importé, le module tkinter est très simple d'emploi. Créer, configurer et positionner les widgets souhaités ne présentent aucune difficulté. Après avoir créé et placé les widgets, le code appelle la fonction mainloop de tkinter, qui initie une boucle principale amenant le code à ne plus être piloté que par les événements. Le module tkinter fournit un certain nombre de widgets très simples qui couvrent l'essentiel des besoins de base de toute application GUI : Button, Checkbutton, Entry, Label, ListBox, RadioButton...

Une petite animation en C#

Comme un avant-goût des flipper et tennis en Java qui suivent, une petite entrée en matière sportive en quelque sorte, nous présentons une très simple animation codée en C#, dont le résultat à l'exécution est représentée sur la figure 20-4. Il s'agit de quatre parois entre lesquelles circulent plusieurs billes. Pour lancer une bille, il suffit de cliquer sur le bouton du haut. Chaque bille se déplace entre les parois et rebondit sur celles-ci. Chaque fois qu'une bille rebondit sur une paroi, elle prend une couleur aléatoire. Les billes rebondissent entre elles également. Le diagramme des trois classes principales est également représenté. On y voit l'interaction entre toutes les billes et les quatre parois. Le code exploite une classe présente dans les bibliotèques .Net, la même que l'on retrouvera dans le code Java du flipper. Il s'agit de la classe `Rectangle`, qui gère simplement les intersections entre les objets, ici entre les billes et les parois. En effet, cette classe possède en son sein une méthode `IntersectsWith(Rectangle)` qui renvoie `true` lorsque le rectangle en question croise celui qui lui est passé en argument. Il suffit dès lors de positionner, comme les codes à venir le font, tant les billes que les parois dans des objets de la classe `Rectangle` pour que les intersections deviennent un jeu d'enfant, à l'instar du flipper. C'est une parfaite illustration de la réutilisation d'une classe prévue à cet effet dans les bibliothèques accompagnant les langages de programmation. On s'aperçoit aussi dans le code de l'utilisation d'un multithreading, indispensable pour toute animation graphique. Chaque bille possède son propre thread qui est créé en même temps qu'elle (le thread est donc un « composite » de la bille) et qui s'occupe du déplacement de cette dernière. L'extrait de code qui suit devrait vous permettre de mieux appréhender celui du flipper que nous verrons par la suite et qui est plus complet. Les deux diagrammes de classe et de séquence qui suivent doivent vous permettre de comprendre tant l'architecture statique du code que la dynamique principale d'interaction entre les balles et les parois.

Figure 20–4
Petite animation graphique
réalisée en C# dans laquelle
des billes se baladent
en rebondissant sur les parois
et entre elles

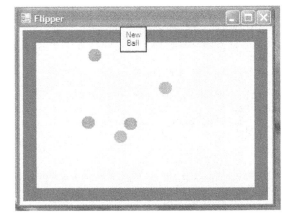

Figure 20–5
Diagramme de classes
de cette application

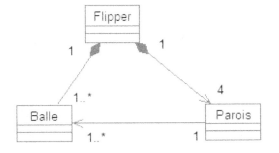

Figure 20–6
Diagramme de séquence
démarrant à partir du lancer
de la boule.

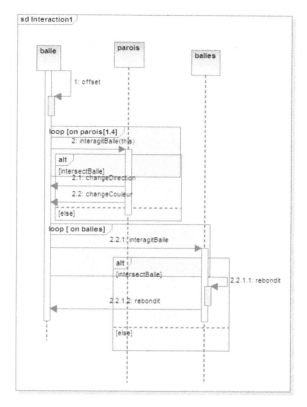

Generated by UModel   www.altova.com

Code C# de l'animation graphique

```csharp
using System;
using System.Drawing;
using System.Collections;
using System.Collections.Generic;
using System.Windows.Forms;
using System.Threading;
public class Paroi
{
    private Color c;
    private Rectangle r;
    public Paroi(int x, int y, int width, int height, Color c)
    {
        r = new Rectangle(x, y, width, height);
        this.c = c;
    }
```

```
    public void interagitBalle(Balle b)
    {
        if (r.IntersectsWith(b.getR))
          {
                b.changeDirection(r.Width > r.Height ? 'Y' : 'X');
                b.changeColor();
          }
    }
    public void dessine(Graphics g)
    {
        g.FillRectangle(new SolidBrush(c), r.X, r.Y, r.Width, r.Height);
    }
}
public class Balle
{
    private Rectangle r;
    private Color c;
    private int vitx, vity;
    private Thread t;
    private Flipper f;
    private List<Balle> lesBalles;
    private Random ran;
    public Balle(int x, int y, int vitx, int vity,
        Color c, Flipper f, List<Balle> lesBalles)
    {
        r = new Rectangle(x, y, 20, 20);
        ran = new Random();
        this.c = c;
        this.vitx = vitx;
        this.vity = vity;
        this.f = f;
        this.lesBalles = lesBalles;
        t = new Thread(tBalle);
        t.Start();
    }
    public void changeColor()
    {
        c = Color.FromArgb((int)(255 * ran.NextDouble()),
                           (int)(255 * ran.NextDouble()),
                           (int)(255 * ran.NextDouble()));
    }
    public Rectangle getR
    {
        set
        {
        }
        get
        {
            return r;
        }
    }
```

```
    public void changeDirection(char axe)
    {
        if (axe == 'X')
        {
            vitx = -vitx;
            r.X += 5 * vitx;
        }
        else
        {
            vity = -vity;
            r.Y += 5 * vity;
        }
    }
    public void rebondit()
    {
        vitx = -vitx;
        r.X += 3 * vitx;
        vity = -vity;
        r.Y += 3 * vity;
    }
    public void bouge()
    {
        r.Offset(vitx, vity);
        for (int i = 0; i < 4; i++)
        {
            f.lesParois[i].interagitBalle(this);
        }
        foreach (Balle b1 in lesBalles)
        {
            if ((this != b1) && (this.r.IntersectsWith(b1.r)))
            {
                b1.rebondit();
                rebondit();
            }
        }
    }
    public void dessine(Graphics g)
    {
        g.FillEllipse(new SolidBrush(c), r.X, r.Y,
            r.Width, r.Height);
    }
    public void tBalle()
    {
        while (true)
        {
            Thread.Sleep(10);
            bouge();
            f.Invalidate();
        }
    }
}
```

```
public class Flipper : Form
{
    public Paroi[] lesParois = new Paroi[4];
    private List<Balle> lesBalles = new List<Balle>();
    private Random ro = new Random();
    public Flipper()
    {
        Init();
    }
    private void Init()
    {
        Size = new Size(385, 310);
        this.Text = "Flipper";
        /* Les trois instructions qui suivent vous évitent un désagréable scintillement
à l'écran */
        SetStyle(ControlStyles.DoubleBuffer, true);
        SetStyle(ControlStyles.UserPaint, true);
        SetStyle(ControlStyles.AllPaintingInWmPaint, true);
        lesParois[0] = new Paroi(5, 5, 20, 250, Color.Blue);
        lesParois[1] = new Paroi(5, 5, 350, 20, Color.Blue);
        lesParois[2] = new Paroi(5, 250, 350, 20, Color.Blue);
        lesParois[3] = new Paroi(350, 5, 20, 265, Color.Blue);
        Button unBouton = new Button();
        unBouton.Text = "New Ball";
        unBouton.Size = new Size(40, 40);
        unBouton.Location = new Point(150, 0);
        unBouton.Click += new EventHandler(Handler);
        this.Controls.Add(unBouton);
    }
    protected override void OnPaint(PaintEventArgs e)
    {
        Graphics g = e.Graphics;
        for (int i = 0; i < 4; i++)
        {
            lesParois[i].dessine(g);
        }
        foreach (Balle b in lesBalles)
        {
            b.dessine(g);
        }
    }
    public void Handler(object o, EventArgs e)
    {
        lesBalles.Add(new Balle(ro.Next(150, 200), ro.Next(150, 200), 1, 1, Color.Red,
this, lesBalles));
    }
    public static void Main()
    {
        Application.Run(new Flipper());
    }
}
```

Une version simplifiée de cette même animation en Python

De sorte à ne pas heurter les aficionados de plus en plus nombreux du langage Python, voici ci-après le code dans ce langage d'une version simplifiée de la même animation, dans laquelle des petites boules rouges rebondissent sur les parois bleues. C'est de nouveau le module tkinter qui se voit largement exploité. Les boules ne rebondissent pas entre elles et ne changent jamais de couleur. Un bouton au-dessus du cadre permet de lancer de nouvelles boules au hasard. Vous remarquerez également l'absence d'une gestion explicite du multithreading par l'utilisation très simple de la fonction myLoop appelée récursivement.

Code Python de l'animation graphique

```python
from tkinter import *
import random

class Parois:
    def __init__(self, canvas, positionx, positiony, width, height):
        self.positionx = positionx
        self.positiony = positiony
        self.canvas = canvas
        self.maParois = self.canvas.create_rectangle (self.positionx,
                                                       self.positiony,
                                                       self.positionx + width,
                                                       self.positiony + height,
                                                       fill = "blue")
    def detectCollision(self, balle):
        if (((balle.positionx + 20 == self.positionx) and
            (self.positionx == 350)) or
        ((balle.positionx == self.positionx + 20) and
            (self.positionx == 20))):
            balle.vx = -balle.vx
        elif (((balle.positiony == self.positiony + 20) and
            (self.positiony == 10)) or
        ((balle.positiony == self.positiony - 20) and
            (self.positiony == 350))):
            balle.vy = -balle.vy


class Balle:
    def __init__(self, canvas):
        self.positionx = random.randint(50,200)
        self.positiony = random.randint(50,200)
        self.vx = random.randint(-1,1)
        self.vy = random.randint(-1,1)
        if (self.vy == 0 and self.vx == 0):
            self.vx = -1
        self.canvas = canvas
        self.maBalle = self.canvas.create_oval(self.positionx,
                            self.positiony,
                            self.positionx+20,
```

```
                                            self.positiony+20,
                                            fill="red" )

    def bouge(self):
        self.positionx += self.vx
        self.positiony += self.vy
        self.canvas.move(self.maBalle, self.vx,
                            self.vy)
def creeBalle():
    mesBalles.append(Balle(myCanvas))

def myLoop ():
    for b in mesBalles:
        b.bouge()
        for p in mesParois:
            p.detectCollision(b)
    fen.after(10,myLoop)

fen = Tk()

myCanvas = Canvas(fen, width=400, height=400)
mesBalles = []
mesParois = []
monBouton = Button(fen, text="Cree Balle",
                    command=creeBalle)
mesParois.append(Parois(myCanvas, 20, 10, 20, 350))
mesParois.append(Parois(myCanvas, 350, 10, 20, 350))
mesParois.append(Parois(myCanvas, 20, 10, 350, 20))
mesParois.append(Parois(myCanvas, 20, 350, 350, 20))
monBouton.pack()
myCanvas.pack()
myLoop()
fen.mainloop()
```

Retour au Flipper

La classe Obstacle est une superclasse dont héritent toutes les catégories d'obstacles. On conçoit aisément qu'un ensemble d'attributs et de méthodes leur soit commun : attributs de position, de couleur, méthodes de déplacement (pour les amener sur la partie principale du flipper), etc. Les obstacles interagissent avec la bille par un lien fort d'association ou plus faible de dépendance (si la bille est passée comme argument des méthodes).

Lorsque la bille les heurte, les obstacles doivent lui envoyer un message dont la signature est commune à tous, laBouleMeCogne() par exemple, mais dont les effets dépendent en dernier ressort de la nature de l'obstacle. En conséquence, Obstacle est la classe abstraite idéale, intégrant une méthode laBouleMeCogne() abstraite. Nous sommes en plein polymorphisme.

Toutefois, avant de consacrer davantage d'attention à ce polymorphisme, reconsidérons un instant l'existence de ce lien d'association qui unit les obstacles aux billes. Pourrait-on faire sans ? Affirmatif, car le flipper sait tout ce qu'il est nécessaire de savoir pour faire interagir les billes et les obstacles. En effet, il possède tous les référents vers les billes et les obstacles, qui lui permettent de réaliser et de gérer l'intersection entre ces deux types d'éléments. Rien ne l'interdit vraiment, le diagramme de classes s'en trouverait même allégé et nous avons dit que la pratique consistant à minimiser les interactions entre les classes (dans un souci de stabilité) est à encourager ; il n'en reste pas moins qu'il s'agirait d'une conception OO maladroite. Avant tout, dans la réalité, les obstacles ont bien une interaction directe avec la bille et, en OO, se détourner du réel, vous l'aurez compris, ça finit toujours par se payer. Supposez que vous cherchiez à récupérer la classe Obstacle dans une application tout à fait différente, un billard par exemple. Si le flipper s'était chargé de l'interaction entre les billes et les obstacles, l'obstacle, sorti du flipper, serait incapable de s'occuper d'une telle interaction.

Modularité, stabilité, évolutivité et réutilisabilité, sont les maîtres-mots de la pratique OO, contre lesquels s'inscrirait en effet la simple disparition du lien unissant les billes aux obstacles.

Plutôt que des obstacles vers les billes, le lien d'association pourrait être dirigé des billes vers les obstacles, ou même dans les deux sens. Là encore, ces autres versions possibles, tout aussi programmables que les deux précédentes, sont à déconseiller, car il est bon que les obstacles, selon leur nature, intègrent en leur sein leur gestion particulière de la bille. En revanche, la simple détection du choc entre l'obstacle et la bille pourrait être tout aussi bien codée dans la bille que dans les obstacles. Dans notre code Java, la partie de code reproduisant l'interaction entre la bille et les obstacles est reprise ci-après :

```java
public void run () {
  while (laBoule.y() < LeFlipper.hauteurDuFlipper) {
    laBoule.deplaceToi();
    for (int j=0; j<lesObstacles.size(); j++) {
      unObstacle = (ObstacleDuFlipper)lesObstacles.elementAt(j);
      if (unObstacle.croiseLaBoule(laBoule))
        unObstacle.laBouleMeCogne(laBoule);
    }
    repaint();
    try {
      sleep(100);
    } catch (InterruptedException e) { System.exit(0); }
  }
}
```

On constate que chaque obstacle possède deux méthodes d'interaction avec la bille (ici, c'est un lien de dépendance, car la bille est passée en argument de l'obstacle) : la détection de l'intersection, héritée de la classe Obstacle, et la gestion du choc, à redéfinir de manière polymorphique. Le même message de gestion du choc est envoyé à tous les éléments du vecteur d'obstacles, message dont l'exécution dépendra du type d'obstacle rencontré.

Les champignons, ressorts, trous, parois et flips sont autant de sous-classes de Obstacle. La classe ChampignonValeur se particularise en ceci qu'elle interagit avec la classe PanneauScore : l'effet du message laBouleMeCogne consiste à envoyer un message d'incrémentation de valeur au panneau de score. Les parois du flipper sont autant d'obstacles, comme les flips. Ces derniers réagissent semblablement aux parois, par un simple rebond, et donc héritent de celles-ci. Le ressort ne réagit pas exactement comme les parois car sa forme change lors du choc.

Nous allons maintenant nous intéresser plus spécifiquement à la classe ChampignonRessort qui, à la fois, fait rebondir la bille et incrémente le panneau de score. Il y a deux manières de la relier aux deux classes dont elle partage les caractéristiques, le ChampignonValeur et le Ressort. La première, sans doute la plus naturelle, serait de recourir au multihéritage, car on peut dire sans ambages que le ChampignonRessort est à la fois un ChampignonValeur et un Ressort. Malheureusement pour les praticiens du Java, du C#, ou du PHP, seuls C++ et Python autoriseraient une pareille solution. En C++, si la classe héritait des deux autres, la méthode laBouleMeCogne du ChampignonRessort s'écrirait à peu près comme suit :

```
public void laBouleMeCogne(BouleDeFlipper uneBoule) {
    ChampignonValeur ::laBouleMeCogne(uneBoule);
    Ressort ::laBouleMeCogne (uneBoule);
}
```

On appelle, l'une après l'autre, les deux méthodes laBouleMeCogne(uneBoule) héritées des deux superclasses. Comme cela est impossible en Java, C# et PHP, il reste à dire qu'un ChampignonRessort est **composé** et d'un ChampignonValeur et d'un Ressort. Ce faisant, nous restons fidèles à la réalité. Ici, comme souvent, l'héritage et la composition présentent la même légitimité et se valent parfaitement. Dans notre code, le constructeur de la classe ainsi que la méthode laBouleMeCogne() sont définis comme suit :

```
class ChampignonRessort extends ObstacleDuFlipper {
  private ChampignonDeValeur cdv;
  private Ressort rs;

  public ChampignonRessort(int x, int y, int v, PanneauDeScore unPanneau) {
    cdv = new ChampignonDeValeur(x,y,v,unPanneau);
    rs = new Ressort(x,y);
  }
  public void laBouleMeCogne(BouleDeFlipper uneBoule) {
    cdv.laBouleMeCogne(uneBoule);
    rs.laBouleMeCogne(uneBoule);
  }
}
```

Cette conception-là de la classe ChampignonRessort peut se penser et se résoudre par l'entremise du diagramme de séquence de la figure 20-7, assez fidèle somme toute à la réalité du code. On conçoit dès lors l'intérêt du diagramme de séquence qui pousse assez loin l'exploitation des diagrammes UML dans la réalisation de la partie procédurale du code, jusqu'à devenir un jour un langage de programmation à part entière. On y voit les deux boucles (la boule qui se déplace et l'interrogation sur tous les obstacles), mais surtout on y découvre comment, lorsqu'un objet ChampignonRessort reçoit le message laBouleMeCogne, il délègue ce même message sur les deux objets (ChampignonDeValeur et Ressort) qui le composent. C'est par exemple l'objet Ressort qui se chargera d'interagir avec le panneau de score.

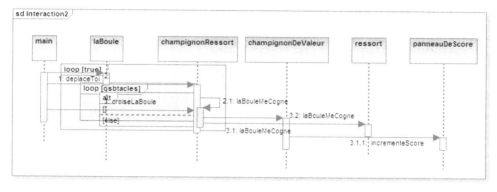

Generated by UModel   www.altova.com

Figure 20–7
Partie du diagramme de séquence de l'application Flipper

Nous proposons le code Java qui suit pour le Flipper, très largement inspiré de celui de Timothy Budd. La classe `Obstacle` a été remplacée par une interface, mais l'idée est essentiellement la même. Les versions C# et Python devraient se déduire assez facilement à partir de celle de Java.

Code Java du Flipper

```java
import java.awt.*;
import java.awt.event.*;
import java.util.*;
import java.applet.*;
import javax.swing.*;

class PanneauDeScore extends Label {
  private int score;

  PanneauDeScore() {
    this.setBackground(Color.CYAN);
    setText ("SCORE = " + score);
  }

  public void incrementerScore (int v) {
    score += v;
    setText ("SCORE = " + score);
  }

public void paint (Graphics g) {
    g.setColor(Color.MAGENTA);
    g.drawRect (0,0,100,40);
  }
}
```

```
class BouleDeFlipper {
  private Rectangle region;
  private double dx,dy;
  protected Color laCouleur;
  private double effetGravite;

  public BouleDeFlipper(int x, int y, int r) {
    region = new Rectangle (x-r,y-r,2*r,2*r);
    dx = -(400 - x)/5;
    dy = -(400 + y)/40;
    laCouleur = Color.blue;
    effetGravite = 0.3;
  }

  public void changeLaCouleur(Color nouvelleCouleur) {
    laCouleur = nouvelleCouleur;
  }

  public void changeLaVitesse (double ndx, double ndy) {
    dx = ndx;
    dy = ndy;
  }

  public int leRayon () {
    return (int)region.width/2;
  }

  public int x () {
    return region.x + leRayon();
  }

  public int y () {
    return region.y + leRayon();
  }

  public double getDX() {
    return dx;
  }

  public double getDY() {
    return dy;
  }

  public Rectangle getRegion() {
    return region;
  }

  public void deplaceToiEnXY (int x, int y) {
    region.setLocation (x,y);
  }
```

```java
  public void deplaceToi () {
    dy = dy + effetGravite;
    region.translate ((int)dx, (int)dy);
  }

  public void dessineToi (Graphics g) {
    g.setColor (laCouleur);
    g.fillOval (region.x, region.y, region.width, region.height);
  }
}

interface ObstacleDuFlipper {
  public boolean croiseLaBoule (BouleDeFlipper uneBoule);
  public void deplaceToiEn (int x, int y);
  public void dessineToi (Graphics g);
  public void laBouleMeCogne(BouleDeFlipper uneBoule);
}

class Ressort implements ObstacleDuFlipper {
  private Rectangle plateau;
  private int etat;

  public Ressort(int x, int y) {
    plateau = new Rectangle (x,y,30,3);
    etat = 1;
  }

  public void deplaceToiEn (int x, int y) {
    plateau.setLocation (x,y);
  }

  public void dessineToi(Graphics g) {
    int x = plateau.x;
    int y = plateau.y;
    g.setColor (Color.green);

    if (etat==1) { // ressort comprimé
      g.fillRect(x,y,plateau.width, plateau.height);
      g.drawLine (x, y+3, x+30, y+5);
      g.drawLine(x+30, y+5, x, y+7);
      g.drawLine(x, y+7, x+30, y+9);
      g.drawLine(x+30, y+9, x, y+11);
    }
    else { // ressort détendu
      g.fillRect(x, y-8, plateau.width, plateau.height);
      g.drawLine(x, y+5, x+30, y-1);
      g.drawLine(x+30, y-1,x,y+3);
      g.drawLine(x,y+3,x+30,y+7);
      g.drawLine(x+30,y+7,x,y+11);
```

```
      etat = 1;
    }
 }

 public boolean croiseLaBoule (BouleDeFlipper uneBoule) {
    return plateau.intersects(uneBoule.getRegion());
 }

 public void laBouleMeCogne(BouleDeFlipper uneBoule) {
     if (uneBoule.getDY() > 0) {
        uneBoule.changeLaVitesse (uneBoule.getDX(), -uneBoule.getDY());
     }

     uneBoule.changeLaVitesse (uneBoule.getDX(), uneBoule.getDY() - 0.5);
     etat = 2;
   }
 }

 class Parois implements ObstacleDuFlipper {
   protected Rectangle region;
   private Color maCouleur;

   public Parois (int x, int y, int width, int height) {
     region = new Rectangle (x, y, width, height);
     maCouleur = Color.GREEN;
   }

   public void setCouleur(Color maCouleur) {
     this.maCouleur = maCouleur;
   }

   public void deplaceToiEn (int x, int y) {
     region.setLocation (x,y);
   }

   public void dessineToi (Graphics g) {
     g.setColor (maCouleur);
     g.fillRect(region.x, region.y, region.width, region.height);
   }

   public boolean croiseLaBoule (BouleDeFlipper uneBoule) {
     return region.intersects(uneBoule.getRegion());
   }

   public void laBouleMeCogne(BouleDeFlipper uneBoule) {
     if (region.width > region.height) {
       uneBoule.changeLaVitesse(uneBoule.getDX(),
                                 -uneBoule.getDY());
     }
     else {
```

```
            uneBoule.changeLaVitesse(-uneBoule.getDX(),
                                     uneBoule.getDY());
      }
    }
  }

class Flip extends Parois {
  private int fx,fy;
  private boolean pressed;

  public Flip(int x, int y, int width, int height, int fx, int fy) {
    super(x,y,width, height);
    setCouleur(Color.black);
    this.fx = fx;
    this.fy = fy;
    pressed = false;
  }

  public void bouge() {
    if (! pressed)
    {
      int a,b;
      a = fx;
      b = fy;
      fx = region.x;
      fy = region.y;
      region.x = a;
      region.y = b;
      a = region.width;
      b = region.height;
      region.width = b;
      region.height = a;
      pressed = true;
    }
  }

  public void release() {
    if (pressed)
    {
      int a,b;
      a = fx;
      b = fy;
      fx = region.x;
      fy = region.y;
      region.x = a;
      region.y = b;
      a = region.width;
      b = region.height;
      region.width = b;
      region.height = a;
      pressed = false;
    }
  }
```

```
      }
   }

   class Trou extends BouleDeFlipper implements ObstacleDuFlipper {
      public Trou (int x, int y) {
         super (x, y, 12);
         changeLaCouleur(Color.black);
      }

      public void deplaceToiEn (int x, int y) {
         super.deplaceToiEnXY (x,y);
      }

      public boolean croiseLaBoule(BouleDeFlipper uneBoule) {
         return getRegion().intersects(uneBoule.getRegion());
      }

      public void laBouleMeCogne(BouleDeFlipper uneBoule) {
         uneBoule.deplaceToiEnXY (0, ZoneDeJeu.hauteurDuFlipper + 30);
         uneBoule.changeLaVitesse(0,0);
      }
   }

class ChampignonDeValeur extends Trou {
   private int valeur;
   private PanneauDeScore lePanneau;

   public ChampignonDeValeur(int x, int y, int valeur, PanneauDeScore lePanneau) {
      super(x,y);
      this.valeur = valeur;
      this.lePanneau = lePanneau;
      changeLaCouleur(Color.red);
   }

   public void laBouleMeCogne(BouleDeFlipper uneBoule) {
      lePanneau.incrementerScore (valeur);
   }

   public void dessineToi(Graphics g) {
      g.setColor(laCouleur);
      g.drawOval (getRegion().x, getRegion().y, getRegion().width, getRegion().height);
      String s = "" + valeur;
      g.drawString(s,getRegion().x, y() + 2);
   }
}

class ChampignonRessort implements ObstacleDuFlipper {
   private int etat;
   private ChampignonDeValeur cdv;
   private Ressort rs;
```

```
   public ChampignonRessort(int x, int y, int v, PanneauDeScore unPanneau) {
      cdv = new ChampignonDeValeur(x,y,v,unPanneau);
      rs = new Ressort(x,y);
      etat = 1;
   }

   public boolean croiseLaBoule(BouleDeFlipper uneBoule) {
       return cdv.getRegion().intersects(uneBoule.getRegion());
   }

   public void deplaceToiEn (int x, int y) {
      cdv.deplaceToiEn(x,y);
      rs.deplaceToiEn(x,y);
   }


   public void dessineToi(Graphics g) {
      cdv.dessineToi(g);
      if (etat == 2) { // le rond est en extension
        g.drawOval(cdv.getRegion().x-6,cdv.getRegion().y-2,
                   cdv.getRegion().width+8,cdv.getRegion().height+8);
        etat = 1;
      }
      else {
        g.drawOval(cdv.getRegion().x-2,cdv.getRegion().y-2,
                   cdv.getRegion().width+4,cdv.getRegion().height+4);
      }
   }

   public void laBouleMeCogne(BouleDeFlipper uneBoule) {
      cdv.laBouleMeCogne(uneBoule);
      rs.laBouleMeCogne(uneBoule);
      while (croiseLaBoule(uneBoule))
        uneBoule.deplaceToi();
      etat = 2;
   }
}

class ZoneDeJeu extends JPanel implements KeyListener {
  private ArrayList<ObstacleDuFlipper> lesObstacles;
  private ObstacleDuFlipper unObstacleEnPlus;
  private PanneauDeScore unPanneauDeScore;

  public static final int largeurDuFlipper = 400;
  public static final int hauteurDuFlipper = 400;
  public ArrayList<BouleDeFlipper> lesBoules;

  public ZoneDeJeu () {
    class LaSouris extends MouseAdapter {
      public void mousePressed(MouseEvent e) {
        int x = e.getX();
        int y = e.getY();
```

```
          if ((x > largeurDuFlipper - 40) && (y > hauteurDuFlipper - 40)) {
            BouleDeFlipper nouvelleBoule = new BouleDeFlipper (x,y,15);
            lesBoules.add(nouvelleBoule);
            Thread nouveauThread = new FlipperThread (nouvelleBoule);
            nouveauThread.start();
          }

          if (x<40) {
            switch (y/40)
            {
              case 2: unObstacleEnPlus = new Trou(0,0); break;
              case 3: unObstacleEnPlus = new ChampignonRessort
                                         (0,0,100,unPanneauDeScore); break;
              case 4: unObstacleEnPlus = new ChampignonRessort
                                         (0,0,200,unPanneauDeScore); break;
              case 5: unObstacleEnPlus = new ChampignonDeValeur(0,0,100,
                                         unPanneauDeScore); break;
              case 6: unObstacleEnPlus = new ChampignonDeValeur(0,0,200,
                                         unPanneauDeScore); break;
              case 7: unObstacleEnPlus = new Ressort(0,0); break;
              case 8: unObstacleEnPlus = new Parois(0,0,2,15); break;
            }
          }
      }

      class FlipperThread extends Thread {
        private BouleDeFlipper laBoule;

        public FlipperThread (BouleDeFlipper laBoule) {
          this.laBoule = laBoule;
        }

        public void run () {
          while (laBoule.y() < hauteurDuFlipper)
          {
            laBoule.deplaceToi();
            for (int j=0; j<lesObstacles.size(); j++)
            {
              ObstacleDuFlipper unObstacle = lesObstacles.get(j);
              if (unObstacle.croiseLaBoule(laBoule))
              {
                unObstacle.laBouleMeCogne(laBoule);
              }
            }
            repaint();
            try {sleep(100);
            } catch (InterruptedException e) {System.exit(0);}
          }
        }
      }
    }
```

```
    public void mouseReleased(MouseEvent e) {
      int x = e.getX();
      int y = e.getY();

      if ((unObstacleEnPlus != null) && (x > 50) && (y < hauteurDuFlipper - 40)) {
        unObstacleEnPlus.deplaceToiEn(x,y);
        lesObstacles.add(unObstacleEnPlus);
        repaint();
      }
    }}


    LaSouris laSouris = new LaSouris();
    addMouseListener (laSouris);

    this.setFocusable(true);
    lesBoules = new ArrayList<BouleDeFlipper>();

    System.out.println("add OK");

    addKeyListener(this);

    setBackground(Color.WHITE);
    lesObstacles = new ArrayList<ObstacleDuFlipper>();
    lesObstacles.add(new Parois(30, 50, 2, 340));
    lesObstacles.add(new Parois(30, 50, 360, 2));
    lesObstacles.add(new Parois(390, 50, 2, 340));
    lesObstacles.add(new Parois(30,390,80,2));
    lesObstacles.add(new Parois(280,390,110,2));
    lesObstacles.add(new Flip(110,390,60,4, 110, 340));
    lesObstacles.add(new Flip(250,390,60,4, 280, 340));
}

  public void keyPressed(KeyEvent evt) {
     int c = evt.getKeyCode();
     switch (c) {
       case KeyEvent.VK_LEFT :
         ((Flip)lesObstacles.get(5)).bouge();
         repaint();
         break;
       case KeyEvent.VK_RIGHT :
         ((Flip)lesObstacles.get(6)).bouge();
         repaint();
         break;
    }
  }

  public void keyReleased(KeyEvent evt) {
     int c = evt.getKeyCode();
     switch (c) {
```

```
        case KeyEvent.VK_LEFT :
          ((Flip)lesObstacles.get(5)).release();
          repaint();
          break;
        case KeyEvent.VK_RIGHT :
          ((Flip)lesObstacles.get(6)).release();
          repaint();
          break;
    }
}

public void keyTyped(KeyEvent evt) {
}

public ArrayList<ObstacleDuFlipper> getObstacles() {
    return lesObstacles;
}

public PanneauDeScore getPanneauDeScore() {
    return unPanneauDeScore;
}

public void setPanneauDeScore(PanneauDeScore panneauDeScore) {
    this.unPanneauDeScore = panneauDeScore;
}

public void paintComponent(Graphics g) {
    super.paintComponent(g);
    g.setColor (Color.yellow);
    g.fillRect (largeurDuFlipper-40, hauteurDuFlipper-40, 30, 30);
    g.setColor (Color.red);
    g.fillOval(largeurDuFlipper-40, hauteurDuFlipper-40, 30, 30);
    g.setColor (Color.black);
    g.fillOval(0,80,30,30);
    g.setColor(Color.red);
    g.drawOval (2,120,26,26);
    g.drawOval(0,118,30,30);
    g.drawString("100",2,140);
    g.drawOval (2,160,26,26);
    g.drawOval(0,158,30,30);
    g.drawString("200",2,180);
    g.drawOval(0,200,30,30);
    g.drawString("100",2,220);
    g.drawOval(0,240,30,30);
    g.drawString("200",0,260);
    g.setColor(Color.green);
    g.fillRect(0,280,30,5);
    g.drawLine(0,283,30,285);
    g.drawLine(30,285,0,287);
    g.drawLine(0,287,30,289);
    g.drawLine(30,289,0,291);
```

```
        for (int i=0; i< lesBoules.size(); i++) {
            lesBoules.get(i).dessineToi(g);
        }

        for (int i=0; i<lesObstacles.size(); i++) {
            lesObstacles.get(i).dessineToi(g);
        }
    }
}

public class LeFlipper extends JFrame {

    private ZoneDeJeu pp;

    public LeFlipper () {
        pp = new ZoneDeJeu();
        pp.setPanneauDeScore (new PanneauDeScore());
        pp.requestFocus();
        add(pp.getPanneauDeScore(), BorderLayout.NORTH);
        add(pp, BorderLayout.CENTER);
    }

    public static void main(String[] args) {
        LeFlipper m = new LeFlipper();
        m.setDefaultCloseOperation(JFrame.EXIT_ON_CLOSE);
        m.setTitle("LE FLIPPER");
        m.setSize(450, 500);
        m.setLocation(50, 50);
        m.setVisible(true);
    }
}
```

Un petit tennis

Si vous en avez assez de perdre au flipper et optez pour un sport un peu plus physique, voici, dans le même ordre idée, un petit tennis dont l'exécution du code Java est illustrée figure 20-8 et dont le diagramme de classes est représenté figure 20-9.

Il vous faudra importer deux images pour représenter la balle et les raquettes. Le polymorphisme est ici illustré par l'entremise de la méthode draw, définie comme abstract dans la superclasse ObjetGraphique, abstract elle aussi. Chaque objet apparaissant sur l'écran a sa propre manière de se dessiner et redéfinit en son sein la méthode draw. Les liens d'association sont clairement représentés sur le diagramme de classes et assez fidèles au code.

Figure 20–8
La simulation en Java
du petit tennis

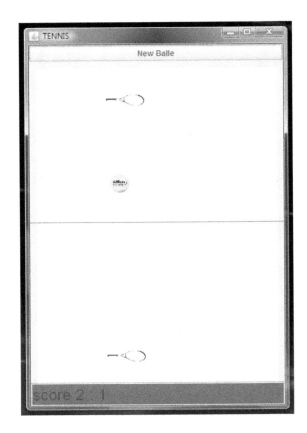

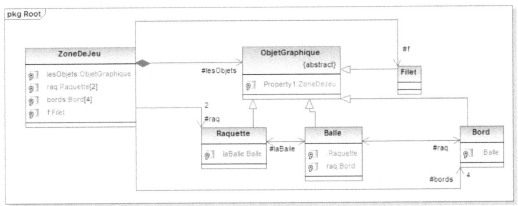

Generated by UModel   www.altova.com

Figure 20–9
Le diagramme de classes du petit tennis Java

Code Java du Tennis

```java
import java.awt.*;
import java.awt.event.*;
import javax.swing.*;
import java.util.*;
import java.net.*;

abstract class ObjetGraphique {
    abstract public void draw (Graphics g);
}

class Filet extends ObjetGraphique{
    public Filet() {}
    public void draw (Graphics g) {
        g.setColor(Color.RED);
        g.drawLine(0, 250, 400, 250);
    }
}

class Raquette extends ObjetGraphique implements KeyListener {
    private Rectangle r;
    private Balle b;
    private Image raq;
    private boolean pressed;
    private int dx;
    private ZoneDeJeu pp;
    private int score;

    public Raquette (int posx, int posy, ZoneDeJeu pp) {
        r = new Rectangle(posx, posy, 60, 20);
        URL url = getClass().getResource("Tennis_Racket.jpg");
        raq = new ImageIcon(url).getImage();
        pressed = false;
        this.pp = pp;
        pp.addKeyListener(this);
        score = 0;
        dx = 5;
    }

    public void keyPressed(KeyEvent e) {
        switch (e.getKeyCode()) {
            case KeyEvent.VK_LEFT : r.x -= dx; r.x = Math.max(r.x, 0);   break;
            case KeyEvent.VK_RIGHT: r.x += dx; r.x = Math.min(r.x, 350); break;
        }
        pp.repaint();
    }
    public void keyReleased(KeyEvent k) {
    }
    public void keyTyped(KeyEvent k) {
    }
```

```java
    public int getScore() {
        return score;
    }

    public void incrementeScore() {
        score++;
    }

    public void setBalle(Balle b) {
        this.b = b;
    }

    public void touchBalle() {
        if (r.intersects(b.getRectangle())) {
            b.changeDirectionVerticale();
        }
    }

    public void draw (Graphics g) {
        g.drawImage(raq, r.x, r.y, r.width, r.height, null);
    }
}

class Bord extends ObjetGraphique {
    private Rectangle r;
    private Balle b;
    private Raquette[] raq;

    public Bord(int posx, int posy, int width, int height, Raquette[] raq) {
        r = new Rectangle(posx, posy, width, height);
        this.raq = raq;
    }

    public void setBalle(Balle b) {
        this.b = b;
    }

    public void touchBalle() {
        if (b != null) {
            if (r.intersects (b.getRectangle())){
                if (r.width < 50) {
                    b.changeDirectionHorizontale();
                }
                else {
                    b.stopBalle();
                    if (r.y < 300)
                        raq[0].incrementeScore();
                    else raq[1].incrementeScore();
                    b = null;
                }
            }
        }
    }
```

```java
    public void draw (Graphics g) {
        g.setColor(Color.YELLOW);
        g.fillRect(r.x, r.y, r.width, r.height);
    }
}

class Balle extends ObjetGraphique {
    private int vitx, vity;
    private Rectangle r;
    private Image ball;
    private Raquette[] lesRaquettes;
    private Bord[] lesBords;

    public Balle (Raquette[] lesRaquettes, Bord[] lesBords){
        r = new Rectangle ((int) (300*Math.random()),
                            100 + (int) (200 * Math.random()),30,30);
        this.lesRaquettes = lesRaquettes;
        this.lesBords = lesBords;
        vitx = 1;
        if (Math.random() > 0.5) vity = 1;
            else vity = - 1;
        URL url = getClass().getResource("BalleTennis.jpg");
        ball = new ImageIcon(url).getImage();
    }

    public void draw (Graphics g) {
        g.drawImage(ball, r.x, r.y, r.width, r.height, null);
    }

    public Rectangle getRectangle() {
        return r;
    }

    public void stopBalle() {
        vitx = 0;
        vity = 0;
    }

    public void changeDirectionVerticale() {
        vity = -vity;
        r.y += vity;
    }

    public void changeDirectionHorizontale() {
        vitx = - vitx;
        r.x += vitx;
    }
```

```java
    public void move () {
        r.translate(vitx, vity);
        for (Raquette r : lesRaquettes) {
            r.touchBalle();
        }
        for (Bord b : lesBords) {
            b.touchBalle();
        }
    }
}

class ZoneDeJeu extends JPanel {
    private ObjetGraphique[] lesObjets = new ObjetGraphique[8];
    private Balle b;
    private Raquette raq[] = new Raquette[2];
    private Bord bords[] = new Bord[4];
    private Filet f;

    public ZoneDeJeu () {
        this.setFocusable(true);
        raq[0] = new Raquette(20, 50, this);
        lesObjets[0] = raq[0];
        raq[1] = new Raquette(20, 450, this);
        lesObjets[1] = raq[1];
        bords[0] = new Bord(0,0, 400, 10, raq);
        lesObjets[2] = bords[0];
        bords[1] = new Bord(375,0, 10, 600, raq);
        lesObjets[3] = bords[1];
        bords[2] = new Bord(0,530, 400, 10, raq);
        lesObjets[4] = bords[2];
        bords[3] = new Bord(0,0, 10, 600, raq);
        lesObjets[5] = bords[3];
        lesObjets[6] = new Filet();
    }

    public Raquette[] getRaquette() {
        return raq;
    }

    public Bord[] getBord() {
        return bords;
    }

    public Balle getBall () {
    return b;
    }

    public void setBall(Balle b) {
        this.b = b;
        lesObjets[7] = b;
    }
```

```java
    public void paintComponent(Graphics g) {
        super.paintComponent(g);
        for (ObjetGraphique o : lesObjets) {
            if (o != null) {
                o.draw(g);
            }
        }
    }
}

public class Tennis extends JFrame implements ActionListener, Runnable {
    private ZoneDeJeu pp;
    private JButton jb;
    private JTextField jtf;
    private Font fo;
    private Thread t;
    private boolean pressed;

    Tennis() {
        pp = new ZoneDeJeu();
        pp.setBackground(Color.WHITE);
        jb = new JButton("New Balle");
        jb.addActionListener(this);
        this.add(jb,BorderLayout.NORTH);
        jtf = new JTextField("score 0:0");
        jtf.setBackground(Color.red);
        jtf.setSelectedTextColor(Color.black);
        fo = new Font("sansserif", Font.PLAIN, 24);
        jtf.setFont(fo);
        this.add(jtf, BorderLayout.SOUTH);
        pp.requestFocus();
        this.add(pp, BorderLayout.CENTER);
        t = new Thread(this);
    }

    public void run() {
        while (true) {
            try {
                Thread.sleep(10);
            } catch (Exception e) {}
            if (pp.getBall() != null) {
                pp.getBall().move();
            }
            jtf.setText("score " + pp.getRaquette()[0].getScore()+" : " +
                    pp.getRaquette()[1].getScore());
            repaint();
        }
    }
```

```java
    public void actionPerformed(ActionEvent e){
        Balle b = new Balle(pp.getRaquette(), pp.getBord());
        pp.setBall(b);
        for (Raquette r : pp.getRaquette()){
            r.setBalle(b);
        }
        for (Bord bo : pp.getBord()){
            bo.setBalle(b);
        }
        pp.requestFocus();
    }

    public static void main(String[] args) {
        Tennis m = new Tennis();
        m.setDefaultCloseOperation(JFrame.EXIT_ON_CLOSE);
        m.setTitle("TENNIS");
        m.setSize(400, 600);
        m.setLocation(50, 50);
        m.setVisible(true);
        m.t.start();
    }
}
```

21

Les graphes

Ce chapitre explique la manière de coder une liste liée et un graphe d'objets, en s'inspirant des réseaux de neurones. Il aborde également la généricité en C++, Java et C#.

DOCTUS — *L'OO a inauguré tout un travail de définition des outils pour manipuler des ensembles de données, sous la forme de collections d'informations pouvant être stockées, supprimées, ordonnées, parcourues, reliées, etc.*

CANDIDUS — *Par exemple, quelle collection devrais-je choisir pour représenter un groupe d'ordinateurs ?*

DOC. — *Il ne s'agit pas seulement de faire une simple liste des machines : nous devrons prévoir d'associer à chacune la liste des autres machines auxquelles elle est connectée. Nous sommes en fait en train de réaliser un graphe.*

CAND. — *Ta démarche consiste donc à identifier la nature de notre collection…*

DOC. — *Exactement, l'architecture d'un système se construit à partir de composants dont il nous faut absolument connaître les caractéristiques. Par ailleurs, pour organiser des collections d'objets, il faudra souvent les ordonner. Comment ferais-tu ?*

CAND. — *Je développerais une méthode de comparaison entre instances, pour les comparer deux à deux.*

DOC. — *Voilà ! Et cela nous amène à une commodité du C++, celle de la généricité, qui vise à faciliter l'adaptation de ce genre de méthodes pour différentes classes d'objets. D'où l'existence des templates, ces sortes de modèles de méthodes dont le type d'objet reste à déterminer ! C'est le compilateur qui en tire ensuite une version adaptée à chaque classe. Dans les autres langages, sachant que toute classe hérite de la superclasse Object, on pourrait créer des méthodes universelles pour peu qu'elles ne manipulent que des instances de la classe Object.*

CAND. — *Oh la la ! J'imagine un jongleur à qui on lancerait trois arguments : Jongleur.play(une balle, un serpent à sonnette, un autobus) !*

DOC. — *Oui, la solution n'est pas sans risque !*

Le monde regorge de réseaux

Le monde regorge d'objets simples dans leur structure et leur comportement, mais connectés entre eux. Pensez d'abord à la chimie et à ses réseaux atomiques que sont les molécules, ou à ses réseaux de molécules chimiques connectées entre elles par des réactions. Pensez ensuite à la biologie et à ses nombreux réseaux : écosystèmes, réseaux de neurones, réseaux immunitaires, réseaux génétiques. Pensez également à la sociologie, l'économie, la politique, et partout vous serez confrontés à des myriades d'agents ou de simples objets, connectés entre eux par une structure de graphe.

Un graphe n'est rien d'autre, comme montré dans la figure ci-après, qu'un ensemble de nœuds connectés deux à deux par des arêtes. Nous ne nous intéresserons ici qu'aux graphes dits « non directionnels », pour lesquels le sens de l'arrête est sans importance. Un tel graphe sera également dit symétrique. Un nœud est relié à un autre, un point c'est tout. C'est par exemple le cas d'une liaison entre deux atomes dans une molécule ou de la distance entre des villes sur un itinéraire. Cependant, ce n'est pas le cas d'une synapse véhiculant un signal chimique d'un neurone à l'autre, dont l'intensité peut différer en fonction du sens. Tristement, ce n'est pas non plus forcément le cas de liaisons d'amitié entre deux personnes, dont l'intensité peut varier, là encore, selon le sens considéré. C'est la faute aux graphes.

Figure 21–1
Un graphe de 11 nœuds connectés entre eux

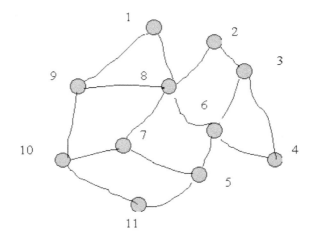

Cependant, si nous nous limitons à la seule existence de la liaison, sans nous préoccuper outre mesure de son intensité, comme nous le ferons ici, la symétrie sera une propriété intrinsèque à ces graphes. De manière très générale, nous parlerons ici de nœuds interconnectés. Chaque nœud intégré dans un graphe sera relié à un ensemble d'autres nœuds, eux-mêmes également reliés à un ensemble de nœuds, et ainsi de suite, jusqu'à constituer le graphe complet. La figure qui précède illustre un tel graphe composé de onze nœuds.

Dans le prochain chapitre, nous décrirons les molécules comme des graphes d'atomes. À cette fin, il importe de savoir comment, en programmation OO, on peut coder un graphe de la manière la plus simple et la plus flexible qui soit. Il nous faudra répondre à cette question en plusieurs étapes. Nous illustrerons ces étapes en nous référant aux réseaux de neurones.

Tout d'abord : juste un ensemble d'objets

Une question : comment représente-t-on un ensemble d'objets en programmation OO ? La manière la plus immédiate consiste à stocker cet ensemble dans un tableau. Par exemple, supposons que nous cherchions à stocker dans un tableau un ensemble de neurones, sans aucunement nous préoccuper, dans un premier temps, de la manière dont ils sont connectés. Nous commençons par définir une classe Neurone, caractérisée uniquement par un numéro et une valeur d'activation.

```
public class Neurone {
  private int activation;
  private int numero;

  public Neurone(int numero) {
    activation = 0;
    this.numero = numero;
  }
  public void donneActivation() {
    System.out.println("l'activation du neurone " + numero + " est " + activation);
  }
  public void changeActivation(int i) {
    this.activation = activation;
  }
}
```

On peut, n'importe où dans le code, créer un tableau de neurones de la manière suivante :

```
Neurone[] lesNeurones = new Neurone[100000] ;
```

Comme indiqué dans la figure qui suit, en Java ou C#, cette même écriture créera un premier objet dont le référent est lesNeurones et qui contiendra l'adresse physique d'un objet possédant, lui-même, 100 000 adresses des neurones qu'il reste à créer.

Figure 21–2
Stockage en mémoire
d'un tableau de neurones

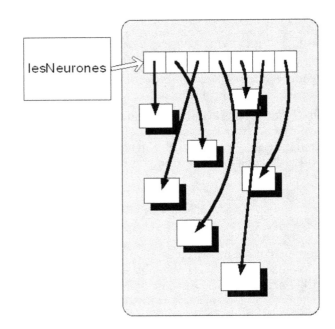

lesNeurones

Il faut noter, malgré tout, que ce tableau est typé par la classe des éléments qu'il contient. Il sera impossible par la suite de placer dans ce tableau autre chose que des neurones. Ensuite, il faut reproduire 100 000 fois l'instruction, pour chacun des neurones :

```
lesNeurones[i] = new Neurone(unNuméro) ;
```

Quand tous les objets sont installés dans un tableau, comme ici les neurones, il suffit pour accéder à l'un d'entre eux de connaître sa position dans ce tableau. Par exemple :

```
lesNeurones[5].donneActivation()
```

Dans les langages de programmation utilisant la mémoire pile pour les objets, tous les objets compris dans un tableau seront regroupés dans la mémoire. Quand des mécanismes de mémorisation plus flexibles sont à l'œuvre, tel le stockage dans la mémoire tas, les objets peuvent être totalement dispersés. Toutefois, que ce soit dans le tas ou dans la pile, l'utilisation de tableaux pour stocker un ensemble d'objets peut nuire à la flexibilité et à l'économie, car il est nécessaire de définir dès le départ la taille du tableau.

Or, il est plus que fréquent, quand on écrit et exécute un programme, de vouloir se défaire de cette obligation, en autorisant l'ajout et la suppression d'objets en cours d'exécution, sans se limiter à une taille donnée. Si vous connaissez dès le départ le nombre de joueurs sur un terrain de foot, vous ignorez en revanche le nombre de buts, de cartons jaunes ou de minutes de prolongation. Notez que les neurones sont les seules cellules à ne plus pouvoir se reproduire à partir d'un certain âge ; cette limite de taille les concerne donc un peu moins. On a vu en Java comment l'utilisation de la classe `Vector` ou `ArrayList` aide à lever cette limitation.

Quant au problème d'économie, il concerne surtout la mémoire tas, lorsque la suppression d'un petit tableau laisse un trou dans la mémoire, difficile à combler par un autre tableau de taille éventuellement plus grande. La mémoire se transforme graduellement en gruyère, maladie dont ont souffert beaucoup de disques durs il y a quelques années, eux qui sont sujets à des créations et effacements continus de fichiers de tailles fort diverses.

Liste liée

La parade que l'on a trouvée pour le stockage des fichiers dans le disque dur s'appelle une liste liée et s'applique en fait pour le stockage de n'importe quel groupe d'objets. Cela consiste à relier les objets, installés cette fois n'importe où dans la mémoire, par une liste. Aucune limitation de taille et aucune occupation massive et compacte de la mémoire ne sont à craindre. Chaque objet de la liste contiendra, non seulement l'information le concernant, mais aussi un référent pointant vers le prochain objet de la liste, comme indiqué dans la figure ci-après.

Figure 21–3

Une liste liée pour stocker un ensemble d'objets

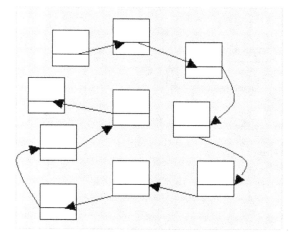

Cette liste liée sera évidemment d'autant plus utile qu'il existe un ordre d'installation entre les objets, ordre que la succession des référents reproduira facilement. En Java, la classe `LinkedList` est réalisée par ce principe de liste liée, d'où son extensibilité. Une liste liée dispense de définir une taille maximale et facilite l'ajout ou la suppression d'éléments n'importe où dans la liste.

C'est également la meilleure parade contre le gaspillage de mémoire, puisqu'elle n'exige aucun regroupement des objets à y installer. Dans le diagramme de classes suivant, apparaissent les trois classes nécessaires à la création de cette liste liée de neurones, ainsi que la manière dont ces trois classes se trouvent associées : la liste elle-même, les objets à stocker dans les éléments de la liste (ici, les neurones) et les éléments de la liste.

Chaque élément de la liste se caractérisera par un premier attribut associé à un neurone et par un second établissant, par son référent, le lien avec l'élément suivant de la liste. Cela explique les liens d'association entre la classe `ElementNeuronal`, non seulement avec la classe `Neurone`, mais surtout avec elle-même.

La liste nécessitera un premier attribut de type `ElementNeuronal`, en tant que premier neurone de la liste. Un second attribut, le neurone courant, servira à parcourir la liste. D'où les deux associations entre les classes `ListeNeuronale` et `ElementNeuronal`. La liste contiendra également quelques méthodes (nous ne les détaillerons pas toutes ici, car elles sont communes à la programmation des listes liées), pour trouver un élément de la liste, en installer un nouveau à n'importe quelle position, en supprimer un, etc.

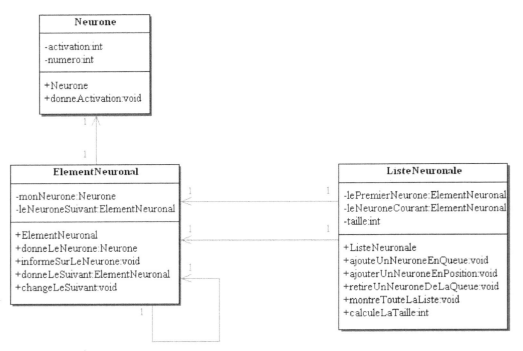

Figure 21–4
Diagramme de classes d'une liste liée

Nous indiquons ci-après les codes Java et C++ ainsi que les résultats correspondant à ce diagramme. Le code C# se retrouve très facilement à partir de Java. Ces deux codes créent une liste de quatre neurones d'activation nulle.

En Java

Fichier 1 : Neurone.java

```java
public class Neurone {
  private int activation;
  private int numero;

  public Neurone(int numero) {
    activation = 0;
    this.numero = numero;
  }

  public void donneActivation() {
    System.out.println("l'activation du neurone " + numero + " est " + activation);
  }
  public void changeActivation(int activation) {
    this.activation = activation;
  }
}
```

Fichier 2 : ElementNeuronal.java

```java
public class ElementNeuronal {
  private Neurone monNeurone;
  private ElementNeuronal leNeuroneSuivant;

  public ElementNeuronal(Neurone monNeurone, ElementNeuronal leNeuroneSuivant) {
    this.monNeurone = monNeurone;
    this.leNeuroneSuivant = leNeuroneSuivant;
  }
  public Neurone donneLeNeurone () {
    return monNeurone;
  }
  public void informeSurLeNeurone() {
    monNeurone.donneActivation();
  }
  public ElementNeuronal donneLeSuivant() {
    return leNeuroneSuivant;
  }
  public void changeLeSuivant (ElementNeuronal leNeuroneSuivant) {
    this.leNeuroneSuivant = leNeuroneSuivant;
  }
}
```

Fichier 3 : ListeNeuronale.java

```java
public class ListeNeuronale {
  private ElementNeuronal lePremierNeurone;
  private ElementNeuronal leNeuroneCourant;
  private int taille;
```

```
public ListeNeuronale(Neurone lePremierDeLaListe) {
  lePremierNeurone = new ElementNeuronal(lePremierDeLaListe,null);
  this.leNeuroneCourant = lePremierNeurone;
  taille = 1;
}
public void ajouteUnNeuroneEnQueue(Neurone leNouveauNeurone) {
  ElementNeuronal index = leNeuroneCourant;
  ElementNeuronal nouvelElement;

  while (index.donneLeSuivant() != null) {
    index = index.donneLeSuivant();
  }
  nouvelElement = new ElementNeuronal(leNouveauNeurone, null);
  index.changeLeSuivant(nouvelElement);
  leNeuroneCourant = nouvelElement;
  taille++;
}
public void ajouteUnNeuroneEnPosition (int i, Neurone leNouveauNeurone) {
  ElementNeuronal index = lePremierNeurone;
  int j = 1;
  while (++j < i) {
    index = index.donneLeSuivant();
  }
  ElementNeuronal unNouveau = new ElementNeuronal(leNouveauNeurone,
      index.donneLeSuivant());
  index.changeLeSuivant(unNouveau);
}
public void retireUnNeuroneDeLaQueue() {
  ElementNeuronal index = lePremierNeurone;

  while (index.donneLeSuivant().donneLeSuivant() != null) {
    index = index.donneLeSuivant();
  }
  index.changeLeSuivant(null);
  taille--;
}
public void montreTouteLaListe() {
  ElementNeuronal index = lePremierNeurone;
  while (index != null) {
    index.informeSurLeNeurone();
    index = index.donneLeSuivant();
  }
}
public int calculeLaTaille() {
  ElementNeuronal index = lePremierNeurone;
  taille = 0;

  while (index.donneLeSuivant() != null){
    index = index.donneLeSuivant();
    taille ++;
  }
```

```
      return taille;
   }
}
```

Fichier 4 : TestLaListeNeuronale.java

```java
public class TestLaListeNeuronale {
   public static void main(String[] args) {
     Neurone n1 = new Neurone(1);
     Neurone n2 = new Neurone(2);
     Neurone n3 = new Neurone(3);
     Neurone n4 = new Neurone(4);

     ListeNeuronale uneListe = new ListeNeuronale(n1);
     uneListe.ajouteUnNeuroneEnQueue(n2);
     uneListe.ajouteUnNeuroneEnQueue(n3);
     uneListe.ajouteUnNeuroneEnPosition(2,n4);
     uneListe.montreTouteLaListe();
   }
```

Résultat

```
l'activation du neurone 1 est 0
l'activation du neurone 4 est 0
l'activation du neurone 2 est 0
l'activation du neurone 3 est 0
```

En C++

```cpp
#include <iostream.h>
using namespace std;
class Neurone {
  private:
    int activation;
    int numero;
  public:
    Neurone(int numero){
      activation = 0;
      this->numero = numero;
    }
    void donneActivation(){
      cout << "l'activation du neurone " << numero << " est " <<
        activation << endl;
    }
    void changeActivation(int activation) {
      this->activation = activation;
    }
};
```

```
class ElementNeuronal {
  private:
    Neurone* monNeurone;
    ElementNeuronal* leNeuroneSuivant;
  public:
    ElementNeuronal(Neurone* monNeurone, ElementNeuronal* leNeuroneSuivant)
    {
      this->monNeurone = monNeurone;
      this->leNeuroneSuivant = leNeuroneSuivant;
    }
    Neurone* donneLeNeurone (){
      return monNeurone;
    }
    void informeSurLeNeurone(){
      monNeurone->donneActivation();
    }
    ElementNeuronal* donneLeSuivant(){
      return leNeuroneSuivant;
    }
    void changeLeSuivant (ElementNeuronal* leNeuroneSuivant){
      this->leNeuroneSuivant = leNeuroneSuivant;
    }
};
class ListeNeuronale{
  private:
    ElementNeuronal* lePremierNeurone;
    ElementNeuronal* leNeuroneCourant;
    int taille;
  public:
    ListeNeuronale(Neurone* lePremierDeLaListe){
      lePremierNeurone = new ElementNeuronal(lePremierDeLaListe, NULL);
      this->leNeuroneCourant = lePremierNeurone;
      taille = 1;
    }
    void ajouteUnNeuroneEnQueue(Neurone* leNouveauNeurone){
      ElementNeuronal* index = leNeuroneCourant;
      ElementNeuronal* nouvelElement;
      while (index -> donneLeSuivant() != NULL)
        index = index->donneLeSuivant();
      nouvelElement = new ElementNeuronal(leNouveauNeurone, NULL);
      index->changeLeSuivant(nouvelElement);
      leNeuroneCourant = nouvelElement;
      taille++;
    }
    void ajouteUnNeuroneEnPosition (int i, Neurone* leNouveauNeurone){
      ElementNeuronal* index = lePremierNeurone;
      int j = 1;
      while (++j < i)
        index = index->donneLeSuivant();
      ElementNeuronal* unNouveau = new ElementNeuronal(leNouveauNeurone,
                                                index->donneLeSuivant());
      index->changeLeSuivant(unNouveau);
    }
```

```
    void retireUnNeuroneDeLaQueue(){
      ElementNeuronal* index = lePremierNeurone;
      while (index->donneLeSuivant()->donneLeSuivant() != NULL)
        index ->donneLeSuivant()->donneLeSuivant();
      index->changeLeSuivant(NULL);
      taille--;
    }
    void montreTouteLaListe(){
      ElementNeuronal* index = lePremierNeurone;
      while (index != NULL) {
        index->informeSurLeNeurone();
        index = index->donneLeSuivant();
      }
    }
    int calculeLaTaille(){
      ElementNeuronal* index = lePremierNeurone;
      taille = 0;
      while (index->donneLeSuivant() != NULL) {
        index = index->donneLeSuivant();
        taille ++;
      }
      return taille;
    }
};
int main(int argc, char* argv[]) {
  Neurone n1(1);
  Neurone n2(2);
  Neurone n3(3);
  Neurone n4(4);
  ListeNeuronale uneListe(&n1);
  uneListe.ajouteUnNeuroneEnQueue(&n2);
  uneListe.ajouteUnNeuroneEnQueue(&n3);
  uneListe.ajouteUnNeuroneEnPosition(2,&n4);
  uneListe.montreTouteLaListe();
  return 0;
}
```

Résultats

```
l'activation du neurone 1 est 0
l'activation du neurone 4 est 0
l'activation du neurone 2 est 0
l'activation du neurone 3 est 0
```

La généricité en C++

Il est temps dans cet ouvrage de rendre justice à une des originalités du C++, un aspect syntaxique qui lui a longtemps été propre et que son concepteur Bjarne Stroustrup, et pour cause, s'évertua à considérer comme un élément indispensable aux langages informatiques, et dans lequel il a vu pendant des années l'indéniable supériorité de sa créature sur tous les nouveaux venus. En effet, jusque récemment, tant Java que C# avaient préféré faire l'impasse sur ce mécanisme (la situation a depuis grandement évolué, comme nous le verrons dans le prochain chapitre). La raison invoquée par les langages qui refusaient de l'intégrer était de préserver ainsi une facilité d'utilisation et de mise en œuvre que, disaient-ils, l'utilisation de la généricité compromettait.

La généricité a longtemps été mise en avant afin de maintenir C++ devant ses concurrents sur la première place du podium. Il est donc important que vous compreniez de quoi il retourne. Allons de l'avant avec la liste liée, pour introduire cette addition syntaxique, ce « supplément de généricité », également dénommé *template* en anglais et « modèle » en français.

On admettra volontiers que le mode de fonctionnement d'une liste est totalement indépendant de ce qui est contenu dans la liste. Nous l'avons vu, une liste est un mode d'organisation, flexible et économique, du stockage d'un ensemble d'objets, quel que soit le type d'objet concerné. Toutes les fonctionnalités que nous avons spécifiées lors de la définition de la liste neuronale : ajouteEnQueue, ajouteEnPosition(i), retireDeLaQueue(), montreTouteLaListe, donneLaTaille() restent effectives quels que soient les objets qui y sont contenus.

De là, C++ a eu l'excellente idée de définir ces fonctionnalités sans les limiter à un type d'objet précis. Observez attentivement le code C++ ci-après et surtout comparez-le avec celui qui précède. Vous comprendrez la raison d'être de ce mécanisme original, ainsi que sa mise en œuvre.

Généricité en C++

```
template <class T> /* T est un type générique, pas forcément une classe */
class ElementListe {
  private:
    T* monElement;
    ElementListe* leElementSuivant;
  public:
    ElementListe(T* monElement, ElementListe* leElementSuivant){
      this->monElement = monElement;
      this->leElementSuivant = leElementSuivant;
    }
    T* donneLeT (){
      return monElement;
    }
    void informeSurLeElement(){
      monElement->donneActivation();
    }
    ElementListe* donneLeSuivant(){
      return leElementSuivant;
    }
    void changeLeSuivant (ElementListe* leElementSuivant) {
      this->leElementSuivant = leElementSuivant;
    }
};
```

```
template <class T>
class ListeLiee {
  private:
    ElementListe<T>* lePremierElement;
    ElementListe<T>* leElementCourant;
    int taille;
  public:
    ListeLiee(T* lePremierDeLaListe){
        lePremierElement = new ElementListe<T>(lePremierDeLaListe, NULL);
        this->leElementCourant = lePremierElement;
        taille = 1;
    }
    void ajouteUnElementEnQueue(T* leNouveauElement){
        ElementListe<T>* index = leElementCourant;
        ElementListe<T>* nouvelElement;
        while (index -> donneLeSuivant() != NULL)
          index = index->donneLeSuivant();
        nouvelElement = new ElementListe<T>(leNouveauElement, NULL);
        index->changeLeSuivant(nouvelElement);
        leElementCourant = nouvelElement;
        taille++;
    }
    void ajouteUnElementEnPosition (int i, T* leNouveauElement) {
        ElementListe<T>* index = lePremierElement;
        int j = 1;
        while (++j < i)
          index = index->donneLeSuivant();
        ElementListe<T>* unNouveau = new ElementListe<T>(leNouveauElement,
            index->donneLeSuivant());
        index->changeLeSuivant(unNouveau);
    }
    void retireUnElementDeLaQueue(){
        ElementListe<T>* index = lePremierElement;
        while (index->donneLeSuivant()->donneLeSuivant() != NULL)
          index ->donneLeSuivant()->donneLeSuivant();
        index->changeLeSuivant(NULL);
        taille--;
    }
    void montreTouteLaListe() {
        ElementListe<T>* index = lePremierElement;
        while (index != NULL) {
          index->informeSurLeElement();
          index = index->donneLeSuivant();
        }
    }
    int calculeLaTaille() {
        ElementListe<T>* index = lePremierElement;
        taille = 0;
        while (index->donneLeSuivant() != NULL) {
          index = index->donneLeSuivant();
          taille ++;
        }
```

```
        return taille;
    }
};
int main(int argc, char* argv[]) {
    Neurone n1(1);
    Neurone n2(2);
    Neurone n3(3);
    Neurone n4(4);
    ListeLiee <Neurone> uneListe(&n1); /* on particularise la liste liée aux neurones */
    uneListe.ajouteUnElementEnQueue(&n2);
    uneListe.ajouteUnElementEnQueue(&n3);
    uneListe.ajouteUnElementEnPosition(2,&n4);
    uneListe.montreTouteLaListe();
    return 0;
}
```

Le résultat est le même que précédemment. Nous entamerons la description de ce code par le `main`, dans lequel nous créons une liste de neurones, mais en la déclarant comme : `ListeLiee <Neurone>`, c'est-à-dire en exploitant la classe `Template ListeLiee`, tout en la particularisant pour des objets de type `Neurone`. En observant la description des deux classes à la base de la liste liée, `ElementListe` et `ListeLiee`, nous constatons, de fait, que leur déclaration est précédée de `template <class T>`.

L'emploi du mot `class` est un peu malheureux ici, eu égard à l'utilisation de ce même mot pour la déclaration d'une classe, et puisque ce mécanisme de template fonctionne quel que soit le type (une classe ou un type prédéfini). En fait, cette instruction signifie simplement que `T` joue le rôle du type générique de l'objet, anciennement neuronal, mais que nous ne désirons plus préciser à ce stade-ci de la définition de la liste.

En comparant la version « générique » du code avec sa version « neuronale », vous constaterez que `T` a maintenant remplacé toutes les occurrences de `Neurone`. Et c'est bien ce qui permettrait de remplacer ce même `T` par `Voiture`, `Etudiant` ou `Chien`, pour autant que toutes ces classes aient été définies. En substance, pour passer de la classe `ListeNeuronale` à la classe `ListeLiee`, il nous a suffi de remplacer « neurone » par `T` ; on gagne un niveau en généricité et en abstraction.

C'est lors de la compilation que le `T` disparaît, pour être remplacé par la classe qui désire bénéficier des services de la liste liée. Il s'agit donc essentiellement d'un jeu de récriture que le compilateur opérera en traduisant, pendant une phase préalable à la traduction en binaire, le code générique en un code particularisé pour les neurones. Bien évidemment, puisque la phase de compilation est si importante dans la mise en œuvre de la généricité, les deux langages de script Python et PHP ont totalement fait l'impasse sur ce mécanisme. Un chapitre entier serait nécessaire à la description détaillée de toutes les possibilités et de toute la richesse de cet emploi des `template` (on peut d'ailleurs également définir des fonctions `template`).

Il nous importe seulement que vous ayez compris l'esprit de la chose, cette possibilité de paramétrer des classes pour que leur comportement devienne indépendant de la nature des autres classes avec lesquelles elles pourraient interagir. Les classes dites « conteneurs » comme les listes liées, les vecteurs ou les graphes, sont en effet des candidates idéales pour l'application de cette pratique. Il est possible en UML de représenter le lien qui unit la liste liée template à une instanciation particulière (ici neuronale).

Figure 21–5
En UML, la classe ListeLiee générique et sa particularisation neuronale

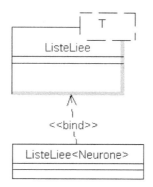

La généricité en Java et C#

Une telle généricité est-elle également possible en Java ou en C# ? Oui. Toutefois, jusqu'à la version 1.4 de Java et dans les premières versions de C#, il fallait pour ce faire recourir à l'héritage et à la classe Object. En effet, cette classe est idéale pour prendre la place des objets auxquels la liste générique s'applique. La classe Object que nous avons détaillée au chapitre 14 sert à cela : intervenir quand on s'intéresse à des fonctionnalités universelles, communes à tous les objets.

En effet, en programmant le fonctionnement de la liste comme agissant sur la classe Object, il suffit, afin de récupérer ces mêmes fonctionnalités pour une classe plus spécifique, de procéder à quelques castings. Le code qui suit illustre l'utilisation de la classe Vector pour réaliser un « Vector de neurones ». Vector est un type de liste liée prédéfinie en Java, mais nous pourrions agir de même avec la classe ListeLiee que nous aurions programmée comme agissant sur la classe Object...

Généricité en Java

```java
import java.util.*;
class VectorNeurone {
  private Vector unVecteur;

  public VectorNeurone() {
    unVecteur = new Vector();
  }
  public void ajouteUnNeuroneEnQueue(Neurone unNeurone) {
    unVecteur.addElement(unNeurone);
  }
  public void afficherLeNeuroneI(int i) {
    ((Neurone)unVecteur.elementAt(i)).donneActivation();
       /* Casting malheureusement indispensable */
  }
  public void montreToutLeVecteur() {
    for (int i=0; i<unVecteur.size(); i++)
```

```
((Neurone)unVecteur.elementAt(i)).donneActivation();
  }
}
```

Toute utilisation de casting est une porte ouverte à des plantages n'ayant cours que pendant l'exécution. Quand on sait que Stroustrup est allergique à l'utilisation des castings, obligatoire ici car un `Vector` Java concerne des `Object` et non pas des neurones, on comprend pourquoi il privilégiait sa pratique à celle de Java ou de C#. En clair, pour les amoureux des « typages forts », C++ offrait la meilleure solution (mais question lisibilité et compréhension du code, cela pouvait sembler discutable…).

Depuis, la situation a nettement évolué car les versions les plus récentes de Java (depuis la 1.5) et de C# (depuis la deuxième) ont décidé d'inclure un mécanisme de généricité, totalement inspiré de celui du C++. Il permet par exemple de créer un `Vector` de neurones de la façon indiquée dans le petit code qui suit (pour C# vous procédez exactement de la même manière avec la classe `List` par exemple). On constate dans ce code que tous les castings ont disparu, mais attention, dorénavant le compilateur, plus sévère encore, se fera un devoir de vérifier qu'il n'est plus possible de mettre autre chose que des « neurones » dans la liste, ou des sous-classes de ceux-ci. Finies les listes remplies de tout et n'importe quoi !

```java
import java.util.*;

class Neurone {
private int activation;
private int numero;

public Neurone(int numero) {
  activation = 0;
  this.numero = numero;
}

public void donneActivation() {
  System.out.println("l'activation du neurone " + numero + " est " + activation);
}
public void changeActivation(int activation) {
  this.activation = activation;
}
}

public class TestGenericite {

        public static void main(String[] args) {
            Vector<Neurone> mesNeurones = new Vector<Neurone>(); /* attention, nouveau
chez Java
                depuis la version 1.5 */
            mesNeurones.addElement(new Neurone(1));
            mesNeurones.elementAt(0).changeActivation(2); // plus de casting !
            mesNeurones.elementAt(0).donneActivation();
        }
}
```

Tant dans les nouvelles versions de Java que celles de C#, vous pouvez, tout comme dans le code C++ précédent, créer votre propre collection paramétrée. Ainsi, le code qui suit illustre en Java la création d'une liste liée paramétrée.

Liste paramétrée en Java

```java
import java.util.*;

interface Element {
            void donneInformation();
}

class Neurone implements Element {
  private int activation;
  private int numero;

  public Neurone(int numero) {
    activation = 0;
    this.numero = numero;
  }

  public void donneInformation() {
    System.out.println("l'activation du neurone " + numero + " est " + activation);
  }
  public void changeActivation(int activation) {
    this.activation = activation;
  }
}

class ElementListe <T extends Element> { // Attention vous devez hériter d'Element
    private T monElement;
    private ElementListe<T> leElementSuivant;

    public ElementListe(T monElement, ElementListe<T> leElementSuivant){
      this.monElement = monElement;
      this.leElementSuivant = leElementSuivant;
    }

    public T donneLeT (){
      return monElement;
    }

    public void informeSurLeElement(){
        monElement.donneInformation(); // pour pouvoir compiler cette instruction
    }

    public ElementListe<T> donneLeSuivant(){
      return leElementSuivant;
    }
```

```
        public void changeLeSuivant (ElementListe<T> leElementSuivant) {
          this.leElementSuivant = leElementSuivant;
        }
}

class ListeLiee <T extends Element> {
    private ElementListe<T> lePremierElement;
    private ElementListe<T> leElementCourant;
    private int taille;

    public ListeLiee(T lePremierDeLaListe){
      lePremierElement = new ElementListe<T>(lePremierDeLaListe, null);
      this.leElementCourant = lePremierElement;
      taille = 1;
    }

    public void ajouteUnElementEnQueue(T leNouveauElement){
      ElementListe<T> index = leElementCourant;
      ElementListe<T> nouvelElement;
      while (index.donneLeSuivant() != null)
        index = index.donneLeSuivant();
      nouvelElement = new ElementListe<T>(leNouveauElement, null);
      index.changeLeSuivant(nouvelElement);
      leElementCourant = nouvelElement;
      taille++;
    }

    public void ajouteUnElementEnPosition (int i, T leNouveauElement) {
      ElementListe<T> index = lePremierElement;
      int j = 1;
      while (++j < i)
        index = index.donneLeSuivant();
      ElementListe<T> unNouveau = new ElementListe<T>(leNouveauElement,
          index.donneLeSuivant());
      index.changeLeSuivant(unNouveau);
    }

    public void retireUnElementDeLaQueue(){
      ElementListe<T> index = lePremierElement;
      while (index.donneLeSuivant().donneLeSuivant() != null)
        index.donneLeSuivant().donneLeSuivant();
      index.changeLeSuivant(null);
      taille--;
    }

    public void montreTouteLaListe() {
      ElementListe<T> index = lePremierElement;
      while (index != null) {
        index.informeSurLeElement();
        index = index.donneLeSuivant();
      }
    }
```

```
    public int calculeLaTaille() {
      ElementListe<T> index = lePremierElement;
      taille = 0;
      while (index.donneLeSuivant() != null) {
        index = index.donneLeSuivant();
          taille ++;
      }
      return taille;
    }
}

public class TestGenericite {
          public static void main (String[] args) {
                    Neurone n1 = new Neurone(1);
                    Neurone n2 = new Neurone(2);
                    Neurone n3 = new Neurone(3);
                  Neurone n4 = new Neurone(4);
                  ListeLiee <Neurone> uneListe = new ListeLiee <Neurone>(n1);
                    /* on particularise la liste liée aux neurones */
                  uneListe.ajouteUnElementEnQueue(n2);
                  uneListe.ajouteUnElementEnQueue(n3);
                  uneListe.ajouteUnElementEnPosition(2,n4);
                  uneListe.montreTouteLaListe();
          }
}
```

Une version C# serait en tout point semblable. Notez dans ce code la présence de l'interface Element ainsi que la manière dont le type paramétré hérite de cette interface de façon à pouvoir, sans entrave, déclencher le message donneInformation sur un objet de type T. Certaines facilités d'usage du C++ disparaissent du Java, en raison de l'affectation dynamique qui caractérise son fonctionnement. En C++, T est remplacé par Neurone à la compilation et le compilateur connaît en effet les méthodes de Neurone. En Java, les classes étant clairement tenues séparées lors de la compilation, le compilateur n'a nulle idée de la classe qui se substituera à T lors de l'exécution. Il doit donc aider ce dernier à anticiper le comportement à venir du code. Il y aura lieu en Java (tout comme en C#) d'assister le compilateur en lui donnant quelques informations additionnelles sur la nature des classes qui viendront à l'exécution se substituer au paramètre T. De manière à assurer la rétrocompatibilité avec la machine virtuelle, le compilateur se borne à remplacer T par la classe Object et à caster dans la classe affectée pour toutes les opérations qui renvoient un Object. La classe Object joue donc à nouveau un rôle prépondérant dans ce mécanisme de généricité, occasionnant une occupation mémoire et un temps d'exécution bien supérieur au C++.

Autre exemple, dans le code C# qui suit, il est nécessaire de prévenir le compilateur que la classe qui remplacera T contiendra en effet un constructeur sans argument (de manière à pouvoir effectuer l'instruction new T() sans problème). Cela se fait dès la déclaration de la classe par le biais de la contrainte where T : new(). Cela n'est pas nécessaire en C++, car le compilateur aura créé la nouvelle classe en faisant les substitutions nécessaires et pourra le vérifier de lui-même. En Java comme en C#, la substitution finale s'effectue à l'exécution, d'où des préoccupations additionnelles à prendre dès la compilation qui ignore à ce stade quelle substitution va suivre.

```
using System;
class MyClass {
  public MyClass() {
  }
}
class Test<T> where T : new() {
  T obj;

  public Test() {
    // Cela fonctionne grâce à la contrainte new().
    obj = new T(); // crée un objet T
  }
}

class ConsConstraintDemo {
  public static void Main() {
    Test<MyClass> x = new Test<MyClass>();
  }
}
```

Néanmoins, l'inspiration du C++ est plus qu'évidente. C'est à nouveau le compilateur qui procède à toutes les vérifications et effectue toutes les manipulations nécessaires au bon fonctionnement de la généricité. Le code, une fois compilé, fonctionnerait avec les versions de Java et de C# antérieures à l'intégration de la généricité. Il paraît que cette compatibilité avec ses versions antérieures ne s'est pas faite sans mal en Java ; cela leur apprendra à vouloir faire simple quand on peut faire compliqué. C# a opté là encore pour une version intermédiaire entre Java et C++. La classe Object n'est nullement mise à contribution et l'affectation se fait en effet directement à l'exécution. Pour des raisons de performances, le code s'exécutera avec la véritable classe en lieu et place du paramètre.

On comprendra aussi que ces deux langages aient prévu l'utilisation générique de certaines de leurs collections comme les ArrayList dans leurs bibliothèques respectives, tout comme nous le faisons ci-dessous pour la collection ListeLiee de notre invention. Cela justifie la possibilité d'un typage explicite pour la classe Vector, comme nous l'avons fait précédemment. Pour les raisons déjà discutées sur l'absence de typage statique, cette intégration devrait rester de l'ordre de l'impossible en Python et PHP.

Voici une dernière mise en garde sur la généricité, dont les comportements pourraient parfois vous surprendre, comme dans le petit code Java suivant qui ne compilera pas :

```java
import java.util.*;

class A {}

class B extends A {}

public class GenericiteSansHeritage {
  public static void main(String[] args) {
    ArrayList<A> lesB = new ArrayList<B>(); /* impossible, le compilateur s'y oppose */
  }
}
```

Une liste générique déclarée contenir des éléments de la superclasse A ne pourra pas à l'exécution choisir de contenir des éléments de la sous-classe B, et ceci même si votre bonne compréhension de l'héritage vous incite à dire que les B sont en effet des A. Si tel était le cas, vous pourriez vous retrouver à exécuter sur des objets A des méthodes uniquement définies dans la sous-classe B. Il n'est donc pas possible de mélanger les niveaux d'héritage lors de l'installation des objets dans les collections génériques.

Généricité

L'esprit de la généricité est partagé par tous les langages OO. Il s'agit d'autoriser le codage de fonctionnalités universelles, applicables sur tout type d'objet, et de récupérer très facilement ces fonctionnalités pour un type donné. C++ l'a réalisé par un jeu d'écriture, grâce auquel le compilateur adapte un code générique à un type particulier. Lors de l'exécution, la fonctionnalité ne sera plus générique mais bien instanciée pour le type en question. En revanche, Java et C# recouraient jusqu'à présent à la classe `Object`, mais lors de l'exécution, il fallait s'assurer que le type particulier soit celui dans lequel les objets ont été castés. L'approche est plus intuitive et plus simple à mettre en œuvre, mais plus vulnérable en raison de la présence du casting. Ces deux langages proposent actuellement un mécanisme de généricité très proche de l'esprit du C++ qui résout une fois pour toutes les problèmes de casting intempestif et évite toutes les erreurs d'exécution qui peuvent en découler.

Passons aux graphes

La seule liste liée ne suffit cependant pas à coder un graphe ou un réseau de neurones car, dans une liste, chaque neurone n'est connecté qu'à son seul voisin. Comme les neurologues se plaisent à dire que l'intelligence est fortement dépendante de la richesse des connexions neuronales, il nous importe d'augmenter le QI de notre petite structure. Chaque neurone devra maintenant être connecté à un groupe de neurones. Les schémas qui vont suivre peuvent, bien évidemment, s'appliquer à n'importe quel type d'objets, connectés entre eux par une structure de graphe.

Nous les limiterons dans la suite aux seuls neurones. Pour le réseau illustré dans la figure au début du chapitre, vous envisagez probablement une première solution, extension naturelle des listes liées vues précédemment et représentée par la figure ci-après. Cette solution implique les classes indiquées dans le diagramme UML qui suit. Deux listes liées sont à considérer. La première, verticale dans la figure, liste tous les neurones, alors que la seconde, horizontale et associée à chaque nœud de la première, indique pour chacun des neurones à quels autres il est connecté (voir figures 21-6 et 21-7).

Dans le codage indiqué, chaque nœud du graphe (appelé ici nœud neuronal, qu'il faut distinguer d'élément neuronal qui s'applique aux éléments de la liste) possède trois attributs : le neurone auquel il est associé, le nœud suivant (pour coder la liste verticale de la figure 21-6) et la liste des neurones qui lui sont connectés (liste horizontale de la figure et liste liée de neurones exactement semblable à celle traitée dans le chapitre précédent). Le code Java correspondant est donné ci-après. Nous n'indiquons que les deux classes additionnelles : `NœudNeuronal` et `ReseauNeuronal`.

Figure 21–6
Réalisation d'une structure de
graphe par l'utilisation croisée
de deux listes liées

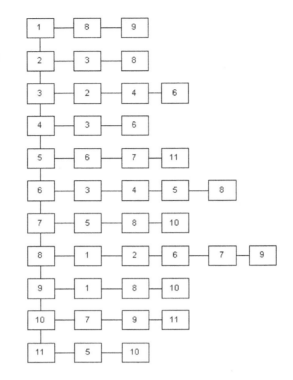

Fichier NoeudNeuronal.java

```java
public class NoeudNeuronal {
  private Neurone monNeurone;
  private ListeNeuronale mesNeuronesConnectes;
  private NoeudNeuronal leNeuroneSuivant;

  public NoeudNeuronal(Neurone monNeurone, ListeNeuronale mesNeuronesConnectes,
                       NoeudNeuronal
  leNeuroneSuivant) {
    this.monNeurone = monNeurone;
    this.mesNeuronesConnectes = mesNeuronesConnectes;
    this.leNeuroneSuivant = leNeuroneSuivant;
  }
  public Neurone donneLeNeurone () {
    return monNeurone;
  }
  public void informeSurLeNeurone() {
    monNeurone.donneActivation();
  }
  public NoeudNeuronal donneLeSuivant() {
    return leNeuroneSuivant;
  }
```

```java
  public void changeLeSuivant (NoeudNeuronal leNeuroneSuivant) {
    this.leNeuroneSuivant = leNeuroneSuivant;
  }
  public boolean etatDeLaListeConnecte() {
    if (mesNeuronesConnectes == null)
      return true;
    else
      return false;
  }
  public ListeNeuronale renvoieLaListe() {
    return mesNeuronesConnectes;
  }
  public void donneLesNeuronesConnectes() {
    if (mesNeuronesConnectes != null) {
      mesNeuronesConnectes.montreTouteLaListe();
    }
  }
  public void debuteLaListeDesConnecte (Neurone unNeurone) {
    mesNeuronesConnectes = new ListeNeuronale(unNeurone);
  }
}

Fichier ReseauNeuronal.java
public class ReseauNeuronal {
  private NoeudNeuronal leNeuroneCourant;
  private NoeudNeuronal lePremierNeurone;
  private int taille;

  public ReseauNeuronal (Neurone lePremierDuReseau) {
    lePremierNeurone = new NoeudNeuronal(lePremierDuReseau, null, null);
    this.leNeuroneCourant = lePremierNeurone;
    taille = 1;
  }
  public void ajouteUnNeuroneConnecte (Neurone leNeurone) {
    if (leNeuroneCourant.etatDeLaListeConnecte())
      leNeuroneCourant.debuteLaListeDesConnecte(leNeurone);
    else
      leNeuroneCourant.renvoieLaListe().ajouteUnNeuroneEnQueue(leNeurone);
  }
  public void ajouteUnNeuroneNonConnecte (Neurone leNeurone) {
    NoeudNeuronal unNouveauNoeud = new NoeudNeuronal(leNeurone,null,null);
    leNeuroneCourant.changeLeSuivant(unNouveauNoeud);
    leNeuroneCourant = unNouveauNoeud;
  }
  public void montreToutLeReseau() {
    NoeudNeuronal index = lePremierNeurone;
    while (index != null) {
      index.informeSurLeNeurone();
      index.donneLesNeuronesConnectes();
      index = index.donneLeSuivant();
    }
  }
}
```

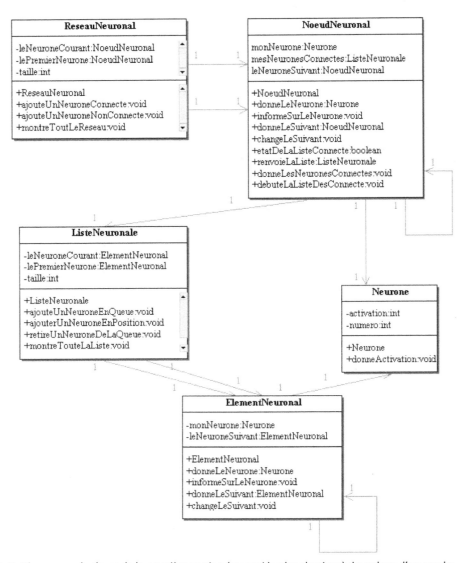

Figure 21–7 Diagramme de classe de la première version (et aussi la plus classique) du codage d'un graphe

Il serait possible également, pour coller parfaitement à la réalité des réseaux de neurones, d'ajouter dans la classe ElementNeuronal un attribut « poids synaptique », reliant le NoeudNeuronal à l'ElementNeuronal de la liste.

Bien que cette manière de coder un graphe par l'imbrication de deux listes soit très courante en informatique, nous lui préférons une autre manière, sans doute plus fidèle à la réalité que nous cherchons à reproduire. Ce nouveau codage, représenté par le dernier diagramme de classes (voir figure 21-8), associe à chaque nœud neuronal une liste de neurones connectés.

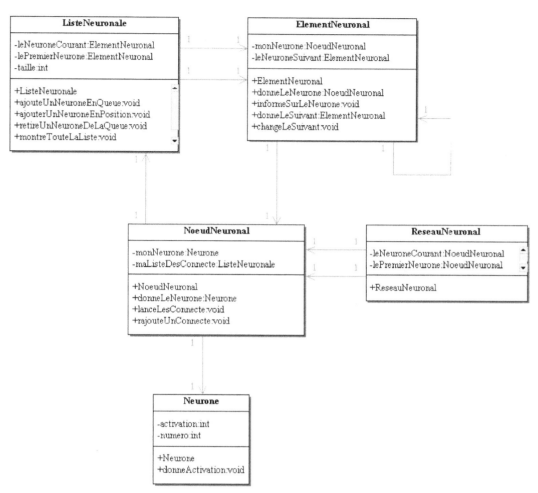

Figure 21–8 Diagramme de classes UML privilégié pour le codage d'un graphe

Cependant, à leur tour, tous les éléments de la liste pourront être connectés à une nouvelle liste. Pour ce faire, chaque élément de cette liste se trouve être également un nœud neuronal. Les trois classes NoeudNeuronal, ListeNeuronale et ElementNeuronal forment une structure fermée, qui rend compte de la nature récursive de ce codage. Un nœud neuronal se connecte à une liste, mais elle-même, à son tour, est constituée d'éléments qui sont des nœuds neuronaux. La nature récursive des graphes paraît mieux prise en compte par ce nouveau codage. C'est celui que nous privilégions pour le codage des réseaux de neurones et le même que nous retrouverons dans le chapitre suivant pour coder les molécules, comme autant de graphes d'atomes.

Exercices

Exercice 21.1

Citez quatre exemples de graphes, deux directionnels et deux symétriques.

Exercice 21.2

Expliquez en quoi le principe de la liste liée favorise l'économie et l'adaptabilité pour le stockage d'un tableau d'objets.

Exercice 21.3

Réalisez en Java le code d'une liste liée d'objets « nombre entier » (utilisant la classe Integer).

Exercice 21.4

Expliquez pourquoi en C++ le codage d'une liste liée nécessite l'utilisation d'un attribut de type pointeur.

Exercice 21.5

Expliquez pourquoi une possible solution pour le codage d'un graphe implique deux listes liées.

Exercice 21.6

Réalisez le diagramme de classes UML d'un réseau symétrique d'appareils électriques dans lequel ces appareils peuvent être de différents sous-types.

Exercice 21.7

Reprenez le dernier diagramme de classes du chapitre et insérez-y la classe Synapse qui relie deux neurones.

Exercice 21.8

Tentez de prédire ce qu'écrit à l'écran le programme C++ suivant :

```
#include <iostream>
using namespace std;
template <class T>
class Noeud {
  private:
    T valeurDuNoeud;
    Noeud<T> *unAutre;
    Noeud<T> *unAutreAutre;
  public:
    Noeud(T& valeur, Noeud<T> *unAutreNoeud=NULL, Noeud<T> *unAutreAutreNoeud=NULL):
      valeurDuNoeud(valeur),unAutre(unAutreNoeud), unAutreAutre(unAutreAutreNoeud)
    {}
    Noeud<T>* donneLautre() {
```

```
        return unAutre;
    }
    Noeud<T>* donneLautreAutre() {
      return unAutreAutre;
    }
    T donneLaValeur() {
      return valeurDuNoeud;
    }
    void metLaValeur(T& uneValeur) {
      valeurDuNoeud = uneValeur;
    }
    void attache(Noeud<T> *p){
      if (unAutre != NULL){
        p->unAutre = unAutre;
      }
      unAutre = p;
    }
    void attacheEncore(Noeud<T> *p) {
      if (unAutreAutre != NULL)
        p->unAutreAutre = unAutreAutre;
      unAutreAutre = p;
    }
    Noeud<T> *detache() {
      Noeud<T>* prochain = unAutre;
      if (prochain == NULL) return NULL;
      unAutre = prochain->unAutre;
      return prochain;
    }
    Noeud<T>* detacheEncore() {
      Noeud<T>* prochain = unAutreAutre;
      if (prochain == NULL) return NULL;
      unAutreAutre = prochain->unAutreAutre;
      return prochain;
    }
};
class Etudiant {
  private:
    char *nom;
    int cote;
  public:
    Etudiant(char* _nom, int _cote): nom(_nom),cote(_cote)
    {}
    void attribueLaCote(int _cote){
      cote = _cote;
    }
    int donneLaCote() {
      return cote;
    }
    char* donneLeNom() {
      return nom;
    }
};
```

```
int main() {
  Noeud<Etudiant> *etudiant1, *etudiant2, *etudiant3,
  *etudiant4, *etudiant5, *etudiant6,
  *etudiant7, *etudiant8, *etudiant9,
  *etudiant10;

  Etudiant *etudiantX = new Etudiant("Louis", 8);
  etudiant1 = new Noeud<Etudiant>(*etudiantX);
  etudiantX = new Etudiant("Louise",6);
  etudiant2 = new Noeud<Etudiant>(*etudiantX);
  etudiantX = new Etudiant("Juliette",7);
  etudiant3 = new Noeud<Etudiant>(*etudiantX);
  etudiantX = new Etudiant("Pascale", 6);
  etudiant4 = new Noeud<Etudiant>(*etudiantX, etudiant3, etudiant2);
  etudiantX = new Etudiant("Hugues", 5);
  etudiant5 = new Noeud<Etudiant>(*etudiantX, etudiant4);
  etudiantX = new Etudiant("Didier",2);
  etudiant6 = new Noeud<Etudiant>(*etudiantX);
  etudiant3->attache(etudiant6);
  etudiantX = new Etudiant("Jean",9);
  etudiant7 = new Noeud<Etudiant>(*etudiantX);
  etudiantX = new Etudiant("Jo",4);
  etudiant8 = new Noeud<Etudiant>(*etudiantX, etudiant7, etudiant3);
  etudiant6->attache(etudiant8);
  etudiantX = new Etudiant("Renaud", 2);
  etudiant9 = new Noeud<Etudiant>(*etudiantX, etudiant6);
  etudiantX = new Etudiant("Brigitte", 7);
  etudiant10 = new Noeud<Etudiant>(*etudiantX, etudiant5, etudiant9);
  etudiant7->attache(etudiant10);

  Noeud<Etudiant> *etudiantVoyage = etudiant4;

  for (int i=0; i<7; i++) {
    cout << etudiantVoyage->donneLaValeur().donneLaCote()<<"";
    etudiantVoyage = etudiantVoyage->donneLautre();
  }
  return 0;
}
```

Exercice 21.9

Tentez de comprendre la logique du petit programme C++ présenté ci-après et de prédire ce qu'il écrit à l'écran.

```
#include <iostream>
using namespace std;
template <class T>
class Noeud {
  private:
    T valeurNoeud;
    Noeud<T> *suivant;
```

```
  public:
    Noeud(const T& item, Noeud<T> *noeudSuivant = NULL):
      valeurNoeud(item),suivant(noeudSuivant)
    {}
    Noeud<T> *getSuivant() {
      return suivant;
    }
    T getValeur() {
      return valeurNoeud;
    }
    void setValeur(const T& item) {
      valeurNoeud = item;
    }
    void lierA(Noeud<T> *p) {
      p->suivant = suivant;
      suivant = p;
    }
    Noeud<T> *delier() {
      Noeud<T> *noeudSuit = suivant;
      if (noeudsuit = NULL)
        return NULL;
      suivant = noeudsuit->suivant;
      return noeudsuit;
    }
    void ecritLaListe(Noeud<T> *debut) {
      Noeud<T> *courant;
      courant = debut;
      while (courant != NULL) {
        cout << courant->getValeur()<<endl;
        courant = courant->getSuivant();
      }
    }
};
int main() {
  Noeud<int> *p,*q,*r;
  p = new Noeud<int> (1, NULL);
  q = new Noeud<int> (2,p);
  r = new Noeud<int> (3,q);
  p->ecritLaListe(r);
  r->lierA(p);
  r->ecritLaListe(p);
  return 0;
}
```

22

Petite chimie OO amusante

La chimie va nous servir d'exemple pour la mise en pratique des principes de l'OO. Nous l'abordons ici de façon élémentaire, de manière à convaincre le lecteur de l'intérêt de ces principes pour la réduction de la complexité inhérente à cette discipline scientifique.

DOCTUS — *À propos d'usine à gaz, je te propose de réfléchir à l'usage que tu pourrais faire d'objets simples dans un système reposant largement sur leurs interactions.*

CANDIDUS — *Je te vois venir ! C'est vrai que quand tu joues avec tes fioles et tes éprouvettes, tu ne manipules en fait que des éléments simples. Mais je n'ai jamais trouvé d'autre domaine que la chimie pour faire aussi compliqué avec si peu de choses !*

DOC. — *C'est bien ce que je te propose de remettre en question, justement. Comme tu viens de le dire, les éléments mis en jeu dans les processus chimiques peuvent, dans un premier temps, être modélisés très simplement. Si les théories sont valables et les modèles expérimentaux suffisamment élaborés, l'OO est parfaitement prête à simuler toutes les réactions chimiques imaginables.*

Pourquoi de la chimie OO ?

Chimie computationnelle

Dans ce chapitre, nous allons présenter un domaine de recherche qui se trouve au carrefour de deux disciplines : la chimie et la programmation orientée objet. Quelle drôle d'idée que celle de marier la chimie et la programmation ! À quoi cela sert-il de s'être spécialisé en programmation si, dès l'achat d'un éventuel livre qui y soit consacré, on se retrouve confronté à cette discipline exotique ?

La chimie, pour laquelle beaucoup d'étudiants n'ont pas d'atomes crochus, semble éloignée de la programmation. Détrompez-vous, et ce à plus d'un titre. D'abord, parmi les multiples sous-disciplines qui constituent ce domaine des sciences naturelles, la chimie dite computationnelle est loin d'être en reste. La simulation informatique est aujourd'hui l'unique moyen de prédire la structure géométrique des molécules, ou encore le déroulement des réactions et l'évolution des concentrations moléculaires qui en découlent.

C'est également par la voie informatique que l'on peut coder ces molécules, les extirper d'une base de données, y compris à partir d'une information très incomplète ne reprenant qu'une partie de leur structure, étudier de nouvelles configurations moléculaires et tenter de prédire leur stabilité et leurs propriétés (toute la pharmaceutique est ici concernée).

Chimie comme plate-forme didactique

Si nous nous intéressons ici à la chimie, dans un livre dédié aux principes de programmation OO, c'est que cette discipline nous semble fournir une plate-forme didactique idéale pour la présentation des mécanismes OO. À l'instar de la biologie, qui regorge d'objets en interaction, comme nous avons déjà pu l'apprécier tout au long de cet ouvrage, la chimie nous offre plusieurs catégories intéressantes d'objets, pour lesquels établir des relations et résoudre l'organisation taxonomique sont autant de précieux et très didactiques exemples. De plus, la chimie manque aujourd'hui de modélisations informatiques formalisées, qui permettraient d'assister les chimistes dans les nombreux problèmes de nomenclature et de classification qu'ils rencontrent, tant des espèces chimiques que des schémas réactionnels. L'OO, notamment par l'utilisation des diagrammes UML, permet à un chimiste, pas forcément versé dans les joies de la programmation, de participer à l'élaboration des modèles informatiques.

Une aide à la modélisation chimique

Enfin, comme une modélisation informatique n'arrive jamais seule, mais mène naturellement à l'exécution d'un programme de simulation, il n'est pas impossible que des tentatives de modélisation telles que celle introduite ici puissent contribuer (en complément à tout ce que la chimie computationnelle fournit déjà comme outils) à aider les chimistes, soit à une prédiction plus fine de certaines situations chimiques, soit, plus simplement, à la mise en évidence expérimentale de certains principes qualitatifs bien connus d'eux.

C'est un réacteur chimique que le simulateur OO présenté ici cherchera à reproduire. À partir de quelques molécules et schémas réactionnels initiaux, le simulateur permettra de suivre l'apparition de nouvelles molécules, ainsi que l'évolution dans le temps de leur concentration. Ce livre reste avant tout un livre de programmation, et n'exigera de votre part, pour comprendre ce qui suit, qu'une connaissance élémentaire de chimie.

Certains détails seront volontairement laissés sous silence, dès le moment où ils demandent quelques connaissances chimiques plus poussées, ou qu'ils nécessitent un niveau d'analyse qui dépasse la mission d'un livre d'initiation à l'OO. Il faudra sans doute, çà et là, faire un petit effort de mémoire, mais toute votre réflexion devra porter sur la mise en place de la structure OO, et en rien sur les concepts chimiques abordés.

Les diagrammes de classes du réacteur chimique

La présentation que nous allons faire de notre petite chimie OO se limitera essentiellement à exposer et discuter les diagrammes de classes UML. Cependant, toute la simulation a été réalisée en Java et nous exposerons à la fin du chapitre certains résultats obtenus en l'exécutant, pour illustrer les composants essentiels de notre programme et le fonctionnement du simulateur. Nous allons présenter dans un premier temps les classes principales constituant le simulateur. Nous montrerons également les diagrammes de classes correspondants, et ce de manière progressive. Avant tout, il sera important de séparer deux ensembles de classes distinctes, que nous pourrions placer dans deux « assemblages » distincts : d'une part, les composants chimiques et, d'autre part, les réactions chimiques.

La classe Composant_Chimique

La première classe reprend tous les composants chimiques de notre simulateur.

Figure 22–1
La classe composant chimique

Composant Chimique

-symbole:String
-identite:int
-manque:int
-concentration:int
-concentrationChange:int

+metAJourConcentration:void
+equals:void
+decroitLeManque:void
+accroitLeManque:void
+suisJeRadical:void
+ecritLeSymbole:void

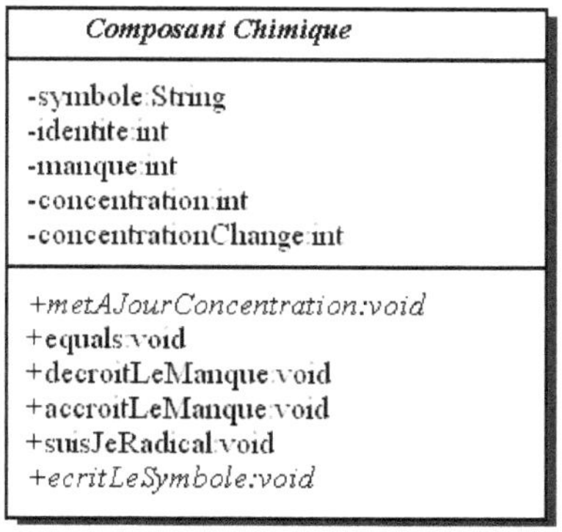

Découvrons-en les attributs :

* `symbole` : cet attribut reprend le symbole ou la formule chimique du composant. Il s'agit d'un attribut de type `String`. De façon classique, la chimie décrit ces composants comme « O2 », « H2O », « Na+ », etc., mais nous verrons dans la suite la manière plus simple et « moins chimique », que nous avons adoptée pour coder ces composants.

- `identite` : il s'agit de pouvoir identifier le composant par un index entier unique. Cet entier pourrait, dans le cas des atomes, être relié à ce qui caractérise l'atome de manière unique, comme son numéro atomique. Cet attribut joue le même rôle que la clé primaire dans une base de données. Il nous permettra également d'ordonner les atomes entre eux, lors des problèmes de canonisation que nous discuterons dans la suite.

- `manque` : cet attribut indique le nombre d'électrons dépareillés dans le composant. Dans toute molécule, les électrons se doivent d'être en couple et, quand cela n'est pas le cas, la molécule se débrouillera pour combler ce manque. En général, cet attribut ne peut prendre que trois valeurs : 0, 1 (on parle alors d'un composant radical, comme l'hydrogène) et 2 (on parle alors d'un bi-radical, comme l'oxygène). Cet attribut est important car, lors d'une réaction chimique, il se doit d'être conservé dans le passage des réactants aux produits.

- `concentration` : nous nous intéressons à la simulation de réactions chimiques, pendant lesquelles la concentration des composants chimiques varie sans cesse. La présence de cet attribut vous aide à bien comprendre que chaque objet de la classe `Composant Chimique` représente un composant donné, tel l'oxygène ou le méthane, la concentration servant à quantifier son nombre. Cette concentration varie lors de chaque réaction dans laquelle rentre ce composant. Il ne s'agit pas d'avoir, par exemple, une classe `Oxygene` ou `Methane` et un objet par molécule d'oxygène ou de méthane. Nous ne voulons pas saturer la mémoire de l'ordinateur avec une multiplication effrénée d'objets parfaitement identiques, sauf peut-être leur distribution dans l'espace, mais que de toute façon nous ne considérons pas ici.

- `concentrationChange` : à chaque pas de temps de la simulation, cet attribut reprend tous les changements subis par cette concentration. C'est cette valeur qui servira à mettre à jour la valeur de l'attribut `concentration`.

Parmi les méthodes les plus importantes, certaines s'expliquent d'elles-mêmes, comme `miseAJourConcentration()`. `ecritLeSymbole()` est une méthode abstraite qui découvre et écrit le symbole du composant, à partir de sa composition et de sa structure. Les autres méthodes sont concrètes. Une première compare deux composants entre eux à partir de leur symbole, elle renvoie `true` si les symboles sont égaux. Elle est en fait la redéfinition de la méthode `equals`, héritée de la super-superclasse `Object`, en adoptant une pratique décrite dans le chapitre 14 dédié à cette classe.

Deux méthodes s'occupent de modifier l'attribut `manque` du composant. Cette modification se produit en réalité si le composant capture ou perd un électron. Remarquons que, grâce à l'encapsulation des attributs, nous préserverons l'intégrité des molécules, en nous assurant que ces deux méthodes agissent de telle sorte que la valeur de l'attribut `manque` soit toujours 0, 1 ou 2.

Les classes Composant_Neutre et Composant_Charge

À partir de cette première superclasse abstraite (eh oui ! il n'existe pas non plus dans la nature de « composants chimiques »), deux nouvelles sous-classes en héritent, toujours abstraites, et séparent les composants chargés (ou ioniques) des composants neutres. Pour l'instant, seule l'addition de l'attribut `charge`, un entier positif ou négatif, distingue les deux sous-classes. Rien ne nous empêcherait, pour simplifier la conception, de ne rester qu'avec notre superclasse, pour laquelle l'addition de ce seul attribut permettrait de séparer les objets composants neutres (présentant une valeur nulle pour cet attribut) des objets composants chargés (présentant une valeur positive ou négative pour cet attribut).

Néanmoins, il est probable que l'existence de cette charge rende le comportement des composants chargés à ce point différent des composants neutres (par exemple, si vous les placez dans une électrode ou dans un champ électrique) que cette distinction reste utile. On se trouve devant un problème de conception qu'il est difficile à ce stade de résoudre. Y a-t-il lieu de créer ces deux sous-classes ? Seul un vrai chimiste pourrait répondre à la question.

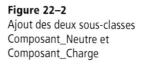

Figure 22–2
Ajout des deux sous-classes
Composant_Neutre et
Composant_Charge

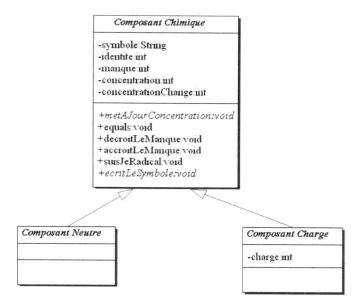

C'est là que l'on comprend tout l'intérêt de la programmation OO pour la chimie. Grâce à la vision formelle de l'héritage proposée par l'OO, le chimiste verra s'il est utile ou pas de considérer un composant ionique comme une sous-classe des composants chimiques. En tous les cas, pour nous, la question reste ouverte. La rigueur de l'OO forcera le chimiste à clarifier ses taxonomies chimiques.

Les classes Composant_Neutre et Composant_Charge vont donner lieu, chacune, à trois sous-classes. D'abord, décrivons les trois sous-classes de la première : Atome, Molecule et Groupe.

Les trois sous-classes de composants neutres

La classe Atome

Atome est une sous-classe de composant neutre, notre première sous-classe concrète. Soyez tout à fait rassurés, il existe bien des atomes dans la nature, on ne vous a pas menti. Comme nouvel attribut additionnel, nous trouvons sa valence. Chaque atome présente une tendance naturelle à remplir ou à vider sa couche électronique finale d'un certain nombre d'électrons, afin de rejoindre l'élément stable qui lui est le plus proche dans le tableau de Mendeleïev.

L'hydrogène a une valence 1, signifiant qu'il a tendance à récupérer un électron, l'oxygène 2 (d'où H_2O), le carbone 4 (d'où le méthane CH_4). Comme méthode, nous concrétisons d'abord la méthode ecritLeSymbole, qui écrit le symbole associé à l'atome et qui se limite à être un nombre entier comme nous allons le voir. Une autre méthode est héritée de l'interface `cloneable` : il s'agit de `clone`, que nous redéfinissons dans `Atome` et qui servira à dupliquer ce dernier.

L'identité de tout objet `atome` sera un nombre entier propre à chaque atome. Dans notre simulateur, pour des raisons liées à la structure computationnelle des molécules, la valeur de cette identité sera liée au numéro atomique et à la valence de l'atome. Plus cette valence sera petite, plus grande sera l'identité. Jusqu'ici, nous n'avons considéré que 5 objets `atomes`, mais, bien sûr, nous pouvons en traiter autant qu'on veut :

- un atome d'identité 1 et de valence 4 (que nous pourrions assimiler au carbone),
- un atome d'identité 2 et de valence 3 (que nous pourrions assimiler à l'azote),
- un atome d'identité 3 et de valence 2 (que nous pourrions assimiler à l'oxygène),
- un atome d'identité 4 et de valence 1 (que nous pourrions assimiler à l'hydrogène),
- un atome d'identité 5 et de valence 1 (que nous pourrions assimiler au chlore).

Pour l'atome, la valeur de l'attribut `symbole` se borne à reproduire cette même identité.

La classe Molécule

Parmi les attributs de la classe `Molecule`, nous trouvons deux tableaux : le premier reprend tous les atomes présents dans la molécule et le second, de la même dimension, reprend sous forme d'entier et pour chaque atome, le nombre de fois que ce dernier apparaît dans la molécule. Nous aurions pu stocker cette information de bien d'autres manières, mais nous restons délibérément le plus simple qui soit.

D'autres attributs référents présents dans la molécule résulteront des associations que la molécule possède avec deux autres classes, qu'ils nous reste à définir : `Liaison` et `NoeudAtomique`. Nous les définirons et les installerons plus tard dans le diagramme UML. La molécule stockera deux tableaux de liaisons : celles qui se brisent le plus facilement et celles qui s'ouvrent le plus facilement. De manière à coder la molécule comme un graphe computationnel, pareil à ceux décrits dans le chapitre précédent, il suffira qu'elle soit associée au premier nœud atomique qui la constitue.

Parmi les méthodes de la classe `Molecule`, nous trouvons un nombre très important de constructeurs. En effet, dans notre simulateur, une molécule peut apparaître de multiples façons, en fonction des réactions qui lui donnent naissance. Pour pratiquement toutes les réactions, nous devrons définir un constructeur de la molécule. Nous savons que ce qui différencie plusieurs constructeurs est le nombre ou la nature des arguments. Un exemple suffira à en justifier la multiplicité.

Une molécule peut naître d'une réaction brisant une molécule existante ou de la combinaison de deux autres molécules. Pour simplifier, dans le premier cas, le constructeur de la nouvelle molécule recevra comme argument la molécule de départ, alors que, dans le second cas, ce constructeur recevra les deux molécules de départ. Deux méthodes permettent de retrouver les liens les plus faciles à briser et à ouvrir. Deux méthodes consistent à augmenter ou diminuer la radicalité de la molécule et portent en conséquence sur l'attribut `manque`.

La classe Groupe

Un groupe atomique n'est rien d'autre qu'un assemblage d'atomes, très proche d'une molécule. Cependant, il n'est jamais une molécule en soi, mais est toujours partie intégrante d'une molécule. Il sert surtout à la caractérisation des molécules et joue un rôle important dans la définition et le type des réactions.

Figure 22–3
Ajout dans le diagramme UML des trois
sous-classes de Composant_Neutre, les
classes Atome, Molecule et Groupe

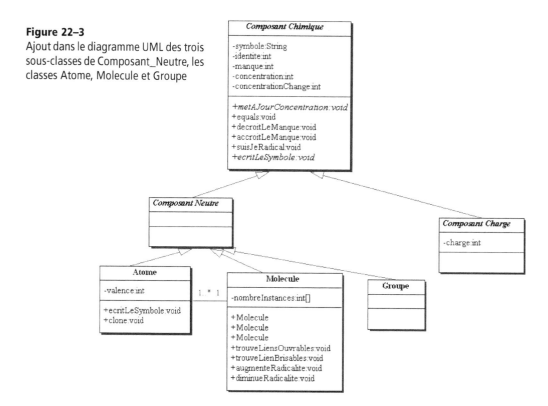

Les trois sous-classes de composants chargés

Il nous faut maintenant définir les trois sous-classes de Composant_Charge, la version chargée des trois sous-classes que nous venons d'exposer : IonAtomique, IonMoleculaire, GroupeIonique. Dans un autre langage permettant le multihéritage, comme C++, on pourrait décemment se demander pourquoi ne pas faire hériter chacune de ces classes de deux sous-classes : la classe Composant_Charge et la classe neutre correspondante.

Par exemple, la classe IonAtomique hériterait de la classe Composant_Charge et de la classe Atome. Si ce n'est pas en soi une mauvaise idée, il faudrait être toutefois très attentif à définir cet héritage comme « virtuel » (voir chapitre 11), sinon nous retrouverions deux fois la classe Composant_Chimique dans le graphe d'héritage, une fois comme superclasse de Atome et une fois comme superclasse de Composant_Charge. Or, il ne doit se retrouver qu'une seule fois dans chaque atome.

Java rend de toute façon cette solution caduque et lui substitue naturellement une solution pratiquement équivalente : la relation de composition. Ainsi un objet IonAtomique sera-t-il composé d'un objet Atome plus une charge additionnelle. Il en va de même pour les deux autres sous-classes. Le nouveau diagramme UML intégrant ces trois nouvelles classes ne devrait poser aucun problème de compréhension. Signalons juste que la redéfinition de la méthode ecritLeSymbole() se borne à reprendre le symbole du composant neutre qui lui est associé plus la charge.

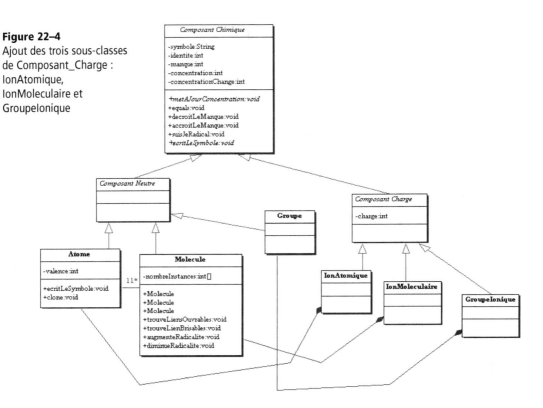

Figure 22–4
Ajout des trois sous-classes de Composant_Charge : IonAtomique, IonMoleculaire et GroupeIonique

La classe NœudAtomique

Nous allons coder les molécules comme des graphes computationnels. Nous avons vu dans le chapitre précédent que la manière la plus simple de coder un graphe est de le structurer comme un réseau de nœuds, chacun des nœuds pointant à son tour vers un tableau d'autres nœuds. Parmi les attributs de cette nouvelle classe figurera, bien entendu, l'atome constitutif de ce nœud. La classe NœudAtomique possède ainsi un lien d'association 1→1 avec la classe Atome.

Elle possède également un lien d'association 1→n avec elle-même. En outre, un nœudAtomique possède un manque et une charge comme n'importe quel composant chimique, ce qu'il n'est pas (puisqu'il est sans concentration). On supposera que la radicalité de la molécule, ainsi que sa charge, puissent incomber à un nœudAtomique particulier. Par ailleurs, chaque nœud est également associé à un tableau de liaisons, qui le connecte aux nœuds suivants dans le graphe.

Dans le simulateur, de nombreuses méthodes composent cette classe. Par simplicité, nous n'en épinglerons que quelques-unes. Par exemple, la méthode ajouteUneLiaison ajoutera sous ce nœud un lien au graphe moléculaire. Des méthodes modifient la radicalité. La méthode la plus importante est sans doute celle qui duplique le nœud, duplicate, abondamment surchargée selon la réaction chimique qui induit cette duplication. Cette méthode sera appelée quand, à l'issue d'une réaction, la molécule produite sera en partie une réplique de celle de départ. D'autres méthodes sont liées à la « canonisation » de la molécule (que nous discuterons dans la suite et qui réordonne les nœuds vers lesquels pointent chacun d'entre eux), telle la méthode qui découvre quel est le plus petit d'entre deux nœuds.

La classe NœudMoléculaire

La classe NœudMoléculaire est sans conteste la plus compliquée et la plus riche de notre simulateur, puisqu'elle est entièrement responsable du codage de toute molécule et joue un rôle phare dans le déroulement des réactions.

Chaque molécule possède un nœudAtomique que nous appellerons, par la suite, le nœud d'entrée dans le graphe moléculaire.

La classe Liaison

C'est la dernière classe des éléments structurels de notre simulateur. Elle se limite à connecter deux nœuds atomiques ensemble. Elle possède comme premier attribut le nombre de couples électroniques qui la constituent. Ainsi, dans la molécule H_2O, les deux liaisons (simples) ne possèdent chacune qu'un couple mais, dans la molécule C_2H_2, la liaison (triple) entre les deux carbones possède 3 couples. La classe possède enfin deux valeurs d'énergie : d'abord, celle nécessaire pour briser complètement la liaison et ensuite celle nécessaire pour ouvrir la liaison, c'est-à-dire pour ne « briser » qu'un des couples qui la constituent.

Comme méthode principale, elle peut accroître son nombre de couples ou le décroître. Néanmoins, ses méthodes sont pour l'essentiel reliées aux schémas réactionnels auxquels elle participe. Ainsi, la méthode echangeLiaison échange cette liaison avec une autre, lors d'une réaction que nous désignerons de « croisement ». La méthode ouvreLiaison intègre deux nouveaux nœudsAtomiques en ouvrant un des couples dont elle est constituée, lors d'une réaction que nous désignerons « d'ouverture de liaison ».

Le diagramme des classes structurelles de notre simulateur chimique est représenté ci-après dans sa version finale (voir figure 22-5 page suivante).

Le graphe moléculaire

Observez la molécule ci-après : il s'agit du butane, C_4H_{10}. Elle est composée de 4 atomes de carbone et de 10 atomes d'hydrogène. On comprend pourquoi la représentation informatique la plus naturelle de cette molécule se fait via un graphe (rappelez-vous que, dans notre simulateur, le symbole du carbone est « 1 » et celui de l'hydrogène « 4 »).

Le symbole associé à cette molécule est exactement identique à la représentation sous forme de graphe. Il s'agit de : 1(1(1(444)44)1(444)44). On retrouve bien les 4 atomes de carbone et les 10 d'hydrogène. On constate également que les valences sont bien respectées. Chacun des « 1 » est connecté à 4 autres nœuds atomiques et chacun des « 4 » à un seul.

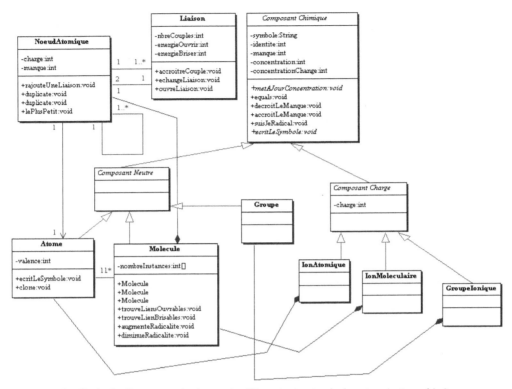

Figure 22–5 Version finale du diagramme de classes des éléments structurels de notre réacteur chimique

Figure 22–6
La molécule de butane

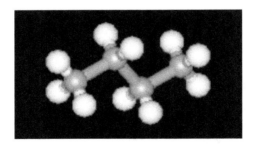

Figure 22–7
Le graphe canonisé
du butane

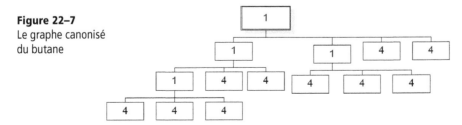

Toutefois, il est capital ici de comprendre que la structure en graphe de la molécule n'est pas aléatoire. Ce graphe est parfaitement ordonné, on dira « canonisé », afin que les symétries pouvant exister dans la façon dont les atomes sont connectés entre eux laissent la molécule inchangée. Pour le dire encore plus simplement, les molécules NaOH et HONa (que l'hydrogène soit à droite ou à gauche de l'oxygène) seront pour nous une même molécule. Nous exigeons qu'un graphe ne représente qu'une seule molécule, quel que soit l'ordre dans lequel les atomes s'y sont connectés, au fur et à mesure de leur arrivée. Ici, nous avons fait la supposition, qui fera bondir plus d'un chimiste mais qui laissera indifférent la grosse majorité des programmeurs, que l'ordre dans lequel plusieurs atomes sont connectés à un autre n'a aucune espèce d'importance.

En substance, cela revient à négliger complètement la disposition spatiale des atomes dans la molécule et à ne considérer comme déterminante que la structure de connectivité des atomes entre eux. Énoncée de manière plus chimique, cette représentation sous forme de graphe nous permet de différencier des « isomères structuraux », c'est-à-dire des molécules qui contiennent les mêmes atomes mais dont le graphe de connectivité diffère (ainsi, la molécule méthylpropane est un isomère structurel de la molécule butane). En revanche, elle ne nous permet pas de différencier des « isomères géométriques », c'est-à-dire des molécules dont le graphe de connectivité est exactement le même, mais dont la disposition géométrique des atomes est différente. Cette différenciation est pourtant fondamentale en chimie, car elle induit de nombreux effets dans les schémas réactionnels qui concernent ces molécules (et que nous négligeons donc complètement ici).

Les règles de canonisation

Voici les deux règles de canonisation que tous nos graphes moléculaires respectent :

- Tous les nœuds atomiques connectés à un noeud sont ordonnés du plus petit au plus grand.
- C'est le plus petit nœud qui sert d'entrée du graphe (en fait le nœud de départ de la molécule).

Bien évidemment, ces deux règles n'ont de sens que si l'on spécifie ce que l'on entend par le plus petit d'entre deux nœuds atomiques, ce qui n'est pas une mince affaire. L'exemple de la molécule de butane vous le fera sans doute mieux appréhender. Nous nous limiterons ici à indiquer les éléments principaux de cette comparaison.

Lorsque deux nœuds atomiques concernent deux atomes d'identités différentes, comme « 1 » et « 4 », il n'y aucun problème à déterminer le plus petit (d'où l'expression de cette identité comme un entier). Et comme vous le constaterez dans la molécule de butane, les « 4 » sont systématiquement à droite des « 1 ».

Tout cela se corse sévèrement, lorsqu'il s'agit cette fois de comparer deux nœuds atomiques dont les atomes correspondants ont la même identité, comme c'est le cas quand il s'agit d'ordonner les « 1 » dans notre molécule de butane. Nous nous limiterons à dire que cette comparaison se fait de manière récursive et en largeur et observerons d'un peu plus près notre molécule de butane.

Prenons par exemple les deux premiers « 1 » sous le « 1 » principal ; le second est plus grand que le premier car, parmi les nœuds atomiques qui lui sont connectés, il y a un « 1 » et trois « 4 », alors que, pour le premier, il y a deux « 1 » et deux « 4 ». Bien sûr, cette comparaison peut entraîner un voyage récursif dans le graphe, voyage se déroulant de nœud à nœud et de niveau à niveau. La manière dont nous avons codé le graphe, un nœud pointant sur un vecteur de nœuds, facilite grandement ce type de circulation récursive. Les programmeurs apprécieront.

La seconde règle de canonisation est également bien respectée, car le premier « 1 » du graphe, le nœud d'entrée, est en effet le plus petit de tous les nœuds, puisqu'il se connecte à deux « 1 » et deux « 4 ». Deux candidats parfaitement identiques étaient possibles pour occuper cette position stratégique ; le choix se fait arbitrairement.

Finalement, les molécules sont bien des graphes et non des arbres computationnels, dans la mesure où des cycles peuvent se rencontrer dans ces graphes, comme le fameux benzène C_6H_6, dans lequel le dernier carbone se reconnecte au premier. Dans notre simulation, la notation symbolique du benzène sera : 1[1](1(1(1(1(1[1](4)4)4)4)4)4). La présence additionnelle du [1] dans cette notation signale les deux atomes de carbone qui se relient dans le graphe.

Figure 22–8
Le graphe canonisé
du benzène

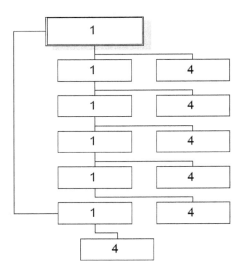

Si une deuxième fermeture se produit dans le graphe, il faudra, cette fois par la présence d'un [2], repérer les nœuds atomiques que cette fermeture concerne, et ainsi de suite, incrémentant le nombre se trouvant entre crochets. Rien de bien particulier ne différencie les graphes des arbres dans la manière dont sont codées nos molécules. La présence de ces crochets n'est due qu'à la volonté de traduire le graphe dans une notation symbolique linéaire.

Les réactions chimiques

Passons maintenant au deuxième assemblage, comprenant les classes responsables des réactions. Vingt réactions sont codées dans le simulateur. Avant de décrire plus en détail de quoi est faite la superclasse Reaction, décrivons quelques réactions chimiques typiques. Commençons par une réaction de « croisement » élémentaire.

Une première réaction de croisement

```
4(4) + 5(5) <-> {2 x} 4(5)
```

Les deux molécules de départ sont diatomiques et chaque atome n'est connecté à l'autre que par une liaison à un seul couple électronique. La réaction se produit par rupture des deux liaisons des molécules de départ et par croisement des atomes. Un exemple chimique de ce type de réaction serait : `H₂ + Cl₂ <-> 2 HCl`. Du fait de la canonisation des molécules, `5(4)` devient `4(5)`, avec pour conséquence la présence du `{2 x}`, que les chimistes appellent un coefficient stœchiométrique et qui permet de s'assurer que le même nombre d'atomes se retrouve bien à droite et à gauche de la réaction.

Vous aurez remarqué que la flèche reliant les deux parties de la réaction va dans les deux sens. En effet, les chimistes s'accordent pour dire que toutes les réactions sont symétriques, bien qu'en règle générale, elles vont beaucoup plus vite dans un sens que dans l'autre. Elles vont bien plus vite quand elles sont exothermiques et qu'elles libèrent de l'énergie, les molécules produites étant plus stables que les molécules réactantes. Néanmoins, en absorbant suffisamment d'énergie, elles peuvent se produire, plus laborieusement toutefois, en délivrant des molécules à l'arrivée plus énergétiques que les molécules de départ. De nouveau, notre description des processus est volontairement simplifiée, nous en excusant à l'avance auprès de ces praticiens. Toutes les réactions de notre simulateur seront en effet symétriques.

Une autre réaction de croisement un peu plus sophistiquée

```
1(1) + {4 x} 3(45) <-> 1(4444) + 1(3(5)3(5)3(5)3(5))
```

Ici, la liaison 1-1 (constituée de 4 couples) et la liaison 3-4 (constituée de 1 couple) se brisent toutes deux, pour former les deux nouvelles molécules. La présence du `{4 x}` est due à la valence 4 de l'atome « 1 ».

Poursuivons maintenant par un deuxième type de réaction, « ouverture de liaison ».

Une réaction d'ouverture de liaison

```
1(33) + 3(44) <-> 1(3(4)3(4)3)
```

On s'aperçoit qu'au contraire des réactions précédentes, deux réactants ne conduisent ici qu'à un seul produit. Cette réaction se produit car une des deux liaisons 1-3 (constituée de deux couples car « 1 » est de valence 4 et « 3 » est de valence 2) s'ouvre, c'est-à-dire libère un de ses couples, tandis qu'une des deux liaisons 3-4 (constituée d'un seul couple) de la seconde molécule se brise. Le « 4 » ira d'un côté de la liaison, le « 3-4 » de l'autre. La molécule résultante est bien canonisée car, entre deux nœuds de même identité atomique, le plus petit sera celui le plus fortement connecté. Ici, les deux premiers « 3 » ont deux connexions chacun, alors que le dernier n'en a qu'une.

Deux exemples de réaction de « croisement » et « d'ouverture de liaison » sont représentés dans les figures ci-après.

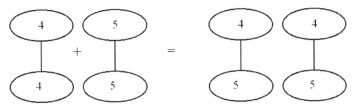

Figure 22–9 Illustration de la réaction de croisement : 4(4) + 5(5) <-> {2 ×} 4(5)

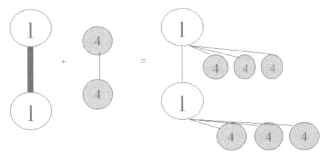

Figure 22–10 Illustration de la réaction d'ouverture de liaison : 1(1) + {3 ×} 4(4) <-> 1(1(444)444)

Bien d'autres schémas réactionnels ont été prévus dans le simulateur, y compris des réactions impliquant la nature ionique des molécules, comme les simples réactions suivantes de transfert de charge pour l'une et de type ion-molécule pour l'autre.

Réaction de transfert de charge

$1^+ + 4^- \quad <-> \quad 1^- + 4^+$

Réaction de type Ion-Molecule

$3^+ + 4(5) \quad <-> \quad 3(4)^+ + 5$

Comment est calculée la cinétique réactionnelle

Quand une réaction de type A + B -> C + D se produit, la concentration des molécules A et B va décroître, alors que celle des molécules C et D va augmenter d'autant. Dans notre simulateur, la vitesse réactionnelle K_{ABCD}, en conformité avec la théorie cinétique de la chimie, est calculée de la manière suivante :

$K_{ABCD} = \alpha exp(-E_{ABCD}/\beta T)$

α et β sont deux paramètres qui seront des attributs des objets réactionnels. Leur signification est liée à l'orientation et à la forme des molécules rentrant dans la réaction. T est la température à laquelle se déroule la réaction. Dans notre simulateur, les valeurs de ces paramètres seront fixées arbitrairement.

E_{ABCD} est l'énergie d'activation de la réaction. C'est elle qui est responsable du sens effectif de la réaction. En effet, comme la dépendance à cette valeur est exponentielle, si celle-ci est grande (la réaction doit alors franchir une grande barrière énergétique pour se réaliser), la réaction ne se produira quasiment pas. En revanche, si cette valeur est petite (la barrière énergétique à franchir est plus faible), la réaction se produira plus facilement et rapidement.

Nous calculerons E_{ABCD} de la manière qui suit. De nouveau, la démarche est quelque peu naïve au regard de la chimie, mais notre programmeur OO s'en satisfera. Chaque liaison de la molécule qui s'ouvre ou se brise est associée à une certaine énergie d'ouverture ou de rupture.

```
E_ABCD = (Σ energies des liaisons des réactants - Σ énergies des liaisons
des produits) + Δ        si la difference est positive
E_ABCD = Δ                       si la difference est négative ou nulle
```

Δ est un paramètre arbitraire, fixé dans le simulateur. La différence s'opère entre la somme des énergies des liaisons brisées ou ouvertes dans les molécules de départ et la somme des énergies des liaisons ré-établies dans les molécules à l'arrivée. De la sorte, une réaction menant à des molécules plus stables (cette différence est négative) devra absorber beaucoup moins d'énergie, juste la barrière énergétique Δ, et se déroulera bien plus vite. En effet, la vitesse cinétique de l'évolution des concentrations est calculée comme suit :

```
d[A]/dt = d[B]/dt = - K_ABCD[A][B]
d[C]/dt = d[D]/dt = K_ABDC[A][B]
```

où la présence des crochets indique la concentration des molécules concernées. Plus E_{ABCD} est petit plus K_{ABDC} est grand et plus la réaction se déroule rapidement.

La classe Reaction

Comme vous le constaterez à partir du diagramme de classes qui va suivre, les principaux attributs de la classe `Reaction` résultent de ses relations avec la classe `Composant_Chimique` (chaque réaction est associée avec au plus quatre de ces composants, neutres ou ioniques, moléculaires ou atomiques) et la classe `Liaison` (chaque réaction est associée avec au plus quatre liaisons, celles qui se brisent dans les molécules de départ et se ré-établissent à l'arrivée). La classe possède également deux attributs réels stockant les vitesses réactionnelles dans un sens et dans l'autre. `Reaction` est une superclasse abstraite, qui donnera naissance à un ensemble de sous-classes concrètes, consistant en tous les mécanismes réactionnels simulés dans notre réacteur.

Parmi les nombreuses méthodes qui constituent cette classe, nous en considérons trois. La méthode `etablitLaReaction()` est abstraite et son rôle est de créer la réaction, dans le sens de découvrir les molécules produites, de les canoniser, de vérifier si ces molécules existent déjà ou pas et, finalement, de calculer à partir de ces dernières les vitesses réactionnelles. La méthode `executeUnPas()`, elle aussi abstraite, considère que la réaction est connue et se limite à exécuter un pas de temps de cette réaction, c'est-à-dire de simplement décroître la concentration des réactants et d'accroître la concentration des produits selon les vitesses réactionnelles.

On voit poindre la pratique du polymorphisme, car les deux messages correspondant aux deux méthodes décrites seront envoyés à tour de rôle sur un vecteur d'objets réactionnels, avec des effets différents selon la nature précise de la réaction. La méthode equals() est également redéfinie pour les réactions et sert à comparer deux réactions. Deux réactions seront en effet égales si, à partir des mêmes réactants, elles produisent les mêmes produits.

Les sous-classes de Reaction

Vingt sous-classes concrètes héritent de Reaction, comme les classes Reaction_Croisement, Reaction_Ouverture_Liaison, Reaction TransfertCharge, Reaction_IonMolecule. Pour chacune sont redéfinies les méthodes etablitLaReaction et executeUnPas. Le diagramme UML qui suit ne reprend, par souci de clarté, qu'une partie du diagramme précédent, en lui ajoutant les classes chargées des réactions.

Figure 22–11
Partie du diagramme
de classes UML indiquant
les classes Réaction

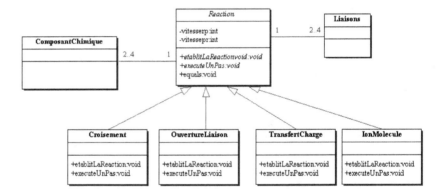

Quelques résultats du simulateur

Dans le simulateur, trois vecteurs d'objets sont importants. Le premier contient tous les composants chimiques existant dans le réacteur. Le deuxième vecteur renferme seulement les composants chimiques apparus lors de la dernière étape de la simulation. Cette séparation assure que les prochaines réactions ne se produiront qu'entre tous les éléments du premier vecteur et ceux du deuxième. Le troisième vecteur comprend tous les objets réactionnels.

À chaque étape de la simulation, on s'emploie d'abord à créer de nouvelles réactions, en essayant les différents schémas réactionnels possibles entre les composants du premier vecteur et ceux du deuxième. Enfin, on exécute un pas de simulation sur tous les objets réactionnels déjà existants. Une explosion combinatoire de nouvelles molécules se produit si on n'y prend pas garde. Nous proposons dans le simulateur plusieurs manières de l'éviter, par exemple en n'autorisant que les molécules suffisamment concentrées à participer aux réactions. De surcroît, les réactions se limitent à ne briser que les liaisons les plus faibles (c'est pour cette raison qu'on les mémorise dans la classe Molecule).

De manière à vous convaincre que ce procédé n'engendre rien d'aussi étrange qu'on pourrait initialement le craindre, nous allons montrer les résultats obtenus sur trois simulations, de complexité croissante, en démarrant ces simulations à partir de molécules initiales différentes.

Première simulation : une seule molécule produite

La première simulation démarre à partir des deux molécules 4(4) et 5(5). Une seule nouvelle molécule est créée. La figure qui suit montre l'évolution des concentrations des trois molécules concernées. La réaction est largement exothermique et la nouvelle molécule prend vite le pas sur les deux autres.

Figure 22–12
Évolution des concentrations des trois molécules participant à une réaction de croisement

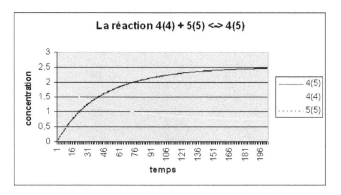

Deuxième simulation : plusieurs molécules produites

La deuxième simulation démarre à partir des deux molécules 2(2) et 4(4). Puisque l'atome « 2 » est de valence 3, de nombreuses nouvelles molécules apparaissent, par exemple :

```
2(444)
2(2(4)4)
2(2(44)2(44)2(44))
2(2(2(4))44)
2(2(44)44)
2(2(44)2(44)4)
2(2(2(4))2(2(4))2(2(4)))
2(2(2(4))2(4))
2(2(2(44)4)2(44)4)
2(2(2(2(44)))44)
```

Le profil de concentration est montré dans la figure qui suit.

Figure 22–13
Évolution des concentrations des molécules issues des deux molécules de départ : 2(2) et 4(4)

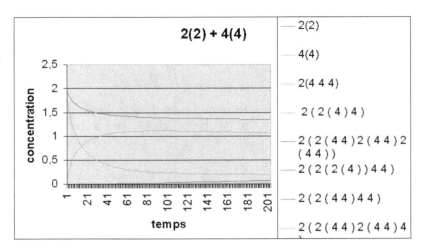

Nous mettons au défi tout chimiste de prévoir, sans recourir à ce type de simulation, comment évolueront ces concentrations et quelles seront les molécules les plus concentrées. On a toujours besoin de petits informaticiens chez soi.

Troisième simulation : De nombreuses molécules complexes produites

Finalement, dans une troisième simulation, les molécules de départ sont les suivantes :

```
1[1](1(1(1(1(1(1[1](4)4)4)4)4)4)    et    5(5)
```

La première molécule est la molécule cyclique du benzène. Là encore, une multitude de nouvelles molécules apparaissent, des molécules organiques bien connues des chimistes. Certaines de ces molécules commencent à être d'une certaine complexité, comme vous pouvez le voir. Il en va ainsi de la dernière, qui présente deux fermetures dans son graphe.

```
1[1](1(1(1(1(1(1(1(1(1(1[1](4)4)4)4)4)4)4)4)4)4)4)
```

```
1(1(1(1(45)4)4)1(1(45)4)4)
```

```
1[1](1(1(1(1(1[1](4)4)4)45)45)
```

```
1[1](1(1(1[1](4)4)4)4)
```

```
1(1(4)4)
```

```
1[1](1(1(1(1(1(1(1(1(1(1(1(1(1(1(1(1[1](4)4)4)4)4)4)4)4)4)4)4)4)4)4)4)4)
```

```
1(1(1(1(1(1(1(45)4)4)4)4)4)1(1(1(1(1(45)4)4)4)4)4)
```

```
1[1](1(1(1(1(1(1(1(1(1(1(1[1](4)4)4)4)4)4)4)4)4)45)45)
```

```
1[1](1(1(1(1(1(1(1(1(1(1(1(1(1(1(1(1(1(1(1(1(1(1[1](4)4)4)4)4)4)4)4)4)4)4)4)4)4)4)4)4
)4)4)4)4)4)4)
```

```
1[1](1(1(1(1(1(1(1(1(1[1](4)4)4)4)4)4)4)4)4)4)

1[1](1(1(1(1(1(1(1[1](4)4)4)4)4)4)4)4)

1[1](1(1(1(1(1[1](4)4)4)45)1(1(1(1(1(1(1(1(1(1(1(1(45)4)4)4)4)4)4)4)4)4)4)4)

1[1](1(1(1(1(1[1](45)4)4)45)45)45)

1[2](1[1](1(1(1(1(1[1](4)4)4)4)45)4)1(1(1(1(1[2](4)4)4)45)4)
```

Pourquoi un tel simulateur ?

Le rêve ultime qui sous-tend l'expérimentation de ce simulateur serait de pouvoir un jour reproduire la fameuse expérience de Miller qui, à partir de quelques molécules élémentaires et de quelques stimulations énergétiques (l'idée était de reproduire dans son réacteur une espèce de soupe pré-biotique et une atmosphère primitive), avait découvert en ouvrant sa boîte de Pandore des molécules étonnamment complexes et de premiers acides aminés. On était encore à mille lieues de l'ADN, mais de nombreux chimistes et biologistes s'étaient émus de découvrir la complexité atteinte par ce processus pourtant élémentaire et aléatoire, comme si toute la richesse du vivant pouvait s'obtenir, au départ, à partir de trois fois rien.

La simulation immunologique en OO ?

Petite introduction au fonctionnement du système immunitaire

Lorsqu'un virus, microbe ou autre nuisance (que les immunologistes généralisent sous le nom « d'antigène ») s'égare à l'intérieur de nos organismes, toute une batterie de défense cellulaire se met en branle afin de contrer et éliminer l'intrus. Au risque de simplifier abusivement (le but étant de sensibiliser le lecteur à l'adéquation de l'OO pour la biologie plus qu'à la biologie elle-même), voici quelques éléments descriptifs très introductifs. Les cellules immunitaires, principalement les lymphocytes T ou B, déploient différentes stratégies de défense : certaines (les lymphocytes B) produisent des anticorps qui s'accrochent à l'intrus afin de le neutraliser, alors que d'autres (les lymphocytes T) se chargent directement de cette élimination. Il faut pour cela qu'elles aient détecté et « reconnu » l'antigène. Pour ce faire, les lymphocytes nécessitent un ensemble d'autres types cellulaires pour les assister dans leur tâche. Par exemple, l'antigène devra être présenté aux lymphocytes en question par des cellules dites « présentatrices d'antigènes » afin que ces lymphocytes passent de l'état « naïf » à un état « excité » et déclenchent leur réponse à l'intrus. Ces lymphocytes requièrent souvent la présence d'un deuxième signal, envoyé par un autre type cellulaire, en vue de déclencher cette réponse. Enfin, une fois l'élimination accomplie, les cellules qui en sont responsables rentrent dans un nouvel état dit « mémoire », qui leur permet de subsister plutôt que disparaître naturellement. Elles assurent ainsi une nouvelle réponse, encore plus intense, si d'aventure le même antigène se représente (c'est le principe des vaccins : ils stimulent la fabrication de ces cellules mémoires à partir d'un antigène mis hors d'état de nuire).

L'immense diversité des acteurs cellulaires et la succession des différents états dans lesquels chacun peut se trouver selon qu'il rencontre ou non l'antigène ou qu'il soit sollicité ou non par un partenaire cellulaire, rendent indispensable un mode de programmation capable d'intégrer et de maîtriser cette complexité. L'OO devrait, une fois encore, vous apparaître comme la voie naturelle de prise en compte informatique de ce secteur des sciences.

Basons-nous, par exemple, sur deux petits extraits d'un traité d'immunologie de Janeway, devenu un ouvrage classique que tous les étudiants en médecine ou biologie ont sans doute rencontré au moins une fois dans leur vie :

« L'activation due à la rencontre de l'antigène avec les cellules effectrices T est assistée par des co-récepteurs présents sur les surfaces de ces cellules T. Ces récepteurs sont capables de faire la différence entre deux classes de molécules MHC : les cellules T cytotoxiques expriment sur leur surface le co-récepteur CD8 qui se lie à la molécule MHC de classe I, tandis que les cellules T qui portent sur leur surface le co-récepteur CD4 ne peuvent reconnaître que la molécule MHC de classe II. »

Il serait si simple, et certainement plus clair, de remplacer ce texte par le diagramme de classes qui suit, dont l'objectif est d'exprimer exactement la même connaissance, mais cette fois à l'aide d'un petit dessin.

Figure 22–14
Traduction dans un diagramme de classes du premier extrait d'immunologie

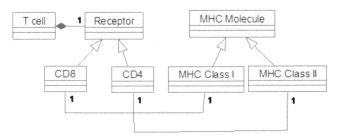

Voici un autre extrait :

« Les cellules T sont activées et se transforment en cellules T effectrices lorsqu'elles rencontrent leur antigène spécifique sous forme d'un peptide qui leur est présenté par la molécule MHC installée sur la surface d'une cellule présentatrice d'antigène activée (APC). Les plus importantes APC sont les très spécialisées cellules dendritiques... Des macrophages peuvent également être activés afin d'exprimer sur leur surface l'antigène, mais à partir cette fois des molécules MHC de classe II... Les cellules lymphocytes B peuvent également jouer le rôle d'APC dans certaines circonstances. »

Un diagramme de classes pourrait à nouveau faire l'affaire pour traduire cette connaissance sous une forme plus synthétique.

Figure 22–15
Traduction dans un diagramme de classes du deuxième extrait d'immunologie

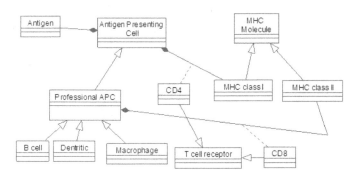

Le diagramme UML d'états-transitions

Au-delà du diagramme de classes ou de séquence déjà rencontré dans les chapitres précédents, il existe un autre diagramme UML, bien utile, vous permettant de suivre dans le temps l'évolution d'un objet, lorsque celui-ci est sujet à des états variés et à différentes transitions entre ces états. La figure 22-16 illustre les éléments graphiques principaux qui composent le diagramme d'états-transitions. Le disque noir débute le diagramme ; à l'exécution du code, cela signifie la naissance de l'objet en question. Le disque noir entouré de blanc signifie au contraire la disparition de l'objet. Tous les états dans lesquels l'objet peut se trouver sont représentés par des rectangles aux coins arrondis. Les transitions expriment comment passer d'un état à l'autre. Cela peut se produire suite à la réception d'un message par l'objet en question ou comme conséquence de la logique propre d'évolution d'un objet (comme le départ à la retraite d'une personne à partir d'un certain âge). La figure 22-16, qui représente très sommairement les différentes étapes possibles de la vie professionnelle d'une personne, illustre le rôle et les éléments constitutifs de ce diagramme.

Figure 22–16
Diagramme d'états-transitions de la vie professionnelle d'un objet Personne

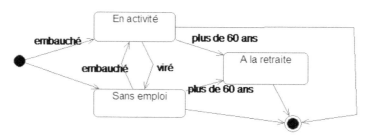

Voici maintenant le diagramme d'états-transitions d'une cellule immunitaire responsable de nos défenses organiques, T ou B. Il résume assez bien ce que tout immunologiste sait du fonctionnement du système qu'il étudie.

Figure 22–17
Diagramme d'états-transitions d'une cellule immunitaire T ou B dès qu'elle rencontre un antigène

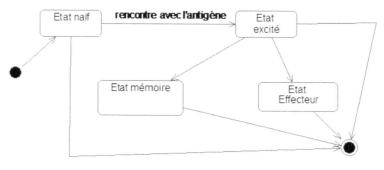

Dès que l'antigène est rencontré, la cellule immunitaire se place d'abord dans un premier état d'excitation. À partir de cet état, le diagramme indique qu'elle pourra se transformer soit en une cellule effectrice, soit en une cellule mémoire. En tant que cellule effectrice, elle aura pour tâche d'éliminer d'une manière ou d'une autre l'antigène qu'elle a rencontré. En tant que cellule mémoire, elle modifiera son horloge interne de sorte à ne pas disparaître trop rapidement. La manière la plus directe de traduire cette réalité dans un code, Java par exemple, est de recourir au design pattern d'état (sur lequel nous reviendrons dans le prochain chapitre). Celui-ci exige, comme la figure l'illustre, de créer une superclasse abstraite ou une interface Etat et autant de sous-classes qu'il y a d'états possibles. Chaque sous-classe etat a la responsabilité de coder ce qui se passe tant que la cellule se trouve dans cet état et notamment le type de transition possible à partir de cet état.

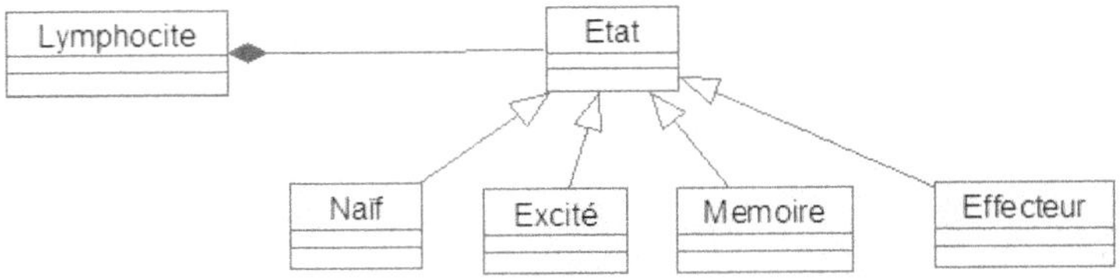

Figure 22–18
Diagramme de classes associé
au diagramme d'états-
transitions de la figure 22-17

Une partie très simplifiée du code Java (limité à une seule sous-classe d'état) associé à ces deux diagrammes UML serait plus ou moins semblable au code suivant.

```java
class TCell
{
        Recepteur myRecepteur;
        Etat etat_naif;
        Etat etat_excite;
        Etat etat_memoire;
        Etat etat_effecteur;
        Etat etat_courant;
        public TCell()
        {
                // les différents états de la cellule
                etat_naif = new E_Naif(this);
                etat_excite = new E_Excite(this);
                etat_memoire = new E_Memoire(this);
                etat_effecteur = new E_Effecteur(this);
                etat_courant = etat_naif; // l'état courant
        }
        // les différentes fonctions get pour chaque état
        public String getEtat(){
                return etat_courant.val_Etat();
        }
        public void setEtat(Etat val){
                etat_courant = val;
        }
        public Etat getetat_courant(){
                return etat_courant;
        }
        public Etat getE_Naif(){
                return etat_naif;
        }
        public Etat getE_Excite(){
                return etat_excite;
        }
        public Etat getE_Effecteur(){
                return etat_effecteur;
        }
```

```
        public Etat getE_Memoire(){
               return etat_memoire;
        }
        public void simulation() {
               etat_courant.transition();
        }
}
interface Etat {
        public String val_Etat();
        public void transition();
}
class E_Naif implements Etat
{
        TCell tcell;
        public E_Naif(TCell t)   {
               this.tcell = t;
        }
        public void transition(){
               tcell.setEtat(tcell.getE_Excite());
        }
        public String val_Etat(){
               return "Naif";
        }
}
```

23

Programmation Java sous Android

Ce chapitre va vous initier à la programmation sous Android par l'entremise de trois petites applications.

Quelle que soit l'issue d'un procès à répétition qui enrichit les avocats des deux géants informatiques que sont Oracle (l'actuel détenteur et promoteur du langage de programmation Java) et Google (qu'il ne me semble pas nécessaire de présenter), Java restera certainement encore pour quelque temps le langage de programmation de prédilection des appareils mobiles tournant sous le système d'exploitation Android. C'est après la perte d'un procès semblable face à l'entreprise Sun, rachetée depuis par Oracle, que Microsoft avait préféré se détourner de Java pour créer en toute impunité un clone maison, C#. Laissons les affaires de gros sous et les deux Larry (Ellison et Page) s'étriper, et intéressons-nous plutôt à la programmation objet, et plus spécifiquement Java, à laquelle les programmeurs d'applications mobiles sous Android doivent s'atteler.

Les usages des smartphones et autres tablettes se veulent différents de ceux des ordinateurs : téléphone, SMS, photo et musique, géolocalisation, GPS... Par ailleurs, un CPU moins puissant, une mémoire vive et de stockage plus petite obligent à des optimisations de code qui ne s'accordent pas parfaitement aux principes de la programmation objet, principes présentés et âprement défendus dans cet ouvrage.

Nous avons déjà eu l'occasion d'argumenter et il doit maintenant vous être acquis, à ce stade de la lecture, que la programmation objet se préoccupe autrement plus du temps développeur que du temps et des optimisations CPU. Modularité, encapsulation, héritage, polymorphisme, autant de recettes de programmation qui coûtent assez cher en temps processeur mais qui facilitent la vie du développeur et garantissent une certaine stabilité au cours de ce développement. Or, à mon grand désarroi, il n'est pas rare de trouver dans les ouvrages de développement d'applications sous Android des recommandations telles que « évitez les méthodes getters et setters » ou encore « ne recourez pas aux interfaces ou autres polymorphismes qui obligent le processeur à retrouver la bonne méthode à exécuter durant le run time, en s'affranchissant ainsi du temps que le compilateur permettrait de faire gagner ».

Je ne pense pas vous surprendre davantage en vous annonçant tout de go, et quelle que soit la rigidité dont vous pourriez m'accuser, vouloir camper sur mes positions et continuer coûte que coûte à promouvoir et défendre la charte de la bonne programmation objet en pariant sur l'amélioration des performances des appareils mobiles à venir (pourquoi la divine loi de Moore ne s'appliquerait-elle pas à eux également ?). On ne se refait pas ! Le dur labeur du développeur, la sueur qui s'écoule entre ses doigts, m'importent plus que la rapidité de sa géolocalisation.

Le Java à utiliser sur Android est aussi quelque peu différent du Java d'origine, celui que j'ai exploité dans l'essentiel de cet ouvrage (d'où le procès contre Google). Pour des raisons de performance et de compatibilité avec le système d'exploitation Android, ce n'est pas la Java Virtual Machine d'origine qui exécute les codes Java mais une autre machine virtuelle dénommée Dalvik. Cette dernière fait un large usage des registres plutôt que de la pile dans l'implémentation des instructions bytecodes (le résultat de la compilation d'un code Java). Les processeurs ARM présents dans la grande majorité des smartphones et tablettes sont de type RISC et donc conçus, vu la taille unique et réduite de leurs instructions élémentaires, pour faire un usage intensif des registres dans l'exécution de ces mêmes instructions élémentaires.

À la différence de l'exécution habituelle des programmes Java, chaque application développée sous Android requiert pour s'exécuter sa propre instance de la machine Dalvik. Cela permet une plus grande flexibilité et robustesse dans l'interruption de ces mêmes applications, interruption décidée par le système Android lui-même (et personne d'autre) lorsqu'il se trouve en manque de ressources. Aussi, de nombreuses bibliothèques Java se sont trouvées réécrites de manière à mieux s'interfacer avec le système d'exploitation Android, rompant quelque peu avec la philosophie initiale de Java de se programmer d'une seule et même manière quelle que soit la plate-forme censée exécuter votre code. Ces nouvelles bibliothèques Java sont la raison principale des différences entre les codes présentés ci-après et ceux du chapitre 20.

Le but de ce chapitre additionnel n'est en aucune sorte de vous initier à la programmation sous Android. Le sujet est bien trop conséquent et exige un apprentissage dédié. Ces quelques pages ne pourraient nullement y suffire et les librairies regorgent d'ouvrages endossant ce rôle mieux que je ne pourrais le faire (je ne programme sous Android qu'à titre de pédagogie de la programmation objet). Néanmoins, il m'a paru intéressant de permettre aux lecteurs de faire tourner sous Android, sur leur téléphone ou tablette, certaines des applications Java présentées dans cet ouvrage, notamment les animations graphiques présentées dans le chapitre 20 : le petit billard et le tennis (qui pourront être téléchargés sur le site des éditions Eyrolles : http://www.editions-eyrolles.com/dl/0067399), plus un petit jeu d'une complexité déjà suffisante, à partager et à pratiquer ou à faire pratiquer avec quelque satisfaction. Trois petites applications de complexité croissante seront dès lors présentées dans ce chapitre.

La première se résume à un petit calculateur arithmétique élémentaire permettant d'additionner, de multiplier ou de diviser deux nombres entrés à l'écran. Elle n'a absolument rien d'orienté objet et ne sert qu'à que vous initier à la stricte séparation des codes qu'Android encourage entre ce qui tient juste de l'interface graphique (décrit en XML) et ce qui tient de la logique exécutoire (en Java). La deuxième application est maintenant devenue la classique petite animation graphique où des balles créées par un clic à même l'écran se baladent entre des parois et rebondissent entre elles. Évidemment, vous comprendrez d'autant mieux ce code que vous le mettrez en parallèle avec celui présenté dans le chapitre 20. La troisième application, la plus exigeante, est « mon jeu canon », et se met à ressembler furieusement à un petit jeu vidéo que vous pourriez télécharger sur Google Play. Le joueur, à l'aide d'un canon qu'il peut mouvoir, doit abattre dans un temps imparti des cibles se déplaçant verticalement à l'écran. Le son et la gestion des différentes parties, échecs ou succès, sont pris en considération de sorte à lui donner ce petit plus de réalisme qui impressionnera dans les salons. Au fur et à mesure de la présentation des codes, je me permettrai certaines explications m'obligeant à quelques digressions dans l'univers du développement Android, mais cela ne suffira pas entièrement et une formation supplémentaire au développement sous Android reste indispensable pour comprendre complètement ces trois codes et les exécuter en l'état sur votre téléphone ou tablette.

Un petit calculateur élémentaire

Figure 23–1
Une application de calcul arithmétique sur l'émulateur Android

L'écran de l'émulateur Android représenté à la figure 23-1 permet à l'utilisateur de rentrer deux nombres dans la partie supérieure, puis de cliquer sur un des trois boutons dans la partie inférieure selon l'opération arithmétique qu'il désire effectuer. Le résultat de cette opération s'affiche sur la troisième ligne de la partie supérieure. Comme nous allons le voir, un tel développement vous oblige à bien tenir séparées la description de l'interface graphique (écrite en XML) et la logique calculatoire (écrite en Java).

Description de l'interface en XML

```xml
<?xml version="1.0" encoding="utf-8"?>

<LinearLayout
    android:id="@+id/content_main"
                        xmlns:android="http://schemas.android.com/apk/res/android"
    xmlns:app="http://schemas.android.com/apk/res-auto"
    xmlns:tools="http://schemas.android.com/tools"
    android:layout_width="match_parent"
    android:layout_height="match_parent"
    android:orientation="vertical"
    android:paddingBottom="@dimen/activity_vertical_margin"
    android:paddingLeft="@dimen/activity_horizontal_margin"
    android:paddingRight="@dimen/activity_horizontal_margin"
    android:paddingTop="@dimen/activity_vertical_margin"
    app:layout_behavior="@string/appbar_scrolling_view_behavior"
    tools:context="be.ac.ulb.iridia.electricite.MainActivity"
    tools:showIn="@layout/activity_main">

    <TextView
        android:id="@+id/textView1"
        android:layout_width="wrap_content"
        android:layout_height="wrap_content"
        android:text="@string/PremierNombre" />

    <EditText
        android:id="@+id/editText1"
        android:layout_width="match_parent"
        android:layout_height="wrap_content"
        android:ems="10"
        android:inputType="numberDecimal" >
        <requestFocus />
    </EditText>

    <TextView
        android:id="@+id/textView2"
        android:layout_width="wrap_content"
        android:layout_height="wrap_content"
        android:text="@string/DeuxiemeNombre" />

    <EditText
        android:id="@+id/editText2"
        android:layout_width="match_parent"
        android:layout_height="wrap_content"
        android:ems="10"
        android:inputType="numberDecimal" />
```

```
    <TextView
        android:id="@+id/textView3"
        android:layout_width="wrap_content"
        android:layout_height="wrap_content"
        android:text="@string/Resultat" />

    <EditText
        android:id="@+id/editText3"
        android:layout_width="match_parent"
        android:layout_height="wrap_content"
        android:ems="10"
        android:inputType="numberDecimal" />

    <Button
        android:id="@+id/button1"
        android:layout_width="wrap_content"
        android:layout_height="wrap_content"
        android:text="Calculer la Somme" />

    <Button
        android:id="@+id/button2"
        android:layout_width="wrap_content"
        android:layout_height="wrap_content"
        android:text="Calculer la Multiplication" />

    <Button
        android:id="@+id/button3"
        android:layout_width="wrap_content"
        android:layout_height="wrap_content"
        android:text="Calculer la Division" />
</LinearLayout>
```

Il est très facile de relier ce fichier XML à l'image de l'écran du smartphone, d'en découvrir les trois textes, les trois zones d'édition et les trois boutons, installés dans un layout linéaire qui les fait naturellement se succéder à l'écran. Ce fichier est seul responsable du positionnement et de l'apparence de l'interface graphique de l'application. Le programme Java récupérera les composants graphiques en les référant simplement par leur id.

L'essentiel du fichier Java permettant de réaliser ces opérations arithmétiques suit.

Classe MainActivity

```
public class MainActivity extends AppCompatActivity implements View.OnClickListener {
    private EditText input1;
    private EditText input2;
    private EditText input3;
    private double result;
    @Override
    protected void onCreate(Bundle savedInstanceState) {
        super.onCreate(savedInstanceState);
/* Établissement de la connexion avec le fichier XML */
```

```
        setContentView(R.layout.activity_main);
/* Obtention des zones d'édition de texte par leur id */
        input1 = (EditText) findViewById(R.id.editText1);
        input2 = (EditText) findViewById(R.id.editText2);
        input3 = (EditText) findViewById(R.id.editText3);

/* Obtention des boutons par leur id */
        Button sommeButton = (Button)    findViewById(R.id.button1);
/* Installation du listener sur les boutons */

        sommeButton.setOnClickListener(this);
        Button multiplicationButton = (Button) findViewById(R.id.button2);
        multiplicationButton.setOnClickListener(this);
        Button divisionButton = (Button) findViewById(R.id.button3);
        divisionButton.setOnClickListener(this);
    }

    public void onClick(View arg) {
        switch (arg.getId()) { /* Selon le bouton sur lequel on clique */
            case R.id.button1:
                result = new Double(input1.getText().toString())
                        + new Double(input2.getText().toString());
                break;
            case R.id.button2:
                result = new Double(input1.getText().toString())
                        * new Double(input2.getText().toString());
                break;
            case R.id.button3:
                result = new Double(input1.getText().toString())
                        / new Double(input2.getText().toString());
                break;
        }
        input3.setText(Double.toString(result));
    }
```

Les parties visibles des applications Android sont appelées des Activity. Elles s'occupent du main (dans la méthode onCreate) de l'application. Ici, cette classe Activity hérite, comme d'habitude en Java, d'une interface lui permettant de réagir au clic sur les différents boutons. Il est facile de voir comment le programme récupère les composants graphiques à partir du fichier XML en les référant par leur id. La logique exécutoire du code est par la suite des plus élémentaires. Un « switch/case » permet de repérer le bouton sur lequel on clique et d'effectuer l'opération correspondante. Ensuite le résultat est affiché dans la zone texte appropriée.

Animation avec balles colorées

La petite animation représentée ci-après (et s'exécutant dans un émulateur Android) comprend une liste de balles colorées qui s'entrechoquent et rebondissent sur les parois vertes. Un clic à même l'écran fait apparaître la balle à l'endroit du clic qui, ensuite, se déplace de manière aléatoire.

Figure 23–2
Des animations affichées sur
l'émulateur Android

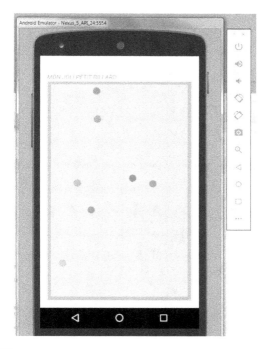

Description de l'interface en XML

```xml
<?xml version="1.0" encoding="utf-8"?>
<LinearLayout xmlns:android="http://schemas.android.com/apk/res/android"
              xmlns:tools="http://schemas.android.com/tools"
              android:layout_width="match_parent"
              android:layout_height="match_parent"
    android:paddingBottom="@dimen/activity_vertical_margin"
          android:paddingLeft="@dimen/activity_horizontal_margin"
              android:paddingRight="@dimen/activity_horizontal_margin"
              android:paddingTop="@dimen/activity_vertical_margin"
              android:orientation="vertical"
              tools:context=".MainActivity" >
    <TextView
        android:layout_width="wrap_content"
        android:layout_height="wrap_content"
        android:text="MON JOLI PETIT BILLARD"
        android:textColor="#c34242"
        android:textStyle="italic"
        android:textSize="14dp"/>

    <be.ac.ulb.iridia.petitbillard.BillardView
        android:id="@+id/vMain"
        android:layout_width="wrap_content"
        android:layout_height="wrap_content"
```

```
            android:layout_alignParentTop="true"/>

</LinearLayout>
```

Le seul aspect important de ce fichier est le positionnement d'un SurfaceView (ici BilliardView qui en hérite) dans lequel s'exécute toute l'animation.

Quatre classes sont nécessaires pour la réalisation de cette animation.

Classes Activity

```
public class MainActivity extends Activity implements View.OnTouchListener {
    private BillardView billardView; /* C'est la vue qui permettra de positionner
                                        et voir le jeu */

    @Override
    protected void onCreate(Bundle savedInstanceState) {
        super.onCreate(savedInstanceState);
        setContentView(R.layout.activity_main);
        billardView = (BillardView) findViewById(R.id.vMain);
        billardView.setOnTouchListener(this);
    }

/* La méthode qui répond au clic en rajoutant une boule là où on clique */
    public boolean onTouch(View v, MotionEvent e) {
        switch (e.getAction()) {
            case MotionEvent.ACTION_DOWN:
                int x = (int)e.getRawX() - 70;
                int y = (int)e.getRawY() - 130;
                billardView.lesBalles.add(new Balle(x,y,billardView));
        }
        return true;
    }
}
```

Le graphisme de cette application s'affiche dans un SurfaceView (ici BilliardView qui en hérite) que nous présenterons plus bas (et qui hérite de la classe View, comme tout ce qui s'affiche sur Android). Le démarrage de l'Activity déclenche d'office la méthode onCreate qui, ici, se contente de créer un objet SurfaceView à partir de sa description en XML, et de le rendre sensible au « toucher de souris » (à chaque clic une nouvelle balle est créée). Le rôle de ce SurfaceView est de faciliter la gestion du multithreading (que nous savons indispensable pour les animations graphiques), et de permettre à un deuxième thread responsable de l'animation de communiquer avec le thread principal, le seul autorisé à modifier l'affichage (d'où l'importance de cette communication synchronisée).

Classe BilliardView

```
public class BillardView extends SurfaceView
        implements SurfaceHolder.Callback,Runnable{
```

```
    public Paint backgroundPaint; /* Pour représenter les primitives graphiques */
    private Activity activity; /* L'activité principale */
    private Parois[] lesParois;
    public ArrayList<Balle> lesBalles;
    private Thread billardThread; /* Le thread en charge de l'animation */
    private Boolean threadRunning;
    private SurfaceHolder holder; /* Essentiel au multithread et à la
                                     synchronisation des deux threads */
    public int canvasW = 500;
    public int canvasH = 600;
    /* Cet attribut permet de suivre la simulation dans le temps */
    public long mfps;
    private double totalElapsedTime; /* Le temps qui s'est écoulé depuis
                                        le début de la simulation */

    public BillardView(Context context,AttributeSet attrs)
    {
        super(context, attrs); /* Appel du constructeur de la classe View */
        activity=(Activity)context; /* Association avec l'activité principale */

        /* Via le Holder, le thread principal pourra recevoir des messages en provenance
de celui qui est responsable de l'animation */

        getHolder().addCallback(this);
        backgroundPaint=new Paint();
        lesParois=new Parois[4];
        lesParois[0] = new Parois(5, 5, 25, canvasH,this);
        lesParois[1] = new Parois(5, 5, canvasW, 25,this);
        lesParois[2] = new Parois(5, canvasH, canvasW, canvasH + 25,this);
        lesParois[3] = new Parois(canvasW, 5, canvasW+25, canvasH + 25,this);
        lesBalles = new ArrayList<Balle>();
        lesBalles.add(new Balle(50, 50, this));

    }

/* Cette méthode s'exécute à chaque redimensionnement */
    public void onSizeChanged (int w, int h, int oldw, int oldh){
        super.onSizeChanged(w, h, oldw, oldh);
        canvasW = w - 30;
        canvasH = h - 30;
        lesParois[0].changeDimension(5,5,25,canvasH);
        lesParois[1].changeDimension(5, 5, canvasW, 25);
        lesParois[2].changeDimension(5, canvasH, canvasW, canvasH + 25);
        lesParois[3].changeDimension(canvasW, 5, canvasW + 25, canvasH + 25);
        Balle.changeEchelle(canvasH/300);
    }

/* Permet de régler la vitesse de l'animation */
    public void update(long fps) {
        fps = fps/1000;
```

```java
        for (Balle b : lesBalles) {
            b.bouge(lesParois, lesBalles, fps);
        }
    }
/* La méthode associée au thread de l'animation */
    public void run(){
        Canvas canvas = null; /* Pour réaliser le dessin, on a besoin d'un canvas */
        long previousFrameTime = System.currentTimeMillis();

        while (threadRunning)
        {
            try {
                /* On obtient le canvas à partir du Holder et on le bloque de manière à
ce que seule la simulation l'utilise */
                canvas = holder.lockCanvas(null);

                /* On bloque aussi le Holder le temps de la simulation */
                synchronized (holder) {
                    long currentTime = System.currentTimeMillis();
                    long elapsedTimeMS = currentTime - previousFrameTime;
                    update(elapsedTimeMS);
                    dessineElements(canvas);
                    previousFrameTime = currentTime;

                }
            }
            finally
            {
                /* C'est ici qu'on débloque le Holder et le canvas et qu'on expose ce
canvas sur l'écran principal. Le deuxième thread demande au premier d'effectuer
l'affichage */
                /* D'autres Thread pourront utiliser le même canvas */
                if (canvas != null)
                    holder.unlockCanvasAndPost(canvas);
            }
        }

    }

    public void dessineElements(Canvas canvas){
        canvas.drawColor(Color.LTGRAY);
        for (Parois p : lesParois){
            p.dessineToi(canvas);
        }
        for (Balle b : lesBalles) {
            b.dessineToi(canvas);
        }

    }
```

```
    public void surfaceCreated(SurfaceHolder holder) /* Appelé par le thread principal,
dès que la simulation est lancée */
    {
            this.holder = holder;
     /* Demarrage du thread */
            billardThread = new Thread(this);
            billardThread.start();
            threadRunning = true;

    }

    public void surfaceChanged(SurfaceHolder holder, int format,
                               int width, int height)
    {

    }

    public void surfaceDestroyed(SurfaceHolder holder)
/* Appelé par le thread principal dès que la simulation se termine */
    {
        boolean retry = true;
        threadRunning = false; /* On arrête le thread */

        while (retry)
        {
            try
            {
                billardThread.join(); /* On est sûr d'arrêter le thread proprement. La
surface se détruit après l'arrêt de la simulation.*/
                retry = false;
            }
            catch (InterruptedException e)
            {
                Log.e("Problem", "Thread interrupted", e);
            }
        }
    }


}
```

Les classes Balle et Parois font toutes deux usage de la classe RectF pour la prise en charge des intersections et se dessinent à l'aide des classes BilliardView pour le multithreading et l'affichage. Paint et Canvas sont quant à elles créées pour la paramétrisation et l'organisation des objets graphiques constituant l'animation.

Classes Balle et Parois

```java
public class Balle {
    public RectF r;
    private int color;
    private int dx, dy;
    BillardView bv;
    public static int scale;

    public Balle (int x1, int y1, BillardView bv) {
        r = new RectF(x1, y1, x1+50, y1+50);
        this.color = Color.argb((int) (255 * Math.random()), (int) (255 * Math.random()),
                (int) (255 * Math.random()), (int) (255 * Math.random()));
        this.bv = bv;
        dx = 1;
        dy = dx;
    }

    public void changeColor() {
        this.color = Color.argb((int) (255 * Math.random()), (int) (255 * Math.random()),
                (int) (255 * Math.random()), (int) (255 * Math.random()));
    }

    public static void changeEchelle(int x){
        scale = x;
    }

    public void dessineToi(Canvas canvas){
        bv.backgroundPaint.setColor(color);
        canvas.drawOval(r, bv.backgroundPaint);
    }

    public void changeDirection(boolean x)
    {
        if (x)
        {
            this.dy = -dy;
        }
        else
        {
            this.dx = -dx;
        }
        r.offset(5 * dx, 5 * dy);

    }

    public void bouge(Parois[] lesParois, ArrayList<Balle> lesBalles, long fps) {
        int vx, vy;
        vx = dx * scale;
        vy = dy * scale;
        if (fps > 1) {
            vx = (int) (vx * fps);
```

```
                    vy = (int) (vy * fps);
            }
            r.offset(vx, vy);
            for (Parois p : lesParois)
            {
                    p.gereBalle(this);
            }

            for (Balle b : lesBalles) {
                if ((this != b) && RectF.intersects(r, b.r)) {
                    changeColor();
                    b.changeColor();
                    b.rebondit();
                    rebondit();
                }
            }
        }

    public void rebondit() {
        dx = -dx;
        dy = -dy;
        r.offset(5 * dx, 5 * dy);
    }
}

public class Parois {
    private RectF r;
    private BillardView bv;

    public Parois (int x1, int y1, int x2, int y2, BillardView bv) {
        r = new RectF(x1, y1, x2, y2);
        this.bv = bv;
    }

    public void changeDimension(int nx1, int ny1, int nx2, int ny2){
        r.left = nx1;
        r.top=ny1;
        r.right=nx2;
        r.bottom = ny2;
    }


    public void dessineToi(Canvas canvas){
        bv.backgroundPaint.setColor(Color.GREEN);
        canvas.drawRect(r, bv.backgroundPaint);
    }

    public void gereBalle(Balle b) {
        if (RectF.intersects(r, b.r))
        {
```

```
            if (r.width()> r.height())
            {
                b.changeDirection(true);
            }
            else
            {
                b.changeDirection(false);
            }
        }
    }
}
```

Jeu Canon

Crédits

Ce troisième code Android est très largement inspiré d'une des applications présentes dans la deuxième édition de l'excellent ouvrage de la famille Deitel, *Android for Programmers*.

📖 Paul Deitel, Harvey Deitel et Abbey Deitel, *Android for Programmers: An App-Driven Approach*, 2nd edition, Prentice Hall, 2014

Bien que le jeu, dont le code est repris ci-après, soit une parfaite réplique de celui présenté dans l'ouvrage original, je me suis permis une réécriture dans un esprit beaucoup plus orienté objet. Je distingue donc les classes BalleCannon, Cannon, Cible et Obstacle, qui ne l'étaient pas à l'origine.

Le code d'origine est téléchargeable à l'adresse suivante (chapitre « Cannon Game ») :

▸ http://www.deitel.com/Books/Android/AndroidforProgrammers2e/tabid/3653/Default.aspx

Il vous sera sans doute utile de vous rendre sur le site, notamment pour vous procurer les fichiers nécessaires à la partie sonore du jeu.

Nous remercions Harvey Deitel pour son aimable autorisation.

MonJeuCanon, comme la figure 23-3 l'illustre, se déroule de la manière suivante : un canon qu'on peut déplacer tire des balles censées détruire les cibles qui bougent de façon autonome de haut en bas sur la droite. Un obstacle placé entre le canon et les cibles et qui se meut aussi de haut en bas rend la chose plus compliquée (car les balles rebondissent sur l'obstacle). Le joueur a 10 secondes pour détruire toutes les cibles. Lorsqu'il touche l'obstacle, le temps qui lui reste diminue, et à chaque cible abattue, il gagne un peu de temps bonus. Des sons sont émis aux tirs du canon, aux chocs sur l'obstacle et aux chocs sur les cibles.

Le multithreading est géré de la même manière que dans l'application précédente. On fait appel aux classes SurfaceView et SurfaceHolder pour l'affichage et la synchronisation des deux threads. Le fichier XML d'organisation physique de l'affichage est en tout point semblable à celui de l'application précédente. Commençons par la classe la plus simple, à nouveau MainActivity.

Figure 23–3
Le jeu de canon en action sur
l'émulateur Android

Classe MainActivity

```java
public class MainActivity extends Activity {

    private CannonView cannonView; // la view pour afficher le jeu
    @Override
    protected void onCreate(Bundle savedInstanceState) {
        super.onCreate(savedInstanceState);
        setContentView(R.layout.activity_main);
        cannonView = (CannonView) findViewById(R.id.vMain);
    }
}
```

Puis viennent les cinq classes essentielles au scénario repris dans ce jeu. Il faut bien lire les commentaires suivant ou précédant les instructions pour en comprendre la fonction.

Classes BalleCannon, Cannon, Cible, Line et Obstacle

```java
public class BalleCannon { // La balle du canon

    public Point cannonball;
    private int cannonballVitesseX;
    private int cannonballVitesseY;
    public boolean cannonballOnScreen;
    private int cannonballRadius;
    private int cannonballVitesse;
    private Paint cannonballPaint;
```

```
private Obstacle obstacle;
private Cible cible;
private CannonView view;

public BalleCannon(CannonView view, Obstacle obstacle, Cible cible) {
  cannonball = new Point();
  cannonballPaint = new Paint();
  this.view = view;
  this.obstacle = obstacle;
  this.cible = cible;
}

public void launch(double angle) { /* Lancement de la balle */
  cannonball.x = cannonballRadius;
  cannonball.y = view.screenHeight / 2;
  cannonballVitesseX = (int) (cannonballVitesse * Math.sin(angle));
  cannonballVitesseY = (int) (-cannonballVitesse * Math.cos(angle));
  cannonballOnScreen = true;
}

public void setCannonballRadius (int radius) {
  cannonballRadius = radius;
}

public void draw(Canvas canvas) {
  canvas.drawCircle(cannonball.x, cannonball.y, cannonballRadius, cannonballPaint);
}

public void setCannonballVitesse(int vitesse) {
  cannonballVitesse = vitesse;
}

public void resetCannonBall() {
  cannonballOnScreen = false;
}
/* Déplacement de la balle */
public void update(double interval) {
  if (cannonballOnScreen)
    {
      cannonball.x += interval * cannonballVitesseX;
      cannonball.y += interval * cannonballVitesseY;

      if (cannonball.x + cannonballRadius > obstacle.getObstacleDistance() &&
          cannonball.x - cannonballRadius < obstacle.getObstacleDistance() &&
          cannonball.y + cannonballRadius > obstacle.getLine().start.y &&
          cannonball.y - cannonballRadius < obstacle.getLine().end.y)
      {
        cannonballVitesseX *= -1;
        view.reduceTimeLeft();
        view.playObstacleSound(); /* Le son du canon qui heurte l'obstacle */
      }
```

```
      else if (cannonball.x + cannonballRadius > view.screenWidth ||
            cannonball.x - cannonballRadius < 0)
         {
            cannonballOnScreen = false;
         }
         else if (cannonball.y + cannonballRadius > view.screenHeight ||
            cannonball.y - cannonballRadius < 0)
         {
            cannonballOnScreen = false;
         }
         else if (cannonball.x + cannonballRadius > cible.getCibleDistance() &&
            cannonball.x - cannonballRadius < cible.getCibleDistance() &&
            cannonball.y + cannonballRadius > cible.getLine().start.y &&
            cannonball.y - cannonballRadius < cible.getLine().end.y)
         {
        cible.detectChoc(this); /* La balle touche sa cible */
         }
      }
   }
}


public class Cannon { // Le canon qui tire les balles
    private int cannonBaseRadius;
    private int cannonLongueur;
  private Point finCannon;
   private Paint cannonPaint;
   private int width;
   private CannonView view;

   public Cannon(CannonView view) {
      cannonPaint = new Paint();
      this.view = view;
   }

   public void draw (Canvas canvas) {
      canvas.drawLine(0, view.screenHeight / 2, finCannon.x,finCannon.y, cannonPaint);
      canvas.drawCircle(0, (int) view.screenHeight / 2,
            (int) cannonBaseRadius, cannonPaint);
   }

   public void align(double angle) {
      finCannon.x = (int) (cannonLongueur * Math.sin(angle));
       finCannon.y = (int) (-cannonLongueur * Math.cos(angle) + view.screenHeight / 2);
   }

   public void setCannonBaseRadius(int radius) {
      cannonBaseRadius = radius;
   }

   public void setWidth(int width) {
      this.width = width;
```

```java
         cannonPaint.setStrokeWidth(width * 1.5f);
      }

      public void setCannonLongueur(int length) {
         cannonLongueur = length;
      }

      public void setFinCannon(int x) {
         finCannon = new Point(cannonLongueur, x);
      }
}

public class Cible { /* La cible est faite de 7 rectangles de couleur alternée */
   public static final int CIBLE_PIECES = 7;
   private Line cible;
   private int cibleDistance;
   private int cibleDebut;
   private double cibleLongueur;
   private int cibleFin;
   private int cibleVitesseInitiale;
   private float cibleVitesse;
   private int longueurPiece;
      private int largeur;
   private boolean[] cibleTouchee;
   private int nbreCiblesTouchees;
   private Paint ciblePaint;
   private int width;
   private CannonView view;

   public Cible(CannonView view) {
      cible = new Line();
      cibleTouchee = new boolean[CIBLE_PIECES];
      ciblePaint = new Paint();
      this.view = view;
   }

   public void detectChoc(BalleCannon balle) {
      int section = (int) ((balle.cannonball.y- cible.start.y) / longueurPiece);
      if ((section >= 0 && section < CIBLE_PIECES) && !cibleTouchee[section])
       {
          cibleTouchee[section] = true;
          balle.resetCannonBall();
          view.increaseTimeLeft();
          view.playCibleSound();

           if (++nbreCiblesTouchees == CIBLE_PIECES)
           {
            view.gameOver();
           }
       }
   }
```

```java
    public void update(double interval) {
        double up = interval * cibleVitesse;
        cible.start.y += up;
        cible.end.y += up;
        if (cible.start.y < 0 || cible.end.y > view.screenHeight)
            cibleVitesse *= -1;
    }

    public void draw(Canvas canvas){
        Point currentPoint = new Point();
            currentPoint.x = cible.start.x;
            currentPoint.y = cible.start.y;
            for (int i = 0; i < CIBLE_PIECES; i++)
            {
                if (!cibleTouchee[i])
                {
                    if (i % 2 != 0)
                        ciblePaint.setColor(Color.BLUE);
                    else
                        ciblePaint.setColor(Color.YELLOW);
                    canvas.drawLine(currentPoint.x, currentPoint.y, cible.end.x, (int)
(currentPoint.y + longueurPiece), ciblePaint);
                }

                currentPoint.y += longueurPiece;
            }
    }

    public int getCibleDistance() {
        return cibleDistance;
    }

    public Line getLine() {
        return cible;
    }

    public void setCibleDistance(int dist) {
        cibleDistance = dist;
    }

    public void resetCible() {
        for (int i = 0; i < CIBLE_PIECES; i++)
            cibleTouchee[i] = false;
        nbreCiblesTouchees = 0;
        cibleVitesse = cibleVitesseInitiale;
        cible.start.set(cibleDistance, cibleDebut);
        cible.end.set(cibleDistance, cibleFin);
    }

    public void setCibleDebut(int deb) {
        cibleDebut = deb;
        cible.start = new Point(cibleDistance, deb);
    }
```

```
   public void setCibleVitesseInitiale(int vit) {
      cibleVitesseInitiale = vit;
   }

   public void setCibleFin(int fin){
      cibleFin = fin;
      cible.end = new Point(cibleDistance, fin);
      longueurPiece = (cibleFin - cibleDebut)/CIBLE_PIECES;
   }

   public void setWidth(int width) {
       this.width = width;
       ciblePaint.setStrokeWidth(width);
   }
}

public class Line
{
   public Point start = new Point();
   public Point end = new Point();
}

public class Obstacle { /* L'obstacle qui fait rebondir la balle et qui se meut de haut
en bas */
    private Line obstacle;
    private int obstacleDistance;
    private int obstacleDebut;
    private int obstacleFin;
    private int initialObstacleVitesse;
    private float obstacleVitesse;
    private Paint obstaclePaint;
    private int width;
    private CannonView view;

    public Obstacle(CannonView view) {
       obstaclePaint = new Paint();
       obstacle = new Line();
       this.view = view;
    }

    public int getObstacleDistance() {
       return obstacleDistance;
    }

    public Line getLine() {
       return obstacle;
    }

    public void update(double interval) {
       double up = interval * obstacleVitesse;
       obstacle.start.y += up;
```

```
            obstacle.end.y += up;
            if (obstacle.start.y < 0 || obstacle.end.y > view.screenHeight)
                  obstacleVitesse *= -1;
        }

    public void draw(Canvas canvas) {
canvas.drawLine(obstacle.start.x, obstacle.start.y, obstacle.end.x,obstacle.end.y,
obstaclePaint);
        }

    public void setWidth(int width) {
        this.width = width;
        obstaclePaint.setStrokeWidth(width);
        }

    public void resetObstacle() {
     obstacleVitesse = initialObstacleVitesse;
     obstacle.start.set(obstacleDistance, obstacleDebut);
       obstacle.end.set(obstacleDistance, obstacleFin);
        }

    public void setObstacleDistance (int dist) {
        obstacleDistance = dist;
        }

    public void setObstacleDebut(int deb) {
        obstacleDebut = deb;
        obstacle.start = new Point(obstacleDistance, deb);
        }

    public void setObstacleFin( int fin) {
        obstacleFin = fin;
        obstacle.end = new Point(obstacleDistance, fin);
        }

    public void seInitialObstacleVitesse(int vit) {
        initialObstacleVitesse = vit;
        }

}
```

La classe la plus intéressante est à nouveau celle qui suit et qui, exactement de la même manière que pour la petite animation précédente, hérite de la classe SurfaceView.

Classe CannonView

```
public class CannonView extends SurfaceView
    implements SurfaceHolder.Callback
{
    private static final String TAG = "CannonView"; /* Pour la gestion des erreurs */
```

```java
    private CannonThread cannonThread; /* Le thread responsable de l'animation */
    private BalleCannon balle;
    private Cannon cannon;
    private Cible cible;
    private Obstacle obstacle;
    private Activity activity; /* L'activity principale qui affichera le dialogue Game
Over */
    private boolean dialogIsDisplayed = false;

    /* Les constantes essentielles du jeu */

    public static final int MISS_PENALTY = 2; /* Les secondes déduites en cas de raté */
    public static final int HIT_REWARD = 3; /* Les secondes ajoutées en cas de succès */

    /* Variables présentes dans la boucle principale et permettant de suivre l'évolution
du jeu */
    private boolean gameOver; /* Game over ? */
    private double timeLeft; /* Temps restant en secondes */
    private int shotsFired; /* Nombre de tirs effectués par le joueur */
    private double totalElapsedTime; /* Temps écoulé */
    public int screenWidth;
    public int screenHeight;

    /* Variables et constantes pour la gestion du son */
    private static final int TARGET_SOUND_ID = 0;
    private static final int CANNON_SOUND_ID = 1;
    private static final int BLOCKER_SOUND_ID = 2;
    private SoundPool soundPool; /* effet sonore */
    private SparseIntArray soundMap; /* Associe l'ID au pool sonore */

    /* Les variables utilisées pour dessiner chaque élément du jeu */
    private Paint textPaint; /* Le Paint utilisé pour l'affichage du texte */
    private Paint backgroundPaint; /* Le Paint utilisé pour redessiner le fond */

    /* le Constructeur */
    public CannonView(Context context, AttributeSet attrs)
    {
        super(context, attrs);
        activity = (Activity) context; /* la référence à la l'activité principale */

        /* L'écoute du SurfaceHolder.Callback */
        getHolder().addCallback(this);

        /* Initialisation de tous les objets du jeu */
        obstacle = new Obstacle(this);
        cible = new Cible(this);
        cannon = new Cannon(this);
        balle = new BalleCannon(this,obstacle, cible);

        /* Initialisation du SoundPool pour diffuser les trois effets sonores */
        soundPool = new SoundPool(1, AudioManager.STREAM_MUSIC, 0);
```

```java
    /* Crée la Map de sounds et précharge les sons */
    soundMap = new SparseIntArray(3); /* crée un nouvel HashMap */
    soundMap.put(TARGET_SOUND_ID,
        soundPool.load(context, R.raw.target_hit, 1));
    soundMap.put(CANNON_SOUND_ID,
        soundPool.load(context, R.raw.cannon_fire, 1));
    soundMap.put(BLOCKER_SOUND_ID,
        soundPool.load(context, R.raw.blocker_hit, 1));
    textPaint = new Paint();
    backgroundPaint = new Paint();
}

/* Appelé par surfaceChanged quand la dimension de la SurfaceView change, et aussi
lors du premier appel */
@Override
protected void onSizeChanged(int w, int h, int oldw, int oldh)
{
    super.onSizeChanged(w, h, oldw, oldh);

    screenWidth = w; /* Largeur de l'écran */
    screenHeight = h; /* Hauteur */
    cannon.setCannonBaseRadius(h/18); /* Rayon du canon */
    cannon.setCannonLongueur(w / 8); /* Longueur du canon */
    balle.setCannonballRadius(w / 36); /* Rayon de la balle */
    balle.setCannonballVitesse(w * 3 / 2); /* Le multiplicateur de vitesse */
    cible.setWidth(w/24);
    obstacle.setWidth(w / 24); /* Largeur des obstacles */
    cannon.setWidth(w/24);
    obstacle.setObstacleDistance(w * 5 / 8);
        /* Distance des obstacles */
     obstacle.setObstacleDebut(h / 8);
     obstacle.setObstacleFin(h * 3 / 8);
     obstacle.seInitialObstacleVitesse(h / 2);
        /* Vitesse initiale des obstacles */
    cible.setCibleDistance(w * 7 / 8);
    /* distance de la cible */
    cible.setCibleDebut(h / 8);
    cible.setCibleFin(h * 7 / 8);
    cible.setCibleVitesseInitiale(-h / 4);
    /* Vitesse initiale de la cible */


    cannon.setFinCannon(h / 2);
    textPaint.setTextSize(w / 20); /* Taille du texte */
    textPaint.setAntiAlias(true);
    backgroundPaint.setColor(Color.WHITE); /* Couleur de fond */

    newGame(); /* Démarre un nouveau jeu */
}

public void reduceTimeLeft() {
    timeLeft -= MISS_PENALTY;
}
```

```
    public void increaseTimeLeft() {
        timeLeft += HIT_REWARD;
    }
/* Pour diffuser les sons */
    public void playObstacleSound() {
        soundPool.play(soundMap.get(BLOCKER_SOUND_ID), 1, 1, 1, 0, 1f);
    }

    public void playCibleSound() {
        soundPool.play(soundMap.get(TARGET_SOUND_ID), 1,
                1, 1, 0, 1f);
    }
    /* Reset tous les éléments de l'écran et démarre un nouveau jeu */
    public void newGame()
    {

        cible.resetCible();
        obstacle.resetObstacle();

        timeLeft = 10; /* Commence le décompte à 10 secondes */
        balle.resetCannonBall(); /* La balle n'est pas sur l'écran */
        shotsFired = 0; /* Initialise le nombre de tirs */
        totalElapsedTime = 0.0; /* Initialise le temps écoulé */
        if (gameOver) /* Commence un nouveau jeu */
        {
            gameOver = false;
            cannonThread = new CannonThread(getHolder());
            /* Création du thread */
            cannonThread.start(); /* Démarrage du thread */
        }
    }

    public void gameOver() {
        cannonThread.setRunning(false); /* Fin du thread */
        showGameOverDialog(R.string.win); /* Le dialogue pour le game over de la victoire */
        gameOver = true;
    }

    /* Mise à jour des éléments */
    private void updatePositions(double elapsedTimeMS)
    {
        double interval = elapsedTimeMS / 1000.0;
        /* Conversion en secondes */
        balle.update(interval);
        obstacle.update(interval);
        cible.update(interval);

        timeLeft -= interval;
        /* Si le timer atteint 0 */
```

```
        if (timeLeft <= 0.0)
        {
            timeLeft = 0.0;
            gameOver = true; /* Game over */
            cannonThread.setRunning(false); /* Fin du thread */
            showGameOverDialog(R.string.lose); /* Le dialogue pour le game over de la
défaite */
        }
    }

    /* Tire une balle */
    public void fireCannonball(MotionEvent event)
    {
        if (balle.cannonballOnScreen) return;
        double angle = alignCannon(event); /* Obtient l'angle du canon */

       /* La balle doit être dans le canon */
        balle.launch(angle);
        ++shotsFired; /* Plus de tirs */

        /* Diffuse le son du tir */
        soundPool.play(soundMap.get(CANNON_SOUND_ID), 1, 1, 1, 0, 1f);
    }
    /* Réponse du canon aux actions du joueur */
    public double alignCannon(MotionEvent event)
    {
        Point touchPoint = new Point((int) event.getX(), (int) event.getY());
        double centerMinusY = (screenHeight / 2 - touchPoint.y);
        double angle = 0;
        /* Calcul de l'angle fait avec l'horizontal */
        if (centerMinusY != 0)
            angle = Math.atan((double) touchPoint.x / centerMinusY);
        if (touchPoint.y > screenHeight / 2)
            angle += Math.PI;
        cannon.align(angle);
        return angle;    }

    /* Dessine le jeu dans le Canvas */
    public void drawGameElements(Canvas canvas)
    {
        canvas.drawRect(0, 0, canvas.getWidth(), canvas.getHeight(),
        backgroundPaint);
        /* Montre le temps qui reste */
        canvas.drawText(getResources().getString(
        R.string.time_remaining_format, timeLeft), 30, 50, textPaint);
        /* Si la balle est sur l'écran, il faut la dessiner */
        if (balle.cannonballOnScreen)
      balle.draw(canvas);
        cannon.draw(canvas);
        obstacle.draw(canvas);
        cible.draw(canvas);

    }
```

```
    /* Montre une boîte de dialogue quand le jeu se termine */
private void showGameOverDialog(final int messageId)
    {
        final DialogFragment gameResult =
            new DialogFragment()
            {
                /* Crée un AlertDialog */
                @Override
                public Dialog onCreateDialog(Bundle bundle)
                {
                    AlertDialog.Builder builder =
                        new AlertDialog.Builder(getActivity());
                    builder.setTitle(getResources().getString(messageId));

                    /* Montre le nombre de tirs et le temps écoulé */
                    builder.setMessage(getResources().getString(
                        R.string.results_format, shotsFired, totalElapsedTime));
                    builder.setPositiveButton(R.string.reset_game,
                        new DialogInterface.OnClickListener()
                        {
                            /* Appelé quand le bouton reset est pressé */
                            @Override
                            public void onClick(DialogInterface dialog, int which)
                            {
                                dialogIsDisplayed = false;
                                newGame(); /* Un nouveau jeu */
                            }
                        }
                    );

                    return builder.create();                }
            };
    // Dans le Gui principal, on utilise le FragmentManager pour montrer le DialogFragment
        activity.runOnUiThread(
            new Runnable() {
                public void run()
                {
                    dialogIsDisplayed = true;
                    gameResult.setCancelable(false);
                    gameResult.show(activity.getFragmentManager(), "results");
                }
            }
        );
    }
    /* Arrête le jeu ; appelé par la méthode CannonGameFragment's onPause */
    public void stopGame()
    {
        if (cannonThread != null)
            cannonThread.setRunning(false); /* Dit au thread de s'arrêter */
    }
```

```java
/* Libère les ressources ; appelé par la méthode CannonGameFragment's onDestroy */
public void releaseResources()
{
    soundPool.release();
soundPool = null;
}

/* Appelé lors du redimensionnement de la surface */
@Override
public void surfaceChanged(SurfaceHolder holder, int format, int width, int height)
{
}

/* Appelé quand la surface est créée pour la première fois */
@Override
public void surfaceCreated(SurfaceHolder holder)
{
    if (!dialogIsDisplayed)
    {
        cannonThread = new CannonThread(holder);
        /* Un nouveau thread */
        cannonThread.setRunning(true);
        /* Démarrage du thread */
        cannonThread.start();        }
}

/* Appelé quand la surface est détruite */
@Override
public void surfaceDestroyed(SurfaceHolder holder)
{
    /* Terminaison correcte du thread */
    boolean retry = true;
    cannonThread.setRunning(false);
    while (retry)
    {
        try
        {
            cannonThread.join();
            /* Attendre que le cannonThread se termine */
            retry = false;
        }
        catch (InterruptedException e)
        {
            Log.e(TAG, "Thread interrupted", e);
        }
    }
}
/* Appelé quand le joueur touche l'écran */
@Override
public boolean onTouchEvent(MotionEvent e)
{
    /* Quelle action ? */
```

```
        int action = e.getAction();
        if (action == MotionEvent.ACTION_DOWN ||
            action == MotionEvent.ACTION_MOVE)
        {
            fireCannonball(e); // Tire la balle
        }

        return true;
    }

    /* Le thread contrôlant la boucle principale */
    private class CannonThread extends Thread
    {
        private SurfaceHolder surfaceHolder;
        /* Pour le canvas */
        private boolean threadIsRunning = true;
        /* Initialise le surfaceHolder pour la synchronisation des deux threads */
        public CannonThread(SurfaceHolder holder)
        {
            surfaceHolder = holder;
            setName("CannonThread");
        }

        public void setRunning(boolean running)
        {
            threadIsRunning = running;
        }

        /* Contrôle la boucle principale */
        @Override
        public void run()
        {
            Canvas canvas = null; /* Pour dessiner */
            long previousFrameTime = System.currentTimeMillis();
            while (threadIsRunning)
            {
                try
                {
                    /* Obtient le canvas pour le dessin */
                    canvas = surfaceHolder.lockCanvas(null);

                    /* Bloque le surfaceHolder le temps du dessin */
                    synchronized(surfaceHolder)
                    {
                        long currentTime = System.currentTimeMillis();
                        double elapsedTimeMS = currentTime - previousFrameTime;
                        totalElapsedTime += elapsedTimeMS / 1000.0;
                        updatePositions(elapsedTimeMS);
                        /* Mise à jour du jeu */
                        drawGameElements(canvas);
                        /* Dessine via le canvas */
                        previousFrameTime = currentTime;
                        /* Update le temps */
```

```
                }
            }
            finally
            {
                /* Montre le canvas et autorise d'autres
                   threads a utiliser le canvas */
                if (canvas != null)
                    surfaceHolder.unlockCanvasAndPost(canvas);
            }
        }
    }
  }
}
```

24

Design patterns

Les design patterns sont des recettes de conception OO qui à l'origine furent réunies dans le célèbre livre du Gang des quatre. Ils sont depuis devenus presque aussi courants que les langages de programmation et UML. Leur connaissance complète toute formation approfondie en OO et donne une meilleure compréhension des mécanismes de ce style de programmation. Ce chapitre en décrit quelques-uns à l'aide d'exemples concrets.

SOMMAIRE

▹ Introduction aux design patterns
▹ Leur côté « trucs et ficelles »
▹ L'approfondissement des mécanismes OO

CANDIDUS — *Connais-tu une bonne référence dans laquelle les problèmes types seraient décrits, ainsi que les meilleures façons de les résoudre ?*

DOCTUS — *Et comment ! Cet ouvrage est aussi célèbre dans la communauté OO que tous les langages qui y sont utilisés. Il s'agit du livre sur les design patterns écrit par quatre experts de la programmation objet. Il a depuis été complété par une pléthore de livres.*

CAND. — *Est-il accessible au premier venu, moi en l'occurrence ?*

DOC. — *Malheureusement, pas tout à fait. En effet, les design patterns sont des solutions très sophistiquées répondant à des problèmes qui, bien souvent, ne le sont pas moins. En conséquence, ils requièrent que le développeur ait au préalable bien cerné la nature du problème. Le diagnostic est souvent beaucoup plus ardu que la mise en œuvre du traitement ; c'est la difficulté inhérente aux design patterns. Remarque toutefois que les problèmes qu'ils résolvent sont inéluctables dès lors que le projet atteint une certaine complexité, fait appel à de nombreuses possibilités d'héritage et ouvre quantité de portes sur le polymorphisme.*

CAND. — *Si je n'ai pas compris le polymorphisme, autant oublier les design Patterns, alors ?*

Doc. — *Non. Tu peux tirer parti des efforts déployés par quelques auteurs pour justifier l'apport du polymorphisme et de l'encapsulation dans diverses situations, afin de mieux comprendre et maîtriser ces mécanismes.*

Cand. — *Cela revient à utiliser ces patterns comme des outils pédagogiques pour l'OO, pour comprendre les problèmes en découvrant leur solution…*

Introduction aux design patterns

De l'architecte à l'archiprogrammeur

En 1977 et 1979, C. Alexander, S. Ishikawa et M. Silverstein publient deux livres destinés aux architectes et proposant des solutions génériques à des problèmes récurrents en architecture : *A Pattern Language : Towns/Building/Construction* et *The Timeless Way of Building*. Ce qui motive ces deux ouvrages, c'est la constatation qu'il existe en architecture – mais cela reste vrai dans bien d'autres disciplines – des recettes de conception qui répondent de manière quasi identique à des problèmes aux caractéristiques très semblables. Ces recettes s'avèrent meilleures que d'autres et peuvent en outre participer à la résolution de ces mêmes problèmes. Les réalisations architecturales, que ce soient des lieux de culte, des salles de concert ou des stades de foot, présentent de nombreux aspects communs.

Dans toute discipline, quelle qu'elle soit, l'expert est celui qui a développé un flair suffisant pour identifier rapidement les problèmes types et qui sait comment les résoudre facilement et vite. Les auteurs de ces deux ouvrages d'architecture sont des archi-experts. Ils ont appelé les recettes de conception objet de leur travail des *design patterns* (par facilité et surtout parce qu'aucune traduction ne fait l'unanimité à ce jour, nous conservons le terme anglais). Le but de leurs deux livres est de communiquer ces recettes aux architectes. Pourquoi sans cesse réinventer la roue alors que la solution existe déjà, dans des livres qui ne demandent qu'à vous tracer la voie ?

En 1995, le GOF, (*Gang Of Four*[1]) décide d'imiter ces précurseurs, dans le domaine du développement logiciel cette fois. Les trois experts architectes ont laissé leur place à quatre experts informaticiens. Il est intéressant de noter combien l'architecture sert de référence au développement logiciel, ce dernier insistant chaque jour davantage sur la nécessité d'une étape préalable de modélisation à l'aide d'un langage formel (UML), avant de se lancer bille en tête dans la construction du code. Les trois amigos ont vu dans le langage UML la version informatique des notations que respectent les architectes dans la réalisation de leurs plans. Le Gang des quatre a transposé la pratique des design patterns architecturaux dans l'univers du logiciel. On attend toujours la contribution du club des Cinq et du clan des Sept.

Si le recours à ces patterns ne semble devoir intervenir qu'une fois le problème rencontré et pas avant, il n'en reste pas moins vrai que leur maîtrise permet de réorienter dès le début la conception du code en leur donnant une place prépondérante. Cette réorientation ne peut être que bénéfique puisqu'elle reprend la longue expérience des nombreux développeurs antérieurs. Certains vont même jusqu'à parler de développement par les patterns ou à partir d'eux, se limitant à une simple

---

1. https://www.amazon.com/Design-Patterns-Elements-Reusable-Object-Oriented/dp/0201633612/
   ref=sr_1_1?ie=UTF8&qid=1480401047&sr=8-1&keywords=Design+Patterns

combinaison de ceux-ci. Déjà, on les retrouve précompilés dans un grand nombre d'environnements de développement logiciel qui font également la part belle à UML et au MDA.

Le fameux livre du GOF contient vingt-trois design patterns. Depuis, de nombreux livres en ont décrit de nouveaux, parfois dédiés à tel ou tel langage de programmation, mais c'est toujours le livre initial qui fait référence et trône dans la plupart des bibliothèques des professeurs d'OO. Dans ce livre, chaque pattern est présenté par son nom, associé au problème qui motive son recours, assorti de la solution proposée ainsi que des limites de sa mise en œuvre.

Toujours dans ce même livre, les patterns sont organisés en trois catégories :

- « créationnels », c'est-à-dire plutôt centrés sur la problématique de la construction d'objets grâce à l'amplification ou au court-circuit du constructeur ;
- « structurels », c'est-à-dire plutôt ciblés sur les schémas associatifs des classes, afin, par exemple, de contrebalancer l'héritage et l'association ;
- « comportementaux », c'est-à-dire décrivant plutôt des mécanismes astucieux à mettre en œuvre pour l'exécution des codes.

À cette catégorisation assez floue et arbitraire, nous préférerons par la suite une répartition plus souple, selon deux axes beaucoup plus simples à appréhender. Nous nommerons le premier « trucs et ficelles » ; il regroupe, par exemple, les patterns Singleton, Adaptateur, Flyweight et d'autres que nous allons découvrir tout de suite. En revanche, le deuxième axe respecte les principes de base de la programmation OO : modularisation, division du travail, encapsulation, stabilité, extensibilité… Enfin, tant que faire se peut, nous décrirons chacun de ces patterns dans le contexte des chapitres 20 et 22 (flipper, chimie et immunologie).

Les patterns « trucs et ficelles »

Dans les années 1980, une série télé a popularisé un bricoleur de génie qui réussissait à se tirer de toutes les situations difficiles avec les seuls moyens du bord : bâton, lacets, chewing-gum… Ce héros de la débrouille s'appelait Mac Gyver et il a sans conteste fait beaucoup d'émules dans la communauté informatique, à commencer par les membres du GOF, qui se sont également employés à découvrir des solutions logicielles subtiles et efficaces dans des situations délicates. Alors, autant connaître ces solutions pour, le temps d'un chapitre, vous glisser dans la peau d'un Mac Gyver du petit écran, d'ordinateur cette fois. Trois dernières précisions avant de nous lancer :

- Lorsque nous illustrerons les patterns par du code, nous nous limiterons à la version Java. Tout ce qui précède dans cet ouvrage devrait aisément, lorsqu'elles sont possibles, vous permettre d'en déduire les versions équivalentes dans les autres langages.
- Chaque pattern pourrait donner lieu à des développements sans fin, mais nous nous bornerons ici à ébaucher les éléments essentiels qui les caractérisent, en laissant à d'autres ouvrages plus spécialisés le soin d'affiner et de prolonger cette description.
- Nous passerons sous silence certains des vingt-trois patterns d'origine, afin de ne pas faire de ce dernier chapitre le plus indigeste de l'ouvrage. Notre choix est arbitraire, mais là encore, de multiples références vous permettront d'assouvir vos désirs de « patternité ».

Le pattern Singleton

Dans la vie réelle, de nombreuses classes n'ont parfois comme raison d'être que la création d'un seul objet. Une première possibilité serait d'en faire des classes statiques, comme il en existe d'ailleurs pas mal dans la programmation OO. Dans un souci de cohérence (il est bien question de programmation orientée objet et non pas de programmation orientée classe), le GOF propose la mise au point d'une classe, dite Singleton, qui ne peut donner naissance et garantir l'accès qu'à une unique instance. Supposons que notre programme de flipper ne doive fonctionner qu'avec une seule boule. Le petit code Java qui suit réalise cela grâce à une classe SingletonBoule.

```java
class SingletonBoule extends BouleDeFlipper {
  private static SingletonBoule b = null; // notez le static
  private static Object ob = new Object();

  private SingletonBoule(int x, int y, int r) { // Le constructeur doit être privé
    super(x,y,r);
  }

  public static synchronized SingletonBoule getBoule(int x, int y, int r) {
  // notez le static et le synchronized
    synchronized (ob) {
    if (b == null) {
      b = new SingletonBoule(x, y, r);
    }
    return b;
  }

… Suite de la classe Boule

… Création de la boule unique

  public void mousePressed(MouseEvent e) {
    int x = e.getX();
    int y = e.getY();

    if ((x > largeurDuFlipper - 40) && (y > hauteurDuFlipper - 40)) {
      laBoule = SingletonBoule.getBoule(x,y,15); // obtention de l'instance unique
      Thread nouveauThread = new FlipperThread (laBoule);
      nouveauThread.start();
    }
```

Le constructeur est privé, ce qui rend impossible la création d'une boule en dehors de la classe. La méthode getBoule(), statique, vérifie si une instance est déjà créée. Si oui, elle la renvoie ; si non, elle la crée. Une complication supplémentaire apparaît dans le cas des applications multithread : en effet, si cette méthode s'interrompt après le test, mais avant la création de la boule, le programme pourrait créer jusqu'à une boule par thread, ce qui n'est évidemment pas souhaitable. L'ajout dans le code d'un mécanisme de synchronisation contourne cette difficulté. La création de la boule suivra forcément, sans interruption possible, le résultat du test.

Le pattern Adaptateur

Dans le code original du flipper, nous utilisons l'interface ObstacleDuFlipper dont une des méthodes abstraites dessineToi(Graphics g) est responsable de l'apparition et de l'apparence d'un obstacle. Supposons qu'un ami développeur qui nous veut du bien propose de nous fournir pour l'obstacle Champignon une classe de sa fabrication, dénommée ChampignonJoli, dont l'énorme avantage est de proposer une méthode sophistiquée pour dessiner magnifiquement ce type d'obstacle et nommée public void apparaîtBeauChampignon (Graphics g, Rectangle r). Grâce aux deux diagrammes UML de la figure 24-1 – l'un misant sur l'héritage et l'autre sur la composition – vous comprendrez aisément comment, sans modifier en aucune manière le code d'origine, celui-ci pourra exploiter cette méthode. La manière dont la méthode dessineToi doit être redéfinie est indiquée pour les deux versions dans une note accolée à la classe Champignon. La classe qui sert d'intermédiaire entre l'interface de départ – celle que le flipper est contraint d'utiliser – et la classe contenant la méthode que nous souhaitons récupérer est dite Adaptateur. Il s'agit ici de la classe Champignon. Cet exemple montre comment, dans de nombreux cas, l'héritage et la composition peuvent apparaître comme une alternative pour un même problème.

Figure 24–1
Le pattern Adaptateur par
héritage ou par composition

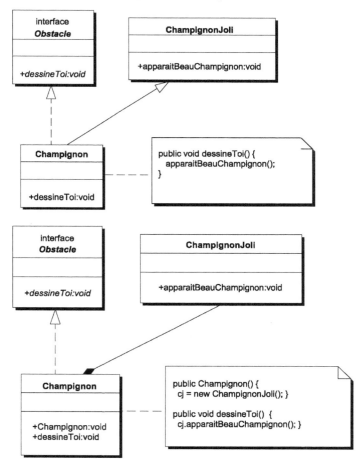

Les patterns Patron de méthode, Proxy, Observer et Memento

Nous allons maintenant rapidement présenter quatre patterns que nous avons déjà rencontrés dans les chapitres précédents et largement exploités dans les bibliothèques Java. L'idée du pattern Patron de méthode est de fournir un squelette du code dans lequel, bien qu'utilisée, une méthode agit sans son code. Il suffit alors au programmeur désirant exploiter ce squelette d'implémenter le corps de la méthode, par exemple par la redéfinition d'une méthode provenant d'une interface. Ce squelette sera complété et adapté à ce corps. Il se caractérise donc par une partie fixe, proposée par un premier développeur (dans les bibliothèques Java, par exemple) et par une partie variable (que fixe un deuxième développeur). Cette seconde partie se résume au corps de la méthode à définir. Elle est variable.

Si, dans le flipper, les obstacles sont installés dans un vecteur et s'il nous vient l'envie de les réordonner dans ce même vecteur, la seule information qui fait défaut est le critère selon lequel les obstacles doivent se comparer et se réordonner. Toute la pratique de comparaison peut être mise en œuvre, à l'exception de ce critère de comparaison qui constitue ici, en fait, le corps manquant de la méthode, réintroduit comme indiqué dans le petit code qui suit :

```
public void actionPerformed(ActionEvent evt) {
  Comparator c = new Comparator() {
    public int compare(Object o1, Object o2)
    {
      int t1 = (int)(((ObstacleDuFlipper)o1).renvoieMaZone().getWidth());
      int t2 = (int)(((ObstacleDuFlipper)o2).renvoieMaZone().getWidth());
      return (t1 - t2);
    }
  };

  Collections.sort(lesObstacles,c);
  Iterator i = lesObstacles.iterator();
  while (i.hasNext())
  {
    System.out.println(i.next());
  }
}
```

La définition du critère de comparaison se fait par l'intermédiaire du corps de la méthode compare prévue dans l'interface Comparator et censée renvoyée un entier (– 1, 0 ou 1 suivant le résultat de la comparaison). Ici, deux obstacles sont comparés sur la base de leur largeur. Il suffit alors d'appeler sur la classe Collections la méthode sort déjà écrite dans les bibliothèques Java (il existe de multiples manières de trier un vecteur, beaucoup sont très mauvaises en termes de performance ; le sort déjà programmé est optimal), de lui passer l'objet implémentant l'interface Comparator et le tour est joué ! Cette manière de faire est particulière au pattern Patron de méthode. Elle est utile chaque fois qu'une large partie d'un code est fixe et connue et que quelques adaptations doivent être fournies par la redéfinition d'une méthode.

Nous avons rencontré le pattern Proxy dans le chapitre consacré aux objets distribués. La présence du stub côté client, appelé à jouer le rôle du serveur, en est l'illustration la plus connue. Le proxy se substitue à un objet manquant ou distant, afin de ne pas modifier radicalement le code de son interlocuteur, tout en apportant quelques fonctionnalités additionnelles indispensables au fonctionnement de l'objet distant. Un proxy est le bienvenu si, parmi les obstacles du flipper, l'un d'entre eux se dessine lentement car il doit rechercher sur le Web une image particulière. Comme indiqué dans la figure 24-2, et de manière très semblable au pattern Adaptateur, il est possible de remplacer cet obstacle par un proxy qui, tout en déclenchant la méthode appropriée sur l'obstacle de départ, ajoute quelques fonctionnalités aidant à patienter, par exemple un message signalant que la recherche ou le téléchargement est en cours.

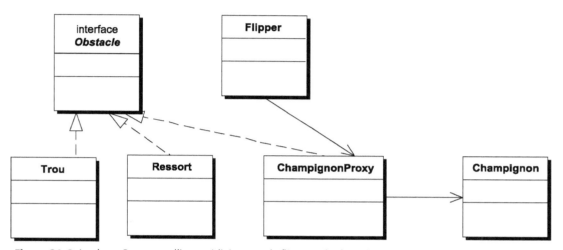

Figure 24–2 La classe Proxy sert d'intermédiaire entre le flipper et le champignon.

Le chapitre 18 est dédié au pattern Observer dont le but est de maintenir deux objets synchronisés bien qu'ils ne possèdent pas entre eux de lien explicite. L'implantation proposée par Java dans ses bibliothèques – qui découle de ce pattern – fait appel à une classe Observable et à une interface Observer.

Enfin, le pattern Memento vous permet de revenir à la case départ si des manipulations d'objets n'aboutissent pas et s'il devient important de restaurer les objets modifiés dans leur état d'origine. Il suffit soit de les stocker au départ des manipulations sur le disque dur par une des méthodes décrites dans le chapitre 19, soit de les cloner et de conserver ces copies pendant toute la durée des manipulations. En général, la classe de l'objet à mémoriser intègre un mécanisme de création d'un « memento », qui ne conserve que les attributs susceptibles de modification et qu'il est important de pouvoir restituer.

Le pattern Flyweight

Dans le chapitre précédent, consacré à la modélisation et à l'implémentation d'un réacteur chimique, on trouve la classe Molecule qui, comme chacun sait, est un graphe d'atomes. Chaque atome possède des informations qui lui sont propres, reprises dans la classe : son symbole, son poids atomique, sa valence, sa charge éventuelle, etc. Une première solution rapide pour réaliser la classe Molecule aurait pu se limiter à une relation de composition avec la classe Atome. Cependant, lorsqu'on sait qu'une même molécule organique peut contenir jusqu'à des millions d'instances du même atome de carbone, il est stupide, et surtout extrêmement coûteux en mémoire, de répliquer pour chacune de ces instances toutes les informations comme le poids, la valence ou le symbole. Le remède à cela, application directe du pattern `Flyweight` dont le but essentiel est de réduire l'espace de stockage des objets, consiste, comme indiqué dans la figure 24-3, à regrouper toutes ces informations dans une classe à part. L'économie de mémoire peut très vite s'avérer considérable. Nous retrouvons ce même besoin de stockage économe lorsque les cellules du système immunitaire se clonent. Il n'est sans doute pas nécessaire de stocker dans chaque clone l'intégralité de l'information. Ainsi, le même patrimoine génétique se retrouve pour l'essentiel dans toutes les cellules, ce qui autorise à ne le stocker qu'une fois en mémoire, toutes les cellules pouvant alors y faire référence.

Figure 24–3
Principe du pattern Flyweight

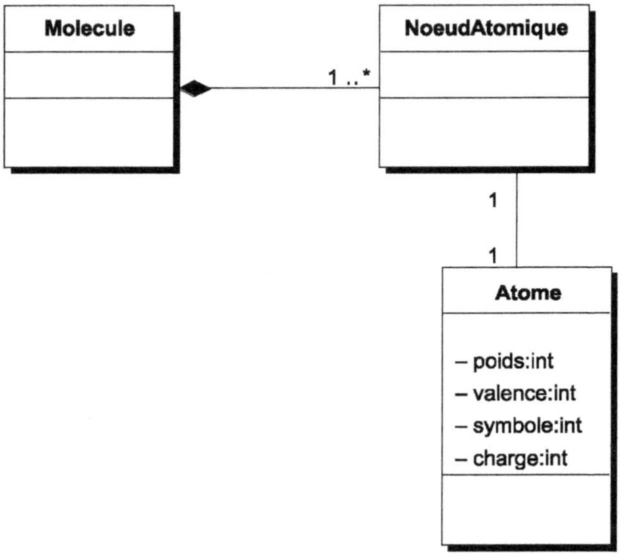

Les patterns Builder et Prototype

Puisque nous avons parlé de chimie et d'immunologie, restons-y. Les molécules sont représentées par un type d'objet dont la construction s'avère délicate dans le réacteur chimique. Le programme du réacteur démarre avec un petit nombre de molécules. Au cours de la simulation des réactions, de nouvelles molécules apparaissent ou disparaissent, nécessitant de nombreuses « manipulations » des réactifs. En général, le programme lit les molécules de départ à partir d'un fichier ou d'une fenêtre initiale, dans lesquels celles-ci sont décrites à l'aide de leur symbole : CH_4, NH_3... Il faut alors transcrire ces formules en un graphe canonisé, car c'est sous cette forme qu'elles seront ensuite traitées dans le code. Cette transformation de l'expression symbolique au graphe ne se fait pas sans peine, car elle exige une lecture et un traitement attentifs des expressions définissant les molécules initiales.

La solution qui vient immédiatement à l'esprit consiste à prévoir et à installer tous ces traitements dans le ou les constructeur(s) de la classe `Molécule`. La solution préconisée par le GOF est tout autre. Dès que la genèse d'un nouvel objet exige une séquence de traitements compliqués (par exemple, lecture et parsing d'une chaîne de caractères), il propose de séparer cette séquence de la construction de l'objet à proprement parler et de l'installer dans une classe à part ; ici, MolecularBuilder (voir le code qui suit) renverra une nouvelle instance de la classe Molecule, aboutissement de ces nombreux traitements. Le constructeur de la classe Molecule se limite à une création très élémentaire de l'objet, précédant ou concluant tous ces traitements.

```
public class MolecularBuilder
{
    ......
    public static Molecule build(String s) throws BuilderException
    {
        Molecule m = new Molecule();
        ......
        // de nombreuses instructions de manipulation de « m » afin de construire la nouvelle molécule
        }
    }
    return m; // renvoie la nouvelle molécule
    }
}

… Et quelque part dans le main, on crée une nouvelle molécule :

try {
        m = MolecularBuilder.build(s);
    }
catch (BuilderException e) {
        JOptionPane.showMessageDialog(null, "rentrez " +
                    "une nouvelle Molécule");
        OK = false;
    }
```

Lorsqu'une nouvelle molécule apparaît à l'issue d'une réaction comme celle-ci :

```
AB + CD <-> AC + BD
```

cette nouvelle venue ne se construit pas à partir de rien, mais récupère les atomes des molécules de départ, avant la réaction : la molécule AC est une combinaison de morceaux de AB et de CD. La manière la plus simple de créer le nouvel objet moléculaire est donc de cloner en partie les deux molécules de départ et de construire la nouvelle venue à partir de ces deux clones. Cette démarche nous conduit tout droit au pattern Prototype dont c'est la raison d'être : construire un nouvel objet à partir du clone d'un objet existant. En Java, et comme nous l'avons vu en détail dans le chapitre 14, la méthode clone de la classe Object est là, prête à assurer ce clonage. On se rappelle que la méthode clone est définie comme protected, car elle requiert souvent, dans le cas de copies en profondeur, une redéfinition faisant appel à la version de la classe Object. Lorsqu'on clone une molécule, c'est en fait son graphe qu'on duplique, en parcourant tous les nœuds de celui-ci. Le clonage d'un nœud atomique est donc défini récursivement et entraîne le clonage de tous les nœuds atomiques avec lesquels ce premier nœud est connecté.

De même, comme toute cellule biologique, chaque cellule immunitaire T (TCell) est capable de se dupliquer plusieurs fois. Le code Java qui s'occupe du clonage de la cellule est en partie repris ci-après.

```java
public Object clone()
    {
        try
        {
            TCell obj = (TCell)super.clone();
            return obj;
        }
        catch(CloneNotSupportedException e)
        {
            throw new InternalError();
        }
    }
```

Le pattern Façade

Comme parfaitement illustré par les diagrammes de classes et de séquences de la figure 24-4, ce pattern dissimule un ensemble d'objets sous une interface unique, la seule avec laquelle l'utilisateur de tous ces objets interagira. C'est cette interface unifiée qui joue le rôle de façade. Elle simplifie l'interaction avec cet ensemble d'objets ainsi qu'un point de contact unique. L'interlocuteur n'a nullement besoin de connaître la façon dont tous les objets agissent pour satisfaire les services proposés par l'interface. C'est la version logicielle de l'arbre qui cache la forêt.

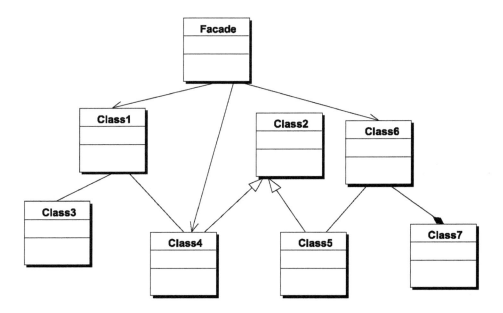

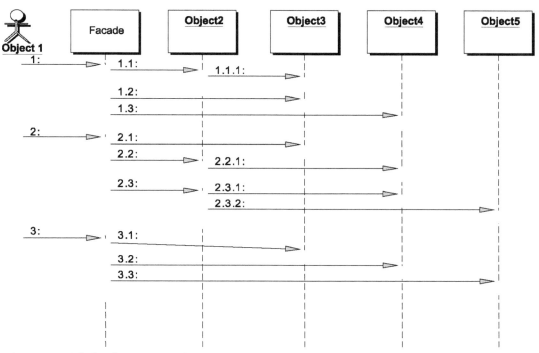

Figure 24–4 Principe du pattern Façade

Les patterns qui se jettent à l'OO

Les sept derniers patterns que nous allons présenter, deux pour le flipper et cinq pour la chimie, sont légèrement plus subtils que ceux vus jusqu'à présent, mais surtout ils s'inscrivent parfaitement dans les principes de base de la programmation OO. Ces patterns sont des révélateurs de la véritable nature de l'OO et leur maîtrise garantit une bonne compréhension et une compétence réelle dans la pratique de l'OO. Parmi ces principes, il en est un majeur, déjà vu dans les chapitres précédents mais sur lequel il est important de revenir et réinsister. La programmation OO tente de sauvegarder au maximum de larges espaces de variation ou d'extension de parties de code sans que cela ait de conséquences sur le reste de celui-ci.

En substance, tous les design patterns qui suivent ont pour motivation essentielle la mise au point de codes modulaires, facilement modifiables et extensibles, tout en maintenant une très grande stabilité.

Nous savons que le mécanisme d'encapsulation, découlant de l'emploi des mots-clés private ou protected donne un premier niveau de stabilité : ce qui est private, attribut comme méthode, peut être aisément modifié dans une classe sans que cela exige en rien de modifier les autres classes. La modularisation en soi accroît également la stabilité des codes, en répartissant le plus et le mieux possible les responsabilités entre les différentes classes (les classes adaptateur, proxy ou façade, présentées ci-dessus, participent déjà à cela). Toutefois, c'est par l'entremise de l'héritage et du polymorphisme que l'encapsulation est portée au zénith, car une classe peut apparaître pour le compilateur comme interagissant avec la superclasse de plusieurs autres alors qu'à l'exécution, c'est bien ces dernières qui détermineront le comportement des objets. Ainsi, lorsqu'un objet de la classe A de la figure 24-5 interagit avec plusieurs objets de la superclasse B, tout ce qui se trouve en dessous de B dans le diagramme est hors du « champ de vision » (et donc de compilation) de A et, en conséquence, directement modifiable sans que A ne s'en trouve affectée. Il est possible de modifier, ajouter ou supprimer des sous-classes de B sans que cela perturbe le code de A.

Commençons par deux premiers patterns reposant sur la composition, l'héritage et le polymorphisme, et appliqués tous deux au flipper.

Figure 24–5
Une forme supérieure
d'encapsulation

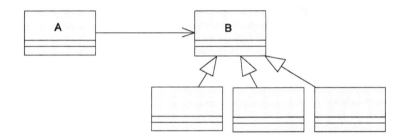

Le pattern Command

Supposons que l'on souhaite enrichir l'interface du flipper avec quelques menus et quelques boutons comme le montre la figure 24-6.

Figure 24–6
Nouvelle interface du flipper

Chaque « item » du menu et chaque bouton se voit associer une fonctionnalité donnée, comme c'est le cas dans le code Java classique qui suit :

```java
public void actionPerformed(ActionEvent evt) {
    Object obj = evt.getSource();
    if (obj == mOpen) { // item de menu "mOpen"
      System.out.println("Open");
    }
    if (obj == mSave) { //item de menu "mSave"
      System.out.println("Save");
    }
    if (obj == mStarting) {
          System.out.println("Start");
    }
    if (obj == mStopping) {
      System.out.println("Stop");
    }
    if (obj == unBoutonGris) { // le bouton gris
      System.out.println("Gray");
      setBackground(Color.GRAY);
    }
    if (obj == unBoutonBlanc) { // le bouton blanc
      System.out.println("Blanc");
      setBackground(Color.WHITE);
    }
```

Les boutons et les menus auront été préalablement créés et associés à une interface `ActionListener` comme suit pour le seul bouton blanc :

```java
unBoutonBlanc = new Button("blanc");
unBoutonBlanc.addActionListener(this);
```

Le corps de la méthode `actionPerformed` reprend toutes les fonctionnalités associées à ces éléments de l'interface. Cette façon de procéder est loin d'être satisfaisante, et ce pour deux raisons principales. D'abord, la présence de la séquence de tests (on aurait pu tout aussi bien utiliser un `switch` à la place) a pour principal défaut de manquer de stabilité si l'idée nous vient d'ajouter quoi que ce soit dans l'interface. Dès qu'une suite de tests conditionnels ou un `switch` apparaît, il est toujours bon de vous demander s'il n'y aurait pas lieu de remplacer le tout par une structure d'héritage et un mécanisme de polymorphisme. Si c'est le cas, vous accroîtrez en tout état de cause la stabilité du code face à des ajouts ou à des retraits des conditions antérieures dans le test.

La deuxième raison est que la méthode `actionPerformed()` est encombrée avec toutes les fonctionnalités associées à chacun des éléments de l'interface, ce qui la rend lourde et multiforme, c'est-à-dire peu en phase avec la simplicité et la modularité derrière lesquelles courent les développeurs OO.

L'alternative est l'application du pattern Command, dans lequel chaque tâche de l'interface se définit dans une classe à part qui implémente une interface commune contenant la méthode abstraite et polymorphe `execute()`. Il n'y a plus de problème de stabilité et la modularité est assurée ; le code Java qui suit et qui illustre cette méthode le démontre de façon convaincante. Nous limitons ce code à la fonctionnalité d'un des boutons et d'un des menus.

```java
// Tout d'abord définition des fonctionnalités de chaque élément de l'interface dans une classe
// à part implémentant l'interface Command

public class BoutonGrisCommand extends Button implements Command {
 Frame f;

 public BoutonGrisCommand(String label, Frame f) {
  super (label);
  this.f = f;
 }

 public void execute() { // C'est la méthode polymorphe qui reprend les fonctionnalités
  f.setBackground(Color.GRAY);
 }
}


public class FileOpenCommand extends MenuItem implements Command (
 public FileOpenCommand(String label){
  super(label);
 }

 public void execute(){
  System.out.println("Open");
 }
}


// Création des nouveaux objets boutons et menus à partir de ces classes

mOpen = new FileOpenCommand("Open");
unBoutonGris = new BoutonGrisCommand("gris", this);


// Ajout de l'interface ActionListener, comme classiquement fait

mOpen.addActionListener(this);
unBoutonGris.addActionListener(this);

// Nouvelle méthode actionPerformed... C'est là que ce pattern prend toute sa signification
// Les tests ont disparu et la méthode est beaucoup plus légère

public void actionPerformed(ActionEvent evt) {
  Object obj = evt.getSource();
  if (obj instanceof Command)
  {
      ((Command)obj).execute();
  }
 }
}
```

Le pattern Décorateur

Dans l'état actuel du programme, le flipper contient un ensemble prédéfini d'obstacles : champignon, champignon à points, ressort, trou, etc. Ces catégories sont fixées une fois pour toute et se singularisent par l'effet de l'obstacle sur la balle. Or, imaginons que nous désirons, lors de l'installation des obstacles dans le flipper, apporter plus de souplesse à leur comportement. Alors qu'il est obligatoire que tous les obstacles de type champignon fassent rebondir la balle, on souhaiterait que certains, en plus et à la suite, incrémentent le score, que d'autres changent de couleur, que d'autres encore puissent faire les deux et dans un certain ordre, un troisième comportement étant même envisageable à la demande : que l'obstacle champignon émette une petite musique au moment du choc. En gros, on souhaite que différents objets champignons puissent se caractériser, à la carte, par un ensemble de comportements différents, tous issus d'un nombre fini de possibilités de base.

Une première solution extrêmement lourde et naïve est d'imaginer autant de classes (et donc toutes les combinaisons d'héritage qui le permettent) qu'il y aurait de types d'obstacles différents. Une classe serait de type « Point-Couleur », une autre « Couleur-Son », une troisième « Point-Son-Couleur », etc. On pressent aisément la prolifération de toutes ces classes avec l'accroissement du nombre de fonctionnalités de base possibles. Une solution bien plus élégante est fournie par le pattern Décorateur, dont le diagramme de classes (figure 24-7) et le code Java correspondant suivent.

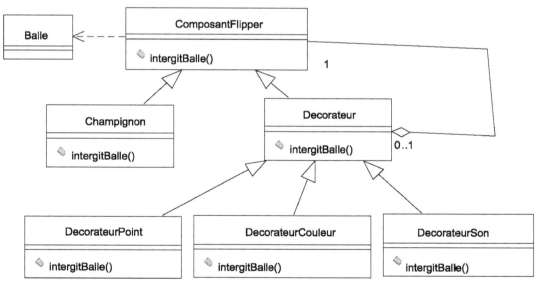

Figure 24–7
Le pattern Décorateur

```java
import java.awt.*;

abstract class ComposantFlipper {
  public abstract void interagitBalle();
}

class Champignon extends ComposantFlipper {
  public void interagitBalle() {
        // Fait juste rebondir la balle
  }
}

abstract class Decorateur extends ComposantFlipper {
  private ComposantFlipper unComp;

  public Decorateur (ComposantFlipper unComp) {
        this.unComp = unComp;
  }

  public void interagitBalle() {
        if (unComp != null) unComp.interagitBalle();
  }
}

class DecorateurPoint extends Decorateur {
  public DecorateurPoint(ComposantFlipper unComp) {
        super (unComp);
  }

  public void interagitBalle() {
      // Incrémente les points
      super.interagitBalle();
  }
}

class DecorateurCouleur extends Decorateur {
  public DecorateurCouleur(ComposantFlipper unComp) {
        super (unComp);
  }

  public void interagitBalle() {
      // Change de couleur...;
      super.interagitBalle();
  }
}
class DecorateurSon extends Decorateur {
  public DecorateurSon(ComposantFlipper unComp) {
        super (unComp);
  }
```

```java
  public void interagitBalle() {
      // Joue une petite musique…;
      super.interagitBalle();
  }
}

public class Flipper {
  public static void main(String args) {

      // Lors de la création de l'obstacle, vous ajoutez à la carte,
      // de manière très souple, toutes les fonctions désirées

      ComposantFlipper c =
new DecorateurSon(new DecorateurPoint (new DecorateurCouleur (new Champignon())));
      c.interagitBalle();
  }
}
```

Le pattern Décorateur permet d'enchaîner de manière très souple une succession de fonctionnalités pour un même objet, en court-circuitant toutes les combinaisons possibles d'héritage. C'est ce même décorateur qui est à l'œuvre dans Java lors de l'utilisation des classes `Stream` (chapitre 19), quand vous combinez de manière flexible des objets issus de ses sous-classes (par exemple `new BufferedInputStream (new InputStream)`). Tous ces Décorateurs sont dérivés de la classe `FilterInputStream`. Il est intéressant de constater qu'un Décorateur agrège et hérite à la fois d'un composant, comme un `BufferedInputStream`, qui hérite d'un `InputStream` et peut en agréger un autre. En immunologie, les types cellulaires pourraient se distinguer par un ensemble de fonctionnalités de base qu'ils seraient susceptibles de présenter ou pas. Le diagramme de classes de la figure 24-8 illustre cette situation, ainsi que la présence à nouveau du pattern Décorateur, mais cette fois appliqué à la biologie.

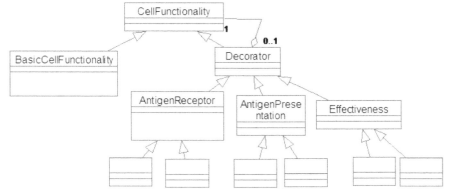

Figure 24–8
Le pattern Décorateur appliqué à l'immunologie

Le pattern Composite

En tordant quelque peu le cou à la chimie, nous allons présenter le pattern Composite. Il est idéal pour créer des structures complexes dans lesquelles des éléments se trouvent imbriqués les uns dans les autres (à l'instar des poupées russes) ou empilés les uns sur les autres (comme dans un mille-feuilles). De manière générale, un Composite est un groupe d'objets dans lequel certains peuvent en contenir d'autres. Certains objets seront donc plutôt de type groupe (mais pouvant contenir d'autres groupes), comme nos molécules, alors que d'autres seront isolés et singuliers, tout comme nos atomes.

Non seulement un groupe contiendra soit un ensemble d'objets individuels, soit d'autres groupes mais, plus important encore, tant les groupes que les objets individuels présenteront partiellement un comportement commun. Le diagramme de classes de la figure 24-9 rend bien compte de ce pattern.

Figure 24–9
Le pattern Composite
appliqué à la chimie

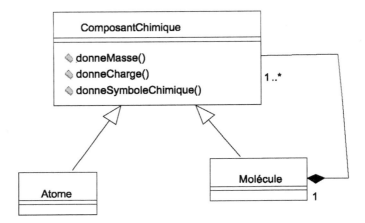

Dans ce diagramme, on admet (et c'est là que les chimistes écarquilleront les yeux à juste titre) qu'une molécule, en plus d'être un ensemble d'atomes, peut être considérée aussi comme un ensemble de molécules. Les trois méthodes installées uniquement dans la superclasse doivent être redéfinies dans les deux sous-classes. Tout comme un atome, une molécule a une masse, une charge et un symbole chimique. Un cas très parlant d'application de ce pattern est la conception d'interfaces graphiques en Java à l'aide des classes Components et Container. On le retrouve également à l'œuvre dans certaines structures arborescentes (comme le langage XML), dans lequel chaque nœud de l'arbre pointe vers un ensemble de nœuds jusqu'à atteindre les feuilles de l'arbre. Une classe additionnelle, Composant, a pour rôle de factoriser les attributs et les méthodes communs aux nœuds et aux feuilles.

Le pattern Chain of responsabililty

Ce pattern se comprend aisément en observant le diagramme de classes de la figure 24-10.

La superclasse Responsable a, entre autres responsabilités, celle de répondre à une demande adressée par le client. À son niveau, la méthode gereDemande est abstraite et se trouve redéfinie dans un ensemble de sous-classes qui, toutes, ont la possibilité soit de gérer cette demande soit, si elles en sont incapables, d'en déléguer la gestion à une autre des sous-classes (et ainsi de suite jusqu'à

Figure 24–10
Le pattern Chain
of responsibility

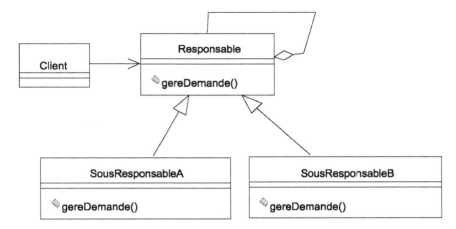

aboutir à celle d'entre elles dont la méthode gereDemande est capable de satisfaire le client). C'est la raison pour laquelle la superclasse se réfère elle-même par un lien d'agrégation.

Dans notre pattern chimique composite du chapitre précédent, si nous demandons à une molécule, composée d'autres molécules, de nous donner sa masse, elle ne peut qu'additionner la sienne à celles qu'elle demande à toutes les molécules dont elle est composée, comme dans le code qui suit :

```
public double donneMasse(){
    double masse = 0;
    for (int i=0; i<lesComposants.size(); i++)
    {
      masse += ((ComposantChimique)lesComposants.elementAt(i)).donneMasse();
    }
    return masse;
}
```

Cette illustration est quelque peu triviale car tous les composants seront capables, en partie, d'assumer leur responsabilité. Imaginez un nouvel atome errant, cherchant à s'installer quelque part dans un immense graphe moléculaire. Il peut tenter avec la première molécule rencontrée qui, après vérification, l'accepte ou pas. Dans la négative, elle délègue cette responsabilité aux autres molécules avec lesquelles elle se trouve connectée, jusqu'à en trouver une qui accepte d'héberger cette pauvre âme atomique en peine.

Les patterns Strategy, State et Bridge

Nous allons terminer notre passage en revue des design patterns par une description rapide des trois derniers. Nous les avons regroupés car, à nouveau, héritage et polymorphisme aidant, ils présentent de très fortes ressemblances. Le pattern Strategy est une application directe du polymorphisme, très largement décrit dans le chapitre 13. Dans ce pattern, plusieurs sous-classes implémentent de manière différente une même fonctionnalité stratégique. Le client n'a pas à se préoccuper de connaître les différentes implémentations ; celles-ci seront finalement choisies au moment de l'exécution du code en fonction du type précis de l'objet interlocuteur implémentant la version de la stratégie souhaitée. Ainsi, dans la figure 24-11, lorsque le réacteur demande à une réaction de s'exécuter, cette réaction s'effectuera différemment et selon son mode propre, en fonction de sa nature définitive.

Figure 24–11
Le pattern Strategy

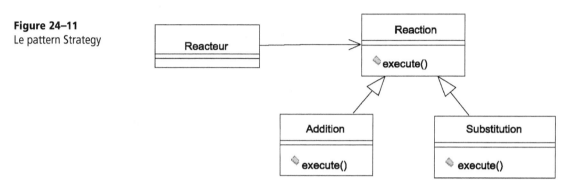

Comme les chimistes le savent bien, une molécule peut prendre différents états au cours du temps : au repos, excitée, et si excitée, dans différents états possibles d'excitation. Selon l'état dans lequel elle se trouve, la molécule se comporte différemment, notamment dans ses réactions avec d'autres molécules. La manière dont les molécules réagissent et se comportent en général dépend donc de l'état dans lequel elles se trouvent à un moment donné. Créer autant de sous-classes de molécules qu'il y a d'états possibles n'est pas une solution au problème, puisqu'une molécule peut changer d'état au cours du temps alors qu'un objet ne peut changer de classe au cours d'une simulation. La solution proposée par le GOF, comme le montre le diagramme de classes de la figure 24-12, est d'associer la molécule à une classe `EtatMoleculaire` qui, elle, possèdera autant de sous-classes qu'il y a d'états possibles, et d'installer à même ces classes et sous-classes tout ce qui sert à modifier le comportement des molécules selon leur état. Il faut donc déléguer toutes les opérations qui dépendent de l'état de la molécule à son objet `état courant`. Les transitions entre états peuvent se produire dans une classe extérieure `Reacteur` ou se faire à même les classes d'état. Nous avons exploité ce pattern dans le chapitre précédent, pour programmer la transition des cellules immunitaires entre différents états : « naïf », « excité », « effectif » et « mémoire ». Ce pattern accompagne comme il se doit toute mise en œuvre d'un diagramme UML d'états-transitions. C'est de fait ce même pattern que nous avons exploité dans le chapitre 10 consacré à UML (la dernière partie).

Figure 24–12
Illustration chimique
du pattern State

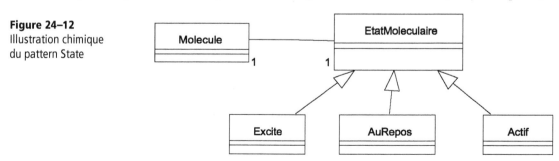

Une autre très parlante illustration de ce même pattern nous permettrait d'améliorer l'analyse de classes faite au chapitre 19 de notre application de réservation de spectacles. En effet, nous avons considéré que les clients de cette application pouvaient être de deux types : « abonné » ou « non abonné ». Selon leur statut, leur manière de réserver ou payer s'en trouvera différenciée. La solution adoptée fut l'héritage d'une superclasse client par deux sous-classes abonné et non abonné. Nous voyons aisément le défaut inhérent à cette solution : un client restera abonné ou non pour la vie et ne pourra plus changer de statut une fois créé. Or, une solution bien plus flexible autorise les clients à changer d'état : celle d'appliquer encore une fois le pattern State comme illustré dans la figure 24-13. Les manières de réserver ou de payer qui se différencient selon le statut du client seront redéfinies dans les deux sous-classes d'état. Ainsi, le client définira sa manière de réserver (en fait, il la déléguera à son état courant) comme suit :

```
class Client {
    Etat etatCourant ;
    public void réserver () {
        etatCourant.réserver() ;
    }
    public void changeEtat(Etat nouvelEtat) {
        etatCourant = nouvelEtat ;
    }
}
```

Figure 24–13
Autre illustration
du pattern State

Une dernière chose que les chimistes savent bien (et puis, c'est promis, on leur fiche définitivement la paix), c'est qu'en fonction de sa « radicalité » (non radical, mono ou bi-radical) ou éventuellement de l'intensité de sa charge électrique (–, – –, +, ++), un composant chimique, quel qu'il soit, atome ou molécule, peut se comporter très différemment. Une solution, naïve comme il se doit, serait d'abuser outrageusement de l'héritage et d'imaginer autant de classes qu'il y a de combinaisons possibles : « atome-monoradical », « atome-non radical », « atome-biradical », « molecule-++ », etc. Si nous nous limitons à 2 types de composants chimiques, 3 versions possibles de la radicalité et 4 valeurs possibles pour la charge électrique, cela nous fait au total, $2 \times 3 \times 4 = 24$ classes différentes combinant toutes les possibilités. De plus, il suffit d'ajouter telle ou telle possibilité concernant soit la radicalité, soit la charge, pour que tout le diagramme de classes s'en trouve modifié. Une solution élégante à cette explosion et à cette instabilité potentielle est de recourir, comme le diagramme de classes de la figure 24-14 le montre, au pattern Pont, ou Bridge.

Cette solution, qui sépare clairement le type des composants chimiques de certaines de leurs propriétés fonctionnelles, permet de modifier la nature « radicalaire » ou « électrique » de ces composants sans apporter de grosses modifications au code, tant à la rédaction qu'à son exécution. On retrouve ce même souci en immunologie si l'on considère, comme la figure 24-14 le propose, que les cellules présentatrices d'antigènes, quelles qu'elles soient, peuvent présenter sur leur surface n'importe quel type de molécule MHC. Que cela soit possible ou non, seul les immunologistes sont capables de nous répondre, mais au moins, l'existence de ce diagramme les amènera à se poser la question.

Nous pensons qu'un avantage souvent sous-estimé des technologies OO, des langages de programmation, d'UML et des design patterns, est d'aider le développeur à mieux comprendre cette réalité qu'il voudrait pouvoir reproduire à même son code. Programmer force à désambiguïser tout ce que l'on sait de cette réalité que l'on souhaite transposer dans son programme. L'ordinateur ne peut se contenter d'un flou artistique dont pourtant la chimie ou la biologie ne se privent pas, confiantes qu'elles sont que leurs praticiens réussissent malgré tout à se comprendre. Par l'application du pattern Pont, toutes les variations dans les options sont clairement maintenues à part, avec comme principal résultat de simplifier (pas d'explosion d'héritage) et de stabiliser le code, comme d'habitude. C'est sûr, à force, vous allez finir par connaître la musique.

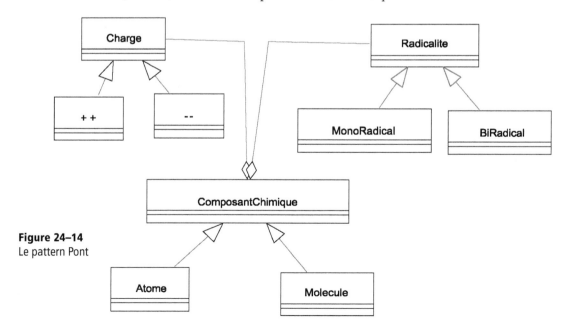

Figure 24–14
Le pattern Pont

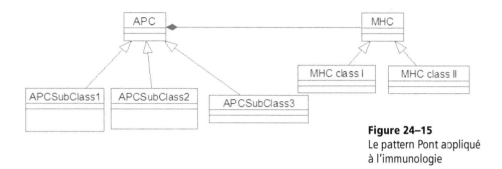

Figure 24–15
Le pattern Pont appliqué
à l'immunologie

Index

www.ingramcontent.com/pod-product-compliance
Lightning Source LLC
LaVergne TN
LVHW062258060326
832902LV00013B/1941

* 9 7 8 2 2 1 2 6 7 3 9 9 9 *